Petra Hammesfahr schrieb bereits mit siebzehn ihren ersten Roman. Seitdem hat sie einen Bestseller nach dem anderen veröffentlicht. Zu ihren bekanntesten Büchern zählen «Die Sünderin» (rororo 22755), «Die Mutter» (rororo 22992), «Der Puppengräber» (rororo 22528) und «Der Schatten» (rororo 24051).

Petra Hammesfahr

Der Puppengräber
Lukkas Erbe

Zwei Romane

Rowohlt Taschenbuch Verlag

Einmalige Sonderausgabe
Veröffentlicht im Rowohlt Taschenbuch Verlag,
Reinbek bei Hamburg, Januar 2008
Der Puppengräber
Veröffentlicht im Rowohlt Taschenbuch Verlag,
Reinbek bei Hamburg, August 1999
Copyright © 1999 by Rowohlt Verlag GmbH,
Reinbek bei Hamburg
Lukkas Erbe
Veröffentlicht im Rowohlt Taschenbuch Verlag,
Reinbek bei Hamburg, Juli 2000
Copyright © 2000 by Rowohlt Verlag GmbH,
Reinbek bei Hamburg
Umschlaggestaltung any.way,
Barbara Hanke / Cordula Schmidt
(Foto: Les Jorgensen / Getty Images)
Druck und Bindung Clausen & Bosse, Leck
Printed in Germany
ISBN 978 3 499 24647 0

Der Puppengräber

Die Personen

Jakob Schlösser, geb. 1932, Landwirt, nach Aufgabe seines Hofs im März 91 Lagerarbeiter im Baumarkt Wilmrod.

Trude Schlösser, geb. 1936, Bens Mutter.

Anita Schlösser, geb. 1963, Jurastudium, Doktortitel, lebt seit dem Abitur in Köln.

Bärbel Schlösser, geb. 1967, verheiratet mit Uwe von Burg, lebt auf dem Hof ihrer Schwiegereltern.

Benjamin Schlösser, geb. 1973, genannt **Ben**.

Tanja Schlösser, geb. 1982, wächst bei der Familie Lässler auf.

Paul Lässler, geb. 1931, Landwirt, Jakobs bester Freund.

Antonia Lässler geb. Severino, geb. 1951, Italienerin, seit 1969 verheiratet mit Paul.

Andreas Lässler, geb. 1969, verheiratet mit Sabine Wilmrod.

Achim Lässler, geb. 1971, Erbe des väterlichen Hofs.

Annette Lässler, geb. 1975, arbeitet in der Apotheke ihres Onkels Erich Jensen und ist befreundet mit Albert Kreßmann.

Britta Lässler, geb. 1982, ist für Tanja Schlösser wie eine Schwester.

Erich Jensen, geb. 1947, Apotheker, Mitglied der SPD, gehört dem Stadtrat von Lohberg an.

Maria Jensen, geb. Lässler, geb. 1952, Schwester von Paul Lässler, wurde in ihrer Jugend von mehreren Männern heiß begehrt.

Marlene Jensen, geb. 1978, verschwindet im Sommer 95 spurlos.

Heinz Lukka, geb. 1928, Rechtsanwalt mit Kanzlei in Lohberg, Mitglied der CDU, gehört dem Stadtrat von Lohberg an. Sein Bungalow liegt außerhalb des Dorfes. Maria Lässler war seine große Liebe. Er ist ein guter Freund von Ben und vermittelte Jakob den Job im Baumarkt Wilmrod.

Toni von Burg, geb. 1934, Landwirt. Tonis älteste Schwester

Heidemarie ging ins Kloster, nachdem Paul Lässler die Verlobung mit ihr löste. Die jüngste Schwester

Christa war geistig behindert und kam während der Nazizeit um.

Illa von Burg, geb. 1935, ist befreundet mit Trude Schlösser.

Uwe von Burg, geb. 1965, Erbe des Hofes, verheiratet mit Bärbel Schlösser.

Winfried von Burg, geb. 1968.

Eine Tochter – verstorben.

Richard Kreßmann, geb. 1940, Landwirt, besitzt 1500 Morgen Land, trinkt übermäßig. Es geht das Gerücht, er hätte die Tochter von Toni und Illa von Burg auf dem Schulweg überfahren.

Thea Kreßmann (Ahlsen), geb. 1949. Theas Vater

Wilhelm Ahlsen war während der Nazizeit Ortsgruppenleiter, schickte die jüdischen Familien Stern und Goldheim sowie die kleine Christa von Burg in den Tod.

Albert Kreßmann ist im gleichen Alter wie Ben, Erbe des Hofes, befreundet mit Annette Lässler, aber lieber wäre ihm Annettes Cousine Marlene Jensen.

Igor, ein russischer Zwangsarbeiter, blieb nach dem Krieg auf dem Kreßmann-Hof.

Bruno Kleu, geb. 1951, Landwirt, geht keiner Prügelei aus dem Weg, hat zwei uneheliche Kinder. Seiner großen Liebe Maria Lässler war er nicht fein genug. Ihr Bruder Paul war strikt gegen Marias Beziehung zu Bruno. 1977 mußte Bruno auf Befehl seines Vaters heiraten.

Renate Kleu stammt wie Trude Schlösser und Antonia Lässler aus Lohberg.

Dieter Kleu, geb. 1977, ist stark interessiert an Marlene Jensen.

Heiko Kleu, geb. 1980.

Otto und Hilde Petzhold waren Nachbarn von Jakob und Trude, als der Schlösser-Hof noch an der Bachstraße lag. Hilde liebte Katzen.

Die Schwestern Rüttgers betreiben das väterliche Café, beide sind unverheiratet, ihr Bruder fiel im Krieg.

Sibylle Faßbender, die Cousine der Rüttgers-Schwestern, betreute in jungen Jahren die geistig behinderte Christa von Burg, liebt Ben wie ihren eigenen Sohn.

Gerta Franken, geb. 1891, bis zu ihrem Tod eine Nachbarin von Jakob und Trude Schlösser an der Bachstraße, verwitwet seit dem Ersten Weltkrieg, informiert über alles, was im Dorf vorgeht.

Werner Ruhpold, Besitzer von Ruhpolds Schenke, war vor Ausbruch des Krieges verlobt mit Edith Stern und wartete bis 1981 auf ein Lebenszeichen von ihr. Nach seinem Tod übernimmt sein Vetter **Wolfgang** die Kneipe.

Althea Belashi, eine junge Artistin, verschwand 1980 spurlos.

Ursula Mohn, das geistig behinderte Mädchen lebte mit seinen Eltern in Toni von Burgs Mietshaus am Lerchenweg, wurde 1987 schwer verletzt.

Svenja Krahl, das siebzehnjährige Mädchen aus Lohberg verschwindet spurlos im Juli 95.

Edith Stern (22) kommt aus den USA, um das Schicksal ihrer Großtante und Namenspatronin zu klären, und verschwindet spurlos.

Nicole Rehbach, eine wichtige Zeugin.

Brigitte Halinger, ermittelnde Hauptkommissarin und Chronistin.

BENS REVIER

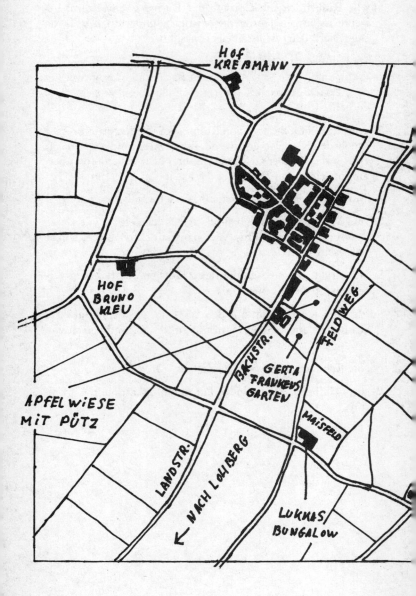

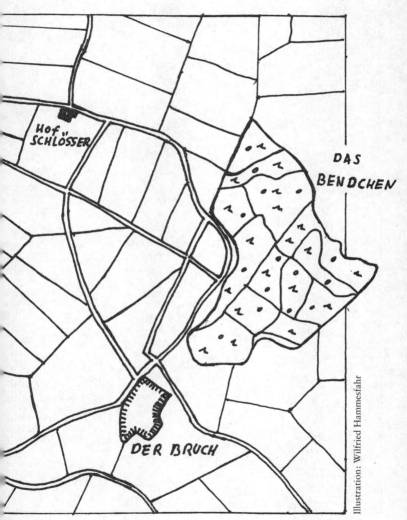

Illustration: Wilfried Hammesfahr

Prolog

Es ist in den vergangenen Jahren etwas Gras gewachsen über den furchtbaren Sommer, der fünf Menschenleben gekostet hat. Es wurde viel darüber geredet, zuviel diskutiert, gestritten, spekuliert und Schuld zugewiesen. Alte Feindschaften flammten neu auf, alte Freundschaften verbrannten in der Glut. Jeder im Dorf wußte etwas, und jeder, der bis dahin geschwiegen hatte, riß das Maul auf, als nichts mehr zu ändern war.

Ich habe mit allen gesprochen, die noch reden konnten. Ich habe mir ihre Erklärungen, ihre Entschuldigungen und ihre faulen Ausreden angehört. Ich habe ihre Versäumnisse gesehen und ihre Irrtümer erkannt. Nun will ich für den sprechen, der niemandem sagen konnte, was er fühlte. Für Ben.

Es wird nicht leicht, das weiß ich. Es gab nicht für alles Zeugen. Trotzdem bin ich sicher, daß auch die Situationen, die niemand beobachtet hat, sich in etwa so abgespielt haben, wie ich sie schildern werde. Warum sollte ein Mensch mit beschränkten intellektuellen Fähigkeiten ausgerechnet in den entscheidenden Momenten sein Verhalten ändern?

Über mich gibt es dabei nicht viel zu sagen. Ich war das Schlußlicht, nur eine Randfigur mit einer erfolglosen Rolle in einem Zwischenakt und am Ende die ermittelnde Hauptkommissarin Brigitte Halinger. Im Sommer 95 war ich dreiundvierzig Jahre alt, verheiratet und Mutter eines siebzehnjährigen Sohnes. Das ist vermutlich mein Problem bei der Sache.

Ich fühle mit seiner Mutter – Trude Schlösser. Auch wenn ich ihr Verhalten nicht billige, verurteilen kann ich sie nicht. Und am Ende gelang es ihr, ungeachtet der Konsequenzen, die es für sie hatte, über den eigenen Schatten zu springen und sich selbst anzuklagen. Für ihr Geständnis bin ich Trude zu großem Dank verpflichtet. Nur ihre schonungslose Offenheit versetzte mich in die Lage, den Fall zu klären und nun Bens Geschichte publik zu machen. Und an die Öffentlichkeit muß sie gebracht werden. Vielleicht hilft es mir, mein eigenes Entsetzen zu verarbeiten. Vielleicht vergehen dann die Alpträume, die mich auch nach all der Zeit noch nachts aus dem Schlaf reißen.

In diesen Träumen begleite ich ihn auf seinen Runden durchs Feld. Ich liege von Gestrüpp verborgen auf dem Bauch, spähe mit ihm durch das Fernglas, fiebere mit ihm den jungen Mädchen entgegen. Ich schaue über seine Schulter, wenn er den Spaten ansetzt. Dann wache ich schweißgebadet auf und frage mich, wie ich ihn eingeschätzt hätte, wäre ich ihm in diesen furchtbaren Sommerwochen begegnet, womöglich noch in der Nacht – auf einem einsamen Feldweg.

Zweiundzwanzig war er in dem Sommer. Ein riesiger Kerl, massig und schwer, mit einem sanften Blick und dem IQ eines zweijährigen Kindes. Er trug immer ein Fernglas vor der Brust, einen Klappspaten am Taillenriemen, meist ein Messer in der Hosentasche. Hätte ich ihn gefürchtet? Oder hätte ich gedacht wie viele andere, zweijährige Kinder sind harmlos, sie nehmen allenfalls ihr Spielzeug auseinander.

Daß er Puppen zerriß, war allgemein bekannt. Es wußten auch viele, daß er ständig unterwegs war in seinen dunkelblauen Anzügen. Nicht die eleganten mit den weißen Hemden. Er trug nur die bequemen mit Gummizügen um Taille und Fußknöchel. Damit war er unabhängig, konnte seine Notdurft im Freien verrichten.

Es gab schon früh einige im Ort, die ihre Nasen rümpften und sagten: «Es ist eine Schande, daß die den so laufen lassen.» Aber eine Gefahr sahen nur wenige in ihm. Vielleicht wäre er in einer Großstadt gar nicht aufgefallen, da laufen viele merkwürdige Gestalten herum. In einem Dorf jedoch, wo jeder mit argwöhnischen Augen nach nebenan schaut ...

Dörfer haben ihre eigenen Gesetze. Es geschieht eine Menge, und man läßt es nicht gerne nach außen dringen. Man weiß, welchen Dreck der Nachbar unter den Teppich kehrt, und oft genug ist man ihm beim Kehren behilflich. Anschließend klopft man sich auf die Schulter und sagt: «Schwamm drüber.» Zu ihm konnte man das nicht sagen. Er hätte es nicht verstanden.

Und niemand verstand ihn. Es war eine lange Kette von Mißverständnissen und sinnlosen Bestrafungen, die ihn zu dem machten, was er im Sommer 95 war – der Puppengräber.

12. August 1995

Marlene Jensen hatte noch etwa sieben Stunden zu leben, als ihr Vater um neunzehn Uhr die Wohnung verließ. Der Apotheker Erich Jensen war Mitglied der SPD und saß im Stadtrat von Lohberg. Er wollte an diesem Samstag abend einige Parteifreunde überzeugen, bei der nächsten Stadtratssitzung ein bestimmtes Thema erneut zur Debatte zu stellen und in seinem Sinne darüber abzustimmen.

Es ging um ein Abkommen mit den beiden Taxiunternehmen der Stadt. Erich Jensen wollte einen Fahrdienst organisieren und verbilligte Preise aushandeln, um die nicht motorisierte Dorfjugend an den Wochenenden sicher aus der Diskothek in Lohberg zurück in den vier Kilometer entfernten Ort zu bringen.

Der letzte Bus nach Lohberg fuhr kurz nach fünf, zurück fuhr in der Nacht keiner mehr. Im Dorf gab es für die Jugend nicht die kleinste Abwechslung. Die nahe gelegene Kleinstadt bot auch nicht viele Möglichkeiten, es gab eine italienische Eisdiele, ein Kino und die Diskothek «da capo», in der sich die jungen Leute aus dem Dorf jeden Samstagabend beinahe komplett einfanden.

Für Marlene Jensen wäre der Fahrdienst nicht notwendig gewesen. Ihr Taschengeld reichte, um eine Taxifahrt zum normalen Tarif zu bezahlen. Doch Erich Jensen hatte seiner Tochter für das komplette Wochenende Hausarrest erteilt, zusätzlich hatte er ihr Taschengeld konfisziert – wegen einer Sechs in Mathe.

Die harte Maßnahme war bereits Mitte der Woche verhängt worden, und das nicht zum erstenmal. Marlene hatte sich trotzdem mit ihrer Freundin verabredet. Sie ging davon aus, daß ihre Mutter sie nach Lohberg fahren, das beschlagnahmte Geld erstatten und ihren Mann bei seiner Rückkehr im Schlafzimmer beschäftigen würde, damit die Tochter sich unbemerkt wieder einschleichen konnte. So hatten sie es bisher immer gehalten. Erich Jensen hatte am Wochenende häufig Termine außer Haus, und in Erziehungsfragen stimmte seine Frau Maria nur selten mit ihm überein.

Maria Jensen war eine geborene Lässler und das Nesthäkchen in ihrer Familie gewesen. Zwanzig Jahre nach ihrem Bruder Paul auf die Welt gekommen – als Ersatz für einen im Krieg gefallenen noch älteren Bruder –, waren die Eltern für Maria wie Großvater und Großmutter, die sie hätschelten und verwöhnten. In Paul hatte sie einen jugendlichen Vater gefunden, der nur in Ausnahmefällen einschritt und ihr Grenzen setzte. Gerade als sie das kritische Alter erreichte, hatte Paul geheiratet, und seine Frau Antonia war genauso alt beziehungsweise jung wie seine Schwester. Maria war ohne nennenswerten Zwang und unsinnige Verbote aufgewachsen und gestand ihrer Tochter die gleiche Freiheit zu.

Marlene saß bereits ausgehfertig auf ihrem Bett. Doch ehe Erich Jensen zu seinem Treffen mit Parteifreunden aufbrach, schloß er die Tür ihres Zimmers von außen ab und steckte den Schlüssel ein. Kurz nach ihm verließ auch Maria die Wohnung über der Apotheke am Marktplatz. Den lautstarken Protest ihrer eingeschlossenen Tochter glaubte sie nicht stundenlang ertragen zu können.

Maria fuhr zum außerhalb des Dorfes gelegenen Lässler-Hof, um sich bei Bruder und Schwägerin wieder einmal bitterlich zu beschweren, daß Erich einfach kein Verständnis für die Bedürfnisse junger Menschen hatte. Wie erwartet stimmten Paul und Antonia mit ihr überein, der Sonntag nachmittag müsse auf jeden Fall zurückgenommen werden. Antonia wollte am nächsten Nachmittag vorbeikommen, beiläufig erwähnen, daß sie ihren Vater besuchen wolle. Ihm gehörte die Eisdiele in Lohberg. Dann wollte Antonia fragen, ob ihre Nichte Lust hätte, sie zu begleiten. Falls Erich protestierte, wollte Antonia ihm den Kopf zurechtsetzen. Doch dazu kam sie nicht mehr.

Kaum war der Wagen ihrer Mutter außer Sichtweite, öffnete Marlene Jensen das Fenster ihres Zimmers. Darunter lag das Flachdach der Garage, an der Garage war eine Leiter fest montiert. Etwa zehn Minuten später erreichte Marlene die Landstraße Richtung Lohberg. Sie rechnete nicht damit, die vier Kilometer bis zur Stadt laufen zu müssen.

Tatsächlich hielt schon kurz darauf ein heller Mercedes neben ihr. Im Wagen saßen ihre Cousine Annette Lässler und deren Freund Albert Kreßmann. Beide wollten – wie nicht anders zu erwarten – zum «da capo». Sie nahmen Marlene mit. Gegen halb neun trafen die drei jungen Leute in der Diskothek ein. Annette Lässler half mit zwanzig Mark aus, das reichte für ein paar Getränke, nicht für ein Taxi. Aber Albert Kreßmann war natürlich bereit, Marlene in der Nacht auch wieder zurückzufahren.

Das hätte noch ein weiterer junger Mann aus dem Dorf liebend gerne getan, Dieter Kleu. Doch er wäre der letzte gewesen, von dem Marlene sich hätte heimbringen lassen. Und das sagte sie ihm auch deutlich, als er ihr gleich zu Beginn des Abends das Angebot machte.

Dieter Kleu wurde erst im Oktober achtzehn, er durfte zwar als Sohn eines Landwirts einen Traktor fahren, besaß aber noch keinen Führerschein der Klasse drei. Trotzdem benutzte er das Auto seiner Mutter, wie es ihm beliebte. Allerdings war das nicht der Grund, aus dem Marlene sein Angebot ablehnte.

Sie hatte sich zu Jahresbeginn einmal mit Dieter verabredet. Unsympathisch war er ihr nicht. Er sah gut aus, war ein erstklassiger und ausdauernder Tänzer und hatte

– was einen besonderen Wert darstellte – stets ein Auto zur Verfügung. Aber ihre ansonsten so verständnisvolle Mutter hatte Zustände bekommen und Dieter als Bauerntrampel bezeichnet, als Marlene erklärte, mit wem sie ausgehen wollte. Und bei aller Sympathie, ein Risiko ging Marlene lieber nicht ein.

Aber noch hatte Dieter Kleu die Hoffnung nicht aufgegeben. Er tröstete sich an diesem Abend mit Marlenes Freundin, versuchte, sie als Vermittlerin zu gewinnen, und fuhr sie kurz vor zwölf heim. Zu diesem Zeitpunkt amüsierte sich Marlene Jensen mit zwei jungen Männern aus Lohberg, die niemand kannte.

Etwa eine Viertelstunde nach Dieter Kleu und Marlenes Freundin brachen auch Albert Kreßmann und Annette Lässler auf. Albert verabschiedete sich von Marlene mit dem Hinweis, er käme in einer Stunde zurück, um sie abzuholen. Das war ihr recht. Sie ging nicht davon aus, daß ihr Vater bei seiner Rückkehr ihr Zimmer kontrollierte. Aber er hätte etwas hören können, wenn sie zu früh wieder einstieg. Um halb zwei in der Nacht würde er fest schlafen.

Daß Albert Kreßmann sie nicht sofort mit zurück ins Dorf nehmen wollte, war leicht zu erklären. Er plante mit Annette Lässler noch einen Abstecher zu einem stillen Fleckchen, dabei hätte Marlene nur gestört. Allerdings machte Albert vor seinem Aufbruch eine Bemerkung, die Marlene beunruhigte. Er wollte ihr zeigen, welche Plätze ihre Cousine besonders liebte und welche Stellungen sie bevorzugte.

Es war nicht das erste Mal, daß Albert Kreßmann eine derartige Anspielung machte. Bisher hatte Marlene ihn nicht ernst genommen. Nur war sie bisher auch noch nie mit ihm allein gewesen. Alberts Vater, Richard Kreßmann, war der reichste Mann im Dorf. Albert war seit frühester Jugend daran gewöhnt, daß man für Geld so ziemlich alles kaufen konnte. Wenn sich einmal etwas nicht kaufen ließ, konnte er sehr unangenehm werden.

So stieg Marlene Jensen kurz vor eins lieber in das Auto der beiden jungen Männer, mit denen sie an diesem Abend die meiste Zeit verbracht hatte, von denen sie jedoch nur die Vornamen kannte – Klaus und Eddi. Auf dem Parkplatz kam es dann noch zu einer Schlägerei. Dieter Kleu hatte Marlenes Freundin vor der Haustür ihrer Eltern abgesetzt, war längst wieder zurück und versuchte es mit einer kleinen Erpressung: «Wenn du nicht mit mir fährst, erzähle ich deinem Vater ...»

Eddi und Klaus verwiesen ihn gemeinsam in seine Schranken. Klaus hielt ihn fest, Eddi verpaßte ihm ein blaues Auge und eine blutige Nase. Mit einem letzten Hieb in den Magen setzte er Dieter für einige Sekunden völlig außer Gefecht. Dann stieg Eddi hinters Steuer, Klaus nahm im Wagenfond neben Marlene Platz.

Anfangs schien es, als täte Eddi das, was er versprochen hatte. Er fuhr zur Landstraße, die nach vier Kilometern – ab dem Dorfrand – Bachstraße hieß und sich über zwei Kilometer durch den gesamten Ort zog. Vor dem Ortseingang zweigte nach rechts ein schmaler asphaltierter Weg ab, der hinaus zum Hof von Marlenes Onkel Paul Lässler führte. Eddi bog in diesen Weg ein, gleichzeitig wurde Klaus zudringlich.

Marlene wehrte sich, konnte jedoch im engen Wagenfond nicht viel ausrichten. Eddi fuhr relativ schnell. Nach etwa dreihundert Metern kreuzte der schmale Weg einen breiten, der parallel zur Bachstraße verlief und wie die Landstraße nach Lohberg führte. An dieser Wegkreuzung hatte der Rechtsanwalt Heinz Lukka seinen Bungalow bauen lassen. Eddi bog mit unverminderter Geschwindigkeit in den breiten Weg ein. Für den Bruchteil einer Sekunde sah Marlene den Bungalow wie einen dunklen Klotz an der Kreuzung liegen.

Heinz Lukka war lange Jahre ihr Nachbar am Marktplatz gewesen. Marlene kannte ihn von klein auf und
fand ihn ganz nett. Dies um so mehr, weil ihr Vater den
alten Rechtsanwalt nicht ausstehen konnte. Im Stadtrat
vertraten sie konträre Positionen. Davon abgesehen hatte
Heinz Lukka früher ihre Mutter glühend verehrt. In dieser Situation jedoch erwartete Marlene von ihm keine
Hilfe. Am Wochenende war er nur selten zu Hause, und
selbst wenn, war kaum anzunehmen, daß er einem vor-
beifahrenden Auto eine besondere Bedeutung beimaß.

Etwa fünfhundert Meter hinter der Kreuzung kam der
Wagen abrupt zum Stehen. Kaum hatte Eddi die Scheinwerfer gelöscht und den Motor abgestellt, sprang er vom
Fahrersitz und quetschte sich ebenfalls auf die Rückbank.
Marlene kämpfte mit allen Kräften gegen beide Männer,
biß und kratzte, büßte ein Büschel Haare ein und zwei
sternförmige Nieten ihrer Jeanshose. Unentwegt sagte
einer von beiden: «Hab dich nicht so.» Aber schließlich
sahen Klaus und Eddi ein, daß sie ihr Ziel nur mit Gewalt
erreichen konnten.

Ehe Marlene sich versah, fand sie sich auf dem Feldweg wieder. Die hellblaue Blousonjacke und ihre Handtasche wurden ihr hinterhergeworfen. Der Wagen brauste davon.

Ihre Erleichterung hielt nicht lange vor. Es war eine fin-
stere Gegend. Die Wege draußen waren in relativ gutem
Zustand. Eine Straßenbeleuchtung gab es nicht. Es hätte
sich nicht gelohnt für drei noch dazu weit verstreute An-
lieger auf dieser Seite des Ortes. Die Höfe von Richard
Kreßmann und Dieters Vater Bruno Kleu lagen auf der
anderen Seite des Dorfes.

Etwa fünfhundert Meter zurück stand der Bungalow
des alten Rechtsanwalts. Zu sehen war davon nichts in
der Dunkelheit. Von der Wegkreuzung waren es weitere
achthundert Meter bis zum Hof ihres Onkels. In der ent-

gegengesetzten Richtung führte der Weg an offenen Gärten, Zäunen und Mauern vorbei. Es waren große Grundstücke, die darauf erbauten Häuser lagen an der Bachstraße und waren kaum auszumachen. Nur vereinzelt
schimmerte noch ein erleuchtetes Fenster in die Nacht.
Nach anderthalb Kilometern kam eine zweite Wegkreuzung, von der aus man nach links auf die Bachstraße und
nach rechts zum Anwesen von Jakob und Trude Schlösser
gelangte. Von der Bachstraße bis zur elterlichen Wohnung am Marktplatz war es noch einmal ein guter Kilometer. Der Weg zum Hof ihres Onkels war kürzer.

Unbehaglich zog Marlene die Schultern zusammen,
hob Jacke und Tasche vom Boden auf, zog die Jacke an
und setzte sich in Bewegung. Es war unheimlich. Linker
Hand die Felder, rechter Hand lag eine von hohem Stacheldraht umzäunte Wiese, auf der drei Dutzend Apfel-
bäumchen zwischen teilweise hüfthohem Unkraut wuch-
sen. Daran schloß sich ein völlig verwildertes Stück Land
an, ein ehemaliger Garten, um den sich seit Jahren niemand mehr gekümmert hatte. So war aus ein paar Brombeersträuchern ein undurchdringlicher, dorniger, hauptsächlich mit Nesseln durchsetzter Urwald geworden.

Marlene Jensen atmete durch, als sie diese Wildnis
endlich hinter sich gelassen hatte und das riesige Maisfeld
ihres Onkels erreichte, das Heinz Lukkas Grundstück an
der Wegkreuzung von zwei Seiten umschloß. Und dann
war er plötzlich hinter ihr, ein riesiger Schatten. Er näherte sich mit raschen, aber fast lautlosen Schritten. Marlene bemerkte ihn erst, als er mit einer Hand in ihr langes
Haar griff. «Fein», sagte er.

Nachdem Marlene die Erstarrung abgeschüttelt hatte,
schlug sie mit beiden Händen nach hinten und veranlaßte
ihn damit, ihre Haare loszulassen. Dann fuhr sie wütend
zu ihm herum und schrie ihn an: «Bist du bescheuert,
mich so zu erschrecken?»

Angst hatte Marlene Jensen in diesem Moment wahrscheinlich nicht. Es war nur Ben, der Sohn von Jakob und Trude Schlösser, furchteinflößend mit seiner massigen Gestalt und seiner äußeren Aufmachung, aber völlig harmlos. Seine Mutter und ihre Tante Antonia betonten das ständig. Er ließ erneut seine Finger durch ihr Haar gleiten. «Fein», sagte er noch einmal.

«Laß das, du Idiot!» schrie Marlene.

Er zog seine Hand zurück. «Finger weg?» fragte er.

«Ja, genau», sagte Marlene in etwas gemäßigterem Ton. «Finger weg. Mach das nicht noch mal.» Dann drehte sie sich um und ging weiter auf die Wegkreuzung zu. Er folgte ihr.

«Finger weg», sagte er wieder. Diesmal klang es nicht nach einer Frage. Er griff nach ihrer Schulter. Marlene schüttelte seine Hand ab und begann zu laufen. Er hielt sich neben ihr, packte ihren Arm und zerrte daran, daß er sie beinahe zu Boden riß. Jetzt schrie er: «Finger weg!»

Ein Fetzen ihrer Jacke blieb in seiner Hand zurück, als Marlene ihren Arm mit einem Ruck aus seinem Griff befreite. Sie rannte schneller. Er überholte sie, baute sich breitbeinig vor ihr auf und spreizte die Arme, um ihr den Weg zu versperren. «Finger weg!» schrie er zum viertenmal.

«Hau ab!» schrie Marlene. «Hau bloß ab, du Idiot!»

Als er erneut die Hand nach ihr ausstreckte, schlug sie mit der Faust nach ihm. Er begann auf der Stelle zu tänzeln, griff dabei in seine Hosentasche. Als er die Hand wieder zum Vorschein brachte, hielt er ein Springmesser darin. Marlene erkannte es in der Dunkelheit erst, als er die Klinge herausschnappen ließ und ihr damit vor den Augen herumfuchtelte. Seine ohnehin dürftige Sprache verkam zu unverständlichen Gurgellauten, nur zwei Worte waren noch deutlich. «Rabenaas, kalt.»

Die ersten Jahre

Als er geboren wurde, an einem frostigen Tag im Februar 73, gab ihm niemand im Ort eine Chance. Wochenlang brannten vor dem Maria-Hilf-Altar in der Kirche die Kerzen. Das Unglück hatte sich schnell herumgesprochen. Trude war erst im sechsten Monat gewesen und so unglücklich auf den Stufen zur Küche gestürzt, daß sie mit Blaulicht und Martinshorn ins Krankenhaus nach Lohberg gefahren werden mußte. Noch im Rettungswagen zogen sie ihn ans Tageslicht, dann brachten sie ihn auf dem schnellsten Weg in eine große Klinik nach Köln.

Ein Menschlein von knapp drei Pfund. Jeder, der seine Eltern kannte, bangte mit ihnen. Jakob und Trude Schlösser waren ehrliche, aufrichtige und tüchtige Menschen, denen man von ganzem Herzen gönnte, daß die Ärzte ihren Sohn durchbrachten, wo sie so lange darum gekämpft hatten, ihn zu bekommen.

Jakob war Jahrgang 32, Trude vier Jahre jünger. Geheiratet hatten sie 1957 und fest damit gerechnet, bald Eltern zu werden. Aber Trude wurde nicht so leicht schwanger. Erst fünf Jahre nach ihrer Hochzeit kam Anita zur Welt, zwei Jahre später die zweite Tochter Bärbel. Dann tat sich nichts mehr.

Jakob war stolz auf Anita. Seine Älteste war ein überaus kluges Kind, das unentwegt Fragen stellte, auf die niemand eine Antwort wußte. Er empfand Zärtlichkeit für Bärbel. Sie war ein wenig phlegmatisch und längst nicht so aufgeweckt wie ihre Schwester. Jakob wollte sich darauf nicht verlassen, daß ihm die Mädchen eines Tages die richtigen Schwiegersöhne brachten – bei dreihundert Morgen Land sollte man einen Sohn haben.

Es gab Ende der sechziger Jahre noch dreizehn landwirtschaftliche Betriebe am Ort. Acht kleine, die kaum ihren Mann ernährten, und die fünf großen Höfe, die den Familien Schlösser, Lässler, Kreßmann, Kleu und von Burg gehörten. Mit Abstand der größte war der Besitz von Richard Kreßmann. Fünfzehnhundert Morgen, das war beinahe die Hälfte der näheren Umgebung.

Richard Kreßmann war 1968 noch ledig, obwohl er die Dreißig schon überschritten hatte. Aber Sorgen um die Erbfolge machte er sich nicht. Er war überzeugt, mit seinem Geld könne er sich Zeit lassen. Häufig erschien er mit jungen Frauen in Ruhpolds Schenke, der einzigen Kneipe im Ort. Die Gesichter wechselten oft. Wer einigermaßen bei Verstand war, ließ sich höchstens zweimal auf ein Rendezvous mit Richard ein. Er trank zuviel.

Paul Lässler besaß dreihundertzwanzig Morgen. Er war ein Jahr älter als Jakob und seit Kindesbeinen eng mit ihm befreundet. Auch er war Ende der sechziger Jahre noch nicht verheiratet, hoffte jedoch darauf, das bald zu ändern. Er war seit zehn Jahren verlobt mit Heidemarie von Burg.

Heidemaries Bruder Toni von Burg und seine Frau Illa bewirtschafteten vierhundert Morgen. Ihre Zukunft war schon gesichert: Uwe, ein kleiner Wildfang, der Illa gehörig auf Trab hielt und es ihr kaum erlaubte, gesellschaftliche Kontakte zu pflegen. Aber vielleicht war der lebhafte Junge nur eine Ausrede, Toni und Illa von Burg hatten immer sehr zurückgezogen gelebt.

Der Familie Kleu gehörten knapp dreihundertfünfzig Morgen. Über den alten Kleu und seine Frau gab es nicht viel zu sagen. Ihr Sohn Bruno war noch zu jung, um ans Heiraten zu denken, aber seine Wahl hatte er schon getroffen. Er war hinter Maria Lässler her wie der Teufel hinter der armen Seele, was ihr Bruder Paul gar nicht gerne sah. Bruno Kleu war bekannt für seine Prügeleien und bewies schon mit achtzehn Jahren, daß er imstande war, Söhne zu zeugen, er schwängerte ein Mädchen aus

Lohberg. Zum Leidwesen seines Vaters, der für die Alimente aufkommen mußte.

Für Jakob und Trude gab es von Monat zu Monat Hoffnung und Enttäuschung – sechs lange Jahre. Überall tat sich etwas. Im Frühjahr 69 löste Paul Lässler seine Verlobung mit Heidemarie von Burg, heiratete noch im gleichen Monat die achtzehnjährige Antonia Severino und hielt drei Monate später den ersten Sohn im Arm, leider nur für ein paar Minuten. Pauls Ältester kam mit einem Herzfehler auf die Welt. Doch der war rasch behoben, und Antonia war ein knappes Jahr später erneut schwanger.

Illa von Burg schenkte Toni nach den beiden Söhnen noch eine Tochter. Bruno Kleu schwängerte das zweite Mädchen aus Lohberg, bekam den zweiten unehelichen Sohn und von seinem Vater eine anständige Tracht Prügel, die ihn vorübergehend zur Vernunft brachte.

Richard Kreßmann überzeugte Thea Ahlsen, die sich Hoffnungen auf den jungen Apotheker Erich Jensen gemacht hatte, daß fünfzehnhundert Morgen Land ein paar Schnäpse zuviel ausglichen und entschieden mehr Wert hatten als eine Apotheke. Sechs Wochen nach der Trauung verkündete Thea im ganzen Dorf, sie sei schwanger, es hätte schon in der Hochzeitsnacht funktioniert, was sich allerdings als Irrtum erwies.

Jakob und Trude Schlösser hatten die Hoffnung schon fast aufgegeben. Jakob überschritt die Vierzig, auch Trude wurde allmählich zu alt. Und dann lag er im Brutkasten, der ersehnte Erbe für den Hof. Benjamin ließen sie ihn taufen, weil er so winzig war. Doch wenn sie von ihm sprachen, nannten sie ihn nur Ben. Es hörte sich kräftiger an.

Trude fuhr täglich mit dem Auto zur Klinik, damals fuhr sie noch selbst. Sie lieferte die Muttermilch ab, die er über eine Magensonde eingeflößt bekam. Eine geschlagene Stunde stand sie jedesmal neben dem Inkubator, be-

trachtete das erbärmliche Bündel Mensch, dessen Knöchlein sie durch die dünne Haut zu sehen glaubte, weinte
ein paar Tränen und betete, der Himmel möge ein Einsehen haben, ihn überleben und wachsen lassen. Und irgendwo wurden die Gebete erhört.

Als sie ihn nach vier Monaten endlich nach Hause holen durften, wog er fünf Pfund. Die Finger und das Gesicht waren noch so durchscheinend, daß niemand es
wagte, in seiner Nähe tief Luft zu holen. Aber die Ärzte
sagten, er sei über den Berg. Auch Freunde und Bekannte
machten Mut.

Thea Kreßmann, selbst gerade erst Mutter geworden,
brachte beim ersten Besuch ihren Albert zum Vergleich
mit. Mit seinen sechs Wochen war Theas und Richards
Sohn doppelt so schwer wie Ben. Thea war mehr als stolz
und überzeugt, es sei ein Ammenmärchen, daß ein bißchen Alkohol den Kindern schaden würde.

Antonia Lässler erinnerte Trude an die Herzoperation
ihres Ältesten, der sich danach prächtig entwickelt hatte.
Bruno Kleu war noch nicht verheiratet, seine Mutter
kam, um zu gratulieren. Illa von Burg hielt sich etwas zurück, kam wegen ihrer lebhaften Kinder nicht gleich in
den ersten Tagen. Auch die Männer kamen nicht ins
Haus, sie ließen sich in Ruhpolds Schenke von Jakob berichten, wie es mit Ben von Tag zu Tag aufwärts ging.

1973 war Jakob noch Mitglied im Schützenverein,
spielte manchmal am Sonntag nachmittag in der Alte-
Herren-Mannschaft Fußball. Erich Jensen und Heinz
Lukka bedrängten ihn gleichermaßen, der SPD oder der
CDU, auf jeden Fall aber dem Gemeinderat beizutreten.
Die kommunale Neugliederung stand bevor, dem Dorf
drohte die Eingemeindung in die Stadt Lohberg. Der
Apotheker und der Rechtsanwalt meinten, man könne
das vielleicht verhindern. Doch Jakob hatte keinen Sinn
für die Politik und das Gemenge hinter den Fassaden.

Er hatte auch keine Zeit. Zwar lebten seine Eltern noch, aber sein Vater war dreiundachtzig. Das sah ihm allerdings niemand an. Groß war er, der alte Schlösser, fast so groß, wie sein Enkel später einmal werden sollte. In jungen Jahren war er auch von ebenso massiger Gestalt gewesen. Das Alter hatte ihn hager gemacht und zäh. Er fuhr noch regelmäßig den Traktor und erledigte die Arbeit in den Ställen fast alleine, bis ihn im März 75 der Schlag traf.

Auch Jakobs Mutter war trotz ihres hohen Alters noch sehr rüstig. Sie führte den Haushalt, versorgte die Hühner, kümmerte sich um die beiden Enkeltöchter Anita und Bärbel. Sie nahm auch den Säugling in ihre Obhut, damit Trude weiterhin bei der Feldarbeit helfen konnte.

Unter der Fürsorge seiner Großmutter gedieh Ben, daß es eine Freude war. Zur Kirmes im Mai 74 saß er schon halbwegs aufrecht im Kinderwagen, den Rücken mit einigen Kissen gestützt, aber mit rosigen Wangen und prallen Fäusten. Trudes Augen leuchteten vor Stolz, als sie ihn über den Festplatz schob und auf jedem Meter angesprochen wurde.

An einer der Buden kaufte sie eine bunte Rassel, die ein Alpenläuten erzeugte, wenn man sie kräftig schüttelte. Schütteln mochte Ben sie nicht, der Lärm machte ihm angst. Aber er behielt sie in der Faust, warf sie nicht in hohem Bogen aus dem Kinderwagen, wie Albert Kreßmann es mit jedem Ding tat, das man ihm in die Finger drückte.

Beim Schützenfest im September trug Jakob ihn schon auf dem Arm über den Platz, stellte ihn dort, wo das Gewimmel von Menschen weniger dicht war, auf seine Füße und ließ ihn eigene Schritte tun. Trude kaufte ihm ein Windrad, mit dem er allerdings nichts anzufangen wußte.

Und im Mai 75 – Jakobs Vater war zwar gerade erst unter der Erde, aber den Kindern wollte man die kleine

Freude nicht verderben – fuhr Ben zusammen mit Bärbel auf dem Karussell. Jakob mußte während der Fahrt aufspringen und ihn herunternehmen, weil er in Panik geriet und losschrie, als wolle man ihm an die Kehle.

Was schon seit Monaten wie ein drohendes Unheil über ihren Köpfen hing, ballte sich allmählich zu einer Faust, die Trudes Herz schmerzhaft umklammerte. Ben hatte gelernt, zu sitzen, zu stehen, einige Schritte zu tun und ein paar unverständliche Laute von sich zu geben. Aber mehr kam nicht. Es geschah nur noch, worum Trude so inbrünstig gebetet hatte. Er lebte und wuchs.

Jakobs Mutter sagte bis zu ihrem Tod im November 76 häufig, es sei ein Glück, daß ihr Mann es nicht mehr habe erleben müssen. Zusammen mit den alten Frauen aus der Nachbarschaft zerbrach sie sich den Kopf, wessen Schuld es sein könnte.

Man rekonstruierte die Zeit bis zu seiner Geburt, so gut man sie im Gedächtnis hatte. Doch niemand erinnerte sich an einen großen schwarzen Hund, vor dem Trude sich erschreckt haben könnte. Es waren auch keine Zigeuner auf den Hof gekommen, die – als man sie abwies – einen Fluch zurückgelassen hätten. Und in beiden Familien gab es keine gleichgelagerten Fälle. Bei den Schlössers sowieso nicht, aber auch von Trudes Seite war nichts Negatives bekannt.

Daß die Ursache allein in Trudes Sturz auf den vereisten Stufen zur Küche liegen könnte, zog Jakobs Mutter nicht in Betracht. In diesem Fall wäre sie die Verantwortliche gewesen. Sie hatte an dem Unglückstag versäumt, rechtzeitig Asche zu streuen.

Bis zuletzt hoffte Bens Großmutter, daß sich noch etwas ändern würde. Einen Monat vor ihrem Tod pilgerte sie mit der katholischen Landfrauengemeinde nach Lourdes, brachte zwei Flaschen Weihwasser und eine

Lungenentzündung mit heim. Mit dem Wasser beträufelte sie Bens Hinterkopf, an der Lungenentzündung starb sie.

Für Trude war der Tod ihrer Schwiegermutter ein herber Schlag. Auf die ersten beiden Jahre voll Stolz, Mutterglück, bangen Nächten und dummen Fragen folgte für sie eine dumpfe Zeit. Sie wollte nicht wahrhaben, was sie sah, wenn sie vom Feld oder aus den Ställen kam, die Küche betrat und Ben in einer Ecke sitzen sah.

Seiner Großmutter gehorchte er aufs Wort, wo sie ihn hinsetzte, blieb er sitzen, oft genug mit wundem Hintern und vom Weinen verquollenem Gesicht. Er schaute nicht auf, wenn Trude hereinkam, war völlig apathisch in seiner trüben Welt versunken.

Für seine Schwestern war er nicht mehr als ein Besen, den man in eine Ecke stellte. Anita strebte nach Höherem, war mit einer Arzttochter befreundet und tat, als existiere ihr Bruder nicht. Bärbel erbarmte sich manchmal, stopfte ihm einen Bonbon in den Mund und strich ihm übers Haar, wenn keiner zuschaute. Jakob nahm ihn abends auf den Schoß, ließ ihn auf seinen Knien reiten und sagte: «Ach, das wird schon.» Aber nicht einmal er konnte Ben ein Lächeln abringen.

Der Winter 76/77 war für Trude besonders hart. Sie schleppte ihn auf Schritt und Tritt mit sich, sagte ihm ein paar Worte vor. Und abends besprach sie mit Jakob, wie es nun weitergehen sollte. Bis zum Frühjahr mußte eine Lösung gefunden werden, alleine konnte Jakob die Feldarbeit nicht bewältigen.

Mit dem Problem hatten auch die anderen schon zu kämpfen gehabt und eine Lösung gefunden. Paul Lässler, Toni von Burg und der alte Kleu hatten Anfang der siebziger Jahre eine Arbeitsgemeinschaft gebildet. Richard Kreßmann war darauf nicht angewiesen, er beschäftigte ein halbes Dutzend Leute.

Nun wollte Toni von Burg aus der Arbeitsgemeinschaft aussteigen und sich auf Geflügelzucht spezialisieren. Er war dabei, einen Großteil seines Landes zu verkaufen – als Bauland. Thea Kreßmann berichtete bei jedem Besuch, daß Toni sich eine goldene Nase damit verdiente. Den Gewinn wollte er in große Mietshäuser investieren, erzählte Thea, damit ihm die Steuer nicht alles wegfraß. Nur zu gerne trat Jakob an Tonis Stelle und organisierte nun mit Hilfe seiner Freunde die Arbeit auf seinem Hof.

Trude legte zum Ausgleich für sich einen Gemüsegarten neben der rückwärtigen Ausfahrt an. Im Frühjahr und im Sommer 77 floh sie täglich nach dem Mittagessen hinaus und setzte Ben auf einem Pfad zwischen den Beeten ab, wo er auch anfangs noch sitzenblieb. Aber nicht lange. Er mochte zu blöd sein, das Wort Mama auszusprechen, doch er begriff schnell, daß seine Mutter aus einem anderen Holz geschnitzt war als die Großmutter.

In den ersten Tagen verwirrte ihn die Weite ringsum noch. Er blinzelte unsicher ins Sonnenlicht, staunte mit halboffenem Mund die Wolken an und zuckte erschreckt zusammen, wenn ihm eine Biene oder ein Falter zu nahe kam. Dann kroch er das erste Mal ein Stück vorwärts auf den Feldweg zu, der parallel zur Bachstraße hinter dem Garten vorbei Richtung Lohberg führte. Den Blick hielt er dabei noch mißtrauisch und ängstlich auf Trude gerichtet. Schon nach einer Woche wieselte er seinem Ziel so schnell entgegen, daß Trude die Luft ausging, ehe sie ihn wieder zu packen bekam. «Nein, nein», keuchte sie jedesmal. «Du mußt bei mir bleiben.»

Es half nicht viel, mit ihm zu reden. Er verstand es nicht. Für ihn war es ein Spiel, weglaufen und gefangen werden. Trude dachte oft, daß er wirklich nur begriff, was verboten war, wenn man ihn verprügelte, wie ihre Schwiegermutter es getan hatte. Das brachte Trude nicht übers Herz. Anbinden mochte sie ihn auch nicht, er war doch kein Tier. Aber jedesmal, wenn sie hinter ihm her hetzte, hatte sie das Gefühl, daß ihr alles über dem Kopf zusammenschlug.

Isoliert und ausgeschlossen, das Stigma nicht auf der Stirn, nur an der Hand. Sie konnte nicht mehr mit Illa von Burg am Sonntag morgen die heilige Messe besuchen. Sie konnte Antonia Lässler nicht mehr am Sonntag nachmittag nach Lohberg begleiten und sich eine Stunde in der Eisdiele gönnen, während die Männer auf dem Fußballplatz waren. Sie konnte niemanden mehr einladen auf einen Kaffee am Nachmittag. Sie konnte auch die Einladungen anderer nicht mehr annehmen, schon gar nicht, wenn es sich um größere Ereignisse handelte.

An der Hochzeit von Erich Jensen und Maria Lässler hatte sie noch teilgenommen. Aber das war 1974 gewesen. Da hatte ihre Schwiegermutter noch gelebt und war mit Ben daheim geblieben. Als Bruno Kleu das dritte Mädchen aus Lohberg schwängerte und Renate auf Befehl seines Vaters im September 77 heiraten mußte, schob Trude eine Migräne vor. Jakob ging mit den beiden Töchtern hin.

Als Anfang Oktober Bruno und Renate Kleus Sohn auf den Namen Dieter getauft wurde, hatte Trude so starke Rückenschmerzen, daß sie unmöglich in der Kirche stehen und auch nicht an einem Kaffeetisch sitzen konnte. Und als drei Wochen später Toni und Illa von Burgs kleine Tochter auf dem Schulweg überfahren wurde, bekam Trude zur Beerdigung eine Magenverstimmung.

Nur konnte sie niemanden wegschicken, der unaufgefordert kam. Antonia Lässler ließ sich das nicht nehmen. Durch die enge Freundschaft ihres Mannes zu Jakob hatte sie schon vor Bens Geburt regen Kontakt mit Trude gehabt. Der Lässler-Hof lag ebenfalls an der Bachstraße, die damals nur auf einer Länge von etwa dreihundert Metern bebaut war. Pauls Anwesen lag am Anfang, Jakobs

Hof praktisch am Ende, da waren sie fast Nachbarn. Und trotz des Altersunterschieds von fünfzehn Jahren hatten sie sich immer sehr gut verstanden.

Antonia wollte nicht einsehen, warum es damit vorbei sein sollte, nur weil Trude jetzt einen Sohn hatte, der unerwartet am Tischtuch riß, eine Kaffeetasse umstieß oder mit einem Autoschlüssel im Hühnerstall verschwand, wenn man nicht aufpaßte. Antonia war sogar der Ansicht, man könnte ihn einmal mit in die Eisdiele nehmen. Ihr Vater würde sich bestimmt nicht aufregen, wenn Ben ein bißchen herumsprang, weil er nicht stillsitzen konnte. Aber das hätte Trude nie gewagt.

Illa von Burg konnte Trude verstehen und sah ein, daß Trude ihn nicht mit in die Kirche nehmen wollte. Aber die halbe Stunde nach der Messe verbrachte Illa jeden zweiten Sonntag in Trudes Küche, weil sie ohnehin in der Nachbarschaft zu tun hatte. Nicht einmal nach dem Tod ihrer Tochter stellte sie diese Besuche ein, wollte wenigstens guten Tag sagen, auch wenn Ben dabei seine schmierigen Finger an ihrem schwarzen Rock abwischte.

Sogar die junge Renate Kleu erschien hin und wieder mit dem Kinderwagen. Bei ihrer Hochzeit hatte sie von Jakob gehört, daß auch Trude in Lohberg aufgewachsen war. Neu im Dorf, nicht vertraut mit den Gepflogenheiten auf dem Lande, schüchtern und überfordert von Brunos Verhalten, sah Renate ausgerechnet in Trude den einzigen Menschen, mit dem sie offen reden konnte.

Von sieben Abenden in der Woche verbrachte Bruno sechs außer Haus. Seine Mutter fand, man könne einem jungen Mann ein Bierchen nach Feierabend nicht verweigern. Sein Vater riet ständig, Renate solle Bruno begleiten und sich vergewissern, daß es bei den Bierchen in Ruhpolds Schenke blieb. Aber Bruno wollte sie nicht mitnehmen. Seit sie verheiratet waren, wollte er sie eigentlich gar nicht mehr. Wenn er mit ihr schlief, höchstens einmal im

Monat, war das eine Sache von fünf Minuten. Und dabei schwärmte er ihr von Maria Jensen vor, stieß Verwünschungen aus gegen Paul Lässler und Erich Jensen. Aber an Scheidung wagte Renate nicht zu denken, was sollte dann aus ihrem Sohn werden?

Da wußte Trude beim besten Willen keinen Rat. Sie konnte nicht einmal richtig zuhören, war nur bemüht, Ben von Renates Kinderwagen fernzuhalten.

Am schlimmsten war es immer, wenn Thea Kreßmann erschien, um dumme Ratschläge zu erteilen und ihren Albert vorzuführen wie einen gut dressierten Hund. Thea kam mindestens viermal in der Woche und wies auf die Unterschiede hin, als ob Trude die nicht selbst bemerkt hätte. Albert konnte Eier einsammeln, jedenfalls behauptete Thea, er würde ihr dabei helfen. Wahrscheinlich wußte Thea nicht einmal, wie ein Hühnerstall von innen aussah.

Ben wußte es um so besser, weil Trude ihn zwangsläufig an ihrer Seite halten mußte. Und wenn sie nicht hinschaute, schnappte er sich ein Küken, rieb sich die Wangen damit ab und stopfte es sich in die Hosentasche. Wenn es dort ankam, hatte er es meist schon in der Faust zerdrückt.

Als er fünf Jahre alt wurde, konnte er es an Größe, Gewicht und Körperkraft bereits mit einem Achtjährigen aufnehmen. Allmählich begannen die Leute, ihn mißtrauisch zu beäugen. Trude schwitzte Blut und Wasser, wenn sie ihn mit ins Dorf nahm – mitnehmen mußte, weil Anita sich weigerte, ihn auch nur für eine Viertelstunde zu betreuen, und Bärbel nicht mit ihm fertig wurde.

Also lief oder stand er neben Trude, den Mund halboffen, einen Speichelfaden über das Kinn gezogen, die Stirn in Falten gelegt, als denke er unentwegt über ein schwieriges Problem nach. Vielleicht tat er das. Wer wußte schon, was ihm durch den Kopf ging? Manchmal stieß er unvermittelt einen wilden Schrei aus, und die Leute drehten sich auf der Straße um. Manchmal sprang er urplötzlich in die Luft, und Trude renkte ihm fast den Arm aus im Bemühen, ihn vor einem Sturz zu bewahren. Hielt sie ihn nicht fest genug am Handgelenk, riß er sich häufig los, stürzte auf Passanten zu, umklammerte sie mit blödem Grinsen. Und Trude fühlte sich, als ginge sie mit einem tollwütigen Hund spazieren.

Die meisten Leute wagten es nicht, sich zu beschweren, wenn er sie belästigte. Jakob und Trude waren angesehene Bürger, da rang man sich ein gequältes Lächeln ab, strich ihm mit spitzen Fingern übers Haar und sagte: «Ach, das ist doch nicht so schlimm, Frau Schlösser.»

Für Trude war es schlimm. Sie litt unter Herzrasen, Kreislaufbeschwerden, Schlafstörungen und Schweißausbrüchen. Zweimal die Woche mußte sie ihren Blutdruck messen lassen, hielt ihn auch dabei an der Hand oder auf dem Schoß. Hielt seine Hände fest im Griff, weil er sonst nach den blinkenden Instrumenten grapschte, die in einer Schale auf dem Tisch lagen, neben dem sie in der Arztpraxis Platz nehmen mußte. Alles, was blinkte, faszinierte ihn. Keine Gabel, kein Löffel, kein Messer auf dem Tisch war sicher vor seinem Zugriff. Hundertmal am Tag rief Trude: «Finger weg!»

Noch schlimmer als das ständige Grapschen war sein Nachahmungstrieb. Wenn Albert Kreßmann Faxen machte, war Ben sein Spiegelbild. Wenn der kleine Dieter Kleu seine Mutter vors Schienbein trat und sich vor Wut auf den Boden warf, weil er seinen Willen nicht bekam, lag Ben Sekunden später neben ihm.

Wenn Bärbel sich am Nachmittag eine Puppe vom Bett holte, wollte er auch eine haben. Und wenn Trude ihm die Puppe aus der Hand nahm, weil er doch ein Junge war, warf er sich auf den Boden, wie er es oft bei Dieter Kleu sah, kreischte und heulte, trat mit den Füßen und schlug mit dem Kopf auf. Oder er rannte auf seinen flinken Beinen in den Hühnerstall, erwürgte zwei oder drei Küken und bockte den Rest des Tages.

Albert Kreßmann wurde trotz seiner Faxen Anfang 79 für reif befunden, ab Herbst die Grundschule zu besuchen. Bei Ben schüttelte man nur den Kopf. Es reichte nicht einmal für die Sonderschule. Der Professor, den Trude im März 79 auf mehrfachen Rat Thea Kreßmanns doch noch konsultierte, sprach aus, was Trude bis dahin nicht zu denken gewagt hatte: Hochgradiger Schwachsinn!

Ben saß noch nackt auf dem Untersuchungstisch, einen blinkenden Stab in der Faust, ein Stück Schokolade im Mund, weil man ihn nur mit Süßigkeiten veranlassen konnte, für ein paar Minuten stillzusitzen, als der Professor erklärte: «Sein Nachahmungstrieb bietet natürlich einige Möglichkeiten. Aber rechnen Sie nicht damit, daß er mit Ausdauer bei einer Sache bleibt. Er ist sehr aktiv und leicht abzulenken. Und er ist sehr groß und kräftig für sein Alter. Auf Dauer sind Sie mit seiner Betreuung überfordert. Das Beste wird sein, wenn Sie so schnell wie möglich ein gutes Heim für ihn suchen.»

Trude schaute ihn an, diesen Sohn, den sie sich mehr gewünscht hatte als sonst etwas auf der Welt. Und er schaute sie an, wälzte die Schokolade im Mund. Brauner Speichel rann ihm übers Kinn. Trude wischte ihn ab. Er grinste schief, hob die Faust mit dem Stab, als wolle er sich mit dieser Geste für das saubere Kinn bedanken.

Das war der Augenblick, in dem Trude begann, ihn zu lieben, wirklich, wahrhaftig und inbrünstig zu lieben. Es war der Moment, in dem sie sich schwor, ihn gegen alle Anfeindungen und jede Willkür zu verteidigen und für ihn zu kämpfen, allen gerümpften Nasen, allen pikierten Gesichtern zum Trotz.

16. August 1995

Genaugenommen war Trude die einzige, die den Schrecken dieses Sommers in seinem gesamten Ausmaß erlebte. Für sie hatte es schon im Juli begonnen. Da legte Ben an einem Montag morgen eine kleine, mit den Abdrücken blutiger Finger beschmierte Handtasche auf den Küchentisch.

Über das Blut machte Trude sich keine Gedanken. Ben hatte ein paar tiefe Kratzer auf dem linken Handrücken und zwei aufgerissene Fingerkuppen. In der Tasche befanden sich eine Geldbörse mit ein paar Münzen, zwei in ein Papiertuch eingewickelte Pillen, Kamm, Spiegel, Lippenstift und ein Personalausweis, ausgestellt auf den Namen Svenja Krahl mit einer Adresse in Lohberg. Alles war sauber. Trude nahm an, er hätte die Tasche irgendwo draußen gefunden und eine Weile mit sich herumgetragen.

Er brachte oft etwas mit von seinen Streifzügen. Einen verbeulten Aluminiumtopf, den Trinkbecher einer Thermoskanne, den irgendwer draußen verloren hatte. Einmal kam er mit einem ausrangierten Autoreifen heim und wollte Jakob eine Freude damit machen. Aber meist waren es Kleinigkeiten, die er Trude auf den Küchentisch legte, hübsch geformte oder gemaserte Steine, Scherben und die Überreste von Feldmäusen.

Vor zwei Jahren hatte er Trude einen Schrecken eingejagt mit einem alten Knochen, der unmöglich von einer Feldmaus stammen konnte, eher von einem Schwein. Nur verscharrte niemand ein Schwein im freien Feld. Dafür gab es Schlachthöfe. Der Knochen konnte ebensogut zu einem Menschen gehört haben, der vor Jahr und Tag am falschen Platz unter die Erde geraten war. So genau hatte Trude ihn nicht angeschaut, daß sie ihn mit Bestimmtheit hätte zuordnen können. Darüber hinaus hatte sie bis zu dem Moment, als Ben ihr das verwitterte Ding auf den Küchentisch legte, noch nie einen menschlichen Oberschenkelknochen aus der Nähe gesehen.

Im vergangenen Jahr hatte er mal einen dreckigen Lappen bei sich gehabt, der sich bei näherer Betrachtung als Unterhöschen entpuppte und im Mittelteil außer dem Dreck ein paar Blutspuren aufwies. Aber derartiges fand sich schnell in einer Gegend, in der sich in lauen Nächten die Liebespaare im Dutzend tummelten. Da mochte auch mal eine Jungfrau mit von der Partie sein, die sich anschließend nicht traute, ihrer Mutter einen Beweis heimzubringen, und ihr Höschen lieber an Ort und Stelle zurückließ.

Und warum sollte nicht ein junges Mädchen, das anderes im Sinn hatte, als seine Sachen beisammenzuhalten, seine Tasche verlieren? Und Ben hatte sie dann eben gefunden. So sah Trude die Sache zu Anfang. Sie lobte ihn, wischte das Blut ab und suchte im Telefonbuch. Aber unter dem Namen Krahl gab es keinen Eintrag. Also legte Trude die Tasche an die Seite, um sie beim nächsten Besuch in der Stadt bei der angegebenen Adresse abzugeben.

Aber am Dienstag abend erzählte ihr Heinz Lukka dann, in der Nacht zum Montag sei er aufgewacht, weil draußen ein Mädchen geschrien hätte. Er sei aufgestanden, habe aus dem Fenster geschaut, jedoch nichts gesehen in der Dunkelheit.

Daraufhin verbrannte Trude die kleine Tasche samt Inhalt im Küchenherd, war glücklich und dankbar, daß sie vergessen hatte, Jakob davon zu erzählen, und immer noch überzeugt, daß Ben sie draußen gefunden und sich die Hände am Stacheldraht der eingezäunten Wiese aufgerissen hatte. Die Wiese gehörte zu ihrem ehemaligen Grundstück an der Bachstraße. Ihn zog es immer noch dorthin.

Aber wer hätte ihr geglaubt, daß er in der Nacht zum Montag nur harmlos auf der Wiese gespielt hatte? Jeder hätte doch angenommen, er habe Svenja Krahl die Handtasche entrissen. Und jeder hätte sich gefragt, warum das Mädchen den Vorfall nicht bei der Polizei gemeldet habe. Und wenn Heinz Lukka dann erklärt hätte, er habe ein Mädchen schreien hören ...

Nach diesem Ereignis im Juli hatte Trude jeden Tag die Zeitung kontrolliert, keine Zeile über Svenja Krahl gefunden und sich allmählich wieder beruhigt.

An dem Mittwochmorgen im August fand sie einen Artikel über Marlene Jensen, die seit Sonntag von ihren Eltern vermißt wurde. Gehört davon hatte Trude schon am Dienstag beim Einkaufen. Renate Kleu hatte ihr erzählt, daß Marlene sich am Samstag abend in der Diskothek in Lohberg mit zwei jungen Männern amüsiert, kräftig auf ihren Vater geflucht und es strikt abgelehnt habe, sich von Dieter mit zurück ins Dorf nehmen zu lassen. Von den Schlägen, die ihr ältester Sohn hatte einstecken müssen, hatte Renate Kleu nicht gesprochen.

Von Thea Kreßmann hatte Trude zusätzlich erfahren, daß auch Albert die Heimfahrt angeboten und sich nachts um eins noch einmal vergebens nach Lohberg bemüht hatte. Außerdem wußte Thea Kreßmann, daß Erich Jensen für das gesamte Wochenende einen Hausarrest verhängt hatte. Thea war überzeugt, Marlene sei ausgerissen, um Erich zu zeigen, daß sie sich nicht alles bieten ließ.

Auch in der Zeitung war die Rede von häuslichen Differenzen. Es war ein kleines Foto dabei, eine Beschreibung der Kleidung – Jeans mit auffälligen Nieten, hellblaue Windjacke. Der Artikel endete mit der eindringlichen Bitte von Maria Jensen, Marlene möge doch endlich heimkommen, man sei ihr nicht böse. Darüber hinaus gab es nur noch einen Appell an die beiden jungen Männer, in deren Wagen Marlene gestiegen war, sich in der Apotheke oder bei der Polizei zu melden und Auskunft über den Verbleib des Mädchens zu geben.

Gemeint war die örtliche Polizeistation in Lohberg. Erich Jensen kannte den Dienststellenleiter persönlich, sie waren beide Mitglieder derselben Partei. Der Apotheker wollte kein Aufsehen, er war sogar dagegen gewesen, daß seine Frau die Presse informierte. Maria Jensen hatte sich mit Unterstützung von Bruder und Schwägerin durchgesetzt. Angesichts der Ausgangssituation schien es für die Polizei in Lohberg eine alltägliche Sache. Grund zur Besorgnis sah man nicht. Daß bereits vier Wochen zuvor ein gleichaltriges Mädchen verschwunden war, wußte niemand.

Das wußte auch Trude nicht mit Sicherheit, weil sie nichts unternommen hatte aus Furcht vor dummen Fragen oder anderen Konsequenzen. Trude hatte sich nur den Kopf zerbrochen, ob Svenja Krahl das Mädchen gewesen war, das Heinz Lukka hatte schreien hören. Wenn ja, ob sie vor Schreck geschrien hatte oder vor Angst oder aus anderen Gründen.

Um Marlene Jensen machte sie sich nur halb so viele Gedanken. Sie überflog den Zeitungsartikel rasch, nachdem sie das Frühstücksgeschirr abgewaschen hatte. Dann faltete sie die Zeitung zusammen und trug sie ins Wohnzimmer, damit Jakob abends einen Blick hineinwerfen konnte. Morgens kam er nur selten dazu. Meist wurde die Zeitung erst geliefert, wenn er schon aus dem Haus war. Es hatte viele Vorteile gehabt, im April 1987 den Hof von der Bachstraße ins freie Feld zu verlegen. Die Zeitung war ein kleiner Nachteil.

Kurz vor neun hörte Trude die Kellertür klappen. Ben kam grundsätzlich durch den Keller. Sie hatte ihm verboten, mit seinen erdverschmierten Stiefeln durch die oberen Räume zu laufen. Und einfache Verbote merkte er sich recht gut. Auch seinen Spaten ließ er immer unten.

Er war die ganze Nacht unterwegs gewesen. Seit dem Wochenende im Juli hatte er keine Nacht mehr in seinem Bett verbracht. Wenn er zum Abendessen nach Hause kam – was er meistens nicht tat, weil er befürchtete, festgehalten zu werden –, verschwand er, kaum daß der Teller geleert war. Trude sah ihn erst am nächsten Morgen wieder, wenn sein leerer Magen ihn heimtrieb.

Zu hören war er auf Socken nicht, als er die Treppe heraufkam. Unvermittelt tauchte er im Türrahmen auf und füllte ihn fast aus. Schultern wie ein Ringer, Fäuste wie Schmiedehämmer, eine Kraft in den Armen, die es ihm erlaubt hätte, einem Ochsen mit einem Schlag das Genick zu brechen, wäre er nur auf die Idee gekommen, einen Ochsen zu schlagen. Aber er war friedfertig, sanft wie ein Lamm, davon war Trude trotz unzähliger unliebsamer Vorfälle fest überzeugt.

Er kam in die Küche, schmutzig wie einer, der stundenlang im Dreck gewühlt hat. Das Fernglas baumelte am Riemen vor seiner Brust. Er trug es stets bei sich, wenn er draußen war, obwohl es ihm nachts nicht viel nutzte.

«Nein, nein», sagte Trude, als er sich an den Tisch setzen wollte, «erst Hände waschen. Das weißt du doch.»

Natürlich wußte er es, aber er versuchte immer, sich davor zu drücken. Nicht weil er das Wasser scheute, nur die Schmerzen, wenn Trude ihn verarztete. Seine Hände und Unterarme waren mit alten Narben, frischen Kratzern und Blasen übersät, die er sich regelmäßig an Disteln und Nesseln, am Stacheldraht und anderen Hindernissen holte.

Widerstandslos ließ er sie sich von seiner Mutter unter den Wasserhahn halten, ließ Trude schrubben und kontrollieren, ob frische Wunden dazugekommen waren, die versorgt werden mußten. Trude fand einen Holzsplitter. Er steckte tief in der Kuppe des rechten Mittelfingers und ließ sich allein mit der Pinzette nicht fassen. Sie mußte mit einer Nadel nachhelfen. Er zog zischend die Luft ein.

«Wo hast du dir den wieder geholt?» Sie fragte aus Gewohnheit. Mit einer Antwort rechnete sie nicht. Sein Sprachschatz war äußerst dürftig, umfaßte nur wenige deutlich gesprochene Worte. Wenn man so vertraut mit ihm war wie Trude, konnte man mit etwas gutem Willen interpretieren, was er von sich gab. Trude war sicher, daß sie ihn immer verstand. Man mußte halt genau hinhören, ob er fragte, Auskunft oder eine Bestätigung gab.

Nachdem der Splitter aus dem Finger gezogen war, lutschte er an der blutenden Kuppe, setzte sich an den Tisch und äugte erwartungsvoll zum Schrank. Trude holte Brot heraus, bestrich ein paar dicke Scheiben mit Butter und Mettwurst, füllte eine große Aluminiumtasse mit Milch und stellte alles vor ihn hin. Während er sich über sein Frühstück hermachte, wusch sie das Messer vom Eßbesteck ab und legte es zurück in das Schrankfach, verschloß die Schranktür und steckte den Schlüssel in die Kitteltasche.

In Windeseile hatte er seinen Teller und die Tasse geleert, danach verließ er die Küche. Als Trude wenig später nach ihm schaute, lag er in seiner schmutzigen Kleidung auf dem Bett und schlief. Kurz nach eins kam er herunter, ließ sich ein frisches Hemd und eine saubere Hose anziehen, einen Teller füllen. Er aß und verschwand durch den Keller.

Seit Juli blieb die Kellertür für ihn Tag und Nacht offen. Einmal in den letzten Wochen hatte Jakob sie geschlossen. Da hatte er versucht, sich durch ein Kellerfenster ins Freie zu zwängen. Er war steckengeblieben, hatte gewimmert und gejault wie ein junger Hund, bis Trude und Jakob aufwachten und ihn mit Mühe befreiten. Die Druckstellen, die der eiserne Fensterrahmen in seinem Fleisch hinterlassen hatte, waren immer noch zu sehen.

Als Jakob um sieben von der Arbeit kam, war Ben noch unterwegs. Trude hatte sein Bett frisch bezogen, putzte das Fenster in seinem Zimmer, hielt dabei ein wenig Ausschau und hoffte, daß er für die Nacht heimkam.

Später saß sie mit Jakob im Wohnzimmer. Sie unterhielten sich über Marlene Jensen. Trude war ausnahmsweise einmal einer Meinung mit Thea Kreßmann. Jakob mochte nicht so recht glauben, daß Erichs Tochter ausgerissen war. «Mal für eine Nacht», meinte er. «Aber ein paar Tage, wo soll sie denn sein?»

«Vielleicht bei den Männern, die sie in der Diskothek kennengelernt hat», antwortete Trude. «Erich ist wirklich zu streng. Antonia sagt das auch immer. Ich könnte mir schon vorstellen, daß sie ihm einen Denkzettel verpassen will.»

17. August 1995

Am Donnerstag verließ Jakob das Haus wie gewöhnlich um sieben. Er holte den Wagen aus der Scheune und fuhr das erste Stück auf einem Weg, der so schmal war, daß zwei Fahrzeuge nur mit Mühe aneinander vorbei kamen. Nach etwa sechshundert Metern kam die erste Kreuzung, geradeaus verlief der schmale Weg noch zweihundert Meter weiter zwischen Gärten und Feldern, ehe er auf die Bachstraße traf.

Jakob bog nach links ab in den breiten Weg, der parallel zur Bach- und zur Landstraße nach Lohberg führte. Er fuhr die zwei Kilometer bis zur nächsten Kreuzung bei Lukkas Bungalow mit schwerem Herzen. Für ihn war dieses Stück immer die schwierigste Strecke. Sie führte vorbei an seinem ehemaligen Besitz, an unzähligen Erinnerungen.

Niemand gab so leicht einen Platz auf, an dem er geboren war, an dem er die Kindheit und Jugend verbracht hatte und danach noch so viele Jahre, in denen er hier geträumt, geliebt, gehofft, geschwitzt und gelitten hatte. Diesen Ort sah er nun unerreichbar hinter zwei Meter hohem Stacheldraht liegen. Jedesmal war Jakob erleichtert, wenn er den Stacheldraht weit hinter sich gelassen hatte und Heinz Lukkas Bungalow erreichte.

An diesem Morgen traf er bei Lukkas Grundstück mit seinem Freund Paul Lässler zusammen und hielt kurz an, um guten Tag zu sagen und ein paar Worte zu reden. Paul war als Bruder von Maria und Onkel von Marlene Jensen in großer Sorge und wütend auf seinen Schwager.

«Ich verstehe nicht, was Erich sich dabei denkt», schimpfte Paul. «An seiner Stelle hätte ich längst alle Hebel in Bewegung gesetzt, und er hält die Polizei zurück. Hat Angst vor einem Skandal. Der einzige Skandal bei der Sache sind seine Erziehungsmethoden. Er ist in der falschen Partei, von sozialer Demokratie hat er keine Ahnung. Maria weint sich die Augen aus dem Kopf.»

«Das glaube ich», sagte Jakob.

Paul schimpfte weiter, nun auf seine Nichte: «Das dumme Ding. Warum hat sie nicht auf Albert gewartet? Er ist extra noch mal zurückgefahren, um sie abzuholen, nachdem er Annette heimgebracht hatte.»

«Das hat Trude schon erzählt», sagte Jakob. «Aber warum hat Albert sie denn nicht gleich mitgenommen?»

Paul schaute zu Boden und zuckte mit den Achseln. «Es wäre ihr noch zu früh, hat sie gesagt. Und mit Dieter zu fahren war ihr wohl zu riskant.»

Das bezog Jakob auf den fehlenden Führerschein. «Ich begreife auch nicht, daß Bruno den Jungen jetzt schon immer fahren läßt», sagte er. «Die paar Monate bis Oktober, dann wird er achtzehn. Da müßten sie keine Angst haben, daß er erwischt wird.»

«Bisher ist er nicht erwischt worden», erklärte Paul. «Er fährt ganz manierlich.» Dann wurde er wieder heftig: «Aber er kann seine Finger nicht bei sich behalten. Da hat sie vermutlich gedacht, wenn sie mit zwei Männern fährt, ist es sicherer. Und das war ein Irrtum. Ich halte jede Wette, Jakob, sie ist mit denen nicht über alle Berge. So ein Typ ist sie nicht. Da ist was passiert.»

Auch an diesem Donnerstag war sein Sohn unterwegs, als Jakob abends das Haus betrat. Trude wischte mit einem trockenen Lappen über das Fenster in Bens Zimmer und hielt dabei Ausschau nach ihm. Beim Essen saßen sie allein am Tisch. Jakob berichtete von dem Gespräch mit Paul und endete mit den Worten: «Paul meint, Erichs Tochter sei was passiert.»

Trude stellte das benutzte Geschirr zusammen, füllte die Reste der Mahlzeit in einen Topf und stellte ihn in den Kühlschrank.

«Hoffen wir», fügte Jakob düster hinzu, «daß Paul sich irrt.»

Da fuhr Trude zu ihm herum: «Wieso wir? Ich hoffe es für das Mädchen, für Maria und Erich. Für uns muß ich nichts hoffen. Wir haben nichts damit zu tun!»

Jakob hob begütigend die Hand. «So hab ich es auch nicht gemeint.» Nach ein paar Sekunden fuhr er zögernd fort: «Ich dachte nur, Ben sollte mal ein paar Nächte im Haus bleiben.»

«Warum?» fragte Trude aufgebracht. «Sollen wir ihn einsperren, weil ein dummes Ding den Heimweg nicht findet? Sie ist in Lohberg verschwunden, nicht hier. Und er hat doch nur das da draußen. Was hat er denn sonst von seinem Leben?»

Alte Geschichten

So ganz von ungefähr war Trudes Mutterliebe im März 79 nicht erwacht. Im ersten Augenblick war es auch nicht ausschließlich Liebe, es war mehr Scham und Instinkt. Derselbe Instinkt, der ein Tier veranlaßte, sein hilfloses Junges zu verteidigen. Vielleicht hatte es daran gelegen, daß der Vorschlag, diesen Professor aufzusuchen, ausgerechnet von Thea Kreßmann gekommen war. Und wenn es daran lag, kam einiges zusammen.

Schon auf der Hinfahrt spürte Trude ein leichtes Brennen in den Eingeweiden. Es war still im Zugabteil, kaum Mitreisende. Ben saß auf dem Fensterplatz, eingeschüchtert von der Schnelligkeit und all den neuen Eindrücken, betrachtete er mißtrauisch die vorbeihuschende Landschaft. Dörfer, ab und zu der Bahnhof einer Kleinstadt, viel freies Land, Wiesen, Äcker, grasende Kühe, eine Pferdekoppel und weidende Schafe am Bahndamm.

«Schäfchen zur Linken, wird Freude dir winken», hatte Trudes Mutter früher oft gesagt. «Schäfchen zur Rechten, wird Freude dir brechen.» Auf der Rückfahrt wären sie auf der rechten Seite.

Trude konnte nicht denken, war wie zugeschnürt. Das Brennen in den Eingeweiden, der hohl dumpfe Herzschlag, es war nackte Furcht. Die Schafe am Bahndamm waren ein böses Omen.

Schafe waren 1943 der kleinen Christa, Toni von Burgs jüngster Schwester, zum Verhängnis geworden. Christa von Burg und Thea Kreßmann. Zwei Namen und ein Rattenschwanz an Zusammenhängen.

Thea Kreßmann war eine geborene Ahlsen. Und Theas Vater Wilhelm war immer ein Patriot gewesen. Er hatte eine Menge gegeben und getan für sein Vaterland. Im ersten Weltkrieg von der Schulbank an die Westfront. Bei irgendeinem Heldenstück hatte er sein linkes Bein zur

Hälfte und den linken Arm ganz verloren, hatte einen Orden und eine mickrige Rente bekommen. Und erst einmal keine Frau.

Die alte Gerta Franken, die noch älter war als das Jahrhundert und eine Nachbarin von Trude und Jakob, erinnerte sich lebhaft an all diese Dinge. Gerta Franken hatte sich in der ersten Märzwoche 79 einen Nachmittag Zeit genommen, Trude über den Gartenzaun hinweg in die Hintergründe des Beziehungsgeflechts einzuweihen. Denn Trude, die in Lohberg geboren und aufgewachsen war, hatte keine Ahnung von den diversen Banden und Stricken und wie das alles zusammenhing.

Warum zum Beispiel Toni und Illa von Burg Richard und Thea Kreßmann schon immer so distanziert begegnet waren, lange ehe der Verdacht aufkam, Richard Kreßmann könnte der Unglücksfahrer gewesen sein, der ihre jüngste Tochter auf dem Schulweg überfuhr und anschließend flüchtete. Warum Toni und Illa sogar in einem Notfall mit dem Rezept für ein Medikament nach Lohberg fuhren, statt es bei Erich Jensen einzulösen, obwohl Erich nur zwei- oder dreimal mit Thea ausgegangen war und wirklich nichts dafür konnte. Aber verschiedene Wunden saßen tief und wurden von einer Generation an die nächste vererbt.

In den zwanziger Jahren und Anfang der dreißiger war Wilhelm Ahlsen ein armes Schwein gewesen. Zwangsläufig ledig geblieben. Nicht nur wegen des fehlenden Armes und des zur Hälfte fehlenden Beines, er machte auch sonst nicht viel her. Und was wollte er schon mit seiner mickrigen Rente, davon konnte er allein am Hungertuch nagen.

Aber ab 1933 ging es rapide aufwärts mit ihm. Patrioten und Kriegshelden waren wieder gefragt, sofern sie rein arisch waren. Das war Wilhelm Ahlsen, er konnte es beweisen. Und dann machte er Karriere. Ortsgruppenleiter! Um von Haus zu Haus zu humpeln, die Parolen vom Glanze des Reiches zu proklamieren, wenn erst der glorreiche Krieg gewonnen war, und den Leuten auf die Finger zu schauen, dazu war er noch gut.

Einmal, erzählte Gerta Franken, hätte Wilhelm Ahlsen in ihrer Küche gesessen und gedroht. Wirklich und wahrhaftig gedroht, sie solle nur hübsch vorsichtig sein und nicht immer das Maul so weit aufreißen. Von wegen: Warum sich denn kein Schwein erbarmt und den Gefreiten Adolf im Ersten Weltkrieg über den Haufen geschossen hätte. Sonst würde es ihr am Ende ergehen wie den Sterns und den Goldheims.

Die waren abgeholt worden von Wilhelm Ahlsen und zwei SA-Männern. Man hörte nie wieder von ihnen. Es ging allerdings das Gerücht, die Tochter der Sterns, die Edith, sei davongekommen. Aber auch von ihr hörte man nie mehr.

Und in das Haus der Familie Stern war Wilhelm Ahlsen eingezogen. Er brauchte eine geeignete Residenz, auch seine monatliche mickrige Rente wurde aus der Staatskasse aufgestockt. Kopfgeld! Für solche, nach denen kein Hahn mehr krähte. Da fand sich dann sogar noch, obwohl er schon über vierzig war, eine dumme Gans, die ihm aufs Standesamt folgte. Aber das war schon fast bei Kriegsende, und vier Jahre später wurde Thea geboren.

Und was nun die von Burgs anging … Gerta Franken wußte nicht, wieviel Trude bekannt war, und erklärte es ausführlich, damit sie auch alles begriff. Es waren ursprünglich drei bildhübsche Kinder gewesen. Toni war ja immer noch ein Mannsbild wie aus dem Märchenbuch. Auch seine ältere Schwester Heidemarie hatte man nie als häßlich bezeichnen können. Gerta Franken meinte, es sei eine göttliche Schande um Heidemarie, daß sie ins Kloster gehen mußte, nachdem Paul Lässler ihr einen Tritt gegeben hatte für diese quirlige Italienerin.

Aber Heidemarie war nichts im Vergleich mit ihrer Schwester. Nach der kleinen Christa drehten sich alle Frauen auf der Straße um. Wie ein leibhaftiges Engelchen kam sie an der Hand ihrer Mutter daher, hüpfte und jauchzte vor Lebensfreude, wenn sie mit ins Dorf genommen wurde.

Und Schafe hatten die von Burgs damals. Und Christa, sonst ein reizendes Geschöpf, artig und kräftig, gerade gewachsen und blond, war nicht ganz richtig im Kopf. Nicht so schlimm daneben wie Ben, beileibe nicht. Sie sammelte nur die Schafskötel vom Hof auf und steckte sie sich in den Mund, wenn niemand hinschaute.

Aber Wilhelm Ahlsen hatte es gesehen. Er war ja damals überall und nirgendwo und immer dann, wenn man nicht mit ihm rechnete. Er konnte um Ecken sehen, hatte die Augen der gesamten Hitlerjugend zur Verfügung, seine Ohren in jeder Küche, in jeder Schlafkammer.

Die von Burgs mußten ihre kleine Christa in ein Sanatorium geben. Anordnung von oben, von Wilhelm Ahlsen persönlich überbracht – wie all die schlechten Nachrichten damals. In dem Sanatorium sollte sich ein Professor um Christa kümmern.

Die von Burgs, die nicht zu den Ärmsten zählten, hatten ihr jüngstes Kind hingebracht; zusammen mit ein paar Speckseiten, einem Dutzend Lammkoteletts, zwei Hühnern, Eiern, Butter und anderen Sachen, mit denen man sich einen Vorteil verschaffen konnte. Sie hatten wohl gehofft, die Speckseiten beim Professor zu lassen und Christa wieder mit heimzunehmen. Aber so einfach war das damals nicht. Ein paar Tage, hieß es, für eine gründliche Untersuchung. Und nach ein paar Tagen hieß es, Christa sei an einer Lungenentzündung verstorben. Sie war schon unter der Erde, als die von Burgs benachrichtigt wurden. So schnell ging das zu der Zeit.

Und Wilhelm Ahlsen hatte anschließend zusammen

mit dem alten Lukka, ein Rechtsanwalt wie sein Sohn Heinz und braun vom Scheitel bis zu den Fußsohlen, in Ruhpolds Schenke über die Ausrottung der Volksfeinde und die radikale Vernichtung unwerten Lebens debattiert. Während der junge Werner Ruhpold mit schneeweißem Gesicht den Tresen blankwischte.

Werner Ruhpold war Anfang 43 schwer verwundet worden. Gerta Franken wußte das noch ganz genau. Werner hatte eine Menge Blut verloren und erholte sich nach der langen Zeit im Feldlazarett auch daheim nur langsam. Aber sein schneeweißes Gesicht bei der Debatte zwischen Wilhelm Ahlsen und dem alten Lukka mußte andere Gründe haben. Einige im Dorf – Gerta Franken gehörte dazu –, erinnerten sich noch sehr gut, daß Werner Ruhpold vor Ausbruch des Krieges mit der jungen Jüdin Edith Stern verlobt gewesen war. Über die Auflösung dieser Verlobung ließ Gerta Franken sich nicht näher aus. Sie zählte lediglich mit einem Seitenblick auf Ben, der bei dieser Unterhaltung neben Trude im Gartendreck hockte, die Argumente auf, die Wilhelm Ahlsen damals in Ruhpolds Schenke vorgebracht hatte.

Eine Nation, die sich ihren ersten Platz in der Welt hart erkämpfen mußte, dürfe sich nicht damit aufhalten, Volksfeinde, Idioten und Krüppel durchzufüttern. Sich selbst zählte Wilhelm Ahlsen nicht zu den Volksfeinden, Idioten und Krüppeln, er war ein Kriegsheld und konnte auch mit einem Arm und anderthalb Beinen noch eine Menge zum Ruhme seines Führers beitragen.

Den Blick weiterhin auf Ben gerichtet, sagte Gerta Franken: «Unter Wilhelm wäre er nicht so alt geworden. Da hättest du längst vergessen, daß du mal unglücklich gefallen bist. Da hättest du es noch mal versuchen können, und wer weiß, vielleicht wäre dabei was Gescheites rausgekommen. Sei mal ehrlich, hast du nicht auch schon so gedacht?»

Das hatte Trude mit Sicherheit nicht. Sie hatte ja bis dahin gar nicht gewußt, welche Rolle Thea Kreßmanns Vater im Dorf gespielt hatte. An den Inkubator hatte sie hin und wieder gedacht, daß es vielleicht besser für Ben gewesen wäre, ihn nicht mit allen Mitteln durchzubringen. Aber als der Professor dann ein Heim vorschlug, sah Trude im Geist Wilhelm Ahlsen vor sich.

Vier Jahre hatten die Alliierten Wilhelm Ahlsen aufgebrummt. Lumpige vier Jahre für die Sterns, die Goldheims, die kleine Christa von Burg und ein paar Dutzend andere, nach denen kein Hahn mehr krähte.

«Es wird schon gehen», antwortete Trude dem Professor und schaffte es, seinen ernsten Blick zu erwidern. «Bis jetzt ist es ja auch gegangen. Er ist ein bißchen wild, aber er tut keiner Menschenseele etwas.»

Und die zerquetschten Küken gingen keinen etwas an.

Auf der Heimfahrt fand sich zwar ein Fensterplatz, aber kein ruhiges Abteil. Trude mußte ihn auf den Schoß nehmen, um Platz zu machen für einen Mitreisenden. Sie hielt unentwegt nach den Schafen Ausschau. Schäfchen zur Rechten ...

Doch die Herde war über den Bahndamm auf die andere Seite gewechselt. Schäfchen zur Linken ... Trude drückte ihn an sich und sagte: «Wir schaffen es schon, wir beide. Kannst ja nichts dafür, daß du so bist.»

20. August 1995

In den ersten Tagen unternahm die Polizei nichts, um das Schicksal von Marlene Jensen zu klären. Man sah keine Veranlassung. Von Marlenes Freundin hatte man eine Aussage erhalten, die den Verdacht untermauerte, die Tochter des Apothekers habe ausreißen wollen. Die

Presse war eingeschaltet, viel mehr hätte man nach Lage der Dinge ohnehin nicht tun können.

Aber dann kam der Stein plötzlich ins Rollen, genau eine Woche nach Marlenes Verschwinden, wieder in der Nacht zum Sonntag. Um acht Uhr in der Früh begann eine große Suche in der Umgebung des Dorfes. Auch das Bendchen – so wurde ein Waldstück genannt, das die offenen Felder nach Osten begrenzte – durchkämmten zwei Dutzend Männer. Die Polizei aus Lohberg wurde unterstützt von Mitgliedern der freiwilligen Feuerwehr und einigen Hunden.

Kurz nach zehn ging Trude hinauf, um die Betten zu machen und das Fenster zu schließen, damit die Sommerhitze nicht ins Haus drang. Als sie ans Fenster trat, fiel ihr das Treiben auf. Drei grünweiße Transporter auf dem Weg, der am Waldsaum entlanglief. Zu hören war nichts, es war zu weit entfernt. Zu sehen war auch nicht viel, die Männer eben, die Hunde, die drei Wagen. Minutenlang schaute Trude sich das an, fühlte den Herzschlag sich von Sekunde zu Sekunde ausbreiten. Als er den Kopf erreichte und in den Ohren zu dröhnen begann, rief sie nach Jakob.

Er war nach dem Frühstück ins Wohnzimmer gegangen und hatte es sich mit der Zeitung vom Samstag in einem Sessel gemütlich gemacht. Samstags war er nicht dazu gekommen, sie zu lesen. Und diesmal war es ein großer Artikel mit einem Hinweis auf die unzulänglichen Busverbindungen, einer herzergreifenden Bitte an Marlene und einem dringenden Appell an die beiden jungen Männer, sich doch endlich zu melden.

Auch das Foto von Marlene Jensen war um einiges größer als das von Mittwoch. Ein bildhübsches Mädchen, fand Jakob, der Paul Lässlers Nichte vorher nicht so bewußt zur Kenntnis genommen, nur manchmal gedacht hatte, sie sei Maria wie aus dem Gesicht geschnitten. Nun erinnerte ihn ihr Gesicht und mehr noch das lange, blonde Haar an eine aufwendige Porzellanpuppe.

Er legte die Zeitung auf den Tisch und erhob sich. Trudes Stimme schien ihm ein wenig hysterisch. Als er das Schlafzimmer betrat, zeigte sie mit ausgestrecktem Arm ins Freie. «Sieh dir das an. Was machen die da?»

Trude war mit ihren neunundfünfzig Jahren eine stattliche Frau, nur wenig kleiner als Jakob und kräftig gebaut. Sie war nicht dick, doch man sah ihr an, daß sie lange Jahre Männerarbeit geleistet hatte. Jetzt wirkte sie wie ein ängstliches junges Mädchen beim Anblick von drei Tropfen Blut.

«Was sollen sie schon machen?» sagte Jakob und legte ihr den Arm um die Schultern. «Suchen. Das siehst du doch.»

Trude nickte, ihre Stimme wurde vor Abwehr schrill. «Und warum ausgerechnet da?»

Es war Bens Revier. Tag und Nacht war er auf derselben Strecke unterwegs. Die sechshundert Meter von der Tür des Elternhauses bis zum breiten Weg. Dort wandte er sich nach links, lief die zwei Kilometer zwischen den Gärten und Feldern bis zu Lukkas Bungalow. Dort bog er wieder nach links und rannte die achthundert Meter bis zum Lässler-Hof. Dort trieb es ihn schräg nach links etwas mehr als einen Kilometer bis zum Bruch, einem alten Bombenkrater. Von da aus wieder schräg nach links noch einmal einen guten Kilometer bis zum Bendchen. Von dort kam er dann zurück zum Elternhaus.

Hier und da auf seiner Route machte er Station. Manchmal hockte er stundenlang in Paul Lässlers Maisfeld, das Heinz Lukkas Grundstück an der Wegkreuzung von zwei Seiten umschloß. Manchmal grub er auf der Suche nach verborgenen Schätzen den halben Bruch um. Manchmal legte er sich im Bendchen auf die Lauer. Dort war es nachts besonders interessant.

Jakob wußte es, Trude wußte es. Vermutlich wußten es alle im Dorf, weil Ben im Juni ausgerechnet Albert Kreßmann und Annette Lässler dort aufgescheucht hatte wie zwei Rebhühner. Albert hatte sich anschließend damit gebrüstet, wie er den bekloppten Ben zur Schnecke gemacht habe. Daß er ausgestiegen war und mit einer obszönen Geste gebrüllt hatte: «Paß auf, du Idiot, für dich nur so!», während Pauls älteste Tochter in aller Eile Rock und Bluse anzog, hatte Albert nicht erzählt, das mußte man sich denken.

Paul Lässler hatte ein paar Tage später, wahrscheinlich im Auftrag von Antonia, die mit ihrem großen italienischen Herzen für Ben mehr als eine Lanze brach, die Sache heruntergespielt. «Laß ihn in Ruhe, Jakob. Mal abgesehen davon, daß er vermutlich nicht mehr weiß, worum es geht, wenn du davon anfängst, was hat er denn gemacht? Nur mit der Hand ins Auto gefaßt. Sie hätten ja die Scheiben nicht runterdrehen müssen. Was hatten sie überhaupt dort zu suchen?»

Das hatte Trude auch gefragt. Und aufgeregt hatte sie sich, daß es beim Bendchen zuginge wie in einem Freudenhaus.

Jakob hob die Schultern und gab sich gelassen, um sie zu beruhigen, obwohl auch er einen Anflug von Hysterie verspürte. Ben war draußen gewesen in der Nacht, als Marlene Jensen verschwand. Daß er etwas mit diesem Verschwinden zu tun haben könnte, von dem Gedanken war Jakob noch meilenweit entfernt. Er fürchtete etwas im Grunde Harmloses.

Nur einmal angenommen, es hatte ihn einer gesehen. Dann hieß es garantiert wieder, sie müßten ihn festhalten. Er ließ sich nur leider nicht festhalten. Und dann hieß es wieder, wenn sie nicht mit ihm fertig würden, müßten sie ihn in eine Anstalt geben.

Das war Trudes Alptraum. Jakob wußte das. Er wußte

auch, es wäre Bens Untergang. Mauern, Gitter und Spritzen, wenn er toben würde. Wer könnte sich in einer Anstalt darum kümmern, daß er die Freiheit brauchte? Daß er nichts weiter wollte als laufen, springen, hier und dort ein bißchen graben?

«Irgendwo müssen sie ja anfangen», sagte Jakob und fügte nach ein paar Sekunden hinzu: «Und es wird doch Zeit. Nach einer Woche! Hast du gelesen? Die beiden Kerle, mit denen sie zusammen war, haben sich immer noch nicht gemeldet.»

Trude nickte. Eine Weile standen sie schweigend nebeneinander. Einige der Figürchen draußen verließen den Wald und schwärmten über den Weg. «Die wollen doch nicht etwa Richards Weizen zertrampeln?» meinte Jakob ungehalten. «Ich hol mal das Glas, das will ich genauer sehen.»

Er drehte sich um und ging zur Tür. Dabei schaute er zwangsläufig direkt auf das Bett. Der Überwurf lag bereits glatt über den Decken und Kissen. Unvermittelt gab es ihm einen Stich. Früher hatten am Kopfende immer zwei Paradekissen mit üppigen Bezügen aus Spitzen und Rüschen auf dem Überwurf gelegen. Und dazwischen hatte die Puppe gesessen, an die ihn Marlene Jensens Gesicht in der Zeitung erinnert hatte.

Im September 69 hatte Jakob die Puppe auf dem Schützenfest gewonnen, ein wunderschönes Exemplar, an dem Trudes ganzes Herz hing. Sie war fast so groß wie ein Kind von drei oder vier Jahren. Ein zerbrechliches Porzellangesicht unter halb aufgetürmten und halb bis auf die Schultern hängenden hellblonden Locken. Ein weißes Spitzenkleid, mit zarten blauen Bändern abgesetzt, unten im Rock ein Reifen, daß man das Kleid wie ein Wagenrad auf dem Bett ausbreiten konnte.

Für zehn Mark Lose, eine Niete nach der anderen.

Dann der Hauptgewinn. Und Trude war fast verrückt geworden vor Freude, hatte nach seinem Arm gegriffen, ihn gedrückt und geschrien: «Ich glaub es nicht! Ich glaub es nicht!»

Es war so unwirklich lange her. Damals waren die Mädchen noch klein, Anita sechs, Bärbel zwei, an Ben dachte noch niemand. Nur Trude sprach davon, daß sie einen Sohn haben wollte, daß sie unbedingt einen Sohn haben mußten. Wer sollte sonst den Hof übernehmen?

An dem Sonntag gingen sie nach dem Kaffee mit den beiden Töchtern zum Festplatz. Da hatte Trude die Puppe schon gesehen. Sie sagte nichts. Aber Jakob bemerkte den Blick. Sie ließen die Kinder ein paarmal auf dem Karussell fahren, kauften ihnen Flaschen mit Liebesperlen und Lebkuchenherzen. Eine Negerpuppe für Anita und einen Plüschaffen für Bärbel.

Abends, als die Kinder schliefen, gingen sie ins Festzelt. Jakob in der schmucken Uniform des Schützenvereins, Trude mit frischer Dauerwelle in einem neuen, hellgrünen Organdy-Kleid.

Sie saßen mit Richard Kreßmann und Thea, die damals noch Ahlsen hieß, mit Paul Lässler und der blutjungen, hochschwangeren Antonia an einem Tisch. Sie tanzten und tranken, lachten und amüsierten sich über Heinz Lukka, der schon einundvierzig und immer noch ledig war.

Heinz Lukka hatte einen über den Durst getrunken und bemühte sich mit hochrotem Gesicht, ein Mädchen für einen Tanz zu finden. Er suchte sich jedoch immer die jungen aus, holte sich einen Korb nach dem anderen und ging noch vor zehn Uhr nach Hause.

Nachdem er draußen war, lästerten sie weiter über ihn. Damals durften sie noch lästern und spekulieren, woran es liegen mochte, daß Heinz Lukka keine Frau fand. Ob es etwas mit seiner schmächtigen Gestalt oder mehr mit dem Gedächtnis der Leute zu tun hatte – der Vater war ein alter Nazi gewesen –, und wie der Vater, so der Sohn.

Von den alten Zeiten distanzierte sich Heinz Lukka inzwischen, er war seit langem ein Mitglied der christlichdemokratischen Union. Er rannte jeden Sonntagmorgen in die Kirche, brachte vorher noch frische Blumen zum Grab seiner Mutter. Und was für Sträuße, das mußte man gesehen haben, sonst glaubte man es nicht. Aber das änderte nichts.

Hinter Heinz Lukkas Rücken fiel noch häufig der Ausdruck Nazi. Mochte er auch seit Jahren eine Stütze der Gesellschaft sein, Mitglied im Gemeinderat und als Rechtsbeistand unentbehrlich für solche wie Richard Kreßmann, der häufig um seinen Führerschein zittern mußte, oder den alten Kleu, den die Unterhaltsforderungen gegen seinen Sohn und die Schadenersatzansprüche nach Brunos Prügeleien plagten. Den Jungzugführer der Hitlerjugend verzieh man Heinz Lukka nicht. All die kleinen und großen Schikanen, mit denen er solche wie Paul Lässler und Jakob Schlösser in Angst und Schrecken versetzt hatte. Mit vierzehn war Heinz hinter dem halben Bund deutscher Mädchen her gewesen. Mit vierzig schaute er in die Röhre.

Thea erzählte, Heinz Lukka habe ein Auge auf Maria Lässler geworfen. Maria war erst siebzehn. Paul wollte augenblicklich hinaus und dem alten Bock was aufs Maul hauen. Antonia hielt ihn mit Jakobs Hilfe zurück. Und Thea verstand nicht, worüber Paul sich aufregte. Immerhin war auch er zwanzig Jahre älter als seine Frau. Und Heinz Lukka hatte ernste Absichten, im Gegensatz zu dem Grünschnabel Bruno Kleu. Dem ging es doch nur um eines. Und wenn Paul seine Schwester noch lange mit Bruno durch die Gegend ziehen ließ, durfte er sich nicht wundern, wenn sie in Kürze mit einem dicken Bauch ankam.

«Das laß nur meine Sorge sein», sagte Paul. «Bruno hab ich mir schon zur Brust genommen. Den hat sie seit Wochen nicht mehr gesehen. Vergangenen Samstag war sie mit Erich Jensen aus.»

Auch das hätte Thea sich an Pauls Stelle noch dreimal überlegt. Ein Rechtsanwalt mit gut florierender Kanzlei in Lohberg war einem jungen Apotheker auf jeden Fall vorzuziehen. Daß sich die Jensen-Apotheke auf Dauer im Dorf halten konnte, bezweifelte Thea stark, nachdem Erich Jensen ihr den Laufpaß gegeben hatte. Die meisten Leute fuhren doch jetzt schon mit ihren Rezepten nach Lohberg wie Toni und Illa von Burg.

Heinz Lukka war um Längen die bessere Partie als Erich Jensen, fand Thea. Er war ein herzensguter Mensch, der eine junge Frau auf Händen tragen würde, Thea war als Kind in Lukkas Elternhaus ein- und ausgegangen – wegen der Freundschaft der Väter. Sie kannte jedenfalls die Verhältnisse und Heinz Lukka sehr genau und bedauerte ihn aufrichtig.

In jungen Jahren hatte seine Mutter ihm alles verdorben. Er hätte so gerne Medizin studiert, das war ihm nicht erlaubt worden. Heinz mußte, ob er wollte oder nicht, in die Anwaltskanzlei seines Vaters einsteigen. Anschließend hatte seine Mutter jede Frau vergrault, mit der Heinz ausging. Er hatte sich nie getraut, mit der Faust auf den Tisch zu schlagen und der Alten den Kopf zurechtzusetzen.

Jetzt gab es keine mehr, die altersmäßig zu ihm paßte. Eine Witwe hätte er noch bekommen können oder eine Geschiedene mit Kindern. So eine wollte er nicht. Das mußte man verstehen, er hatte seinen Stolz und wollte sich nicht mit angebissenen Broten begnügen. Und ein so verzogenes Geschöpf wie Maria Lässler hätte bei Heinz den Himmel auf Erden, meinte Thea. Es sei nicht damit zu rechnen, daß Maria bei ihm jemals mit eigener Hand einen Wischlappen auswringen müsse.

56

Thea erklärte und schwärmte, bis Richard nach dem zehnten Korn neben ihr von der Bank rutschte. Jakob und Trude halfen ihr, Richard ins Auto zu laden. Anschließend schlenderten sie noch einmal über den erleuchteten Festplatz, ein bißchen frische Luft schnappen nach dem Bierdunst im Zelt. Das Karussell und die Raupe hatten bereits geschlossen. Nur die Buden waren noch auf.

Für zehn Mark Lose.

«Bist du verrückt geworden?» sagte Trude mit einer Stimme, in der sich die freudige Erwartung bereits deutlich ausdrückte. Eine Niete nach der anderen. Die weißen Papierfetzen wie Schneeflocken um die Füße verteilt. Dann der Hauptgewinn. Und Trude tanzte auf der Stelle. «Ich glaub es nicht! Ich glaub es nicht!»

Die Puppe kam auf das Bett, wurde zwischen die Paradekissen gesetzt. Manchmal mußte das Kleid gewaschen werden, weil es leicht einstaubte. Trude wusch es immer vorsichtig mit den Händen, drückte es nur ein wenig in der Lauge, bügelte es dann sorgfältig auf und zog es der Puppe wieder an.

Sehr enttäuscht war sie gewesen, als sie der Puppe das Kleid zum ersten Mal ausgezogen hatte. «Nun sieh dir das an!» Ein anklagend ausgestreckter Finger. Die nackte Puppe auf dem Bett, Kopf, Arme und Beine aus Porzellan, aber der Leib war nur ein mit Sägemehl gefüllter Sack. Davon sah man nichts, wenn sie das Spitzenkleid trug.

Jahrelang saß sie zwischen den Kissen. Und von einem Tag auf den anderen verschwand sie. Ben war sieben Jahre alt gewesen. Tagelang sprach Trude mit Engelszungen auf ihn ein. «Wo hast du sie versteckt? Wenn du sie kaputtgemacht hast, vielleicht kann ich sie flicken. Wenn du mir sagst, wo sie ist, bekommst du ein Eis.»

Damals konnte man ihn mit Vanilleeis noch in die Hölle locken. Aber es war vergebens. Es war nie wieder ein Fetzen des Spitzenkleides oder ein Porzellansplitter aufgetaucht. Und jetzt suchten sie draußen nach der einzigen Tochter des Apothekers.

Jakob gab sich einen Ruck, es war kaum der richtige Moment, an eine alte Puppe zu denken. Ärgerlich, daß sie ihm ausgerechnet jetzt in den Sinn kam, stampfte er aus dem Schlafzimmer zur Tür schräg gegenüber. Dahinter lag Bens Zimmer.

Er war um sechs in der Früh heimgekommen. Jakob hatte ihn im Halbschlaf gehört; nicht wie er ins Haus kam, nur das Rumoren in seinem Zimmer, als er seine unverständlichen Rituale vollzog, die Schätze versteckte, die er regelmäßig von seinen Streifzügen mitbrachte. Er lieferte längst nicht alles ab, was er draußen fand.

Jakob rechnete damit, ihn schlafend auf dem Bett zu finden, aber er saß auf dem Boden. Zwischen seinen Beinen lagen ein paar Kartoffeln, in deren Schalen irgendein Muster geritzt war. Die rechte Hand steckte Ben auf den Rücken, kaum daß die Tür aufging. Er hob den Kopf, schaute Jakob ins Gesicht und blinzelte wie eine Katze, die um Freundschaft bettelt.

Jakob bemerkte die Hand auf dem Rücken und streckte seine auffordernd aus. «Was hast du da? Laß mich sehen!»

Ben brachte den Arm nach vorne, senkte den Kopf wieder und duckte sich ein wenig, während Jakob ihm das Messer aus der Hand nahm. Es war eins von den kleinen aus der Küche, die Trude zum Kartoffelschälen benutzte. Trude vermißte es seit gut einer Woche, das wußte Jakob nicht. Er wußte vieles nicht, und das wußte er genau.

Er hätte ihn jetzt schelten müssen. Nur hatte er ihn zu oft gescholten und geschlagen, und viel zu oft zu Unrecht. Aus Hilflosigkeit und Zorn, weil er keinen anderen Weg gesehen hatte, sich ihm verständlich zu machen. Weil er viel zu spät erkannt hatte, daß ein gutes Wort eher zum Ziel führte.

Als er das endlich begriff, hatten seine guten Worte für Ben nur noch den halben Wert. Er gehorchte ihm – fast immer. Aber Gehorsam hatte mit Liebe nichts zu tun und nichts mit Vertrauen. Bens Vertrauen und seine Liebe gehörten anderen.

Jakob steckte das Messer seitlich unter den Gürtel, schaute sich im Zimmer um, konnte jedoch das Fernglas nicht entdecken. «Das Glas», sagte er.

Ben kam erstaunlich rasch auf die Beine. Jakob wunderte sich immer wieder, wie flink er trotz seines massigen Körpers war. Dann stand er mit eingezogenem Kopf mitten im Zimmer, die Stirn in Falten gezogen.

«Das Glas», wiederholte Jakob. «Wo hast du es hingelegt?»

Ben ging zögernd zum Schrank, riß die Türen auf und kramte zwischen der Wäsche. Mit beiden Händen wühlte er sich durch die Stapel von Hemden, Socken und Unterhosen. Schließlich zog er aus dem hintersten Winkel ein Glas hervor und hielt es Jakob widerstrebend hin.

Es war eins von Trudes Einweckgläsern, gefüllt mit schwärzlich verfaulten und schimmelnden Kartoffelstükken in bizarren Formen, den gerollten und längst vertrockneten Blättern des Großen Wegerichs und einem Fetzen Stoff, dessen Farbe ursprünglich ein helles Blau gewesen sein mochte, jetzt war vor lauter Dreck kaum noch etwas von der Farbe zu erkennen.

Der Schimmel wuchs fast am Deckel hinaus. Der Deckel war nur lose aufgelegt. Von dem Glas ging ein widerlich süßer Geruch aus. Jakob verzog angeekelt das Gesicht, als er in einem der gerollten Wegerichblätter den halbverwesten Kadaver einer Feldmaus entdeckte.

«Nein», sagte er, «das nicht. Ich will das andere Glas.» Um deutlich zu machen, was er meinte, klemmte er sich das Einweckglas unter den Arm, bog beide Daumen und Zeigefinger zu je einem Ring und hielt sie sich vor die Augen.

Ben begriff, rannte zum Bett, nahm eine große Stoffpuppe auf, tastete unter das Kissen und brachte das Fernglas zum Vorschein. Jakob nahm es ihm aus der Hand und trat ans Fenster. Es ging nach Südosten, gab den Blick frei auf die ausgedehnten Felder mit Zuckerrüben, Kartoffeln und Roggen. Dahinter lag der Bruch. Das Gelände fiel an der Stelle merklich ab.

Im März 45, praktisch in den letzten Kriegswochen, waren dort noch ein paar Bomben niedergegangen. Vorher hatte an der Stelle der Kreßmann-Hof gestanden. Ein stattliches Anwesen, zu der Zeit das einzige im freien Feld. Um die zwanzig Leute hatte Richards Vater beschäftigt. Doch an dem Abend, als die Bomben fielen, waren alle in Ruhpolds Schenke bei einer Versammlung gewesen. Sogar Igor, den russischen Zwangsarbeiter, der damals noch kaum ein Wort Deutsch verstand, hatten sie mitgenommen und zum Glück auch den fünfjährigen Richard.

Nur eine alte und fast taube Magd blieb auf dem Hof zurück, um nach der Kuh zu schauen, die in der Nacht kalben sollte. Und während alle einem energischen Vortrag von Wilhelm Ahlsen lauschten, der die Bevölkerung zu einer letzten Mobilmachung der allerletzten Kräfte aufrief, ließ die alte Magd trotz Fliegeralarm die Hoflampe brennen. Sabotage, wetterte Wilhelm Ahlsen später. Taubheit, sagten ein paar andere. Wie auch immer, es ging alles in Trümmer und wurde an der Stelle nie wieder aufgebaut.

Es war ein abenteuerlich geheimnisvoller Platz. Gerta Franken hatte früher erzählt, dort ginge die alte Magd um, Nacht für Nacht, um die Hoflampe auszuknipsen. Aber Gerta Franken hatte zu ihren Lebzeiten viel Unsinn erzählt. Jetzt hielten sich dort andere auf.

Direkt an der Kante standen einige Personenwagen, dabei etliche Männer in Zivilkleidung, einer hielt ein Megaphon. Jakob vermutete, daß es sich um Kriminalbeamte handelte, aber er irrte sich. Es waren Angehörige der freiwilligen Feuerwehr.

Das Einweckglas unter den linken Arm geklemmt, hob Jakob das Fernglas mit der rechten Hand an die Augen und sah nun deutlicher einige Männer in die Senke hinabsteigen, Hunde hatten sie nicht dabei. Minutenlang schaute er zu, wie sie zwischen Nesseln und Disteln über die Kante nach unten verschwanden. Als er sich wieder zu Ben umdrehte, fühlte er sich alt und lahm.

Zwei Zentner Verantwortung, vermutlich mehr. Auf eine Waage stellen ließ sein Sohn sich nicht. Ben war nicht fett, im Gegenteil, durchtrainiert war er von seiner Lauferei und der Schufterei im Freien, sein Körper hätte es mit dem eines Kraftsportlers aufnehmen können. Sanft wie ein Lamm, sagte Trude oft. Und Jakob hatte noch nie mit eigenen Augen gesehen, daß Ben irgendeiner Kreatur in böser Absicht etwas angetan hatte. Aber bei seiner Kraft mußte es nicht böse Absicht sein, das bewiesen unzählige Küken, die in seinen Fäusten krepiert waren.

Jakob verließ den Raum und drehte den Schlüssel um, der von außen in der Tür steckte. Er ging zurück ins Schlafzimmer und stellte das Einweckglas mit dem widerlichen Inhalt auf der Kommode ab. Trude stand noch am Fenster, starrte mit versteinerter Miene ins grelle Sonnenlicht, als ob der Leibhaftige persönlich in dem Geflimmer sein Unwesen trieb.

«Im Bruch suchen sie auch», sagte Jakob mit belegter Stimme. «Ich hab ihn eingeschlossen. Besser, er geht heute nicht raus. Er muß denen nicht unbedingt vor die Füße laufen.» Er rechnete fest mit lautstarkem Protest. Aber Trude nickte nur.

«Er hatte wieder ein Messer», sagte Jakob mit leichtem

Vorwurf, zog das Messer aus dem Gürtel und warf es aufs Bett.

Trude schaute sich nur kurz danach um. «Das muß er draußen gefunden haben», erklärte sie. «Von uns ist es nicht. Ich hab sie alle gut weggeschlossen.»

Lehrzeit

Jakob hatte damals von den Küken erfahren. Und für jedes zerquetschte Federknäuel verabreichte er Ben eine Tracht Prügel. Vor dem Besuch beim Professor hatte Trude dabeigestanden und sich schuldig gefühlt. Weil sie Ben mit in den Hühnerstall genommen, weil sie nicht auf die vereiste Stufe vor der Küchentür geachtet, weil sie ihn geboren hatte. Sie hatte die Augen zusammengekniffen, das Herz wie einen Bleiklumpen in der Brust gefühlt und im Hirn das Wissen, daß er den Respekt vor anderen Lebewesen irgendwie lernen mußte.

Doch alles, was er lernte, war Angst vor Jakob. Er erkannte den Zusammenhang nicht, wenn er morgens ein Küken zerdrückt hatte und abends geschlagen wurde, wo er vor einem gefüllten Teller am Tisch saß und nur mit den Beinen zappelte, während Trude ihn fütterte. Manchmal lag er auch schon im Bett, und Jakob riß ihn wieder heraus. Es kam so weit, daß er zu wimmern begann und sich unter dem Tisch oder in einer Ecke verkroch, wenn Jakob in der Tür auftauchte.

Der Besuch beim Professor veränderte vieles, Trudes Ansichten, Einstellungen, ihr gesamtes Verhalten. Das beginnende Frühjahr half ihr. Jakob war draußen und sah nicht, was tagsüber im Haus, im Hof, in den Ställen, der Scheune oder im Garten vorging. Wenn er abends fragte, sagte Trude: «Heute war er wirklich sehr lieb. Er hat überhaupt nichts angestellt, hat nur herumgesessen. Ich hab mich schon gefragt, ob er krank wird.»

Er war ein wildes Kind, kaum zu bändigen. Von Krankheiten war er weit entfernt, nicht mal einen faulen Zahn bekam er, trotz all der Süßigkeiten. Von morgens bis abends tobte er durchs Haus oder über den Hof, vollführte Luftsprünge, schwang die Arme und stieß seine Schreie aus. Oft kamen Trude die Worte in den Sinn, die Gerta Franken über die kleine Christa von Burg gesagt hatte: Gehüpft und gejauchzt vor Lebensfreude. Vielleicht war es nur das. Und vielleicht war es nur das Bedürfnis nach Zärtlichkeit, wenn er sich mit einem Küken das Gesicht abrieb.

Als das nächste Tierchen in seiner Faust verreckte, warf Trude den Kadaver nicht in den Mülleimer, wo Jakob ihn hätte finden können, sie verbrannte ihn im Küchenherd. Dann ging sie in die Scheune, wo ein paar Katzen hausten. Sie suchte ein Kätzchen aus, führte seine Hand über das Fell und zeigte ihm, wie er es am Nacken oder im Arm tragen sollte. Wenn er denn gerne ein Tier haben wollte ... Ein Kätzchen war robuster und konnte sich zur Not auch wehren.

Zwei Tage trug er es am Nackenfell oder im Arm mit sich herum, drückte sein Gesicht in das Fell, ließ es im Hof laufen, fing es wieder ein, bevor es sich in der Scheune verkriechen konnte. Nachts nahm er es sogar mit ins Bett. Trude sah es nicht gerne, aber sie duldete es. Ein paarmal wurde er gekratzt und gebissen, das schien ihn eher zu verwundern als zu stören. Am dritten Tag erwischte sie ihn dabei, wie er das Tierchen in der Regentonne ersäufte.

Aber vielleicht, sagte sie sich, hatte er es nur baden wollen. Er selbst badete gerne und matschte auch mit Ausdauer in der gefüllten Tonne. Sie gab ihm einen Klaps auf die Finger, drückte sein Gesicht für zwei Sekunden ins

Wasser. Als er sich schüttelte und nach Luft japste, sagte sie: «Siehst du, so ist das, wenn man mit dem Kopf ins Wasser gedrückt wird. Es ist nicht fein.»

Sie fischte das Kätzchen aus der Brühe, und als er zögernd die Hand danach ausstreckte, sagte sie: «Nein, du kannst es nicht mehr haben. Du hast es totgemacht, jetzt müssen wir es verbrennen. Und ein neues bekommst du nicht.»

Daß er alles verstand, glaubte sie nicht. Als er kurz darauf die Herdklappe öffnen wollte und sie ihm ein scharfes: «Finger weg!» zurief, weil sie fürchtete, daß er sich an der heißen Klappe verbrannte, zog er die Hand zurück, ging hinaus und drehte mit betrübter Miene ein paar Runden über den Hof.

Am nächsten Tag versuchte er, sich in der Scheune einen Ersatz für das ertränkte Kätzchen zu besorgen. Ein paar Minuten später kam er schreiend und um sich schlagend zu Trude in die Küche gestürzt, eine Katze im Genick, die sich regelrecht in ihn verbissen hatte. Da sagte er es zum ersten Mal selbst. «Finger weg!» Das verstand er also.

Und Trude lernte, ihn zu verstehen und mit ihm umzugehen. Bösartig, fand sie, war er nicht, nur unberechenbar und impulsiv. Ohne Aufsicht konnte sie ihn nicht fünf Minuten lassen. Es war immer damit zu rechnen, daß er im nächsten Moment etwas Unvorhersehbares tat.

Einmal für zwei Minuten nicht auf seine Stimme im Hof gehorcht, und er hatte das Beil aus dem Hauklotz gezogen, schwang es über seinem Kopf, hätte sich fast in die Schulter geschlagen. Einmal für drei Minuten in den Keller gegangen, und er hatte den Hahn am Dieselfaß geöffnet, mit dem Jakob den Traktor betankte. Einmal für eine Minute am Telefon, und er hatte einen Sack mit Kunstdünger aufgerissen. Trude konnte gerade noch verhindern, daß er sich das Zeug in den Mund stopfte.

Sie versuchte, seinen Nachahmungstrieb für die Erziehung zu nutzen, und entschied, daß es nicht tragisch sei, wenn er mit einer Puppe spielte. Er wußte ohnehin nicht, daß er ein Junge war. Und vielleicht kam einmal der Tag, an dem sie froh und dankbar war, daß er es nicht wußte. Sie gab ihm eine der Puppen, die nur noch nutzlos auf Anitas Bett saßen. Und tatsächlich verschaffte sie sich damit die eine oder andere geruhsame Stunde am Nachmittag. Zeit, einen Korb Wäsche zu bügeln, Zeit zum Kochen.

Seinen Freiheitsdrang hielt sie mit einem verschlossenen Hoftor in Schach. Auch das Scheunentor wurde stets zugezogen, obwohl das nicht mehr unbedingt notwendig gewesen wäre. Nach seiner bitteren Erfahrung mit der Katze setzte er ohne Trudes Begleitung keinen Fuß mehr in die Scheune.

Nur wenn sie ihn mit in den Garten nahm, wurde es problematisch. Wie von einem Magneten angezogen trieb es ihn Richtung Feldweg. Trude versuchte, ihn zu beschäftigen, um ihn an ihrer Seite zu halten. Für jeden ausgerissenen Salatkopf, für jede vom Strauch gezerrte Bohne gab es ein dickes Lob. «Das ist lieb, daß du mir hilfst, da freu ich mich sehr. Das hast du fein gemacht.»

Und wenn er einen Wurm aus der Erde buddelte, wenn er eine Raupe vom Blumenkohl oder einen Käfer von den Kartoffeln pflückte, sagte sie: «Das Würmchen mußt du wieder begraben. Es ist gut für den Boden. Die anderen Tierchen sind Ungeziefer, die darfst du zertreten.» Er zertrat sie nicht, er stopfte sie sich in die Hosentasche. Und ehe sie dort ankamen, waren sie zerdrückt.

Mehrfach entwischte er ihr auf der Suche nach Tierchen und Lob. Ein paarmal geriet sie noch außer Fassung, hetzte den Feldweg entlang, erst in die eine, dann in die andere Richtung. Nachdem sie ihn auch beim fünften Mal auf der gemeindeeigenen Wiese fand – auf diesem Grundstück sollte später Heinz Lukkas Bungalow stehen –, ließ sie ihn laufen. Die Wiese lag nur fünfhundert Meter vom Garten entfernt, etwas anstellen konnte er dort nicht, nur Käfer sammeln. Wenn er die Hosentaschen voll hatte, kam er von allein zurück und brachte ihr seine Beute.

Allmählich normalisierte das Leben sich wieder, und Trude wurde ein wenig leichtsinnig. Ihr daraus jedoch einen Vorwurf zu machen wäre ungerecht. Sie tat, was sie konnte, sorgte auch dafür, daß seine Schwestern ihm nicht gar so arg zusetzten.

Anita wählte sorgfältig aus, mit wem sie Umgang pflegte und mit wem nicht. Ben gehörte entschieden nicht dazu. Sie wurde hysterisch, wenn er in ihre Nähe kam, brüllte ihn an, schlug nach ihm und hielt ihn sich so vom Leib. Mit Bärbel war es damals noch nicht so schlimm. Sie war sogar bereit, in Ausnahmefällen für eine halbe Stunde auf ihn aufzupassen, damit Trude rasch eine Besorgung machen konnte. Bärbel für ein Kilo Zucker oder ein Döschen Kondensmilch zu schicken brachte mehr Ärger als Erleichterung. Einmal vergaß Bärbel das Wechselgeld, einmal verlor sie unterwegs ein Fünfmarkstück, einmal brachte sie Puderzucker mit statt Gelierzucker, den Trude dringend für das Brombeergelee gebraucht hätte. Ben mitzunehmen, ihn vorher zu waschen und umzuziehen kostete Zeit, und wenn Trude in Eile war, riskierte sie es, ihn mit Bärbel allein zu lassen.

An einem Mittwochnachmittag im September 79 wollte Trude nur rasch zu dem kleinen Supermarkt an der Kirchstraße. Bärbel saß noch über einer Schularbeit. Ben spielte auf dem Hof mit seiner Puppe, badete sie in der Regentonne und war naß bis auf die Haut. Trude gab die Anweisung, ihn im Auge zu behalten, es dauere nicht lange, und schwang sich auf ihr Fahrrad. Kurz nach ihr verließ auch Anita den Hof und schloß das Tor nicht ordnungsgemäß hinter sich.

Trude stand noch an der Kasse und trat ungeduldig von einem Fuß auf den anderen – die Kassiererin unterhielt sich mit einer neu zugezogenen Kundin über das Mietshaus am Lerchenweg und machte keine Anstalten, Trude abzukassieren –, als Bärbel auftauchte. Bärbel entschuldigte sich wortreich, sie habe wirklich nur eine Sekunde lang nicht auf den Hof geschaut und bereits den Feldweg und die Gemeindewiese nach Ben abgesucht.

Während die Kundin der Kassiererin erzählte, sie habe eine Parterrewohnung gemietet und würde sich von den Nachbarn fernhalten, verließ Trude ohne Einkäufe den Supermarkt. Die Kundin und die Kassiererin tauschten einen pikierten Blick. Die Kassiererin erzählte von Ben. Die Kundin revanchierte sich mit einem ähnlichen Fall aus ihrer Nachbarschaft.

Eine Familie Mohn mit Tochter Ursula, rein äußerlich ein hübsches Kind, acht oder neun Jahre alt und so aufdringlich, daß es einem den letzten Nerv raubte. Egal, wem dieses Geschöpf im Hausflur begegnete, es grinste jeden an, erwartete ein freundliches Wort und wurde handgreiflich, wenn es das nicht bekam. Ständig faßte es die Leute an, hatte schon mehr als einmal seine klebrigen Finger an sauberen Hemden oder Kleidern abgewischt. Und der Hauseigentümer, Toni von Burg, vertrat den Standpunkt, das sei doch alles nur halb so wild. Eine Zumutung für die gesamte Nachbarschaft, wenn solche Leute ihre Kinder nicht unter Kontrolle hielten.

Währenddessen hetzte Trude, fast in den Pedalen stehend, durchs Dorf. Bärbel hatte sie heimgeschickt in der Hoffnung, daß Ben den Rückweg alleine fand. Trude war bereits am Café der Schwestern Rüttgers vorbeigerast, als sie hinter sich laut ihren Namen rufen hörte. Eine der Schwestern stand am Straßenrand und gestikulierte, Trude solle zurückkommen.

Die Rüttgers-Schwestern waren beide Anfang Fünfzig

und unverheiratet. Sie führten das Café und die dazugehörige Konditorei mit Unterstützung ihrer Cousine Sibylle Faßbender, die Bäcker und Konditor gelernt hatte.

Ben saß in der Backstube auf einem Stuhl, zappelte nur ein wenig mit den Beinen und ließ sich von Sibylle Faßbender mit Torte füttern. Sibylle erklärte, daß ihre jüngere Cousine auf Ben aufmerksam geworden war, als er ganz verloren über den Gehweg vor dem großen Schaufenster dahintrottete. Geistesgegenwärtig war sie hinausgerannt, hatte ihn bei der Hand ergriffen und in die Backstube geführt, wo sich Sibylle seiner annahm. Man habe bereits angerufen, sagte Sibylle, aber es habe niemand abgehoben.

Bis dahin hatte Trude es nur einmal gewagt, zusammen mit Jakob und Ben beim Sonntagsspaziergang das Café Rüttgers zu betreten. Antonia Lässler hatte sie dazu überredet und ihr einen Vortrag gehalten über falsche Scham. Anschließend hatte sich Jakob aufgeregt, weil Ben für erhebliches Aufsehen sorgte, als er sein Hemd mit Sahne beschmierte und seinen Teller zerbrach. Und als er Trude die Kuchengabel aus der Hand riß, weil er allein essen wollte, hatte er die kleine Vase mit den Nelken umgestoßen. Jetzt mußte man das als glückliche Fügung bezeichnen. Sonst hätte am Ende niemand im Café gewußt, wer vor dem Schaufenster vorbeischlich.

Am Abend erfuhr Trude von Jakob, daß Ben die Sympathie, die ihm entgegengebracht worden war, vermutlich der kleinen Christa von Burg zu verdanken hatte. Als junges Mädchen hatte Sibylle Faßbender die kleine Christa betreut. Darüber hinaus hatten die Rüttgers-Schwestern ihren einzigen Bruder an der Ostfront verloren. Und der sei auch nicht so hundertprozentig gewesen, sagte Jakob, ein Träumer, aber als Kanonenfutter gut genug.

Dann lächelte Jakob verhalten und bewunderte zum ersten Mal Bens Gedächtnis. «Wir waren doch nur einmal mit ihm da. Daß er sich den Weg merken konnte. Aber ich glaube, er merkt sich gut, wo die Leute nett zu ihm sind. Und wenn er dann noch was Süßes bekommt ...»

Trude glaubte nicht, daß es an der Freundlichkeit oder einem Stück Torte gelegen hatte. Ben war wohl einfach nur umhergelaufen, hatte seine Mutter gesucht und war zufällig zum Café gelangt. Aber sie widersprach Jakob nicht. Sie freute sich, daß es Leute gab, die Ben mochten. Und es waren nicht einmal wenige.

Der Rechtsanwalt Heinz Lukka führte regelmäßig morgens und abends seinen Schäferhund auf dem Feldweg aus. Jedesmal blieb er stehen, wenn Ben auf der Gemeindewiese oder im Garten spielte. Heinz Lukka sprach mit ihm wie mit jedem anderen, immer freundlich und wohlwollend. Er nannte ihn «mein Freund» und steckte ihm Süßigkeiten zu.

Die alte Gerta Franken, die ihn oft von ihrem Kammerfenster aus beobachtete und manchmal hinaus in ihren Garten kam, wenn Trude sich draußen beschäftigte, sagte einmal: «Wenn ich ihn so vergleiche mit dem Lümmel von Richard und Thea oder mit dem kleinen Biest, das Bruno Kleu seiner armen Frau ans Bein gebunden hat, dann ist er Gold wert.»

Auch Trudes zweite Nachbarin Hilde Petzhold fand, er sei trotz allem ein hübscher Junge und habe ein gutes Gemüt. Und wenn Trude zum Internisten nach Lohberg fahren müsse, sie würde ihn gern für ein oder zwei Stunden betreuen. Hilde Petzhold hatte keine Kinder, zusammen mit ihrem Mann Otto bewirtschaftete sie einen der kleinen Höfe. Sie besaßen nur fünfzig Morgen. Manchmal bezeichnete Otto Petzhold seine Frau als taube Nuß. Und wenn er etwas getrunken hatte, sagte er auch schon mal: «Man hätte einiges vorher wissen müssen.» Hilde hatte nach Bens Geburt die meisten Kerzen vor dem Maria-Hilf-Altar angezündet.

Sibylle Faßbender und die Rüttgers-Schwestern ließen sich zu mehr als einer zärtlichen Geste hinreißen, als Trude den nächsten Besuch im Café mit ihm riskierte. Sibylle nahm ihn mit in die Backstube, wo es keine Rolle spielte, wie er seinen Kuchen aß und ob er sein Hemd oder den Tisch damit beschmierte.

Antonia Lässler, die seit jeher der Meinung war, das Beste für ein Kind sei der Umgang mit anderen Kindern, kam häufig am Samstag nachmittag, brachte ihre Söhne und die dreijährige Annette mit und verlangte, daß die Jungs mit Ben spielten. Aber mit einem Fußball, einem Fahrrad oder Rollschuhen wußte Ben, obwohl er schon sechs war, nichts anzufangen. Die kleine Annette begeisterte ihn. Und Antonia hatte nichts dagegen, wenn er sich mit ihrer Tochter beschäftigte.

Trude warf den einen oder anderen Blick aus dem Küchenfenster. Einmal sah sie Ben auf dem Boden liegen, Annette saß auf seinem Bauch, kitzelte ihn an den Rippen, und beide Kinder lachten. Einmal sah sie, wie er Annette hochnahm, sie mit beiden Armen an seine Brust drückte und gleich wieder auf den Boden stellte, als sie zu strampeln begann.

Harmlose Spiele, mehr und mehr gelangte Trude zu der Einsicht, daß Ben bei aller Unberechenbarkeit harmlos war. Als Renate Kleu im Februar 80 den Kinderwagen mit ihrem zweiten Sohn auf den Hof schob, um Trude einen Blick auf den vier Wochen alten Heiko zu gönnen, hätte Trude bereits ihre Hand für Ben ins Feuer gelegt und war auch überzeugt, daß er ihr aufs Wort gehorchte.

Er schaute mit staunender Miene auf das Baby. Trude sah ihm an, daß es ihn in den Fingern juckte. Doch es reichte ein: «Finger weg!» Er schob beide Hände auf den Rücken und nickte ernsthaft.

Renate fragte: «Wie machst du das nur, daß er dir so

gut gehorcht? Ich wünschte, ich hätte so viel Glück bei Dieter. Stell dir vor, gestern hat er das Baby geschlagen.»

«Das würde Ben nie tun», sagte Trude. «Streicheln möchte er den Kleinen wohl gerne mal. Aber mit seinen schmutzigen Fingern muß das nicht sein.»

Nur wenn Thea Kreßmann mit Albert erschien, hatte Trude ein ungutes Gefühl. Albert lief wie ein überdrehter Kreisel vor der Scheune herum, wo Trude die Sache vom Küchenfenster aus nicht im Auge behalten konnte. Sie hörte nur Alberts Stimme: «Mach mal, Ben.»

Und Ben machte – jeden Unsinn nach, den Albert ihm vorführte. Er hüpfte auf einem Bein, bis er der Länge nach in den Dreck fiel und Albert sich vor Lachen krümmte. Er schlug sich mit einem Stein auf die Finger, weil er nicht gesehen hatte, daß Albert bei den eigenen Fingern daneben schlug. Er donnerte seinen Kopf gegen das Scheunentor, weil Albert sagte: «Jetzt spielen wir Rammbock.»

Wenn Thea von Zeit zu Zeit ins Freie ging, um zu prüfen, ob Albert die Sache bisher heil überstanden hatte – immerhin war er mehr als einen Kopf kleiner und erheblich schmächtiger als Ben –, fand Trude, man müsse sich eher um Ben sorgen. Sie sah es nicht gerne, wenn er mit Albert zusammen war.

Da brachte sie ihn lieber für eine Stunde nach nebenan zu Hilde Petzhold, obwohl die ihm immer als erstes seine Puppe aus dem Arm nahm. Hilde fand, ein so großer und kräftiger Junge sollte mit anderen Dingen schmusen, und legte ihm jedesmal die graugetigerte Mutterkatze in den Schoß.

Mehrfach machte Trude ihre Nachbarin darauf aufmerksam, daß Ben seit dem Erlebnis in der Scheune panische Angst vor Katzen hatte. Hilde tat jeden Hinweis und jede Bitte ab. «Sie tut ihm nichts, und er weiß das auch. Nicht wahr, Ben, das ist eine feine Katze, eine liebe Katze ist das.»

Ben saß wie versteinert auf Hildes Couch, schielte abwechselnd sehnsüchtig zu seiner Puppe hin und argwöhnisch auf die Katze, die sich in seinem Schoß zusammengerollt hatte und ihn anblinzelte. Trude schien es, als halte er die Luft an. Wenn Hilde verlangte, er solle die Katze streicheln, legte er dem Tier seine Hand ins Genick, so daß sie fürchtete, er könne irgendwann richtig zudrükken.

Es war im Mai 80, als Trudes Befürchtungen Realität wurden und sie auf drastische Weise begreifen mußte, daß jede Nachlässigkeit ihre Strafe fand. Es geschah an einem Freitag. Auf dem Marktplatz legten die Schausteller letzte Hand an das Karussell und die Buden. In allen Häusern wurde gewischt, poliert und die frisch gewaschenen Fahnen aufgebügelt.

Am Vormittag ging Trude in den Hühnerstall, um eine alte Henne für die Festtagssuppe auszusuchen. Ben trottete wie so oft neben ihr her. Und Trude hatte plötzlich das Bedürfnis, ihm eine Freude zu machen. Seine größte Freude war nun einmal, kleinen, lebendigen Wesen nachzurennen. Daß er nichts einfangen durfte, was größer als ein Käfer oder eine Raupe war, hatte Jakob ihm eingebleut. Und Trude erlaubte es ihm, weil sie an dem Tag ein wenig kurzatmig und er so flink war und sich vor Eifer überschlug, wenn sie fragte: «Willst du mir helfen?»

Sie zeigte ihm die für den Kochtopf bestimmte Henne und lobte ihn gebührend, als er sie ihr brachte. Er schaute verwundert zu, wie sie dem Tier den Hals umdrehte. Und kaum war das Huhn in ihren Händen erschlafft, rannte er zurück in den Stall, schnappte sich eine junge Legehenne, brach ihr das Genick und legte sie Trude mit erwartungsvoller Miene in den Schoß.

Hätte Trude sich in dem Moment entschließen können, ihn zu verprügeln, wäre vielleicht einiges anders gekommen. Aber wie hätte sie ihn schlagen können, wo er ihr nur eine Freude hatte machen wollen? Sie rupfte beide Hühner und schlitzte sie auf. Schockiert vom eigenen Leichtsinn und seiner Wieselhaftigkeit entfernte sie die Innereien.

Vielleicht war es der Ausdruck auf ihrem Gesicht, der Ben in Verwirrung stürzte. Zweimal erkundigte er sich mit schiefgelegtem Kopf: «Fein macht?» Als Trude nicht antwortete, fragte er unbehaglich: «Finger weg?» Es waren damals die einzig verständlichen Worte, die er über die Lippen brachte. Es war seine Unterscheidung zwischen Gut und Böse, erlaubt und verboten.

«Ja, ja», sagte Trude unwirsch. «Finger weg! Das war sehr böse. Fangen hatte ich gesagt, nur fangen, nicht totmachen. Totmachen darf nur ich. Höchstens noch der Vater und sonst niemand. Merk dir das. Wenn du es noch mal tust, gibt es Haue, aber feste mit dem Stock.»

Am Nachmittag spielte er im Hof, während Trude sich um die Fenster kümmerte. Anita und Bärbel hatten das Haus kurz nach Mittag verlassen. Alle zwei, drei Minuten ließ Trude Eimer und Ledertuch stehen, ging zur Küchentür und schaute nach, was er trieb. Einmal sah sie ihn am Riegel des Hühnerstalls fummeln. «Finger weg!» rief sie. Er schaute sie an wie ein ertappter Sünder und trabte zur anderen Hofseite hinüber.

Beim zweitenmal sah sie ihn an der Regentonne matschen und nahm an, daß er sich dort eine Weile beschäftigte. Doch als sie zehn Minuten später auf den Hof schaute, war von ihm nichts mehr zu sehen.

Von böser Vorahnung getrieben, stürzte sie zum Hühnerstall. Sie befürchtete ein Massaker. Doch die Tür war genauso verriegelt wie das Hoftor. Das Scheunentor dagegen stand offen. Und damit hatte Trude nicht gerechnet, wo er sich so vor den Katzen fürchtete.

Aber Trude rechnete damals mit vielem nicht. Nicht

mit seinem Gedächtnis und nicht mit dem Erfindungsreichtum von Albert Kreßmann. Albert hatte herausgefunden, daß Katzen jedem Wassertröpfchen aus dem Weg gehen. Sein neues Wissen hatte er ebenso an Ben weitergereicht wie die Fähigkeit, eine Wasserpistole an der Regentonne zu füllen. Und da Thea ihm gerade eine neue Pistole gekauft hatte, hatte Albert die alte an Ben verschenkt, der sie zwar meist als Durstlöscher nutzte, aber manchmal spritzte er auch ein wenig damit herum.

Während Trude das Schlafzimmerfenster in dem Glauben putzte, daß er nur im Wasser matschte, füllte er wohl das Plastikding an der Regentonne. Anschließend muß er das schwere Scheunentor zur Seite gedrückt, sich durch den Spalt gezwängt und mit klopfendem Herzen auf die Angreifer gewartet haben. Als nichts geschah, machte er sich auf den Weg.

Trude glaubte, sein Ziel zu kennen, die Gemeindewiese. Dort war er nicht. Sie lief in die andere Richtung bis zur Rückseite des Lässler-Hofs. Dahinter begann das freie Feld, weit und breit war nichts von ihm zu sehen. Bei Antonia war er auch nicht. Im Dorf nach ihm suchen wollte Trude nicht aus Furcht, zuviel Aufsehen zu erregen.

Sie rannte zurück und rief im Café Rüttgers an. Niemand hatte Ben gesehen. Inzwischen war es vier vorbei und er seit mehr als einer Stunde unterwegs. Auch die Anrufe bei Illa von Burg und Renate Kleu halfen nicht weiter. Illa und Renate versprachen, die Augen nach ihm offenzuhalten und ihren Männern nichts von seinem Ausflug zu erzählen.

Von einem Anruf bei Thea Kreßmann versprach Trude sich nichts. Abgesehen davon, daß dann samstags das ganze Dorf gewußt hätte, daß Trude ihren Sohn unbeaufsichtigt gelassen hatte, lag der neue Kreßmann-Hof mehr als einen Kilometer vom entgegengesetzten Ortsrand entfernt.

Trude wußte nicht weiter, lief zwischen Hoftor und Garten hin und her, schaute die Straße oder den Feldweg entlang und machte mit ihrem Rufen nur die alte Gerta Franken aufmerksam. Eine Weile leistete Hilde Petzhold ihr im Garten Gesellschaft. Dann ging Hilde weiter, um nach ihrer trächtigen Katze zu suchen, die ebenfalls einen Moment der Unachtsamkeit genutzt hatte, zu entwischen.

«Ich weiß, wie das ist», sagte Hilde. «Ich bin auch oft unterwegs. Und wie oft habe ich schon eine gefunden. Mal hat man sie mir überfahren, mal hat einer seinen Hund draufgehetzt, vergiftet und erschossen hat man mir auch schon ein paar. Und wenn ich zur Polizei gehe, werde ich ausgelacht. Aber du solltest vielleicht doch mal auf der Wache anrufen. Ich meine, was willst du Jakob sagen, wenn er heimkommt und Ben immer noch nicht da ist?»

Trude wußte nicht, was sie Jakob sagen sollte. Sie wußte nur, daß sie die Polizei nicht anrufen wollte. Da war die Bemerkung, die Thea Kreßmann nach Bens Besuch im Café Rüttgers gemacht hatte. «Du kannst froh sein, daß das so glimpflich abgelaufen ist. Es hätte ihn nur der Richtige sehen müssen, als er allein unterwegs war, Erich Jensen zum Beispiel. Was Erich dir erzählt hätte, kann ich mir lebhaft vorstellen.»

Das konnte Trude auch. In seiner freundlich-gönnerhaften Art, mit der er jedem Menschen das Gefühl purer Anteilnahme vermittelte, hätte Erich garantiert gesagt: «Trude, ich weiß, daß ein Mensch allein mit der Betreuung solch eines Kindes überfordert ist. Du hast ja auch noch etwas anderes zu tun. Ich halte es für das Beste, wenn du ihn in ein Heim gibst. Das wäre für dich eine große Entlastung.»

Das war die eine Seite. Die andere war der Instinkt, vielleicht eine Art sechster Sinn, genährt von dem Huhn am Vormittag. All die unausgesprochenen Ängste, von denen sie in den letzten Monaten gedacht hatte, sie seien übertrieben gewesen. All die fast vergessenen Befürchtungen, daß er etwas anstellte, was sie nicht im Küchenherd verbrennen konnte.

Kurz nach fünf tauchte er wieder auf. Wo er sich herumgetrieben hatte, brachte Trude nie in Erfahrung. Er war völlig verdreckt und mit Blut beschmiert. In einer Hand hielt er die Wasserpistole, in der anderen einen blutigen Fleischbrocken, an dem Trude ein Stück von einem graugetigerten Katzenfell erkannte.

Zuerst sah sie nur diesen Brocken und das Blut, fühlte ein heißes Würgen in der Kehle, stürzte hinaus und übergab sich neben der Küchentür. Sie plagte sich mit entsetzlichen Gewissensbissen, daß sie ihn bei der Schlachtung an ihrer Seite gehalten und damit möglicherweise auf die Idee gebracht hatte, sich ein ihm Furcht einflößendes Tier vom Leib zu schaffen.

Während sie würgte und nach Atem rang, legte er den blutbesudelten Fleischbrocken auf den Küchentisch, leerte den Inhalt seiner Taschen und legte alles dazu. Als Trude hinschaute, lagen mitten auf dem Tisch zwischen diversen Organteilen ein paar ungeborene Kätzchen und ein mit Perlmutt besetztes, blutverschmiertes Taschenmesser.

Er schaute Trude erwartungsvoll an. Als sie zögernd zurück in die Küche kam, erklärte er in bestimmtem Ton: «Finger weg!» Anschließend erkundigte er sich: «Fein macht?»

Trude schüttelte den Kopf, konnte gar nicht aufhören damit. «Nein», sagte sie endlich, die Stimme belegt und ein wenig kratzig. «Nein, das hast du nicht fein gemacht. Das war sehr böse.»

Und dann, Trude wußte selbst nicht, wie es kam, wo sie sich doch geschworen hatte, ihn nie zu schlagen, griff sie nach seinem Arm, riß ihn mit dem Bauch über ihr vorgestrecktes Knie und verabreichte ihm eine Tracht Prügel, die Jakobs Strafaktionen nicht nachstand. «Wenn du das noch mal tust!» schrie sie. «Wenn du das noch mal tust!» Zu mehr als dem halben Satz reichte es nicht. Sie ließ erst von ihm ab, als er wimmernd und kreischend von ihrem Knie rutschte und sich auf dem Boden zusammenrollte wie ein getretener Wurm.

Trude ließ ihn erst einmal liegen, räumte den Küchentisch ab und schrubbte ihn, bis ihr die Finger schmerzten. Dann zog sie Ben vom Boden hoch und zerrte ihn hinter sich her die Treppe hinauf ins Bad. Erst als sie ihn auszog, erkannte sie, daß das Blut nicht nur von der Katze stammte.

An Händen und Unterarmen hatte er unzählige Kratzer. Sein Hemd und die Hose waren an mehreren Stellen eingerissen. Wären der Fleischbrocken und das Gekröse nicht gewesen, hätte Trude angenommen, er hätte sich in Gerta Frankens Brombeeren gewälzt. Auf seinem Rücken fand sie einen roten Striemen quer über die Schulterblätter gezogen. Es sah nach einem Schlag mit einer Peitsche oder einem ähnlichen Gegenstand aus.

Sie steckte ihn in die Badewanne und verarztete all die Kratzer mit Jod. Dann verbrannte sie Hemd und Hose im Küchenherd und versuchte in Erfahrung zu bringen, wo er mit Hilde Petzholds Katze aneinandergeraten war, warum er dem Tier so etwas angetan und wo, um alles in der Welt, er das Taschenmesser gefunden hatte. Es war ein teures Stück, zum Haushalt gehörte es auf keinen Fall. Aber viel brachte sie nicht aus ihm heraus. Jede Frage beantwortete er mit einem schniefenden, zittrigen: «Finger weg.»

Als Jakob und die Mädchen am Abend heimkamen und Jakob eine Erklärung für Bens zerkratzte Hände und Arme forderte, sagte Trude: «Er hat sich in Gertas Garten herumgetrieben und sich in den Brombeeren verfangen. Aber ich schätze, das wird ihm eine Lehre sein.»

Jakob glaubte das, und Trude verging fast vor Furcht, daß es einen Zeugen gegeben hatte. Der Striemen auf Bens Rücken sprach dafür. So hoch oben hatte sie ihn nicht geschlagen, außerdem hatte sie nur die Hand benutzt.

20. August 1995

Am frühen Sonntag nachmittag wurde das Gewimmel beim Bendchen und beim Bruch dichter. Die Suchaktion brachte das halbe Dorf auf die Beine. Die meisten nutzten ihre Neugier für einen ausgedehnten Spaziergang mit der Familie. Zu nahe heran wagte sich niemand. Da aus hundert Metern Entfernung nichts von Bedeutung zu sehen war, traten sie schließlich den Rückzug an, fanden sich im Café Rüttgers zusammen und diskutierten die Ereignisse.

Auch Bruno und Renate Kleu saßen mit ihrem jüngsten Sohn an einem der Tische. Der fünfzehnjährige Heiko prahlte mit einer weiteren Zeugenaussage seines Bruders. Er redete so, als habe Dieter Kleu die Polizeiaktion veranlaßt – was den Tatsachen entsprach, doch davon später.

Als Bruno daraufhin ein Loblied auf seinen Sohn sang, konnte sich einer der anderen Cafégäste die Frage nicht verkneifen, ob der wichtige Zeuge Dieter Kleu mit den beiden fremden Männern vielleicht bloß ein Ablenkungsmanöver gestartet hatte, damit niemand auf die Idee kam, ihn selbst genauer unter die Lupe zu nehmen.

Es war ein offenes Geheimnis, daß Dieter Kleu ein überaus reges Interesse an Marlene Jensen gezeigt hatte.

Er war nicht der einzige. Das bildhübsche Mädchen hatte unter der männlichen Dorfjugend mehr als einen Kreislauf in Wallung gebracht. Im Gegensatz zu anderen jedoch, die es bei schmachtenden Blicken oder anzüglichen Bemerkungen beließen – wie Albert Kreßmann, der wiederholt erklärt hatte, mit Annettes Cousinchen würde er auch gerne mal Verstecken spielen –, trat Dieter Kleu häufig in die Fußstapfen seines Vaters.

Nur drei Wochen zuvor hatte Maria Jensen sich ausgerechnet bei Thea Kreßmann beschwert. Wenn das so weiterginge, müsse sie ein ernstes Wort mit Renate Kleu reden, damit Renate ihren Ältesten anwies, seine Finger gefälligst in die eigene Hose zu stecken und nicht ständig junge Mädchen zu belästigen, die nichts mit ihm zu tun haben wollten.

Man erinnerte sich im Dorf auch noch lebhaft an Brunos Jugendsünden. Jeder wußte, daß Bruno seine Frau, die sich damals nicht auf Anhieb für ihn entscheiden konnte, nur durch eine wüste Prügelei erobert hatte. Wie die alten Germanen hatte er auf einen jungen Mann eingedroschen, der für Renate entflammt war und ihr jeden Sonntag vor der Eisdiele in Lohberg eine einzelne Rose überreichte. Doch nachdem Bruno ihn sich vorgeknöpft hatte, gab sich das mit der Romantik, und die heiße Liebe zu Renate erlosch in dem jungen Mann sozusagen schlagartig. Und das war noch einer der relativ harmlosen Vorfälle gewesen.

Es gab andere, die wogen schwerer. Niemand hatte vergessen, daß Bruno in jungen Jahren hinter Marlene Jensens Mutter hergewesen war wie der Teufel hinter der armen Seele. Und er war auch vor brutaler Gewalt nicht zurückgeschreckt. Daß Paul Lässler ihn sich einmal zur Brust genommen hatte, wie er beim Schützenfest im September 69 erzählte, als Jakob Schlösser aus einem Eimerchen voller Nieten für Trude den Hauptgewinn zog, hatte leider nichts genutzt.

Anfang Oktober 69 hatte Paul sich Bruno ein zweites Mal vorknöpfen müssen. Paul sah es nun einmal entschieden lieber, daß seine Schwester mit Erich Jensen ausging. Und Bruno Kleu störte diese Beziehung gewaltig. Keine Gelegenheit ließ er sich entgehen, Maria zu belästigen. Beim erstenmal hatte Paul es bei einer eindringlichen Ermahnung bewenden lassen. Beim zweitenmal war er handgreiflich geworden. Bruno war tagelang mit einem blauen Auge und dicker Lippe herumgelaufen und hatte fürchterliche Rache geschworen.

Und an einem Abend Ende Oktober 69 war Maria überfallen und beinahe vergewaltigt worden. Laut der offiziellen Version hatte eine vermummte Gestalt ihr aufgelauert und sie ins nächste Gebüsch gezerrt. Glücklicherweise stand dieses Gebüsch im Garten der alten Gerta Franken, so daß der zufällig mit seinem Schäferhund auf dem Feldweg vorbeikommende Heinz Lukka das Schlimmste verhindert hatte. Die vermummte Gestalt war unerkannt entkommen, aber niemand hatte jemals Zweifel an ihrer Identität gehegt.

Es waren damals ein paar Spekulationen laut geworden. Heinz Lukka sei ein bißchen zu spät gekommen, um das Allerschlimmste zu verhüten. Er hätte es nur unterbrechen können. Maria hätte aus Scham behauptet, ihren Angreifer nicht erkannt zu haben. Und der alte Kleu hätte Heinz Lukka mit einem größeren Geldbetrag überredet, sich dieser Aussage anzuschließen.

Nun brodelte die Gerüchteküche wieder. Obwohl Bruno Kleu dafür gesorgt hatte, daß sein Sohn sich aus dem Dorf fernhielt, solange er ein Veilchen in seinem Gesicht trug, waren die Spuren der Prügelei vor der Diskothek nicht allen verborgen geblieben. Da niemand wußte, wem Dieter diese Spuren zu verdanken hatte, machte sich jeder seine Gedanken.

Inzwischen glaubte niemand mehr daran, Marlene Jensen lebend wiederzusehen. Nur Thea Kreßmann vertrat nach wie vor die Ansicht, das Mädchen sei ausgerissen, um Erich und Maria ein paar schlaflose Nächte zu bereiten. Aber Thea fand nicht einmal mehr bei ihrem Mann Gehör. Richard erklärte barsch, sie rede wieder Blödsinn und man dürfe zwei Unbekannte nicht von jedem Verdacht freisprechen, nur weil der einzig aufmerksame Zeuge selbst nicht ganz astrein sei.

Mit den in bester Absicht ausgesprochenen Worten erreichte Richard Kreßmann das genaue Gegenteil. Der Ausdruck astrein war der Tropfen, der für Bruno Kleu das Faß zum Überlaufen brachte. Es wäre wohl zu einer handgreiflichen Auseinandersetzung zwischen den beiden Männern gekommen, hätte nicht Renate in aller Eile Kuchen und Kaffee bezahlt, nach Brunos Arm gegriffen und ihn zum Gehen genötigt.

Bruno kochte vor Wut. Und er schäumte über, als Renate ihn auf der Straße fragte: «Wo warst du eigentlich letzten Samstag?»

Einige Gäste im Café sahen, daß Bruno unvermittelt ausholte und seiner Frau ins Gesicht schlug, daß Renate in Tränen ausbrach, daß der fünfzehnjährige Heiko die Faust ballte und seinem Vater drohte. Dann griff Heiko nach Renates Arm und ging mit ihr in die eine Richtung davon. Während Bruno noch sekundenlang auf einem Fleck stand, um dann mit weitausholenden Schritten in die andere Richtung zu verschwinden.

Zu diesem Zeitpunkt war Ben noch in seinem Zimmer eingesperrt. Anfangs war er ruhig gewesen. Er hatte ein paar Stunden geschlafen, nachdem Jakob mit den beiden Gläsern das Zimmer verlassen hatte. Dann hatte Trude ihn zum Mittagessen geholt. Als er danach hinauswollte, hatte sie ihn festgehalten. «Heute nicht, Ben.»

Wenn er gewollt hätte, hätte er sich mit wenig Kraft

aus ihrem Griff befreien können. Doch seiner Mutter weh zu tun wäre gewesen wie Schnitte ins eigene Fleisch. Niemand verletzte die Hand, die Nahrung gab. Was sein Vater für Liebe hielt, war Instinkt, der Drang zu überleben.

Er hätte auch gehen können, als sie seinen Arm losließ. Sie hatte schon mehr als einmal gesagt: «Heute nicht, Ben.» Oder: «Du mußt jetzt bei mir bleiben.» Er war trotzdem gegangen. Aber sein Vater saß dabei. Und den Respekt vor Jakobs Fäusten hatte er nie verloren. Er hatte auch nie begriffen, daß die Kräfte sich im Laufe der Jahre gewaltig verschoben hatten.

So ließ er sich widerstrebend und Unverständliches vor sich hin murmelnd von Trude wieder hinaufführen. Jakob saß im Wohnzimmer und hörte ihn über seinem Kopf umherlaufen, vom Fenster zur Tür, von der Tür zum Fenster, hin und her wie ein Tier im Käfig. Mehrfach klopfte er gegen das Holz, rüttelte an der Klinke und rief: «Finger weg!»

Trude ahnte, was es bedeutete. Daß er sich Sorgen machte um seine Welt, daß er fürchtete, es könne zuviel davon zerstört werden, wenn so viele Leute hindurchtrampelten. Sie brachte ihm ein Vanilleeis, später noch einen Schokoladenriegel und versuchte, ihn zu beruhigen: «Das ist die Polizei da draußen. Sie machen bestimmt nichts kaputt, sie schauen sich nur alles an. Wenn sie weg sind, darfst du raus. Setz dich und spiel ein bißchen. Wo ist deine Puppe?»

Dann lief Trude hin und her zwischen dem Schlafzimmerfenster und seinem Zimmer. Aber sie vergaß nie, den Schlüssel zu drehen, wenn sie seine Tür hinter sich zuzog.

Am späten Abend, als der Besucherstrom endgültig versiegte und auch Polizei und Feuerwehr das Feld räumten, brach Jakob in Begleitung seines Sohnes zum Sonntagsspaziergang auf. Jakob liebte es, durch die Felder zu

schlendern. Er liebte es um so mehr, wenn Ben ihn begleitete.

Sie waren noch nicht außer Sichtweite des Hofes, als
Jakob wie üblich anfing zu reden. Und Ben war der einzige Mensch, mit dem Jakob über alles reden konnte.
Weil Ben nie eine Antwort gab, nie einen guten Rat, nie
einen dummen Vorschlag machte. Weil er sich nur mit
wichtiger Miene anhörte, was seinem Vater auf der Seele
lag. Das schlechte Gewissen für den umgedrehten Schlüssel und so viele andere Dinge.

«Gehen wir uns mal ansehen, was sie alles zertrampelt
haben», sagte Jakob, obwohl ihn das nichts mehr anging.
Es waren nicht mehr seine Rüben und sein Weizen. Das
war seit ein paar Jahren vorbei. Die Arbeitsgemeinschaft
mit Paul Lässler und Bruno Kleu hatte zwar lange Zeit
gut funktioniert. Aber dann hatten die beiden sich spezia-
lisiert. Und Jakob hatte aufgeben müssen.

Keine Söhne. Nur Ben, den Riesen, der Kraft hatte für
zehn, Augen wie eine Eule, ein Gedächtnis wie ein Elefant
und den Verstand einer Mücke. Es war zwar mit den Jahren klargeworden, daß der Professor damals seine Dia-
gnose ein wenig übertrieben formuliert hatte. Hochgra-
dig war der Schwachsinn nicht. Ein paar Dinge hatte Ben
durchaus gelernt, leider nichts Vernünftiges. Es wäre vielleicht mit der Zeit noch etwas hinzugekommen, hätte
Trude sich nur entschließen können, ihn in einer Einrichtung unterzubringen, wo er entsprechende Förderung erhalten hätte. Aber Trude starb hundert Tode, sobald das
Thema zur Sprache kam. Und dann war es eben nicht
mehr zu ändern.

Die Hühner und zwei Schweine für den Eigenbedarf
hatten sie behalten. Darum kümmerte sich Trude, ebenso
um den großen Gemüsegarten, den sie neu angelegt hatte.
Das Land hatten sie komplett an Bruno Kleu verpachtet.
Die neue Scheune teilte sich Bruno mit Paul Lässler. Paul

nutzte den Zwischenboden, um das Stroh zu lagern. Bruno hatte die Rübenmaus darin abgestellt, für ihn war es praktischer. Seine Zuckerrüben standen nahe dem Bruch, da mußte er die Maus nicht um den ganzen Ort herumfahren.

Von der Pacht allein konnte man nicht existieren. Aber Jakob hatte Glück gehabt, trotz seines Alters. Heinz Lukka hatte seine Beziehungen spielen lassen und ihm zu einem Job verholfen. Seit ein paar Jahren war er Lagerarbeiter bei Wilmrod. Von morgens früh bis zum Feierabend fuhr er einen Gabelstapler durch die große Lagerhalle des Baumarktes in Lohberg. Er ordnete Paletten mit Schrauben und Dübeln, mit Kloschüsseln, Badewannen und Duschtassen. Er füllte die Regale im Verkaufsraum, wenn sonst niemand die Zeit fand.

Und manchmal hatte er das Gefühl, zwischen den Regalen zu ersticken. Dann schaute er wohl zwanzigmal zu der hohen Decke hinauf, vermißte den freien Himmel und konnte aus ganzem Herzen nachfühlen, daß sein Sohn es nicht lange in geschlossenen Räumen aushielt.

Es mußte das Blut sein, Vererbung, der in Generationen gewachsene Instinkt für den Boden, den die Technik hatte schrumpfen lassen. Bei Ben war er noch einmal voll durchgeschlagen und zu den Ursprüngen zurückgekehrt. Vor den Maschinen hatte er panische Angst, mit seinem Spaten vollbrachte er kleine Wunder. Nichts wurde zerstört, wenn er grub. Auf jeden Grashalm nahm er Rücksicht, was er ausheben mußte, um den Boden nach Schätzen durchwühlen zu können, setzte er auch wieder zurück an seinen Platz. Und dann sah es aus, als wäre es nie fortgewesen.

Daß es ihn auch nachts ins Freie zog – seit Mitte Juli jede Nacht –, war Jakob nicht immer recht. Manchmal gab es Gerede wie im Juni, als er in Albert Kreßmanns Mercedes gegriffen und Annette Lässler über die nackten

Brüste gestreichelt hatte. Im vergangenen Sommer hatte Bruno Kleu anklingen lassen, Ben hätte ihn zu Tode erschreckt, als er plötzlich neben dem Auto auftauchte. Natürlich hatte Jakob sich gefragt, was Bruno mitten in der Nacht mit dem Auto draußen zu suchen gehabt hatte. Nach seinen Rüben hatte er wohl kaum geschaut. Und zu Tode erschreckt, das konnte man sich bei Bruno nur schwer vorstellen.

Erschreckt hatte sich vermutlich nur die Dame in Brunos Begleitung. Und wenn die Bruno nicht mit ins eigene Bett nehmen konnte, wenn sie gezwungen war, sich beim Bendchen oder sonstwo mit ihm zu amüsieren, mußte es dafür Gründe geben – vermutlich einen Ehemann. Jakob war kein Moralapostel, trotzdem hatte er gedacht, daß ein Schreck in solch einem Fall ganz heilsam sein konnte.

Aber er verstand, daß manche Leute Angst hatten. Daß Ben, wie Trude unentwegt behauptete, ein sanftmütiges Kind war, stand ihm nicht auf der Stirn geschrieben. Und wenn ein zwei Meter großes Kind mit einem Kreuz wie ein Kleiderschrank, mit Fäusten wie Schmiedehämmer, einem Fernglas vor Augen und einem Klappspaten am Taillenriemen plötzlich nachts neben einem parkenden Auto oder einer Decke am Waldrand auftauchte, sah ihm niemand an, daß es gutmütig und völlig harmlos war. Da rutschte einem einfach das Herz in die Hose. Wer ihn kannte wie Albert Kreßmann, Bruno Kleu und einige andere, der wußte, wie er sich verhalten mußte. Fremde jedoch ...

«Wir müssen mal reden», begann Jakob, während sie sich mit gemächlichen Schritten dem Bendchen näherten. «Ich hab nichts dagegen, wenn du draußen rumläufst. Aber nachts solltest du im Haus bleiben. Bis sich diese Sache aufklärt. Verstehst du?»

Ben nickte gewichtig. Es war nur eine Reaktion auf den bedächtigen Tonfall seines Vaters, genau der Ton, in dem

Jakob ihm seine Sorgen und geheimsten Gedanken anvertraute.

«Dann sind wir uns also einig», sagte Jakob. «Es wird bestimmt nicht für lange sein. Wenn sie Erichs Tochter finden oder wenn das Mädchen von allein wieder auftaucht ...» Er brach ab und seufzte. «Aber um ehrlich zu sein, das glaub ich nicht. Wenn nichts passiert wäre, könnten sich die beiden Kerle ja melden und sagen, ob sie das Mädchen ein Stück mitgenommen und wo sie es abgesetzt haben.»

Ben nickte erneut mit ernster Miene, lief unruhig ein paar Schritte voraus. Und Jakob versank wieder in seinen Gedanken. Er sorgte sich um Trude, kannte die feinen, unbewußten Gesten, das Schweigen und den verschlossenen, vielsagenden Gesichtsausdruck, den sie heute gezeigt hatte. All die Jahre hatte Trude gefürchtet, daß von oben die Anweisung kam, Ben in ein Heim zu geben. Jetzt wurde sie fast verrückt, weil er nachts unterwegs war, weil ihn jemand gesehen haben könnte, weil die Polizei sein Revier mit Hunden absuchte.

Jakob war sicher, daß es nichts zu bedeuten hatte, nur Gründlichkeit war. Die Zeiten hatten sich eben geändert. Früher konnten die Mädchen verschwinden, ohne daß ein Hahn danach krähte. Aber da waren solche wie Ben ebenfalls verschwunden. Den breiten Rücken seines Sohnes vor Augen nickte Jakob versonnen vor sich hin.

Ben blieb stehen, setzte das Fernglas vor die Augen, spähte zum Waldrand hinüber und wartete, bis sein Vater neben ihm war.

«Hier kannst du lange suchen», sagte Jakob. «Was hier draußen verschwindet, taucht so schnell nicht wieder auf. Da muß schon zufällig einer an der richtigen Stelle graben.» Er streckte den Arm aus und wies in die Richtung, in die Ben schaute. «Da hinten haben wir mal eine gefunden, Paul und ich.»

Dann erzählte Jakob seinem Sohn von Edith Stern, die vor dem Krieg mit dem Gastwirtssohn Werner Ruhpold verlobt gewesen war, von der immer noch viele im Dorf glaubten, sie sei den Nazischergen entkommen. Das war sie möglicherweise auch, aber davongekommen war sie nicht. Das wußte Jakob genau. Er hatte nur noch nie einem Außenstehenden gegenüber ein Wort darüber verloren.

Ben konnte er getrost erzählen von der Höhle, die Paul Lässler und er sich gegraben hatten, tief in das Wurzelwerk einer uralten Buche, der ein Blitz den mächtigen Stamm gespalten hatte.

Den Winter 43 hatten sie da gespielt, zu einer Zeit, als in einigen Häusern schon gewispert wurde, niemand könne seines Lebens mehr sicher sein, wenn unschuldige Kinder wie Christa von Burg an einer Lungenentzündung sterben mußten, nur weil sie sich etwas in den Mund steckten, vor dem andere sich ekelten.

Jakob und Paul wußten nichts von der dumpfen Furcht, die sich vor allem in den jüdischen Familien Stern und Goldheim ausbreitete. Die beiden Jungs wurden von anderen Ängsten geplagt, wenn sie sich dick vermummt in das Erdloch zurückzogen. Sie erzählten sich wilde Geschichten von den älteren Brüdern, die in Rußland und Frankreich geblieben waren. Vermißt oder gefallen für Ehre und Vaterland. Pauls Bruder ebenso wie die beiden von Jakob.

Paul meinte, daß eines Tages sie an der Reihe seien, Helden zu werden. Nur Toni von Burg dürfe wahrscheinlich nicht. Weil Tonis Vater zu Pauls Mutter gesagt hatte: «Ehe sie mir den auch noch wegholen, hacke ich ihm höchstpersönlich einen Arm und ein halbes Bein ab. Dann macht er anderswie Karriere.»

Und bei allem Mut, aller Tapferkeit und allem Glauben

an den Führer, ein bißchen bange war ihnen schon vor dem Heldentum, sie waren doch erst elf und zwölf. Dabei fürchteten sie weniger den Feind, der hatte kein Gesicht. Aber wenn nun da draußen noch mehr Idioten wie der Jungzugführer Heinz Lukka kommandierten? Mit solchen war nicht gut Kirschen essen.

Deshalb überlegten sie, ihre Höhle auszubauen, mit Brettern zu stabilisieren und Lebensmittel hineinzuschaffen für den Fall der Fälle. Dann wollten sie aus dem Hinterhalt angreifen, wenn der Feind kam. Daß er kam, darum betete Toni von Burgs Vater jeden Abend. Und Pauls Mutter betete, daß die Gebete der Familie von Burg endlich erhört würden. Paul wußte das genau. Auf dem Lässler-Hof wurde abends noch viel geredet. Und nicht immer schlief Paul dann schon fest.

Im Frühjahr und im Sommer 44 konnten sie nicht hinaus, mußten auf den Feldern und in den Ställen helfen, fielen abends todmüde in die Betten und freuten sich schon auf den Spätherbst und den Winter. Nach der Ernte wollten sie ihren Plan vom Ausbau ihrer Höhle in die Tat umsetzen.

Und im Sommer 44, als die Befürchtungen der Sterns und der Goldheims wahr wurden, bemerkte Wilhelm Ahlsen, der den Abtransport überwachte, daß eine fehlte. Edith Stern, fünfundzwanzig Jahre alt, und wäre der Krieg nicht dazwischengekommen, hätte sie längst Edith Ruhpold geheißen.

Nachdem die Sterns und die Goldheims fort waren, erholte sich Werner Ruhpold auf langen Spaziergängen hinaus zum Bendchen von seiner schweren Kriegsverletzung und dem Blutverlust. Im Dorf wurde gemunkelt, daß er Brot und anderen Proviant auf seine Wanderungen mitnahm. Nur hinter vorgehaltener Hand wurde getuschelt. Kein Mensch hatte persönlich etwas gegen die Sterns und die Goldheims gehabt. Der alte von Burg und ein paar andere lachten sich sogar ins Fäustchen bei dem Gedanken, daß Edith Stern dem alten Ahlsen entwischt war.

Gegen Ende des Sommers, als Jakob und Paul den Zustand ihrer Höhle überprüfen wollten, fanden sie das Erdloch zugeschüttet. Sie besorgten sich Schaufeln, gruben bis weit in den Abend hinein und legten schließlich ein Gesicht frei. Edith Stern. Paul erkannte sie, obwohl sie schlimm zugerichtet war. Den Schädel hatte man ihr eingeschlagen. Was sonst noch mit ihr passiert war, hatten sie gar nicht so genau wissen wollen. Lange konnte sie noch nicht unter der Erde gelegen haben. Und wie sie hineingekommen war, erfuhr man im Dorf nie. Einfach deshalb nicht, weil Jakob und Paul in aller Eile und Panik das Gesicht wieder zuschaufelten und sich gegenseitig schworen, niemals mit einem Menschen darüber zu sprechen.

Es gab ein paar Gerüchte, später, als alles vorbei war, als man wieder offen reden konnte, wer mit wem und wie lange und warum. Kurz nach dem Krieg erklärte Werner Ruhpold in aller Öffentlichkeit, daß er seine Verlobung mit Edith nie wirklich gelöst und seine Braut über lange Wochen in einer Höhle am Bendchen versteckt habe. Daß ihm einmal auf seinen abendlichen Spaziergängen, die er nutzte, um Lebensmittel hinauszubringen, der junge Heinz Lukka gefolgt sei, gerade sechzehn, aber schon scharf auf alles, womit man sich ins rechte Licht setzen konnte.

Natürlich war Werner Ruhpold an diesem Abend vorsichtig gewesen und nicht einmal in die Nähe des Verstecks gegangen. Er war zum Kreßmann-Hof geschlendert, hatte den zwangsarbeitenden Igor gebeten, Edith zu warnen und eventuell zu versorgen, bis ihr die Flucht gelang, weil er selbst sich nicht mehr hinauswagte. Man mußte davon ausgehen, daß der junge Lukka seinem Vater gegenüber das Maul aufriß. Und der alte Lukka und Wilhelm Ahlsen waren ja sehr gute Freunde.

Igor erzählte später allen Leuten, er habe Edith noch in der gleichen Nacht gewarnt, sie sei auch sofort geflohen. Anschließend hätte er persönlich die Grube zugeschüttet, damit nicht der Verdacht aufkam, Werner Ruhpold hätte Volksfeinde versteckt. Jeder glaubte Igor, nur Jakob und Paul wußten, daß er log. Und später fragten sie sich, warum. Viel brauchte es nicht, sich auszumalen, wer Edith Stern den Schädel gespalten hatte. Man mußte die Zeit und die Umstände bedenken. Ein einsamer Russe, der 1944 nicht im Traum daran denken durfte, seine Heimat wiederzusehen und dort eine Frau zu finden, und eine junge Jüdin, die nur von einem Mann schmerzlich vermißt wurde.

Werner Ruhpold wartete – ein Jahr, fünf Jahre. Er glaubte auch nach zehn Jahren in unerschütterlicher Naivität noch, daß Edith es geschafft hatte, ins Ausland zu fliehen. Daß sie vielleicht einen anderen Mann kennengelernt, Kinder bekommen und ihn vergessen hatte. Er hoffte, daß sie glücklich war, daß es ihr gutging und sie sich irgendwann doch noch einmal bei ihm meldete. Bis zu seinem Tod im Frühjahr 81 glaubte und hoffte Werner Ruhpold das.

«Ich hatte immer ein schlechtes Gewissen, wenn ich ihn sah», erzählte Jakob seinem Sohn. «Paul und ich, wir haben ein paarmal überlegt, ob wir es ihm nicht doch sagen sollten. Aber wir wollten den alten Igor nicht in die Klemme bringen. Er war ja auch nur eine arme Haut, und Paul konnte sich nicht vorstellen, daß er es getan hatte. Nur kam kein anderer in Frage. Aber wir waren uns immer einig, das hätte Werner nicht verkraftet. Er war ein guter Kerl, so ein stiller, sanfter. Wenn er hinter dem Tresen stand und einen anlächelte, ging einem das manchmal durch und durch. Und als er dann tot war, habe ich mir gedacht, jetzt sind sie endlich zusammen.»

Sie hatten den Waldsaum erreicht. Jakob blieb stehen

und zeigte mit ausgestrecktem Arm in die platt getretenen Nesseln. «Da hinten ungefähr muß es gewesen sein.»

Die alte Buche mit dem gespaltenen Stamm war Anfang der fünfziger Jahre gefällt worden. Ihr Wurzelstumpf hatte noch ein paar Jahre überdauert, ehe er vermoderte. Jetzt gab es ein paar junge Fichten an der Stelle.

Jakob seufzte: «Sie liegt wohl immer noch da unten.»

Ben nickte ernsthaft.

«Und vielleicht», sagte Jakob gedehnt, «liegt auch Erichs Tochter hier irgendwo. Wo die Autos von der Diskothek aus hinfahren, wissen wir beide doch genau.»

Wieder nickte Ben, und Jakob zeigte mit dem Arm in die Runde. «Hier ist viel Platz. Und wenn sie tief genug verscharrt sind, können auch Hunde nichts machen. Aber um sie tief genug zu verscharren, muß einer auch tief genug denken können. Oder er muß sich was anderes einfallen lassen.»

Althea Belashi

Im August 80, fünfzehn Jahre bevor Marlene Jensen verschwand, gastierte ein Zirkus im Dorf. Das Zelt hatten sie auf dem Marktplatz aufgeschlagen, wo sich im Mai und im September die Budenbesitzer und Schausteller zur Kirmes und zum Schützenfest einfanden. An jedem Laternenpfahl, jedem Verteilerkasten und etlichen Hauswänden waren handgemalte Plakate geklebt, auf denen besondere Attraktionen angekündigt wurden.

Normalerweise gab es so etwas nur in Lohberg. Aber dort war in dem Jahr kein Platz für fahrendes Volk, das seine Tiere nur mit Mühe über den Winter brachte und die Bevölkerung um Spenden für Futter anbettelte. Es war eine armselige Angelegenheit; ein rundes Zelt mit nicht zu übersehenden Flickstellen, ein paar alte, hölzerne Wagen für Mensch, Tier und Material, Wäscheleinen dazwischengespannt.

Ein paar Bewohner der umliegenden Häuser beschwerten sich. Erich Jensen behauptete, man könne die Fenster des Schlaf- und des Kinderzimmers weder am Tag noch in der Nacht öffnen wegen der Fliegen und des penetranten Gestanks. Es sei eine Zumutung in der Sommerhitze. Heinz Lukka, der damals noch neben der Apotheke zur Miete wohnte, empfand mehr den Lärm als Belästigung.

Dabei gab es nachts keinen Lärm, und mit dem Geruch konnte es so arg auch nicht sein. Für die Nacht und während des Vormittags waren die meisten Tiere nämlich auf der Gemeindewiese neben dem Feldweg Richtung Lohberg untergebracht. Es waren auch bloß ein paar Ponys, ein Zebra und ein Kamel. Auf dem Platz war nachts nur ein alter Elefant angepflockt. Er stand neben einem der Wagen, bis sie ihn zur ersten Vorstellung am Nachmittag in die Manege holten.

Und vorher zogen die Ponys, das Zebra und das Kamel durchs Dorf. Begleitet von zwei Artisten, einem Mann und einem sehr hübschen Mädchen mit langen, hellblonden Haaren, kamen sie die Bachstraße hinauf. Herausgeputzt mit verstaubten, aber prachtvoll bestickten Decken, Federbüschen am Zaumzeug und bemalten Pappschildern, auf denen die Termine der einzelnen Vorstellungen noch einmal bekanntgegeben wurden, trotteten sie zum Marktplatz, gefolgt von einer Horde Kinder, die dankbar waren für die Abwechslung in den letzten Ferientagen.

Zweimal lief auch Bärbel mit, erzählte anschließend mit glänzenden Augen von den Plakaten und bettelte um das Eintrittsgeld. Anita war bereits siebzehn und zu stolz für derartige Kindereien. Aber Ben drückte sich jedesmal die Nase am Wohnzimmerfenster platt, wenn die kleine

Karawane vorbeizog. Mehrfach lief er am Vormittag zur Gemeindewiese und bestaunte die Tiere. Wenn Trude ihn zurückholte, verrenkte er sich den Hals, um so viele letzte Blicke wie möglich zu erhaschen.

Der Zirkus bot drei Vorstellungen täglich, und die Artisten gaben sich viel Mühe. Bärbel ging samstags hin und war voller Begeisterung für das zierliche blonde Mädchen mit dem ungewöhnlichen Namen. Althea Belashi trat als Kunstreiterin mit den Ponys auf und am Trapez, außerdem ließ sie das Zebra ein paar Rechenaufgaben lösen. Von Pferden hätte Bärbel schon gehört, daß sie rechnen konnten, aber ein Zebra ... Das war eine Sensation.

Natürlich waren es einfache Aufgaben; zwei minus eins, vier minus drei. Aber Trude, die mit Ben die zweite Vorstellung am Sonntag nachmittag besuchte, wünschte sich, er könnte mit seinen fast acht Jahren rechnen wie dieses Zebra oder wenigstens einmal eine Frage beantworten. «Warum hast du Hilde Petzholds Katze geschlachtet?»

An eine Antwort war nicht zu denken. Und es gab Tage, da vergaß Trude das blutige Gekröse auf ihrem Küchentisch. Es hatte sich kein Zeuge gemeldet. Die Tracht Prügel von der Hand seiner Mutter schien ihm eine Lehre gewesen zu sein. Wenn er ihr entwischte, was leider häufig geschah, lief er nur zur Gemeindewiese und stellte nichts an.

Einmal kam er zurück und hatte die Hände voll Distelblüten – für sie. Er hatte am Tag zuvor gesehen, daß Jakob ihr einen Blumenstrauß zum Geburtstag schenkte. Distelblüten! Wie sollte Trude da glauben, er sei grausam? Er mochte in seinem krausen Hirn tausend gute Gründe gesehen haben, sich die Katze vom Hals zu schaffen. Und sie hatte ihm gezeigt, wie es ging.

Man hatte wirklich nicht Augen genug, mußte jeden

Handgriff dreimal überlegen, wenn er in der Nähe war. Thea Kreßmann meinte, Trude solle den Antrag für die Sonderschule noch einmal mit Nachdruck stellen. Da hätte sie wenigstens am Vormittag ein bißchen Ruhe und vielleicht wieder mal Zeit für den Friseur. Und da würde man ihm auch das eine oder andere beibringen, Körbe flechten oder Tüten kleben. Oder eine Lungenentzündung! Trude kam nicht an gegen ihre irrationalen Ängste, und Jakob konnte ihr nicht viel Verantwortung abnehmen. Er hatte keine Zeit.

Im Juli hatte Jakob ihn morgens einmal mit hinausgenommen, weil Trude dringend zum Internisten nach Lohberg mußte, Ben wegen der langwierigen Untersuchung nicht mitnehmen konnte und ihn auch nicht bei Hilde Petzhold abliefern wollte aus Furcht, er könne Hilde demonstrieren, was mit ihrer graugetigerten, trächtigen Katze geschehen war.

«Versuchen wir es», hatte Jakob gesagt und dafür gesorgt, bei der Arbeitseinteilung an dem Tag den Mähdrescher zu übernehmen. Er hatte Ben notgedrungen mit einem Riemen am Beifahrersitz festbinden müssen. Nur konnte Ben nicht lange sitzen. Keine Viertelstunde verging, da wimmerte er schon, daß es Jakob in der Seele weh tat, daß auch Paul Lässler, der alte Kleu und Bruno übereinstimmend empfahlen: «Jetzt mach ihn schon los und laß ihn laufen. Hier kann er doch nichts anstellen.»

Er wurde losgebunden, spielte eine Weile am Feldrand und verschwand – gerade als jeder dachte, er würde sich nicht von der Stelle rühren. Stundenlang hatten sie ihn suchen müssen. Als sie ihn endlich fanden, hatte er die Hosentaschen voll zerdrückter Käfer, beide Hände und den Mund voller Walderdbeeren, auf denen womöglich die Füchse ihre Würmer hinterlassen hatten.

Abends sagte Jakob zu Trude: «Später geht das vielleicht, aber jetzt ist er einfach noch zu unvernünftig.»

Unvernünftig – das war er. Doch es gab auch besinnliche Stunden mit ihm. Wenn er mit seiner Puppe auf dem Fußboden in der Küche saß. Wenn er für Trude die Briketts einzeln aus dem Keller holte. Oder während der Vorstellung im Zirkus.

Beinahe reglos saß er neben ihr auf der unbequemen Holzbank in der ersten Reihe, betrachtete das Geschehen in der Manege, legte den Kopf in den Nacken, um Althea Belashis Kunstfertigkeit am Trapez besser verfolgen zu können. Der Mund stand ihm vor Staunen offen. Zweimal wischte Trude ihm rasch und verstohlen den Speichel vom Kinn, legte ihm den Arm um die breiten Schultern, lächelte ihn an und nickte ihm zu. Er grinste zurück und flüsterte verhalten: «Fein macht.»

Für Trude war es eine Stunde voller Zufriedenheit. Nach der Vorstellung klatschte Ben sich die Hände wund, tobte, johlte und brüllte «fein macht» zu der jungen Artistin hinüber, bis sie zu ihm kam. Zuerst strich sie ihm nur mit einem Lächeln über das Haar und bedankte sich für den donnernden Applaus, den er ihr bescherte. Dann, nach einem Moment des Zögerns, griff sie nach seiner Hand und führte ihn in die Manege, wo die Ponys ein letztes Mal im Kreis geführt wurden.

Sie half ihm, in den Sattel zu steigen, schwang sich hinter ihn auf die Kuppe des Tieres, turnte noch ein wenig herum. Und er ritt, beide Hände in die Mähne des Tieres gekrallt, stolz wie ein König. Trude sah, daß die junge Artistin unentwegt mit ihm sprach, daß er eifrig nickte, wie sehr er es genoß. Er strahlte übers ganze Gesicht. Dann brachte Althea Belashi ihn zurück zur Bank. Und dann – außer Trude, Antonia Lässler und Sibylle Faßbender tat das niemand, gewiß kein hübsches junges Mädchen –, nahm sie ihn in die Arme und küßte ihn auf beide Wangen.

Er versank in ehrfürchtigem Schweigen und verließ das Zelt äußerst widerstrebend. Einen ruhigen Heimweg verschaffte Trude sich nur mit einem Vanilleeis aus dem kleinen Kiosk neben der Apotheke.

Daheim angekommen, verzog er sich mit seiner Puppe in einen Winkel, packte sie an den Füßen, ließ sie kopfüber hin und her schwingen, verrenkte ihr Arme und Beine, wie die junge Artistin es bei ihren Kunststücken auf dem Ponyrücken getan hatte. Abends führte er es Jakob vor, warf die Puppe auch in die Luft und versuchte, sie mit den Händen wieder aufzufangen, wie der Fänger am Trapez es mit Althea Belashi gemacht hatte.

Um neun brachte Trude ihn zu Bett, setzte sich mit Jakob ins Wohnzimmer und überlegte laut, ob sie am nächsten Tag noch einmal in den Zirkus gehen sollte. «Dann mache ich die Wäsche am Dienstag», sagte sie. «Es hat ihm so gut gefallen. Vielleicht läßt das Mädchen ihn noch mal reiten. Er hat doch sonst kaum eine Freude.»

Um zehn legten sie sich schlafen. Eine halbe Stunde später kam Anita heim, verriegelte das Hoftor, vergaß jedoch, die Küchentür abzuschließen. Und um zwei in der Nacht stand er plötzlich neben Trude, rüttelte sie an der Schulter und flüsterte: «Finger weg.»

Es war nicht ungewöhnlich, daß er Trude aus dem Schlaf riß. Wenn er aufwachte, kam er zu ihr, oft genug zweimal in einer Nacht. Auch den beiden Worten maß Trude keine besondere Bedeutung bei. Sie vermutete, daß er schlecht geträumt hatte, stand im Dunkeln auf, um Jakob nicht zu wecken, und wollte ihn zurück in sein Zimmer bringen.

Aber als sie auf dem Flur das Licht einschaltete, erschrak sie. Sein Schlafanzug war voller Grasflecken und Dreck. «Warst du etwa jetzt noch draußen?» fragte sie.

«Finger weg», sagte er.

«Ja», sagte Trude, «Finger weg. Du darfst nicht weglaufen, wenn es dunkel ist. Wie bist du überhaupt rausgekommen?»

Die Frage war mit der offenen Küchentür rasch beantwortet. Nachdem Trude die Tür verschlossen hatte, zog
sie ihm die schmutzigen Sachen aus und frische an, ließ
ihn noch einmal auf die Toilette gehen, brachte ihn zurück ins Bett und erklärte: «Wenn du lieb bist und fein im
Bett bleibst, darfst du morgen, wenn es hell ist, die Tiere
und das Mädchen noch einmal sehen.»

Er war lieb, rührte sich in der Nacht nicht mehr vom
Fleck, tanzte am Vormittag nur bei der Scheune herum,
ließ unentwegt die Arme schwingen, als wolle er jeman-
den zu einem Boxkampf auffordern, brabbelte fein macht
und Finger weg. Er schaffte es zu Mittag sogar, seinen
Teller zu leeren, fast ohne Trudes Hilfe und die übliche
Hampelei auf dem Stuhl. Danach blieb er bei ihr in der
Küche.

Um halb drei zog Trude ihm die gute Hose und ein sauberes Hemd an, nahm ihn bei der Hand. Auf dem Weg
zum Marktplatz erzählte sie ihm, was er zu sehen bekäme, um seine Erinnerung aufzufrischen und vielleicht
ein bißchen Vorfreude zu wecken. Doch die Vorstellung
fiel aus.

Schon als sie sich dem Platz näherten, bemerkte Trude
die Unruhe. Statt der Ponys stand ein Streifenwagen neben dem Zelt. Rundherum verteilten sich etliche Grüppchen, die teils lebhaft diskutierten, teils mit neugierigen
Mienen zu einem der Wohnwagen starrten, wo der Zirkusdirektor heftig auf zwei Polizisten einsprach.

Bei einem der Grüppchen standen Thea Kreßmann und
Renate Kleu mit ihren Kindern. Albert zeigte seine Zahn-
lücken, als Trude und Ben näher kamen. Renate wiegte
den Kinderwagen mit ihrem jüngsten Sohn Heiko und
hielt ihren Ältesten mit eisernem Griff am Handgelenk.
Dieter riß und zerrte mit der freien Hand am Arm seiner
Mutter. Er wollte unbedingt zum Zelt und trat, als er
nicht beachtet wurde, den feixenden Albert vors Schien-

bein. Albert begann zu heulen. Dieter bekam eine Ohr-feige, begann zu toben und trat gegen den Kinderwagen. Der kleine Heiko im Wagen brüllte vor Schreck ebenfalls los, und Renate wußte nicht, wen sie zuerst beruhigen sollte. Andere hatten es auch nicht leicht.

Renate verabschiedete sich eilig mit hochrotem Kopf. Und Thea erzählte, den Zirkusleuten sei in der Nacht die Kunstreiterin durchgebrannt. Thea berichtete weiter, sie habe zufällig gehört, wie der Zirkusdirektor den Polizi-sten die Situation erklärte und gegen die Ansicht der Be-amten protestierte. Von Durchbrennen könne keine Rede sein. Seine Tochter sei absolut zuverlässig. Sie habe am späten Abend nur noch einmal nach einem der Ponys auf der Gemeindewiese sehen wollen, weil das Tier bei der letzten Vorstellung gelahmt hatte. Und wer durchbrenne, nehme einen Koffer mit.

Von Renate Kleu war bereits nichts mehr zu sehen, aber Thea schaute immer noch in die Richtung, in die sie gegangen war. «Sie kann einem wirklich leid tun», sagte Thea. «Stell dir vor, Bruno ist erst um drei in der Nacht nach Hause gekommen, hat sie mir gerade erzählt. Ge-stern abend hat Maria Jensen ihn gesehen, hier auf dem Platz. Maria sagte, er unterhielt sich mit dem Zirkusmäd-chen. Das hat Renate wirklich nicht verdient.»

Thea schüttelte betrübt den Kopf und erzählte noch, daß Heinz Lukka um halb elf in der Nacht, als er die letzte Runde mit seinem Schäferhund drehte, ein Auto gesehen habe, gar nicht weit von der Gemeindewiese weg. Daß es sich dabei um Brunos Auto gehandelt hatte, wollte Heinz Lukka nicht beschwören. Es sei ein Merce-des gewesen, aber davon gab es einige im Ort, er selbst fuhr auch einen. Das Kennzeichen habe er nicht sehen können in der Dunkelheit. Der Fahrer habe Gas gegeben, aber nicht das Licht eingeschaltet, als Heinz Lukka mit seinem Hund näher kam.

«Was meinst du?» fragte Thea. «Ob ich mit den Polizisten reden und ihnen sagen soll, was Maria und Heinz gesehen haben? Ich meine, sagen müßte man es ihnen.»

«Warum überläßt du das nicht Heinz und Maria?» fragte Trude. «Du hast doch nichts gesehen.»

21. August 1995

Nach dem Sonntag hinter verschlossener Tür und dem Spaziergang mit seinem Vater verbrachte Ben einige Stunden in seinem Zimmer. Jakob verschloß die Tür im Glauben, daß er begriffen habe, warum es sein mußte. Bis um zwei Uhr in der Nacht hörte Jakob sich Trudes gepreßten Atem und das Brüllen von gegenüber an.

Ben brüllte nicht nur, er wimmerte, winselte, jaulte wie ein Hund, riß und rüttelte an der Klinke, trat mit den Füßen gegen die Tür, schlug mit den Fäusten dagegen, daß Jakob dachte, lange könne das Holz nicht mehr standhalten.

Ein paarmal brüllte Jakob zurück: «Wenn du jetzt nicht Ruhe gibst, komm ich rüber. Dann setzt es was.» Dann war es nebenan für einige Minuten still, und dann ging das Gebrüll wieder los.

Um zwei Uhr sagte Trude: «Das halte ich nicht aus. Wenn du ihn nicht rausläßt, tu ich es. Jetzt mach schon, wer soll ihn sehen? Es ist doch keiner mehr draußen um die Zeit.»

Sie irrte sich. Bruno Kleu war noch unterwegs. Er war nach dem Schlag ins Gesicht seiner Frau vom Café Rüttgers zu Ruhpolds Schenke gegangen und dort geblieben, bis die Kneipe um eins in der Nacht geschlossen wurde. Danach gab es zwei Möglichkeiten für ihn, heimgehen, sich zu Renate ins Bett legen und sich eventuell ihre Frage nach dem bewußten Samstagabend noch einmal anhören, oder heimgehen, sein Auto holen und nach Lohberg fahren. Aber dort hatten die Kneipen auch nicht länger geöffnet, und er hatte eine Menge getrunken. Zuviel, um sich noch hinters Steuer zu setzen.

Bruno Kleu war nicht Richard Kreßmann, der seinen Wagen noch mit zwei Komma acht Promille fuhr und jedem mit einer Verleumdungsklage drohte, der auch nur andeutete, er könnte in solch einem Zustand Toni und Illa von Burgs kleine Tochter überfahren haben. Bruno war nur wütend und – aber das hätte er niemals zugegeben – ängstlich.

Auch für einen Mann, der normalerweise mit den Fäusten argumentierte, gab es Situationen, in denen er sich fürchtete. Man konnte der eigenen Frau das Maul stopfen mit einem Schlag, aber man konnte nicht alle zusammenschlagen, die Fragen stellten. Und jetzt richteten sich die Blicke nicht nur auf ihn, ein paar schauten auf seinen Sohn.

Bruno hatte vor fünfzehn Jahren erlebt, wie es war, wenn ein Mädchen verschwand und das Gerede begann. Er wußte auch, daß ihn damals nur eins vor dem Gefängnis bewahrt hatte, die Tatsache nämlich, daß es keine Leiche gab. Vor acht Jahren hatte er dieses Glück noch einmal gehabt. Nur war es in beiden Fällen um Mädchen gegangen, über deren Schicksal sich niemand im Dorf sonderlich aufregte. Jetzt sah das anders aus. «Dreimal ist göttlich», hatte seine Mutter früher häufig gesagt. Mit Gott hatten diese Dinge aber nichts zu tun.

Hätte Jakob geahnt, daß Bruno seit einer Stunde über Feldwege lief, am Bendchen vorbei, auf den Bruch zu, den Kopf voll Alkohol und düsterer Erinnerungen, Jakob hätte Trude kaum nachgegeben. Aber so fand er nach ein paar Minuten, im Grunde habe sie recht und ein bißchen Schlaf brauche man schließlich.

Er stand auf, holte sich zuerst ein Glas Wasser, dann drehte er den Schlüssel in der Tür. Danach war es ein paar Sekunden lang still. Jakob stand auf dem Flur und rührte sich nicht, schaute nur die Klinke an, die langsam nach unten gedrückt wurde. Die Tür ging einen Spalt auf. Mit eingezogenem Kopf und mißtrauisch ängstlichem Blick stand Ben vor ihm. Das Fernglas baumelte bereits vor seiner Brust.

«Was soll das?» fragte Jakob streng. «Warum gibst du keine Ruhe? Wir waren uns doch einig, daß du im Haus bleiben mußt. Was willst du da draußen? Da gibt es jetzt nichts zu sehen.»

Unter dem schroffen Ton duckte Ben sich und murmelte: «Freund.»

Jakob winkte ab, ärgerlich und unzufrieden mit sich selbst. Einen Moment stand Ben noch unschlüssig da, schien im Zweifel, ob er es wagen durfte, sich an seinem Vater vorbei zur Treppe zu drücken. Als Jakob sich dem Schlafzimmer zuwandte, war Ben mit drei Sätzen am Treppenabsatz.

Er lief in den Keller, befestigte den Klappspaten am Taillenriemen, schlüpfte in die Gummistiefel und war draußen, noch ehe sein Vater sich von einer Seite auf die andere gewälzt hatte. Er nahm nicht den Weg zur ersten Abzweigung, hetzte querfeldein zum breiten Weg, rannte weiter zwischen Feldern und Gärten, vorbei am Stacheldraht, Gerta Frankens ehemaligem Garten und tauchte in den Mais. Lukkas Bungalow lag in völliger Dunkelheit. Von dort aus lief er weiter am Lässler-Hof vorbei zum Bruch.

Bruno Kleu saß am Rand der Senke, verborgen von hohem Unkraut. Er sah ihn kommen und verschwinden – ein massiger, unverwechselbarer Schatten in der Nacht.

Das Gelände fiel stark ab. Der alte Bombenkrater hatte einen Durchmesser von etwa zweihundert Metern. Im

Zentrum war er von mehreren Hügeln durchsetzt. Fünfzig Jahre alte Trümmer, die Reste des ehemaligen Kreßmann-Hofes. Wohnhaus, Gesindehaus, Scheunen, Stallungen, die Zeit hatte sämtliche Ecken und Kanten geschliffen und mit Moos und wildem Efeu überwuchert.

Und all die Nesseln, all die Disteln zwischen den Ruinen, all das, was Ben hegte und pflegte, lag platt getreten am Boden. Polizei und freiwillige Feuerwehr hatten keine Rücksicht auf das Unkraut genommen. Bruno Kleu beobachtete ihn, sah ihn gebückt mit den Händen am Boden hantieren. Ben bemühte sich, die umgeknickten Pflanzen wieder aufzurichten. Aber sie waren schon zu verdorrt, um stehen zu bleiben.

Schließlich wandte er sich einem der Hügel zu. Es waren die Überreste des Wohnhauses, unter dem sich ein weitläufiger Gewölbekeller befunden hatte. Ein kleiner Teil davon war unter den Trümmern immer noch zugänglich. Ben nahm das Fernglas ab und legte es an die Seite, ehe er begann, das Moos abzutasten und die Fingerkuppen unter eine Kante zu drücken. Dann zog er den ersten Brocken aus der Masse. Und noch einen. Und noch einen. Mit jedem weggenommenen Brocken wurde die Öffnung größer.

Das war wohl seine größte Not gewesen am Nachmittag, daß sie sein Loch fanden, daß sie eindrangen und ihm wegnahmen, was darin versteckt war. So wie sein Vater ihm das Glas weggenommen hatte mit all den Schätzen darin. Es war nicht zum ersten Mal geschehen, daß sein Vater etwas wegwarf. Und in dieser Hinsicht war er vielleicht sogar klüger als andere, er zog seine Lehre aus jeder Erfahrung. Was ihm zu kostbar erschien, nahm er nicht mit nach Hause. Vieles sammelte er erst einmal und überlegte gründlich, ob er es behalten oder seiner Mutter eine Freude damit machen sollte.

Er hatte ihr schon viel gebracht; einen verbeulten Aluminiumtopf, einen großen Knochen – über kleine freute sie sich nicht, eine Gabel mit verbogenen Zinken von einem uralten Eßbesteck, eine kleine Tasche, Scherben und die Henkel von Tassen, die längst nicht mehr existierten. Und nicht zu vergessen den kleinen Kreis mit dem glitzernden Stein von der Art, wie Mädchen und Frauen sie sich über die Finger streiften. Da hatte sie gar nicht aufgehört, ihn zu loben.

Nachdem er den Einstieg freigelegt hatte, zwängte er sich unter einem mächtigen, querliegenden Balken durch auf die ausgetretenen Stufen. Es war stockfinster in dem alten Gewölbe. Er konnte unmöglich erkennen, ob sich etwas verändert hatte. Bei Tag fiel wenigstens ein bißchen Licht durch den Einstieg. Er hätte eine Lampe gebraucht, er hatte nur seine Hände, tastete seine Schätze ab und blieb so lange unten, bis er sich überzeugt hatte, daß alles noch so lag, wie es zuletzt gelegen hatte.

Irgendwann in der Nacht lagen auch die moosbewachsenen Steinbrocken wieder fast so wie am Nachmittag, unverfänglich und harmlos wie die Reste eines Hauses, das vor langer Zeit von einer Bombe zerstört und danach nie wieder betreten worden war.

Sieh einer an, dachte Bruno Kleu, nachdem Ben sich wieder davongemacht hatte und er die Stelle im dürftigen Schein seines Feuerzeugs betrachtete. Da soll noch mal einer sagen, der sei blöd. Das muß ihm erst mal einer nachmachen. Bruno wußte nicht, ob er verblüfft oder amüsiert sein sollte. Vom Alkohol spürte er nicht mehr viel. Er zündete sich eine Zigarette an und nahm sich vor, die Sache bei Tageslicht noch einmal genauer anzuschauen. Dann folgte er Ben, um zu sehen, ob er noch mehr Überraschungen bieten konnte.

Es trieb ihn zum Bendchen. In Begleitung seines Vaters hatte er nicht sehen können, wie groß der Schaden war. Er war sehr groß. Zertretenes Gras, abgerissene oder geknickte Zweige an den Büschen. Bis es zu dämmern begann, steckte er so viele wie möglich in den Boden. Manchmal half es, und sie blieben stehen.

Mit Einbruch der Dämmerung wurde es Zeit für ihn, einen anderen Platz aufzusuchen. Bruno Kleu machte sich auf den langen Heimweg, als er sah, daß Ben zum Anwesen seiner Eltern lief. Sein Ziel war die dunkle Scheune. Um die Maschinen, die darin abgestellt waren, machte er einen weiten Bogen, ebenso um den alten Mercedes, den Jakob vor zwei Jahren von Bruno übernommen hatte.

Er hielt sich rechts. Dort führte eine Leiter auf den Zwischenboden. Er war fast leer. Erst in einigen Wochen sollte er sich wieder mit Stroh füllen. Die großen Rollen dicht an dicht, kaum Platz dazwischen. Nur vorne bei der Tür, durch die das Stroh auf den Hof geworfen wurde, mußte ein knapper Meter für ihn frei bleiben. Dafür sorgte Jakob, der wußte, wie gerne sein Sohn auf diesem Beobachtungsposten lag. Was er beobachtete, wußte Jakob allerdings nicht.

Ben schlich mit eingezogenem Kopf bis zur Tür, drückte sie auf, setzte das Fernglas an und schaute zum Lässler-Hof hinüber. Trotz der Entfernung konnte er im ersten fahlen Tageslicht deutlich das Wohnhaus und den langgezogenen Schweinestall erkennen. Auf eine eigene Scheune hatte Paul Lässler verzichtet, als er vor Jahren den Hof in die Felder verlegte, dafür war das Wohnhaus um so prächtiger geraten.

Bei Tageslicht konnte Ben von diesem Platz mit dem Fernglas das flammende Rot der Begonien sehen, die den Balkon säumten. Und die beiden Mädchen. In den letzten Wochen hatte er sie fast täglich beobachtet. Wenn sie draußen in der Sonne lagen, weit weg vom Dorf und neugierigen Augen, zogen sie alle Kleider aus, reckten und streckten sich den Sonnenstrahlen entgegen, damit diese auch jedes Fleckchen Haut erreichten.

Er legte sich auf den Bauch und wartete. So früh am Morgen war alles noch still, reglos und grau überzogen. Mehr als eine Stunde verging, das Land war längst von Tageslicht überflutet, als er endlich die erste Bewegung registrierte. Er erkannte Paul Lässler und einen von Pauls Söhnen. Beide gingen zum Stall.

Paul und sein Sohn waren längst wieder zurück ins Haus gegangen. Sie saßen mit Antonia am Frühstückstisch, sprachen über Marlene Jensen und ermahnten die beiden Mädchen, die mit ihnen am Tisch saßen, zur Vorsicht.

Ben wartete geduldig auf ein bestimmtes Ereignis. Um Viertel nach sieben, auch wenn er keine Vorstellung von der Uhrzeit hatte, den ungefähren Zeitpunkt kannte er, würden die Mädchen aus dem Haus kommen und nebeneinanderher zur Wegkreuzung radeln. Vorbei an Heinz Lukkas Bungalow und dem Mais, wo er sie aus den Augen verlor, wenn er auf dem Zwischenboden der Scheune blieb. Aber dort blieb er nie.

Bevor die Mädchen das Haus verließen, schlich er immer ins Freie, hastete zum breiten Weg, bog nach links ab und rannte weiter, bis er den Mais erreichte. Dort ließ er sich auf die Knie nieder und kroch so weit zwischen die Pflanzen, daß von ihm nichts mehr zu sehen war. Sein Anhaltspunkt für die richtige Zeit war Jakob, der normalerweise Punkt sieben zur Arbeit fuhr.

An diesem Morgen jedoch saß Jakob um sieben noch am Frühstückstisch und versuchte, mit Trude über die Nacht zu reden. Er war verärgert über die eigene Nachgiebigkeit und wollte ihr klarmachen, daß es so nicht ging. Er wollte Ben nichts Böses, weiß Gott nicht. Aber sie taten sich und ihm einen Gefallen, wenn sie ihn ein paar Nächte festhielten. Nur bis Erichs Tochter gefunden und die Sache geklärt war. Damit es kein Gerede gab im Dorf, wenn ihn nachts einer draußen sah. Trude wußte doch, wie wenig es brauchte, um einen Mann in Verdacht zu bringen.

Wie war das denn gewesen, als Wilhelm Ahlsen in Ruhpolds Schenke plötzlich zusammenbrach und tot war, ehe der Notarzt eintraf? Da hatte es geheißen, Toni von Burg habe mit Zyankali den Tod seiner kleinen Schwester gerächt. Nur weil Toni zwei Minuten lang neben Wilhelm am Tresen gestanden hatte.

Und wie war das gewesen, als Tonis und Illas Tochter auf dem Schulweg überfahren wurde? Da hatten sich sämtliche Augen auf Richard Kreßmann gerichtet. Richard sei wieder mal besoffen gewesen und habe das Kind nicht gesehen. Und mit seinem Geld bildete er sich auch noch ein, er dürfe Kinder überfahren und auf der Straße verbluten lassen, hatte es geheißen.

Und von Bruno Kleu hieß es doch seit fünfzehn Jahren, er sei ein Mörder. Er habe sich damals mit der jungen Artistin verabreden wollen. Als sie ihn abblitzen ließ, habe er ihr bei der Gemeindewiese aufgelauert, sie vergewaltigt und umgebracht, und sein Alibi habe er sich bei einer Schlampe in Lohberg gekauft.

Man mußte es doch nicht so weit kommen lassen, daß einer mit dem Finger auf Ben zeigte. Nur für ein paar Nächte. Wenn es freiwillig und mit gutem Zureden nicht ging, dann vielleicht mit einem Mittel aus der Apotheke. Bevor Trude ihm darauf antworten konnte, warf Jakob einen Blick auf die Uhr. Es war Viertel nach sieben, und er sagte rasch: «Es wird höchste Zeit für mich. Wir reden heute abend noch mal in Ruhe.»

Vom Zwischenboden der Scheune aus sah Ben, daß auf dem Lässler-Hof die Haustür geöffnet wurde. Die beiden Mädchen traten ins Freie, eine war hellblond wie Marlene Jensen und die junge Artistin, die ihn vor fünfzehn Jahren auf beide Wangen geküßt hatte, die andere war dunkelhaarig und trug eine Sonnenbrille. Sie holten ihre

Fahrräder aus der Garage, stiegen auf und winkten Antonia zu, die bei der Haustür stand und ihnen nachschaute.

Enttäuscht nahm Ben das Glas herunter und kroch eilig in eine Ecke. Dort waren die losen Halme notdürftig zu einem Häufchen zusammengeschabt. Es war kein gutes Versteck, aber das einzige in der Nähe des Hauses. Er schob die Halme zur Seite. Darunter lag das Springmesser, das Marlene Jensen in seiner Hand gesehen hatte. Das Messer war alt und hatte Rostflecken auf der Klinge. Es befand sich seit fünfzehn Jahren in seinem Besitz, ungefähr seit dem Zeitpunkt, zu dem Althea Belashi verschwunden war. Er steckte es in die Hosentasche, obwohl er es nicht brauchte, wenn es draußen hell war.

Dann stieg er die Leiter hinunter und steuerte durch die halbdunkle Scheune auf das sonnenhelle Viereck des Tores zu. Als er das Tor erreichte, sah er seinen Vater aus dem Haus kommen. Jakob kam ihm entgegen, stellte sich breitbeinig in den Weg, spreizte die Arme nach beiden Seiten und befahl: «Geh ins Haus, Ben. Mutter wartet mit dem Frühstück.»

Jakob war immer noch verärgert, jetzt vielleicht mehr als zuvor, weil er sich für einen Feigling hielt. Weil er vor der Auseinandersetzung mit Trude geflohen war und sich gleichzeitig sagen mußte, es wäre eine unbefriedigende Lösung, Ben mit irgendeinem Gift vollzustopfen, nur damit sich niemand das Maul über ihn zerriß. Als Vater sollte man mehr Mumm in den Knochen haben und sich vor den Sohn stellen können.

Ben stockte, senkte den Kopf, trottete unter Jakobs strengem Blick auf die Haustür zu. Doch bevor er sie erreichte, war Jakob in der Scheune verschwunden. Und Ben trabte los, rannte, so schnell ihn seine stämmigen Beine trugen, vom Haus weg. Er blieb nicht auf dem Weg, wo Jakob ihn hätte einholen und aufhalten können. Wie in der Nacht hetzte er quer über einen Kartoffelacker und ein Stück mit Zuckerrüben dem Feldweg entgegen. Noch ehe Jakob den alten Mercedes aus der Scheune gefahren und im Hof gewendet hatte, erreichte Ben den breiten Weg.

Als Jakob bei der Abzweigung abbremste, sah er ihn in einiger Entfernung rennen. Die Mädchen auf den Fahrrädern kamen ihm entgegen. Jakob bog ebenfalls nach links. Aus seinem Ärger wurde Wut, daß Ben erneut nicht gehorcht hatte. Er näherte sich rasch, sah ihn mit beiden Armen winken. Das Mädchen mit der Sonnenbrille hielt ihr Rad vor ihm an.

«Du bist spät dran», grüßte sie. «Hast du verpennt, du Waldmensch?»

Sie waren noch zu weit von Jakob weg, und mit dem Brummen des Dieselmotors hätte er ohnehin nicht verstanden, was gesprochen wurde. Er sah nur, was geschah. Ben nickte eifrig, trat einen Schritt vor und riß das dunkelhaarige Mädchen an sich. Beide Arme um den schmalen Körper geschlungen, wirbelte er es herum. Und selbst das Fahrrad, dessen Lenker das Mädchen hielt, tanzte ein wenig über dem Boden. Das Mädchen lachte mit weit zurückgelegtem Kopf, keuchte und klopfte ihm mit den Händen auf den Rücken. «Laß mich los, Bär, du zerquetschst mich.»

Und das verstand Jakob. Er hatte die Gruppe erreicht und den Wagen angehalten. Das blonde Mädchen tätschelte Ben noch kurz auf die Schulter und drängte: «Wir müssen los, sonst kommen wir zu spät.»

«Das meine ich aber auch», sagte Jakob.

Sie stiegen auf, wendeten und fuhren den Weg zurück. Beide winkten noch einmal. Die mit der Sonnenbrille warf Ben eine Kußhand zu und rief: «Bis später, Bär.» Dann radelten sie hintereinander auf die Abzweigung zu und bogen nach rechts in den Weg, der zur Landstraße führte.

Jakob wartete noch einen Augenblick, unschlüssig, ob er Ben ins Auto laden und heimfahren sollte. Er wußte, daß es einen endlosen Kampf bedeutete und er dann zu spät zur Arbeit käme. Früher war er gerne mit ihm gefahren, aber in den Mercedes stieg er nur unter erheblichem Zwang. Über den Grund hatte Jakob sich noch nie Gedanken gemacht. «Geh zurück», verlangte er.

Diesmal gehorchte er anscheinend. Jakob fuhr weiter auf die Abzweigung zu und fühlte einen Hauch Zufriedenheit und Genugtuung. Er sah ihn, bis er abbog, im Rückspiegel kleiner werden und den Stacheldraht erreichen. Dann war der Mercedes außer Sicht, und Ben machte erneut halt. Wie sein Vater wußte auch er von einem Grab. Es lag hinter dem Stacheldraht, und er besuchte es oft.

Trudes Begreifen

Bald nach der ausgefallenen Zirkusvorstellung im August 80 keimte in Trude der Verdacht, daß die Gerüchte über Bruno Kleu und die junge Artistin, die im Dorf kursierten, nicht so an den Haaren herbeigezogen waren, wie man es Renate und den beiden Kindern gewünscht hätte. Aber Trude hätte nie gewagt, offen darüber zu sprechen. Nicht einmal zu Jakob verlor sie ein Wort über Bens schmutzigen Schlafanzug und die Rückschlüsse, die man aus seiner ersten Nacht im Freien ziehen mußte.

Wohin zog es ihn, wenn er entwischte? Zur Gemeindewiese.

Wohin wollte die Artistin in der Nacht? Zur Gemeindewiese.

Wenn nun dort etwas Schreckliches mit ihr geschehen

war? Wenn Ben es gesehen hatte? Bei seinem Nachahmungstrieb konnte es verheerende Folgen haben.

Die hatte es. Es begann schon auf dem Heimweg an dem Montag. Nur stellte Trude zu diesem Zeitpunkt noch den falschen Zusammenhang her. Sie hatte Dieter Kleu vor Augen, als Ben an ihrer Hand zerrte und sich so wüst aufführte, daß sie ihn kaum bändigen konnte. Er wollte partout nicht vom Marktplatz, vom Zelt und den Wagen weg. Immer wieder blieb er stehen wie ein bockiger Esel. Wenn sie ebenfalls stehenblieb, ihm gut zuredete, riß er an ihrem Arm, stemmte sich mit all seiner Körperkraft, und die war damals schon beachtlich, nach hinten und brüllte: «Fein macht!»

Ebensogut hätte er Trude erklären können, daß ihm Althea Belashi in der gestrigen Vorstellung ausnehmend gut gefallen hatte. Daß er sich ihre Kunstfertigkeit am Trapez und die akrobatischen Darbietungen auf den Ponys unbedingt noch einmal ansehen und auch noch einmal mit ihr reiten wollte. Und daß er im Anschluß daran fest mit einem Kuß auf die Wange rechnete.

Daß sich jede Freundlichkeit und andere nachhaltige Eindrücke unauslöschlich in sein Gedächtnis gruben, daß er nicht verstand, warum ihm die zärtliche Geste beim nächsten Mal verweigert wurde, daß er zu toben begann wie jedes andere Kind, das seinen Willen durchsetzen wollte, hatte Trude bereits mehr als einmal feststellen müssen. Er tobte vielleicht ein wenig intensiver. Aber meistens beruhigte er sich auch rasch wieder. Es gab immer ein Mittel, ihn zu besänftigen.

«Es tut mir leid», sagte Trude. «Das Mädchen ist weg. Es gibt keinen Zirkus mehr. Wir gehen jetzt heim, und wenn du lieb bist, bekommst du ein Eis.»

Er hielt mit seiner Toberei für einen Augenblick inne und starrte sie mit konzentriert gerunzelter Stirn an, als denke er angestrengt über ihren Vorschlag nach. Die

Leute, die sich nach ihnen umgedreht hatten, setzten kopfschüttelnd ihren Weg fort. Trude wollte schon aufatmen, da krakeelte er erneut los: «Finger weg! Fein macht, Finger weg!» Er war völlig außer sich, drosch mit der freien Hand in die Luft und brüllte plötzlich ein Schimpfwort, das Trude bis dahin noch nie von ihm gehört hatte. «Rabenaas!»

Im ersten Moment war Trude nur verblüfft und kam nicht auf den Gedanken, sich zu fragen, wo er das wohl aufgeschnappt haben mochte und warum er das über die Lippen brachte, aber niemals ein «Mama» oder ein simples «ja» oder «nein».

«Jetzt reicht es», sagte sie streng, als die Leute in der Nähe erneut stehenblieben und in gespannter Erwartung zuschauten, ob sie endlich tat, was in so einem Fall getan werden mußte. Wären sie daheim gewesen, hätte sie ihm ein Vanilleeis in die Hand gedrückt. Vanilleeis stand ganz oben auf der Liste der Wundermittel, Trude hatte einen Vorrat in der Gefriertruhe. Er mußte nur sehen, daß sie den Deckel hob, dann verwandelte er sich innerhalb weniger Sekunden in ein sanftmütiges Lamm.

Sie erwägte kurz, die paar Meter zu dem kleinen Kiosk zurückzugehen, um ihm ein Eis zu kaufen. Sonntags hatte es damit funktioniert. Aber einige hätten wohl gedacht, sie sei unfähig, ihn zu bändigen. Am Ende sprach es sich herum. Trude holte zu einem mächtigen Schlag aus, bremste kurz vor seiner Wange unauffällig ab und wischte ihm die flache Hand übers Gesicht.

«Rabenaas!» schrie er noch einmal und boxte sie mit der Faust in den Magen. Es war nur ein leichter Schlag, den niemand gesehen hatte. Aber zusätzlich hob er einen Fuß, um sie vors Schienbein zu treten. Auch etwas, das er von Dieter Kleu kannte.

«Wag es», zischte Trude, «dann kriegst du richtig Haue.»

Sekundenlang starrte er ihr mit verkniffener Miene ins Gesicht, senkte den Fuß wieder und sagte: «Kalt.» Obwohl sie auch dieses Wort zum ersten Mal von ihm hörte, glaubte Trude, es richtig zu interpretieren, weil sie ihn jedesmal warnte: «Nun beiß doch nicht so rein. Das ist viel zu kalt.»

«Nein», sagte sie bestimmt. «Jetzt kriegst du kein Eis. Ich hätte dir eins gekauft, aber du bist ja nicht lieb. Wenn du jetzt fein mit mir nach Hause gehst, gebe ich dir eins. Aber erst, wenn wir im Haus sind. Jetzt sei lieb.»

Da ließ er sich endlich, wenn auch widerstrebend, weiterziehen. Doch Trude kam nicht dazu, ihr Versprechen sofort einzulösen. Kaum auf dem Hof angekommen, stürzte er sich in dumpfer Wut auf die unschuldige alte Puppe.

«Fein macht!» schrie er und ließ sie noch einmal kurz an den Füßen schwingen, wie er es am Abend zuvor Jakob gezeigt hatte. Dann drosch er unvermittelt mit der Faust auf den Puppenkopf ein und riß das Kleid von dem Zelluloidkörper. Danach zerrte er an einem Puppenbein, bis er es in der Hand hielt. Das zweite Bein folgte. Alles, was er abgerissen hatte, warf er Trude vor die Füße und schrie bei jedem Teil: «Rabenaas, kalt!»

Es dauerte noch ein Weilchen bis zum Begreifen. Nicht, daß Trude dumm gewesen wäre oder blind. Doch um auf solch einen Verdacht zu kommen, brauchte es mehr als einen schmutzigen Schlafanzug, ein wütendes Kind und zwei neue Worte.

Da es keine Zeugen gab, sammelte Trude die Einzelteile der Puppe auf und ließ sie im Herd verschwinden. Dann ging sie in den Keller, er folgte ihr. Seine Miene hellte sich auf, als sie den Deckel der Gefriertruhe hob. Er nahm das Eis in Empfang, griff nach Trudes Hand und zog sie hinaus auf den Hof, durch die Scheune, in den Garten.

Daneben – hinter dem Anwesen von Otto Petzhold und

direkt an die Rückseite seiner Scheune grenzend – lag die Apfelwiese, so genannt wegen der drei Dutzend Bäumchen. Keines war größer als ein ausgewachsener Mann. Auch aus dem oberen Teil der breit wuchernden Kronen konnten die Früchte ohne Hilfe einer Leiter gepflückt werden. Es war allen Kindern in der Umgebung strikt untersagt, einen Fuß auf die Wiese zu setzen. In den zwanziger und dreißiger Jahren war dort Sand gezogen worden. Acht Schächte hatte es gegeben, bis zu zwölf Meter tief, an den Enden glockenförmig erweitert. Pütz sagte man im Ort dazu.

Jakobs Vater war damals von der Obrigkeit befohlen worden, die Schächte aufzufüllen, sobald ihre Ergiebigkeit nachließ. Mit einigen hatte er das getan, nicht mit allen. Zwei oder drei waren mit der Zeit von alleine eingesunken und bildeten tiefe, kraterförmige Dellen, um die man besser einen Bogen machte, weil da immer noch leicht etwas nachrutschen konnte. Es gab auch noch einen offenen Schacht, der wie ein umgestülpter Trichter in die Erde reichte. Was da hineingeriet, war für alle Zeiten aus der Welt.

Ben war ebenso wie allen anderen Kindern verboten, sich alleine zwischen den Bäumchen herumzutreiben. Das wußte er auch. Am Rand der Wiese machte er halt, zeigte zu dem offenen Schacht hinüber und sagte: «Finger weg.»

«Ja», sagte Trude. «Nicht auf die Wiese laufen. Bleib schön im Garten. Wenn du lieb bist, bekommst du heute abend eine neue Puppe.»

Er setzte sich am Rand der Wiese auf den Boden und aß sein Eis. Bevor Jakob abends heimkam, holte Trude ihn herein. Da saß er immer noch auf dem gleichen Fleck und bekam zur Belohnung die versprochene Puppe von Anitas Bett, mit der er friedlich spielte, als Jakob die Küche betrat.

An dem Abend glaubte Trude, es habe sich um einen seiner üblichen Ausbrüche gehandelt. Aber noch war der Zirkus im Ort. Erst Ende der Woche räumten sie den Marktplatz. Bis dahin liefen die Artisten durch die Straßen, klingelten an sämtlichen Türen, zeigten Fotos von Althea Belashi und stellten Fragen, auf die sie keine Antworten erhielten.

Sie kamen auch in die Bachstraße. Der junge Mann, der als Fänger am Trapez gearbeitet hatte, stand donnerstags plötzlich hinter Trude in der Küche. Das Tor war wieder einmal nicht verschlossen gewesen. Trude erschrak, weil Ben im Hof spielte. Ein unverschlossenes Tor verführte ihn unweigerlich zu einem Ausflug ins Dorf.

Ohne den Mann zu beachten, rannte sie hinaus und kam gerade im rechten Moment. Geöffnet hatte Ben das Tor bereits. Trude schloß es wieder, griff nach seinem Arm und zerrte ihn hinter sich her in die Küche. Der Artist stand beim Tisch und schaute ihr abwartend entgegen.

«Setzen Sie sich doch», sagte Trude geistesabwesend, hielt gewohnheitsmäßig Bens Hände unter den Wasserhahn und schimpfte los: «Nicht auf die Straße laufen! Wie oft habe ich dir das schon gesagt?» Dem Schälmesser im Spülbecken, mit dem sie den Wirsingkohl für das Abendessen geschnitten hatte, schenkte sie in dem Moment keine Beachtung.

Der Artist zog eine Fotografie aus seiner Hemdtasche, hielt sie ihr entgegen und erklärte sein Anliegen. Trude wischte ihre Hände am Kittel ab, nahm das Bild, warf einen Blick darauf und drehte es vor Verlegenheit mehrfach in den Händen, bevor sie es auf den Küchentisch legte.

«Ich hab davon gehört», sagte sie. «Es tut mir auch sehr leid. Aber ich kann Ihnen wirklich nicht helfen. Ich hab das Mädchen nur bei der Vorstellung gesehen. Am Sonntag. Vielleicht erinnern Sie sich. Ich war mit ihm da. Sie hat ihn reiten lassen. Es hat ihm sehr gut gefallen.»

Während sie sprach, zeigte sie kurz auf Ben. Daß er das Schälmesser bereits in der Hand hielt, sah sie nicht.

Aber er sah, daß sie etwas auf den Tisch gelegt hatte. Neugierig kam er näher. «Finger weg», sagte Trude noch, da hatte er die Fotografie schon an sich gerissen.

«Fein macht», murmelte er in der Freude des ersten Wiedererkennens. Und plötzlich begann er, in wilden Sprüngen um den Tisch zu hüpfen, hielt sich das Foto vor und hieb mit dem Messer Kerben in die Luft, als wolle er das Bild zerhacken.

Trude hetzte hinter ihm her, bekam ihn zu fassen, zerrte ihm das Messer und die Fotografie aus den Fingern. Sie schüttelte ihn und schimpfte erneut: «Du weißt doch, daß du keine Messer nehmen darfst. Nachher hast du dich geschnitten, und dann gibt es Geschrei.»

Kaum hatte sie ihn losgelassen, sprang er auf den Artisten zu, boxte ihn mit der Faust in den Magen und schrie dabei: «Rabenaas!» Dann ließ er sich auf den Boden fallen. Und vor dem Herd lag die neue Puppe. Er schnappte sie, wälzte sich hin und her, kam wieder auf die Beine, drosch die Faust gegen den Puppenkopf und schrie erneut: «Rabenaas! Kalt!» Dann zerrte er am Puppenkleid, bis er den ersten Fetzen in der Hand hielt. Er warf ihn dem Mann vor die Füße, riß der Puppe ein Bein aus und schleuderte es zu Boden.

«Ja, bist du des Teufels!» schrie Trude. «Warum machst du die auch kaputt?»

Dann entschuldigte sie sich bei dem Artisten. «Er ist manchmal ein bißchen wild. Aber er meint es nicht böse. Ich hoffe, er hat Ihnen nicht weh getan.»

«Nein», sagte der Mann, nahm die Fotografie wieder an sich und verabschiedete sich rasch.

Und Trude stand da. In ihrem Hirn lief die Szene noch einmal ab, vermischte sich mit Sequenzen seiner Toberei auf der Straße, erreichte die Nacht zum Montag, den verdreckten Schlafanzug und Thea Kreßmanns Stimme, die in falscher Anteilnahme Renate Kleu bedauerte. In dem Moment schwappte die Panik wie ein Bottich voll kochenden Wassers durch sämtliche Glieder.

«Um Gottes willen», flüsterte Trude und starrte Ben an. «Bruno hat dem Mädchen wirklich etwas getan. Und du hast es gesehen, nicht wahr? Gott steh uns bei. Du darfst das nie tun, nie, hörst du. Es ist sehr böse, wenn man einem Mädchen weh tut. Jetzt sag schon! Hast du gesehen, daß Bruno dem Mädchen etwas angetan hat?»

Natürlich sagte er nichts. Trude hatte kaum noch Atem, spürte, wie ihre Augen feucht wurden, und wischte sich mit einem Handrücken über die Wangen, während sie stammelte: «Was mache ich denn jetzt mit dir?» Dann fiel ihr ein, daß es auch noch andere Konsequenzen haben konnte als seinen Nachahmungstrieb. «Weiß Bruno, daß du ihn gesehen hast? Hat er dich gesehen?»

Ihre Stimme wurde lauter und hektischer. Sie griff nach seinen Schultern, drückte sie und verlangte beschwörend: «Jetzt sag doch endlich etwas. Sag einmal ja oder nein.»

Er schaute sie nur an, schien verwirrt von ihrer Aufregung und bewegte den Kopf und die Schultern, wie er es manchmal tat, wenn ihm etwas unangenehm wurde oder er sich zu langweilen begann.

21. August 1995

Um die Mittagszeit fuhr ein Streifenwagen hinaus zum Schlösser-Hof. Trude stand in der Küche und registrierte das näher kommende Motorengeräusch zusammen mit dem Brutzeln aus der Pfanne. Sie nahm an, es sei Jakob, obwohl er nur selten über Mittag heimkam. Eigentlich nur, wenn etwas Besonderes anlag. Aber das tat es wohl.

Ein Mittel aus der Apotheke. Daß Jakob so etwas vorschlagen konnte. Es mußte schlimm sein für ihn. Doch für Trude war es schlimmer. Da waren so viele Dinge, über die sie niemals ein Wort verloren hatte. Jakob hatte genug um die Ohren. Da mußte sie ihm den Kopf nicht schwer machen mit einem alten Knochen, einem schmutzig-blutigen Unterhöschen und einer kleinen Handtasche, die Ben irgendwo draußen gefunden hatte.

Vielleicht hatte Heinz Lukka der Polizei inzwischen mitgeteilt, daß er schon im Juli ein Mädchen hatte schreien hören. Trude hatte das gestrige Aufgebot noch vor Augen, wälzte hilflose, ohnmächtige Gedanken im Kopf, während sie die Bratwurst in der Pfanne drehte. Daß der Wagen im Hof hielt, bemerkte sie nicht.

Als die Türklingel anschlug, zuckte sie heftig zusammen. Sie schaute zum Fenster, sah den Streifenwagen und war überzeugt, daß Satan persönlich erschien, um eine schwarze Seele abzuholen. Oder ein Engel der Gerechtigkeit, um blinde Liebe und den Mutterinstinkt zu verfluchen. «Wie konntest du vor fünfzehn Jahren schweigen? Wie kannst du jetzt schweigen? Wie kannst du glauben, die Kratzer auf seinen Händen wären vom Stacheldraht gewesen? Jeder Mensch mit ein bißchen Verstand wird es anders sehen. Er hat dir eine Handtasche auf den Tisch gelegt. Da sollte man eher annehmen, daß die Kratzer von Fingernägeln stammten, die sich zur Wehr setzten.»

Der Kopf füllte sich mit widerwärtigem Summen und Brausen, während sie ihre Hände an der Schürze abwischte und langsam zur Tür ging. Kein Engel und kein Teufel, nur zwei Beamte in Uniform standen davor. Trude starrte sie an, sah in ihrer Panik nur das feiste Gesicht von Wilhelm Ahlsen und verstand im ersten Augenblick gar nicht, was die Polizisten von ihr wollten.

Aber es war völlig harmlos, reine Routine. Sie hatten

nur ein paar Fragen, die zu diesem Zeitpunkt vielen Einwohnern an der Bachstraße und den Anliegern im freien Feld gestellt wurden. Ob sie etwas bemerkt hatten in der Nacht, als Marlene Jensen verschwand?

«Nein, überhaupt nichts», sagte Trude.

Wer außer ihr noch im Haus lebte, wollten die Beamten wissen.

«Nur mein Mann und mein Sohn», sagte Trude und fügte mit einigermaßen fester Stimme an: «Aber die sind jetzt nicht hier.»

Eine glatte Lüge. Ben lag auf seinem Bett und schlief. Er war zum Frühstück heimgekommen und seitdem oben. Doch das Lügen für ihn war ihr mit der Zeit in Fleisch und Blut übergegangen und gehörte zum Alltag wie das Füttern der beiden Schweine.

Den Polizisten erschien die Abwesenheit zweier Männer als selbstverständlich für einen Montagvormittag. Sie wollten auch nur wissen, ob die beiden vielleicht etwas...

«Nein», fiel Trude dem Sprecher ins Wort. «Das hätten sie mir gesagt. Wir haben es ja in der Zeitung gelesen und reden seitdem kaum noch über etwas anderes. Aber wir haben in der Nacht alle geschlafen. Wir sind auch früh zu Bett gegangen. Wir gehen immer früh zu Bett.»

Und auch sonst nichts Auffälliges?

«Nein, überhaupt nichts», erklärte Trude noch einmal. «Was soll einem auffallen, wenn man so einsam wohnt? Manchmal höre ich es, wenn ein Auto rausfährt zum Bendchen. Da treiben sich die jungen Leute ja immer herum. Aber wenn der Fernseher läuft oder das Radio, kriege ich das nicht mit. Ich habe im Dorf gehört, Marlene Jensen wäre zu zwei fremden Männern ins Auto gestiegen. Haben sich die beiden denn immer noch nicht gemeldet?»

Darauf bekam sie keine Antwort. Als die beiden Polizisten wieder vom Hof fuhren, setzte sie sich an den Küchentisch und wartete, bis der Herzschlag sich beruhigte. In den Ohren brauste es weiter, der gesamte Schädel war gefüllt mit einem Druck, als ob er bersten wolle.

Kurze Zeit später kam Ben in die Küche. Auf seiner linken Wange zeichnete sich das Muster der Decke ab. Er setzte sich an den Tisch. Trude schnitt ihm die Bratwurst in mundgerechte Stücke, wusch das Messer ab, verschloß es wieder und setzte sich zu ihm. Selbst ohne Appetit, schaute sie zu, wie er sich über das Essen hermachte.

«Eben war die Polizei hier», sagte sie. «Sie wollten wissen, ob wir etwas gesehen oder gehört haben.» Sie atmete zitternd durch, während er in Windeseile einen Happen nach dem anderen zum Mund führte. «Wenn du mir nur einmal sagen könntest, wo du die Sachen findest», fuhr sie fort. «Die kleine Tasche vor ein paar Wochen, weißt du noch? Ich hab mich sehr gefreut, als du sie mir gebracht hast. Das hast du fein gemacht. Du hast die Tasche doch nur gefunden, oder?»

Er nickte. Er nickte auf viele Fragen, und auf viele schüttelte er den Kopf. Meist hing es davon ab, in welchem Ton man ihn ansprach. Fragte man sanft, stimmte er zu. Klang es schroff, lehnte er ab. Verlassen konnte man sich nicht auf seine Reaktion, das wußte Trude.

Als der Teller leer war und er sich erheben wollte, legte sie ihm eine Hand auf den Arm. «Bleib sitzen und paß gut auf», verlangte sie und begann, ihn nach Marlene Jensen und Svenja Krahl auszufragen. Ob er die Mädchen gesehen hatte, wo, wann, allein oder in Begleitung, mit wem, was war dann geschehen, wo waren sie jetzt? Aber es war wie damals mit Hilde Petzholds Katze. Er sagte nur mehrfach: «Finger weg.»

Trude nickte schwermütig. «Ja, Finger weg. Du darfst die Mädchen nicht anfassen. Das mögen sie nicht. Du darfst sie auch nicht so erschrecken, wie du es mit Annette und Albert gemacht hast.»

Er wurde unruhig, wollte nicht länger sitzen. «Freund», sagte er.

Trude schüttelte den Kopf. «Du armer Tropf. Albert war nie dein Freund. Er hat nur einen Hanswurst aus dir machen wollen. Ein Ekel ist er. Das kommt davon, wenn einer schon in jungen Jahren so viel Geld in die Finger kriegt. Da denkt er, er kann alles kaufen. Und wer nicht nach seiner Pfeife tanzt, dem zahlt er es irgendwann heim.»

«Freund Rabenaas», sagte er, stand auf und ging zur Tür.

Trude schaute ihm mit einem schweren Seufzer nach. «Ja, Albert war immer ein Aas. Gut, daß du das begriffen hast.»

Kurz nach ihm verließ sie das Haus, bestieg ihr Fahrrad und fuhr zum Arzt. Der Blutdruck war nicht in Ordnung, das fühlte sie seit Tagen. Der Druck im Schädel, das Brausen in den Ohren, ab und zu ein Schwindelgefühl und die Angst, diese wahnsinnige Angst, die ihr das Herz abschnürte.

Im Wartezimmer des Arztes verstärkte sich die Angst noch. Obwohl sie viel zu früh war – die Sprechstunde begann erst um drei –, saßen bereits ein paar Männer und Frauen dort. Und keiner las wie sonst in den ausgelegten Illustrierten aus der Vorwoche. Es gab aktuellere Themen.

Nachdem Trude eine Viertelstunde lang den Vermutungen über Marlene Jensens Schicksal zugehört hatte, bat sie die Sprechstundenhilfe, ihr rasch den Blutdruck zu messen. Sie behauptete, Ben sei daheim eingeschlossen, er jammere gewiß schon.

Der Blutdruck war viel zu hoch. Trude mußte doch auf den Arzt warten, bekam ein neues Rezept, den Rat, sich zu schonen, und viele Grüße an Jakob mit auf den Heimweg. Das Rezept bei Erich Jensen einzulösen war eine Tortur. Zum Glück war Maria nicht in der Apotheke, normalerweise betreute sie das Sortiment von kosmetischen Cremes. Erich war da, aber er saß im Hinterzimmer, schrieb etwas und hob nicht einmal den Kopf.

Annette Lässler, die bei ihrem Onkel als Apothekenhelferin beschäftigt war, nahm das Rezept entgegen und händigte Trude eine Medikamentenschachtel aus. Trude zahlte die Gebühr und machte sich auf den Heimweg.

Während sie den Feldweg entlangradelte, hatte sie im Geist die beim Bendchen herumwimmelnden Polizisten vor Augen, den Klappspaten und ein Küchenmesser, das eine Woche lang verschwunden gewesen war. Sie hörte die Stimme ihrer Mutter. «Kleine Kinder, kleine Sorgen. Große Kinder, große Sorgen.»

Früher waren es nur die Küken, eine Katze und die Puppen gewesen.

Die Apfelwiese

Daß Trude schwieg, als im August 80 die junge Artistin Althea Belashi verschwand, ist verständlich. Sie selbst hatte nichts gesehen außer Bens Gebaren und nichts gehört außer ein paar Gerüchten und zwei neuen Worten. Und wie glaubwürdig wäre ein Schwachsinniger von gerade sieben Jahren als Zeuge gewesen?

Es gab ja auch andere Zeugen, obwohl die Aussagen von Maria Jensen und Heinz Lukka nichts beinhalteten, womit sich ein Verbrechen hätte beweisen lassen. Für einen stichhaltigen Beweis hätte man die Aussage von Gerta Franken gebraucht, und die drang damals nicht bis zur Polizei. Erich Jensen erfuhr davon in seiner Eigenschaft als Mitglied des Stadtrats und Gemeindevorstand.

Doch er hatte Wichtigeres zu tun, als sich um das Gerede einer verrückten Alten zu kümmern.

Es gab in dem Jahr nur noch wenige landwirtschaftliche Betriebe im Ort. Die meisten kleinen Höfe waren aufgegeben worden, zuviel Arbeit, zuwenig Ertrag. Da waren die Angebote eine Verlockung, die am Ortsrand gelegenen Ländereien als Bauland herzugeben. Speziell die Bachstraße war betroffen, wurde lang und länger. Auf den meist großen Grundstücken entstanden stattliche Einfamilienhäuser, fast schon kleine Villen. Auch ein paar der Altbauten zwischen dem Lässler-Hof und Jakobs Anwesen hatten den Besitzer gewechselt und waren von den ziemlich betuchten neuen Eigentümern mit viel Aufwand zu wahren Schmuckstücken saniert worden.

In der Stadt Lohberg – das Dorf gehörte seit vier Jahren zur Stadt – galt die Bachstraße inzwischen als noble Adresse. Deshalb störten die Höfe von Otto Petzhold und Jakob Schlösser gewaltig. Wer wollte schon auf seinem englischen Rasen in der Sonne liegen und von Fliegen belästigt werden, die sich zuvor in einem Kuhstall getummelt hatten? Seltsamerweise zog niemand in Betracht, daß ein paar der Fliegen auch aus dem Schweinestall von Paul Lässler kommen könnten, dessen Grundstück ebenfalls an die Bachstraße angrenzte.

Daß Otto Petzhold mit seinen fünf Kühen ein Ärgernis darstellen mochte, war noch nachvollziehbar. Seine Ausfahrt lag an der Bachstraße, seine fünfzig Morgen Land östlich vom Bendchen. Seit er denken konnte, war Otto Petzhold mit seinem Traktor die Bachstraße hinuntergefahren. Der Weg hinter den Gärten war ein kleiner Umweg, den hatte Otto nie genommen, auch mit seinen Kühen nicht. Da gab es schon mal Fladen auf der Straße. Im Gegensatz dazu benutzte Jakob grundsätzlich die rückwärtige Ausfahrt.

Trotzdem plädierte Erich Jensen bei jeder Sitzung im

Stadtrat dafür, beide Höfe umzusiedeln und den Besitzern ein großzügiges Angebot zu unterbreiten. Das stieß auf Ablehnung, speziell Heinz Lukka, der die Gegebenheiten des Ortes ebenso gut kannte wie der Apotheker, war dagegen.

Wenn man Jakob Schlösser und Otto Petzhold finanzielle Hilfe zuteil werden ließ, konnte man bei Paul Lässler nicht nein sagen, wenn er ebenfalls einen Umzug erwog. Möglicherweise hielt dann auch Bruno Kleu die Hand auf. Und mit der Verlegung der beiden Höfe allein war das Problem Bachstraße noch nicht gelöst. Da gab es einen weiteren Schandfleck, das Grundstück von Gerta Franken.

Es war das letzte am Ortsrand und zog sich wie Jakobs Besitz von der Bachstraße bis zum Feldweg, dementsprechend beträchtlich war sein Wert. Allein im Vorgarten, einem Gewirr aus wildem Hafer, knorrigen Rosenstöcken und ausuferndem Holunder, der regelmäßig die Blattläuse der gesamten Umgebung anzog, hätte man ein Mehrfamilienhaus mit großzügigen Außenanlagen erstellen können. Ein Mehrfamilienhaus wollte zwar niemand an dieser Stelle sehen, aber es wäre möglich gewesen. Der Garten hinter dem Haus war fast doppelt so groß und glich einem Urwald.

Gerta Frankens Haus dagegen war wertlos, klein und windschief, zweihundert Jahre alt, aus Fachwerk erbaut. Der Lehm in den Wänden war mit der Zeit brüchig und mürbe geworden. Den ehemals schweren Balken dazwischen hatten die Holzwürmer ihren Tribut abverlangt. Es war nur eine Frage der Zeit, wann die Kate in sich zusammenfiel und man unter den Trümmern nach den Überresten von Gerta Franken suchen mußte.

Und so weit, fand Erich Jensen, sollte man es als verantwortungsbewußter Mensch nicht kommen lassen. Eine Frau wie Gerta Franken gehörte – notfalls durch eine Zwangsmaßnahme – in die Obhut der barmherzigen Schwestern des Klosters am Ort oder des Seniorenstifts in Lohberg. Schon ihr Alter rechtfertigte eine solche Maßnahme.

Gerta Franken war Jahrgang 1891 und alleinstehend. Zu Anfang des Jahrhunderts hatte es für kurze Zeit einen Ehemann gegeben. Ein schmucker Kerl sei er gewesen, hatte Jakobs Vater einmal erzählt. Er war im Ersten Weltkrieg gefallen, 14/18, und Gerta sei darüber halb wahnsinnig geworden. Wochenlang habe sie sich in ihrem Häuschen verkrochen, nichts gegessen, nichts getrunken, nicht gesprochen, nicht geschlafen.

Mit den Jahren hätte Gerta auch die andere Hälfte ihres Verstandes eingebüßt, behaupteten einige. Vielleicht war es eher so, daß die alte Frau zuviel wußte. Manchmal tauchte sie in der Frühmesse auf und rief dem Pfarrer zu. «Schlaf nicht ein da vorne! In deinem Alter solltest du nachts schlafen. Aber da hast du garantiert wieder mit Liesel georgelt.»

Liesel war die Haushälterin im Pfarrhaus und hatte wie ihr Dienstherr die Sechzig überschritten. Vor dreißig Jahren waren sie monatelang Dorfgespräch gewesen. Damals hatte Liesel die Hebamme gebraucht, aber nicht für eine Geburt.

Gerta Franken wußte und sprach davon, als sei es gestern gewesen. Ebenso lebhaft erinnerte sie sich an die Zeit, in der Heinz Lukka einen Schneidezahn einbüßte, der dann durch eine Krone ersetzt werden mußte. Damals hatte Heinz Lukka in Ruhpolds Schenke erzählt, er sei auf dem feuchten Fußboden in seinem Badezimmer ausgerutscht und so unglücklich gegen die Kante des Waschbeckens geprallt, daß der Zahn abbrach.

Passiert war es Anfang November 69, eine gute Woche nachdem Heinz Lukka Maria Jensen, die damals noch Lässler hieß, aus den Händen einer angeblich vermummten Gestalt befreit hatte. Seit dieser Woche erzählte Gerta Franken, es sei nicht die Kante eines Waschbeckens, sondern die Faust von Bruno Kleu gewesen, gegen die Heinz Lukka unglücklich geprallt war – zweimal – in ihrem Garten.

Gerta Franken erzählte auch, es habe Ende Oktober 69 keinen Überfall und gewiß keine Vergewaltigung gegeben. Bruno und Maria seien auf dem Feldweg spazierengegangen, hätten geknutscht und sich in ihren Garten verzogen. Im Gebüsch sei es dann richtig zur Sache gegangen. Gewehrt habe Maria sich nicht, nur ein bißchen gemeckert. Es sei ihr zu kalt gewesen, um sich komplett auszuziehen, wie Bruno es gerne gesehen hätte.

Dann sei Lukkas Köter aufgetaucht, der sich ja regelmäßig in ihrem Garten verirrte. Und wo der Hund erschien, war der Herr nicht weit. Heinz Lukka habe zuerst nur auf dem Weg gestanden und darauf gewartet, daß der Hund seine Geschäfte erledigte. Nur war das Tier damit längst fertig und belästigte inzwischen die jungen Leute. Als Bruno den Köter verscheuchen wollte, sei Lukka aufmerksam geworden und habe Bruno den Hund auf den Hals gehetzt, weil er selber scharf auf Maria war. Der Rest sei frei erfunden, damit Maria keinen Ärger mit ihrem Bruder bekam und Erich Jensen nicht die Konsequenzen aus ihrer Unentschlossenheit zog. Immerhin ging Maria ja zu diesem Zeitpunkt schon regelmäßig mit Erich aus.

Gerta Franken litt seit langem unter Schlaflosigkeit. Jede Nacht saß sie am Fenster ihrer Kammer. Von dort aus hatte sie einen ausgezeichneten Blick. Die meisten Feldwege waren bis Mitte der achtziger Jahre in einem sehr schlechten Zustand und nur für Traktoren gefahrlos nutzbar. Wer mit einem Wagen zum Bendchen hinausfuhr, riskierte es, in den tiefen Fahrspuren steckenzubleiben. So trafen sich die meisten Paare auf dem breiten

Weg, der hinter den Gärten vorbeiführte. Er war bereits asphaltiert. Und wer kein Auto hatte, verzog sich in Gerta Frankens Garten, wenn er ungestört sein wollte. Einige, die sich dort eine gemeinsame Stunde gönnten, waren verheiratet, aber nicht miteinander.

In Gerta Franken hatte Ben sein Vorbild für die Benutzung eines Fernglases gefunden. Nach Anbruch der Dunkelheit zu erkennen, wer mit wem spazierenging, in einem Auto saß oder sich im Gebüsch vergnügte, war unmöglich. Mit einem Nachtglas wurden die Gesichter deutlich und Gertas Berichte detailliert. In mehr als eine Ehe hatten diese Berichte einen Stachel getrieben. Und mehr als einer wünschte Gerta die Pest an den Hals.

Wenn ihre Beine mitspielten, verbrachte sie jeden sonnigen Nachmittag auf einer Bank am Marktplatz. Schräg gegenüber lag die Apotheke, darüber die große Wohnung von Erich und Maria Jensen. Daneben wohnte Heinz Lukka zur Miete. Und wenn ein Passant vorbeikam, lamentierte Gerta Franken, daß auch erbitterte Feinde gemeinsame Sache machten, wenn sie das gleiche Ziel verfolgten, nämlich eine arme, alte Frau aus dem Weg zu räumen.

Erich, so behauptete sie, versuche seit langem, sie mit seinen Pülverchen unter die Erde zu bringen, um der Stadtkasse die paar Mark Sozialhilfe einzusparen, die sie zu ihrer kärglichen Kriegerwitwenrente bekam. Und Heinz hetze ihr jeden Abend seinen Köter auf den Hals, weil er sich ihr Grundstück unter den Nagel reißen wolle. Es solle sich nur niemand wundern, wenn sie eines Tages mit zerfetzter Kehle in ihrem Garten läge.

Diese Behauptungen waren nicht völlig aus der Luft gegriffen. Erich Jensen hatte tatsächlich einmal gesagt, bei der alten Schreckschraube müsse doch der Natur ein wenig nachzuhelfen sein und sei es mit einem Schlaftablettchen. Es war ein Scherz gewesen. Aber Gerta Franken verstand keinen Spaß. Und daß Heinz Lukka mit ihrem Grundstück liebäugelte, war auch allgemein bekannt.

Als der Rechtsanwalt sein Elternhaus verkaufte und die kleine Wohnung am Marktplatz mietete, mochte er sich wegen der Nachbarschaft noch Hoffnungen gemacht haben. Nicht nur Bruno Kleu hatte gelitten unter Marias Entscheidung für den Apotheker. Auch für Heinz Lukka war Paul Lässlers Schwester die große Liebe gewesen. Bruno hatte sich austoben und trösten können mit einigen Mädchen aus Lohberg, er war damals noch jung. Für Heinz Lukka bestand dagegen wenig Hoffnung, mit über vierzig noch eine Frau zu finden.

Er mußte jedoch einsehen, daß ihn auch die unmittelbare Nähe Maria nicht näher brachte. Er wollte die Mietwohnung wieder gegen ein eigenes Haus tauschen, hauptsächlich, weil sein Vermieter etwas gegen Schäferhunde hatte und es für so ein großes Tier vorteilhaft wäre, mehr Platz zu haben. Wegen seiner beengten Wohnverhältnisse war Heinz Lukka gezwungen, dem Hund auf Feldwegen den nötigen Auslauf zu verschaffen. Daß er ihn bevorzugt auf dem Weg hinter den Gärten laufen ließ, lag nur daran, daß dieser Weg in gutem Zustand war und man ihn mit einem Auto ansteuern konnte. Aber man mußte den Weg nicht unbedingt mit Hundekot verunreinigen, fand Heinz Lukka. Da schickte er das Tier lieber in Gerta Frankens Garten. Mit Mordabsichten hatte es nichts zu tun.

Aber im August 80 geschah ein Mord – in Gerta Frankens Garten. Sie sprach Tage später darüber, nicht zur Polizei und auch nicht zu dem jungen Artisten, der nach seiner Schwester fragte, den hatte sie gar nicht ins Haus gelassen. Sie erzählte es Hilde Petzhold und Illa von Burg, die sie im wöchentlichen Wechsel mit einer warmen Mahlzeit täglich versorgten, ihr die Einkäufe abnahmen, ihre Wäsche wuschen und Ordnung in der Kate hielten. Hilde Petzhold erzählte es Erich Jensen, der es aber nicht ernst nahm, wie auch Illa von Burg der Alten keinen Glauben geschenkt hatte, weil Gerta Franken erzählte, Maria Jensen sei das Opfer gewesen. Der kleine Irrtum begründete sich vermutlich in der verblüffenden Ähnlichkeit. Althea Belashi hatte wie Maria Jensen langes, blondes Haar, eine zierliche Figur und feingeschnittene Gesichtszüge.

Es mag kurz vor Mitternacht gewesen sein. Gerta war in dem alten Ohrensessel am Kammerfenster eingenickt und erwachte von einem Schrei, der in gurgelnde Laute überging. Gleichzeitig hörte sie jemanden unterdrückt fluchen. Sie setzte ihr Nachtglas an die Augen und suchte den Weg ab. Dort war nichts zu sehen. Und im Gewirr ihres Gartens war auf Anhieb nichts zu erkennen. Erst als sie das Brechen von Zweigen hörte und dem Geräusch mit ihrem Fernglas nachspürte, entdeckte sie den Ort des Geschehens.

Es war eine eindeutige Situation und Gerta Franken mit ihren neunundachtzig Jahren zu alt, vielleicht auch zu fasziniert, um einzugreifen. Ein Telefon, um Hilfe herbeizurufen, besaß sie nicht. Möglicherweise hätte es gereicht, laut zu schreien, um den Täter zu vertreiben, bevor er zum Äußersten ging. Daran dachte sie entweder nicht oder unterließ es aus Gründen, die nur ihr bekannt waren. Sie war zu Anfang auch überzeugt, die vermeintliche Maria Jensen, die ihr Leben mit Fäusten, Füßen und Zähnen verteidigte, würde aus dem heftigen Kampf als Siegerin hervorgehen.

Als Gerta Franken ihren Irrtum erkannte, war es zu spät, noch etwas zu unternehmen. Sie befürchtete, sich selbst in Gefahr zu bringen, wenn sie sich bemerkbar machte. Es wäre eine Kleinigkeit gewesen, durch die Hintertür in ihr Häuschen einzudringen.

Ob sie den Täter erkannte, ließ sich nicht mehr klären. Aber es ist anzunehmen. Ebenso muß sie gewußt haben, warum nie eine Leiche gefunden worden war. Und sie wußte mit Sicherheit, daß es einen weiteren unmittelbaren Tatzeugen gegeben hatte – Ben. Eine Bemerkung, die sie Hilde Petzhold gegenüber machte, läßt keinen anderen Schluß zu.

Diese Bemerkung fiel am Tag, nachdem der Zirkus sein Zelt endlich abgebrochen und Gerta Franken eine zweite schockierende Beobachtung gemacht hatte. Es war der Samstag nach dem Mord an Althea Belashi, an den niemand glaubte.

Am frühen Nachmittag saß Gerta Franken am Kammerfenster und beobachtete das Grundstück von Jakob Schlösser. Ihr spezielles Interesse galt der Apfelwiese.

Von ihrem Stammplatz am Fenster aus hatte Gerta Franken häufig zugeschaut, wenn Trude die Wiese nach Fallobst absuchte und Ben dabei an ihrer Seite hielt. Gerta hatte gesehen, wie Trude ihm die eingesunkenen Trichter und den offenen Pütz zeigte, wie sie mit erhobenem Zeigefinger auf die Gefahren hinwies.

Und an dem Samstag im August 80 sah Gerta ihn über die Wiese schleichen – alleine, aber das war nicht ungewöhnlich. Es war ihm verboten. Er tat es trotzdem, wenn niemand in der Nähe war. Gerta war überzeugt, daß er die Gefahren des Bodens kannte. Er trat vorsichtig auf, ließ die Augen über die tiefen Senken schweifen und näherte sich dem offenen Schacht. Und das, fand Gerta, ging zu weit. Auf ihre Art hegte sie eine große Sympathie für Ben. In ihren Augen war er nicht so falsch und verschlagen, so verlogen und verdorben wie Albert Kreßmann, Dieter Kleu und die Gören, die sich neuerdings auf der Bachstraße breitmachten. Aber trauen, das wußte sie, durfte man ihm nicht. Von der Harmlosigkeit, die Trude ihm bescheinigte, war er weit entfernt.

Gerta Franken hatte ihn auch an dem Freitag im Mai gesehen, als er Trude mit einem blutigen Fleischbrocken und ein paar ungeborenen Kätzchen erschreckte. Sie hatte Illa von Burg davon erzählt. Sie war am Kammerfenster eingeschlafen und von Trudes Suche geweckt worden. Anschließend hatte sie mit ihrem Fernglas die Gegend nach ihm kontrolliert und den Feldweg nicht mehr aus den Augen gelassen. Dann entdeckte sie ihn plötzlich im Brombeergestrüpp ihres Gartens und wunderte sich, warum er seiner aufgeregt rufenden Mutter nicht geantwortet hatte. Er mußte ja die ganze Zeit in den Brombeeren gewesen sein, sonst hätte sie ihn kommen sehen.

Sie war hinuntergegangen, ihn heimzuschicken. Und da hockte er mit dem verstümmelten Katzenbalg zwischen den Sträuchern. Sein Hemd und die Hose waren von den Dornen zerrissen, Hände und Unterarme völlig zerkratzt. Er stocherte mit einem Taschenmesser in den Eingeweiden und stopfte irgendwas aus seinen Taschen in den aufgeschlitzten Balg.

Der Striemen auf seinem Rücken, der Trude so beunruhigt hatte, war von Gerta Frankens Peitsche hinterlassen worden. Nur so war Ben zu überreden gewesen, aus dem Gestrüpp herauszukommen, von dem Kadaver abzulassen und lediglich mit dem Taschenmesser und einem Stück Fleisch in der Hand heimzugehen. Daß er noch Innereien in den Hosentaschen gehabt hatte, war Gerta nicht aufgefallen. Sie hatte in dem Moment eine große Genugtuung verspürt. Weil Ben ihr gehorcht hatte und weil... Sie mochte keine Katzen. Daß eine Frau so ein Theater um die Viecher machte, wie Hilde Petzhold es tat, wollte ihr nicht in den Sinn. Sie hatte den Kadaver beim Schwanz gepackt und in dem Pütz verschwinden lassen.

Knapp drei Monate nachdem Gerta Franken ihn mit

der toten Katze erwischt hatte, näherte sich Ben nun dem Pütz.

Daß ihm etwas zustieß, wollte Gerta auf keinen Fall. Sie quälte sich auf ihren altersschwachen Beinen die krumme Stiege hinunter und weiter in ihren Garten. Als sie dort ankam, war von ihm nichts mehr zu sehen. Sie schirmte die Augen mit einer Hand gegen die Sonne ab, spähte angestrengt und nahm endlich eine Bewegung im hohen Gras wahr. Er lag auf dem Bauch neben dem offenen Schacht.

«He!» rief Gerta. «Komm da weg, aber schnell.»

Er erhob sich tatsächlich und kam langsam auf sie zu. Daß er etwas in der Hand hielt, erkannte sie wohl, aber es sah harmlos aus – wie ein abgebrochener Griff von irgendwas. Als er sich ihr bis auf zwei Meter genähert hatte, fuhr aus diesem Griff plötzlich eine lange, spitze Klinge.

«Na so was», sagte Gerta verblüfft. «Wo hast du denn das her? Das bringst du aber besser deiner Mutter, bevor du dich in die Finger schneidest.»

Er fuchtelte ihr mit dem Springmesser vor den Augen herum. Zwischen ihnen war nur der niedrige, morsche Gartenzaun.

«Du sollst es wegtun», verlangte Gerta energisch. «Das ist kein Spielzeug. Hat man dir das nicht beigebracht? Messer, Gabel, Schere, Licht taugt für Kinderhände nicht.»

«Rabenaas», sagte er.

«Paß bloß auf, was du sagst», hielt Gerta dagegen. «Sonst hetz ich dir deinen Vater auf den Hals. Dann kriegst du Rabenaas, bis dir Hören und Sehen vergeht.»

«Rabenaas», sagte er noch einmal, hob auch noch einmal die Hand mit dem Messer und vollführte ein paar Bewegungen in der Luft, als wolle er zustechen.

Gerta zog sich vorsichtshalber ein paar Meter zurück,

streckte mit wenig Hoffnung die Hand aus und verlangte: «Gib mir das.»

«Finger weg», sagte Ben und steckte die Hand mit dem
Messer auf den Rücken. Dann trottete er zur Scheune.

Gerta schaute ihm kopfschüttelnd nach, bis er im
Dämmerlicht verschwand. Nur ein paar Sekunden später
hörte sie ein Kind schreien. Antonia Lässler war bei
Trude zu Besuch mit der vierjährigen Annette. Gerta
kümmerte sich nicht um das Geschrei. Sie ging zurück ins
Haus, stieg die Treppe wieder hinauf und setzte sich wie
zuvor ans Fenster. Und zehn Minuten später sah sie ihn
erneut auftauchen. Diesmal war er nicht allein.

Er hielt einen Körper unter den Arm geklemmt. Gerta
sah blondes Haar und ein aufwendiges Kleidchen. Sie sah
auch, daß Arme und Beine unter Bens Schritten kraftlos
hin- und herschlenkerten. Für einen Moment hatte sie
das Gefühl, ihr bliebe das Herz stehen. So erzählte sie es
jedenfalls Hilde Petzhold. Und vielleicht hatte sie in diesem Moment ein schlechtes Gewissen; weil sie ihn mit
dem Messer hatte laufen lassen. Weil sie nach ihren Beobachtungen in der Nacht, als eine junge Frau mit langen,
blonden Haaren getötet worden war, nicht mit Trude gesprochen hatte, obwohl sie Bens Nachahmungstrieb zur
Genüge kannte und oft genug ihre Freude daran hatte,
wenn er für Albert Kreßmann den Idioten spielte.

Es ist schwer zu sagen, was in Gerta Franken vorging
bei diesem Anblick. Zweifel an der Identität des kleinen
Körpers, den Ben unter dem Arm trug, hatte sie jedenfalls
nicht. Das Lässler-Mädchen.

Auf den Gedanken, ihr Nachtglas anzusetzen, kam sie
nicht. Es war schließlich heller Tag, und so schlecht waren ihre Augen nicht, trotz ihres hohen Alters. Hätte sie
ihr Fernglas benutzt, dann wäre ihr aufgefallen, daß sie
sich irrte.

Dem Anschein nach hatte Ben der kleinen Annette bereits das Genick gebrochen, sonst hätte sich das Kind gegen den rohen Griff zur Wehr setzen, hätte schreien und strampeln müssen, meinte Gerta. Nichts dergleichen geschah. Das Kind rührte sich auch nicht, als Ben es ins Gras legte.

Er schaute sich aufmerksam um, entdeckte Gerta am Fenster und hob eine Hand, als wolle er ihr zuwinken. Aber in der Hand hielt er das Messer. Gerta Franken sah ihn zustechen, wieder und wieder. Sie sah ihn das zerfetzte Kleidchen von dem leblosen Körper reißen, sah, daß er sich auf das Kind legte. Sie sah sogar die unschamhaften Bewegungen, die er mit den Hüften ausführte.

Wann und wo er das gesehen hatte, stand außer Frage: in der Mordnacht in ihrem Garten. Da hatte er auch die neuen Worte aufgeschnappt. Gerta Franken hatte den Mörder ebenso keuchen hören, als ihn ein Tritt an eine empfindliche Stelle traf. «Du verdammtes Rabenaas, dich mach ich kalt.»

Dann stand Ben auf, vergewisserte sich noch einmal, daß Gerta unverändert auf ihrem Platz saß, griff nach einem Bein der vermeintlichen Leiche, zerrte sie hinter sich her zum offenen Pütz und ließ sie darin verschwinden.

Als zwei Stunden später Hilde Petzhold mit dem Abendessen kam, saß Gerta Franken wie erstarrt am Fenster ihrer Kammer. Hilde kam die Treppe herauf und stutzte bei der Tür. «Ist dir nicht gut, Gerta?»

«Er hat das Kind geschlachtet», sagte Gerta tonlos.

Hilde Petzhold verstand nicht auf Anhieb, was gemeint war.

«Das Lässler-Mädchen», sagte Gerta eindringlich. «Ben hat's abgestochen und in den Pütz geworfen, wie der Kerl es letzten Sonntag mit Maria gemacht hat.»

«Du bist ja verrückt», sagte Hilde Petzhold. «Maria geht es gut, kein Mensch hat ihr was getan.»

«Ich hab's aber gesehen», beharrte Gerta Franken.

22. August 1995

Erst am Dienstag fand die ergebnislose Suchaktion, die nicht auf den Bruch und das Bendchen beschränkt gewesen war, Erwähnung in der Presse. Mit unterschwelligem Tadel von seiten eines für den Lokalteil zuständigen Journalisten, der nicht informiert worden war und auch nichts davon mitbekommen hatte, wurde der Stand der Ermittlungen bekanntgegeben.

Es war der Polizeibehörde, also der Dienststelle in Lohberg, endlich gelungen, die beiden jungen Männer ausfindig zu machen, zu denen Marlene Jensen ins Auto gestiegen war. In dem Artikel hieß es, die Festnahme von Klaus P. und Eddi M. sei ausschließlich der Aufmerksamkeit des jungen Dieter K. zu verdanken. Gemeint war Dieter Kleu. Und unter anderen Umständen wäre seine «gewagte Aktion», wie die Presse es nannte, ein Grund zum Schmunzeln gewesen.

Die Erniedrigung vor Marlenes Augen, die Klaus und Eddi ihm zugefügt hatten, ließ Dieter nicht ruhen. Wie Bruno vor Jahren Paul Lässler, Heinz Lukka und Erich Jensen grausame Rache geschworen hatte, weil er Maria nicht bekam, wollte auch Dieter seine Rivalen nicht ungeschoren davonkommen lassen. Da sein Vater ihm öffentliche Auftritte verboten hatte, solange er das Veilchen im Gesicht trug, legte er sich jeden Abend auf dem Parkplatz beim «da capo» auf die Lauer. Die Diskothek hatte auch wochentags geöffnet. Und am Samstag wurde seine Geduld belohnt.

Am Abend vor der Suchaktion kamen Klaus und Eddi ins «da capo», als sei nichts geschehen. Diesmal versuchten sie ihr Glück bei Karola Jünger, einem sechzehnjährigen Mädchen aus dem Neubaugebiet am Lerchenweg. Auch Karola stieg kurz nach eins in der Nacht in den Fond ihres Wagens, zusammen mit Eddi. Klaus klemmte sich hinters Lenkrad und steuerte den Feldweg an, auf dem man den Lässler-Hof erreichte, wenn man nicht bei Lukkas Bungalow links abbog. Klaus bog ab. Und Dieter Kleu nichts wie hinterher mit ausgeschalteten Scheinwerfern.

Etwa auf Höhe der mit Stacheldraht umzäunten Apfelwiese kam der Wagen zum Stehen. Dieter hielt ebenfalls in entsprechend sicherem Abstand, knapp hinter Lukkas Bungalow. Anschließend mußte er sich noch einmal in Geduld fassen. Karola Jünger hatte nichts dagegen, sich mit Eddi im Wagenfond zu vergnügen. Als sich jedoch Klaus ebenfalls nach hinten setzte, wurde es ihr zuviel. Nach einer heftigen Rangelei fand sie sich auf dem Feldweg wieder. Tasche, Jacke und andere Kleidungsstücke wurden ihr hinterhergeworfen, der Wagen mit Klaus und Eddi raste davon.

Dieter Kleu las das verstörte Mädchen auf und brachte es zur Polizeistation nach Lohberg. Dort verwies er mit Nachdruck auf Marlene Jensen und seine Beobachtungen vom vergangenen Wochenende. Der wachhabende Beamte informierte den Dienststellenleiter. Über das Autokennzeichen ermittelte man Eddi, der Wagen war auf ihn zugelassen.

Und niemand kam auf den Gedanken, Dieter Kleu zu fragen, warum er sich das Kennzeichen nicht schon gemerkt hatte, als Marlene in den Wagen stieg. Es kam auch niemand auf den Gedanken, die Staatsanwaltschaft zu informieren und dafür zu sorgen, daß sich die Kriminalpolizei endlich um Marlene Jensens Verbleib kümmerte. Trotz der alarmierenden Umstände war dem Dienststellenleiter seine Freundschaft zu Erich Jensen immer noch wichtiger als alles andere, und Erich wollte um jeden Preis einen Skandal vermeiden.

Um sechs in der Früh holte man Eddi aus dem Bett, wenig später saß er zusammen mit Klaus im Verhör. Zu Anfang bestritten beide, mit Marlene Jensen auch nur ein Wort gewechselt zu haben. Mit den Aussagen der Zeugen konfrontiert, behaupteten sie, Marlene heimgefahren zu haben. Nicht vor die elterliche Wohnung. Sie hätten sie am Ortsrand aussteigen lassen. Darauf hätte sie bestanden, um ihren Vater nicht auf den Ausflug aufmerksam zu machen.

In der Zwischenzeit hatte sich jedoch ein Beamter Eddis Wagen vorgenommen und – eingeklemmt zwischen Sitz und Rückenlehne im Fond – zahlreiche Haare entdeckt, lang und hellblond, was zu Marlene Jensen paßte. Darüber hinaus fand er im Fußraum zwei aus dem Stoff gerissene sternförmige Nieten. Und der Dienststellenleiter wußte von Maria Jensen, daß sich an der Jeanshose ihrer Tochter derartige Nieten befunden hatten.

Haare, Nieten und die Drohung, die Fortsetzung des Verhörs Erich Jensen zu überlassen, erzeugten den nötigen Druck. Klaus und Eddi räumten endlich ein, mit Marlene den gleichen Abstecher unternommen zu haben wie mit Karola Jünger. Und wie Karola hätten sie auch Marlene aussteigen lassen. Von aussteigen lassen konnte kaum die Rede sein. Sie hatten Karola halbnackt hinausgeworfen.

Klaus beteuerte, das hätten sie immer getan, wenn sich die Mädchen geweigert hätten, mitzumachen. Zum Beweis seiner Behauptung nannte er einige Namen. Sonntags nahm sich niemand die Zeit, seine Angaben zu überprüfen, da wurde jeder Mann gebraucht für die Suche. Erst am Montag kam man dazu, die genannten Mädchen zu befragen. Die meisten bestätigten, was Klaus behauptet hatte. Ein paar verweigerten die Auskunft.

Mit der siebzehnjährigen Svenja Krahl konnten die Beamten nicht sprechen. Sie wurde seit Juli von ihren Eltern vermißt. Es hatte sich nur niemand die Mühe gemacht, ihr Verschwinden bei der Polizei zu melden. Man hielt es auch jetzt für überflüssig, Anzeige zu erstatten.

Svenjas Stiefvater war arbeitslos und trank, es gab drei jüngere Geschwister, mit denen sich Svenja ein Zimmer hatte teilen müssen. Ihre Mutter hielt mit einigen Putzstellen die Familie über Wasser und vermutete seit langem, daß Svenja Drogen nahm. Sie hatte sich mehrfach am kargen Lohn ihrer Mutter vergriffen. Man ging davon aus, das Mädchen habe sich nach Köln abgesetzt. Die Polizei schloß sich dieser Meinung an. Der Presse gegenüber wurde der Name Svenja Krahl nicht erwähnt.

Jakob fand die Zeitung auf dem Küchentisch, als er abends von der Arbeit kam. Trude war nicht im Haus. Jakob las den Artikel aufmerksam und fühlte, wie sich seine Schultern zusammenzogen. Sollten die Angaben der beiden Festgenommenen den Tatsachen entsprechen ...

Auf einem nächtlichen Feldweg gab es nicht viele Möglichkeiten einer zufälligen Begegnung. Da müßte schon einer andauernd auf der Lauer liegen. Das tat keiner, der Verstand im Hirn hatte. Einer mit Verstand im Hirn, der scharf war auf ein junges Mädchen, fand andere Lösungen für seine Wünsche. Nur einer mit dem Verstand einer Mücke legte sich nachts in den Mais. Nicht weil er auf ein Mädchen wartete. Nur weil er auf ein gutes Wort und einen Riegel Schokolade von Freund Lukka hoffte.

Aber Heinz Lukka war am Wochenende nicht immer daheim. Er erzählte oft, daß er häufig am frühen Samstag abend nach Köln fuhr und sein Bier oder ein Glas Wein statt in Ruhpolds Schenke in einem feinen Lokal trank, sich ein delikates Essen dazu bestellte. Und wenn er mehr als ein Glas Wein getrunken hatte, kam er über Nacht nicht nach Hause. Dann nahm er sich ein Hotelzimmer. Auch das erzählte Lukka bereitwillig, obwohl dann hinter seinem Rücken spekuliert wurde, was für ein Hotel das wohl gewesen sein mochte. Vermutlich eins, für das man stundenweise bezahlte.

Und wenn es bei Freund Lukka dunkel blieb, auch das wußte Jakob, suchte sein Sohn andere Plätze auf. Die häufig zerkratzten Handrücken und Unterarme gaben beredtes Zeugnis davon, daß er sich unter dem Stacheldraht durcharbeitete und sich auf der Wiese herumtrieb. Genau dort, wo Klaus und Eddi die Mädchen angeblich immer aussteigen ließen.

Sie lügen, dachte Jakob. Wer würde das nicht tun in der Situation? Mag sein, daß sie Erichs Tochter eigentlich nichts Böses tun wollten. Ihren Spaß wollten sie. Und sie waren zu zweit. Was will so ein junges Ding ausrichten, wenn es auf einem dunklen Feldweg mit zwei kräftigen Burschen in einem Auto eingepfercht ist? Es wehrt sich, droht mit Konsequenzen. Die beiden kriegen es mit der Angst, und da passiert es. Ungewollt, aber es passiert, das Mädchen ist tot. Und wohin nun mit der Leiche?

Jeder, der sich in der Umgebung des Dorfes auskannte, hätte den Bruch gewählt, dieses unübersichtliche Trümmerfeld, oder das Bendchen. Dort aber hatte die Polizei nichts gefunden. Und daß zwei junge Burschen in Panik so tief gruben, daß eine Hundenase keine Chance hatte – es war möglich, aber nicht sehr wahrscheinlich. Es war auch kaum anzunehmen, daß zwei Männer, die sich eigentlich nur amüsieren wollten, einen Spaten bei sich hatten. Da erschien es naheliegender, daß sie Gas gegeben und sich der Toten anderswo entledigt hatten.

Die Zeitung von Samstag mit dem großen Foto hatte Trude verschwinden lassen. Aus den Augen, aus dem Sinn. Man mußte ein bißchen vorsichtig sein mit Ben. Er war in einem Alter, in dem ihn der Anblick eines hübschen Mädchens leicht auf dumme Gedanken brachte.

Er wußte nicht viel anzufangen mit seinen Gedanken, aber hin und wieder überkam es ihn. Wenn er dann etwas beobachtete wie das, was Albert Kreßmann im Juni mit Annette Lässler getrieben hatte, konnte es geschehen, daß er sich in den Hühnerstall verzog und an sich rumfummelte.

Seitdem hatte Trude ihn bereits mehrfach dabei erwischt und sich nicht aufraffen können, ihm einen Klaps auf die Hand zu geben. Ihr war ganz schwer ums Herz geworden, als sie ihn in der Ecke auf dem nackten Boden im Hühnermist sitzen sah. Er war so mit sich beschäftigt, daß er sie nicht bemerkte. Und Trude fragte sich, ob er wußte, wie es funktionierte, wenn man nicht allein im Hühnerstall auf dem Boden saß. Sie war sicher, daß er es wußte, er hatte schon mehr als ein Liebespaar aufgescheucht.

Die Zeitung von Dienstag schaffe Jakob beiseite. Er tat es nicht mit einem Hintergedanken, es war Gewohnheit, die ihn veranlaßte, sie auf der Suche nach Trude mit in den Keller zu nehmen und zum Altpapier zu legen.

Trude war nicht im Keller, nicht im Schweinestall, nicht bei den Hühnern, nicht im Garten. Das war ungewöhnlich. Sie wußte, wann Jakob heimkam, und sorgte immer dafür, daß dann sein Essen auf dem Tisch stand.

Jakob war hungrig, ging zurück ins Haus und öffnete den Kühlschrank. Er entdeckte neben dem üblichen Inhalt eine Schüssel mit gekochten Kartoffeln, die bereits in Fäulnis übergegangen waren. Auch das war ungewöhnlich. Es war nicht Trudes Art zu vergessen, daß Kartoffeln zum Braten im Kühlschrank standen.

Jakob wollte den Inhalt der Schüssel in den Mülleimer kippen, aber der Eimer war voll. Also nahm Jakob Schüssel und Eimer und trug beides hinaus zur Mülltonne. Als er den Deckel öffnete, sah er das Einweckglas liegen, das er am Sonntag weggeworfen hatte. Er stellte den Eimer ab, nahm das Glas heraus und hielt es ins Licht. Eine hellblaue Windjacke hatte Marlene Jensen getragen – und der Fetzen Stoff zwischen dem Unrat und dem Schimmel war … ziemlich dreckig.

Die Männer lügen, dachte Jakob, natürlich lügen sie. Er ließ das Glas zurück in die Tonne fallen, kippte die faulenden Kartoffeln darüber aus, griff nach dem Mülleimer und leerte auch ihn. Nun war nichts mehr zu sehen. Er ging zurück zum Haus, blieb bei der Tür stehen und schaute den Weg entlang.

In einiger Entfernung strampelte Trude auf ihrem Rad, kam rasch näher, erreichte ihn und stieg völlig außer Atem ab. «Du bist schon hier?» fragte sie, als sei es erst früher Nachmittag.

«Es ist fast acht», erklärte Jakob.

«Tut mir leid», sagte Trude und wirkte sehr erleichtert dabei. «Ich war bei Antonia. Dann bin ich noch auf einen Sprung zu Heinz rein. Sie haben die Kerle. Hast du's gelesen?»

«Ja», sagte Jakob. «Und ich hab auch gelesen, daß die beiden behaupten, sie hätten die Mädchen immer aussteigen lassen.»

«Natürlich behaupten sie das», sagte Trude. «So schnell werden sie nicht zugeben, wie es wirklich war. Aber Heinz meinte, ihr Leugnen nützt ihnen nichts.»

«Na, wenn Heinz das meint», sagte Jakob mürrisch und ging ins Haus. Aber er meinte es ja auch.

Trude brachte ihr Rad in die Scheune. Beim Abendessen saßen sie allein am Tisch. Ben kam in der Nacht nicht heim. Es ging alles weiter seinen gewohnten Gang.

Schlimme Zeiten

Daß Ben im August 80 Annette Lässler nicht ermordet hatte, konnte damals schnell klargestellt werden. Nur eine halbe Stunde nachdem Gerta Franken ihre diesbezüglichen Beobachtungen an Hilde Petzhold weitergegeben hatte, erschien Hilde in Trudes Küche. Sie druckste ein wenig herum, ehe sie mit Gertas Behauptung herausrückte.

Trude wußte nicht, was sie sagen sollte. Ben hatte Annette die Puppe entrissen und sie zu Boden gestoßen, als sie ihr Eigentum zurückhaben wollte. Deshalb hatte Annette geschrien. Ben hatte von Trude einen Klaps auf den Hintern bekommen und sich in sein Zimmer verzogen. Jedenfalls nahm Trude an, daß er in sein Zimmer gegangen sei. Und sie war völlig sicher, daß Annette an Antonias Hand den Hof verlassen hatte, kurz nach sechs und quicklebendig.

Trotzdem rief Trude in Hildes Gegenwart bei Antonia an und ließ es bestätigen. Nachdem Hilde gegangen war, zitterte Trude stundenlang bei dem Gedanken, er könnte sich an einem anderen Kind vergriffen haben. Erst als sie später zu Bett ging, ahnte Trude, welche «Leiche» die verrückte Alte unter Bens Arm gesehen hatte. Wie er ihre Puppe ungesehen aus dem Haus geschleppt hatte, blieb ihr allerdings ein Rätsel.

Als Jakob am Abend nach Hause kam – von Hildes Bericht wußte er nichts –, fiel auch ihm auf, daß etwas zwischen den Kissen fehlte. Daß Trudes Puppe bereits die dritte war, erfuhr er nie. Es reichte ihm auch so. Trude mochte betteln und flehen, daß er nicht in Bens Zimmer stürmte und den schlafenden Jungen aus dem Bett riß. «Laß mich das in Ruhe mit ihm regeln. Vielleicht hat er sie nur versteckt.» Daran glaubte Trude selbst nicht, nachdem Hilde wörtlich wiederholt hatte, was Gerta Franken gesehen haben wollte. Jakob wollte das nicht durchgehen lassen. «Er muß lernen, zwischen mein und dein zu unterscheiden.»

Er lernte es nicht. Als Antonia am nächsten Samstag wie gewohnt erschien, verwandelte Ben sich erneut in einen Berserker, riß Annette die Puppe aus der Hand und

hatte in der nächsten Sekunde auch schon die Beine ausgerissen.

«Reg dich nicht auf, Trude», meinte Antonia. «Alle
Kinder machen mal was kaputt. Annette hat mehr Puppen, als gut für sie ist. Es kommt auf eine nicht an.»

«Darum geht's nicht», sagte Trude hilflos. Worum es
ging, konnte sie nicht erklären, nicht einmal Antonia, mit
der sie normalerweise viel besprach. Antonia hätte die
Sache bestimmt nicht auf sich beruhen lassen. Und die
Polizei hatte sich bereits mit Bruno Kleu über die ver-
schwundene Artistin unterhalten, das wußte Trude von
Jakob. Sie hatten Bruno nichts beweisen können. Und
diesen Zustand würde Bruno sich gewiß nicht von einem
wie Ben verderben lassen. So sagte Trude nur: «Ich weiß
nicht, was mit ihm los ist. So schlimm wie im Moment
war er noch nie.»

Und es wurde noch schlimmer. Aber daran war Jakob
schuld. Am letzten Sonntag im September 80 kam Heinz
Lukka kurz nach Mittag im Namen der Stadtverwaltung,
um Jakob von der Notwendigkeit eines Zaunes für die
Apfelwiese zu überzeugen. Ein kleiner Zaun reiche
schon, meinte Heinz Lukka. Es sollte nur verhindert werden, daß ein ahnungsloser Spaziergänger in den Sandpütz
stürzte. Was die Kosten anging, wollte Heinz Lukka im
Baumarkt Wilmrod einen Sonderpreis aushandeln.

«Ich zahle auch keinen Sonderpreis, wenn es nicht nötig ist», erklärte Jakob unwirsch. «Auf meiner Wiese hat
keiner was zu suchen. Das ist ein Privatgrundstück. Wenn
ich mal einen von den ahnungslosen Spaziergängern er-
wische, dann gnade ihm Gott. Mein Pütz ist kein Schutt-
abladeplatz. Meinst du, ich weiß nicht, daß die mir
nachts ihren Müll da reinwerfen? Ständig trampeln sie
mir das Gras platt.»

Heinz Lukka hielt dagegen, daß Menschenleben kost-
barer seien als Gras, und es gebe schließlich auch Kinder

in der Nachbarschaft. Jakob solle nur an seinen eigenen Sohn denken, der sich häufig auf der Wiese herumtrieb. «Und jetzt sag nicht, daß es nicht stimmt, Jakob. Er ist sogar spätabends noch draußen. Ich sehe ihn oft, wenn ich mit dem Hund gehe.»

Zu einer Antwort kam Jakob nicht. Ben war auf Lukkas Stimme aufmerksam geworden und erschien in der Wohnzimmertür.

«Da kommt ja mein Freund», sagte Heinz Lukka und kramte in einer Tasche seines Jacketts nach einem Schokoladenriegel. «Sieh mal, was ich für dich habe. Willst du mir helfen? Mal sehen, ob wir deinen Vater mit vereinten Kräften überzeugen, daß die Wiese einen Zaun braucht.»

«Da gibt's nichts zu überzeugen», sagte Jakob mürrisch. «Da ist ein Schild: Betreten verboten! Das reicht.»

Ben nahm den Riegel aus Heinz Lukkas Hand, riß das Papier ab, stopfte sich die Schokolade in den Mund und rieb seine Stirn am Jackettärmel des Rechtsanwalts. Heinz Lukka strich ihm über das Haar und lächelte.

Es war dieser Anblick, der Jakobs Ärger zu Wut steigerte. Daß ein Mann wie Lukka, dessen Schandtaten in Jugendjahren aufzuzählen Jakobs Finger nicht gereicht hätten, seinem Sohn zärtliche Gesten abschmeicheln konnte, war mehr, als Jakob vertrug. An seinem Arm hatte Ben die Stirn noch nie gerieben.

«Geh zu Mutter», befahl Jakob.

Ben verließ den Raum, ging jedoch nicht zu Trude in die Küche, sondern zur Treppe. Trude sah es aus den Augenwinkeln, aber sie dachte sich nichts dabei. Er war auch zuvor in seinem Zimmer gewesen und hatte dort mit einem krummen Nagel wirre Muster in die Schalen einiger Kartoffeln geritzt. Daß Ben nach ein paar Minuten mit einer Puppe von Anita zurückkam, sah Trude nicht mehr. Sie war mit ein paar Essensresten zum

Schweinestall gegangen. Ben kam mit der Puppe ins Wohnzimmer und legte sie Heinz Lukka in den Schoß.

«Willst du mir das Püppchen schenken?» fragte Heinz Lukka. «Du bist ein lieber Kerl. Aber es gehört doch dir.»

«Rabenaas», sagte Ben, nahm die Puppe wieder an sich, riß ihr das Kleid vom Leib und ein Bein aus. Dann warf er sie auf den Boden und trat ihr auf den Leib, daß es knirschte.

Als Trude zurück in die Küche kam, hörte sie das Geschrei aus dem Wohnzimmer. Heinz Lukka saß im Sessel, hielt den demolierten Puppenleib in der einen und das abgerissene Bein in der anderen Hand und schüttelte schockiert den Kopf, während Jakob auf Ben eindrosch. Trude war mit zwei Schritten bei ihm, wollte ihm den Arm festhalten und erhielt einen Stoß vor die Brust, daß sie taumelte. Jakob war völlig außer sich.

«Jakob», mahnte Heinz Lukka.

«Halt du dich raus!» schrie Jakob.

Ben kreischte und wälzte sich über den Boden. Als er Heinz Lukkas Beinen zu nahe kam, klammerte er sich schutzsuchend daran fest und wimmerte. Jakob versuchte den Griff zu lösen und drosch dabei weiter auf ihn ein. Erst als Trude laut weinend den Raum verließ, fand er ein Ende.

«Das war nicht nötig», sagte Heinz Lukka mühsam beherrscht, betrachtete die Puppenteile in seinen Händen und den wimmernden Jungen auf dem Fußboden.

«Woher willst du wissen, was hier nötig ist?» brüllte Jakob. «Krieg du mal selbst Kinder, dann reden wir weiter. Er muß lernen, daß er sich nicht an anderer Leute Sachen vergreifen darf. Das sind die Puppen seiner Schwestern.»

Einige Tage lang sorgte Trude dafür, daß das Zimmer der beiden Töchter verschlossen blieb. Mit dieser Maßnahme wurden die Puppen auf Anitas Bett für Ben unerreichbar. Aber er verstand es, sich Ersatz zu beschaffen. Da waren die prächtigen neuen Häuser an der Bachstraße. Da gab es mehr als ein Kind, das bei Sonnenschein im Garten spielte mit einer Puppe, die ein kleines Vermögen gekostet hatte. Als die erste erboste Mutter in Trudes Küche erschien und sich beschwerte, blieb die Tür wieder offen.

Und die alten Puppen auf Anitas Bett verschwanden eine nach der anderen. Manchmal fand sich ein Bein, ein Glasauge oder ein Fetzen von einem Puppenkleid im Hof, in der Scheune oder im Garten. Mochte Trude ihm goldene Berge versprechen, er ließ es nicht. Mit den Puppen verschwanden die Küchenmesser, kleine, große, spitze, scharfe, stumpfe, alles, was nur eben eine Klinge hatte.

Jakob prügelte wieder wie in alten Zeiten, drosch den Zorn, die Eifersucht und die Verzweiflung aus seinem Herzen in Bens Seele. Da er oft schon beim Frühstück eine Strafe androhte, falls wieder eine Puppe verschwinden sollte, entzog sich Ben seinen Fäusten, sooft sich die Möglichkeit bot.

Er trieb sich auf der Apfelwiese herum, robbte auf dem Bauch um den Sandpütz, als suche er den Tod in der Tiefe. Er lief zur Gemeindewiese, manchmal auch ins Dorf. Meist führte ihn sein Weg nach einem Streifzug durch ein paar Straßen in die Backstube des Café Rüttgers, wo er streichelnde Hände zu finden hoffte, wo Sibylle Faßbender ihn mit Torte fütterte, anschließend zum Telefonhörer griff, darum bat, es möge jemand kommen, um ihn abzuholen, gleichzeitig Stein und Bein schwor, daß er niemanden belästigt habe.

Das war peinlich, aber nicht weiter tragisch. Trude verging nur regelmäßig vor Sorge, daß er wieder ein Messer bei sich trug, daß er es jemandem zeigte, in seiner Unbeholfenheit sich oder andere verletzte und allein dafür hinter Schloß und Riegel wanderte. Oder, der Himmel möge es verhüten, daß er sich statt an einer Puppe an einem kleinen Kind vergriff.

Irgendwann fand er auf seinen Streifzügen heraus, wo Heinz Lukka wohnte. Einmal saß er den halben Vormittag auf der Bordsteinkante vor der Apotheke, bis ihn eine barmherzige Seele auflas und heimbrachte. Diese barmherzige Seele war ausgerechnet Maria Jensen, die es natürlich Erich erzählte, der es wiederum im Stadtrat zur Debatte stellte.

An einem Abend im Oktober kamen sie dann zu zweit, Erich Jensen und Heinz Lukka. Erich gab sich freundlich und besorgt, ließ jedoch deutlich durchblicken, wie er sich die Fortsetzung des Dramas dachte. Wenn Trude mit der Beaufsichtigung ihres Sohnes überfordert war, mußte man nach einer geeigneten Möglichkeit zur sicheren Unterbringung suchen.

«Ich bin nicht überfordert», erklärte Trude, «wirklich nicht. Was ist denn dabei, wenn er durchs Dorf läuft? Das machen andere auch. Thea hat letzte Woche bis in den späten Abend nach Albert gesucht. Da kommt der Lümmel einfach aus der Schule nicht heim, setzt sich in den Bus und fährt nach Lohberg. So etwas käme Ben nicht in den Sinn.»

«Das kannst du nicht vergleichen, Trude», meinte Heinz Lukka. «Wenn Albert Kreßmann durch die Straßen läuft oder sich in den Bus setzt, weiß er, was er tut. Ben weiß es nicht. Und als Albert von der Streife heimgebracht wurde, ist Richard nicht auf ihn losgegangen wie ein Tier. Richard war nur froh, daß dem Jungen nichts zugestoßen war.»

Heinz Lukkas Blick ging kurz zu Jakob, suchte wieder Trudes Augen. «Trude», sagte er sehr ernst. «Ich weiß, daß du es gut meinst mit Ben und es nach Möglichkeit vermeidest, ihn zu bestrafen. Aber ich habe mit eigenen Augen gesehen, wie Jakob über ihn hierfiel. Und so geht das nicht. Das ist Mißhandlung, das können wir nicht zulassen. Ich hätte das Jugendamt einschalten müssen. Ich habe es nicht getan, weil… Nun ja, ein Heim ist auch nicht die beste Lösung. Aber vielleicht eine bessere, als ihn hierzulassen.»

«Tu mir das nicht an, Heinz», bettelte Trude. «Und tu es Ben nicht an. Wenn du ihn einsperren willst, kannst du ihn auch gleich totschlagen. Er braucht das, ein bißchen Laufen und so. Er tut doch keinem etwas.»

«Trude», wurde Heinz Lukka energischer, wobei er den Blick wieder auf Jakob richtete, der vor Wut mit den Zähnen knirschte. «Es geht nicht darum, daß Ben anderen etwas tut. Es geht darum, daß ihm keiner etwas tut. Vielleicht sprichst du mal in Ruhe mit deinem Mann, wenn du Ben gerne bei dir behalten möchtest. Ein Heim ist teuer. Ich sage es, wie es ist. Allein könnt ihr dafür nicht aufkommen. Aber bevor ein Kind zum Krüppel geschlagen wird, das ohnehin schon stark benachteiligt ist, da schaue ich nicht tatenlos zu.»

«Ich auch nicht», sagte Erich Jensen.

Dann erhoben sich beide und gingen zur Tür. Den Weg hinaus fanden sie allein. Als die Tür hinter ihnen zufiel, sagte Trude: «Heinz hat recht. Wenn du ihn noch mal schlägst, nur weil er etwas tut, wofür er nichts kann, dann gehe ich mit ihm weg.»

Jakob stieß die Luft aus. «Das brauchst du nicht», sagte er und stemmte sich von der Couch. «Und wenn du noch mal ein Problem hast, du weißt ja jetzt, wo du dir einen Rat holen kannst. Geh einfach zu Heinz. Ich bin sicher, der falsche Hund steht dir jederzeit gerne zur Seite. Ich frag mich nur, warum er es tut.»

Daß Jakob Heinz Lukka nicht mochte, war bis dahin für Trude nie so offensichtlich gewesen. Die Erklärung, die sie verlangte, wurde ihr verweigert. Jakob ging zu Ruhpolds Schenke und betrank sich.

Tagelang sprach er kein Wort mit ihr. Und Trude sprach wie mit Engelszungen auf ihren Sohn ein. «Nicht ins Dorf, Ben. Geh in den Garten, geh auf die Gemeindewiese. Aber nicht ins Dorf. Wenn sie sehen, daß du da herumläufst, sperren sie dich ein.»

Es war alles vergebens, sie mochte drohen, betteln, sich den Mund trocken reden und sich nachts die Augen aus dem Kopf weinen, sobald sich die Gelegenheit ergab, war er weg. Ob das Hoftor verschlossen war oder nicht, für ihn machte das keinen Unterschied mehr. Man kam auch, wie er längst herausgefunden hatte, über den Feldweg ins Dorf. Und ihn einzusperren, brachte Trude nicht übers Herz.

Es zog ihn zum Café Rüttgers, zu Heinz Lukkas Wohnung oder zur Grundschule, die nur eine Straße weiter lag, die auch Albert Kreßmann besuchte. Während der Unterrichtsstunden lief er mutterseelenallein über den Pausenhof. Wenn die Pause begann, mischte er sich unter die anderen Kinder.

Mehr als einmal erschien um die Mittagszeit eine aufgebrachte Mutter in Trudes Küche und behauptete, Ben habe ihr Kind belästigt. Meist handelte es sich um kleine Mädchen, die er über den Pausenhof gescheucht hatte wie Küken. Ob er es auf Anweisung von Albert Kreßmann oder aus eigenem Antrieb getan hatte, ließ sich nie in Erfahrung bringen.

Jedesmal hatte Trude Mühe, die Aufgebrachten zu besänftigen, bei allen Heiligen im Himmel und beim Leben ihrer Mutter, die seit etlichen Jahren auf dem Friedhof in Lohberg lag, zu schwören, daß Ben es nicht böse meinte, daß er nur spielen wollte. Wenn die Kinder über den Pausenhof rannten, rannte er eben hinterher. Und wegen ihrer Mutter und Gerta Frankens Beobachtung kam Trude sich dabei so falsch und verlogen vor.

Einmal wurde er nachmittags von Thea Kreßmann am

Marktplatz aufgegriffen. Thea erzählte, er habe auf der Bank am Rand des Platzes gesessen und die freie Fläche mit trübsinnigem Blick gemustert. Einmal brachte Antonia Lässler ihn von einem Spielplatz im Neubaugebiet am Lerchenweg zurück. Dort hatte er einem kleinen Mädchen die Puppe abgenommen, ihr vor den Augen des Kindes mit einem Stein auf den Kopf geschlagen, ihr anschließend das Kleid heruntergezerrt und die Beine ausgerissen.

«Was soll ich denn machen?» sagte Trude. «Jakob hat ihn schon so oft dafür verprügelt. Ich kann ihn doch nicht auch noch halbtot schlagen.»

Einen Rat wußte Antonia nicht, nur den schwachen Trost, daß andere es auch nicht leicht hatten mit ihren Kindern. Sie selbst konnte nicht klagen. Ihre Jungs waren vernünftig, Annette machte auch keine Probleme. Toni und Illa von Burg hatten ebenfalls Glück mit ihren Söhnen. Uwe, der älteste, fuhr zwar oft mit einem entsetzlich knatternden Mofa durch die Straßen und kam mit seinem Taschengeld nur selten einen Monat über die Runden, weil er sich bei jungen Mädchen sehr spendabel gab. Doch bei einem Sechzehnjährigen mußte man Verständnis für solche Dinge zeigen. Illa und Toni zeigten viel Verständnis.

Aber Richard und Thea Kreßmann hatten auch ihre Sorgen. Albert kam in der Schule nicht mit, begriff weder das kleine Einmaleins noch das Alphabet, schwänzte den Unterricht oder spielte in der Pause den starken Mann. Da hatte sich auch bereits die eine oder andere Mutter beschwert, weil Albert kleine Mädchen verhaute. An kleine Jungs traute er sich nicht heran.

Und Renate Kleu wagte es kaum noch, ihren Dieter mit ins Dorf zu nehmen, weil er zum Berserker wurde, wenn er seinen Willen nicht durchsetzen konnte. Den Kindergarten hatte Dieter Kleu nur für zwei Wochen besuchen dürfen. Weil er alle Spielsachen für sich alleine haben wollte und die Kindergärtnerin mehrfach vors Schienbein getreten und in die Hand gebissen hatte, mußte er nun daheim bleiben.

Zu dieser Aufzählung nickte Trude nur. Es käme niemals ein Mensch auf die Idee, Albert Kreßmann oder Dieter Kleu in ein Heim einweisen zu lassen, nur weil sie im Dorf herumliefen, alles haben wollten, kleine Mädchen verprügelten, nicht rechnen und nicht schreiben konnten, etwas nachmachten, was ein anderer ihnen vorgeführt hatte. Oder weil sie von ihren Vätern bestraft wurden. Aber Ben...

Mehr als einmal war es Heinz Lukka, der sich für ihn einsetzte und seine Gutmütigkeit gegen alle Behauptungen verteidigte. Mehr als einmal zog es Jakob in Ruhpolds Schenke. Es war ein schlimmes Jahr für Trude. Als es zu Ende ging, dachte sie, es könnte keine Steigerung der Hilflosigkeit und der Angst geben. Dabei trug sie die Steigerung bereits in sich.

25. August 1995

Freitags verließ Jakob um sieben in der Frühe das Haus. Trude ging wie immer mit zur Tür und anschließend in den Stall. Sie versorgte die beiden Schweine und die Hühner. Danach erst wagte sie sich in Bens Zimmer. Das Bett war leer. Sie hatte es nicht anders erwartet. Verdrängte jeden Gedanken an Svenja Krahl und Marlene Jensen und hielt sich statt dessen an Klaus und Eddi fest. Sie putzte mit einem Tuch über das Fenster, damit es nicht so aussah, als hielte sie Ausschau nach ihm.

Wenn nur die Angst nicht gewesen wäre. Und nicht die blutige Handtasche. Und nicht dieser Drang zwischen seinen Beinen. Es wäre nicht nötig gewesen, daß die Natur ihn erinnerte, was er war. Er war erst dreizehn gewesen, als Trude zum ersten Mal eindeutige Spuren in seiner Unterhose entdeckt hatte.

Anfang dieses Jahres hatte Jakob ihn erwischt, als Ben durchs Schlüsselloch der Badezimmertür äugte. Im Badezimmer rubbelte Trude sich mit einem Handtuch die Wassertropfen vom nackten Rücken und stand dabei nichtsahnend mit der Vorderseite zur Tür. Ben lag auf den Knien, zeigte auf das Schlüsselloch, hinter dem in aller Deutlichkeit der üppig sprießende dunkle Busch unterhalb von Trudes Nabel zu erkennen war. «Fein», sagte Ben, als Jakob ihn fragte, was er vor der Badezimmertür zu suchen habe.

Und Trude wußte genau, was Fein bedeutete. Er hatte seinen geringen Sprachschatz differenziert. Fein macht war eine gute Tat, ein gelungenes Werk, etwas, wofür er ein Lob erwartete oder austeilte. Und Fein war etwas Allumfassendes. Es war ein Streicheln über die Wange oder ein mütterlicher Kuß. Es waren die Küken, die toten Mäuse und die Puppen. Es waren die Mädchen und Frauen, die nett und freundlich mit ihm umgingen. Den anderen brüllte er Rabenaas hinterher.

Fein war beim Baden Trudes Hand mit der Seife. Er konnte sich nun einmal nicht alleine säubern, Jakob hatte nicht immer Zeit, und man mußte ihn doch waschen. Es störte Trude nicht, daß sie ihn immer noch baden mußte wie ein kleines Kind. Aber daß sich dabei gewisse Regungen zeigten, hätte nicht sein müssen. Als sie einmal voller Besorgnis mit Jakob darüber sprach, zuckte er mit den Achseln: «Da kann man nicht viel machen. Er hat genau so ein Gefühl wie du und ich. Nur kann er es nicht steuern. Versuch es mit kaltem Wasser, vielleicht hilft es.»

Trude hatte es einmal versucht, nicht bei Ben, bei sich, um zu fühlen, wie das war. Kalt war es, ziemlich unangenehm. Wenn man wußte, warum es sein mußte, mochte man sich damit abfinden. Aber woher hätte er das wissen sollen? Und einen anderen Rat wußte Jakob nicht. Als das mit dem Schlüsselloch passierte, sagte er nur: «Häng beim nächsten Mal ein Tuch über die Klinge. Es ist das Alter.»

Und wenn es nun passierte, während er draußen herumlief, zufällig einem Mädchen begegnete, das von zwei Burschen aus einem Auto geworfen worden war – halbnackt und sehr wütend?

Trude versuchte krampfhaft, sich sein Erscheinungsbild von dem Sonntagmorgen, an dem Marlene Jensen vermißt wurde, in Erinnerung zu rufen. Es war genaugenommen immer gleich, ein Riemen um die Taille, ein kariertes Hemd und eine Jogginghose mit Grasflecken und Dreck auf Knien und Hosenboden, mit Steinen, Scherben, Käfern und Erdklümpchen in den Taschen. So sehr sie auch überlegte, andere Flecken und Klümpchen kamen ihr nicht in den Sinn.

Blut, davon war Trude überzeugt, wäre ihr aufgefallen. Es kam oft vor, und es fiel ihr immer auf, weil es jedesmal galt, nach einer Wunde zu suchen, damit er sich bei seiner nächsten Wühlerei im Dreck nicht mit irgendwas infizierte. Wundstarrkrampf, Trude hatte davor einen ebenso großen Respekt wie vor einer Lungenentzündung.

Dienstags war sein Hemd naß gewesen, als er zum Frühstück erschien, fiel ihr ein. Und seine Hose hatte ausgesehen, als sei er in Schlammpfützen gesprungen. Bis weit über die Knie hatten sich die Spritzer gezogen. Seltsam, es hatte seit Wochen nicht geregnet. Wo gab es denn jetzt noch Pfützen?

Während ihrer Überlegungen bezog sie sein Bett mit frischer Wäsche, dann ging sie noch einmal zum Fenster. Und endlich sah sie ihn aufs Haus zukommen. Er kam quer durch Bruno Kleus Rüben vom Bruch her und war noch weit entfernt. Die Arme schlenkerten bei jedem Schritt, schienen immer ein bißchen zu lang. Den Kopf hielt er vorgebeugt, suchte mit den Augen den Boden ab. Das tat er immer, als ob es wundersame Dinge zu entdekken gäbe.

Zweimal bückte er sich, hob etwas auf. Beim ersten Mal steckte er seinen Fund in die Hosentasche. Beim zweiten Mal schien er ihm nicht wertvoll genug. Nachdem er ihn eine Weile zwischen den Fingern gedreht, ihn sich genau von allen Seiten angeschaut hatte, ließ er ihn wieder fallen. Dann hob er den Kopf. Und obwohl er noch so weit weg war, sah er sie am Fenster stehen, warf beide Arme in die Luft, hüpfte auf der Stelle, fiel anschließend in einen gelinden Trab und näherte sich rasch.

Ehe er durch den Keller hereinkam, hatte Trude den Tisch gedeckt. Sie wusch ihm die Hände und das Gesicht. Während sie ihm ein paar Brotscheiben bestrich, fingerte er mit gewichtiger Miene in seinen Hosentaschen, legte die Köpfe von drei Gänseblümchen auf den Tisch, grinste sie an und nickte auffordernd.

«Sind die für mich?» fragte Trude. Er nickte wieder.

«Fein», sagte Trude. «Da freu ich mich aber sehr.»

Er biß von seinem Brot ab und griff erneut in die Hosentasche. Diesmal legte er ein paar winzige Dinge auf den Tisch, die Trude erst bei näherem Hinsehen als Schädel und Rippen einer Feldmaus erkannte. «Sind die auch für mich?» fragte sie.

Er schüttelte den Kopf, suchte weiter in der Tasche und brachte noch einen hübsch gemaserten Stein zum Vorschein. Er legte ihn zu den Gänseblümchen, sammelte die Knöchelchen wieder ein und steckte sie zurück in seine Hose.

Nach dem Frühstück verschwand er in seinem Zimmer. Trude hörte ihn eine Weile hin und her laufen, vermutlich suchte er nach einem sicheren Platz für die Überreste der Feldmaus. Aus dem Vorratskeller fehlte wieder ein leeres Einweckglas.

Kurz nach zehn Uhr klingelte das Telefon. Es war Bärbel. Seit vier Jahren war sie mit Uwe von Burg verheiratet und nun auch endlich schwanger. Bärbel hatte Angst, das wußte Trude. Sie ließ alle möglichen Tests machen, um sicherzustellen, daß sie ein gesundes Kind in die Welt setzte. Aber jetzt wollte sie nur rasch erzählen, daß Anita am Sonntag zu Besuch komme.

Anita lebte seit Jahren in Köln. Sie hatte ihren Doktor in Jura gemacht, arbeitete in der juristischen Abteilung einer großen Versicherung und trug den Kopf noch höher als in jungen Jahren. Nur selten erinnerte sie sich daran, daß sie eine Familie hatte. Wenn sie sich erinnerte, besuchte sie höchstens ihre Schwester und den Schwager auf einen Kaffee am Sonntag nachmittag. Das Stückchen Torte ohne Sahne, auch wenn Bärbel den Tortenboden mit Stachelbeeren belegt hatte. Wegen der Figur. Und wegen der Figur keine Kinder, mit Angst vor Vererbung hatte das angeblich nichts zu tun.

«Wenn du Lust hast», sagte Bärbel, «kannst du ja auch mal vorbeikommen. Oder Papa.» Von Ben sprachen sie nicht.

Nachdem sie aufgelegt hatte, ging Trude hinauf und stand eine Weile in der Tür seines Zimmers. Er lag auf dem Bett und schlief. Seine Stoffpuppe hielt er im Arm wie ein Kind. Zerrissen hatte er schon lange keine mehr. Und wie Trude ihn so sah, zusammengerollt wie einen zufriedenen Hund im Korb, rückte alles weit weg.

Eine Viertelstunde stand sie still auf einem Fleck und schaute ihm beim Schlafen zu. Und in dieser Viertelstunde war der große Teil in ihr, der aus Herz und Mutterliebe bestand, überzeugter als jemals zuvor, daß er niemals die Hand mit einem Messer an einen Menschen legen konnte. Mochten Klaus und Eddi noch hundertmal schwören, sie hätten alle Mädchen aussteigen lassen, Trude hätte ebenfalls jeden Eid auf Bens Unschuld abgelegt.

Als sie sich endlich abwenden wollte, fiel ihr Blick auf das Einweckglas. Es stand hinter der Gardine beim Fenster. Und es war doch etwas mehr drin als die Knöchelchen der Feldmaus. Um ihn nicht zu wecken, schlich sie auf Zehenspitzen hin und nahm das Glas näher in Augenschein. Sie sah drei kleine Kartoffeln mit eingeritzten Mustern in der Schale und zwei Blätter vom Großen Wegerich. Sie waren frisch und gerollt wie Zigarren. Und aus den Enden dieser Zigarren lugte etwas hervor.

Im ersten Moment erinnerte Trude sich zwar, etwas Ähnliches schon einmal gesehen zu haben. Sie konnte es jedoch nicht sofort einordnen. Als es ihr dann einfiel, setzte ihr Herz für ein paar Schläge aus, raste danach los und überschlug sich mehrfach im luftleeren Raum der Erkenntnis.

Sie war ein Kind gewesen, sechs oder sieben Jahre alt, als ihr Vater sich beim Holzhacken einen Finger abschlug. Sie stand neben dem Hauklotz, sah den Finger im hohen Bogen davonfliegen, rannte ihm nach und hob ihn auf. Sah das blutige Ende, den sauber durchtrennten Knochen. Sah es ebenso wie jetzt, nur daß es diesmal zwei blutige Enden, zwei sauber durchtrennte Knochen, zwei Finger waren.

Etwas in ihrem Hirn schaltete ab, ganz langsam, als ob ein Mensch mit wenig Kraft in den Armen mühsam einen schwergängigen Hebel umlegte und ein paar Räder in einer Maschine zum Stillstand brachte, nur der Motor lief noch weiter. Umdrehung für Umdrehung summte er ein eintöniges «Gefunden» durch das nutzlose Räderwerk. Nur gefunden! Wenn Ben draußen uralte Knochen, Unterhöschen und blutige Handtaschen fand, warum dann nicht auch zwei Finger? Einer mit den Augen einer Eule sah mehr und fand mehr als andere.

Es dauerte eine Ewigkeit, ehe zwei oder drei der stillstehenden Räder wieder in Gang kamen und Trude den Deckel vom Glas heben konnte. Sie nahm die gerollten Wegerichblätter samt Inhalt heraus und steckte sie in die Kitteltasche. Dabei schaute sie mit steifem Gesicht zum Fenster hinaus, zum Bruch hinüber. Von dort war er gekommen. Und dort hatte die Polizei am Sonntag ohne Hunde gesucht. Welch ein Blödsinn! Das Bendchen, durch das sie die Tiere gescheucht hatten, war übersichtlicher als der alte Bombenkrater mit seinen Trümmerbergen.

Er schlief bis kurz vor eins. Dann weckte ihn wie üblich der Essensgeruch, der durchs Haus zog. Nach dem Essen kamen die beiden Mädchen aus der Schule in Lohberg und radelten hinaus zum Lässler-Hof. Er brauchte keine Uhr, solange die anderen ihre festen Gewohnheiten beibehielten. Mittagessen um eins.

Er kam in die Küche. Den massigen Kopf zwischen die Schultern gezogen, daß von seinem Nacken fast nichts übrigblieb. Die Augen huschten wieselflink vom gedeckten Tisch zu den Töpfen auf dem Herd. Er setzte sich erwartungsvoll hin, verschlang, was Trude ihm auf den Teller häufte. Danach stand er auf.

«Setz dich wieder», verlangte Trude. Er blieb neben dem Tisch stehen und trat ungeduldig von einem Fuß auf den anderen.

«Jetzt setz dich wieder», sagte sie noch einmal und bemühte sich, es energisch klingen zu lassen. Doch der dumpfe Herzschlag schwang zwischen den Worten. Und mit feinem Instinkt bemerkte er, daß ihr die Kraft fehlte.

«Du kannst nicht mehr raus», sagte sie, es klang wie ein Betteln. «Ich hab weh.» Sie klopfte sich gegen die Brust. «Viel weh – hier drin. Ich mag nicht alleine sein. Du bist doch mein guter Ben, du bist mein Bester. Du mußt jetzt bei mir bleiben.»

Er schüttelte den Kopf, wandte sich zur Tür und trottete zur Kellertreppe. Trude wollte ihm nach, doch dazu reichte die Kraft erst recht nicht. Es war so warm in der Küche. Seit Stunden brannte ein Feuer in dem Herd, den Jakob nach dem Umzug nicht mehr hatte aufstellen wollen. Wozu auch? In allen Räumen gab es Zentralheizung, und in der Küche stand ein neuer Elektroherd. Aber Trude hatte darauf bestanden, den alten Kohleherd zu behalten. Für den Notfall, wenn mal der Strom ausfiel. Oder wenn man etwas verbrennen mußte. Ein blutigschmutziges Unterhöschen, eine blutige Handtasche oder zwei abgeschlagene Finger in Wegerichblättern.

Trude stützte den Kopf mit den Händen ab und starrte blicklos zum Herd. Nach einer Weile raffte sie sich auf, so schob die Ringe über der Feuerung beiseite und stocherte so lange mit einem Eisen in der Glut, bis nichts mehr da war, wovor man sich hätte entsetzen müssen.

Währenddessen hatte er in gemächlichem Trab den Feldweg erreicht, beschleunigte seine Schritte, nahm den leichten Bogen, den der Weg beim Stacheldraht der Apfelwiese machte, und hielt auf das Maisfeld zu. Am Rand des Feldes blieb er minutenlang stehen, hob das Fernglas an die Augen und spähte über die Halme zu Lukkas Bungalow hinüber.

Er war nicht sicher, ob sein Freund Lukka daheim war. Es war von draußen nur schwer zu erkennen. Wenn er daheim war, kam er heraus, sobald er ihn sah. Aber Heinz Lukka sah ihn nicht, wenn Ben es nicht wollte. Er ging in die Hocke, teilte vorsichtig die Maisstengel und schlich dazwischen, umrundete das Haus, buddelte das Springmesser aus einer Erdkuhle, steckte es ein und spähte an der anderen Seite den Feldweg entlang.

Weit hinten tauchten aus Richtung Lohberg die beiden Mädchen auf, denen er entgegenfieberte. Es war ein Fieber, das weder ein Befehl seines Vaters noch eine unter

Schmerzen vorgebrachte Bitte seiner Mutter niederdrükken konnte. Sie näherten sich langsam. Er ließ sie an sich vorbei und kicherte in sich hinein, weil sie ihn scheinbar nicht bemerkt hatten.

Als sie gut hundert Meter entfernt waren, richtete er sich auf, hastete auf den Weg und hinter ihnen her. Er holte sie rasch ein. Sie mußten seine Schritte hören, doch keine von ihnen drehte sich um. Beide ließen sie ihn das Spiel spielen, das ihm am liebsten war. Fangen. Er erreichte sie, streckte die Hand nach dem außen fahrenden Mädchen aus, wühlte die Finger in ihr dichtes dunkles Haar. Das blonde Mädchen hielt sein Rad an, als seine Begleiterin zum Halten gezwungen wurde. Das dunkelhaarige Mädchen mit der Sonnenbrille war Bens jüngste Schwester.

Das Baumhaus

Im Januar 81 blieb Trudes Regel aus. Einen Anlaß zur Besorgnis sah sie anfangs nicht, sie wurde in dem Jahr fünfundvierzig, da mußte man mit so etwas rechnen. Außerdem hatte sie in den letzten Monaten des Vorjahres nicht oft mit Jakob geschlafen. Und wo sie ohnehin nicht leicht schwanger wurde, machte sie sich keinen Gedanken zuviel um eine lästige Sache, die einmal nicht zur gewohnten Zeit kam. Gedanken machte sie sich nur um Jakob. Sein Groll gegen Heinz Lukka trieb ihn immer noch häufig in Ruhpolds Schenke.

Jakob weigerte sich strikt, an Lukkas Verlobungsfeier teilzunehmen. Diese Verlobung galt im Dorf als ein Wunder. Heinz Lukka war immerhin schon über fünfzig. Er hatte im Oktober 80 durch seine Arbeit eine Frau kennengelernt, eine nette, solide Person, wie er Trude erzählte, geschieden zwar – er hatte sie bei der Scheidung vertreten –, mit einer zwölfjährigen Tochter, aber wen störte das? Höchstens Thea Kreßmann, die immer der Meinung gewesen war, Heinz Lukka sei besessen von einer siebzehnjährigen Jungfrau Maria.

Im Februar feierte Heinz Lukka sein spätes Glück mit fünfzig geladenen Gästen in einem guten Restaurant in Lohberg. Ruhpolds Schenke, vertraute er Trude an, sei ihm zu bieder und zu bäuerlich. Trude hätte gern mitgefeiert, aber da Jakob nicht wollte, blieb sie auch daheim.

Leider hielt Heinz Lukkas Glück nicht lange. An einem Sonntag Anfang März, nur drei Wochen nach der großen Verlobungsfeier, war die Frau zusammen mit ihrer Tochter auf dem Weg ins Dorf. Auf der Landstraße kam sie mit ihrem Wagen von der Fahrbahn ab. Sie prallte gegen einen Baum und starb in den Trümmern ihres Fahrzeugs, ihre Tochter überlebte schwerverletzt und lag monatelang im Krankenhaus.

Über Wochen hielt sich das Gerücht, Richard Kreßmann habe Lukkas Verlobte von der Straße gedrängt. Richard war zur selben Zeit auf dem Weg nach Lohberg gewesen, um den alten Igor im Krankenhaus zu besuchen. An Igor hing Richard fast mehr als am Alkohol. Nun war Igors Herz zu schwach geworden. Der alte Russe starb zwei Wochen später. Und am selben Abend erhängte sich Werner Ruhpold auf dem Dachboden seiner Schenke.

Trude hörte von dem Unglück auf der Landstraße, daß Richard Kreßmann als erster an der Unfallstelle gewesen war und dem schwerverletzten Mädchen die Hand gehalten hatte, bis der Rettungswagen eintraf. Ebenso hörte sie, daß Heinz Lukka völlig verzweifelt und Igor friedlich entschlafen war. Sie hörte auch von dem Strick, mit dem Werner Ruhpold sein Warten auf Edith Stern beendet hatte. Aber zu diesem Zeitpunkt hatte Trude andere Sorgen, als sich den Kopf darüber zu zerbrechen, warum

Igor darauf bestanden haben sollte, Werner Ruhpold noch einmal zu sehen, ehe er seinem Schöpfer gegenübertrat. Thea Kreßmann erzählte ihr das und fragte sich, was da so Wichtiges zu besprechen gewesen sein könnte, daß Werner Ruhpold sich entschlossen hatte, Igor auf dem Weg nach oben zu begleiten.

Trude fragte sich ganz etwas anderes. Auch im Februar und im März hatte sich bei ihr nichts gerührt. Als Ende März Antonia Lässler freudestrahlend berichtete, was der Arzt zu ihr gesagt hatte, höchstwahrscheinlich wieder ein Mädchen, keimte in Trude ein furchtbarer Verdacht. Der Gynäkologe bestätigte ihn zwei Wochen später.

Im ersten Augenblick war Trude wie gelähmt und wünschte sich, es möge ihr ergehen, wie es Maria Jensen im November mit der zweiten Schwangerschaft ergangen war. Ein Sturz in der Wohnung, eine heftige Blutung, Notoperation und aus der Traum. Jakob dachte nicht anders. Man mußte das Alter berücksichtigen. Er fühlte sich manchmal wie sein eigener Großvater. Trude war auch nicht mehr die Jüngste. Und wenn es nun wieder... Bens Geburtstag lag zwar schon ein paar Wochen zurück, aber er war wie ein Mahnmal.

Sie hatten ihm nichts geschenkt. Es war ihnen nichts eingefallen, womit sie ihm eine Freude hätten machen können.

«Schenkt ihm doch eine Puppe», hatte Anita vorgeschlagen. «Ihr könnt ja ein Messer dazulegen, da freut er sich bestimmt.» Gelacht hatte sie, wie nur achtzehnjährige Schwestern über schwachsinnige Brüder lachen können.

In einem Moment der Unbeherrschtheit hatte Jakob ausgeholt und sie auf ihr vorlautes Mundwerk geschlagen. Es hatte ihm auf der Stelle leid getan. Eine seiner Töchter zu schlagen war ihm bis dahin nicht in den Sinn gekommen. Entschuldigt hatte er sich aber nicht, obwohl das sein erster Impuls gewesen war. Doch wichtiger, als einem Impuls nachzugeben, war es, Trude zu beweisen, daß ihm der Sohn ebenso am Herzen lag wie ihr, daß er ihn weiß Gott nicht totschlagen und ihr bei der ins Haus stehenden neuen Last gerne ein wenig Verantwortung von den Schultern nehmen wollte.

Es mußte einen Weg geben, Ben aus dem Dorf und von anderer Leute Kinder fernzuhalten. Es gab viel Gerede, hauptsächlich verbreitet von Gerta Franken. Sie hatte mit den Jahren so viel Wissen gesammelt, daß sie einiges durcheinanderwarf. Gerta hatte sich zu der Überzeugung verstiegen, der Mörder der jungen Artistin und der Tatzeuge seien ein und dieselbe Person gewesen. Nun verkündete sie häufig am Marktplatz, Ben würde Puppen zerreißen, um nicht aus der Übung zu kommen. Es lachten längst nicht mehr alle darüber.

Jakob hatte zwei Möglichkeiten: ihn so lange zu prügeln, bis er die Hände von den Puppen ließ – das kam wegen Trudes Verfassung und Heinz Lukkas Drohung nicht in Frage –, oder ihm einen Anreiz zu bieten, eine Ablenkung, irgendeine Beschäftigung.

Trude betonte oft, daß er ihr gerne im Garten half – und dabei mehr Gemüse ausriß, als sie pflanzen konnte, aber das sagte sie nicht. Ein eigener Garten für Ben, war Jakobs erster Gedanke. Nur, wo sollte man den anlegen?

Auf der Apfelwiese war es zu gefährlich. Gerta Frankens Garten wäre ideal gewesen. Diese Wildnis aus hüfthoch wucherndem Kraut, dazwischen ein alter Birnbaum und die Ungetüme sich selbst überlassener Brombeersträucher, da konnte er nichts verderben. Es mußte mit dem Teufel zugehen, wenn man ihm diesen Platz nicht schmackhaft machen konnte. Und wenn er sich direkt unter Gertas Augen mit harmlosen Dingen beschäftigte, vielleicht erzählte die Alte dann das.

Jakob überdachte die Sache ein paar Tage, stieg probeweise in den Birnbaum, und da kam ihm die Idee mit dem Baumhaus. Es eröffnete sich ihm ein herrlicher Ausblick. Nach drei Himmelsrichtungen erstreckten sich die Rüben- und Weizenfelder, die Kartoffeläcker und Roggenstreifen. An klaren Tagen konnte man im Westen die Kirchturmspitze von Lohberg sehen. Selbst an diesigen Tagen stach sie wie ein schemenhafter Finger in den Himmel. Im Osten gab es den Wald. Im Südosten lag hinter den Feldern die Senke mit den Trümmern vom ehemaligen Kreßmann Hof.

Wenn man im Garten stand, war der Bombenkrater nicht zu sehen, aber hoch im Baum hob sich die Bruchkante von den Äckern ab. Mehr als genug Auswahl für Bens scharfe Augen. Und in seinem krausen Hirn mochte er dann andere Ziele entdecken, die eine Erkundung lohnten.

Mit Gerta Franken wurde Jakob unerwartet schnell einig. Ihr lag nichts an ihrem Garten. Sie hatte bisher auch nichts dagegen gehabt, wenn Trude die Brombeeren pflückte, wollte nur ein paar Gläser Gelee haben. Solange Ben ihr nicht zu nahe kam, war Gerta bereit, Jakob den kompletten Garten für eine kleine Summe monatlich zur Nutzung zu überlassen. Vorausgesetzt, Jakob hielt den Mund, damit das Sozialamt nicht auf die Idee kam, die dürftige Aufstockung ihrer Rente zu kürzen.

Schon am nächsten Tag begann Jakob, den Platz für seinen Sohn herzurichten, entfernte das gröbste Kraut rund um den Birnbaum. Die Brombeersträucher schnitt er zurück, damit Ben sich nicht an den Dornen kratzte. Er erklärte Trude in groben Zügen, was er vorhatte, und wies sie an, Ben ein paar Tage aus dem Garten fernzuhalten.

Abend für Abend schleppte Jakob stabile Bretter hinaus, trug Hammer und Nägel in der Hosentasche und baute als erstes eine Plattform in den Birnbaum. Als er damit fertig war, stellte er sich in die Mitte, wippte und federte in den Knien, wagte ein paar Sprünge und war danach überzeugt, daß dieser Boden den Sohn einige Jahre tragen konnte. Die Wände baute er zum Teil ebenfalls aus Brettern, zum Teil aus Wellblech, damit fertigte er auch das Dach.

Trude hatte Tränen der Rührung in den Augen, als Jakob sie nach der Fertigstellung abends hinausführte. Zuerst stand sie eine Weile da, ganz stumm. Dann streifte sie Jakob mit einem dankbaren Blick, ergriff mit beiden Händen die Strickleiter, die er eigenhändig geknüpft und an einem starken Ast befestigt hatte. Trude stieg hinauf, zwängte sich mit ihrem dicken Bauch umständlich durch den Einlaß, hockte sich nieder und spähte durch die schmalen Schlitze, die Jakob zwischen den Wänden und dem Dach gelassen hatte. Jakob hörte nur ihre Stimme. «Das ist sehr schön geworden, wirklich. Von hier aus kann er alles sehen, und von ihm sieht man nichts.»

Um die Stelle für Ben wirklich reizvoll zu gestalten, tat Trude noch etwas mehr. In der Scheune lag eine alte, verzinkte Viehtränke. Sie schaffte sie zusammen mit Jakob an eine windgeschützte Stelle zwischen den zurückgeschnittenen Brombeersträuchern. Jakob grub die Tränke zur Hälfte in den Boden ein. Trude schleppte etliche Eimer Wasser hinaus und kippte sie in das Behältnis, damit Ben sah, welche Freuden ihn erwarteten.

Als sie ihn am nächsten Morgen hinausführte, stand er da wie vom Donner gerührt, starrte hinauf in das Geäst, den Mund halboffen, die Augen vor Staunen aufgerissen. Dann lief er zur Tränke, hüpfte und sprang und wußte sich gar nicht zu lassen.

Während des Sommers erwies sich das Arrangement als Segen für alle. Täglich lief Ben in aller Frühe hinaus, und nicht einmal die Mahlzeiten brachten ihn freiwillig zurück. Bei sengender Hitze stieg er in die Viehtränke, schaufelte sich das Wasser mit beiden Händen über Kopf und Nacken. Wenn es kühler war, lag er im Baumhaus, spähte durch die Schlitze ins Land. Oder er beschäftigte sich damit, seine Ordnung in Gerta Frankens Garten zu bringen. Er arrangierte die Nesseln, die Disteln und den wilden Hafer wie die Beete in Trudes Gemüsegarten.

Es zog ihn nicht mehr zum Marktplatz oder ins Café Rüttgers, zur Schule oder den Spielplätzen im Neubaugebiet am Lerchenweg. Niemand kam mehr, um sich über ihn zu beschweren. Er verlor sogar vorübergehend das Interesse an Anitas Puppen.

Tief im Innern atmete Trude auf, fühlte eine Art Frieden, auch ein wenig Freude, wenn sie an das Ungeborene dachte. Manchmal leistete sie sich sogar eine freie Stunde am Nachmittag. Dann überzeugte sie sich, daß er friedlich an der Viehtränke spielte, im Baumhaus hockte oder Disteln umpflanzte. Sie erklärte ihm noch, obwohl er es vermutlich nicht verstand, daß sie jetzt auf einen Besuch zu Antonia gehen und bald zurückkommen würde. Anschließend schlenderte sie gemächlich die dreihundert Meter weiter zum Lässler-Hof.

Manchmal sprachen sie über das, was im Dorf vorging. Viel war es nicht, wenn man von den Ereignissen der ersten Monate des Jahres 81 absah. Kreßmanns Igor hatte eine derart pompöse Beerdigung gehabt, daß sich manch einer gefragt hatte, ob Richard sich einbildete, er bringe den letzten russischen Zaren unter die Erde.

Nach dem Begräbnis war Richard drei Wochen lang nicht nüchtern geworden. Anschließend war ihm zu Ohren gekommen, daß man ihn verdächtigte, den Tod von Heinz Lukkas Verlobter verschuldet zu haben. Richard hatte dem halben Dorf mit Verleumdungsklagen gedroht und seinen Mercedes von der Polizei untersuchen lassen. Ob er auf der falschen Straßenseite gefahren war,

hatte man natürlich nicht feststellen können. Die zwölfjährige Tochter der Toten konnte keine Angaben über
den Unfallhergang machen, als sie endlich aus dem Koma
erwachte.

Im Mai hatte Richard dann trotzdem seinen Führerschein abgeben müssen. Über drei Promille wurde gemunkelt. Daß er damit heil auf seinen Hof gelangt war, grenzte
an ein Wunder. Daß die Polizei ihn dann ausgerechnet vor
der eigenen Tür erwischte... Es ging das Gerücht, sie hätten ihm dort nach einem anonymen Hinweis aufgelauert.
Einige vermuteten, Heinz Lukka sei der Denunziant gewesen. Beweisen ließ sich das nicht. Auch Toni von Burg
konnte dafür gesorgt haben, daß Richard aus dem Verkehr gezogen wurde. Richard ließ sich jetzt immer von
Thea zu Ruhpolds Schenke fahren.

Werner Ruhpold war in aller Stille beigesetzt worden.
Die Schenke hatte ein Vetter von ihm übernommen. Er
hieß Wolfgang und war – wie Jakob und Paul übereinstimmend feststellten – ein sympathischer und tatkräfti-
ger Mann.

Heinz Lukka hatte nach dem Unfalltod seiner Verlob-
ten auch noch seinen Schäferhund verloren. Er hatte ihn
einschläfern lassen müssen, weil der Hund eine Perserkatze zerrissen und der Besitzer der Katze eine Ladung
Schrot auf ihn abgefeuert hatte.

Maria Jensen brach immer noch unvermittelt in Tränen aus und mußte fluchtartig die Apotheke verlassen,
wenn sie eine schwangere Frau zu Gesicht bekam. Erich
fürchtete, sie könne aus lauter Kummer über die Fehlgeburt im November in Depressionen verfallen, wo Antonia nun schon das vierte Kind erwartete. Erich hatte
Maria vorsorglich für zwei Wochen zur Kur geschickt.

Bei Illa von Burg hatte der Gynäkologe einen Knoten
in der Brust festgestellt. Toni hatte in den Tagen, die Illa
im Krankenhaus verbringen mußte, mehrfach in Ruh-

polds Schenke gesagt, wenn es bösartig sei, würde er mit ihr gehen. Zum Glück stellte sich bald heraus, daß es harmlos war.

Doch lieber als über andere sprach Trude mit Antonia über eigene Pläne und Wünsche. Sie hoffte inständig, daß Jakob vielleicht doch noch zu einem gesunden Sohn kam. Jakob träumte davon, Schützenkönig zu werden. Nicht in diesem Jahr. Da gab Trude mit ihrem prallen Leib kaum eine präsentable Königin ab. Aber im nächsten Jahr oder im übernächsten, wenn das vierte Kind aus dem Gröbsten heraus war, wenn Ben sich weiterhin so friedlich und genügsam zeigte. Solch eine Stunde mit Antonia entschädigte Trude für viele Mühen und Nöte. Leider war es nicht von langer Dauer.

Im Spätsommer, als Jakob abends einmal nach dem Baumhaus sehen und prüfen wollte, ob der Boden noch in Ordnung war, fand er ein paar bunte Fetzen, die einmal ein Puppenkleid gewesen waren. Dabei lagen ein Puppenbein, ein Glasauge und ein Küchenmesser. Und Jakob hatte wie Trude geglaubt, es sei vorbei. Kopf, Leib, Arme und das zweite Bein der Puppe fehlten. Und Jakob wußte im ersten Moment nicht, ob er weinen oder mit den Fäusten gegen die Wände schlagen sollte.

Er stürmte zurück ins Haus, riß – dicht gefolgt von der ahnungslosen und hochschwangeren Trude – die Tür zu Bens Zimmer auf. Dann stand er auch schon neben dem Bett, zerrte den schlafenden Jungen an den Schultern hoch und drosch auf ihn ein. Er schlug so lange, bis Trude ihre Erstarrung abschüttelte und ihm in den Arm fiel.

Ben verkroch sich wimmernd in die hinterste Ecke seines Bettes. Jakob schüttelte die Faust gegen das jammernde Bündel. «Sofort kommst du mit raus», preßte er hervor. «Und wo immer du sie gelassen hast, du wirst sie wieder herbeischaffen.»

Trude begriff endlich, worum es ging. Sie half Ben beim

Anziehen, ging mit einer Lampe vor ihm her in Gerta Frankens Garten und leuchtete ihm, während Jakob einen Spaten aus der Scheune holte. Ben irrte wimmernd und schluchzend zwischen den Sträuchern und Nesseln umher. Nicht begreifend, was Jakob von ihm erwartete, wollte er ins Baumhaus klettern. Jakob riß ihn zurück. Ben hob ein Bein, um in die Viehtränke zu steigen. Jakob drosch wieder auf ihn ein, hielt erst inne, als Trude laut schluchzte.

«Die Puppe», schnaufte Jakob. «Du hast sie kaputtgemacht. Und dann? Was machst du damit? Verbuddelst sie irgendwo! Man findet ja immer nur Stücke. Aber das hat jetzt ein Ende!»

Dann trieb Jakob den Spaten in den Boden. Ben wollte hinüber in Trudes Garten. Als sie ihn endlich gewähren ließen, lief er zur Apfelwiese, blieb neben dem Sandpütz stehen, schaute Jakob mit vom Weinen geschwollenen Augen ins Gesicht, zeigte auf den offenen Pütz und schluchzte: «Finger weg.»

«Ja», fauchte Jakob, «hier hast du nichts zu suchen. Aber deshalb sind wir nicht draußen.»

Jakob führte ihn zurück in Gerta Frankens Garten, drückte ihm den Spaten in die Hand, und Trude leuchtete ihm. Eine Viertelstunde verging, ehe das Schaufelblatt zum erstenmal auf einen kleinen Widerstand stieß. Es war nur ein dicker Stein, den Ben ins Lampenlicht beförderte.

Er starrte ängstlich zu seinem Vater hin und duckte sich, als Jakob einen Schritt auf ihn zukam. Aber Jakob wollte sich nur nach dem Stein bücken. Er warf ihn ins Gebüsch und forderte: «Weitergraben. Ich will keine Steine sehen, nur die Puppen.»

Es fand sich in dem Loch nichts mehr. In seiner Furcht vor weiteren Schlägen grub Ben in der Nacht die halbe Wildnis um. Grub an den folgenden Tagen Löcher an allen möglichen Ecken von Gerta Frankens Garten. Er buddelte rund um die Viehtränke, so daß die sich erst zur einen, dann zur anderen Seite neigte, um schließlich weiter in den Boden einzusinken.

Trude spürte wieder das Herz in krampfhaften Schlägen pochen, wenn sie ihn frühmorgens in die Scheune schleichen sah. Den Kopf hielt er so tief zwischen die Schultern gezogen, als habe Jakob ihm nun endgültig das breite Kreuz gebrochen. Wenn er dann zu graben begann, im Bemühen, den Wunsch seines Vaters zu erfüllen, weinte Trude oft heimlich vor sich hin.

25. August 1995

Den ganzen Freitag hatte Jakob während der Arbeit ein ungutes Gefühl. Es war fast, als bestünde eine geheime Verbindung, die es ihm ermöglichte, Trudes Angst zu spüren, ihre Qual. Aber hätte er gesehen, daß Trude den Küchenherd anheizte, um zwei Finger in der Glut verschwinden zu lassen, wäre er auf der Stelle heimgefahren und hätte sie zur Rede gestellt.

Jakob hätte dafür gesorgt, daß die Herkunft dieser Finger geklärt wurde. Und hätte sich herausgestellt, daß Ben sie jemandem – tot oder lebendig – abgeschnitten hatte, hätte Jakob die Konsequenzen gezogen, wie auch immer sie beschaffen sein sollten.

Zu einem Teil rührte das ungute Gefühl, das sich während der Woche allmählich aufgebaut hatte und freitags seinen Höhepunkt erreichte, von den Zeitungen her. Mittwochs hatte es in einem kleinen Artikel geheißen, man habe Klaus und Eddi wieder freilassen müssen, weil ihre Angaben nicht zu widerlegen gewesen seien und man keinen Anhaltspunkt für ein Verbrechen gefunden habe.

Aber der größte Teil seines Unbehagens hatte seinen Grund in Trudes Einsilbigkeit.

Sie war so sonderbar geistesabwesend geworden. Wenn sie abends im Wohnzimmer saßen und er sie ansprach, zuckte sie oft zusammen, als hätte er sie geschlagen. Jedesmal fragte er sich, wo sie wohl gerade mit ihren Gedanken gewesen war.

Ihm selbst spukten unentwegt die Zeitungsartikel durch den Kopf und die Szene, die er am Montag morgen auf dem Feldweg hatte beobachten müssen. Wie Ben seine jüngste Schwester an sich drückte, wie er versuchte, sie samt ihrem Fahrrad durch die Luft zu wirbeln.

Jakob liebte seinen Sohn, auch wenn seine Liebe in früheren Jahren leider zu oft durch die Fäuste geflossen war, was er aufrichtig bedauerte. Er war sich jederzeit der Verantwortung für ihn bewußt, liebte ihn ehrlich und aufrichtig, aber längst nicht so inbrünstig wie seine Jüngste.

Für Jakob war die dritte Tochter immer noch ein Himmelsgeschenk. Tanja war höchst selten daheim, aber das änderte nichts an seinen zärtlich besorgten Gefühlen für sie. Trude brauchte Ben, den Sohn, der auch mit zwei Metern Körpergröße und mehr als zwei Zentnern Gewicht noch darauf angewiesen war, daß seine Mutter ihm die Hände und den Hintern wusch. Und Jakob brauchte den Traum, eines Tages einen Hof, der nicht mehr existierte, in junge Hände zu übergeben. Sie ging aufs Gymnasium in Lohberg wie Anita vor Jahren. Studieren wollte sie auch, davon schwärmte sie ihm häufig vor. Agrarwissenschaft. Und tief in seinem Innern hauste die Furcht, daß daraus nichts werden könnte, daß irgendwann irgendwer den Traum zunichte machte.

Seltsamerweise stiegen immer dann ein paar Furchtblasen an die Oberfläche, wenn er Zeuge solcher Umarmungen geworden war. Es war ja beileibe nicht die erste gewesen am Montag morgen. Hin und wieder kam sie heim, erzählte von der Schule, von Onkel Paul und Antonia oder einem Besuch im Kino. Kam Ben dazu, und er kam regelmäßig dazu, grinste sie an, brabbelte Fein, und dabei juckte es ihn in sämtlichen Fingern.

Tanja war ein zierliches Kind, und mit ihren dreizehn Jahren war sie wahrhaftig noch ein Kind. Und Ben, dieser ungehobelte Klotz, ging mit ihr um wie mit einem Mehlsack. Schon hundertmal hatte Jakob gemahnt, den Finger gehoben, die Stimme gestählt und um Vorsicht gebeten. «Nicht so feste, Ben.»

Dann lachte sie. Sie war so unbekümmert, so sorglos und vertrauensselig, so voller Geschwisterliebe, im Gegensatz zu ihren beiden Schwestern, die heute einen noch größeren Bogen um Ben machten als in jungen Jahren. Sie nicht, sie liebte diesen Riesen abgöttisch, hing an seinem Hals, ritt auf seinem Rücken, vielleicht, weil sie es nicht anders kannte.

«Mein Bär», sagte sie. Oder: «Mein Waldmensch.» Und: «Keine Sorge, Papa, wenn er mir weh tut, brülle ich laut, dann hört er sofort auf.» Eines Tages kam das Brüllen vielleicht zu spät. Eines Tages brach ihr der Bär garantiert ein paar Rippen. Und dann gnade ihm Gott.

Natürlich wußte Jakob seit langem, daß Ben seine jüngste Schwester auch dann umarmte, wenn er mit ihr allein war, unbeobachtet von Jakobs argwöhnisch aufmerksamen Augen, draußen auf dem Feldweg. Vielleicht an genau der Stelle, von der aus Marlene Jensen verschwunden war. Die Polizei mochte von der Schuld der beiden jungen Männer überzeugt sein und sie nur aus Mangel an Beweisen laufengelassen haben. Doch inzwischen fragte mehr als einer: «Und wenn sie nicht lügen?»

Der für Teppichböden und Tapeten zuständige Verkäufer im Baumarkt Wilmrod, mit dem Jakob seine Frühstückspause an diesem Freitag verbrachte, fragte es auch. Jakob hatte im Juni den Fehler gemacht, dem

Mann von Bens Zusammentreffen mit Albert Kreßmann und Annette Lässler zu berichten. Natürlich hatte er auch erzählt, wie Paul, Antonia und Trude darüber dachten. Trotzdem!

Kaum saßen sie sich im Aufenthaltsraum gegenüber, brachte der Verkäufer das Thema zur Sprache. Er spekulierte über die wenigen Anwohner in der einsamen Gegend. Der Lässler-Hof, Lukkas Bungalow, Jakobs Anwesen und sonst nur Feld und Wiesen. Nicht einmal eine Beleuchtung auf den Wegen.

«Wenn ich mir vorstelle», sagte der Verkäufer, «wie das arme Ding sich gefühlt haben muß, als die beiden es im Stockfinstern aus dem Auto warfen. Was hättest du gemacht an ihrer Stelle?»

«Ich wäre nach Hause gegangen», sagte Jakob.

Sein Kollege nickte bedächtig. «Und wie weit ist es von diesem Weg bis zur Apotheke?»

Jakob zuckte mit den Achseln. «Kommt drauf an, wo man steht. Von Lukka aus gibt es zwei Möglichkeiten, zurück zur Landstraße und von da ins Dorf. Oder den Weg runter zur Bachstraße.»

«Es ist in jedem Fall ein gutes Stück zu laufen», meinte der Verkäufer. «Aber hast du nicht gesagt, Lässler sei ihr Onkel?»

Jakob nickte.

«Da wird sie eher versucht haben, zu ihm zu gehen.»

«Da hätte sie besser zu Lukka gehen können», sagte Jakob wohlwissend, daß der Anwalt wahrscheinlich nicht daheim gewesen war. Aber da der Verkäufer nur spekulierte, durfte Jakob das auch tun. «Das sind achthundert Meter weniger, und Lukka hat Telefon. Vielleicht hätte er sie sogar heimgefahren. Er kann zwar ihren Vater nicht riechen, aber ihrer Mutter hätte er sicher gerne eine Freude gemacht. Für die hat er sich sogar mal einen Zahn ausschlagen lassen.»

«Und Lukka hat nichts gehört?» fragte sein Kollege.

«Woher soll ich das wissen?» sagte Jakob. «Aber er kann nichts gehört haben, wenn nichts da war. Die haben sie nicht rausgeschmissen.»

«Etwas anderes konnte die Polizei ihnen aber nicht beweisen», meinte der Verkäufer und fügte an: «Vielleicht weiß dein Ben, was mit dem Mädchen passiert ist.»

Jakob kaute auf einem Bissen Brot, spülte ihn mit viel Kaffee hinunter und fragte mit mühsam unterdrückter Wut: «Willst du damit andeuten, Ben hätte dem Mädchen was getan?»

«Quatsch», sagte sein Kollege. «Wenn er so veranlagt wäre, hätte er im Juni dem jungen Kreßmann den Hals umgedreht und sich Lässlers Tochter selbst vorgenommen. Ich dachte nur, vielleicht ist ihm was aufgefallen. Die Scheinwerfer vom Auto müßte man doch weit sehen können. Und wenn er draußen war. Oder war er nicht?»

«Doch», sagte Jakob gedehnt. Er hatte auch den Fehler gemacht, von Bens nächtlichen Streifzügen zu erzählen.

«Man müßte ihn einfach mal fragen, ob er was gesehen hat», meinte der Verkäufer. «Das müßte natürlich ein Fachmann tun. An deiner Stelle würde ich mich da mal drum kümmern. Das wäre doch ein Hammer, Jakob, wenn dein Ben die Sache aufklären könnte. Stell dir mal vor, was die Zeitungen schreiben würden.»

Er ging Jakob entsetzlich auf die Nerven mit seinem Gefasel. Es komme nur darauf an, setzte der Kollege seinen Vortrag fort, die Fragen mit den richtigen Hilfsmitteln zu unterstützen, damit Ben überhaupt erst einmal begreifen könne, was man von ihm wollte. Zuerst müsse man ihm ein Foto von Marlene Jensen zeigen. Wenn sich dann herausstellte, daß er das Mädchen gesehen hatte, müsse man ihn ein Bild malen lassen. Es sei erstaunlich, welch aufschlußreiche Bilder geistig Behinderte zustande brächten. Er habe erst kürzlich einen Artikel darüber gelesen, wie sie ihre Ängste oder etwas anderes in Farben und Formen ausdrückten. Das müßten natürlich Fachleute interpretieren.

Jakob packte das angebissene Brot wieder ein, schraubte die Thermoskanne zu und erhob sich mit dem Hinweis, seine Frühstückspause sei zu Ende, weil er es nicht mehr hören konnte. Aber er hatte es gehört. Und es verfolgte ihn am Vormittag, begleitete ihn in die Mittagspause, schlich am Nachmittag um ihn herum, wie Ben am Bendchen, am Bruch und um Lukkas Bungalow herumschlich.

Ein Bild malen lassen – lächerlich. Allein die Vorstellung, Ben einen Zeichenstift in die mächtigen Pranken zu drücken, nötigte Jakob ein unfrohes Grinsen ab. Er hatte noch nie registriert, was Ben mit den Kartoffeln veranstaltete, für Jakob war das nur sinnlose Schnippelei. Aber ein Foto zeigen ... Sie hatten die Zeitungen mit den Fotos weggeräumt, er ebenso wie Trude. Warum? Nur aus Gewohnheit?

Jakob nahm sich vor, über dieses Warum und diverse Gewohnheiten mit Trude zu reden. Waren sie etwa beide überzeugt gewesen, Ben könne Marlene Jensen anhand der Fotos wiedererkennen? Und wenn er sie wiedererkannt hätte, was wäre daran schlimm gewesen? Er hätte vermutlich Fein gesagt – bei seinem Gedächtnis und der Tatsache, daß er Marlene Jensen im letzten November bei der Hochzeit von Pauls und Antonias ältestem Sohn gesehen hatte. Nicht nur gesehen, Antonia hatte ihm erlaubt, über das Haar ihrer Nichte zu streichen.

Es war Jakob nicht recht gewesen. Einem wie Ben waren von Natur aus Grenzen gezogen. Es war nicht gut, ihm zu zeigen, daß man diese Grenzen in Ausnahmefällen überwinden durfte. Er konnte die Ausnahmen nicht von anderen Fällen unterscheiden.

Antonia hatte gesagt: «Nun hab dich nicht so, Jakob.

Ich bin doch dabei.» Im November – ja. In der Augustnacht dagegen hatte Antonia in ihrem Bett gelegen und
friedlich geschlafen, während ihre Nichte ...

Auch wenn Jakob es nicht denken wollte, er dachte es.
Nur einmal angenommen, Klaus und Eddi sagten die
Wahrheit. Sie hielten ihr Auto an, warfen Marlene raus.
Lukkas Bungalow lag wie ein dunkler, verlassener Klotz
an der Ecke. Und da war der Mais. Für Marlene Jensen
hätte es in der Nacht keinen Grund gegeben, Freundlichkeit zu heucheln. Nur einmal angenommen, sie hätten
Ben eines der Fotos gezeigt, und er hätte gesagt: «Rabenaas.»

Jakob konnte nicht weiterdenken. Der Entschluß, mit
Trude zu reden, lag ihm plötzlich wie ein Stein im Magen.
Ben war zweiundzwanzig Jahre alt. In dem Alter, das
wußte Jakob noch aus eigener Erfahrung, war man nicht
mehr nur auf Freundlichkeit aus. Da juckte es einen
mächtig in der Hose.

Wie sollte Trude das nachvollziehen können? Oder
Sibylle Faßbender, die Konditorin, die nie etwas mit einem
Mann gehabt hatte und für Ben ihre Hand ins Feuer legte?
Oder Antonia, die nie einsehen würde, was sie unter Um-
ständen heraufbeschworen hatte mit ihren lockeren An-
sichten?

Freundschaftsdienst

Als Paul Lässler im Frühjahr 69 seine zehnjährige Verlobung mit Heidemarie von Burg löste, um noch im selben
Monat Antonia Severino zu heiraten, schlug man im
Dorf die Hände über dem Kopf zusammen. Jeder halbwegs vernünftige Mensch mußte sich zwangsläufig fragen, was der an und für sich besonnene, stets ein wenig

phlegmatisch wirkende und nur in seltenen Fällen auf-brausende Paul mit dieser quirligen Italienerin wollte.

Zwar war Antonia lediglich in Italien geboren und schon kurz nach der Geburt mit ihren Eltern nach Loh-berg umgesiedelt. Sie hatte außerdem in all den Jahren auch die Wintermonate in der Stadt verbracht und war insgesamt nur dreimal in ihrem Leben nach Italien ge-reist, aber das änderte nichts an ihrer Nationalität. Und man wußte doch, was für ein heißblütiges und leichtlebi-ges Volk diese Südländer waren.

Hinzu kam der Altersunterschied. Zwanzig Jahre trennten Paul von seiner Frau. Da hätte er sich auch im Kindergarten umsehen können, meinten einige. Darüber hinaus hatte Antonia als Tochter eines Eisdielenbesitzers nichts weiter gelernt, als Eisbällchen zu formen und in Waffeln oder in bunt bedruckte Pappbecher zu drücken. Dabei hatte sie sämtlichen jungen Burschen schöne Au-gen gemacht.

Und auf so was fiel Paul herein. Holte dreimal seine Schwester aus der Eisdiele ab und vergaß von einer Nacht auf die andere sämtliche Verpflichtungen den Eltern und seiner langjährigen Braut gegenüber. Vergaß völlig, daß ein Hof wie der seine eine Frau brauchte, die zupacken konnte und vor keiner Dreckarbeit zurückschreckte. Zu dem Zeitpunkt hatte sein Vater das Anwesen leider schon auf ihn überschrieben, weil Pauls älterer Bruder in Ruß-land gefallen war und das Nesthäkchen Maria nur Flau-sen im Kopf hatte.

Es gab nur wenige im Ort, die Verständnis aufbrach-ten, daß auch einen schwerblütigen und geduldigen Mann einmal die Leidenschaft packen und nicht wieder loslassen konnte. Jakob gehörte zu den wenigen. Er wußte, daß Heidemarie von Burg die Ehe und die damit verbundenen Pflichten scheute wie eine Katze das Wasser.

Mehr als einmal hatte Paul seinem Freund Jakob in

leicht alkoholisiertem Zustand sein Leid geklagt. Ein Spaziergang am Sonntag nachmittag und da, wo es keiner sah, Händchen halten. Abends um neun noch ein brüderlich scheuer Kuß vor der Haustür, mehr war nicht drin bei Heidemarie. Und das nach zehn Jahren, eigentlich nach fünfzehn. Sie waren schon vor der Verlobung fünf Jahre «miteinander gegangen», und mehr hatten sie in den fünf Jahren auch nicht getan.

«Manchmal denke ich», hatte Paul oft gesagt, «sie hat sie sich zunähen lassen. Sei mal ehrlich, Jakob, das kann doch nichts werden auf Dauer.»

Jakob hatte jedesmal zugestimmt.

Auch Heinz Lukka hatte in Ruhpolds Schenke erklärt: Vor die Wahl gestellt, eine pummelige Trockenpflaume gegen einen knackigen Paradiesapfel einzutauschen, hätte er sich ebenso entschieden wie Paul. Innerhalb der eigenen Familie wurde Pauls Wahl anfangs nur von Maria gebilligt. Mit ihren siebzehn Jahren fand sie italienische Eisdielen aufregender als Schweinezucht. Maria erhoffte sich einen Vorteil von der Verschwägerung, und tatsächlich bekam sie bei Besuchen in Lohberg so manchen Eisbecher gratis.

Schon bei der Hochzeit war offensichtlich, warum Paul das Standesamt förmlich gestürmt hatte. Kurz darauf kam Antonia mit Andreas nieder. Und Paul war auch noch stolz auf das erbärmliche Bündel Mensch, das man ihm in den Arm legte.

Niemand rechnete ernsthaft damit, daß der Kleine die erste Woche überlebte. Es gab ein paar Stimmen, die den angeborenen Herzfehler auf göttliche Gerechtigkeit zurückführten. Andere schoben ihn der Nationalität seiner Mutter in die Schuhe. Gerta Franken und Jakobs Mutter überlegten bereits, ob es statthaft sei, dieses Kind, rein rechnerisch ein Kind der Sünde, auf dem hiesigen Gottesacker zu bestatten. Da demonstrierte Andreas Lässler den an seinem Schicksal interessierten Menschen, daß er das italienische Feuer und den Kampfgeist seiner Mutter geerbt hatte. Er überstand die Herzoperation und erholte sich erstaunlich rasch.

Nachdem diese Hürde genommen war, bewies Antonia allen Skeptikern, daß auch die Tochter eines Eisdielenbesitzers wußte, was auf einem Bauernhof getan werden mußte. Ihre Ehe mit Paul war schon vor der Trauung überaus glücklich gewesen, daran änderte sich nach der Hochzeit nichts. Zwei Jahre nach dem ersten kranken gebar Antonia den zweiten kerngesunden Sohn Achim. Vier Jahre später kam die erste Tochter auf die Welt, ebenfalls kerngesund.

Und Antonia verstand sich nicht nur aufs Kinderkriegen. Zwischen der ersten Geburt und der zweiten Schwangerschaft sorgte sie dafür, daß das ältere Wohnhaus gründlich renoviert und die Stallungen modernisiert wurden. Nach Achims Geburt pflegte sie trotz der kleinen Kinder ihre Schwiegermutter mit wahrer Hingabe, als diese wegen eines Krebsleidens bettlägerig wurde. Zusätzlich führte sie an langen Abenden mit ihrem Schwiegervater heftige Streitgespräche, von denen Pauls Vater respektvoll schwärmte: Noch nie habe ihm ein Mensch mit solchem Elan Kontra gegeben.

Im Oktober 81 schenkte Antonia ihrem Paul dann die zweite gesunde Tochter. Das Kind wurde auf den Namen Britta getauft. Und nur eine Woche nach Brittas Geburt bewies Antonia, daß die Tochter eines italienischen Eisdielenbesitzers mehr Herz und Verstand im Leib hatte als jeder halbwegs vernünftige Mensch im Dorf.

Zwei Wochen vor Antonia und vier Wochen zu früh kam Trude nieder, notgedrungen im Ehebett während der Nachtstunden. Aber das Kind wog sechs Pfund, war kräftig und gesund, wie der eilig gerufene Arzt feststellte.

Am nächsten Morgen war Trude schon wieder auf den Beinen. Zwar sorgte Jakob dafür, daß ein Frühstück auf den Tisch kam, doch anschließend mußte er sich um andere Dinge kümmern. Und Ben wollte noch im Schlafanzug in Gerta Frankens Garten, um weiterzugraben.

Freude über die dritte Tochter wollte bei Trude nicht aufkommen. Jakob dagegen war glücklich, wieder nur ein Mädchen, aber rosig und rund, mit kräftigen Lungen und all den Reaktionen, die ein normaler Säugling haben sollte, die Ben nicht gehabt hatte. Jakob gab am Abend in Ruhpolds Schenke eine Lokalrunde und ließ die Anwesenden auf das Wohl seiner jüngsten Tochter anstoßen.

Trude fühlte sich schlapp und schwach, glaubte am Ende der ersten Woche nach der Geburt, nie zuvor so müde gewesen zu sein. Zu dem Zeitpunkt unterbrach Ben seine wüste Graberei.

Trude hatte vergessen, das Schlafzimmer abzuschließen, nachdem sie den Säugling versorgt und wieder hingelegt hatte. Als ob er es gerochen hätte, kam er ins Haus und stieg die Treppe hinauf. Im ersten Moment dachte Trude, er wolle in sein Zimmer. Dann hörte sie das typische Quietschen der Schlafzimmertür und hetzte nach oben. Sie kam gerade noch rechtzeitig. Er hielt das winzige Geschöpf bereits in den Händen, und der kleine Körper schwebte mit nach hinten baumelndem Köpfchen über der Wiege.

Trude riß ihm das Baby aus den Fingern, legte es zurück, hob drohend den Zeigefinger. «Nein, nein! Das ist keine Puppe, das kannst du nicht haben. Finger weg! Hörst du, Finger weg.»

Am Ende der zweiten Woche war Trude überzeugt, daß sie über kurz oder lang in der Mitte auseinanderbrechen würde. Ben wich nicht mehr von ihrer Seite, stand daneben und tatschte mit seinen großen Händen in das winzige Gesicht, wenn sie das Kind stillte. Wenn sie es badete, tauchte er bis zu den Unterarmen mit in die kleine Wanne ein, rieb über Ärmchen, Beinchen, den Bauch und den Po. Und immer wieder über das empfindliche Köpfchen.

Am Ende der dritten Woche kam Antonia auf den Schlösser-Hof. Den eigenen Säugling im Arm, stand sie neben der Wiege in Trudes Schlafzimmer, den Blick nachdenklich auf Ben gerichtet, der mit andächtig erregter Miene und zappeligen Händen am Fußende der Wiege stand und unentwegt Fein murmelte.

Trude war mager, blaß und abgehetzt. «Ich muß das Zimmer ständig abschließen», sagte sie. «Sonst holt er sie raus.»

Sie erzählte, daß er erst zwei Tage zuvor das Baby aus der Küche in den Hühnerstall hatte tragen wollen. Unter den Arm geklemmt wie sonst die Puppen, hatte er es über den Hof geschleppt, als Trude zum Tor laufen mußte, um dem Postboten zu öffnen.

Antonia erkundigte sich zögernd: «Und weggeben willst du ihn nicht?»

Trude schüttelte nur den Kopf. Antonia atmete tief durch, streifte Ben mit einem weiteren nachdenklichen Blick und entschied kurzerhand: «Dann nehme ich das Baby mit. Nur für die erste Zeit. Wenn es dir recht ist.»

Es war Trude recht. In der ersten Zeit ging sie Abend für Abend zum Lässler-Hof, lieferte die Muttermilch ab, freute sich, wie ihr jüngstes Kind wuchs und gedieh, und bedankte sich mit stummen Blicken bei Antonia, die von lauten Dankesbezeugungen nichts wissen wollte.

Jakob besuchte die Lässlers und seine jüngste Tochter jeden Sonntagnachmittag. Als bei Trude die Milch versiegte, übernahm er auch die Abende. Es war der Freundschaft mit Paul nicht abträglich. Was sich durch familiäre Verpflichtungen ein wenig abgekühlt hatte, erwärmte sich wieder.

Sie sprachen über die alten Zeiten und die alten Träume. Sie lachten noch einmal über Heidemarie von Burg und ihre Phobie vor dem Ehebett. Erinnerten sich wehmütig an Heidemaries kleine Schwester Christa. Gedachten mit ernster Miene der jungen Edith Stern und spekulierten, wer sie auf dem Gewissen haben mochte.

Kreßmanns Igor, so sah Jakob es. Igor hatte gelogen damals, dafür mußte es plausible Gründe gegeben haben. Vermutlich hatte er dann auf dem Sterbebett sein Gewissen erleichtern wollen, Werner Ruhpold rufen lassen und ihm gebeichtet. Anschließend war genau das eingetreten, was Jakob und Paul mit ihrem Schweigen hatten verhindern wollen: Werner erhängte sich.

Paul hatte erhebliche Zweifel an dieser Version. Igor war eine Seele von Mensch gewesen. Er hatte nicht mal die Fliegen totgeschlagen, die ihn bei der Feldarbeit belästigt hatten. Daß er sich an Edith Stern vergriffen haben sollte – unvorstellbar. Da nahm Paul eher an, daß Igor damals sobald als möglich zum Bendchen marschiert und zu spät gekommen war. Was er anschließend über Ediths gelungene Flucht erzählt hatte, mußte reine Barmherzigkeit gewesen sein. Nur hatte er dann eben sein Geheimnis nicht mit ins Grab nehmen wollen. Paul tippte auf Wilhelm Ahlsen.

Das konnte Jakob sich nicht vorstellen. Wilhelm Ahlsen hätte Edith draußen kaum den Schädel eingeschlagen. Er hätte sie an den Haaren ins Dorf geschleift und seinen Triumph gefeiert, bevor er sie auf den Weg schickte, den ihre Eltern, Brüder und die Familie Goldheim genommen hatten. Und Werner Ruhpold und Kreßmanns Igor hätte Wilhelm Ahlsen hinterhergeschickt.

Dann schon eher der alte Lukka, meinte Jakob. Wenn Heinz damals entdeckt hatte, warum Werner Ruhpold Proviant mit auf seine langen Spaziergänge nahm, mußte man davon ausgehen, daß Heinz es seinem Vater brühwarm erzählt hatte.

Nur war der alte Lukka nicht der Typ gewesen, der sich die Finger dreckig machte, gab Paul zu bedenken. Der alte Lukka stand lieber dabei und schaute zu, wenn andere das taten, vor allem, wenn es über Frauen herging. Bei seiner Alten hatte er nichts zu melden, da hielt er sich an anderen schadlos. Also hätte der alte Lukka Wilhelm Ahlsen berichtet, daß beim Bendchen noch ein bißchen Arbeit zum Wohle des Führers wartete. Und damit es sich lohnte, hätte er Werner Ruhpold in allen Einzelheiten geschildert, wie es gewesen war.

Blieb der junge Lukka. Und das glaubten sie beide nicht. So jung war Heinz zwar heute nicht mehr, aber damals war er erst sechzehn gewesen. Da war es unwahrscheinlich, daß er allein kurzen Prozeß gemacht haben sollte mit einer erwachsenen Frau. Immerhin war Edith Stern fünfundzwanzig gewesen. Sie hätte sich von so einem Rotzlöffel nichts gefallen lassen. Mutig war Heinz Lukka immer nur gewesen, wenn er als Jungzugführer der Hitlerjugend kleinen Jungs die Hölle heiß machen durfte, weil sie dem Verein nicht beitreten wollten, dies aus Zeitgründen auch gar nicht konnten.

Weißt du noch, wie er uns damals … Dabei war er immer so ein schmächtiges Kerlchen. Aber zu der Zeit kam es mehr auf die große Klappe an.

Und weißt du noch, wie er erwischt wurde, als er Sibylle Faßbender samstags beim Baden beobachtete? Ausgerechnet in der Waschküche der von Burgs. Da verkehrte Sibylle ja noch regelmäßig, obwohl die kleine Christa längst an ihrer Lungenentzündung gestorben war.

Und weißt du noch, wie der alte von Burg ihm anschließend mit dem Gürtel den nackten Hintern … War das nicht auch um die Zeit? Eine knappe Woche bevor wir Edith gefunden haben. Ja, das kommt hin.

Weißt du auch noch, wie der alte Lukka Zeter und Mordio schrie und dem alten von Burg mit der Gestapo drohte? Als ob die damals nichts Besseres zu tun gehabt hätten. Und wie Wilhelm Ahlsen verlangte, daß der alte von Burg sich öffentlich entschuldigte sonntags morgens nach dem Hochamt. Und wie der alte von Burg dann diese großartige Rede hielt:

Man müsse dem Untergang des Reiches vorbeugen, indem man den Verfall der guten Sitten verhinderte und auf die Moral der deutschen Jungmänner achtete. Daß sie sich von ihrer Bestimmung nicht ablenken ließen durch verdorbene Gedanken. Daß sie ihre Kraft für den Kampf zum Wohle des Führers aufsparten, damit nicht am Ende die Feinde des deutschen Volkes triumphierten und der Sieg denen zuteil wurde, die teuer dafür zahlen mußten und ihn verdient hatten.

Er war nicht auf den Mund gefallen, der alte von Burg. Da mußte man schon ganz genau hinhören, um zu begreifen, was er sagte. Wilhelm Ahlsen kochte vor Wut und mußte ihm auch noch recht geben.

Diese Abende waren für Jakob fast eine heilige Messe. Die jüngste Tochter im Arm, den Freund gegenüber, Erinnerungen und Befürchtungen. Einmal erwähnte Jakob, daß er auf der einen Seite wirklich dankbar für das kleine Mädchen sei. Und nur am Rande ließ er durchblicken, daß er auch nichts gegen einen zweiten Sohn einzuwenden gehabt hätte.

«Ich kann dir nachfühlen, wie das ist», sagte Paul voller Anteilnahme.

Jakob schaute ihn lange an und schüttelte den Kopf. «Das kannst du nicht. Du weißt heute, für wen du dich abrackerst. Und wenn wir zwanzig Jahre weiter sind, mußt du dir keine Sorgen mehr machen. Bei mir fangen die Sorgen dann erst richtig an. Was soll aus Ben werden, wenn wir nicht mehr können?»

Jakob erzählte von Trudes Ängsten, wie sie sich aufrieb für Ben, daß die anderen zwangsläufig zu kurz kamen. Gut, die beiden Großen gingen schon ihrer Wege. Aber das Kleine ... Wie in Gedanken versunken meinte Jakob: «Über kurz oder lang wär's ihr bei uns vielleicht ergangen wie den Puppen.»

«Unsinn», widersprach Paul. «Du glaubst doch nicht im Ernst, daß er nicht unterscheiden kann zwischen einem Menschen und einem Spielzeug. Jakob, mach dich nicht verrückt. Er ist ein Schaf. Antonia sagt es jedesmal, er ist durch und durch gutmütig.»

25. August 1995

Um halb sieben drückte der Entschluß, mit Trude über die Zeitungen und alles andere zu reden, wie ein Zentnerstein in Jakobs Nacken. Im Hinterkopf hörte er Pauls Stimme noch einmal: «Antonia sagt es jedesmal.»

Andere sagten es auch häufig. Trude natürlich und Sibylle Faßbender. Hilde Petzhold hatte es früher gesagt. Illa von Burg sagte es heute noch. Hatten Frauen das feinere Gespür für das Wesen eines Menschen? Aber sein Kollege im Baumarkt, der Ben überhaupt nicht kannte, der nur wußte, was Jakob bisher erzählt hatte, war der gleichen Meinung.

Jakob hätte vor Scham im Boden versinken mögen. Dem eigenen Sohn zuzutrauen, was ihm durch den Kopf ging, wo er noch am Sonntag so friedlich mit ihm durchs Feld gelaufen war. Es ließ tief blicken, wenn ein Vater auf solch eine Idee kam, nur weil zwei Fremde die Wahrheit leugneten.

Als Jakob zu seinem Wagen ging, war es sieben Uhr. Er war noch nicht soweit, um heimzufahren, Trude gegenüberzutreten, ihr ins Gesicht zu schauen und zu sagen: «Wir müssen mal reden.» Natürlich mußten sie einmal in Ruhe reden. Aber er brauchte ein wenig Zeit, alles noch einmal zu überdenken.

Er fuhr zu Ruhpolds Schenke, bestellte sich ein Bier und ließ sich von Werner Ruhpolds Vetter Wolfgang das Telefon über den Tresen reichen. Dann rief er Trude an und sagte Bescheid, daß sie nicht mit dem Essen auf ihn warten solle, es könne etwas später werden. Anschließend bestellte er noch ein Bier, und während er es trank, grübelte er über Trudes Reaktion nach.

Sie war nicht erstaunt gewesen, hatte nicht gefragt, was er um diese Zeit in Ruhpolds Schenke zu suchen habe. Wo er seit Jahren nur noch selten und freitags ganz bestimmt nicht dorthin ging, weil dann die Schützenbrüder ihre Versammlungen abhielten. Davon kein Wort. So kleinlaut und geistesabwesend wie die ganze Woche schon hatte sie gesagt: «Ist gut.» Und sonst nichts.

Ruhpolds Schenke war an diesem Abend gut besucht, am Tresen stand einer neben dem anderen. Drei Mitglieder vom Schützenverein waren bereits da, standen aber am anderen Ende der Theke und warteten auf den Rest, um gemeinsam in den Versammlungsraum zu gehen. Jakob kümmerte sich nicht um sie, starrte auf seinen Bierfilz, sah im Geist ein Einweckglas voller Schimmel und Dreck – und einen Fetzen Stoff.

Das war es. Nur das. Er hatte es bisher verleugnet und wußte das nur zu gut. Es waren nicht allein die Zeitungen und Bens Gebaren am Montag morgen. Es war dieser Fetzen, der ihn beunruhigte. Es war die Eile, mit der er das Einweckglas zugekippt hatte. Nur nicht nachschauen, nur den Dingen nicht auf den Grund gehen und sich den Frieden nicht durcheinanderrütteln lassen.

Im Speisezimmer, das neben dem Schankraum lag, waren sechs Tische besetzt. Die Doppeltür stand weit offen, die Bedienung lief hin und her. Um sich abzulenken, schaute Jakob ihr eine Weile zu, betrachtete die Fleischplatten und Gemüseschüsseln, die sie nach nebenan schleppte. Außer den paar Bissen Frühstücksbrot hatte er den ganzen Tag nichts zu sich genommen. Er war auch nicht hungrig, sein Magen war randvoll mit unbewußten Ängsten und schwerwiegenden Vermutungen.

Ebenso gut wie sein eigenes Verhalten konnte er Trudes Reaktionen beurteilen. Nur zu genau wußte er, daß sie ihm in all den Jahren die Hälfte verschwiegen hatte, mehr als die Hälfte und immer das, was er als Vater unbedingt hätte wissen müssen. Wenn Trude etwas Gravierendes verschwieg, war sie immer so kleinlaut und geistesabwesend wie die ganze Woche schon und vorhin am Telefon.

Dann war er darauf angewiesen, daß Richard Kreßmann, Paul Lässler, Bruno Kleu oder Toni von Burg einen Ton verlauten ließen. Früher war das oft der Fall gewesen. Vorausgesetzt, Ben hatte sich im Dorf, wo es Zeugen gab, danebenbenommen. Dann hatten es meist die Frauen erfahren und ihren Männern berichtet.

Manchmal hatte dann Richard Kreßmann gesagt: «Es geht mich zwar nichts an, Jakob, ich hab ja auch genug zu tun mit meinem dämlichen Hund. Aber Thea hat mir erzählt ...»

Oder Bruno Kleu hatte ihm mit vielsagendem Grinsen auf die Schulter getippt und gefragt: «Trägt Trude im Bett eigentlich einen Stahlhelm? Ich meine, sie müßte ja sonst ständig Kopfschmerzen haben, wenn du ihr beim Vorspiel immer auf den Schädel haust. An deiner Stelle würde ich das Schlafzimmer abschließen, Jakob. Man kann's nämlich auch übertreiben mit der Aufklärung. Ben hat gestern wieder demonstriert, wie es bei euch zugeht. Sieht so aus, als wächst mir da eine echte Konkurrenz heran. Aber wenn er jetzt schon reihenweise Puppen vögelt, da frage ich mich, wie es hier in zwanzig Jahren um den Grips der nachwachsenden Bevölkerung bestellt ist.»

Oder Toni von Burg hatte ihn zur Seite genommen: «Ich gebe dir einen guten Rat, Jakob, und ich hoffe, daß du ihn befolgst. Stopf dem Volk das Maul, bevor es deinem Sohn so ergeht wie meiner Schwester. Hier gibt es noch genug, die von gestern sind.»

Und ganz selten hatte Paul ihm die Hand auf die Schulter gelegt und gesagt: «Paß ein bißchen auf, Jakob. Es wird wieder Blödsinn erzählt.»

Aber jetzt wohnten sie draußen, Jakob fuhr den Gabelstapler, sah die Männer nur noch selten. Und Ben trieb sich nicht mehr im Dorf herum.

Irgendwas ist wieder, dachte Jakob, bestellte noch ein Bier und sprach ein paar Worte mit Wolfgang Ruhpold. Er war ungefähr in seinem Alter, sie kamen gut miteinander aus, obwohl Jakob nicht zu den Stammgästen zählte. Zuerst sprachen sie allgemein über den angekündigten Wetterumschwung, auf den Richard Kreßmann, Bruno Kleu, Toni von Burg und Paul Lässler große Hoffnungen setzten. Dann erkundigte sich Jakob so beiläufig wie möglich: «Was hört man denn an Neuigkeiten?»

Wolfgang Ruhpold hob vielsagend die Achseln. Man hörte eine Menge, wenn man täglich zehn oder zwölf Stunden hinter einem Tresen stand. Und es war eine Menge dabei, womit man sich den Mund verbrennen konnte.

Vor zwei Tagen erst hatte Heinz Lukka gesagt: «Allmählich geht mir das Treiben vor meiner Haustür auf den Geist. Am Wochenende bekomme ich kaum ein Auge zu. Ich hätte nicht übel Lust, von Samstag nachmittag bis Montag früh den Zufahrtsweg an der Landstraße zu verbarrikadieren. Vielleicht reicht es schon, einen großen, kräftigen Mann mit einem Fernglas und einem Spaten an der Stelle zu postieren oder Streife gehen zu lassen.»

Toni von Burg stand dabei und lächelte dünn. Toni kam nicht mehr oft, es ging ihm gesundheitlich nicht gut. Wenn er kam, trank er sein Bier, meist ohne ein überflüssiges Wort zu verlieren. Toni war immer einer von den Stillen gewesen. Aber am Mittwoch konnte er sich einen Kommentar nicht verkneifen. «Komisch, Heinz erzählt doch immer, daß er seine Augen am Wochenende anderswo zumacht. Wenn er nicht daheim ist, was stört ihn dann, wenn die jungen Leute sich im Feld amüsieren?»

Wolfgang Ruhpold kam nicht dazu, auf Tonis Bemerkung einzugehen, weil Richard Kreßmann, der neben Lukka stand, plötzlich lospolterte. Richard hatte zu dem Zeitpunkt etliche Bier und ein paar Steinhäger zuviel. Deshalb brauchte er etwas länger, ehe der Groschen bei ihm fiel. Und wie immer, wenn er stark angetrunken war, wurde er so laut, daß alle Anwesenden zusammenzuckten.

«Willst du den Bock zum Gärtner machen?» schrie er Heinz Lukka an. «Ich könnte mir vorstellen, daß es dir auch noch Spaß macht, wenn der Idiot ein paar Weiber auseinandernimmt. Das mußt du von deinem Alten haben. Hast du eine Ahnung, was Albert für eine Mühe hatte, ihn von Annette wegzukriegen? Was bin ich froh, daß ich den Jungen hab Karate lernen lassen, sonst wär das nicht so glimpflich abgegangen.»

Heinz Lukka tippte sich an die Stirn. Den Hinweis auf die besonderen Neigungen seines Vaters überhörte er geflissentlich. «Karate?» meinte er und lachte amüsiert. «Wenn Ben gewollt hätte, hätte er dein Würstchen in der Luft zerrissen, ehe Albert auch nur hätte piep sagen können. Oder sagt man bei Karate nicht piep? Ich kenne mich nicht aus mit dem Gefuchtele. Dafür kenne ich Ben um so besser. Wenn du von Idioten sprichst, pack dich an deine Nase, da erwischst du den richtigen. Vermutlich hat Ben inzwischen mehr Grips im Kopf als du. Dein Verstand ist doch längst abgesoffen. Wenn Ben etwas heftiger geworden ist, was ich mir nicht vorstellen kann, aber wenn, ging es ihm nur darum, Pauls Tochter aus den Klauen eines Volltrottels zu befreien.»

«Volltrottel?» brüllte Richard Kreßmann. Obwohl er seinen Sohn auch schon mal in ähnlicher Weise bezeichnete, regte es ihn auf, derartiges aus dem Mund eines anderen zu hören. «Überleg dir, was du sagst, sonst überleg ich mir, wen ich mit meinen Interessen beauftrage. Du bist nicht der einzige Anwalt in der Umgebung. Es gibt noch ein paar, und denen kannst du nicht das Wasser reichen.»

«Ich habe nicht vor, mich für irgend jemanden zum Wasserträger zu machen», meinte Heinz Lukka gelassen. «Wenn du glaubst, daß ein anderer dich durch den Idiotentest bringt und dir den Führerschein zurückholt, mach einen Versuch. Es ist dein Geld.»

«Richtig», sagte Richard. «Es ist mein Geld. Und es war mein Sohn, der angegriffen wurde. Ich weiß, daß du für den blöden Hund auf die Barrikaden gehst. Aber eins sag ich dir: Wenn so etwas noch mal vorkommt, weiß ich, was ich zu tun habe. Es ist eine Schande, daß die den so laufen lassen, das muß verboten werden. Ich halte jede Wette, er war auch unterwegs, als Erichs Tochter unter die Räder kam. Und was er tut, wenn ihm ein Mädchen allein über den Weg läuft, stell ich mir lieber nicht vor. Der weiß, was er in der Hose hat. Und bei seinen Kräften bleibt es nicht bei ein paar blauen Flecken.»

«Was er in der Hose hat, weiß dein Sohn vermutlich besser», hielt Heinz Lukka dagegen. «An deiner Stelle würde ich nicht so große Töne spucken. Sonst kommt noch einer auf den Gedanken, ein ernstes Wort mit deinem Albert zu sprechen. Ich bin bestimmt nicht der einzige, dem er erzählt hat, mit Erichs Tochter würde er gerne mal Verstecken spielen. Er hat mir auch erzählt, das wäre nicht in deinem Sinne, dir wäre ein Viertel vom Lässler-Hof lieber als die Apotheke. Das kommt davon, wenn die Alten sich einmischen und den Jungen Vorschriften machen, mit wem sie dürfen und mit wem nicht.»

«Was soll das heißen?» brüllte Richard Kreßmann. «Willst du etwa behaupten, mein Sohn hätte ...»

«Ich behaupte gar nichts», sagte Heinz Lukka. «Aber denk mal daran, was Bruno mit Maria anstellen wollte, als Paul ihm den Umgang mit seiner Schwester verbot. Wenn so ein Junge sich etwas in den Kopf gesetzt hat, kann es durchaus Scherben geben, wenn er es nicht bekommt.»

Den Streit zwischen Richard Kreßmann und Heinz Lukka sowie die Bemerkung von Toni von Burg verschwieg Wolfgang Ruhpold. Er wußte, daß Jakob Richard für seinen Freund und Heinz für seinen Feind hielt und nie auf den Gedanken gekommen wäre, es könnte umgekehrt sein. Es gab keinen Grund, ihn darauf hinzuweisen und ihm unnötig das Herz schwer zu machen mit den blödsinnigen Behauptungen eines Volltrunkenen. Und außer Richard Kreßmann hatte bisher kein Mensch Ben in Zusammenhang mit Marlene Jensen gebracht. Da war ein anderer im Gespräch. Und davon durfte Jakob getrost erfahren, er gehörte nicht zu denen, die Gerüchte weitertrugen.

Jakob hörte zu und war versucht, den Kopf zu schütteln. Dieter Kleu in Verdacht! Auf den wäre er nie gekommen. Daß ein junger Mann bis über beide Ohren in ein Mädchen verliebt war und alle Hebel in Bewegung setzte, es für sich zu gewinnen, war kein Verbrechen. Daß Dieter durch persönlichen Einsatz der Polizei zur Festnahme von Klaus und Eddi verholfen hatte; die Beamten in Lohberg waren ihm so dankbar gewesen, daß sie über den fehlenden Führerschein bei der Verfolgungsjagd hinweggesehen und es bei einer Ermahnung belassen hatten. Ein Zeitungsredakteur hatte Dieter sogar auf die Schulter geklopft, weil er ohne Rücksicht auf die eigene Person zur Polizeiwache gefahren war.

Im Dorf machte man sich eigene Gedanken. Wolfgang Ruhpold schloß sich da nicht aus. Ihm waren ein paar Widersprüche im Verhalten Dieter Kleus aufgefallen. Da war einmal die Sache mit dem Autokennzeichen. Daß Dieter keinen Blick darauf geworfen haben sollte, als Marlene Jensen in den Wagen von Klaus und Eddi stieg, hielt Wolfgang Ruhpold für unwahrscheinlich. Und dann mußte man sich fragen, warum Dieter es der Polizei nicht sofort genannt hatte. Da hätte man Klaus und Eddi doch gleich an dem Sonntag, als Maria Jensen das leere Bett ihrer Tochter entdeckte, ein paar Fragen stellen können.

Statt dessen legte sich Dieter beim «da capo» auf die Lauer. Was hatte er sich davon versprochen? Er konnte nicht allen Ernstes geglaubt haben, Klaus und Eddi ließen sich noch einmal in der Diskothek blicken, wenn sie Marlene tatsächlich umgebracht hätten. Da sollte man eher annehmen, Dieter wußte, wie es ablief bei den beiden. Daß sie sich nur amüsieren wollten und bei Widerstand mal kurz die Autotür öffneten. Und wenn er das wußte, mußte man sich fragen, woher.

Das war aber noch nicht alles. Was hatte Dieter getan, nachdem er der Polizei zur Festnahme von Klaus und Eddi verholfen hatte? Ein junger Bursche, der im Prinzip nichts für sich behalten konnte, protzte er etwa mit seinem Heldenstück? Nein, im Gegenteil.

«Er kam zum Frühschoppen», sagte Wolfgang Ruhpold mit gedämpfter Stimme. «Stand vor dem Tresen, hat ein paar Bierchen gekippt und war keineswegs in Siegerlaune. Die beiden Kerle saßen zu dem Zeitpunkt längst im Verhör, draußen war seit Stunden die Suche im Gange. Er wußte, warum. Aber er hat nicht mal mit Bruno oder

Renate darüber gesprochen. Die beiden sind aus allen Wolken gefallen, als sie erfuhren, was er sich geleistet hatte. Und jetzt frag ich dich, Jakob, ganz unter uns und im Vertrauen: Benimmt sich so ein Mensch, der ein reines Gewissen hat?»

Jakob zuckte mit den Schultern. «Na, ich weiß nicht. Wärst du in Siegerlaune gewesen, wenn man dir ein Mädchen vor der Nase weggeschnappt hätte und es nicht wieder auftaucht?»

Wolfgang Ruhpold wiegte bedächtig den Kopf und sprach leise weiter von dem Verdacht, der sich aufgebaut, den Bruno am Sonntag vor dem Café Rüttgers mit einem Schlag ins Gesicht seiner Frau noch untermauert hatte. Gesehen hatten es einige, gehört, worum es ging, niemand. Aber vorher war es um Dieter gegangen. Und den hatte man die ganze Woche nicht im Dorf gesehen.

«Ist doch komisch, oder?» fragte Wolfgang Ruhpold. «Er ist normalerweise immer sonntags beim Frühschoppen. Die Versammlung der Schützenbrüder läßt er sich auch nicht entgehen. Aber nachdem das Jensen-Mädchen weg war, hat er sich nirgendwo blicken lassen. Und letzten Sonntag, also seinem Gesicht nach zu urteilen, Jakob, hatte er Tage vorher eine handfeste Auseinandersetzung gehabt. War nicht mehr viel zu sehen, aber für so was habe ich einen Blick.»

Auch ohne all die Verdachtsmomente hätte Wolfgang Ruhpold Dieter Kleu den Vorzug gegeben vor Ben. Er kannte beide. Ab und zu erschien Jakob am Sonntag abend, wenn er mit seinem Sohn durch die Felder gelaufen war, auf ein Bier. Dann stand Ben vor dem Tresen, nuckelte mit verklärter Miene an der Cola, die Jakob für ihn bestellte, kicherte verschmitzt, wenn ihm die Kohlensäurebläschen in die Nase stiegen. Friedfertig wie ein Cherub neben Gottes Thron, fand Wolfgang Ruhpold.

Dagegen war Dieter Kleu ein Aas. Er schlug ganz nach

seinem Vater, der es in jungen Jahren übel getrieben hatte und auch heute noch mit Vorsicht zu genießen war. Wolfgang Ruhpold war zwar erst nach dem Freitod seines Vetters ins Dorf gezogen, trotzdem wußte er längst, daß Bruno Kleu im Oktober 69 beinahe Marlene Jensens Mutter vergewaltigt und im August 80 eine junge Artistin gewaltsam zu Zärtlichkeiten überredet und anschließend zum Schweigen gebracht haben sollte.

Wer wollte die Hand ins Feuer legen, daß Dieter nicht ähnliche Methoden anwandte wie sein Vater? Wer wollte ausschließen, daß Dieter Kleu nicht schon in der Nacht hinter Klaus, Eddi und Marlene Jensen hergefahren war, daß er Marlene aufgelesen hatte wie eine Woche später Karola Jünger? Dieter mochte sich eingebildet haben, als Held dazustehen und als Dank für die Rettung ans Ziel seiner Wünsche gelassen zu werden. Als Marlene ihm immer noch die kalte Schulter zeigte, nahm er sich mit Gewalt, was er haben wollte, und versuchte anschließend, es Klaus und Eddi in die Schuhe zu schieben. Und das hatte er auf eine verdammt raffinierte Weise getan.

«Was sagt denn die Polizei dazu?» fragte Jakob.

Das wußte Wolfgang Ruhpold nicht. Er ging davon aus, daß der Polizei bisher nichts zu Ohren gekommen war. Über Dieter Kleu wurde nur hinter vorgehaltener Hand gesprochen. Es wollte sich keiner den Mund verbrennen und einen möglicherweise doch Unschuldigen in die Klemme bringen. Es wollte sich auch niemand mit Bruno anlegen. Es war ja nur ein Gerücht.

Ebenso kursierten Gerüchte über Albert Kreßmann. Daß Albert in der bewußten Nacht zuerst Annette Lässler heimgebracht hatte und dann zurück nach Lohberg gefahren war, wußte inzwischen jeder im Ort. Dafür hatte Thea gesorgt. Und Heinz Lukka war tatsächlich nicht der einzige, dem Albert erzählt hatte, er würde gerne einmal mit Annettes Cousinchen Verstecken spielen.

«Zeitlich käme es hin», meinte Wolfgang Ruhpold. «Albert war noch hier in der Nacht, so gegen halb eins. Am Wochenende nimmt er Richard ja meist mit, wenn er aus Lohberg zurückkommt. Aber an dem Samstag hatte er keine Zeit, hat nur kurz reingeschaut und gesagt, Richard soll sich ein Taxi nehmen, er hätte noch was zu erledigen.»

Wolfgang Ruhpold grinste vielsagend und wiederholte bedeutungsschwer: «Was zu erledigen. Bis zur Diskothek hat er keine zehn Minuten gebraucht. Er hat aber behauptet, er wäre erst kurz nach eins dagewesen und hätte Erichs Tochter nicht mehr gesehen. Komischerweise hat man ihn aber mit ihr gesehen. Toni von Burgs Jüngster, wie heißt er noch gleich?»

«Winfried», sagte Jakob.

«Genau», bestätigte Wolfgang Ruhpold. «Winfried von Burg war nämlich auch in der Diskothek. Er hat gesehen, daß Albert reinkam und noch mit Erichs Tochter gesprochen hat. Aber nur ganz kurz. Sie ist dann raus mit den beiden Männern aus Lohberg. Und ein paar Sekunden später war auch Albert wieder verschwunden.»

«Und was denkst du?» fragte Jakob.

Wolfgang Ruhpold hob die Achseln. «Was soll man denken? Wenn Dieter es war, läuft er frei rum. Wenn Albert mit ihr Verstecken gespielt hat, hat er sie gut versteckt. Gefunden hat man ja nichts. Das denke ich.»

Und Jakob dachte in einem erneuten Anflug von Depression, wenn Dieter es nicht war und Albert nicht und Klaus und Eddi auch nicht, läuft ein anderer frei rum. Nacht für Nacht. Und wenn das einer ist, der sich nicht unter Kontrolle hat, wird er es wieder tun, sobald sich ihm die Gelegenheit bietet. Und Ben ... Wenn es darum ging, etwas zu verstecken, war er vermutlich um Längen besser als Albert Kreßmann.

Irgendwas ist wieder, dachte Jakob, Trude ist seit Tagen so komisch. So ist sie immer, wenn irgendwas ist. Und wenn man etwas sagt, wird sie zur Furie. Sie läßt nichts auf ihn kommen. Aber weiß sie denn genau, was er da draußen treibt? Das kann sie nicht wissen.

Es wurde Jakob nicht bewußt, daß er nickte. Wolfgang Ruhpold sah darin eine Bestätigung seiner Gedanken und wandte sich einem anderen Gast zu. Und Jakob sah einen schmutzigen, ehemals vielleicht hellblauen Fetzen, der Teil einer Mädchenjacke gewesen sein mochte, zwischen winzigen, grauweißen Knochen und schimmelnden Kartoffelstücken in seinem Bier schwimmen.

Als er das Glas angeekelt fortschob und den Kopf hob, sah er im Spiegel hinter dem Tresen die morgendliche Begrüßungsszene im freien Feld. Sie war nicht korrekt, entsprach mehr seiner Wunschvorstellung. Ein sanft lächelnder Ben breitete die Arme aus, und seine strahlende kleine Schwester stürzte sich mit einem übermütigen Freudenschrei hinein.

Dann wurde es dunkel im Spiegel. Unter dem Nachthimmel lief auf dem gottverlassenen Feldweg ein junges Mädchen mit dem Gesicht einer Paradepuppe. Und ein blöde grinsender Riese mit Fäusten wie Schmiedehämmer und einem Klappspaten am Taillenriemen näherte sich ihr. In harmloser, gutmütiger Absicht. Doch das Mädchen war nicht die kleine Schwester, es ließ sich nicht ohne Gegenwehr durch die Luft wirbeln. Es schrie nicht vor Freude. Das erschreckte den Riesen, es machte ihm angst. Er wußte, daß er die Mädchen nicht anfassen durfte, daß er bestraft wurde, wenn er es tat. Er wollte nicht, daß jemand aufmerksam wurde, wollte nur, daß das Schreien verstummte. Und wenn er etwas gelernt hatte in seinem Leben, dann vermutlich, eine Puppe so zu vergraben, daß kein Fetzen von ihr gefunden wurde.

Jakob schüttelte sich bei dem Gedanken, so könnte es gewesen sein. Und darüber konnte er mit Trude nicht reden. Nicht über den Fetzen im Einweckglas. Nicht über die Tatsache, daß Ben eben anders war. Daß er den Küken die Gurgeln nur aus einem Grund abgedrückt hatte: um ein bißchen Zärtlichkeit. Und Trude fand, das stand ihm zu.

Wolfgang Ruhpold tauschte das Bier gegen ein frisches und durchtrennte Jakobs Gedankenfaden für kurze Zeit, als er sagte: «Du könntest mir einen Gefallen tun, Jakob. Wenn du heimfährst, kannst du jemanden mitnehmen.»

Er deutete zum Speisezimmer hinüber. Jakob folgte dem Wink, schaute sich die Gesichter an den Tischen der Reihe nach an und stieß auf ein unbekanntes. Eine junge Frau Anfang Zwanzig.

«Sie hat sich nach Werner erkundigt», erklärte Wolfgang Ruhpold, «und eine Menge Fragen über Lukka gestellt. Aber daß ich die Kneipe übernommen habe, heißt ja nicht, daß ich in Werners Geheimnisse eingeweiht bin. Und was Lukka früher getrieben hat, weiß ich nun wirklich nicht. Jetzt will sie unbedingt raus zu ihm. Das ist ein Stück zu laufen und zur Zeit vielleicht nicht ganz ungefährlich. Ich hab ein komisches Gefühl und wäre ruhiger, wenn du sie mitnimmst. Sonst kommt Lukka schon mal freitags abends. Ausgerechnet heute ist er nicht da.»

Da waren die Enden des Gedankenfadens wieder miteinander verknüpft. Ein komisches Gefühl. Jakob hatte auch eins. Und das war nicht nur komisch. Es juckte und stach wie ein giftiger Dorn im Innern.

Er nickte noch einmal und musterte die junge Frau verstohlen. Neben ihrem Stuhl stand ein großer Rucksack aus blauem Perlonstoff, über der Stuhllehne hing eine bunte Wetterjacke. Sie trug ihr dunkles Haar kurz geschnitten wie ein Mann. Die karierte Bluse und die Jeans verstärkten ihr burschikoses Aussehen noch. Doch das Gesicht war zart geschnitten. Es erinnerte Jakob an jemanden. Nur wußte er nicht, an wen.

«Kennst du sie?» fragte Jakob.

Wolfgang Ruhpold schüttelte den Kopf. «Sie ist nicht von hier. Hat einen merkwürdigen Akzent. Bevor du kamst, dachte ich noch, wenn so eine verschwindet, da kräht kein Hahn danach. Ich sag ihr Bescheid, daß du sie mitnimmst.»

Es ging dann alles sehr schnell. Ehe Jakob sich versah, verstaute er den Rucksack und die Wetterjacke im Kofferraum, schaute der jungen Frau beim Einsteigen zu und setzte sich neben sie. Er ließ den alten Mercedes äußerst vorsichtig vom Parkplatz rollen. Jetzt spürte er die vier Bier doch gewaltig, und zusätzlich beschäftigten ihn die Neuigkeiten.

Dieter Kleu in Verdacht – und Albert Kreßmann. Was Trude wohl dazu sagen würde? Vermutlich beruhigte es sie. Und dann mußte sich ein Ansatzpunkt für ein vernünftiges Gespräch finden lassen.

Sein Kopf schien mit Watte gefüllt, nur im Magen war es wohlig warm, und die Zunge ging ein wenig leichter als sonst. Es war nicht seine Art, Fremden neugierige Fragen zu stellen. Aber er wurde das Gefühl nicht los, die junge Frau schon einmal gesehen zu haben. Und als sie zu reden anfing, sich erkundigte, ob er Heinz Lukka kenne und ihr ein wenig über den Rechtsanwalt erzählen könne, gefiel ihm die harte und irgendwie singende Sprechweise so gut, daß er ein bißchen mehr davon hören wollte. Auch brachte ihn das zumindest vorübergehend auf andere Gedanken.

Als der Anfang gemacht war, erwies sich die junge Frau als unterhaltsam und informativ. Jakob stellte eine Frage nach der anderen. Wo sie herkomme? Ob sie Lukka überhaupt nicht kenne? Was sie denn um die Zeit von einem ihr wildfremden Menschen wolle? Warum sie Lukka nicht in seiner Kanzlei in Lohberg aufsuche? Das sei doch nicht so umständlich gewesen wie der Weg ins Dorf und zu seinem Bungalow.

Statt ihm auf der Stelle zu antworten, schaute sie ihn mit einem prüfenden Blick von der Seite an und erkundigte sich nach seinem Alter.

«Dreiundsechzig bin ich», sagte Jakob.

Und sie stellte fest, da habe er ja die schlimme Zeit miterlebt. Dann wollte sie wissen, ob er in dem Dorf geboren sei und sich an den Namen Stern erinnere.

Trotz der vier Bier auf fast nüchternen Magen, trotz des inneren Zwiespalts, der Verdachtsmomente gegen den eigenen Sohn, gegen Trude und sich selbst funkte es augenblicklich. Jakobs Kopf flog zur Seite, daß er fast das Steuer verriß, seine Augen tasteten das Profil ab, und tatsächlich, das war sie: Edith Stern, von den Toten auferstanden.

«Ich glaub nicht an Gespenster», murmelte er.

Die junge Frau lachte. Es war ein helles, singendes Lachen, das ihm ebenso gefiel wie ihre kuriose Sprechweise. Sie war kein Geist, es hatte alles eine vernünftige Erklärung. Sie war die Enkelin einer Cousine von Edith Stern und trug zum Andenken deren Namen, sprach ihn aber anders aus. In Jakobs Ohren klang es wie Idis.

Ihre Großmutter war schon Mitte der dreißiger Jahre, als sich die neue Gesinnung im Land abzeichnete, in die USA ausgewandert. Ihr Vater war später in die alte Heimat Israel umgesiedelt. Sie selbst war vor zwei Jahren zurückgekehrt nach Idaho, weil ihr das Leben im Kibbuz und die Palästinenserpolitik der israelischen Regierung nicht behagten. «Sie sollten es besser wissen», meinte sie und erzählte weiter.

Ihre Großmutter war vor drei Monaten gestorben und hatte ein Päckchen Briefe hinterlassen. Der Absender hieß Werner Ruhpold. Er hatte sich in regelmäßigen Abständen erkundigt, ob man in Idaho immer noch nichts von seiner geliebten Edith gehört habe. Werner Ruhpolds letzter Brief war auf März 81 datiert. Er mußte ihn geschrieben und zum nächsten Briefkasten gebracht haben, kurz bevor er mit einem Strick in der Hand auf den Dachboden seiner Schenke stieg.

Nachdem Edith Stern das erklärt hatte, redete sie wie ein Wasserfall. Jakob hatte in seinem wattierten Schädel Mühe, ihr zu folgen. Er fuhr langsam und mit verbissener Konzentration, damit ihm kein Wort entging, wo er doch mit Paul Lässler so häufig spekuliert hatte, wer es gewesen sein könnte.

Kreßmanns Igor! Seinen richtigen Namen konnte kein Mensch aussprechen, so daß jeder von ihm sprach wie von Lukkas Hund oder Kleus Zuchtbullen, aber so war es nie gemeint gewesen. Jakob war mit seinem Verdacht immer wieder bei Igor angekommen, aber Paul hatte es nie geglaubt. Und Paul hatte richtig gelegen mit seiner Einschätzung des gutmütigen Russen. Igor war kein Mörder, auch wenn er sich in seinem letzten Gespräch mit Werner Ruhpold so bezeichnet hatte.

Ein Zeuge war Igor gewesen, wie Paul es vermutet hatte. Igor hatte Edith aus dem Erdloch holen und in Absprache mit Richards Mutter auf den Kreßmann-Hof bringen wollen. Da wäre Platz genug gewesen, Edith zu verstecken. Bei all den Leuten wäre es auch nicht aufgefallen, wenn eine mehr gegessen hätte. Aber dann hatte Igor sich nur noch in einem Graben verstecken können, damit ihm nicht ebenfalls der Schädel gespalten wurde. Alles hatte er hilflos mit ansehen müssen und anschließend nicht mehr für Edith Stern tun können als ihren mißhandelten Körper mit Erde bedecken. Mit bloßen Händen hatte er sie begraben – und es all die Jahre tief in seinem Innern mit sich getragen.

Erst auf dem Sterbebett war er zu der Überzeugung gelangt, ein ebensolcher Verbrecher zu sein wie Ediths Mörder. Hätte Werner Ruhpold von ihrem Tod gewußt, hätte er vielleicht eine andere geheiratet, Kinder bekommen und ein erfülltes Leben gehabt. Da hatte Igor ihn rufen lassen. Drei Namen hatte er Werner Ruhpold genannt, Heinz Lukka als Anstifter und Überwacher der Aktion, zwei andere als ausführende Organe.

Jakob erinnerte sich an die beiden. Den einen hatten die Amerikaner im April 45 erschossen. Mitten im Dorf und zum Entsetzen der Bevölkerung, weil der Junge doch nichts anderes getan hatte, als den letzten Befehl seines Führers zu befolgen. Das Kloster hatte er verteidigt; mit einem alten Sturmgewehr auf die anrückenden Panzer der Amerikaner gefeuert, taub für jedes gute Zureden der verschreckten barmherzigen Schwestern. In seinem blinden Eifer hatte er noch einen Sergeanten mit auf die lange Reise genommen. Da hatten die Amerikaner kurzen Prozeß gemacht.

Auch der dritte Name, den Werner Ruhpold in seinem letzten Brief erwähnt hatte, stand nur noch auf der Tafel am Kriegerdenkmal. Die Henker konnte man nicht mehr zur Rechenschaft ziehen, nicht einmal mehr fragen, was sie sich dabei gedacht hatten, einer wehrlosen Frau den Schädel einzuschlagen, nur weil ein sechzehnjähriger Schnösel befand, das sei Bürgerpflicht.

«Mein Gott», murmelte Jakob, schockiert vor Ergriffenheit und von der Erinnerung an Edith Sterns blutverkrustete Haare und ihr aufgedunsenes Gesicht. «Mein Gott, das hätte ich nicht gedacht. Ich meine, ich weiß, daß Lukka mit Freuden bei der Sache war damals. Aber ich dachte immer, er hätte nur gerne den großen Kommandeur gespielt. Na, wenn man's recht bedenkt, hat er das ja auch in dem Fall getan.»

Auf dem Weg zur Abzweigung erzählte Jakob, wie das damals gewesen war. Daß er und sein Freund Paul Lässler all die Jahre geschwiegen, daß er es kürzlich jedoch seinem Sohn anvertraut hatte. Weil gerade wieder ein Mädchen aus dem Dorf verschwunden war. Daß sein Sohn aber mit keinem Menschen darüber sprechen könnte. Jakob schloß mit der Frage: «Ist Ihnen kein bißchen mulmig bei der Sache? Was wollen Sie Lukka denn sagen?»

Das wußte Edith Stern noch nicht. Eigentlich wollte sie Heinz Lukka nur die Briefe zeigen. Daraus würde sich schon etwas ergeben. Und sie wollte auf keinen Fall bis vor seine Tür gebracht werden, damit es nicht peinlich wurde für den Anwalt.

Als Jakob die Abzweigung zu seinem Hof erreichte, zeigte er den Weg hinunter und erklärte: «Da hinten wohnt er, das sind aber noch zwei Kilometer.»

Edith Stern entschied, das restliche Stück könne sie zu Fuß gehen. Da habe sie ein bißchen Zeit, sich die Worte zurechtzulegen. Genaugenommen wollte sie ihn ja nur kennenlernen, den ehemaligen Jungzugführer der Hitlerjugend, der mit sechzehn so große Unterschiede zwischen Mensch und Mensch gemacht hatte und seit fünfzig Jahren eine Säule der christlich-demokratischen Gesellschaft war.

«Ich kann Sie aber schnell hinbringen», bot Jakob an. «Ich muß ja nicht vor seiner Tür halten. Ich fahre Sie bis zum Mais. Da sieht er das Auto nicht. Es macht überhaupt keine Mühe. Und es ist vielleicht besser, wenn Sie nicht alleine durchs Feld laufen.» Obwohl es ihm schwerfiel, erklärte er noch einmal, warum es besser sei, weil doch gerade erst wieder ein Mädchen ...

Aber Edith Stern lachte nur. Sie wisse sich die Kerle schon vom Leib zu halten, meinte sie.

Jakob stieg mit ihr aus, reichte ihr den Rucksack und die bunte Wetterjacke, blieb bei der Abzweigung stehen und schaute ihr minutenlang nach, wie sie im schwindenden Tageslicht den Weg hinunterlief.

Auf den restlichen sechshundert Metern bis zur Scheune

war sein Schädel zum Bersten gefüllt. Und jetzt ging alles durcheinander. Edith Stern und weggeschaffte Zeitungen; Dieter Kleu, Albert Kreßmann und die Vermutung, daß man beide zu Unrecht verdächtigte; Heinz Lukka, Kreßmanns Igor, Werner Ruhpold, die unterschwellige Furcht und die Verantwortung, die man als Vater trug. Und das ungute Gefühl nagte weiter.

Er nahm sich fest vor, morgen in aller Ruhe mit Trude über diese Dinge zu reden. Dann war er ausgeruht, vollkommen nüchtern und gewappnet für den Kampf. Und so hart konnte es nicht werden, wenn er einen ungerechtfertigten Verdacht am Beispiel von Dieter Kleu und Albert Kreßmann erläuterte. Er mußte es nur geschickt anfangen.

Trude wußte zur Genüge, daß einer wie Ben mit einem anderen Maß gemessen wurde. Wenn Dieter Kleu alles haben wollte, was ihm vor die Augen geriet, war das in Ordnung. Wenn Albert Kreßmann auf einem nächtlichen Feldweg seine Hände auf eine weibliche Brust und seinen Kopf in den Schoß einer jungen Frau schob, schmunzelten alle. Albert war jetzt in dem Alter, es war sein gutes Recht. Und solch ein Recht gab es nicht für Ben. So eins nicht, und auch kein anderes.

Weißer Sonntag – bunter Sonntag

Das Jahr 81 war von Unglücksfällen und Sorgen überschattet. Doch in seinen letzten Tagen bescherte es Jakob und Trude Schlösser ein paar Stunden Dankbarkeit und Glück. Ende Dezember kam ein Brief vom Pfarramt.

Richard und Thea Kreßmann hatten schon am Vortag ein gleichlautendes Schreiben erhalten. Und Thea – wie nicht anders zu erwarten – setzte sich ins Auto, kam zu

Trude, erkundigte sich in scheinheiliger Anteilnahme, ob auch sie bereits … Und hielt der Ahnungslosen das Blatt Papier unter die Nase.

In der Einleitung stand in salbungsvollen Worten: das Kind der Familie Kreßmann habe nun das Alter erreicht, in die christliche Gemeinde aufgenommen und an den Tisch des Herrn gebeten zu werden. Es folgte die Aufforderung, dieses Kind zur Teilnahme an der ersten heiligen Kommunion anzumelden. Gemeint war Albert. Und trotz des Nadelstichs, der ihr die Rippen entlang ins Herz fuhr, schaffte Trude die bissige Bemerkung: «Wieso in die christliche Gemeinde? Ist Albert nicht getauft?»

Ben war getauft. Aber Trude ging davon aus, daß man ihn am Tisch des Herrn ebensowenig sehen wollte wie auf einer Schulbank. Doch da irrte sie sich offenbar.

Schon am nächsten Morgen brachte der Postbote ein Kuvert, das genauso aussah wie jenes, das Thea ihr gezeigt hatte. Trude sah im Geist einen festlich mit dunkelblauem Anzug bekleideten Ben vor dem Altar stehen; ein weißes Hemd und eine dunkelblaue Fliege, die brennende Kerze in der Hand und unter dem Arm das Gebetbuch mit Goldauflage; umgeben von kleinen Mädchen in langen weißen Kleidern und mit Kränzen auf den Köpfen. Sekundenlang preßte Trude die Lippen fest aufeinander, um nicht loszuweinen vor Ergriffenheit.

Sie wagte nicht, das Kuvert zu öffnen. Das tat Jakob am Abend. Dann überlegten sie stundenlang, wie sie das Fest für Ben ausrichten konnten. Wie sie ihn dazu brachten, sich während der heiligen Messe still zu verhalten, auf dem ihm zugewiesenen Platz zu bleiben, keinen Unfug mit der brennenden Kerze zu veranstalten und nicht ein halbes Dutzend Hostien aus dem Kelch zu schnappen. Und alles beruhte auf einem Irrtum der Pfarramtssekretärin, die aus Lohberg stammte und sich in den hiesigen Verhältnissen nicht auskannte.

Als Trude sich an einem der ersten Januartage 82 auf den Weg zum Pfarramt machte, hatte sich der erste Freudentaumel gelegt. Ben an der Hand, der mit der guten Sonntagshose und einem neu angeschafften Hemd einen adretten Eindruck machte, erzählte Trude von dem bevorstehenden Vergnügen. Nicht dem Besuch im Pfarramt, dem anschließenden Besuch im Café Rüttgers. – Vorausgesetzt: Er war lieb, gehorchte aufs Wort, belästigte weder den Pfarrer noch die Pfarramtssekretärin – man wußte ja nicht genau, mit wem man es zu tun bekam –, und auch sonst keinen Menschen mit Schimpfworten, wilden Schreien, wüstem Gezappel und anderen Unarten.

Von der unterschwelligen Nervosität seiner Mutter angesteckt und von diffusen, aber durchaus angenehmen Erwartungen angefüllt, bemühte Ben sich um gleichmäßige, ausgreifende Schritte, wobei er jedesmal mit dem Fußheben den Oberkörper weit vorbeugte.

«Jetzt laß das», sagte Trude. «Geh vernünftig! Wie sieht das denn aus!»

Und Ben, zwar nicht die Worte, aber das Reißen an seinem Arm richtig deutend, verfiel erleichtert in seinen gewohnten Trott.

Vor der Tür des Pfarramts strich Trude ihm noch einmal vorsorglich durchs Haar, fand bei einem prüfenden Blick in sein Gesicht, daß er wirklich ein hübscher Junge war. Sehr groß und kräftig für sein Alter, aber das Gesicht war fein geschnitten. Das dunkle Haar fiel lockig, ließ sich jedoch sauber scheiteln. Und kein Mensch sah, daß darunter nur ein Loch voll krausen Gewimmels war.

Das Kinn war ausnahmsweise trocken, Trude wischte aus alter Gewohnheit trotzdem rasch mit dem Handrücken darüber und aus ebenso alter Gewohnheit mit dem Handrücken an ihrem dunklen Rock entlang. Dann traten sie ein.

Es war dämmrig im Flur des Pfarramts, zwei Reihen zu

je vier Stühlen waren an den Wänden aufgestellt, sechs davon besetzt mit anderen Müttern und Kindern, die der Aufforderung des Pfarrers nachkommen wollten. Zwei Stühle waren frei, es kam genau hin. Trude ignorierte die empört aufflammenden Blicke der Mütter, die neugierig gaffenden oder ängstlichen der Kinder und die mit ihrem Eintreten verstummte Unterhaltung. Ben machte mit einem vernehmlichen «Psst» klar, daß er wußte, wie man sich hier zu benehmen hatte. Trude drückte ihn auf einen der freien Stühle, setzte sich daneben, griff nach seiner Hand, damit er sitzen blieb, und wartete.

Innerhalb der nächsten halben Stunde verschwanden die mit ihr Wartenden durch eine der beiden Türen. Kamen sie wieder heraus, erschien gleich darauf der alte Pfarrer oder der junge Gemeindereferent und forderte die nächste Mutter zum Eintreten auf.

Trude geriet an den Gemeindereferenten, der zuerst Ben, dann die Einladung skeptisch betrachtete und den alten Pfarrer zu Hilfe rief. Der kam sofort, bedachte Ben mit einem sanften und wohlwollenden Blick, strich ihm über das sauber gescheitelte Haar und stellte fest: «Du möchtest also auch an der Feier teilnehmen.»

Ben legte einen Finger quer über die Lippen, zischte etwas lauter als auf dem Flur: «Psst.» Und damit war die Sache eigentlich schon erledigt.

Der Pfarrer war durchaus bereit, Ben an den Tisch des Herrn zu bitten, aber nicht ausgerechnet am weißen Sonntag und nicht zusammen mit Albert Kreßmann und den anderen Kindern. Er setzte sich neben Trude, legte ihr eine Hand auf den Arm und erklärte in etwa dem gleichen Ton, in dem Erich Jensen die Heimeinweisung vorgeschlagen hatte, es sei für Ben wohl das Beste, wenn man ihn an einem der folgenden Sonntage ganz allein zu Tisch bitten würde. Da habe er viel mehr davon. Und es sei nicht so aufregend.

«Nein!» sagte Trude bestimmt. «Entweder am weißen Sonntag oder gar nicht. Wir haben ihm schon beigebracht, wie er sich benehmen muß. Das Psst gewöhne ich ihm wieder ab. Das war vielleicht ein Fehler, ihm das vorzumachen. Aber das kriegen wir wieder hin. Und er hat so wenig Freude. Was hat er denn von seinem Leben? Einmal soll er mit den anderen in einer Reihe stehen. Wenn's nicht anders geht, stell ich mich daneben. Aber das wird nicht nötig sein. Lassen Sie ihn mal mit den anderen üben, da werden Sie sehen, daß es klappt. Er macht alles nach, was man ihm vormacht. Er kann die brennende Kerze halten, das habe ich schon mit ihm geübt. Er kann auch stillstehen. Wenn er weiß, daß er ein Stück Torte bekommt, gehorcht er aufs Wort.»

«Aber es geht doch nicht um ein Stück Torte.» Der Pfarrer war entrüstet. «Wo kommen wir denn hin, wenn wir den Kindern mit solch weltlichen Vergnügen das Stillstehen vor dem Altar des Herrn abringen müssen? Wo bleibt da das Begreifen vom Sinn der Angelegenheit?»

«Ja, glauben Sie denn», fragte Trude, «daß die anderen den begreifen? Denen geht's doch nur um die neuen Fahrräder oder was sie sonst wollen.» Darauf bekam sie keine Antwort mehr.

Eine Stunde später saß sie in der Backstube des Cafés. Während Sibylle Faßbender Ben für das ihm entgehende Fest mit Eiscremetorte entschädigte, weinte Trude ihr Elend in sich hinein. Der Kaffee, den Sibylle ihr serviert hatte, stand unberührt auf dem Tisch.

Ben starrte seine Mutter an, war verunsichert und begann zu hampeln. Mit zunehmendem Unbehagen äugte er an Sibylle vorbei, rutschte schließlich vom Stuhl und kam zu Trude. Er legte ihr eine Hand auf die Schulter, wie er es oft von Jakob gesehen hatte, und erkundigte sich mitfühlend: «Weh?»

«Ja», sagte Trude. «Es tut verdammt weh. Aber du

kriegst deinen weißen Sonntag, das wollen wir doch mal sehen. Und wenn ich bis zum Papst gehen muß.»

Sibylle Faßbender legte ihr eine Hand auf die andere Schulter. «Das hat doch keinen Zweck, Trude. Du regst dich nur auf und erreichst nichts. Das machen wir anders. Wir machen es hier. Und wir machen es nicht weiß, sondern bunt. Da hat er viel mehr Freude. Und dann laden wir alle ein, die unseren Ben mögen und nicht selbst feiern. Das wird ein schönes Fest. Dafür sorge ich.»

Am Abend schrieb Trude, allen Warnungen zum Trotz, doch noch einen gepfefferten Brief zumindest an den Bischof. Bis zum Papst ging sie nicht mehr, weil schon der Bischof sich voll und ganz hinter den Pfarrer stellte.

Es sah trotzdem danach aus, als könne es ein schöner Tag für Ben werden. Sibylle Faßbender hielt ihr Versprechen. Am weißen Sonntag 1982 blieb das Café Rüttgers geschlossen. Es wurden nur kurz nach Mittag die vorbestellten Kuchen und Torten ausgeliefert. Und um halb drei, als die Kommunionkinder in aller Eile den köstlichen Festtagsnachtisch verschlangen, um rechtzeitig in die Dankandacht zu kommen, ging es im Café in aller Ruhe los.

Die Schwestern Rüttgers und Sibylle hatten sich jede erdenkliche Mühe gegeben. Der Gastraum war mit Papiergirlanden, Luftschlangen, Lampions und Luftballons dekoriert. All die kleinen Tische waren zu einer langen Tafel zusammengeschoben. Darauf standen Kerzen, bunte Pappteller und Becher für die Kinder, Porzellan für die Erwachsenen. Sahnetorten, Cremekuchen und Obstböden standen in der Mitte, so konnte sich jeder selbst bedienen.

Es waren alle erschienen, die man zu Bens Ehrentag eingeladen hatte: Paul und Antonia Lässler mit ihren vier Kindern, ihrer Nichte Marlene und der kleinen Tanja

Schlösser, Otto und Hilde Petzhold, Renate Kleu mit Dieter und dem zweijährigen Heiko. Bruno war verhindert, er hatte dringend irgend etwas zu erledigen, was genau, wußte Renate nicht. Aber Toni und Illa von Burg waren mit ihren beiden Söhnen da, weil nicht die Gefahr bestand, daß Thea Kreßmann hereinschaute. Richard und Thea feierten zur selben Zeit den weißen Sonntag ihres Alberts.

Anita hatte es strikt abgelehnt, am Fest teilzunehmen, und eine wichtige Arbeit für das Abitur vorgeschoben, die angeblich den ganzen Sonntag in Anspruch nehmen würde. Bärbel dagegen war gerne mitgekommen, als sie erfuhr, daß die von Burgs ihre Söhne vom Sinn der Angelegenheit überzeugt hatten.

Bärbel machte keinen Hehl daraus, daß ihr der siebzehnjährige Uwe von Burg ausnehmend gut gefiel. Leider standen ihre Chancen nicht sehr gut. Uwe wurde fast jeden Sonntag mit einem anderen Mädchen gesehen. Er konnte es sich aussuchen, tat das auch und hatte bislang Bärbels sehnsüchtige Blicke ignoriert, wenn sie sich zufällig begegnet waren.

Doch so leicht gab Bärbel sich nicht geschlagen. Da mochte Trude noch hundertmal betonen, das habe ja wohl noch etwas Zeit. Bärbel hatte an diesem Tag hoffnungsfroh das Parfüm und den Lippenstift etwas dicker aufgetragen, so daß Jakob schon meinte, nun passe ihr Gesicht zum bunten Sonntag.

Erich und Maria Jensen waren nicht eingeladen. Davon versprach sich niemand einen Vorteil für Ben. Abgesehen davon hätte Erich ohnehin nicht kommen können, er hatte etwas Wichtiges mit Parteifreunden zu besprechen. Und Maria hatte schon Wochen vorher behauptet, sie müsse dringend das Sortiment von Pflegecremes in der Apotheke umräumen, und Antonia gebeten, ihr die kleine Marlene für diesen Nachmittag abzunehmen.

Heinz Lukka hatte nicht zur Debatte gestanden, da er

einen Kurzurlaub machte. Auch Gerta Franken fehlte, nahm es den Schlössers sehr übel, daß man sie ausgeschlossen hatte, und verstärkte ihre Bemühungen, vor Ben zu warnen. Einen Schlächter nannte sie ihn.

Trude hatte die alte Nachbarin mitnehmen wollen, um ihr ein für allemal das Maul zu stopfen. Aber Jakob war strikt dagegen gewesen, hatte etwas gemurmelt, das in Trudes Ohren wie: «Ein Bekloppter am Tisch reicht völlig» geklungen und sie zu einem energisch betroffenen: «Was fällt dir denn ein?» veranlaßt hatte.

Nachdem alle Gäste an der Tafel Platz genommen hatten, las Trude zur Eröffnung das Schreiben des Bischofs vor. All die blumigen Erklärungen, warum einer wie Ben am weißen Sonntag nichts in der Kirche zu suchen hatte. Einige schüttelten die Köpfe. Antonia Lässler meinte, das dürfe man sich nicht bieten lassen, weder von einem alten Pfarrer noch von einem Bischof. Mensch sei Mensch, und ein leerer Kopf richte nur halb so viel Schaden an wie andere mit ihren vollen Köpfen.

Ben gab ihr mit seinem unschuldigen Betragen recht, saß artig und still auf dem Ehrenplatz am Kopfende der Tafel. Zu Anfang hatten ihn die vielen Leute irritiert. Aber nachdem jeder ihm nur freundlich zulächelte und niemand Anstalten machte, ihn zu vertreiben, zermanschte er mit ehrfürchtiger Miene die Sahnetorte auf seinem Teller, schaufelte sich den Brei in den Mund, hob nur einmal den Kopf und grinste, als Trude ihm übers Haar strich.

Für Kaffee, Kakao und Torte brauchte man eine gute Stunde. Dann durfte Ben, weil er so sanft und gehorsam war und die Babys bis dahin nur mit sehnsüchtigen Augen angeschaut, auch einmal Fein und Finger weg gemurmelt hatte, eine halbe Stunde mit seiner kleinen Schwester und Britta Lässler spielen.

Antonia und Jakob überwachten seine ungeschickten

Zärtlichkeiten. Antonia legte ihre jüngste Tochter sogar in seine Arme, zeigte ihm, wie Babywangen behutsam gestreichelt wurden, strich ihm einmal über die seinen und riß ihn sich in einem Moment der mitleidvollen Aufwallung kurz in die Arme.

Anschließend führte Trude ihn zu dem Tisch, auf dem die Geschenke aufgebaut waren. Es war eine beachtliche Zahl von hübsch eingewickelten Päckchen, mit denen er nichts Rechtes anzufangen wußte. Er betrachtete sie nur, solange Trude ihn fest an der Hand hielt. Dann wollte er zurück zu Antonia und die kleine Britta haben.

«Nein», erklärte Trude bestimmt. «Du hast genug gespielt. Wir packen jetzt die Geschenke aus. Danach wirst du dich schön bedanken, wie ich es dir gezeigt habe.» Sie nahm das erste Päckchen, öffnete das Kuvert der beigelegten Glückwunschkarte, las sichtlich gerührt und mit einem feuchten Blick zu ihren Nachbarn hinüber vor: «Zu Deinem Ehrentag, lieber Ben, die besten Wünsche von Otto und Hilde Petzhold.»

Hilde lächelte verschämt in die Runde, Otto zündete sich aus Verlegenheit eine Zigarre an. Derweil hatte Trude ausgepackt und ein Bilderbuch aus starkem Pappkarton in Bens Hände gedrückt. Und da gab es das erste Debakel.

Sie hatten sich alle gründlich überlegt, was man ihm schenken könnte. Es sollte nicht nur den guten Willen demonstrieren, eventuell noch die Finanzlage, es sollte ihm vor allem eine Freude machen. Hilde Petzhold hatte sich ausgerechnet für dieses Bilderbuch entschieden, weil der Karton ihrer Meinung nach stabil genug war, Bens Fäusten standzuhalten, und weil die Seiten zeigten, was sie selbst am meisten liebte: Katzen. Schwarze und weiße, kleine, große und graugetigerte.

Eine graugetigerte saß auf dem Deckblatt und beleckte ihre Vorderpfote. Kaum hatte Ben einen Blick darauf geworfen, geriet er außer sich. Er rannte zur Kaffeetafel, knallte das Buch auf den mit Sahneresten verschmierten Teller, den Hilde Petzhold vor sich hatte. Dann schlug er mit der Faust auf das Deckblatt, daß der Teller mit einem vernehmlichen Knirschen zu Bruch ging. Dabei brüllte er: «Finger weg! Rabenaas!» Gleichzeitig kratzte er sich mit der rechten Hand über den linken Arm.

Trude überlief es siedendheiß. Es war doch schon so lange her. Aber Jakob sagte häufig: «Er hat ein Gedächtnis wie ein Elefant.» Ihre Stimme zitterte ein wenig, als sie befahl: «Jetzt komm wieder her, Ben. Es ist ja gut. Das Buch gehört dir, Hilde will es dir nicht wegnehmen.»

«Finger weg», schrie er erneut, knurrte wie ein Hund, nahm das Buch wieder an sich und biß kräftig hinein. Dann legte er es zurück auf die Scherben des Tellers und schnappte sich Hilde Petzholds Kuchengabel. Messer waren glücklicherweise nicht auf dem Tisch. Er stach zu mit einer Wucht, daß sich die feinen Gabelzinken verbogen und der stabile Pappkarton in Höhe des Katzenbauches mehrere Dellen aufwies. Anschließend kratzte er mit den verbogenen Gabelzinken über den Katzenbauch.

Alle schauten ihm irritiert und interessiert zu. Nur Illa von Burg, die durch Gerta Franken über das Schicksal einer trächtigen Hauskatze informiert war, senkte den Kopf. Und Jakob musterte Trude mit einem argwöhnischen Blick, als sie mit hochrotem Gesicht nach dem nächsten Päckchen griff, in aller Eile das Papier abriß, ohne vorher zu lesen, von wem das Geschenk stammte. Trude hielt einen bunten Gummiball in die Höhe und rief mit belegter Stimme: «Schau, Ben, der ist auch für dich.»

Tatsächlich ließ Ben von dem Katzenbuch ab. Jedoch nur, weil sich Dieter Kleu auf Trude und den Ball stürzte. Als Dieter den Ball nicht erreichte, weil Trude ihn mit beiden Händen über ihrem Kopf hielt und seine Anstrengungen auch nicht beachtete, hieb Dieter ihr mit beiden Fäusten in den Magen und trat sie vors rechte Schienbein. Trude rief mehr vor Verwunderung als vor Schmerz: «Au!» Ben kam um den Tisch herum, schnappte mit seinen großen Händen zu, packte Dieter bei Hals und Nacken, schüttelte ihn, wobei er ihn zentimeterweit vom Boden hob, und grollte erneut: «Finger weg!»

Jakob sprang auf, trennte die beiden Kinder, versetzte seinem Sohn eine Ohrfeige und verlangte, daß er sich auf der Stelle entschuldigte. Aber das tat Renate Kleu, von Antonia unterstützt, die ebenfalls der Meinung war, Dieter müsse allmählich wissen, daß er nicht alles haben könne und niemanden vors Schienbein treten dürfe, um seinen Willen durchzusetzen.

Bis dahin hatte Bärbel die Zeit genutzt, Uwe von Burg klarzumachen, daß sie an diesem Sonntag das einzige Mädchen in seiner Nähe und mit ihren fünfzehn Jahren keinesfalls zu jung für ihn war. Jetzt nutzten beide die Situation und brachen zu einem Spaziergang auf, bevor es jemand verbieten konnte.

Damit sich die Gemüter ein wenig beruhigten, nahm Sibylle Faßbender den schluchzenden Ben bei der Hand und führte ihn in die Backstube. Dort servierte sie ihm noch ein Stück Torte, vergaß jedoch in der Aufregung, das Tortenmesser wegzuräumen.

Währenddessen stellte Trude fest, daß das Streitobjekt Ball ein Geschenk von Bruno und Renate Kleu war. Sie suchte ihrerseits nach einer Entschuldigung für Dieter, der vermutlich gesehen hatte, wie Renate den Ball einpackte, und nicht begreifen konnte, warum der nun Ben gehören sollte. Als dann Sibylle mit Ben zurückkam, wurden die Scherben des Tellers und die verbogene Kuchengabel weggeräumt und die restlichen Geschenke ausgepackt.

Von den Rüttgers-Schwestern eine Schachtel hausgemachtes Konfekt und ein paar Plastikküken mit aufge-

klebten Flaumfedern, die von der Osterdekoration übrig-
geblieben waren. Es war ein Geschenk nach Bens Herzen.
Mit einem furchtsam fragenden Blick auf Jakob stopfte er
sich die Küken in die Hosentasche und zwei Stücke Konfekt in den Mund.

Dann ging er, und Antonia fand, es sei ein Zeichen seiner Gutmütigkeit, mit der Schachtel zu Jakob, damit er
das Baby Tanja abbeißen ließ. Anschließend bot er Marlene Jensen, Annette Lässler und der kleinen Britta von
seinen Pralinen an, auch Heiko Kleu hielt er die Schachtel
hin. Nur Dieter wollte er nichts abgeben. Das übernahm
Jakob.

Von Paul und Antonia bekam er ein Paket mit Baustei-
nen. Es war gut gemeint, doch es verfehlte seinen Zweck.
Maria Jensen bedankte sich mit einem Geldschein im Kuvert für den ungestörten Nachmittag. Sibylle Faßbender
hatte einen Plüschaffen auf den Gabentisch gelegt, der
zwei Deckel aneinanderschlug und dazu tanzte, wenn
man ihn mit einem Schlüssel aufzog. Es machte einen
Höllenlärm. Ben versetzte dem Affen im ersten Schreck
einen mächtigen Hieb und duckte sich vorsichtshalber
hinter Trudes Rücken, bis ihm auffiel, daß sich der Affe
beim Deckelschlagen nur auf der Stelle drehte.

Toni und Illa von Burgs hatten sich für einen zweckmä-
ßigen Kasten entschieden, bei dem es galt, verschiedene
geometrische Figuren durch passende Löcher zu drücken.
Während Sibylle Faßbender Ben zeigte, welche Figur in
welches Loch gesteckt werden mußte, erklärte Toni von
Burg Paul Lässler mit wehmütiger Miene und verdächtig
glänzenden Augen, daß seine kleine Schwester Christa,
an die Paul sich doch gewiß noch erinnere, vor langer
Zeit mit solch einem Kasten stundenlang hatte spielen
können.

Toni sprach, als hätte er nur eine jüngere Schwester gehabt und niemals auch nur einen Hauch von Groll emp-

funden, daß die Ältere ins Kloster ging, als Paul die Verlobung mit ihr löste.

Während Andreas und Achim Lässler aus lauter Langeweile Dieter Kleu den Ball zurollten und Annette ihrer kleinen Cousine die letzten beiden Konfektstücke aus Bens Schachtel organisierte, während Uwe von Burg und Bärbel Schlösser mit verschmiertem Lippenstift in den erhitzten Gesichtern von ihrem Spaziergang zurückkamen und Renate Kleu ihrem jüngsten Sohn die Katzen im Bilderbuch zeigte, drückte Ben eine Figur nach der anderen durch den Rahmen, klappte den Deckel zu und verließ den Tisch, ohne daß jemand darauf achtete.

Alle waren irgendwie beschäftigt. Jakob schmuste mit seiner jüngsten Tochter, die er nur selten im Arm halten durfte. Sibylle Faßbender sprach mit Toni und Illa von Burg über die Unschuld spielender Kinder. Paul Lässler freute sich noch über die nette, wehmütig angehauchte Unterhaltung mit Toni, bewachte sein schlafendes Baby und behielt gleichzeitig seine Söhne und Dieter Kleu im Auge, damit es keinen erneuten Streit um den Ball gab.

Antonia kümmerte sich um die Schokoladenflecke im Kleid ihrer Nichte. Trude half den Rüttgers-Schwestern beim Abräumen der Kaffeetafel. Bärbel und Uwe von Burg hielten sich unter dem Tisch an den Händen und schauten sich in die Augen. Uwe von Burgs jüngerer Bruder Winfried und Annette Lässler beobachteten das gespannt von einer stillen Ecke aus und amüsierten sich darüber.

Hilde und Otto Petzhold unterhielten sich im Flüsterton über die Brachialgewalt, mit der Ben die Gabelzinken verbogen hatte, und über Hildes graugetigerte Katze, die zwei Jahre zuvor spurlos verschwunden war.

Niemand nahm Notiz, als Ben die Schwingtür aufstieß, durch die man in die Backstube gelangte. Dort lag noch das Tortenmesser auf dem Tisch. Er kam auch gleich zurück, bevor seine Abwesenheit auffallen konnte. Erst als Hilde Petzhold aufschrie, erkannte Jakob, was vorging.

Das Messer mit der breiten Klinge in der ausgestreckten Hand steuerte Ben auf Dieter Kleu zu, der jetzt neben seiner Mutter stand und mit beiden Händen am Katzenbuch zerrte. Ben hob die Hand, stach zu und traf, neben dem graugetigerten Katzenbauch, auch zwei Finger von Dieter.

«Finger weg», sagte Ben.

Aber so schlimm war es nicht. Nur zwei Schnittwunden, die wenig später in der Notaufnahme des städtischen Krankenhauses in Lohberg genäht wurden. Und was niemand verstand, weder Bruno, der ja nicht persönlich gesehen hatte, wie es zu dem Unfall gekommen war, und sich auf die Aussage seiner Frau verlassen mußte, noch Renate Kleu erhoben irgendwelche Vorwürfe.

Renate, Tage später von Thea Kreßmann auf den Vorfall angesprochen, erklärte sogar: «Das schadet ihm nichts. Jetzt hat ihm endlich mal einer gezeigt, daß er nicht alles haben kann.»

25. August 1995

Als Jakob an dem Freitagabend endlich heimkam, war es halb zehn. Wider Erwarten saß Ben mit Trude am Küchentisch. Er hing vorgebeugt über einem noch halb gefüllten Teller. Trude hatte ihm eine Hand auf den Arm gelegt und sprach auf ihn ein, verstummte jedoch, als Jakob die Küche betrat. Das letzte, was Jakob verstand, war: «... mein Bester.»

«Na, das ist ja eine Überraschung», sagte Jakob.

Trude schaute auf und erklärte wie zur Entschuldigung: «Er war bis jetzt unterwegs und hat noch nichts gegessen. Ich hab's gerade für ihn aufgewärmt. Es ist noch warm. Willst du auch was?»

Jakob nickte und fühlte sich auf unbegreifliche Art erleichtert. Er schlug seinem Sohn so kameradschaftlich auf die Schulter, daß Ben zusammenzuckte. «Na», sagte er in übertrieben jovialem Ton, «dann hast du dich wohl gründlich ausgetobt und gehst zur Abwechslung heute mal ins Bett.»

Jakob setzte sich. Und während Trude ihm einen Teller füllte, begann er von Edith Stern und ihrer heiklen Mission zu erzählen. Es war ihm ein ganz besonderes Vergnügen, vor Trude, die unerschütterlich glaubte, es gäbe keinen besseren Menschen im Dorf als Heinz Lukka, die früheren Verbrechen eines ehrenwerten Bürgers auszubreiten. Das war ein abendfüllendes Thema, weil Jakob zuerst erklären mußte, warum er nie ein Wort über das Schicksal der ersten Edith Stern verloren hatte. Da konnte er sich Dieter Kleu, Albert Kreßmann und die Zeitungen für den nächsten Tag aufheben.

Trude war so schockiert und betroffen von seinen Ausführungen, daß sie nach dem Essen nur die benutzten Teller zusammenstellte, das Besteck hineinlegte; den Löffel, mit dem Ben sich die Mahlzeit in den Mund geschaufelt hatte, Messer und Gabel von Jakob. Sie stellte alles in den Ausguß, sagte gedankenverloren: «Ich wasche es morgen früh ab» und folgte Jakob ins Wohnzimmer. Dort setzte sie sich in einen Sessel.

Daß sie wie zum Sprung bereit nur auf der Kante saß, fiel Jakob zwar auf, doch er dachte nicht über die Gründe nach, machte es sich im zweiten Sessel gemütlich und erzählte weiter von Edith Stern und der unglaublichen Erkenntnis über den Sommer 44.

Für Trude war es, als bohre er ihr Nadeln ins Hirn. Alles in ihr sträubte sich, zu glauben, was er sagte. Ausgerechnet Heinz Lukka! Zu dem sie so oft gelaufen war, um ihr Herz auszuschütten, sich einen Rat zu holen und die Bestätigung, daß Ben gutmütig war. Vor ein paar Tagen hätte sie Heinz Lukka beinahe von Svenja Krahls Handtasche erzählt, den Kratzern auf Bens Handrücken und den zerrissenen Fingerkuppen. Sie hatte fragen wollen, ob Heinz vielleicht auch ein Auto gehört hatte in der Julinacht, als er meinte, er hätte ein Mädchen schreien hören. Getan hatte sie es dann doch nicht, weil...

Vor Jahren hatte sie Heinz erzählt, wie das gewesen war mit Hildes Katze. Und wie hatte er regiert? Gelacht hatte er. Leise und wohlwollend gelacht und gesagt: «Trude, es steht doch nirgendwo geschrieben, daß Ben das Tier auseinandergenommen hat. So etwas traue ich ihm eigentlich auch nicht zu. Was spricht dagegen, daß er die Innereien gefunden hat?»

«All die Kratzer und das Taschenmesser», hatte Trude geantwortet. «Das war ein sehr teures Stück. Der Griff war mit Perlmutt besetzt.»

Gelacht hatte Heinz Lukka daraufhin nicht mehr, nur noch nachdenklich gelächelt.

«Zugegeben», hatte er gesagt, «das sieht natürlich so aus, als hätte das Vieh sich gegen ihn gewehrt. Aber Sorgen hättest du dir deshalb nicht machen müssen. Auch wenn er es getan hat und es rausgekommen wäre, das war nur eine Sachbeschädigung. Und er wäre nicht das erste Kind, das so etwas macht. Wenn du dich mal umhörst, was Kinder heute so treiben, gehen auf dem Schulhof mit Messern auf ihre Mitschüler los. Dagegen ist eine Katze nun wirklich harmlos. Und wir waren früher auch keine Engel.»

Es waren schon bei dem Gespräch ein paar Dinge gewesen, die Trude bitter aufstießen. Auseinandergenommen! Das war nicht der passende Ausdruck für Grausamkeit. Und Vieh nicht der richtige für ein Geschöpf, das entsetzlich gelitten haben mußte. Nun bekam der letzte Satz den Geschmack von heißem Blei. Wir waren früher auch keine Engel! Wahrhaftig nicht.

Trude wußte nicht, was sie sagen sollte, murmelte, daß sie so etwas nie von Heinz gedacht hätte. Daß es, auch wenn ein halbes Jahrhundert her, ganz schrecklich sei. Da hätte sie plötzlich ein furchtbar schlechtes Gewissen, weil sie seinen Rat und seine Hilfe so lange und immer gerne in Anspruch genommen hatte. Nun wisse sie gar nicht mehr, wie sie ihm begegnen solle. Einem Mörder!

Jakob sah wohl, daß sie sich das mehr zu Herzen nahm, als er angenommen hatte. Mit Entrüstung hatte er gerechnet, mit Einsicht und Zustimmung, aber nicht mit einer wachsweißen Haut und tonlosem Gestammel.

«Na, Mörder ja nun nicht», beschwichtigte er. «Selbst umgebracht hat er Edith Stern ja nicht.»

«Willst du ihn entschuldigen?» fragte Trude fassungslos.

«Nein!» Jakob schüttelte den Kopf. «Um Gottes willen, das bestimmt nicht. Ich hab dir immer gesagt, Heinz ist ein linker Hund, ihm ist nicht zu trauen. Hab ich es dir nicht hundertmal gesagt?»

«Du warst nur wütend auf ihn wegen Ben», meinte Trude.

Jakob schüttelte erneut den Kopf. «Mit Wut hat das nichts zu tun. Ich hab mich nur gefragt, warum setzt er sich für den Jungen ein? Macht mir Vorschriften, wie ich meinen Sohn zu erziehen habe. Und eins kannst du mir glauben, ich hab ihn nicht gerne geprügelt, weiß Gott nicht. Es war nur leider die einzige Möglichkeit, ihm etwas abzugewöhnen oder etwas beizubringen, das weißt du. Und da kommt so einer und sagt mir, da kann er nicht zuschauen. Was hat er denn damals gemacht? Da hat er nicht nur zugeschaut, den Befehl hat er gegeben. Und was meinst du, welche Befehle er gegeben hätte, wenn es so weitergegangen wäre? Abspritzen lassen hätte er ihn, wie

Wilhelm Ahlsen es mit der kleinen Christa gemacht hat. Höchstpersönlich dafür gesorgt hätte er, dein lieber, guter Heinz. Und das wollte mir nie in den Kopf, daß sich so einer um hundertachtzig Grad drehen soll.»

«Vielleicht hat es ihm irgendwann leid getan», meinte Trude. Sie hatte fast keinen Atem mehr. «Vielleicht wollte er auf die Weise etwas gutmachen. Das könnte doch sein. Er war ja wirklich noch sehr jung damals. Und als er älter wurde und vernünftiger, hat er vielleicht eingesehen, daß es ein Verbrechen war.»

«Vielleicht», sagte Jako und grinste unfroh. «Wie war das eben mit dem Entschuldigen? Merkst du, was du gerade tust?»

«Nein», sagte Trude gequält. «Das tu ich nicht. Es ist nur, weil ... Ich meine, wenn es ihm irgendwann leid getan hat, wenn er es eingesehen und bereut hat, da müßte man ...»

Sie verhaspelte sich, wußte nicht, wie sie es ausdrücken sollte. Es mußte Heinz Lukka irgendwann leid getan haben, es mußte einfach. Heinz mußte irgendwann begriffen haben, daß es ein schweres Verbrechen gewesen war, Edith Stern von zwei anderen erschlagen zu lassen. Er mußte tiefe Reue empfunden und sich gewünscht haben, er könne es ungeschehen machen. Und weil das nicht möglich gewesen war, hatte er sich liebevoll um Ben gekümmert. Das waren sein «Vater unser», zweimal der Rosenkranz und drei «Gegrüßet seist du, Maria». Das mußte es sein.

Weil im anderen Fall ... Hatte Heinz Lukka sich vielleicht nur für einen ganz bestimmten Zweck mit Schokoladenriegeln und Freundlichkeit in Bens Herz gekauft. Hatte ihn nur aus einem Grund gegen alle Verdächtigungen verteidigt und dafür gesorgt, daß er daheim bleiben durfte. Weil Heinz Lukka, wenn er sich nicht um hundertachtzig Grad gedreht hatte, in der heutigen Zeit sonst keinen gefunden hätte, dem er solche Befehle geben konnte.

Es kam wie ein Vorschlaghammer über Trude. Weil Heinz Lukka sich vielleicht – wie sein Vater – selbst die Finger nicht gerne schmutzig machte, aber mit Begeisterung zuschaute. Und am Ende hatte sie ihn erst auf diesen Gedanken gebracht, als sie ihm von Hildes Katze erzählte.

Eine blutverschmierte Handtasche! Zwei abgeschlagene Finger! Und Heinz Lukka sagte: «Das hast du fein gemacht, Ben. Jetzt mußt du es schön vergraben.»

Himmel, steh uns bei, dachte Trude. Das nicht! So etwas kann doch kein Mann tun, sich einen Mörder abrichten. Und da war ein Strohhalm, der dem Ungeheuerlichen die Spitze abbrach.

«Heinz hat auch für dich was getan», sagte sie zu Jakob. «Er hat dir die Arbeit im Baumarkt verschafft.»

Jakobs Grinsen erlosch mit einem Achselzucken. «Aber ich darf trotzdem sagen, was ich denke.»

«Natürlich», meinte Trude und horchte mit einem Ohr zur Treppe. Sie hatte, bevor Jakob heimkam, länger als eine Stunde auf Ben eingeredet. Daß er im Haus bleiben müsse. Daß er ein großes Eis und einen Kuchen bekomme, wenn er daheim bliebe. Daß sie viel weh habe, daß ihr furchtbar bange sei, wenn er wegginge. Und das wolle er doch sicher nicht. Er sei doch ihr guter Ben, ihr Bester. Es schien funktioniert zu haben. Eigentlich hätte er noch baden müssen, aber dann mußte er eben morgen in die Wanne.

Kurz vor elf ging sie gefolgt von Jakob hinauf. Sie warf noch einen Blick in Bens Zimmer. Er lag auf dem Bett, hielt seine Stoffpuppe im Arm und rührte sich nicht, als sie kurz das Licht aufflammen ließ. Trude nahm an, daß er fest schlief, und schloß, ein wenig beruhigt, aber keinesfalls erleichtert, die Tür wieder.

Im Schlafzimmer erzählte Jakob weiter. Obwohl er rechtschaffen müde war und sich Dieter Kleu für den nächsten Tag hatte aufheben wollen, umriß er knapp, was er in Ruhpolds Schenke über Brunos Sohn gehört, warum Wolfgang Ruhpold ihn überhaupt gebeten hatte, die zweite Edith Stern mitzunehmen.

Trude antwortete kaum. Wenn sie etwas sagte, bezog es sich auf Heinz Lukka und war so konfus, daß Jakob nicht verstand, was sie ihm sagen wollte. Aber eins begriff er, daß er mit seinen Rachegelüsten einen Schritt zu weit gegangen war. Daß Trude derart kleinlaut und einsilbig wurde, hatte er nicht gewollt. Sie aufrütteln war seine Absicht gewesen, mehr nicht.

Ben schlief nicht. Er hörte sie reden in dem Zimmer gegenüber, wartete und sann mit seinen beschränkten Möglichkeiten auf einen Ausweg aus dem Dilemma. Er hatte fast alles verstanden, was seine Mutter gesagt hatte. Und er wollte nicht, daß sie Schmerzen leiden oder Angst haben mußte. Allerdings begriff er nicht, warum ihr Wohlbefinden davon abhängen sollte, daß er in seinem Zimmer blieb. Wäre sie bei ihm gewesen, hätte sie gesagt, daß ihr der Kopf weh tue, ihn gebeten, ihr Haar zu streicheln, damit es besser wurde, oder den Nacken ein wenig zu drücken, nur den Nacken und nicht zu fest, das hätte ihm eingeleuchtet. Aber so.

Manchmal, das wußte er, sagten sie falsche Worte. Fast alle, die er kannte, taten das. Es gab nur wenige Ausnahmen, seine Mutter hatte nie zu diesen Ausnahmen gehört. Sie hatte ihm viele Dinge gesagt, die sich rasch als falsch erwiesen. Daß nur sie alleine totmachen durfte, allenfalls noch der Vater, war nur eines davon. Andere machten auch tot, und niemand wurde dafür verprügelt. Geschlagen wurde immer nur er.

Er war unruhig. Die Stimmen aus dem Zimmer seiner

Eltern drangen als beständiges Murmeln an seine Ohren. Als es endlich still geworden war, hielt er es nicht länger aus. Er erhob sich und schlich hinunter. Seine Puppe blieb vorerst auf dem Bett zurück. Er verließ das Haus nicht sofort, ging zunächst in die Küche.

Es war zwölf vorbei, vor dem Küchenfenster herrschte Finsternis, der Himmel war bewölkt. Er wußte genau, wo sein Messer lag. Nur war er nicht sicher, ob er es in der Dunkelheit fand. Also nahm er das Messer aus dem Ausguß, fuhr mit dem Daumen über die Klinge. Scharf war sie nicht. Er steckte es trotzdem in die Hosentasche. Dann ging er in den Keller, schlüpfte in seine Gummistiefel, befestigte den Spaten mit dem Karabinerhaken am Taillenriemen und machte sich auf den Weg.

Kaum im Freien, verfiel er in seinen gewohnten Trab, lief zur Abzweigung, bog nach links ab. Bei der Apfelwiese machte er halt. Die mannshohen Bäumchen mit den flachen, buschigen Kronen, das hohe Gras und die tiefen Senken der ehemaligen Trichter, alles war mehr zu ahnen als zu sehen.

In regelmäßigen Abständen waren Holzpflöcke in den Boden getrieben worden, sie überragten ihn noch, wenn er aufrecht stand. Auf den Pflöcken war der Draht festgenagelt, Lage um Lage, zehn Lagen insgesamt, dazwischen jeweils zwanzig Zentimeter Spielraum, zuwenig, um unverletzt durchkriechen zu können.

Unverzüglich nach dem Umzug der Familie Schlösser hatte die Stadtverwaltung die Wiese und Trudes Gemüsegarten einzäunen lassen. Den Rest hatte die Natur besorgt. Die ehemals akkuraten Beete unterschieden sich nicht mehr von den angrenzenden Landstücken. Der Draht hatte sich schon manche Nacht als schlimmer Feind erwiesen. Blutige Hände, zerrissene Hosen und Hemden, das besorgte Gesicht seiner Mutter und ihre Fragen am nächsten Morgen, die er nicht beantworten konnte.

Warum es ihn immer wieder auf die Wiese zog? Andere besuchten den Friedhof, wenn sie ihrer Lieben gedenken wollten, oder sie schauten sich Fotografien an. Das brauchte er nicht. Er legte sich auf die Wiese. Die Bilder hatte er alle in seinem Kopf, und dort waren sie entschieden lebendiger, als ein Foto es jemals sein konnte. Das Gras hatte sogar noch ihren Geschmack, ihren Geruch.

In seinem Kopf zog die kleine Karawane immer noch die Bachstraße hinunter, schwang Althea Belashi immer noch hoch oben am Trapez, zeigte immer noch Kunststücke auf einem Ponyrücken. Und er saß vor ihr, fühlte ihren biegsamen Körper in seinem Rücken. Der Geruch der Pferde vermischte sich mit ihrem Duft, mit ihrer Wärme und der Weichheit ihrer Haut.

Und auf all das Schöne folgte in seinem Kopf die Nacht mit ihrem großen Mysterium, als sie in diesem Loch verschwand und so lange Zeit nicht wieder herauskam. Aber sie war zurückgekommen. Im vergangenen November hatte er sie wiedergesehen – bei der Hochzeit von Andreas Lässler. Und in der Nacht im August war er ihr noch einmal begegnet. Und jetzt war sie dort, wo sein Vater die Puppen begraben sehen wollte.

Aber er sah sie lieber am Trapez, fühlte sie lieber in seinem Rücken. Manchmal schaffte er es, sich unter dem Draht durchzuschieben, ohne sich zu verletzen oder sein Hemd zu zerreißen. Es kam darauf an, an welcher Stelle er es versuchte. An manchen war der Boden etwas tiefer und der Draht nicht so straff gespannt. Wenn er sich an solch einer Stelle flach auf den Boden drückte und vorwärts robbte, hatte er Glück.

In gebückter Haltung schlich er seitlich am Zaun entlang, faßte einmal an eine Stelle, an der ihm der Boden etwas tiefer und der Draht nicht so straff schien. Sofort bohrten sich zwei Dornen in seine linke Handfläche. Er zog die Luft ein, führte die Hand an den Mund und leckte die kleinen Wunden ab. Sekundenlang stand er da und beäugte die Drähte voll Enttäuschung und Mißtrauen. Dann wollte er es an einer anderen Stelle versuchen.

Doch als er sich aufrichtete, vergaß er die schmerzende Hand und das Grab auf der Wiese. Er sah die Lichtglocke auf dem Mais hinter dem Haus seines Freundes und ging zurück auf den Weg. Die vierhundert Meter bis zum Mais lief er, bog vom Weg ab, schritt aufrecht quer durch das Feld, bis er die Rückseite und das erleuchtete Fenster einsehen konnte. Er wollte schon die Arme heben, um zu winken, damit sein Freund ihn bemerkte und eine Schokolade herausbrachte. Aber dann sah er sie und vergaß auch das Verlangen nach einer Süßigkeit.

Ihr kurzgeschnittenes Haar täuschte ihn nur wenige Sekunden. Die schmalen Schultern und die runden Brüste in der karierten Bluse machten rasch deutlich, was sie war.

«Fein», flüsterte er und fühlte Erregung aufsteigen.

Sie saß in einem Sessel, davor stand ein niedriger Tisch, der ihre Beine und den Unterleib verdeckte. Neben dem Sessel stand der Rucksack, darüber lag die bunte Wetterjacke. Sein Freund Lukka war auch im Zimmer, stand vor einem Schrank, füllte ein Glas und brachte es ihr. Als sie den Kopf hob, um zu trinken, lächelte sie zum Fenster hinüber, ein bißchen wehmütig und verloren, ganz so, als sei dieses Lächeln nur für ihn bestimmt.

«Fein», flüsterte er noch einmal und duckte sich, daß nur noch seine Augen über die Maiskolben hinausragten. Das war gut, denn jetzt kam sein Freund Lukka ans Fenster, sprach und schaute dabei hinaus. Und jetzt sollte er ihn besser nicht sehen.

Sie machte Anstalten, sich zu erheben. Mit einer Hand griff sie nach der Jacke, schob sie unter einen Riemen am Rucksack und gähnte verhalten. Die gelben, roten und grünen Flecken auf dem Jackenstoff gefielen Ben ausnehmend gut, ebenso gut wie sie. Mit ihrem kurzgeschnittenen dunklen Haar war sie nicht der Typ Mädchen oder Frau, den Marlene Jensen für ihn verkörpert hatte. Sie glich mehr seiner kleinen Schwester. Jetzt griff sie nach dem Rucksack, gähnte noch einmal.

Er tastete nach dem Messer in seiner Hosentasche. «Finger weg», flüsterte er fast heiser vor Erregung. Dann schlich er vom Mais verborgen langsam näher auf das Haus und das erleuchtete Fenster zu.

Bärbels Schuld

Für Bärbel begann am bunten Sonntag 1982 die Erfüllung eines Traumes. Sie schaffte mit einem simplen Trick, was zuvor keinem Mädchen gelungen war. Nach dem Spaziergang am Nachmittag, ein paar Küssen, dem verstohlenen Händchenhalten unter dem Tisch im Café Rüttgers und den langen Blicken erklärte sie Uwe von Burg beim Abschied, daß man sich nun besser in aller Freundschaft trenne, weil ein festes Verhältnis keine Chance hätte.

Bis dahin hatte Uwe von Burg gar nicht an ein festes Verhältnis gedacht, aber so etwas hatte er bis dahin auch noch nie von einem Mädchen gehört. Er bestand darauf, Bärbel am folgenden Sonntag in die Eisdiele nach Lohberg einzuladen. Sie könnten auch am nächsten Abend noch einmal spazierengehen, meinte er. Da würde man sehen, was eine Chance hatte und was nicht.

Bärbel ließ sich von Anita beraten, wie sie sich verhalten sollte, und hielt sich strikt an die Anweisungen der älteren Schwester. «Laß ihn zappeln.» Es funktionierte. Bis in den Juni schwebte Bärbel über allen Wolken. Keinen Abend ließ Uwe aus, hoffte jeden Abend aufs neue, das Ziel zu erreichen.

Regelmäßig ließ Anita sich berichten, wie die Beziehung fortschritt, was Uwe während des Spaziergangs zum Bendchen geschworen und getan hatte. Sie gab Bärbel Ratschläge und Verhaltensmaßregeln für den nächsten Abend und ließ durchblicken, daß sie einem Bauerntrampel niemals derartige Zärtlichkeiten und Liebesschwüre zugetraut hätte.

Nach den ersten Wochen, in denen er mehr gezappelt als sonst etwas getan hatte, war Uwe von Burg fest überzeugt, ohne Bärbel Schlösser nicht mehr leben zu können. Er gestand ihr das fatalerweise auf einer Decke im Gras der Apfelwiese bei Einbruch der Dämmerung, weil sie bei den ausgedehnten Spaziergängen immer Gelegenheit fand, sich einem festeren Zugriff auf scheinbar zwanglose Art zu entziehen.

Auf Uwes Erklärung folgte eine leidenschaftliche Umarmung mit den dabei typischen Lauten, schnaufen, keuchen und stöhnen. Und ein paar Meter entfernt lag Ben im Gras verborgen neben dem offenen Trichter und träumte mit offenen Augen von dem Nachmittag im Zirkus und der darauf folgenden Nacht.

Während er Bärbel küßte, schob Uwe mit einer Hand ihren Rock hinauf und die Finger unter das Gummibund ihres Schlüpfers. Bärbel zierte sich, griff nach seinem Arm und hielt ihn am Handgelenk fest, schob den Unterleib ein wenig zur Seite, strampelte verhalten mit den Beinen und gab ein erstickt klingendes «Nein, nicht» von sich.

Ben war nicht das erste Kind, das die Töne und Gesten einer Umarmung mit einem Angriff gleichsetzte. Und als er derartiges zum ersten Mal beobachtet hatte, waren es ein Angriff und ein heftiger Kampf gewesen, dem er flach an den Boden gedrückt, ängstlich und verwundert zugeschaut hatte, ohne das Bedürfnis zu verspüren, helfend einzugreifen.

Er hätte auch nicht gewußt, wem er helfen sollte; Al-

thea Belashi, die ihr Leben mit Fäusten, Füßen und Zähnen verteidigte, oder ihrem Angreifer, der ebenfalls laut
aufschrie und sich krümmte, als ihn ein Tritt an einer
empfindlichen Stelle traf.

Ben war damals nicht fähig, zwischen Recht und Unrecht zu unterscheiden. Er kannte nicht einmal den Unterschied zwischen Leben und Tod. Für ihn gab es nur Bewegung und Reglosigkeit. Es gab Dinge, die sich niemals
von alleine bewegten, und andere, die es taten und plötzlich damit aufhörten. Wie die Hühner, die er für seine
Mutter gefangen hatte, wie all die Küken, Raupen und
Käfer, die sich nicht mehr rührten, wenn er sie in die
Hand nahm. Daß auch ein Mensch aufhören konnte, sich
zu bewegen, und kurz darauf im Erdboden verschwand,
war eine neue und nachhaltig wirkende Erfahrung. Und
seitdem gab es keinen Zirkus mehr.

Wenn er auch nicht denken konnte wie andere, so gelang es ihm doch, eine Verbindung herzustellen zwischen
dem Geschehen jener Nacht und dem, was danach nicht
mehr geschah. Seine Mutter hatte es als «weg» bezeichnet. Und «Finger weg» war ihm geläufig als etwas Böses
und Verbotenes. Und nun lag Bärbel da, zappelte, strampelte und sprach die Worte, die Althea Belashi in Todes-
angst geschrien hatte.

Er hatte die Mitglieder seiner Familie sortiert in Fein
und Weh. Sein Vater war nur Schmerz. Auch Anita schlug
häufig, wenn er ihr zu nahe kam und niemand hinschaute. Für seine älteste Schwester hätte er keinen Finger gerührt. Für seine Mutter hätte er sich noch hundertmal vom Vater verprügeln lassen, auch wenn sie ihm
manchmal weh tat. Und Bärbel bedeutete ein Bonbon hin
und wieder, auch mal ein Streicheln übers Haar. Für sie
hob er einen Stein vom Boden auf.

Uwe von Burg fühlte plötzlich einen stechenden
Schmerz im Rücken. Gleich darauf traf ihn ein äußerst

schmerzhafter Hieb am Hinterkopf. Als er sich benommen aufrichtete, kreischte dicht neben ihm eine schrille Stimme: «Finger weg!»

Uwe betastete vorsichtig die schmerzende Stelle am Kopf, fühlte klebrige Nässe unter den Fingerspitzen und stellte teils erschüttert, teils verwundert fest: «Da haut mir der Blödmann ein Loch in den Kopf.» Und das, fand Uwe, ging entschieden zu weit. Bei aller Liebe und Leidenschaft, er hatte es nicht nötig, sich den Schädel einschlagen zu lassen für ein Mädchen, das anscheinend doch zu jung für ihn war.

Er verabschiedete sich von Bärbel, noch ehe sie recht erfaßte, was geschehen war. Sie starrte ihm mit verschwommenem Blick nach, sprang auf und wollte ihn zurückhalten. Aber Uwe ließ sich auf nichts mehr ein. Er ging zum Feldweg, bestieg sein Mofa und fuhr davon.

Und Ben stand da, grinste unsicher mit schiefgelegtem Kopf und erkundigte sich: «Fein macht?»

Ein Lob in dieser Situation, ein Streicheln über die Wange, und es hätte dreizehn Jahre später nicht diesen furchtbaren Sommer gegeben. Davon bin ich überzeugt. Aber ich möchte nicht vorgreifen, und es widerstrebt mir auch, ein fünfzehnjähriges Mädchen verantwortlich zu machen für alles, was geschah. Angesichts der Tatsache, daß Trude wichtige Beweise im Küchenherd verschwinden ließ und die Polizei in Lohberg es nicht für nötig befand, die Staatsanwaltschaft über das Verschwinden von Marlene Jensen in Kenntnis zu setzen, daß sie sich nicht einmal die Mühe machten, herauszufinden, ob Svenja Krahl tatsächlich in die Kölner Drogenszene abgetaucht war – angesichts all dieser Umstände wäre es ungerecht, die gesamte Schuld auf Bärbel abzuwälzen. Von einem Teil jedoch kann ich sie nicht freisprechen. Es war ihre Reaktion, die die Weichen für die Zukunft endgültig stellte.

Als Bärbel erkannte, wem sie Uwe von Burgs überhasteten Ausbruch zu verdanken hatte, stürzte sie sich auf ihren Bruder. Ihre Wut war ebenso groß wie der Schmerz der verlorenen Liebe. Schon die ersten Schläge, die sie austeilte, hätten von Jakob stammen können. Die ersten steckte Ben aus Gewohnheit noch klaglos ein. Ab dem vierten oder fünften Schlag versuchte er auszuweichen. Er hob die Arme schützend über den Kopf. Den Stein hielt er noch in der Faust. Wegen der erhobenen Hand mochte es den Anschein erwecken, er könne jeden Augenblick damit zuschlagen.

Bärbel schaute sich ebenfalls nach einer Waffe um, entdeckte einen armlangen und ebenso dicken Knüppel im Gras und drosch damit weiter auf ihren Bruder ein. Als sie endlich von ihm abließ, stand er nicht mehr aufrecht. Er lag bäuchlings neben der Decke und rührte sich auch nicht, als Bärbel laut schluchzend davonlief.

Länger als eine Stunde lag er halb bewußtlos, vom Schmerz betäubt neben der Wolldecke in der Nähe des Trichters. Daß er nicht an seinem eigenen Blut erstickte, verdankte er nur der Bauchlage. Seine Nase und die Zunge bluteten stark, seine Lider waren derart angeschwollen, daß sie die Augäpfel fast völlig überdeckten. An Kinn, Stirn und Schläfen hatte er Platzwunden davongetragen. Auf der rechten Wange zeichnete sich eine tiefe Schramme ab, verursacht von dem kleinen Glasstein des Ringes, den Bärbel aus einem Kaugummiautomaten gezogen und sich als Zeichen der Verbundenheit mit der Liebe ihres Lebens über den Finger gestreift hatte.

Bärbel flüchtete in die Scheune, warf sich in die Reste von Stroh, weinte, jammerte, flüsterte Uwe von Burgs Namen, verfluchte im gleichen Atemzug den Idioten, der ihr das angetan hatte, wünschte ihm die Schweinepest oder einen anderen grauenhaften Tod mit der gesamten Inbrunst ihrer fünfzehn Jahre.

Nach zehn, inzwischen war es dunkel, kam Trude auf der Suche nach Ben durch die Scheune, las die in Tränen aufgelöste Tochter aus dem Stroh auf und versuchte in Erfahrung zu bringen, was ihren Zustand verursacht hatte. Aus den gestammelten Worten: «Uwe – einfach losgefahren» zog Trude den Schluß, Illas und Tonis Ältester sei mit Bärbel so verfahren wie mit unzähligen Mädchen vor ihr.

Aus alter Gewohnheit und der Ansicht, daß eine sinnvolle Beschäftigung jeden Schmerz dämpfte, beauftragte sie Bärbel, bei der Suche nach Ben zu helfen. Widerwillig kam Bärbel auf die Beine und verlor kein Wort darüber, was sie Ben angetan hatte. Gemeinsam schritten sie den Garten ab, riefen nach ihm und bekamen keine Antwort.

Trude kontrollierte das Baumhaus, lockte und machte damit nur Gerta Franken aufmerksam, die erneut das Nachtglas ansetzte. Sie hatte von ihrem Kammerfenster aus bereits die Prügelszene beobachtet und wurde nun Zeugin einer weiteren Ungeheuerlichkeit, von der sie Illa von Burg zwei Tage später berichtete.

Da Ben im hohen Gras der Apfelwiese auf dem Bauch lag, sah Trude nichts von ihm. Sie ging auch davon aus, daß er die Gefahren des Trichters kannte und sich nicht zu nahe heranwagte. Trude vermutete ihn auf der Gemeindewiese und ging zielstrebig dem Feldweg entgegen. Bärbel wandte sich der Apfelwiese zu. Sie wußte, wo er zuletzt gelegen hatte. Und da lag er immer noch.

Als sie näher kam, rührte er sich endlich, robbte auf dem Bauch von ihr weg, vermutlich aus Furcht vor weiteren Schlägen. Die Wolldecke schleifte er an einem Zipfel hinter sich her. Er kam dem Pütz immer näher. Und Bärbel tat nichts, um ihn aufzuhalten oder ihre Mutter aufmerksam zu machen. Trude war bereits auf dem Feldweg, sah und hörte nichts.

Zuerst ragten nur Bens Kopf und die Schultern über

den Rand des Trichters. Dann ein Stück vom Brustkorb. Unter dem sich verlagernden Gewicht gab das lockere Erdreich nach. Bärbel stand wie angewachsen und schaute zu. Er rutschte zusammen mit Grasbüscheln und Dreck in die Tiefe, ohne einen Laut von sich zu geben. Die Wolldecke segelte langsam hinter ihm her.

Ursprünglich war dieser Pütz zwölf Meter tief gewesen. Doch mit den Jahren war eine Menge überflüssiger Kram in ihm verschwunden. Der Bauschutt des ehemaligen Wohnhauses, Dachstuhl und Ziegel der alten Scheune, ausrangierte kleinere Möbelstücke. Oft genug hatte nachts ein Wagen hinter der Wiese gehalten. Oft genug hatten sich Dorfbewohner hier von Dingen getrennt, die lästig oder unbrauchbar geworden waren. Irgendwo zwischen all dem Müll lagen unzählige zerrissene Puppen und die Überreste von Althea Belashi. Obenauf lagen Astwerk von den Bäumen, armdicke Büschel vertrockneter Nesseln und verdorrter Disteln.

Erst zwei Wochen zuvor hatte Jakob auf der Wiese für ein wenig Ordnung gesorgt und eine tüchtige Fuhre in die Tiefe geworfen, weil er bald mähen wollte. So wurde Bens Sturz nach drei Metern gedämpft. Und den Verletzungen durch Bärbels Schläge wurden nur noch ein paar leichte Prellungen und Schrammen hinzugefügt. Die Wolldecke legte sich über ihn und verbarg ihn vor dem Nachthimmel.

Trude machte sich nach einer Viertelstunde mit besorgter Miene auf den Weg zurück ins Haus, Bärbel folgte langsam. Nach elf in der Nacht brach Trude zu einer erneuten Suche auf. Diesmal begleitet von Jakob, lief sie mit einer starken Taschenlampe in den Hühnerstall, leuchtete in jeden Winkel der Scheune, rannte die breite Ausfahrt zwischen Garten und Wiese entlang, rief und lockte, schmeichelte und bettelte.

Jakob schaute noch einmal im Baumhaus nach, spähte

minutenlang in beide Richtungen den stockdunklen Feldweg entlang und überredete Trude, ihm wieder ins Haus zu folgen. Wenn man jetzt das Dorf absuchte und Erich Jensen Wind davon bekam, war es vorbei mit Bens Freiheit. Mußte man eben über Nacht die Küchentür auflassen und hoffen, daß er heimkam. Er fand doch inzwischen immer alleine zurück.

Damit hatte Jakob nicht unrecht, aber seine Worte halfen Trude nicht. Sie war von einer ahnungsvollen Unruhe erfüllt, als sei sie durch einen sechsten Sinn mit ihm verbunden. Sie legte sich zwar wenig später ins Bett, kam jedoch wegen des zittrigen Herzschlags nicht zur Ruhe. Kaum daß es zu dämmern begann, war sie bereits wieder auf den Beinen.

Und wieder in den Hühnerstall, in jeden Winkel der Scheune, in den Garten, zum Baumhaus. Und was ihr in der Nacht entgangen war, im frühen Tageslicht war es nicht zu übersehen. Aus dem Baumhaus bemerkte Trude die frische Bruchstelle am Pütz. Sie lief auf die Apfelwiese, legte sich auf den Bauch und kroch so nahe heran, daß sie über den Rand in die Tiefe schauen konnte.

Zuerst sah sie nichts von Bedeutung, die Sonne stand noch ungünstig, unten war es einfach nur schwarz. Aber dann meinte sie, etwas rascheln zu hören. Im ersten Moment war es, als presse eine Faust ihr das Herz zusammen. Wie oft hatte Jakob gesagt: «Was da hineingerät, ist aus der Welt. Man kann nicht reinklettern, um es zurückzuholen. Dabei würde man nur selbst verschüttet.»

Trude rief nach ihm, und er gab Antwort. Es war nur ein schwaches Jammern. «Um Gottes willen», murmelte Trude. Dann rief sie lauter: «Keine Angst, ich bin da. Ich hol dich raus. Bleib nur still liegen, daß du nicht tiefer rutschst. Hast du gehört? Beweg dich nicht, daß dir nichts auf den Kopf fällt.»

Es war niemand in der Nähe, der ihr eigenes Rufen gehört hätte, mit Ausnahme von Gerta Franken, die jedoch nichts unternahm, auch nicht viel unternehmen konnte ohne Telefon in der Nähe. Zwangsläufig mußte Trude zurück ins Haus, um Jakob zu holen. Hätte sie selbst da unten gelegen, es wäre nur halb so schlimm gewesen. Schweren Herzens versuchte sie, Ben ihr Handeln zu erklären, wohl wissend, daß er sie nicht verstand und sich fürchtete, wenn sie wieder fortging.

Es dauerte bis weit in den Vormittag und war eine äußerst aufwendige Aktion, die niemandem im Dorf verborgen blieb. Zuerst versuchte Jakob, seinen Sohn zu bergen, unterstützt von Paul Lässler und Bruno Kleu, die er telefonisch zu Hilfe rief. Auch Otto Petzhold kam dazu und riet als erster, die Feuerwehr zu alarmieren. Niemand hörte auf ihn.

Doch als immer mehr Erdreich nachsackte, gelangte auch Paul Lässler zu der Ansicht, daß es mit Seilen und Stangen allein nicht zu schaffen sei, daß Jakob nur sein eigenes Leben riskierte. Daraufhin bot Bruno Kleu an, sich anstelle von Jakob in den Trichter hinabzulassen. Mit einem starken Seil um den Bauch, meinte Bruno, könne man ihn zurückziehen, wenn er verschüttet würde. Es sei ja nur lockere Erde, darunter könne so schnell niemand ersticken.

Für die Männer war Brunos Vorschlag nur hirnverbrannter Leichtsinn und absolut unnötiges Starker-Mann-Spielen. Für Trude war es ganz etwas anderes. Und zu dem Verdacht, den sie seit fast zwei Jahren mit sich herumtrug, kam ein weiterer. Daß Bruno Kleu nun endlich versuchen wollte, einen lästigen Zeugen auf elegante Weise zu beseitigen. Da konnte er am Ende sogar behaupten, er habe unter Einsatz seines eigenen Lebens getan, was getan werden konnte, um Ben zu retten. Leider sei ihm der Junge aus den Armen gerutscht oder er habe ihn gar nicht erst zu packen gekriegt oder sonst etwas.

Ohne ein Wort ging Trude zur Scheune und weiter ins Haus, griff nach dem Telefon und wählte den Notruf. Zwanzig Minuten später traf die freiwillige Feuerwehr aus Lohberg ein. Mit langen Leitern und Brettern sicherten die Männer den Einstieg, ehe ein Freiwilliger mit einem Seil um den Bauch an einer Winde die drei Meter hinuntergelassen wurde.

Es verging noch fast eine Stunde, ehe Ben in der Notaufnahme des Krankenhauses lag. Trude stand neben ihm und hielt seine Hände fest, während ein Arzt die Rippen und den Kopf abtastete und diverse Röntgenaufnahmen anordnete.

Gebrochen war nichts, geprellt, gestaucht oder mit Hämatomen und Platzwunden übersät fast alles. Aber im Krankenhaus zog niemand in Betracht, daß die Vielzahl der Verletzungen andere Ursachen haben könnte als den Sturz in die Tiefe. Ben bekam einen festen Wickel um den Brustkorb, Salbenverbände um Kopf, Arme und Beine, Eisbeutel auf die Augen, breite Pflasterstreifen auf Nase und Wangen. Als der Arzt endlich von ihm abließ, lag Ben wie eine Mumie auf dem weißen Laken.

Trude setzte sich zu ihm, strich ihm behutsam über die wenigen Stellen blanker Haut und bemühte sich, in Erfahrung zu bringen, wie er in den Pütz gelangt war, ob ihn vielleicht sogar einer seiner «Retter» hineinbefördert hatte. Sie hörte zuerst nur ein seltsam teilnahmsloses «Finger weg». Daraus schloß sie im ersten Moment, daß niemand nachgeholfen hatte.

«Ja, ja», sagte sie und nickte mit Tränen in den Augen. «Wie oft hab ich dir gesagt, daß du nicht so nahe an den Pütz gehen darfst? Nun siehst du, was geschieht, wenn du nicht auf mich hörst. Das hätte viel schlimmer ausgehen können. Was hast du nur gemacht an dem Ding?»

«Rabenaas», murmelte er.

Trude legte entsetzt eine Hand vor den Mund, beugte

sich dichter über ihn, damit niemand es hörte, und fragte: «Hat Bruno dich hineingeworfen? Hat er dir das angetan, jetzt sag schon.»

Er antwortete nicht. Erschöpft von Schmerzen, Angst und Verwirrung schloß er die Augen.

26. August 1995

Schon um fünf in der Früh trieb es Trude aus dem Bett. Geschlafen hatte sie kaum – nach all dem, was Jakob über Heinz Lukka erzählt hatte. Infolge der vier Bier schlief Jakob ein wenig fester als üblich. Er hörte nicht, daß sie aufstand und über den Flur zu Bens Zimmer schlich. Ein kurzer Blick hinein. Das Bett war leer.

Trude schloß die Tür wieder, ging ins Bad und anschließend die Treppe hinunter. Sie setzte sich an den Küchentisch, lahm und schwer, bis an den Hals gefüllt mit einem grauen Brei aus Panik. Konnte Heinz Lukka das getan haben? Sich mit Freundlichkeit und Schokoladenriegeln einen Mörder dressiert? Fand man nur deshalb nichts da draußen, weil ein Mann mit Verstand dafür sorgte, daß es unentdeckt blieb? Schaffte Heinz die Leichen vielleicht im Auto weg? Entging ihm dabei, daß Ben ein paar Kleinigkeiten für sich behielt?

Bis kurz vor sechs verlor Trude sich in ihren Überlegungen, fühlte das leere Bett wie einen Zentner Blei auf den Schultern. Dann raffte sie sich auf, machte Frühstück und weckte Jakob. «Sei leise», sagte sie. «Ben schläft noch.»

Als Jakob um sieben das Haus verließ, ging sie in den Hühnerstall, getrieben von der Hoffnung, ihn dort zu finden. Der Hühnerstall war immer sein Zufluchtsort gewesen. Oder der Ort, an dem das Mysterium seines Lebens

begonnen hatte, an dem er die Zärtlichkeit eines flaum-
weichen Körpers entdeckte und anschließend Prügel bezog.

Trudes Hoffnung wurde enttäuscht. Es fanden sich nur
ein paar Eier. In den Gelegen nahe der Tür lagen fünf
Stück, sie waren noch warm. Trude raffte die Schöße des
Kittels zusammen, legte die Eier in die Stoffmulde und
ging gebückt weiter. Es war dämmrig, ihre Augen gewöhnten sich bald daran. So bemerkte sie auch bald die
Stoffpuppe in einem Nest an der linken Stallwand. Und
an der Puppe bemerkte sie einen bunten Lappen.

Mit einer Hand hielt sie die Kittelschöße, mit der freien
griff sie nach Bens Spielzeug und betrachtete den Lappen
mit gerunzelter Stirn. Er war von einem grellen Gelb, eine
Farbe, die in Modekatalogen mit Neongelb bezeichnet
wurde, zusätzlich gab es noch zahlreiche pinkfarbene
Tupfen.

Trude erkannte in dem Lappen rasch ein Unterhöschen. Es war der Puppe über die am Körper festgenähte
Kleidung gestreift worden. Trude vergaß die Eier, ließ
einfach den Kittel los, riß das Höschen herunter, setzte
die Puppe wieder ins Nest, richtete sich auf, ging zurück
zur Tür und betrachtete ihren Fund im hellen Morgen-
licht.

Das Höschen war sauber, von ein wenig anhaftendem
Hühnermist abgesehen. Als sie es unter die Nase hielt,
duftete es noch schwach nach irgendeinem Parfüm oder
Waschpulver. Es gab keine Blutspuren, auch sonst nichts
Verräterisches. Der wüste Herzschlag beruhigte sich wieder, der Stich, der durch ihre Brust gefahren war, klang
allmählich ab.

Sie rannte zur Haustür, weiter in die Küche, warf den
kräftig getupften Lappen in Richtung des Kohleherdes,
sah das Geschirr vom Abend, die beiden Teller, ein Löffel
und eine Gabel. Kein Messer! Sie war absolut sicher, daß

sie es gestern nicht mehr abgewaschen und weggeschlossen hatte. Eine unverzeihliche Nachlässigkeit, aber was Jakob über Heinz Lukka erzählt hatte ...

Minutenlang stand sie da, den Rücken im Wechsel übergossen von siedendheißen Selbstvorwürfen und eiskalter Furcht. Der Blick wanderte langsam hin und her, von der Gabel zu dem gelben Lappen auf dem Fußboden. So ein Höschen gab es im Haus nicht, hatte es auch nie gegeben.

Wenig später brannte ein Feuer aus alten Zeitungen. Darunter war auch die, die Jakob zum Altpapier in den Keller gebracht hatte, über die er am Nachmittag reden wollte. Als Trude sich über den offenen Herd beugte, um das Unterhöschen den Flammen zu überlassen, sah sie gerade noch, wie sich das makellose Puppengesicht von Marlene Jensen schwarz färbte, um gleich darauf ausgelöscht zu werden. Es war fast wie ein Sinnbild.

Sie rieb den Stoff unschlüssig zwischen den Fingern, ließ das neongelbe Höschen dann fallen, als stehe es bereits in Flammen. Es brannte rasch weg.

So eine auffällige Farbe und die grellen Tupfen, wer trug denn so was? Trude schob die Herdringe zurück in die Fassung und setzte sich wieder an den Tisch. «Sie war höchstens Anfang Zwanzig», hatte Jakob gesagt. «Und sie wollte partout nicht bis vor Lukkas Tür gebracht werden.» Sie waren so leichtsinnig, die jungen Frauen heutzutage, fühlten sich stark und ahnten nicht, was alles geschehen konnte.

Aber so dumm konnte ein Mann wie Heinz Lukka nicht sein, daß er seinen dressierten Freund auf eine junge Frau hetzte, von der man in Ruhpolds Schenke wußte, daß sie zu ihm wollte. Da mußte doch jeder mit seinen Fragen bei ihm beginnen. Vorausgesetzt, jemand vermißte die Frau. Wolfgang Ruhpold hatte zu Jakob gesagt: «Wenn so eine verschwindet ...» Und nach allem, was

Edith Stern Jakob erzählt hatte, mußte man bezweifeln, daß ihre Familie von dem Besuch im Dorf wußte.

Sekundenlang flatterte Trudes Herz kraftlos vor sich hin, pumpte verzweifelt gegen das in Furcht verkrampfte Aderngeflecht an einem halben Liter Blut, brachte ihn nur tröpfchenweise in die Höhe. Ein heftiger Schwindel zog ihr durchs Hirn. Sie rief sich mit Gewalt zur Ordnung.

Es war doch nur ein Höschen. Vermutlich hatte Ben wieder ein Liebespaar aufgestöbert, das sich dann verzog – so eilig, daß ein Höschen zurückblieb.

Ein Liebespaar, beide aus dem Dorf natürlich. Trude sah es vor sich. Auf einer Decke am Waldrand, so machten es viele. Es war bequemer als die engen Sitze in einem Auto. Und selbstverständlich hatten sie Ben erkannt, als er neben ihnen auftauchte. Zuerst hatten sie sich ein bißchen erschrocken, das war verständlich. Aber sie hatten auch sofort gewußt, daß von ihm keine Gefahr drohte. Lästig war er ihnen geworden, nur lästig. Da hatten sie sich lieber verzogen und in der Eile das Höschen vergessen. Genau so mußte es gewesen sein.

Wo er sich nur wieder herumtrieb? Trude kontrollierte den Herd, fand noch ein wenig Asche, zerbröselte sie mit dem Schürhaken, drückte sie durch das Feuerrost, schob die Ringe wieder über die nun leere Feuerung. Dann ging sie hinauf, holte aus alter Gewohnheit einen Putzlappen aus dem Bad, stellte sich ans Fenster in seinem Zimmer und polierte die Scheibe, rieb Kreis um Kreis über das Glas und schaute sich die Augen aus dem Kopf.

Weit draußen hing eine lichte Staubwolke in der Luft. Ein Mähdrescher zog seine Bahnen in Richard Kreßmanns Weizen am Bendchen. Ein leichter Wind trieb den Staub Richtung Südosten zum Bruch hinüber.

Auf dem Weg zwischen Bruch und Bendchen fuhr ein heller Mercedes, obwohl der Weg dort nicht asphaltiert war. Albert Kreßmann fuhr immer die wesentlich schlechtere Strecke am Lässler-Hof vorbei, wenn er kontrollierte, ob die Arbeiter auch zügig voranmachten. Auf dem Rückweg stattete Albert dann meist Paul und Antonia einen kurzen Besuch ab. Manchmal hielt er auch am Bruch und schaute nach, ob dort jeder Stein noch so lag wie seit fünfzig Jahren. Albert spielte gerne den Herrn auf seinem Land, und der Bruch gehörte nun einmal dazu.

Von Ben war weit und breit nichts zu sehen. Trude fragte sich, wann er das Haus verlassen haben mochte. Ihre Augen tasteten sich durch die Staubwolke, sondierten die Kante des Bruchs. Wenn er nur Albert nicht vor die Augen lief, ehe sichergestellt war, daß jeder, der sich nachts im Feld herumgetrieben hatte, wohlbehalten zurück nach Hause gekommen war.

Zwischen all dem Grün und Gelb an der Bruchkante meinte Trude nach einer Weile einen bunten Fleck auszumachen. Es war nur für einen Moment, der Fleck tauchte sofort wieder in der Senke unter. Und Albert Kreßmann war bereits auf dem Rückweg.

Ihre rechte Hand rieb weiter Kreise über das Fensterglas. Das Herz krampfte sich angstvoll zusammen. Da war der bunte Fleck wieder, tauchte zwischen den kümmerlichen Sträuchern auf, schob sich über die Kante.

Ben konnte es nicht sein. Er trug dunkelkarierte Hemden zu blauen Hosen. Aber der Fleck war schon etwas näher als zuvor. Er bewegte sich seitwärts, verließ den Bruch. Und die Haltung, das gebückte Schleichen, es war typisch.

Trude stellte die sinnlose Putzerei ein und trat einen Schritt zurück, damit Albert nicht aufmerksam wurde. War Richards Sohn gestern abend in Ruhpolds Schenke gewesen? Hatte er gesehen, daß Jakob die junge Amerikanerin in sein Auto steigen ließ? Höchstwahrscheinlich. Jeden Freitagabend versammelten sich die Schützenbrüder in der Schenke. Und Albert war wie sein Vater Mitglied im Schützenverein.

Während sie einen halben Meter vor dem Fenster stand, angestrengt zwischen einem Rübenacker und dem langsam fahrenden Mercedes hin und her schaute, polterte ein Gedankengewitter durch Trudes Hirn.

Zuerst die Hoffnungsblitze. Als Edith Stern sich auf dem Weg zu Heinz Lukka befand, hatte Ben am Küchentisch gesessen. Und später hatte er friedlich auf seinem Bett gelegen. Mit eigenen Augen hatte Trude ihn liegen sehen, sanftmütig und unschuldig mit der Stoffpuppe im Arm.

Auf den Blitz folgte der erste Donnerschlag. Irgendwann in der Nacht war er aus dem Haus geschlichen. Irgendwann war Edith Stern wohl auf dem Rückweg gewesen. Und der zweite Blitz: für den Rückweg hatte sie sich bestimmt von Heinz ein Taxi rufen oder sich von ihm fahren lassen. Jakobs Donnerstimme hielt dagegen: «Sie wollte sich partout nicht fahren lassen. Zweimal hab ich's ihr angeboten, ich hab sie sogar gewarnt. Da hat sie nur gelacht.»

Ein Schritt vom Fenster zurück mochte für Albert Kreßmann reichen, für Ben nicht. Die Sonne übergoß die gesamte nach Südosten liegende Hauswand, schräg von der Seite fielen die Strahlen durch das offene Fenster ins Zimmer. Der bunte Fleck zwischen den Zuckerrüben hob beide Arme über den Kopf, winkte aus Leibeskräften, hüpfte und tanzte auf der Stelle und brüllte etwas über die Felder.

Bei Trude kam es nur wie ein schwacher Hauch an. Albert im fahrenden Auto konnte auch nicht mehr gehört haben. Aber gesehen! Und Trude sah, daß der Mercedes anhielt, daß Albert ausstieg, einen Arm hob und zurückwinkte, als hätten Bens Freudensprünge ihm gegolten. Jetzt half nur noch die Flucht nach vorne. Einen Schritt

zum Fenster, sich weit hinausbeugen. Den linken Arm
aus dem Fenster, winken und ebenfalls aus Leibeskräften
über die Felder brüllen, obwohl kaum damit zu rechnen
war, daß Albert Kreßmann ein Wort davon hörte, ge-
schweige denn verstand: «Nun aber schnell, Ben! Für
eine halbe Stunde, hatte ich gesagt, nur für eine halbe
Stunde.»

Er kam rasch näher, wurde größer und deutlicher. Dieses bunte Ding um seine Schultern, was war das nur? Es
sah aus, als hätte er sich etwas um den Hals gebunden, einen langen Schal oder … Ein Rucksack und eine Jacke,
hatte Jakob gesagt, so ein buntes Ding, sehr auffällig.

Trude heizte den Herd noch einmal an für den Fall eines
Falles. Es war tatsächlich eine Jacke aus festem, wasser-
undurchlässigem Stoff, was sie mit einem Blick erkannte,
als Ben in die Küche kam. Er hatte sie sich mit den Ärmeln um den Hals gelegt, der Rest hing ihm lose über die
Schultern den Rücken hinunter.

Doch nachdem die erste Panik sich gelegt hatte und sie
in Ruhe nachdenken konnte, entschied Trude sich anders. Albert mußte das bunte Ding um seine Schultern
ebenfalls bemerkt haben. Trude ging lieber kein Risiko
ein. Sie trat erneut die Flucht nach vorne an, griff zum Telefon und erkundige sich bei Wolfgang Ruhpold, ob die
junge Amerikanerin in der Nacht noch einmal in die
Schenke zurückgekommen sei. War sie nicht!

Als unvermittelt der Schmerz in den linken Arm schoß,
wechselte Trude den Telefonhörer in die rechte Hand,
kämpfte verbissen gegen die Atemnot und erklärte gleichzeitig, Ben sei gerade für ein Viertelstündchen draußen
gewesen und hätte eine Jacke gefunden. Es müsse nicht
unbedingt die Jacke der Amerikanerin sein. Aber falls die
Frau sich meldete und ihre Jacke vermißte, Trude würde
das Ding aufbewahren. Jakob könnte es auch in der

Schenke oder aufs Fundamt nach Lohberg bringen. Vielleicht hätte ja ein Mädchen aus der Stadt die Jacke verloren.

An der Stelle schaffte Trude ein kleines Lachen. «Wenn die hier draußen spazierengehen, haben sie andere Dinge im Kopf, als ihre Sachen beisammenzuhalten.» Wolfgang Ruhpold lachte ebenfalls und versprach, sich umzuhören und einen Zettel in ein Fenster zu kleben.

Nachdem das erledigt war, streckte Trude verlangend die Hand aus. «Gib mir das.»

Ben schüttelte den Kopf, umklammerte die lose vor seiner Brust baumelnden Jackenärmel, drückte sich mit dem Rücken gegen die Wand und setzte eine trotzige Miene auf.

Mit Nachdruck in der Stimme wiederholte Trude ihre Forderung: «Sofort gibst du mir das verdammte Ding! Wo hast du es her? Hast du es gefunden? Hast du es jemandem abgenommen? Oder hat es dir jemand geschenkt?»

Eine Frage nach der anderen, wie aus einer scharfen Pistole abgeschossen. Er machte einen Buckel im Bemühen, kleiner zu werden, um auf diese Weise ihrem Zorn zu entgehen und seinen Schatz behalten zu dürfen. Ihre Stimme verhieß nichts Gutes. Um ihr Verlangen wenigstens teilweise zu erfüllen, faßte er einen Teil der letzten Nacht in einem Wort zusammen. «Freund», sagte er.

Damit wußte Trude: er war bei Heinz Lukka gewesen. Sie schluckte trocken. «Hast du ... Schokolade bekommen?»

Er schüttelte den Kopf.

«Warum nicht?» fragte Trude. «Warst du nicht lieb? Oder hat Heinz dich nicht gesehen? Du hast ihn doch bestimmt gerufen, damit er dir etwas Süßes gibt.»

Wieder schüttelte er den Kopf. «Fein», sagte er.

«Hatte Heinz noch Besuch, als du gekommen bist?»

Jetzt nickte er und sagte: «Rabenaas.»

Auch Trude nickte mehrfach hintereinander. Ein Nikken für die Verzweiflung, ein Nicken für die Gewißheit, ein Nicken für die Panik. Rabenaas! Das eine Wort sagte ihr alles. Trude sah es vor sich, als hätte sie ihn begleitet in der Nacht. Die junge Amerikanerin war noch bei Heinz gewesen, als Ben auftauchte. Er hatte sie gesehen, und ... Sie wisse sich die Kerle schon vom Leib zu halten, hatte sie zu Jakob gesagt. Das tat sie bestimmt nicht mit Freundlichkeit.

«Hat die Frau mit dir geschimpft?» fragte Trude. «Hast du sie bange gemacht? Du weißt doch, daß du das nicht tun darfst! Hast du ihr die Jacke weggenommen? Sie hat sie dir bestimmt nicht geschenkt. Du kannst sie nicht behalten. Jetzt gib sie mir.»

Als er immer noch trotzig den Kopf schüttelte, die Jakkenärmel mit beiden Händen festhielt, versuchte sie es mit Schmeicheln und Loben. «Du bist doch mein guter Ben. Du bist mein Bester. Sei lieb und gib mir die Jacke. Du bekommst etwas Feines dafür, ein großes Eis. Und heute nachmittag gehen wir zu Sibylle, wir essen Kuchen. Und am Montag fahren wir mit dem Bus in die Stadt. Du magst doch mit dem Bus fahren. Wir gehen in die Kaufhalle. Wenn dir so ein buntes Ding gefällt, kaufe ich dir eins.»

Leicht fiel es ihm nicht, mit sichtlichem Unwillen zerrte er sich die Jacke vom Leib, reichte sie Trude und drückte sich erneut mit dem Rücken gegen die Wand. Seine trotzig schmollende Miene hätte Trude beinahe zu einem Lächeln veranlaßt. Aber dafür war später Zeit, wenn es noch einen Grund zum Lächeln geben sollte.

Sie untersuchte den Stoff auf Risse und Blutflecken, was in dem Farbgemisch nicht einfach war. Doch die Jacke war ebenso sauber wie das Höschen aus dem Hühnerstall. Es gab keine Beschädigungen und nicht einen roten Fleck, der nicht an seinen Platz gehört hätte.

Trude brachte das bunte Ding in den Flur, hängte es an einen Garderobenhaken, ging zurück in die Küche, schnitt vor dem Schrank stehend Brot, bestrich es mit Butter und belegte es mit Wurst, während er sich an den Tisch setzte. Sie hörte das Schaben der Stuhlbeine auf dem Fußboden, schnitt die Brote in der Hälfte durch. Das alles tat sie mechanisch wie eine gut funktionierende Maschine. Im Kopf jagten sich die Bilder.

Eine junge Frau auf dem Rückweg ins Dorf. Eine laue Nacht, den Rucksack auf dem Rücken, die Jacke lose über dem Arm. Sie hört Schritte hinter sich oder sieht den massigen Schatten vor sich. Jakob hätte ihr sagen müssen, daß Ben nachts draußen herumlief, daß er gutmütig und völlig harmlos war, wenn man nur freundlich mit ihm umging. Dann hätte sie sich nicht vor ihm erschrokken, hätte nicht rennen müssen, hätte nicht beim Rennen ihre Jacke verloren.

Dann drehte Trude sich zum Tisch um. Und zum erstenmal, seit er ihr die Jacke gegeben hatte, fiel ihr Blick auf seinen Rücken. Der Teller mit den Broten entglitt ihrer Hand und zerbrach auf dem Steinboden. Die Splitter spritzten in alle Richtungen. Sein Hemd war auf dem Rücken nicht mehr kariert. Es war einheitlich gefärbt von einem fast schwarzen Rot. «Nein», sagte Trude und schüttelte heftig den Kopf. «Nein!»

Oben auf den Schultern war der Stoff sauber, es begann ein bißchen tiefer. Da war er steif von getrocknetem Blut. Auch der Riemen, den er um die Taille trug, war schwarz.

Trude brauchte länger als fünf Minuten, um das Entsetzen abzuschütteln. Dann riß sie an seinem Arm, bis er vom Stuhl aufstand. Zerrte ihn in den Hausflur, die Treppe hinauf, ins Bad. Sie hielt ihn am Arm fest, während sie Wasser in die Wanne ließ. Er hätte ohnehin baden müssen.

«Was hast du gemacht?» fragte sie mit dünner, kippen-
der Stimme in das Wasserrauschen hinein. Die Kehle war
so eng, daß die Worte kaum hindurchpaßten. Die Augen
quollen über vor Schmerz. Und diesmal war es nicht allein das Herz, das die Brust in Feuer tauchte.

«Wer hat dir gesagt, daß du so etwas tun darfst? Ich
hab dir immer gesagt, du darfst die Mädchen nicht anfassen. Das hast du nicht getan! Das kannst du nicht getan
haben. Das nicht! Wo hast du dich so schmutzig gemacht? Jetzt sag schon! Sag doch einmal etwas Vernünftiges! Wie kommt dieses Zeug auf deinen Rücken? Was
ist das für ein Dreck?»

Ihre Finger zerrten am Taillenriemen, nestelten an den
Hemdenknöpfen. Zwei Knöpfe rissen ab und klimperten
über den Fußboden. Dann war das Hemd endlich von
seinen Schultern. Sie riß ihm die Hose herunter, die Unterhose gleich mit und befahl: «Steig ins Wasser!»

Dann rannte sie mit den Kleidungsstücken zur Tür, die
Treppe hinunter, in die Küche. Das Feuer war wieder er-
loschen. Hemd und Hose unter den Arm geklemmt,
hetzte Trude in den Keller und holte noch ein paar alte
Zeitungen. Die Finger wollten ihr nicht gehorchen, drei
Zündhölzer zerbrachen beim Anreißen, ehe das vierte
aufflammte und das Papier in Brand setzte. Doch als sie
die Hose in die Feuerung stopfte, erstickten die Flammen
an der Heftigkeit. Es war zuviel, einfach zuviel.

«Er tut keinem Menschen etwas», murmelte sie, stopfte
auch das Hemd in die Feuerung und stammelte: «Er meint
es doch nur gut. Er kann keiner Menschenseele was zu-
leide tun.»

Minutenlang ließ sie den verschwommenen Blick
über den blutverkrusteten Hemdrücken und die rußge-
schwärzte Herdöffnung gleiten. Dann endlich, nach einem langen, zittrigen Atemzug, riß sie das fünfte Zündholz an, hielt die Flamme vorsichtig an den Stoff, wartete,

bis sie übergriff, und schaute zu, wie das Hemd langsam ankohlte, um nach ein paar Sekunden aufzuflammen.

Und diese kleinen, gelben und blauen Flämmchen waren das letzte, an das Trude sich später erinnerte. Was sie danach noch gesehen oder getan hatte, wußte sie nicht mit Sicherheit. Ben gewaschen, das stand fest, ihm saubere Kleidung angezogen, weil er später frisch gewaschen und in einem sauberen Jogginganzug auf seinem Bett lag.

Dann waren da noch ein paar Bilder von kleinen Wunden und von größeren, die wie Kratzer oder nicht allzutief ins Fleisch gehende Risse aussahen. Und eine Stimme war da, die mehrfach sagte: «Ja, ich weiß, daß es weh tut. Aber es ist gleich vorbei. Halt still, es muß sein. Du hast dich schon so oft am Draht gerissen, das ist genauso.»

Und ein Messer, ein kleines Messer mit leicht gebogener und scharfer Klinge war da. Aus dem Schrank in der Küche genommen und es mit eigener Hand wieder und wieder über Bens Rücken gezogen. Es anschließend unter einem Wasserstrahl gesäubert. Und ein zweites Messer, eines vom Eßbesteck mit Wellenschliff, das gerade taugte, eine Scheibe Brot zu durchtrennen, völlig schwarz und verdorben vom Feuer aus dem Herd genommen und tief unten in die Mülltonne gesteckt.

Veränderungen

Trude erfuhr nie, was tatsächlich im Juni 82 auf der Apfelwiese geschehen war. Gerta Frankens Zeit auf der Bank am Marktplatz war abgelaufen. Ihre Beine wollten nicht mehr, sie war ans Haus gebunden und erzählte es nur Illa von Burg. Und Illa hielt es nicht für ratsam, einem fünfzehnjährigen Mädchen zu unterstellen, es hätte den eigenen Bruder töten wollen, und damit in eine Familie, die ohnehin schon Sorgen genug hatte, noch mehr Probleme zu tragen.

Illa sorgte allerdings dafür, daß Bärbel ihren Bruder fortan in Ruhe ließ. Noch während Ben im Krankenhaus lag, führte Illa ein langes und eindringliches Gespräch mit Bärbel, in dem sie sich ihr Schweigen mit dem heiligen Versprechen bezahlen ließ, niemals wieder die Hand gegen Ben zu heben.

Zu Anfang schien es, als bekomme Bärbel dazu auch keine Gelegenheit mehr. Erich Jensen setzte alle Hebel in Bewegung, Ben in ein Heim zu stecken, sobald er genesen war. Verletzung der Aufsichtspflicht mit gravierenden gesundheitlichen Folgen, ein besseres Argument konnte Erich nicht finden.

Zweimal ging Trude nach den Stunden, die sie täglich an Bens Krankenbett verbrachte, in die Kanzlei von Heinz Lukka, bettelte, weinte und flehte, Heinz solle seinen Einfluß geltend machen und dafür sorgen, daß Ben wieder heimkommen durfte. Doch in der Situation konnte Heinz Lukka nicht viel tun.

Ausgerechnet Bruno Kleu schaffte es, Erich Jensen umzustimmen. Mit welchen Argumenten ihm das gelang, sagte er Trude nicht. Trude verstand auch nicht ganz, warum Bruno sich überhaupt für Ben einsetzte. Aber seine Motive waren ihr nicht so wichtig. Daß er es tat, zählte, nahm ihr die Furcht vor einer Wiederholung und ließ sie zweifeln, daß Bruno etwas mit dem Verschwinden der Artistin zu tun hatte. Obwohl man das auch anders sehen konnte. Geschulte Erzieher in einem Heim hätten vielleicht begriffen, was Ben mit den Puppen demonstrierte, und wären der Sache nachgegangen.

So kam nur eine schriftliche Aufforderung von der Stadt, das gefährliche Grundstück ausreichend zu sichern, und eine Rechnung für den Feuerwehreinsatz. Jakob bezahlte zähneknirschend, kaufte ein paar Holzlatten und etliche Meter Maschendraht. Daraus baute er eine Art Kegel, den er über den Pütz stellte. Er denke nicht daran, sagte Jakob, sein gesamtes Grundstück einzuzäunen wie ein Gefangenenlager. Trude bettelte tagelang, aber Jakob ließ nicht mit sich reden.

Ben erholte sich von seinen körperlichen Verletzungen, nicht aber den seelischen. Die vierzehn Tage in fremder Umgebung, das Kommen und Gehen der vertrauten Gesichter. Wenn sie gingen, ließen sie ihn zurück. Und meist kam dann einer und stach ihm eine Nadel in den Arm, weil er zu toben begann. Es war mehr Strafe für ihn als Bärbels Prügel und die Stunden im Pütz.

Er wurde verschlossen und mißtrauisch. Als Trude ihn endlich heimholen durfte, wich er nicht mehr von ihrer Seite. Waren sie in der Küche, saß er in einer Ecke und brütete dumpf vor sich hin. Kam Jakob über Mittag oder am Abend heim, hob er kurz den Kopf, blinzelte zur Begrüßung wie eine um Freundschaft bettelnde Katze und rückte näher an Trude heran.

Anita zog im Juli aus, hatte ihr Abitur bestanden und nahm ein Zimmer in Köln, um in Ruhe auf einen Studienplatz zu warten. Wenn Bärbel aus der Schule kam, griff er nach Trudes Kittel, klammerte sich fest, wollte ihr noch auf die Toilette folgen. Mußte sie ins Dorf, lief er neben ihr, hielt sich an ihrer Hand fest und den Blick auf ihr Gesicht gerichtet, als müsse er sich überzeugen, daß sie wirklich noch da sei.

Sibylle Faßbender war durch Illa von Burg informiert über das tatsächliche Geschehen. Und sie meinte, es sei kein gutes Zeichen. «Ich sag es nicht gerne», sagte Sibylle. «Aber mach einen Hund scharf, und du hast einen Beißer. Prügel ein Kind, und du hast einen Schläger. Er war so ein guter Kerl. Hoffen wir, daß es so bleibt. Daß er nicht eines Tages auf die Idee kommt zurückzuschlagen.

Am Ende trifft er vielleicht welche, die nichts dafür können. So ist es ja meist.»

Daß Sibylles Befürchtungen nicht unbegründet waren, zeigte sich schon im August. Für Trude kam es überraschend an einem heißen Tag, als sie ihn wie üblich mit zum Einkaufen nahm. Vor der Tür des Supermarkts entzog er ihr seine Hand. Da fühlte Trude sich noch erleichtert und dachte, er habe den Schock endlich überwunden und sei nicht mehr gar so sehr auf ihre Nähe angewiesen. Dem Mädchen von etwa zwölf Jahren, das in ein paar Metern Entfernung am Straßenrand stand, schenkte sie keine Beachtung. Als sie wenig später zurückkam, wälzte er sich über den Gehweg. Unter sich das Mädchen, dem er mit beiden Armen die Luft aus den Lungen drückte. Trude konnte eben noch verhindern, daß er dem Kind in die Nase biß.

Am Nachmittag erschien eine wütende Mutter auf dem Hof, drohte mit Regreßansprüchen und anderen Maßnahmen. Es gelang Trude mit großer Mühe und einem ebensolchen Geldschein, die Frau zu besänftigen und dafür zu sorgen, daß Jakob nichts von dem Zwischenfall erfuhr. Aber es blieb nicht bei dem einen.

Nur zwei Tage später hielt Trude sich im Garten auf. Ben hockte am Rand der Wiese. Auf dem Feldweg näherte sich ein Mädchen auf einem Fahrrad. Ben sprang auf, stellte sich breitbeinig in den Weg. Und bevor Trude reagieren konnte, hatte er das Kind vom Rad gerissen und zu Boden geschubst. Obwohl Trude so rasch als möglich zur Stelle war, ging noch der leichte Rock in Fetzen.

Anschließend mühte Trude sich ab, das weinende Mädchen zu beruhigen, verabreichte Ben an Ort und Stelle ein paar Schläge auf den Hintern, zückte wieder die Geldbörse und hoffte inständig, daß Jakob auch davon nichts zu Ohren kam.

Mit Jakob war es nicht mehr wie früher. Der Ärger in all den Jahren, sein Mißerfolg bei der Bergung, den er als persönliches Versagen wertete, die Vorschriften und Belehrungen, zuletzt die Aufforderung der Stadt und die Rechnung für den Feuerwehreinsatz, es hatte ihn mürbe gemacht. Manchmal wirkte er geistesabwesend, betrachtete Ben mit verlorenem Blick.

Trude wußte, was in seinem Kopf vorging. Daß er sich fragte, ob sie nicht entschieden weniger Probleme hätten, wenn der Sohn aus dem Haus sei. Dann könnte man an seiner Stelle die jüngste Tochter heimholen und wieder auf die Zukunft hoffen. Es reichte Jakob nicht mehr, die kleine Tanja bei Paul und Antonia zu besuchen. Ein paarmal klangen Bemerkungen an, daß ein gutes Heim nicht die schlechteste Lösung wäre. Da gäbe es Fachkräfte, da hätten sie Möglichkeiten, einem, der nichts begriff, ein paar lebensnotwendige Grundregeln beizubringen. Es klang, als spräche Erich Jensen. Jedes Wort war ein Nadelstich in Trudes Herz.

Als Jakob im Frühjahr 83 darauf bestand, Tanja bei sich zu haben, schwitzte Trude Blut und Wasser. Bis dahin hatte sie Ben mit viel Zeitaufwand und Vanilleeis das Baumhaus und die alte Viehtränke noch einmal schmackhaft machen können. Fast den gesamten Herbst und die milden Tage des Winters hatte er sich im Birnbaum aufgehalten oder die dünne Eisschicht auf der Tränke zerkratzt. Aber wenn ihm nun wieder ein Mädchen vor die Augen geriet und ausgerechnet Jakobs Herzblatt, es war nicht auszudenken.

Um das Schlimmste zu verhindern, kaufte Trude eine Puppe. Er hatte lange keine mehr gehabt. Irgendwann war Anitas Bett abgeräumt gewesen, auch auf Bärbels Bett saßen keine mehr. Und Jakob war strikt dagegen gewesen, Nachschub zu kaufen. Jetzt erhob er keine Einwände. Es war ein schönes Exemplar, noch etwas größer als die jüngste Tochter, mit einem richtigen Kindergesicht und Haar auf dem Kopf. Sie kostete ein kleines Vermögen. Doch wenn Trude gehofft hatte, ihn damit abzulenken, wurde sie bitter enttäuscht.

Eine knappe halbe Stunde saß er auf dem Fußboden in der Küche, hielt die Puppe im Schoß, untersuchte deren Bekleidung, hob den Rock und grinste, als sein Blick auf das weiße Spitzenhöschen fiel. Dann äugte er zu Trude hin. Irgendwie, fand sie, hatte sein Blick etwas Verschlagenes. Als sie drohend den Finger hob, das übliche «Finger weg!» in die Küche donnerte, zog er den Rock wieder über die Puppenbeine und klimperte gelangweilt mit den Schlafaugen. Eine halbe Stunde, genauso lange, wie Jakob brauchte, um Tanja erst einmal nur für den Sonntag bei Paul und Antonia abzuholen.

Kaum trat Jakob mit dem Kind auf dem Arm in die Küche, war das kleine Vermögen in den Wind geschrieben. Ben war auf den Beinen, ehe Trude sich versah, stand vor Jakob, grinste in das runde Kindergesicht, streckte zögernd die Hand aus und strich über das Haar der kleinen Schwester.

Jakob grinste ebenfalls vor Vaterstolz. «Später», sagte er. «Wenn du lieb bist, darfst du später ein bißchen mit ihr spielen.»

Dann ging Jakob ins Wohnzimmer, setzte sich auf die Couch und nahm Tanja auf seinen Schoß. Ben folgte bis zur Tür, lehnte sich mit der Schulter gegen den Rahmen und ließ keinen Blick von der Kleinen. Eine Stunde später erinnerte Jakob sich an sein Versprechen, klopfte mit der flachen Hand neben sich auf die Couch, forderte in teils mißtrauischem, teils jovialem Ton: «Na, dann komm. Setz dich neben mich, dann darfst du sie mal halten.»

Bis dahin hatte Ben sich nicht von der Stelle gerührt. Nun war er mit drei Schritten um den Tisch herum, ließ sich neben Jakob auf die Couch fallen und ächzte, als sein

Vater ihm das Kind auf den Schoß setzte. Trude hielt den Atem an. Doch unter Jakobs scharfem Blick drückte Ben nur die gespitzten Lippen auf die Kinderwangen, strich mit den Fingerspitzen über das weiche Haar und legte seine Wange auf den Scheitel seiner Schwester.

Tanja war vom ersten Augenblick an sehr zutraulich. Sie ließ sich wenig später ohne Widerstand auf den Arm nehmen, nachdem Trude ihrem Sohn gezeigt hatte, wie man ein kleines Mädchen richtig auf den Arm nahm. Obwohl er sie reichlich ungeschickt hielt, hatte Tanja ihren Spaß. An die rauhen Zärtlichkeiten großer Brüder war sie durch den ständigen Umgang mit Andreas und Achim Lässler gewöhnt. Und im Gegensatz zu den Lässler-Jungs protestierte Ben nicht, als sie mit beiden Händen in sein Haar griff und daran zerrte.

Am Nachmittag durfte er sie über den Hof tragen. Jakob hatte im Schweinestall zu tun, war somit in unmittelbarer Nähe. Trude überwachte es zusätzlich vom Küchenfenster aus, hörte das Plappern ihrer Jüngsten, Bens zufriedenes Brummen, und dabei löste sich der eiserne Ring um die Brust langsam.

Als Jakob das Kind abends in den Wagen setzte und mit ihm vom Hof fuhr, stand Ben neben dem Tor und winkte sich fast die Arme vom Leib. Dann kam er zu Trude in die Küche, setzte sich auf den Fußboden und beschäftigte sich wieder mit der neuen Puppe.

Nachdem der erste Versuch so reibungslos verlaufen war, kam das Kind regelmäßig an den Wochenenden heim. Im Sommer 83 richtete Jakob ein Zimmer für seine jüngste Tochter her in der Hoffnung, sie für immer heimholen zu können, sobald sie sich eingelebt hatte. Trude schaffte es, ihm das auszureden. Das Kind war gut aufgehoben bei Paul und Antonia. Es wuchs friedlich und liebevoll umsorgt auf, hatte in Britta Lässler eine Spielgefährtin, die man ihm daheim nicht bieten konnte.

Daheim war nur Bärbel, die sich strikt weigerte, Baby-sitter zu spielen, die auch keine Zeit hatte. Bärbel war vollauf beschäftigt, Bewerbungen für eine Lehrstelle zu schreiben und zu Vorstellungsgesprächen zu fahren. Da-nach war sie meist nicht mehr ansprechbar, weil man sie wieder auf das Abschlußzeugnis der Schule vertröstet hatte. Und da war Ben, liebevoll und sanft im Umgang mit der kleinen Schwester, aber, wie Trude mit einem Schulterzucken einräumte, auch ein wenig unberechen-bar.

Jakob verzichtete mit blutendem Herzen, begnügte sich damit, sie sonntags und in Ausnahmefällen für einen oder zwei Tage in der Woche heimzuholen. War sie da-heim, packte er morgens eine Ersatzwindel, zwei Schei-ben Weißbrot mit Marmelade und eine Flasche Tee in sei-nen Frühstückskorb und nahm sie mit hinaus. Mittags brachte er sie heim für eine Stunde Schlaf. Am Nachmit-tag spielte sie unter Trudes Aufsicht im Hof, während Ben zuvor unter allen möglichen Versprechungen und mit den Händen voll Vanilleeis und Schokoladenriegel ins Baumhaus geschickt worden war.

Nur blieb er dort nie. Und jedesmal, wenn er in ihre Nähe kam, spürte Trude die Furcht wie eine Faust ums Herz. Sibylles Worte gingen ihr nicht aus dem Sinn, die beiden Angriffe auf fremde Mädchen schienen sie zu be-stätigen. Und dann so ein kleines, hilfloses Wesen wie Tanja … Trude fegte den Hof, bis dort kein Hälmchen mehr lag, stand am Küchenfenster, während sich hinter ihr die Bügelwäsche türmte, rannte immer wieder hinaus, um zu verhindern, daß Ben die Kleine in die Scheune trug.

Es hagelte Schimpfe und Schläge für ihn, der Zeige-finger hing so oft drohend in der Luft, daß Trudes Arm gegen Abend schmerzte. War so ein Tag überstanden, konzentrierte Trude ihre Liebe wieder auf ihn, weil er doch sonst nicht viel vom Leben hatte. Für jeden Schlag

entschädigte sie ihn mit einer Leckerei, für jedes Schimpfwort bekam er ein Streicheln. Und manchmal ein paar
Tränen, weil er das eine mit dem anderen nicht in Verbindung brachte. Weil man ihm nicht erklären konnte,
warum er dies und jenes lassen mußte. Und wenn andere
es hundertmal taten, er durfte es nicht tun.

26. August 1995

Kurz vor drei kam Jakob nach Hause. Es war kein Essen
zubereitet. Trude saß am Küchentisch und starrte vor
sich hin. Im Vorbeigehen bemerkte Jakob die Jacke am
Garderobenhaken. Beim ersten Mal klang seine Stimme
nur erstaunt: «Wo kommt die denn her?» Dreimal mußte
er fragen, die Stimme von Mal zu Mal um einen Ton
schärfer, ehe Trude den Kopf hob.

Sie schaute ihn an, als sei er aus Glas. Dann erklärte
sie mit teilnahmsloser Stimme: «Ben hat sie auf der Apfelwiese gefunden. Er ist wieder durch den Draht gekrochen. Frag mich nicht, wie sein Rücken aussieht, alles
zerstochen und zerschnitten. Sein Hemd hab ich weggeworfen, es war völlig zerrissen. Da hätte sich das Flicken
nicht mehr gelohnt. Blutig war es natürlich auch.»

«Gefunden», sagte Jakob gedehnt, auf ihre restliche
Erklärung ging er nicht ein. Er ließ einen langen Atemzug
folgen, kam zum Tisch und blieb neben ihr stehen.
«Wann denn?»

Sie hob flüchtig die Achseln. «Heute morgen, so gegen
zehn. Er ist nach dem Frühstück ein bißchen draußen herumgelaufen.» Dabei blieb sie, auch als Jakob energischer
wurde. Nein, Ben war in der Nacht nicht draußen! Auf
Ehre und Gewissen und beim Grab von Trudes Mutter
nicht! Er war in seinem Bett. Trude hatte es doch gesagt

am Morgen. Hätte Jakob nachgeschaut, hätte er sich selbst davon überzeugen können. Anscheinend hatte Ben sich gestern auf seinem Streifzug völlig verausgabt. Trude hatte ihn wecken müssen. Das war noch nie vorgekommen. Erst nach dem Frühstück war er hinausgelaufen, aber nicht lange draußen geblieben. Verständlicherweise, wo er sich so böse am Stacheldraht verletzt hatte. Während sie sprach, schaute sie unentwegt in die Diele.

Die Jacke hing harmlos vom Garderobenhaken. Und Jakob hatte das Gefühl, als bohre sich ihm dieser Haken zwischen die Schulterblätter. Er setzte sich Trude gegenüber, griff nach ihren Händen und hielt sie auf der Tischplatte fest. Dann räusperte er sich und sagte: «Das kann aber auch anders gewesen sein. Du warst doch nicht dabei. Du willst mir ja wohl nicht erzählen, du wärst mit ihm zur Wiese gelaufen.» Nach ein paar Sekunden fügte er an: «Ich wollte gestern schon mit dir darüber reden.»

Sie hatte keinen Blick für ihn. Jakob ließ die Augen nicht von ihrem Gesicht, wartete auf ein Zucken, ein Blinzeln, auf irgendeine Reaktion, die anzeigte, daß sie in den letzten Stunden nicht völlig versteinert war. Ob sie ihm tatsächlich zuhörte, war nicht zu erkennen.

In bedächtigem Ton und sorgfältig gewählten Worten schilderte er, was ihm seit gestern durch den Kopf ging. Die Zeitungen! Der Verdacht, daß sie beide insgeheim einen Verdacht gegen den eigenen Sohn hatten. Und wenn das so war, mußte es Gründe geben. Seine eigenen Gründe legte er ehrlich und offen auf den Tisch.

«In all den Jahren hast du Angst gehabt, daß er sich an Tanja vergreift. Mich hast du damit ganz verrückt gemacht. Nachher hab ich es auch geglaubt. Aber er hat ihr nie etwas getan. Er hat ihr auch am Montag nichts getan, hat sie nur in die Arme genommen, wie er es immer tut. Und ich dachte, wenn ihm nun ein fremdes Mädchen über den Weg läuft, und er versucht das bei dem, dann geht das nicht so glimpflich ab. Du weißt doch, wie das ist. Er wird angebrüllt und beschimpft.»

Endlich kam, worauf Jakob sehnlichst hoffte; Trude nickte. Er drückte ihre Hände fester, legte noch ein wenig mehr Überzeugungskraft in seine Stimme und versicherte: «Ich glaub nicht, daß er Erichs Tochter was getan hat.» Dann kam der Satz, vor dem er sich fürchtete. «Aber in dem Glas, das ich am Sonntag aus seinem Zimmer geholt hab, war ein Fetzen. Er war dreckig, kann sein, daß er blau war. Und in der Zeitung stand, sie hatte eine blaue Jacke. Ich hab dir nichts davon gesagt, weil ich nicht wollte, daß du dich aufregst. Aber ich hab mir gedacht; wer weiß, was er dir immer heimbringt. Mir sagst du es ja nicht. Hat er noch mehr gebracht als diesen Fetzen?»

Trude schüttelte stumm den Kopf. Jakob nickte schwerfällig. «Vielleicht», sagte er gedehnt, «sollten wir mal mit Heinz sprechen. Man müßte ihn wenigstens fragen, wann Edith, ich meine, Frau Stern bei ihm weggegangen ist. Vielleicht weiß er auch, wohin sie wollte. Willst du ihn nicht mal anrufen?»

Trude schüttelte erneut den Kopf, heftiger diesmal, dabei lachte sie hysterisch. «Ich? Ruf du ihn doch an. Und was machst du, wenn er dir sagt, es wäre ja nur eine Sachbeschädigung?»

Jakob konnte sich auf diese Bemerkung keinen Reim machen und kam nicht dazu, zu fragen, was das heißen sollte. Trude atmete vernehmlich durch und erklärte: «Frau Stern wird ihre Jacke verloren haben. Ben kann ihr nichts getan haben, weil er nicht draußen war. Ich hab nämlich die ganze Nacht nicht geschlafen. Ich hätte gehört, wenn er rausgegangen wäre. Und um fünf war ich schon auf, da war er in seinem Bett. Ich hab's dir gesagt, als ich dich geweckt habe. Warum hast du nicht nachgeschaut? Dann müßten wir jetzt nicht so reden.»

Ein paar Sekunden war sie still, nur ihre Atemzüge hingen schwer in der Luft. Schließlich fragte sie: «Bist du ganz sicher, daß es die Jacke von der Frau Stern ist?»

Jakob nickte zuerst nur, erklärte dann: «Völlig sicher! Und ich frage mich, wie sie auf die Wiese gekommen sein soll. Die ist doch eingezäunt. Kein Mensch ist so verrückt wie Ben, sich durch den Stacheldraht zu arbeiten.»

«Weiß man's?» meinte Trude. «Wenn einer was zu verbergen hat, ist er vielleicht noch verrückter.»

Dann schwiegen sie beide, jeder mit seinem Innersten beschäftigt. Trude sah den Hemdrücken vor sich, steif von getrocknetem Blut. Sie fragte sich, ob sie im allerschlimmsten Fall einfach behaupten solle, Ben habe ihr erzählt, er habe die Jacke von Heinz Lukka geschenkt bekommen. Da solle dann einer behaupten, was Ben erzähle, sei nicht zu verstehen. Das mußten sie einer Mutter nach mehr als zwanzig Jahren erst einmal beweisen, daß sie ihren Sohn nicht verstand.

Jakob sondierte das eben Gehörte und klopfte es auf Ansatzpunkte ab. Doch einen Ansatzpunkt gab es nur in Trudes Haltung und ihrem unbewegten Gesicht.

«Du hast doch was», stellte er fest. «Du bist schon seit Tagen so komisch. Denk nur nicht, das fällt mir nicht auf. Ich hab Augen im Kopf, Trude. Du bist den ganzen Tag mit ihm allein. Du ziehst ihn an und wieder aus. Weißt du was, was ich nicht weiß, was ich aber wissen müßte?» Er bekam keine Antwort, nicht mal ein Kopfschütteln.

Hätte Trude in diesem Augenblick den Kopf geschüttelt, wären ihr nur die Gedanken durcheinandergeraten. Sie waren ohnehin schwierig beisammenzuhalten. Heinz Lukka zu beschuldigen, hatte sie das wirklich gedacht? Da konnte sie Ben auch gleich selbst ans Messer liefern. Wenn einer nur zuschaute, was sollte man ihm da beweisen? Vom Zuschauen bekam man keinen blutigen Hemdrücken.

Ihr Schweigen machte Jakob nervös und aggressiv. Obwohl er es nicht wollte, donnerte er plötzlich die Faust auf den Küchentisch und brüllte: «Herrgott noch mal! Wie soll ich mit dir reden, wenn du kein Wort sagst?»

Sie zuckte nicht einmal zusammen. Er wartete eine volle Minute lang auf eine Reaktion, fuhr sich mit dem Handrücken über die Stirn, starrte zur Garderobe, strich sich über die Wangen, den Nacken, das Kinn. Und als immer noch nichts von ihr kam, fuhr er gereizt fort mit seiner Fragerei: «Woher willst du überhaupt wissen, daß er die Jacke auf der Wiese gefunden hat? Wenn er sich dort herumgetrieben hat, ist das noch lange kein Beweis. Sie kann ebensogut auf dem Weg gelegen haben.»

«Vielleicht hat er sie auf dem Weg gefunden», räumte Trude ein.

Jakob nickte heftig. «Siehst du, genau das meine ich. Du kannst nicht einfach etwas behaupten, nur weil du Angst hast. Da kommt leicht so ein Verdacht zustande. Irgendeiner merkt immer, daß du lügst. Ich merke es jedenfalls. Und wenn Frau Stern die Jacke über dem Arm getragen hat ...»

Er brach ab, starrte nun ebenso blicklos wie Trude in den Hausflur, als könnte die Jacke seine Fragen beantworten. Dann verlangte er: «Hol ihn runter.»

Trude riß die Augen so weit auf, daß ihr Entsetzen Jakob an die Kehle sprang. «Jetzt schau mich nicht so an», murmelte er und wandte den Blick ab. «Ich will nur einen Spaziergang mit ihm machen. Vielleicht kann er mir zeigen, wo er das Ding gefunden hat. Da wären wir doch schon einen Schritt weiter.»

Trude machte keine Anstalten, sich zu erheben. Jakob ging zur Tür und brummte: «Hol ich ihn eben selbst.»

Da sprang sie auf. «Ich mach das.» Sie war so schnell an ihm vorbei, daß er nur den Kopf schütteln konnte.

Jakob stieg langsam hinter ihr her die Treppe hinauf

und folgte ihr in Bens Zimmer. Er lag bäuchlings auf dem Bett mit dem Gesicht zum Fenster. Als Trude eintrat und dicht hinter ihr Jakob, drehte er nur den Kopf. Der leidende Ausdruck auf seinem Gesicht berührte Jakob seltsam.

«Na komm», forderte er in sanftem Ton, «wir gehen spazieren.» Doch das Losungswort verfehlte seine Wirkung. Ben drehte das Gesicht wieder zur anderen Seite.

«Was ist los?» fragte Jakob. «Hast du keine Lust?»

«Ihm wird der Rücken weh tun», sagte Trude dumpf.

«Ach», Jakob wischte den Hinweis mit einer lässigen Geste zur Seite, hielt den Blick auf das Bett und den breiten Rücken gerichtet. Auf dem frischen Hemd war nichts zu erkennen. «Er ist doch nicht empfindlich, und auf dem Rücken soll er ja nicht laufen.»

Dann ging er zum Bett, faßte nach Bens Hemd, zog es aus dem Hosenbund und schob es in die Höhe. Einen Moment lang betrachtete er die unzähligen Pflasterstreifen und preßte unbewußt die Lippen aufeinander. «Das sind aber viele», sagte er über die Schulter zu Trude. «So blöd kann nicht mal er sein, daß er weiterkriecht, wenn's ihm derart ins Fleisch schneidet. Da müßte er schon einen besonderen Grund haben.»

Trude reagierte nicht. Jakob stopfte das Hemd wieder in den Hosenbund, tätschelte Bens Arm und verlangte noch einmal: «Na komm, wir machen einen Spaziergang.»

«Ich komme auch mit», sagte Trude.

Als Ben wenig später mit schlurfenden Schritten vor ihnen her auf die Abzweigung zuging, hatte sich die diffuse Furcht in Jakob gelegt. Bens Rücken eröffnete eine neue Perspektive. Zum einen sah es nicht so aus, als hätte eine Frau sich gegen ihn verteidigen müssen. Da wären wohl eher Gesicht, Hände und Arme zerkratzt. Zum anderen war die Jacke, wie auch Jakob mit einer gründlichen Untersuchung festgestellt hatte, ehe sie das Haus verließen, völlig heil und sauber. Vielleicht hatte Ben sie wirklich nur irgendwo vom Bóden aufgehoben.

Daß Edith Stern etwas zugestoßen war, schloß Jakob damit erst einmal aus. Von Svenja Krahl wußte er nichts. Blieb Marlene Jensen. Blieb das, was Ben veranlaßt hatte, sich durch den Stacheldraht zu wühlen. Daß die Verletzungen auf seinem Rücken anders entstanden sein könnten, wie hätte Jakob das in Betracht ziehen sollen? Nicht im schlimmsten Alptraum wäre ihm in den Sinn gekommen, daß Trude ihrem Sohn etwas angetan haben könnte, obwohl ihm auffiel, daß Ben es vermied, in unmittelbare Nähe seiner Mutter zu kommen. Aber Jakob war zu beschäftigt mit seinen Überlegungen, um auch noch darüber nachzudenken.

Nur einmal angenommen, sein Kollege aus dem Baumarkt hatte recht, und Ben hatte tatsächlich etwas gesehen oder gehört in der Nacht, als Marlene Jensen verschwand. Nur einmal angenommen, es war irgendwas auf der Wiese, und er war nur deshalb unter dem Draht durchgekrochen. Dann sollte man es vielleicht der Polizei melden. Man könnte ja so tun, als hätte man selber nachgeschaut, weil man in der Zeitung gelesen hatte, Klaus und Eddi hätten behauptet, die Mädchen immer ungefähr an der Stelle rausgeworfen zu haben.

Jakob hatte den Mund schon geöffnet, um es mit Trude zu besprechen. Er schloß ihn wieder, als er einen Blick in ihr Gesicht warf. Die Augen auf Ben gerichtet, trippelte sie mit kleinen Schritten neben ihm, so müde und verhärmt, so abgekämpft und ausgelaugt. In den Augenwinkeln glitzerte es. Dann löste sich ein Tröpfchen und lief langsam an ihrer Nase entlang nach unten.

Jakob räusperte sich und starrte angestrengt wieder nach vorne, um zu sehen, in welche Richtung Ben abbog. Er erreichte die Abzweigung, blieb stehen und schaute sich nach Jakob um. «Wohin jetzt?» fragte Jakob. «Wo hast du die Jacke gefunden?»

Ben drehte sich wieder um und trottete mit hängenden Schultern auf seiner gewohnten Tour weiter in Richtung Apfelwiese. Und Jakob überlegte weiter. Irgendwie war es seltsam, daß die Polizei sich die Wiese nicht angeschaut hatte. Oder hatten sie? In der Zeitung hatte es geheißen, die gesamte Umgebung des Dorfes sei abgesucht worden. Da sollte man annehmen, sie hätten sich zuerst um die Wiese gekümmert.

Und wenn sie nichts gefunden hatten, weil am Sonntag nichts da gewesen war. Und wenn jetzt etwas da war ... Er hatte Edith Stern in seinem Auto mit hinausgenommen, hatte sie aussteigen und laufen lassen. Zwei Kilometer Einsamkeit, zwei Kilometer Dunkelheit. Wenn sie Lukkas Bungalow nicht erreicht hatte ...

Dem Zweck des Spaziergangs kamen sie nicht einmal nahe. Zweimal trug Jakob seinem Sohn gedankenverloren auf zu suchen, beide Male klang es, als schicke er einen Hund nach dem Stöckchen. Als es ihm auffiel, ließ er es bleiben. Sinnvoll war es ohnehin nicht, weil Ben nicht begriff, wonach er suchen sollte.

«Wir hätten die Jacke mitnehmen sollen», stellte Jakob fest, als sie den Stacheldraht erreichten. «Da hätte man einen Anhaltspunkt für ihn gehabt.»

Die Frage, warum ihm der Gedanke nicht früher gekommen war, ob es daran lag, daß er nicht mit der Jacke in der Hand gesehen werden wollte, ehe sich nicht eine vernünftige Erklärung fand, wie sie in seinen Besitz gekommen war, stellte er sich nicht. Er ging langsam am Stacheldraht entlang, inspizierte das Gelände dahinter und kam am Ende des Zaunes zu der Erkenntnis: «Das sieht nicht so aus, als wäre hier in letzter Zeit einer gewesen.» Der Draht jedenfalls war nicht beschädigt, und die Polizei hätte ihn garantiert durchgekniffen.

Trude reagierte nicht, war völlig in dumpfes Brüten versunken. Jakob ließ den Blick noch kurz über das verwilderte Stück neben dem Zaun schweifen. Das Unkraut in Gerta Frankens ehemaligem Garten stand hüfthoch zwischen der undurchdringlich scheinenden, dornigen Barriere der Brombeersträucher. Nur der alte Birnbaum ragte noch aus der Wildnis. Vom Weg aus gab es nicht das geringste Anzeichen, daß sich jemand dort herumgetrieben hatte.

Jakob machte sich wieder auf den Heimweg und grübelte dabei über die eigenen verworrenen Gefühle nach. Über die Panik, die ihn erfaßte, wenn er an Trudes versteinerte Miene und seine Vision eines Zusammentreffens auf dem nächtlichen Feldweg dachte. Über die stille Zufriedenheit, die er immer dann empfand, wenn er mit Ben durch die Felder schlenderte. Weit und breit keine Menschenseele, die Erde unter den Füßen. Dieser Boden, der sie lange Jahre genährt und gekleidet hatte. Über dem Kopf ein paar Wolken oder Sonnenschein und Bens breiten Rücken vor Augen.

So ein stiller, genügsamer Kerl, ihm reichte notfalls ein Stück Brot auf der Faust. Wenn er vor Jakob durchs Feld lief, gab er mit vollen Händen von seinem Überfluß, der Zufriedenheit. Draußen übertrug sie sich immer auf Jakob, solange kein Mensch in der Nähe war, der Rechenschaft forderte. Jetzt wollte sie sich nicht einstellen, vielleicht weil Trude dabei war.

«Wir hätten im Dorf bleiben sollen», sagte Jakob in einem Gefühl plötzlicher Hilflosigkeit. «Da hätte ich selbst eine hohe Mauer um Wiese und Garten gezogen und am Hoftor ein Sicherheitsschloß angebracht. Da wäre er nicht mehr rausgekommen, und wir hätten uns nicht den Kopf zerbrechen müssen.»

Neue Höfe

Im Frühjahr 84 traten sie erstmals offiziell an Jakob heran. Der Stadtrat von Lohberg, allen voran Erich Jensen, versprach goldene Berge, Frieden und Freiheit, appellierte an seine Vernunft, seine Einsicht und seine Liebe zur Heimat.

Ein halbes Jahr zuvor hatte Otto Petzhold kapituliert, sein Anwesen an der Bachstraße an einen Architekten aus Lohberg und seine fünfzig Morgen Land an Richard Kreßmann verkauft. Vom Erlös hatte Otto sich ein kleines Häuschen in der Voreifel zugelegt. Für ihn war es einfach. Er mußte nur für sich und seine erkrankte Frau sorgen. Otto hatte keine Kinder.

Und Jakob hatte vier. Wenn auch keines, von dem er ein wenig Hilfe erhoffen durfte. Anita studierte in Köln, fand die Zeit nicht für einen Besuch daheim. Sie rief nur hin und wieder an, um zu erklären, daß das Geld nicht reichte. Die Bücher waren so teuer. Wenn Jakob sich gegen zu hohe Forderungen verwahrte, auf die anderen Mitglieder der Familie verwies, die auch leben mußten, sprach Anita von Entbehrungen, entgangener Mutterliebe und ähnlichen Dingen. Von ihr hatte man nichts mehr zu erwarten.

Bärbel mühte sich ab, den Realschulabschluß im zweiten Anlauf zu schaffen, eine Lehrstelle zu ergattern, möglichst im Büro, wo es keinen Dreck, keine Misthaufen und keine Idioten gab. Und in jeder freien Stunde saß Bärbel entweder in Illa von Burgs Küche, angeblich, um zu berichten, wie nett sie in den letzten Tagen mit ihrem Bruder umgegangen war. In Wahrheit wohl eher, um Illa von ihrer Harmlosigkeit, dem guten Willen und der Gutmütigkeit zu überzeugen und zu suggerieren, daß eine Mutter sich keine bessere Frau für den ältesten Sohn wünschen konnte.

Oder Bärbel saß im Bus nach Lohberg, lief zur italienischen Eisdiele oder durch die Stadt auf der Suche nach
der verlorenen Liebe. Uwe von Burg war ebenfalls öfter
in Lohberg als daheim. Und jedem, der es hören wollte
oder nicht, erzählte Bärbel, daß sie später gerne auf
einem Hof arbeiten würde. Es gäbe doch nichts Schöne-
res, als sein eigener Herr zu sein. Aber keine Kühe, keine
Schweine. Geflügelzucht und zusätzlich ein bißchen
Hausverwaltung, das würde ihr gefallen. Die konnte man
auch abschreiben.

Bei Ben mußte man froh sein, wenn er sich im Baumhaus verkroch, weil er dort niemanden belästigte. Und Jakobs Jüngste, sein Herzblatt, das Kind, das er sich mit
seinem Freund Paul teilte, von dem er hoffte, es ganz bei
sich zu haben, sobald es alt genug war für den Kindergarten, war erst zweieinhalb Jahre alt, als die Mitglieder des
Stadtrats bei ihm vorstellig wurden.

Zwei Monate vorher war Gerta Franken gestorben. Es
fiel erst nach ein paar Tagen auf, als Trude sich wunderte
und grübelte, wann sie die alte Nachbarin zuletzt am
Kammerfenster gesehen hatte. Trude ging hinüber. Schon
im Flur roch sie, was sie dann in der Schlafkammer fand.

Nach Hilde Petzholds Umzug in die Voreifel hatte
niemand mehr einen Teller mit Essen in die Bruchbude
getragen. Illa von Burg hatte schon Monate vorher ihre
Besuche bei Gerta Franken eingestellt. Weil sie sich einfach nicht mehr mit der Bösartigkeit des alten Weibes
auseinandersetzen konnte.

Da fuhr Illa nun seit Jahren im wöchentlichen Wechsel,
brachte Lebensmittel und eine warme Mahlzeit, räumte
den Dreck weg und mußte sich zum Dank beschimpfen
lassen. Weil sie nicht bereit war, auch noch Dorfklatsch
in die Kate zu tragen oder sich anzuhören, ihr Schwiegervater habe ja erst begonnen, gegen die Nazis zu protestie-
ren, als ihn das tausendjährige Reich seine jüngste Toch-

ter kostete. Bis dahin habe der alte von Burg ebenso begeistert «Heil, mein Führer» gebrüllt wie alle anderen. Es war im Jahr vor ihrem Tod kein Auskommen mehr gewesen mit Gerta Franken. Auch Hilde Petzhold hatte oft gesagt, Gerta führe sich auf wie eine Giftspritze.

Trude hatte nicht daran gedacht, die Alte zu versorgen. Sie hatte sich auf die barmherzigen Schwestern des Klosters verlassen, die auch Essen auf Rädern ausfuhren. Aber anscheinend nicht zu Gerta Franken, obwohl Erich Jensen gesagt hatte, er wolle das in die Wege leiten. Wahrscheinlich hatte Erich es vergessen zwischen all den Sitzungen im Stadtrat, den Parteitagen und seiner Arbeit in der Apotheke.

Im Dorf wurde gemunkelt, Gerta Franken sei verhungert. Der Arzt diagnostizierte Altersschwäche als Todesursache und hielt es für überflüssig, eine Kopfwunde im Totenschein zu erwähnen. Der Leichenbestatter kam auch nicht auf den Gedanken, der Wunde eine besondere Bedeutung beizumessen. Kein Mensch vergoß eine Träne. Angehörige gab es nicht. Das halbe Dorf war erleichtert, ein großes Ärgernis unter die Erde bringen zu dürfen.

Die andere Hälfte – im Neubaugebiet am Lerchenweg – interessierte sich nur für ihre persönlichen Belange und ihre unmittelbare Nachbarschaft, in der auch nicht alles war, wie es sein sollte. Es gab in Toni von Burgs Mietshaus immer noch die Familie Mohn mit Tochter Ursula, die für ausreichend Gesprächsstoff sorgte.

Trude hatte schon häufig davon gehört. Ursula Mohn war etwas älter als Ben und für ihr Alter viel zu stark entwickelt. Die Leute erzählten, sie kenne absolut kein Schamgefühl, ziehe mitten auf der Straße den Pullover aus, um vorbeikommende Passanten auf die knospenden Brüste aufmerksam zu machen. Sie belästigte die Männer im Treppenhaus, wenn sie von der Arbeit kamen, und die Frauen im Trockenraum für die Wäsche, wenn sie ihre

Dessous auf die Leine hängten. Da war man am Lerchenweg nicht angewiesen auf Gerta Franken, die den Pfarrer am Altar beschimpft und versucht hatte, alle Welt vor Ben zu warnen.

Die Stadtverwaltung sorgte für ein Begräbnis, kassierte in Aufrechnung der mit den Jahren gezahlten Sozialhilfe das Grundstück mitsamt der wurmstichigen Kate und dem verwilderten Garten. Nur zwei Tage nachdem sie die alte Frau unter die Erde gebracht hatten, rückte der Bagger an. Abends lag nur noch ein Haufen Schutt an der Stelle, von der aus man den verwilderten Garten, den Feldweg, Trudes Gemüsebeete und die Apfelwiese so gut beobachten konnte. Schon am nächsten Tag war auch der Schutthaufen verschwunden. Ohne Jakob um Erlaubnis zu fragen, wurde damit der letzte Sandpütz aufgefüllt. Da schlug man zwei Fliegen mit einer Klappe.

Sie hatten es wirklich verdammt eilig. Jahrelang war ihnen Gerta Frankens Haus ein Dorn im Auge gewesen. Jetzt wurde das Grundstück in zwei Hälften geteilt. Beide wurden als Baugrund deklariert und versprachen einen ansehnlichen Batzen für die Stadtkasse. Der an der Bachstraße liegende Teil wurde sofort verkauft an einen vom Stadtrat, der etwas schneller war als Heinz Lukka, vielleicht auch etwas betuchter. Er ließ sich eine kleine Villa mit Schwimmbecken im Garten errichten und schirmte sich mit einer mannshohen Mauer gegen den rückwärtigen Urwald und neugierige Blicke ab.

Für den hinteren Teil mit Zufahrt über den Feldweg, in dessen Mitte der alte Birnbaum und die Viehtränke standen, fand sich kein Interessent. Möglicherweise schreckte die Wildnis viele ab. Hätte die Stadtverwaltung auch diesen Teil einebnen lassen, wäre es vermutlich rasch zu einem Verkauf gekommen. Doch daran dachte niemand. Das Grundstück wurde lediglich erschlossen, was bedeutete, es wurde mit einem Anschluß an die Kanalisation und einer Wasserleitung ausgestattet. Damit ein Bauwilliger sofort anfangen konnte, legte man ein Stück dieser Leitung über die Erde, versah es mit einem Wasserhahn und vergaß es.

Man hatte bei der Stadtverwaltung noch andere Sorgen. Jakob Schlösser! Er war der letzte. Richard Kreßmann lebte mit seiner Familie seit Jahr und Tag mitten im eigenen Land. Bruno Kleu hatte sich aus eigenem Antrieb entschlossen, es Richard gleichzutun. Es gab im freien Feld keine Nachbarschaft, die argwöhnisch beobachtete, wann Bruno abends das Haus verließ und wann er es nachts wieder betrat.

Paul Lässler war ebenfalls entschlossen zur Umsiedlung, nachdem ihm die Übernahme der Kosten für die Erschließung eines Baugrundstücks inmitten der Felder zugesichert worden war. Für Pauls Anwesen an der Bachstraße interessierte sich ein begüterter Künstler, der die Scheune zu einem Atelier umbauen wollte. Paul machte noch ein gutes Geschäft bei der Sache. Toni von Burg mit seinen Truthähnen und hochmodernen Legebatterien am Stadtrand störte nicht.

Wenn Jakob den hochtrabenden Ausdruck Stadt für das dreckige kleine Nest hörte, sträubten sich ihm die Nackenhaare. Größenwahnsinnig waren sie alle geworden, nachdem sich ein wenig Industrie in Lohberg angesiedelt hatte und die Steuergelder etwas reichlicher flossen. Die wurden auch gleich wieder zum Fenster rausgeworfen, meist in Lohberg selbst. Für einen Klotz aus Glas und Beton – das neue Rathaus samt Stadthalle. Für ein Freibad und ein neues Hallenbad. Für eine größere Turnhalle am Gymnasium, in der sich nun drei Sportvereine tummelten.

Lohberg veränderte sich, bekam ein Einkaufszentrum, für das eine Umgehungsstraße gebaut werden mußte, bekam verkehrsberuhigte Zonen, Abenteuerspielplätze und einen neuen Kindergarten mit kindgerechter Küche und Toilettenanlagen. Und in der Grundschule im Dorf regnete es immer noch durchs Dach, fiel bei schlechtem Wetter immer noch der Sportunterricht aus, weil der provisorische Anbau, in dem er stattfinden sollte, wegen Einsturzgefahr nicht mehr genutzt werden durfte. Und da behauptete Erich Jensen, ein bäuerlicher Betrieb passe nicht mehr ins Stadtbild.

Was wirklich störte, sagte Erich nicht. Ein Junge, der seiner Mutter ab und zu entwischte. Der durch die Straßen lief und Mädchen Rabenaas schimpfte. Gerade elf Jahre alt und schon fast so groß wie sein Vater. Es hieß, neulich hätte Ben sogar Heinz Lukka angegriffen.

Der Rechtsanwalt hatte in seiner Funktion als Mitglied des Stadtrats ein Gespräch mit dem Rektor der Grundschule geführt. Es war um den Neubau einer kleinen Turnhalle gegangen. Als Heinz Lukka die Schule verließ und gerade seinen Wagen aufschließen wollte, sei Ben auf ihn losgegangen. Der alte Mann wäre beinahe gestürzt. Thea Kreßmann hatte es gesehen, es Richard noch am selben Abend erzählt und am nächsten Tag allen, die es hören wollten.

Heinz Lukka lachte darüber. Angegriffen – so ein Quatsch! Ben hatte ihn gesehen, war in ungestümer Freude über die Straße gestürmt und hatte ihn angesprungen. Zugegeben ein wenig heftig, aber ohne böse Absicht. Wer wollte denn dem Jungen die Freude verbieten und das Recht auf ein wenig Zärtlichkeit absprechen? Und was hieß Mädchen beschimpfen? Das war eher umgekehrt, erklärte Heinz Lukka. Der arme Kerl mußte doch nur irgendwo auftauchen, schon hieß es: «Hau ab, du Idiot!» Durfte er sich nicht wehren, nicht einmal zurückbrüllen? Mehr als brüllen tat er doch nicht.

Aber Heinz Lukka versuchte ebenfalls, Jakob einen Umzug schmackhaft zu machen, argumentierte mit der

Ruhe im freien Feld und seinen eigenen Plänen. Da ihm das Grundstück an der Bachstraße vor der Nase weggeschnappt worden war und er sich nicht mit dem verwilderten Rest zufriedengeben wollte, spekulierte er nun auf die Gemeindewiese. Er war zuversichtlich, daß man sie ihm überließ. Was wollte die Stadt mit der Wiese?

Eines Abends kam Heinz Lukka mit ein paar Bauplänen vorbei, um Jakobs Bereitschaft zu forcieren. Jakob schaute sich die Pläne an, ließ sich erklären, wie Lukka sich sein zukünftiges Haus vorstellte. Der Wohnraum nach Süden, mit offenem Kamin und einer großen Terrasse davor. Fitneßstudio im Keller mit gefliestem Boden und Fliesen an den Wänden bis zur Decke, mit eingebauter Dusche und all den Geräten, die man brauchte, um den Körper in Form zu halten.

Jakob fragte sich, ob Heinz Lukka übergeschnappt sei, anzunehmen, daß er sich in seinem Alter so etwas noch zumuten könnte. Oder ob er sich einbildete, aus einem Gartenzwerg könne mit Bauchtrainer und Hanteln ein Herkules werden. Jakob hörte sich noch an, daß die Stadt für Paul und Antonia Lässler den schmalen Feldweg ausbauen und asphaltieren ließ, der von Süden zur Landstraße führte. Für Jakob und Trude wollte man ebenfalls einen eigenen Weg anlegen oder einen bereits vorhandenen, zum Beispiel den, der früher zum alten Kreßmann-Hof geführt hatte, in ordnungsgemäßen Zustand versetzen.

Aber Jakob blieb stur. Mit Gewalt vertreiben konnten sie ihn nicht. Er ließ sich nicht einschüchtern wie Trude, die häufig den Vorschlag machte, sich die Sache doch einmal zu überlegen. Trudes Bitten wurden mit der Zeit immer nachdrücklicher, wobei sie nur knapp die Hälfte von dem sagte, was sie Jakob eigentlich hätte sagen müssen.

Zwar hockte Ben die meiste Zeit im Birnbaum oder spielte an der Viehtränke, aber wenn Trude ihn nicht alle

Viertelstunde kontrollierte und ein Eis oder sonst eine Leckerei hinausbrachte, war er weg.

Es stimmte, was die Leute erzählten: Er lief den Mädchen durchs halbe Dorf nach und brüllte, so laut er konnte, ‹Rabenaas› hinter ihnen her. Das war schon unangenehm, aber noch relativ harmlos. Kritisch wurde es immer, wenn er ein Messer fand. Er fand auch dann noch eins, wenn Trude meinte, alle weggeschlossen zu haben. Dann fuchtelte er den Kindern damit vor den Augen herum und schrie: «Finger weg! Kalt!» Da hieß es dann regelmäßig, er sei gemeingefährlich. Jedesmal redete Trude sich nach solchen Vorfällen die Lippen wund. Daß er es nicht so meine. Daß er die Kinder nur warnen wolle, ein Messer in die Hand zu nehmen, weil er sich selbst schon verschiedentlich geschnitten habe.

Inzwischen log sie für ihn mit einer Überzeugungskraft, die sie manchmal selbst überzeugte. Aber was wollte man tun, wenn er in die Jahre kam? Man konnte ihn doch nicht kastrieren lassen wie einen Kater. Da wäre es besser, man würde außerhalb des Dorfes mit ihm leben.

An einem Abend im Spätsommer 84 versuchte Trude wieder einmal, Jakob zu überzeugen. Sie war an dem Tag für ein Stündchen bei ihrer jüngsten Tochter und Antonia auf dem neuen Lässler-Hof gewesen. Zusammen mit Ben, den sie nicht mehr ohne Aufsicht ließ, aber das erwähnte sie nicht. Sie sprach von anderen Dingen.

Ein prachtvolles Haus hatten Paul und Antonia sich bauen lassen, alles so hell, so groß und modern. Und rundherum keine Menschenseele, die sich über irgend etwas aufregte. Während Trude in Antonias Wohnzimmer einen Kaffee trank, spielten die Kinder auf dem Hof. Andreas und Achim rasten auf ihren neuen Fahrrädern durch die Pfützen der letzten Regennacht und brüllten vor Vergnügen, wenn der Dreck nach allen Seiten spritzte. Annette spielte mit ihrer Freundin neben der Garage Mißwahl. Ein Transistorradio auf volle Lautstärke gedreht, kleine Stofflappen vor Bauch und Brust und sonst nur nackte Haut.

Die beiden Nesthäkchen Britta und Tanja planschten in einem randvollen, aufblasbaren Becken auf der Terrasse, trugen hin und wieder gefüllte Eimerchen über den Hof und kippten sie in schon vorhandene Pfützen, jauchzten und krähten mit den Jungs um die Wette. Kurz und gut, es war ein Höllenlärm, und niemand beschwerte sich.

In der ganzen langen Rede, in der sie die Vorzüge eines frei liegenden Hofes schilderte, erwähnte Trude nicht einmal den Namen Ben. Er war zwischen den Mädchen bei der Garage und den beiden Kleinen beim Planschbecken hin und her gerannt, hatte aus Leibeskräften «Rabenaas» und «Fein» gebrüllt und mit den Armen durch die Luft gepflügt.

Trude sagte nur, daß Antonia ihre Söhne und Annette bei schlechtem Wetter mit dem Wagen zur Schule fuhr und auch wieder abholte. Daß die Kinder den Schulweg ansonsten auf ihren Fahrrädern zurücklegen mußten. Und Ben konnte nicht radfahren.

26. August 1995

Gegen halb sechs kamen sie auf den Hof zurück. Jakobs Magen knurrte vernehmlich, Trude stellte sich endlich an den Herd. Kaum hatte sie eine Pfanne genommen und ein paar Eier hineingeschlagen, setzte Ben sich an den Tisch. Auch Jakob blieb in der Küche, wollte die Gelegenheit nutzen, in Ruhe mit ihr über alles zu reden. Vor allem über das, was ihm während des nutzlosen Spaziergangs durch den Kopf gegangen war. Ob man vielleicht einmal mit der Polizei sprechen und Ben von einem Fachmann befragen lassen sollte. Doch egal, was er sagte, er bekam keine Antwort von ihr, nur wunde Blicke, die Bände sprachen.

Jakob war völlig sicher, daß sie ihm etwas Gravierendes verschwieg. Er fühlte ein Zittern im Innern, wie einen straff gespannten Draht zwischen Herz und Magen. Die Bilder im Hirn, Paradepuppen und junge Frauen, ein Fernglas und ein Klappspaten, der Fetzen im Einweckglas und die bunte Jacke! Aber zumindest das mußte sich klären lassen, und zwar bevor Trude den letzten Rest ihrer Kraft einbüßte. Und ehe er sich weiter den Kopf zerbrach, wollte er in Erfahrung bringen, ob Edith Stern bei Heinz Lukka angekommen, wie lange sie geblieben war und wohin sie sich anschließend gewandt hatte.

Nachdem er seinen Teller geleert hatte, griff Jakob zum Telefon und sprach zuerst mit Wolfgang Ruhpold, der ihm nicht weiterhelfen konnte und seinerseits von Trudes Anruf am Morgen berichtete. Dann holte Jakob den alten Mercedes aus der Scheune und fuhr zu Heinz Lukka.

Die Fahrt war eine Sache von wenigen Minuten. Jakob nutzte sie, um sich ein paar Sätze zurechtzulegen. Es wäre Lukka gewiß nicht recht gewesen, zu hören, daß Jakob über Edith Sterns wahren Besuchsgrund informiert war. Als er vor Lukkas Bungalow hielt, hatte er zumindest eine Einleitung gefunden.

Heinz Lukka war nicht überrascht, ihn zu sehen. Er bat ihn in den riesigen Wohnraum, nötigte ihn, im Sessel vor dem Kamin Platz zu nehmen, und hörte sich an, daß Jakob gestern abend eine junge Amerikanerin mitgenommen hatte, die diesem Haus einen Besuch abstatten wollte. Da sie von auswärts kam und nicht wußte, wo sie so spät in der Nacht noch hin sollte, hatte sie anschließend zu Jakob und Trude kommen wollen, um dort zu übernachten.

Jakob log mit zu Boden gerichtetem Blick, die ineinander verschränkten Hände ließ er lose zwischen den gespreizten Beinen baumeln. Zusammen mit Trude hatte er bis zwölf in der Nacht auf die junge Amerikanerin gewartet, hatte flüchtig erwogen, bei Heinz anzurufen, dies aber gelassen, weil er dachte, daß Heinz entweder ebenfalls eine Übernachtungsmöglichkeit geboten oder die Frau es vorgezogen hatte, dem Dorf aus irgendwelchen Gründen schnellstmöglich den Rücken zu kehren. Und in diesem Fall wollte er Heinz nicht mitten in der Nacht stören. Aber dann hatte Ben heute morgen eine Jacke gefunden. Und Jakob hatte diese Jacke wiedererkannt, als er heimkam.

Als er so weit gekommen war, unterbrach Heinz Lukka ihn mit einem müden Lächeln. «Gib dir keine Mühe, Jakob. Mit deinem schnellstmöglich den Rücken kehren liegst du richtig, das weißt du auch. Frau Stern hat dir doch erzählt, was sie von mir wollte. Mir sagte sie jedenfalls, sie hätte es dir erzählt. Sie sagte auch, du hättest ebenfalls ein bißchen erzählt.»

Jakob fühlte eine gewisse Erleichterung. Zwar hatte er mit seiner Erklärung ein bißchen vorgebaut, er hatte sogar überlegt, notfalls zu behaupten, er hätte Edith Stern bis zum Mais gefahren. Dann wären es nur noch hundert Meter gewesen bis zu Lukkas Haustür. Aber trotzdem hätte er nicht gewußt, was er unternehmen sollte, wenn Heinz verblüfft gewesen wäre, weil niemand bei ihm geklingelt hatte.

Als er nicht antwortete, nur vor Verlegenheit den Kopf noch tiefer senkte, seufzte Heinz Lukka. «Es war eine unangenehme Situation. Ich hätte nie gedacht, daß es mich auf so eine Weise einholt. Nach mehr als fünfzig Jahren.» Er stieß einen Laut aus, der ein bitteres Lachen, aber auch ein Schluchzen sein konnte. «Die gottverfluchte Zeit hängt einem an bis ins Grab. Ich ... hörte, du hast die Edith damals gefunden?»

«Zusammen mit Paul», sagte Jakob.

«Warum habt ihr es nicht gemeldet?»

Jakob zuckte mit den Achseln. «Warum hast du es nicht gemeldet? Du hättest bestimmt einen Orden bekommen.»

Heinz Lukkas Miene verschloß sich. Nach ein paar Sekunden wollte er wissen: «War es nur das, was dir auf den Magen drückte, oder hat Ben wirklich ihre Jacke gefunden?»

«Hat er», sagte Jakob. «Sonst wäre ich nicht zu dir gekommen.»

«Komisch», meinte Heinz Lukka und runzelte die Stirn. «Er läuft doch normalerweise nicht zur Landstraße. Sie wollte nach Lohberg. Ich habe angeboten, sie zu fahren. Das lehnte sie ab. Sie wollte sich von mir nicht mal ein Taxi rufen lassen. Es wären ja nur vier Kilometer, sagte sie, und sie wäre es gewohnt, lange Strecken zu laufen.»

Jakob nickte bedächtig. «Ja, das hat sie mir auch gesagt. Aber wir sollten es trotzdem der Polizei melden.»

«Was?» fragte Heinz Lukka verständnislos. «Daß Ben ihre Jacke gefunden hat? Meinst du nicht, die Polizei hätte im Moment andere Sorgen? Sie haben immer noch keine Ahnung, wo Marias Tochter steckt.»

Jakob schwieg. Und Heinz Lukka erklärte: «Frau Stern hat die Jacke nicht übergezogen, hat sie oben auf den Rucksack unter einen Gurt geschoben. Und sie hatte es ziemlich eilig, von hier wegzukommen. Das erste Stück ist sie gerannt, als sei der Teufel hinter ihr her.»

«Dann hat sie sie wohl tatsächlich verloren», stellte Jakob fest.

Heinz Lukka klang verständnislos. «Was denn sonst?» Dann wurde seine Stimme eindringlich. «Jakob, glaubst du etwa, Ben hätte sie ihr weggenommen?»

Als Jakob darauf nicht reagierte, nickte Heinz Lukka

273

bitter. «Was denkst du eigentlich von ihm?» Seine Stimme wurde noch nachdrücklicher, als er versicherte: «Er war nicht hier, Jakob. Ich bin mit ihr zur Tür gegangen und habe ihr nachgeschaut. Und von ihm habe ich nichts gesehen. Wenn er hier gewesen wäre, hätte er mich gesehen und wäre zu mir gekommen. Er kommt immer, wenn er mich sieht.»

«Ich denk nichts Schlechtes von Ben», widersprach Jakob unwillig. «Er war die ganze Nacht in seinem Bett. Trude hatte es am Herzen, sie konnte nicht liegen, ist herumgelaufen und hat ein paarmal nach ihm geschaut.»

Heinz Lukka nickte erneut, lachte leise und abfällig. «Ja, wenn das so ist, was hast du dann gedacht? Die beiden Kerle, die Marias Tochter mitgenommen haben, sind wieder frei. Aber daß die hier allein spazierenfahren und im richtigen Moment vorbeikommen, um eine junge Amerikanerin aufzulesen, glaube ich kaum.»

Obwohl Jakob es eigentlich nicht wollte, erzählte er, was er am Vorabend in Ruhpolds Schenke gehört hatte. Heinz Lukka lauschte teils amüsiert, teils interessiert.

«Sieh einer an», meinte er schließlich. «Dieter Kleu. Was soll man dazu sagen, der Apfel fällt nicht weit vom Stamm? Aber der Junge ist nicht mal achtzehn. Da würde ich eher an Bruno denken. Den habe ich schon mehr als einmal nachts rausfahren sehen zum Bruch oder zum Bendchen. Und jetzt frage ich dich, was treibt er da draußen um die Zeit? Schaut er seinen Rüben beim Wachsen zu? Wahrscheinlich hat er im Moment nichts an der Hand für ein nettes Stündchen nach Feierabend. Und damit es für Renate nicht so aussieht, als käme er aus der Übung, dreht er hier ein paar Runden. Wenn ihm dabei etwas Hübsches vor die Flinte läuft...»

Es klang spöttisch, und Jakob fand, es sei nicht das rechte Thema, sich darüber lustig zu machen. Er verabschiedete sich, einigermaßen beruhigt, aber auch fest entschlossen, die Sache nicht auf sich beruhen zu lassen. Und wenn die Jacke hundertmal in der Eile vom Rucksack gefallen und unbemerkt von Edith Stern auf dem Weg zurückgeblieben sein konnte. Zu verschweigen, daß Ben sie gefunden hatte, hieß in seinen Augen, etwas zu vertuschen. Und das hatten sie nicht nötig, wenn Bruno Kleu nachts im Feld herumfuhr.

Von Lukkas Bungalow fuhr Jakob zum Lässler-Hof. Dort saß die gesamte Familie bei einem Kaffee im Wohnzimmer. Es wäre Jakob lieb gewesen, er hätte mit Paul allein reden können. Doch niemand machte Anstalten, das Zimmer zu verlassen. Jakob umriß in knappen Worten, wen er am vergangenen Abend aus Ruhpolds Schenke mitgenommen und was Ben am Vormittag gefunden hatte.

Paul schüttelte wiederholt den Kopf. «Edith Stern», murmelte er fassungslos. «Das gibt's doch nicht. Und was sagte Heinz?»

Jakob erklärte auch das, allerdings ohne Bruno Kleus nächtliche Fahrten zu erwähnen. Paul hörte zu, ohne eine Miene zu verziehen, und kam dann wieder auf die Jacke zu sprechen.

«Verloren», meinte Paul bedächtig. «Und das glaubst du?»

«Ich weiß nicht, was ich glauben soll», räumte Jakob ein. «Und ich möchte die Sache nicht so abtun wie Heinz.»

«Denkst du, der Frau sei etwas zugestoßen?» fragte Antonia.

«Nein», sagte Jakob. «Ich wüßte nur gerne, wo sie geblieben ist. Vielleicht sollte man sich mal in Lohberg umhören, am Bahnhof.»

«Da erreichst du jetzt keinen», erklärte Paul. «Da kann sie auch kaum einer gesehen haben. Samstags ist der Schalter nicht geöffnet. Du solltest die Polizei anrufen.»

«Heinz meint, das wäre nicht nötig.»

Paul grinste gequält. «Heinz meint und Trude sagt. Jetzt sag ich dir mal was, Jakob. Ich gebe nichts auf das, was Heinz meint und Trude sagt. Hast du gesehen, daß Ben die ganze Nacht im Bett lag? Nein! Und deshalb machst du dir Sorgen. Weil du genau weißt, daß du Trude längst nicht alles glauben kannst.»

Bevor Jakob widersprechen konnte, atmete Paul durch und streifte seine Frau mit einem Blick, als wolle er sich ihr Einverständnis holen. «Ich will Ben nichts, Jakob. Aber sogar Antonia meint, ihr solltet ihn für eine Weile nachts festhalten. Er spielt mit den Mädchen fangen, rennt ihnen nach und reißt sie fast zu Boden. Wenn er das mit Fremden macht ... Wir kennen ihn nun schon so lange. Und ich trau ihm nichts Böses zu. Aber man kann nicht in seinen Kopf sehen. Und ... Na ja, ich habe meine beiden gewarnt. Es ist mir lieber, wenn sie sich ein biß-chen von ihm fernhalten. Ich möchte nicht eines Tages eine von ihnen finden wie Ursula Mohn vor acht Jahren.»

Meine beiden! Das war ein spitzer Dorn in Jakobs Herzgrube. Eine von beiden war seine. Und Ursula Mohn, die Paul anführte ... Das war wirklich ein starkes Stück. «Was hatte er denn damit zu tun?» brauste Jakob auf. «Überhaupt nichts. Das solltest du besser wissen als ich.»

«Ich weiß einiges besser als du», sagte Paul und verstummte, als ihn ein warnender Blick Antonias traf.

Antonias Entscheidung

Trude hatte immer eine Menge getan, um alles Üble von Ben und ihn von anderen Leuten fernzuhalten. Erreicht hatte sie nicht viel. Jahrelang hatte Antonia sich die Bemühungen schweigend angeschaut und häufig gedacht, daß Trude in bester Absicht die größten Fehler machte.

Manchmal fragte Antonia sich, was aus Ben geworden wäre, hätte sie damals angeboten, ihn für eine Weile zu sich zu nehmen statt seiner neugeborenen Schwester. Wenn er mit ihren Söhnen aufgewachsen wäre, in ihnen Vorbilder gehabt hätte. Andreas und Achim waren bestimmt keine Unschuldslämmer. Trotzdem wären sie für ihn der bessere Umgang gewesen als zwei feindselig eingestellte Schwestern. Paul wäre ihm vermutlich auch ein besserer Vater gewesen als der aus lauter Hilflosigkeit zum Jähzorn neigende Jakob. Und Antonia hätte ihn nicht aus Scham oder Furcht versteckt. Meist bekam sie über solchen Gedanken ein schlechtes Gewissen.

Im Frühjahr 85 sagte Antonia mit diesem schlechten Gewissen zu Trude: «Warum bringst du ihn nicht zu mir am Nachmittag? Er stört mich nicht, wenn er hier herumläuft. Und du schlägst zwei Fliegen mit einer Klappe. Er ist aus dem Dorf weg und hat regelmäßigen Umgang mit anderen Kindern. Ich finde, das ist wichtig, Trude. Du kannst ihn nicht sein Leben lang von allem fernhalten. Er muß es doch lernen.»

«Ich weiß nicht», meinte Trude zögernd und überrascht von diesem Vorschlag. «Das kann ich dir nicht zumuten. Du hättest keine ruhige Minute.»

«Das laß nur meine Sorge sein», widersprach Antonia, erleichtert wie ein Mensch, der endlich handelte, statt immer nur übers Handeln nachzudenken. «Ich komme schon mit ihm zurecht. Um die beiden Kleinen brauchst du dir keine Sorgen zu machen. Du siehst doch, daß er ihnen kein Haar krümmt. Meine Jungs werden auch mit ihm fertig. Mit Annette werde ich reden, daß sie ihn nicht anbrüllt, wenn er ihr dumm kommt. Du wirst sehen, Trude, wenn ihm niemand etwas tut, tut er auch keinem etwas. Und was man ihm bisher angetan hat, vielleicht vergißt er es hier wieder.»

Antonia hatte nie erfahren, wem Ben seinen Aufenthalt im Pütz und im Krankenhaus verdankte. Sie hatte nur aus seinem Verhalten einige Schlüsse gezogen und kam damit der Wahrheit ziemlich nahe. Da sich Bens Wut ausschließlich gegen größere Mädchen richtete, ging Antonia davon aus, daß er von einem Mädchen angegriffen und in den Pütz geworfen worden war. Auf die normalerweise sanfte und ein wenig einfältige Bärbel wäre sie allerdings nie gekommen.

Antonias Vorschlag hatte einiges für sich, das mußte Trude eingestehen. Es wäre schon eine Erleichterung, ein paar Stunden zu haben, in denen sie sich keine Sorgen machen, in denen sie nicht hetzen und springen müßte. In denen sie ihn sicher und gut aufgehoben wußte an einem Ort, an dem er sich anscheinend gerne aufhielt und auch willkommen war.

Im Mai 85 brachte Trude ihn das erste Mal für einen Nachmittag hinaus zum Lässler-Hof, danach regelmäßig. Und sooft sie es einrichten konnte, blieb sie für ein oder zwei Stunden, um zu sehen, wie er sich verhielt, daß er Antonia nicht unnötigen Ärger machte. Anfangs schmerzte es ein wenig, festzustellen, wie anders er da draußen war. Friedlich, sanft, geduldig, ein hohler Kopf mit den Augen einer Eule und dem Gemüt eines alten Ackergauls. Antonias Planspiele gingen auf, eins nach dem anderen.

Einmal saß er neben Andreas am Küchentisch und schaute fasziniert zu, wie Annettes Transistorradio auseinandergenommen und wieder zusammengesetzt wurde.

Als eine winzige Schraube unter den Schrank rollte, war es Ben, der sie fand. Ein andermal stampfte er neben Achim durch den neuen Schweinestall und beobachtete gespannt, wie die Tiere gefüttert wurden. Die schweren Säcke, die Achim über den Boden schleifte, hob Ben sich auf die Schulter.

Mit Tanja und Britta ging er stets behutsam um. Annette und ihre Freundin waren ihm anfangs noch ein Dorn im Auge. Wenn sie in seine Nähe kamen, begann er zu toben und zu schimpfen. Das legte sich aber mit der Zeit. Die beiden Mädchen beachteten ihn nicht, solange er sich aufführte wie ein Wilder. Wenn er damit aufhörte, steckten sie ihm auf Antonias Anweisung Süßigkeiten zu. Im Prinzip war es eine simple, psychologische Erkenntnis: Wohlverhalten lernen durch Lob und Belohnung. Ben lernte es wie jedes andere Kind.

Am frühen Abend brachten Andreas oder Achim ihn zurück zum Anwesen seiner Eltern. Dann blieb er noch eine Weile in der Wildnis neben Trudes Garten, lag im Baumhaus und spähte durch die Schlitze, bis der, der ihn heimgebracht hatte, aus seinem Blickfeld verschwand. Anschließend ahmte er nach, was er im Laufe des Nachmittags auf dem Lässler-Hof gesehen hatte.

In der Scheune fand er einen ausrangierten Eimer und füllte die Tränke damit. Literweise trug er das Wasser durch die Wildnis und goß das wuchernde Unkraut. Er hütete die Disteln wie andere ihre Rosenstöcke. Auf der Apfelwiese sammelte er das Fallobst ein und vergrub es, so daß im Frühjahr 86 zahlreiche Sprößlinge die Erde durchstießen. Sie gingen alle ein, weil er sie regelrecht ersäufte.

Von solchen Beschäftigungen angeregt, nahm Jakob ihn mehrfach mit hinaus und gab sich kurzzeitig der Hoffnung hin, daß man ihn mit ein wenig Anleitung vielleicht doch noch zu sinnvoller Arbeit anhalten könne.

Aber in dieser Hinsicht war alle Mühe vergebens. Es ging nun einmal nicht ohne Maschinen, und die fürchtete er mehr als Jakobs Prügel.

Nach ein paar vergeblichen Versuchen ließ Jakob ihn wieder daheim. Und er verkroch sich in seinem Reich, verbrachte dort den Vormittag, wenn Trude ihm beim Frühstück erklärte, daß er nach dem Mittagessen zum Lässler-Hof gehen dürfe. Vorausgesetzt, er blieb im Garten und sie mußte ihn nicht im Dorf suchen. Das Versprechen zog immer. Bis Trude ihn zum Essen hereinholte, setzte er nicht einmal einen Fuß auf den Feldweg.

Es war diese Ruhe, die Jakob zu der Einsicht brachte, ein neuer Hof im freien Feld sei ein erstrebenswertes Ziel. Und ein Entschluß, den man ohne Zwänge faßte, aus freien Stücken, ohne Druck von seiten des Stadtrats, ohne die Meinung sogenannter wohlmeinender Freunde, solch ein Entschluß hatte seinen Wert. Im Sommer 86 gab Jakob den Auftrag für ein solides Einfamilienhaus, Scheune und Nebengebäude. Man garantierte ihm, die Arbeit zügig voranzutreiben. Noch vor Wintereinbruch sei der Rohbau überdacht.

Es ging tatsächlich mit Riesenschritten voran. Jakob fühlte sich fast ein wenig beschwingt. Mit Ben ins freie Feld, im Haus nur noch er und Trude und vielleicht irgendwann, vielleicht für ein paar Tage oder für immer, die kleine Tanja. Bärbel wollte sich vor dem Umzug ein möbliertes Zimmer in Lohberg nehmen, damit der Weg zur Arbeit nicht so lang wurde. Sie lernte im Büro des Baumarkts Wilmrod den Beruf Buchhalterin.

Trude fuhr oft zur Baustelle, wenn die Arbeit im Haus und in den Ställen getan war. Ben nahm sie jedesmal mit. Wenn sie das Auto nahm, saß er neben ihr. Er fuhr gerne mit ihr, allerdings nur kurze Strecken. Aber wenn er vorne sitzen durfte, hampelte er nicht herum. Wenn sie das Rad nahm, trabte er neben ihr. Dann zeigte sie ihm, wo der Weg am Bendchen und am Bruch vorbei zum Lässler-Hof führte, und ließ ihn draußen, damit er sich an die Gegend gewöhnte.

Meist lief er eine Weile durch den Rohbau, schleppte Steine von einer Seite zur andere, klatschte mit bloßen Händen den Mörtel an Stellen, wo er nicht hingehörte, oder tappte durch den frischen Estrich, bis der Polier ihn verscheuchte.

Danach lief er durchs Feld, erkundete Gebiete, in die er sich bis dahin nie vorgewagt hatte. Wenn er auf irgendeinem Acker Jakob, Paul und Bruno bei der Arbeit entdeckte, hielt er sich in ihrer Nähe, grub mit dem ersten Klappspaten, den er von Trude zum Geburtstag bekommen hatte, Löcher in die Ackergrenze und schloß sie auch wieder. Wenn die Männer abends heimfuhren, lief er in respektvoller Entfernung hinter dem Mähdrescher oder Traktor her zurück ins Dorf.

Im April 87 zogen sie um. Für Trude war es der Beginn eines neuen Lebens. Es gab keine Nachbarn mehr, alle Störfaktoren waren ausgeschaltet. Ben war, wie Trude sich ihn immer gewünscht hatte. Ein Kerl wie ein Baum mit seinen vierzehn Jahren. Einer, der sich kichernd auf dem Boden wälzte, wenn seine Mutter ihn an den Rippen kitzelte. Einer, der abends seine Wange an ihrer Schulter rieb. Einer, der an ein oder zwei Nachmittagen in der Woche zum Lässler-Hof lief. Oft trug er dann den Kasten unter dem Arm, den Toni und Illa von Burg ihm zum bunten Sonntag geschenkt hatten. Er konnte nicht bis drei zählen und zeigte seiner kleinen Schwester und Britta Lässler, wie sich verschieden geformte Holzstücke durch verschieden geformte Öffnungen in einem Rahmen drükken ließen.

Mehr als einmal sagte Antonia nach solch einem Nachmittag zu Paul: «Das war die beste Idee, die ich je hatte. Ich hätte es viel früher tun sollen, dann wäre es gar nicht so weit mit ihm gekommen. Da soll noch einer sagen, er sei bösartig. Er ist ein Schaf, man muß nur freundlich mit ihm umgehen.»

Antonia freute sich mit, als im Mai 87 für Trude und Jakob ein langgehegter Traum in Erfüllung ging. Genaugenommen war es kein Glückstreffer, mit dem Jakob den Vogel abschoß. Es war sorgfältig überlegt und abgesprochen. Schützenkönig, da ging es nicht nur darum, gefeiert zu werden, man mußte es auch bezahlen können, und billig war es nicht. Aber sie hatten eisern darauf gespart und sich beim Hausbau zurückgehalten.

Zum größten Teil war es Trudes Verdienst. Sie verzichtete auf die moderne Einbauküche und das neue Schlafzimmer. Sie begnügte sich mit der alten Couchgarnitur für das neue Wohnzimmer. Sie hielt das Geld beisammen und sorgte dafür, daß Ben beschäftigt war. Für jede Distelblüte, für jede Scherbe, die er ihr aus dem Feld mitbrachte, nahm sie ihn in die Arme. «Da freu ich mich aber, daß du an mich gedacht hast. Du bist mein guter Ben, du bist mein Bester.»

Er bekam rote Ohren von so viel Lob, rannte am nächsten Morgen wieder los, um neue Schätze für seine Mutter zu suchen. Manchmal überkam ihn dabei die Sehnsucht, dann lief er zum Lässler-Hof, hüpfte in wilden Bocksprüngen mit Tanja oder Britta auf dem Rücken über den Hof, spielte Verstecken mit den Kindern oder was ihnen sonst in den Sinn kam.

Während Trude das Kleid anfertigen ließ, das sie als Königin auf dem Schützenball tragen wollte, lag er mit klopfendem Herzen neben Antonias Bett und fieberte dem Moment entgegen, wo die eine oder andere Kinderstimme schrie: «Ich hab ihn!»

Während Trude überlegte, ob sie ihn bei der Fahrt in der offenen Kutsche neben sich haben oder ihn lieber für die Zeit bei Antonia lassen sollte, erkundete er den

Bruch, buddelte zwischen den Trümmerbergen und fand einen kleinen Dreckklumpen, der sich als Kostbarkeit entpuppte, nachdem er ihn minutenlang in den Fingern gedreht und über seine Hose gerieben hatte. Es war der Verlobungsring von Richard Kreßmanns Mutter. Aber das wußte er nicht, er sah nur, daß es in der Sonne blinkte. Damit mußte sich ein dickes Lob herausschinden lassen.

Das bekam er auch. Trude legte den Ring an die Seite, um ihn bei Gelegenheit Richard Kreßmann zu geben. Richard bekam feuchte Augen. Und Trude entschied, Ben die Kutschfahrt durchs Dorf zu gönnen, nahm seine Körpermaße und gab am nächsten Tag einen festlichen Anzug für ihn in Auftrag.

Und an einem Freitagnachmittag im August 87 traf sich Andreas Lässler beim Bendchen mit Sabine Wilmrod. Sabine, ein Jahr älter als Pauls ältester Sohn und als einzige Tochter eines nicht unvermögenden Mannes bereits stolze Besitzerin eines Kleinwagens, wählte für den Rückweg die Strecke am neuen Schlösser-Hof vorbei und durchs Dorf, während Andreas auf dem Feldweg am Bruch entlang nach Hause schlenderte.

Sabine Wilmrod bemerkte bei ihrer Fahrt durch den Ort, daß viele Leute unterwegs waren und alle einen aufgeregten Eindruck machten. Ein Streifenwagen kam ihr entgegen. Die Bevölkerung wurde über Megaphon aufgefordert, Ausschau nach der sechzehnjährigen Ursula Mohn zu halten. Sie gaben eine Beschreibung des Mädchens und machten darauf aufmerksam, daß es sich um eine hilflose Person handle, die nicht einmal ihren Namen angeben könne. Wer das Mädchen sähe, solle es festhalten und umgehend die Familie Mohn, wohnhaft am Lerchenweg, oder die Polizeidienststelle Lohberg verständigen.

Wie Thea Kreßmann später zu berichten wußte, hatte

Frau Mohn ihre Tochter, die sie nach ein paar peinlichen Zwischenfällen nicht mehr ohne Aufsicht im Dorf herumlaufen ließ, am frühen Nachmittag mit auf einen Arztbesuch genommen. Während der Untersuchung ließ sie das Mädchen mit einem Geduldsspiel im Wartezimmer zurück. Und keine der sonst noch anwesenden Personen hielt Ursula auf, als sie kurz nach ihrer Mutter aus dem Raum ging.

Die junge Frau an der Anmeldung hatte gerade telefoniert und nicht darauf geachtet, wer die Praxis verließ. Zwei Passanten hatten wenig später noch gesehen, daß Ursula sich mit offener Bluse auf die Bank am Marktplatz setzte. Wohin sich das Mädchen von dort aus begeben hatte, ob es angesprochen worden und in ein Auto gestiegen war, wußte niemand.

Als Andreas Lässler den Bruch erreichte, war es wenige Minuten nach acht und die Suche nach Ursula Mohn seit einigen Stunden im Gange. Andreas bemerkte eine gebückt zwischen den Trümmerbergen hantierende Gestalt. Er stieg in die Senke, um Ben heimzubringen. Als er näher kam, erkannte er, daß Ben sich an dem leblosen Körper eines Mädchens zu schaffen machte.

Entsetzt rannte Andreas los und erreichte zehn Minuten später völlig außer Atem den elterlichen Hof. Er wollte zu Antonia ins Haus, lief jedoch vor der Tür seinem Vater in die Arme, stotterte und stammelte sichtlich unter Schock stehend, was er gesehen hatte. «Ben ist im Bruch. Mit einem Mädchen. Es ist nackt. Ich glaube, es ist tot.»

Tot war Ursula Mohn nicht, wie Paul wenig später feststellte, jedoch war sie blutüberströmt. Auf den ersten Blick zählte Paul fünfzehn Schnitt- und Stichwunden. Tatsächlich waren es etliche mehr. Auf dem nackten Körper klebten ein Dutzend Blätter von allen möglichen Pflanzen. Als Paul vorsichtig eins fortnahm, kam auch darunter eine Verletzung zum Vorschein.

Der Puls war noch tastbar, der Atem ging regelmäßig, wenn auch flach. Wiederbelebungsmaßnahmen waren nicht erforderlich. Aufgrund der blutenden Wunden hätte Paul sich auch nicht getraut, diese durchzuführen.

Ben hockte neben Ursula Mohn. Er hielt ein Büschel Grünzeug in der Hand. Sein Klappspaten lag ein Stück weiter im Unkraut. Aufmerksam betrachtete er Pauls zitternde Finger und zeigte auf eine Schnittwunde. «Weh», sagte er.

«Ja», bestätigte Paul mit trockener Kehle, richtete sich auf und schaute sich um. Kleidungsstücke entdeckte er nirgendwo. Etwa zehn Meter entfernt bemerkte er aufgeworfene Erde, dort war eine flache Grube ausgehoben. Von ihrer Länge her entsprach sie einem menschlichen Körper.

Für einen Moment schloß Paul gequält die Augen, betrachtete den am Boden liegenden Klappspaten, zeigte zu der flachen Grube und erkundigte sich: «Hast du das Loch gemacht?»

Aus Bens Mund kam nie ein Ja oder Nein. Er nickte oder schüttelte den Kopf, wenn man ihn etwas fragte. Aber wie Trude schon vor Jahren war auch Paul inzwischen zu der Überzeugung gelangt, daß es nicht so sehr von der Frage abhing, mehr von dem Ton, in dem sie gestellt wurde. Paul hatte sich bemüht, mit neutraler Stimme zu fragen. Eine Reaktion bekam er nicht. Statt dessen hob Ben die Hand mit dem Grünzeug, tippte drei der aufgeklebten Blätter an und sagte: «Fein macht.»

«Steh auf», verlangte Paul. «Hast du ein Messer bei dir?»

Ben richtete sich auf und schüttelte den Kopf. «Finger weg», sagte er und fügte mit gedämpfter Stimme an: «Rabenaas.»

Paul nickte. «... ein Schaf, wenn man nur freundlich mit ihm umgeht», hatte Antonia gesagt. Und wenn man nicht freundlich mit ihm umging? Paul dachte an all die Mädchen, die Ben durchs Dorf gejagt und beschimpft, denen er mit einem Messer vor den Augen herumgefuchtelt hatte. Er betrachtete den blutigen Körper mit einem scheuen Blick, schaute noch einmal zwischen dem Spaten und der Grube hin und her und wandte sich erneut Ben zu. Es fiel ihm schwer, sich Bens Ausdrucksweise zu bedienen. Er tat es in der Hoffnung, auf diese Weise eine verständliche Antwort zu erhalten. «Hast du ein Finger weg bei dir? Hast du Rabenaas weh gemacht?»

Wieder schüttelte Ben den Kopf, sehr nachdrücklich und energisch, wie Paul fand. Zusätzlich gab er ein tiefes Brummen von sich und blinzelte mit beiden Augen, wie er es von den Katzen gesehen hatte. «Freund», sagte er.

«Ja, ich bin dein Freund», erklärte Paul mit belegter Stimme. «Laß mich mal in deine Taschen sehen.» Er kam sich schäbig vor dabei. Alles in ihm sträubte sich gegen die Griffe und mehr noch gegen die Konsequenzen, falls er etwas finden sollte.

Geduldig ließ Ben die Prozedur über sich ergehen. Ein Messer fand sich nicht. Paul entdeckte nur ein kleines Geduldsspiel, ein billiges Plastikding, wie man sie auf Jahrmärkten in den Wundertüten fand. Es handelte sich um eine durchsichtige Dose, an deren Boden eine dünne Pappscheibe mit Löchern festgeklebt war. In die Löcher sollten mit ruhiger Hand drei winzige, silberne Kugeln plaziert werden. Zwei der Kugeln stellten dann die Augen einer Katze dar, die dritte bildete die Nasenspitze.

Paul maß dem Spiel keine Bedeutung bei. Mit offensichtlicher Erleichterung nahm Ben die Dose zurück. «Fein macht», sagte er wieder und bewegte sie vorsichtig in der Hand, bis eines der Kügelchen liegenblieb.

Wenige Minuten später erreichte Antonia den Bruch. Sie kam allein und mit dem Wagen, an den Paul im ersten Schreck nicht gedacht hatte. Andreas wartete daheim auf das Eintreffen von Polizei und Notarzt. Er war von seiner Mutter genau instruiert, was er zu sagen und was er zu verschweigen hatte. Nun nutzte Antonia die Zeit, die bis zum Eintreffen der Beamten aus Lohberg blieb, um Bens Spaten im Kofferraum des Wagens verschwinden zu lassen und Paul von der Richtigkeit ihrer Maßnahmen zu überzeugen. «Er hat das nicht getan, Paul! So etwas tut er nicht! Schau doch, er hat sogar versucht, sie zu verbinden mit diesen Blättern.»

Paul war ganz und gar nicht einverstanden, die Polizei zu belügen. Wenn Ben das Mädchen nicht verletzt hatte, würde die Polizei das feststellen, meinte er.

«Und wenn nicht?» fragte Antonia. «Vielleicht halten sie sich an ihm schadlos, nur weil sie keinen anderen finden. Hast du eine Vorstellung, was für ein Gerede es im Dorf gibt, wenn er hiermit in Zusammenhang gebracht wird? Denk doch an Trude. Willst du ihr den Boden unter den Füßen wegziehen?»

Das wollte Paul nicht. Ihm ging auch das Brummen nicht aus dem Kopf, das Ben von sich gegeben hatte. Hatte er versucht, ein Motorengeräusch nachzuahmen? Hatte er vielleicht ein Auto gehört oder sogar gesehen?

«Und wenn schon», sagte Antonia. «Glaubst du, er kann ein Auto beschreiben oder das Kennzeichen nennen? Andreas kann sagen, er hätte etwas gehört. Oder besser noch du. Ja, so machen wir es. Du sagst, du hättest auf der anderen Seite ein Auto gehört, während du hierhergelaufen bist.»

Paul fügte sich, wie er sich immer in Antonias Entscheidungen gefügt hatte. Er half ihr, den widerstrebenden Ben auf den Beifahrersitz des Wagens zu bugsieren. Nachdem Antonia abgefahren war, klaubte Paul sämtliche Blätter von Ursula Mohns Körper und verteilte sie im Gelände.

Uns gab das blutige Grünzeug im Bruch später ein kleines Rätsel auf. Aber lange rätselten wir nicht. Es sah so aus, als sei das verletzte Mädchen in der Senke herumgelaufen. Und es erschien naheliegend, daß Ursula Mohn immer wieder versucht hatte, ihrem Peiniger zu entkommen.

Das schwerverletzte, geistig behinderte Mädchen war der Fall, der mich zum erstenmal ins Dorf brachte. Im Gegensatz zu den Ereignissen im Sommer 95 gab es im August 87 den sicheren Beweis für ein Verbrechen. Wir – mein junger Kollege Dirk Schumann und ich – wurden sofort verständigt. Kurz nach neun am Abend trafen wir am Bruch ein. Zu dem Zeitpunkt lag Ursula Mohn längst auf einem Operationstisch und Ben in der Badewanne.

Erst neun Jahre später erfuhr ich, daß Trude Bens blutverschmierten Jogginganzug umgehend in die Waschmaschine gesteckt hatte. Glücklicherweise war Jakob noch draußen gewesen, als Antonia Ben heimbrachte und die Situation erklärte. Daß er im Bruch gewesen war, erfuhren wir damals nicht. Ich erfuhr 1987 nicht einmal, daß er existierte.

Die Aussagen von Andreas und Paul Lässler waren dürftig, aber es gab keinen Grund, sie anzuzweifeln. Andreas erzählte bereitwillig von seinem Rendezvous mit Sabine Wilmrod und schilderte seinen Heimweg am Bruch entlang. Paul brachte, wie von Antonia verlangt, das Motorengeräusch ins Spiel.

Wir gingen davon aus, daß Andreas Lässler mit seinem Auftauchen den Täter in die Flucht geschlagen hatte. Zwischen den Trümmerbergen und dem Unkraut hätte er sich ungesehen zur anderen Seite davonmachen können. Dann hatte er in seinem Wagen abgewartet, bis Andreas außer Sichtweite war. Die Kleidung des Mädchens entdeckten wir am nächsten Tag unter der aufgeworfenen

Erde aus der flachen Grube. Die Tatwaffe fanden wir nicht – und nie den Täter.

Aufgrund der Aussagen und der Situation am Fundort stellte sich für uns die Lage folgendermaßen dar: Der Täter hatte Ursula Mohn am Marktplatz gesehen und in einem unbeobachteten Moment in seinen Wagen steigen lassen. Er war mit ihr hinausgefahren, hatte sich dem Bruch von der Rückseite genähert, was den Vorteil hatte, daß der Wagen unbemerkt blieb und es unmöglich war, brauchbare Reifenspuren zu sichern. Der Weg auf der Rückseite war in noch schlechterem Zustand als der, der normalerweise genutzt wurde.

Das einzige Risiko für den Täter hatte darin bestanden, daß er am Lässler-Hof vorbeifahren mußte, sowohl auf dem Hin- als auch auf dem Rückweg. Antonia hatte, was den Tatsachen entsprach, kein Auto gehört. Sie hatte sich im Haus beschäftigt. Paul und Achim Lässler hatten am späten Nachmittag und frühen Abend im Schweinestall zu tun gehabt und auch nichts bemerkt. Aber man registrierte es auch nicht immer bewußt, wenn in der Nähe ein Auto vorbeifuhr.

Ursula Mohns Schreie wären aus mehr als einem Kilometer Entfernung nicht mehr zu hören gewesen. Auf den Feldern in der Nähe des Bruchs war an dem Tag nicht gearbeitet worden. Keine Zeugen! Und eine derart günstige Situation konnte theoretisch nur jemand nutzen, der mit den Gegebenheiten des Dorfes vertraut war und über die nötigen Ortskenntnisse verfügte.

Daß Ursula Mohn alleine bis in die Nähe des Bruchs gelangt und erst dort mit dem Täter zusammengetroffen sein könnte, zogen wir nach den Aussagen von Paul und Andreas Lässler nicht in Betracht. Obwohl die Zeit für einen langen Fußmarsch gereicht hätte. Zwischen ihrem Verschwinden am Nachmittag und ihrer Entdeckung lagen etliche Stunden. Daß sie in der Arztpraxis noch mit der Plastikdose aus einer Jahrmarktswundertüte gespielt hatte, über die Trude sich am Abend wunderte, fand nirgendwo Erwähnung.

Daß Ben das Geduldsspiel nur gefunden hatte, ist auszuschließen. Er wäre kaum von alleine darauf gekommen, daß die Kügelchen in die Löcher gerollt werden sollten. Aber Kleinigkeiten geraten leicht in Vergessenheit. Und gegen Lügen ist man machtlos, wenn sie überzeugend klingen.

Als Antonia lange Jahre später endlich die Wahrheit sagte, fragte ich sie fassungslos: «Was haben Sie sich dabei gedacht?»

«Ich wollte Trude die Aufregung ersparen», antwortete sie. «Es hatte immer wieder Gerede gegeben. Ich dachte, wenn die Polizei sich mit Ben beschäftigt ...»

«Und an die Mädchen im Ort», fragte ich, als sie mitten im Satz abbrach, «haben Sie nicht gedacht?»

Antonia schwieg, sie machte eine hilflose Geste, dann begann sie zu weinen. Das sehe ich heute noch vor mir.

26. August 1995

Während Jakob noch versuchte, bei Heinz Lukka etwas über den Verbleib der jungen Amerikanerin mit dem schicksalsträchtigen Namen zu erfahren, saß Trude mit verschränkten Händen am Küchentisch. Das Denken fiel ihr ungewohnt schwer. Ben hatte sich, nachdem Jakob weggefahren war, in sein Zimmer verkrochen, sich wieder bäuchlings aufs Bett gelegt und das Gesicht dem Fenster zugedreht. Und Trude wußte jetzt, warum er ihre Gesellschaft mied.

Wäre nicht innerlich alles so trocken gewesen, hätte sie vielleicht weinen können. So blieb nur ein bißchen Hoffnung, daß er ihr die Schnitte im Rücken verzieh, wie er ihr bisher alles verziehen hatte, weil sonst niemand da war, der seine Brote schmierte, seinen Hintern wusch und ihm das Hemd zuknöpfte.

Nachdem sie eine Weile gesessen hatte und all das Schwere ein wenig tiefer gerutscht war, verließ sie das Haus durch den Keller, zog Gummistiefel an, holte die Mistgabel und ging in den Schweinestall, um sich mit Arbeit ein wenig abzulenken.

Mit nur zwei Schweinen hatte sie im Vergleich zu früher, als der Stall noch voll war, kaum Arbeit. Die Tiere waren zutraulich wie Hunde, rieben sich an ihren Beinen und stießen sie mit dem Maul an. Trude tätschelte mal dem einen, mal dem anderen den speckigen Rücken und ließ ihrem gesamten Elend freien Lauf.

«Er muß was auf dem Rücken getragen haben», sagte sie zu sich oder zu den Schweinen. Und irgendwer antwortete mit ihrer Stimme: «Natürlich hat er was auf dem Rücken getragen. Einen stark blutenden Körper.»

Es war, als ob sich außer den Schweinen noch jemand im Stall aufhielt. Er stand immer direkt hinter Trude, so daß sie ihn nicht sehen konnte. Und er benutzte ihre Stimme. Es mußte ihr Verstand sein.

«Das glaube ich nicht», widersprach Trude ihrem Verstand. «Es muß was Kleineres gewesen sein. Wenn er die Frau getragen hätte, wäre sein Hemd auch vorne dreckig geworden und an den Armen. Da war es aber sauber, die Hose auch. Und die Jacke hat nichts abbekommen. Als er sich die umhängte, muß sein Hemd schon wieder trocken gewesen sein.» Inzwischen war sie dabei, das triefende Stroh in die Schubkarre zu laden. Wenig später ging sie zur Scheune, um auf dem Zwischenboden etwas frisches zu holen. Paul Lässler hatte nichts dagegen, wenn sie sich an seinem Bestand bediente. In dem modernen Schweinestall brauchte er kaum noch etwas davon.

Als sie die Leiter hinaufstieg, bemerkte sie bei der Luke einen dunklen Fleck auf den Holzbohlen. Seine Bedeutung begriff sie erst, als sie weiter hinten einen losen Strohhaufen aufnahm. Darunter lag er, ein Rucksack aus dunkelblauem Perlonstoff, der vom Blut ebenso steif war wie Bens Hemdrücken.

Trude vergaß die beiden Schweine, die jetzt auf nacktem Beton standen. Der blutsteife Beutel war das Ende jeder Hoffnung. Er war groß, aber nicht groß genug, einen Menschen darin zu transportieren, jedenfalls nicht komplett. In Einzelteilen, dachte Trude, fühlte ein heißes Würgen in der Kehle, sah sich von abgeschlagenen Fingern, abgetrennten Beinen, von aufgeschnittenen Rümpfen und herausgerissenen Eingeweiden umgeben.

Ein Metzger, ein Schlächter, ein Haarmann!

Sie erinnerte sich noch an das Lied, das sie als Kinder gesungen hatten. An den Fall selbst nicht, das war vor ihrer Geburt gewesen. Sie wußte nur, was man sich darüber erzählt hatte. Grauenhafte Dinge; kleine Buben und junge Männer durch den Fleischwolf gedreht und zu Wurst verarbeitet. Und sie hatten ein Spottlied daraus gemacht. «Warte, warte noch ein Weilchen, dann kommt Haarmann auch zu dir. Mit dem kleinen Hackebeilchen klopft er leis' an deine Tür.»

Hackebeilchen!

Abgeschlagene Finger!

Das Pendel Mutterherz schlug wieder in Richtung Unschuld. Abgeschlagen, nicht abgeschnitten, da war sie völlig sicher, hatte der Anblick der Wundstellen sie doch an den Finger ihres Vaters erinnert, der war abgehackt worden. Und Ben hatte höchstens mal ein Messer. Man konnte zwar auch mit einem großen, scharfen Messer zuschlagen. Doch in der vergangenen Nacht hatte er nur eins vom Eßbesteck bei sich gehabt, mit Wellenschliff und abgerundeter Klinge. Und damit einen Körper so zu zerlegen, daß er sich in einem Rucksack transportieren ließ, erschien Trude unmöglich.

Daß sich seit fünfzehn Jahren ein Springmesser in seinem Besitz befand, daß es manchmal unter zusammengeschobenem Stroh auf dem Zwischenboden lag und manchmal irgendwo draußen in einem Erdloch, wußte Trude nicht. Sie hatte die Waffe, mit der höchstwahrscheinlich Althea Belashi getötet worden war, die Ben entweder in Gerta Frankens Garten oder eher noch neben dem Pütz gefunden hatte, in all den Jahren nie bei ihm gesehen. So dumm war er nicht einmal mit sieben Jahren gewesen, nicht zu wissen, daß seine Mutter ihm diesen Schatz auf der Stelle weggenommen hätte, wäre es ihr unter die Augen geraten.

Trude bückte sich, griff nach einem der Tragegurte, an denen sich wie vor Wochen an Svenja Krahls Handtasche nur die verschmierten Abdrücke blutiger Finger befanden, und zog den steifen Rucksack traumverloren hinter sich her zur Luke. Als sie ins Haus ging und die Treppe hinauf zu seinem Zimmer stieg, wußte sie noch nicht, was sie als nächstes tun sollte. Aber dann ging es automatisch.

Sie öffnete die Tür, schaute mit einem liebevollen Blick zum Bett und sagte: «Du bist doch mein guter Ben. Du bist mein Bester. Zeig mir, wo du das hingelegt hast, was hier drin war.» Dabei hielt sie den Rucksack am ausgestreckten Arm von sich. «Wenn du es mir zeigst, gibt es etwas Feines zur Belohnung. Ein Kuchen bei Sibylle und ein großes Eis. Jetzt komm, ich tu dir nicht weh, bestimmt nicht. Ich nehme es dir auch nicht weg. Ich will es nicht haben. Ich will es nur mal sehen.»

Er drehte den Kopf zur Seite und war auch mit viel gutem Zureden nicht zum Gehorsam zu bewegen. Ehe sie ihn dazu brachte, aufzustehen und ihr zu folgen, mußte sie ein Vanilleeis aus der Gefriertruhe holen. Bei der Gelegenheit stopfte sie den Rucksack unter den Haufen alter Kleidung, den sie für die nächste Kleidersammlung aussortiert hatte. Ihn jetzt zu verbrennen, fehlte die Zeit.

Dann lief er vor ihr her, die Eiswaffel in der Faust, nicht in Richtung Bruch, wie sie gedacht hatte. Er hielt sich auf dem Weg und bog bei der Abzweigung nach links. Es ging zur Apfelwiese, das wurde rasch klar. Trude hetzte und keuchte hinter ihm her am Stacheldraht entlang, rechnete damit, daß er haltmachte und sich unter dem Draht durcharbeitete. Aber er lief bis zum letzten Holzpflock, blieb endlich stehen und schaute sich nach ihr um. Als er sah, daß seine Mutter noch hinter ihm war, schob er sich behutsam Stück für Stück seitlich am Zaun entlang und nach etwa acht Metern vorsichtig in die dornige Wildnis, die einmal Gerta Frankens Garten gewesen war.

Trude sah nur noch seinen Kopf über das Gesträuch ragen. Er steuerte auf den Birnbaum zu. Es war ein Fehler, ihm das Eis sofort zu geben, dachte Trude. «Nein, nein», rief sie, preßte beide Hände auf die stechende Brust. «Komm wieder her, du sollst nicht in den Baum steigen.» Sie griff in die Kitteltasche, hielt einen mit Haselnüssen gefüllten Schokoladenriegel hoch, damit er zurück auf den Weg kam.

«Gehen wir zum Bruch», sagte sie. «Du zeigst mir, wo du heute morgen warst, wo du immer die feinen Sachen findest.»

Er aß erst einmal, dann lief er wieder vor ihr her den gesamten Weg zurück zum Hof und daran vorbei. Mehr als zwei Kilometer. Trude war mit ihrer Kraft fast am Ende. Immer wieder mußte sie stehenbleiben und nach Atem ringen. Er blieb ebenfalls stehen und wartete, bis sie wieder neben ihm war.

Nach mehr als einer Stunde erreichten sie die Kante zum Bruch. Er schaute sich erwartungsvoll nach ihr um.

Sie kam langsam und schleppend die letzten Meter, blieb auf der Kante stehen, während er in die Senke hinunterstieg.

Trude rang nach Luft und drängte: «Wo hast du es vergraben?» Damit er auch wirklich verstand, was er ihr zeigen sollte, fügte sie mit leichtem Stocken hinzu: «Wo ist das ... Rabenaas? Es war doch im Rucksack. Wo hast du es hingelegt?»

Er stand unten, etwa fünfzehn Meter von ihr entfernt neben einem moosüberwachsenen Trümmerberg. Es schien, als wolle er einige Brocken herausziehen. Doch nach ihren Worten setzte er sich erneut in Bewegung und kam die Kante wieder herauf.

Dann lief er weiter auf dem schmalen Weg, der zum Lässler-Hof führte. Trude hetzte ihm nach und wußte nicht, woher sie die Luft für den nächsten Atemzug nehmen sollte. Sie sah Jakobs alten Mercedes vor Lässlers Haus stehen. Es war ein Moment von Aufgebenwollen. Bei Antonia ein wenig verschnaufen. Sich von Jakob heimfahren lassen. Und ihm erklären müssen, wo sie gewesen und was sie dort gesucht hatte? Sie lief weiter. «Nicht so schnell, Ben», keuchte sie. «Ich kann nicht mehr.»

Hundert Meter weiter, zweihundert Meter, er hielt sich jetzt neben ihr und musterte sie besorgt von der Seite. «Weh?» fragte er.

«Ja, ein bißchen.» Trude rieb mit der Hand über die Rippen, hinter denen es stach und brannte. «Es ist das Herz. Aber es geht schon. Ich kann nur nicht so schnell laufen wie du. Wie weit ist es denn noch? Wo bringst du mich hin?»

«Rabenaas», sagte er.

Trude mußte stehenbleiben, weil das Herz in dem Moment für einen Schlag aussetzte. Sie kniff die Augen zusammen, als der Schwindel das Hirn erfaßte und eine

Handtasche, zwei abgetrennte Finger, ein neongelbes Unterhöschen und den blutgetränkten Rucksack darin herumwirbelte. Hinter den Rippen polterte es wieder los, der Kopf füllte sich mit Rauschen und Brausen, als wüte ein Sturm darin.

Rabenaas! Noch vierhundert Meter bis zum Mais. Er lief weiter, sie folgte ihm wie mit Bleigewichten an den Füßen, den Kopf voll mit diesem widerlichen Summen und Brausen. Als Jakobs Mercedes neben ihr hielt, zuckte sie zusammen wie unter einem Schlag. Sie hatte ihn nicht kommen hören.

Nachdem sie sich von dem Schreck erholt hatte, stieg sie ein, nur noch dankbar, nicht weiterlaufen und nicht sehen zu müssen, wozu sie ihn aufgefordert hatte, es ihr zu zeigen. Morgen, dachte sie, oder am Montag, wenn es mir bessergeht und Jakob bei der Arbeit ist, versuchen wir es noch mal.

Ben war auch mit gutem Zureden nicht zu bewegen, ins Auto zu steigen. Jakob fuhr langsam vor ihm her, vergewisserte sich im Innenspiegel, daß er folgte, und erkundigte sich, was Trude draußen gesucht habe.

«Ich dachte», sagte sie, «vielleicht zeigt er mir, wo er die Jacke gefunden hat.»

«Und», drängte Jakob. «Hat er es dir gezeigt?»

Sie schüttelte nachdrücklich den Kopf, ehe sie antwortete: «Er hat überhaupt nicht verstanden, was er mir zeigen sollte.» Die Angst, daß er jetzt noch haltmachte und Jakob zum Nachschauen bewegte, tobte wie ein wildes Tier durch ihre Eingeweide.

Jakob schaute wieder kurz in den Rückspiegel, sah Ben in seinem gewohnten Trab dem Mercedes folgen und bog bei Lukkas Bungalow in den breiten Weg ein. Dabei erzählte er von seinem Versuch, etwas in Erfahrung zu bringen, und der Erfolglosigkeit. Als er erwähnte, daß die gesamte Familie Lässler beim Kaffee gesessen hatte, hörte er

Trude mühsam nach Atem ringen. «Was ist los?» fragte er.

Trude war sicher, daß Annette mit Albert Kreßmann über Jakobs Besuch und den Grund sprach. Und Albert hatte Ben gesehen – mit der Jacke. «Da fällt mir gerade ein», flüsterte sie so leise, daß Jakob sie kaum verstand. «Als ich ihn rausgelassen hab heute morgen ... Es kann sein, daß er die Jacke nicht auf dem Weg gefunden hat. Als er heimkam, ich meine, da wäre er vom Bruch gekommen.»

«Du meinst?» fragte Jakob scharf. «Da kommst du doch jetzt auch her. Dann erzähl mir doch nicht, er hätte nicht verstanden, was er dir zeigen sollte! Verdammt noch mal, lüg mich nicht an. Du hast mich heute nachmittag auch belogen, gib es zu! Er war nicht im Bett, er war draußen. Wir fahren zurück.»

Zuletzt war er immer lauter geworden. Er trat auf die Bremse, schaute in den Rückspiegel. Aber hinter ihnen war niemand mehr zu sehen. «Verdammt», fluchte Jakob. «Wo bleibt er denn?»

Trudes Herz stockte erneut, im Hirn zuckte nur ein Gedanke. Nicht jetzt! Jakob legte den Rückwärtsgang ein. Mit nach hinten gewandtem Kopf fuhr er bis zur Kreuzung, konnte nun die vier Wege einsehen. Keine Spur von Ben. «Das gibt's doch nicht», zischte Jakob. «Wo ist er hin?»

Der Mais, dachte Trude, sie liegt im Mais! Da kann Heinz ihm von der Terrasse aus bequem zuschauen, da muß er sich nicht mal die Schuhe dreckig machen. Gott steh uns bei! Wenn er sie jetzt rausholt, das halte ich nicht aus.

Ben war tatsächlich in den Mais getaucht, hüpfte auf der Stelle, schoß bei jedem Sprung mit Kopf und Schultern über die Pflanzen hinaus, winkte mit beiden Händen und rief: «Freund!»

Trude und Jakob hörten ihn rufen, Heinz Lukka hörte ihn ebenfalls. Die Terrassentür stand weit offen. Heinz Lukka trat auf die Terrasse hinaus, winkte zu Ben hinüber, hörte das Brummen des Dieselmotors und ging zur Hausecke. Er sah Jakobs Wagen bei der Abzweigung stehen und kam langsam näher. Als er den Mercedes erreichte, drehte Jakob die Scheibe ganz herunter und rief: «Los, Ben, mach, daß du herkommst.»

«Laß ihn doch», meinte Heinz Lukka. «Ich bin sowieso gleich draußen. Da kann er bei mir bleiben.»

«Kann er nicht», sagte Jakob. «Ich hab auch was mit ihm zu tun. Und er muß nicht den Mais platt machen.»

«Platt machen», wiederholte Heinz Lukka und lächelte. «Ich glaube, er hätte den ersten Halm noch zu knicken.» Das Lächeln erlosch. «Hast du etwas von Frau Stern gehört?» fragte er.

Jakob schüttelte den Kopf. Trude fühlte, wie ihr Herz sich erneut verkrampfte. Heinz Lukka schaute über das Wagendach in Richtung Landstraße. «Ich auch nicht», sagte er. «Ich dachte, sie hätte vielleicht für den Rest der Nacht ein Zimmer genommen in Lohberg. Ich habe herumtelefoniert, aber abgestiegen ist sie nirgendwo. Sie kann natürlich auch zum Bahnhof sein und dort gewartet haben. Der erste Zug ging kurz nach sechs. Denkst du immer noch, du müßtest die Polizei einschalten? Ich meine, wegen einer verlorenen Jacke muß man keinen Aufstand machen. Sie wird längst in einem Flugzeug sitzen.»

Trude hörte ihn reden, hörte Jakob antworten und verstand kein Wort von dem, was gesagt wurde. Sie sah nur Ben aus dem Mais kommen, sah den blutsteifen Rucksack in der Scheune liegen. Wenn er nun Blut an den Händen hatte oder an den Schuhen ... «Ich kann nicht mehr», murmelte Trude. «Ich krieg keine Luft.» Die letzten Worte waren nur noch ein Röcheln.

Jakob erschrak. Leichenblaß war sie. Ihre Lippen hatten sich blau gefärbt. «Entschuldige, Heinz», sagte er eilig. «Ich muß Trude nach Hause bringen.»

«Ja, natürlich.» Heinz Lukka beugte sich herunter und nickte Trude aufmunternd zu. Auch er erschrak, als er sie sah. Und Trude sah nur den Mais.

«Komm, Ben», rief Jakob noch einmal, ließ den Wagen wieder langsam vorwärts rollen, diesmal nur im Schritt. Er ließ die Augen nicht von Trude. Sie saß neben ihm, als könne jeder Atemzug der letzte sein. Ihre mühsam krampfhaften Atemzüge schnitten auch Jakob die Luft ab. Er warf kaum noch einen Blick in den Rückspiegel, hatte nur noch Angst, Trude könne zusammenbrechen – oder sterben.

Zusammenbruch

Nachdem Ursula Mohn im August 87 im Bruch beinahe verblutet und vielleicht lebendig begraben worden wäre, löste sich für Trude der Traum, auf dem Schützenball als Königin zu tanzen, in Rauch und Asche auf. Auch wenn es anscheinend keine Zeugen gegeben hatte, wußte jeder, was tatsächlich geschehen war. Thea Kreßmann sorgte dafür, daß jeder im Dorf erfuhr: Ben hatte an jenem Nachmittag nicht unter Antonias Aufsicht auf dem Lässler-Hof gespielt. Antonia log das Blaue vom Himmel herunter und stiftete sowohl ihren Mann als auch ihren armen, herzkranken Sohn an, mit ihr um die Wette zu lügen.

Der Schützenverein vertrat unter Richard Kreßmanns Führung die Ansicht, es sei unter diesen zweifelhaften Umständen unmöglich, daß Jakob und Trude sich in der offenen Kutsche durchs Dorf fahren ließen, womöglich ihren Sohn in der Mitte. Ohne viel Aufhebens übernahm Richard das Amt, und Jakob trat aus dem Verein aus.

Es schien nur eine Frage der Zeit, bis Trude unter der Last ihrer Schuldgefühle zusammenbrach. Doch damit ließ sie sich Zeit. Als es endlich geschah, waren die Diskussionen, daß man nun mit zwei Mördern im Dorf lebte und Gerta Franken es immer prophezeit hatte, fast schon wieder verstummt. Kaum einer nahm noch Notiz davon, daß die wunde Seele sich ein Ventil gesucht hatte. Nicht einmal Trude sah noch einen Zusammenhang.

Sie war in dem Herbst einundfünfzig Jahre alt, doch funktionierte ihr Körper wie der einer Zwanzigjährigen – alle vier Wochen. Sie hatte es sich nie leisten können, um ihr Frausein viel Aufhebens zu machen. Es wäre ihr undenkbar gewesen, sich mit einem Migräneanfall ins Bett zu legen, wie Maria Jensen es tat. Sie hatte keine Zeit für Bauchkrämpfe, die Thea Kreßmann allmonatlich heimsuchten. Sie klagte nicht einmal über leichtes Unwohlsein wie Antonia und Renate Kleu. Was kam, das kam, und Trude brachte es hinter sich, ohne einen überflüssigen Gedanken daran zu verschwenden.

Doch im November 87 wollte es kein Ende nehmen. Die ersten Tage vergingen noch wie gewohnt. Die erste Woche verging, und kein Anzeichen des Nachlassens. Die zweite Woche brach an, allmählich spürte Trude eine gewisse Müdigkeit. Erst Anfang der dritten Woche hörte es auf. Und nach nur zwei Wochen ging es von neuem los, schlimmer als zuvor. Manchmal hatte es den Anschein, als wolle sie ausbluten und es auf diese Weise hinter sich bringen.

Bis in den Februar 88 plagte sie sich, machte sich Sorgen, weil die Kraft nachließ. Die Müdigkeit wollte nicht mehr weichen. Kaum aus dem Bett, hätte sie sich am liebsten wieder hineingelegt und nur noch geschlafen.

Es war bereits Ende Februar, als Trude sich auf eindringlichen Rat Antonias aufraffte und einen Termin beim Gynäkologen in Lohberg vereinbarte. Recht war es ihr nicht. «Ich kann mich nicht für drei oder vier Wochen ins Krankenhaus legen.»

So lange hatte die Sache bei Hilde Petzhold gedauert. Daran erinnerte Trude sich nur zu gut. Zuerst eine Ausschabung, dann ein paar Tage warten, bis der Befund kam, danach die schwere Operation. Anschließend hatte Otto gesagt: «Das wird nichts mehr» und den Hof aufgegeben.

«Jetzt mach dich nicht verrückt», sagte Antonia. «Vielleicht hat es nur etwas mit den Hormonen zu tun. Dann bekommst du ein paar Pillen, und die Sache gibt sich.»

Doch so einfach war es nicht. Das Krankenhaus mußte sein, zwei Wochen, meinte der Arzt. Eine Woche höchstens, sagte Trude und überlegte mit Jakob, wie sie diese Woche hinter sich bringen könnten.

Irgendwie ginge es schon, meinte Jakob leichthin. Der Zeitpunkt sei ja günstig. Noch war der Boden gefroren, da konnte man draußen überhaupt nichts tun. Wenn es im Frühjahr passiert wäre, hätte es anders ausgesehen. Aber jetzt, dabei lachte Jakob, um ihr zu zeigen, daß es wirklich nicht so tragisch sei, komme er schon zurecht.

An einem Montag Ende Februar stieg Trude, den Mantel über dem Arm und das kleine Köfferchen in der Hand, in ein Taxi. Sie winkte noch einmal zu Ben hinüber. Er stand neben Jakob bei der Haustür, beäugte mißtrauisch das Taxi und trat nervös auf der Stelle. Jakob hatte ihm einen Arm um die Schultern gelegt, um ihm zu zeigen, daß er nicht alleine blieb. Trude hatte ihm zuvor ausführlich erklärt, daß sie Weh habe und zum Doktor müsse für ein paar Tage. Aber bald sei sie wieder da. Und bis dahin bekäme er jeden Abend ein großes Eis vom Vater. Er müsse nur lieb sein und beim Vater bleiben.

Es schien, als habe er sie verstanden. Doch kaum rollte das Taxi vom Hof, schüttelte Ben Jakobs Arm ab und hetzte wie von einer Bremse gestochen hinter dem davonfahrenden Mercedes her. «Finger weg!» brüllte er. Jakob lief ihm nach, aber so schnell war er nicht.

Trude tippte dem Fahrer auf die Schulter und bat ihn, anzuhalten, damit sie sich noch einmal von ihrem Sohn verabschieden und ihm klarmachen konnte, daß er beim Vater bleiben müsse. Aber was Trude auch sagte, es wirkte nicht. Es war ein herzzerreißender Abschied, in dem er wohl zwanzigmal nach Trudes Handgelenk griff, mit beiden Händen daran zerrte, daß sie sich kaum im Wagen halten konnte. Er schüttelte den Kopf mit einer Miene, als stehe ihm der Weltuntergang bevor, murmelte Finger weg und weh.

Trude ließ ihn gewähren, strich ihm über das lockige Haar, drückte sich sein Gesicht gegen die Schulter, damit er ihre Tränen nicht sah, und flüsterte: «Ich hab nur ein bißchen weh. Aber ich komme bald zurück. Das habe ich dir doch versprochen. Es ist nur für ein paar Tage. Jetzt sei lieb.»

Jakob, dem der Halt des Taxis Gelegenheit gegeben hatte, Ben einzuholen, machte der Sache ein Ende. Mit ein paar energischen Worten brachte er Ben dazu, Trudes Arm loszulassen, dann hielt er ihn fest, bis der Wagen außer Sicht war. Ben trottete mit gesenktem Kopf neben ihm zurück und murmelte ein paarmal Rabenaas. «Das will ich nicht mehr hören», sagte Jakob streng. «Mutter ist kein Rabenaas. Sie läßt dich nicht im Stich.»

Ben verkroch sich im Hühnerstall. Auch der Teller voll Rührei, mit dem Jakob ihn in die Küche lockte, half nicht viel. Er kam zwar mit, doch dann saß er am Tisch und schaufelte den gelben Berg mit trübsinniger Miene in sich hinein.

Jakob versorgte das Vieh, suchte aus Trudes Vorräten

eine Tafel Nußschokolade und etliche Schokoladenriegel heraus, steckte sich alles in die Hosentasche und lockte Ben mit einem Vanilleeis ins Freie, um ihn ein wenig abzulenken.

Es war der erste gemeinsame Spaziergang, das Debüt sozusagen. Und es war das erste Mal, daß Jakob zu seinem Sohn sprach wie zu einem Menschen, der ihm selbst in nichts nachstand, der raten und helfen konnte. «Glaub nur nicht, daß du der einzige bist, der sie vermißt und Angst um sie hat», begann er.

Und es war nur der bedrückte Ton, der Ben dazu brachte, an seiner Seite zu bleiben. War er ihm zuerst mit verzweifelter Miene gefolgt, drückte sein Gesicht bald eine gewisse Aufmerksamkeit aus. Hin und wieder nickte er und gab Jakob das Gefühl, daß er verstanden wurde, daß sein Sohn die Sorge um Trude ebenso empfand wie das unterschwellige Bewußtsein von Furcht. Wenn es nun doch etwas Schlimmes war? Hatte es nicht bei Pauls Mutter genauso angefangen? Und die war daran gestorben. Was sollte dann werden aus ihm und aus Ben?

«Das Gerede hat Mutter krank gemacht», sagte Jakob. «Ich hätte nicht übel Lust, Thea das Maul mit dem Dreck zu stopfen, den sie verbreitet. Wir hätten den Spieß umdrehen sollen, Thea anzeigen wegen Verleumdung. Vielleicht tu ich's noch. Da scheiß ich auf Richards Geld. So arm bin ich auch nicht, daß ich mir keinen guten Anwalt leisten kann. Aber einen wirklich guten, nicht so einen Arschkriecher wie Lukka. Den kann Richard nehmen.»

«Freund», sagte Ben.

Jakob schüttelte energisch den Kopf. «Quatsch. Lukka ist eine linke Zecke. Er tut freundlich, und wenn man den Rücken gedreht hat, bückt er sich nach einem Stein. Er hat dir schon mehr als einen Stein in den Weg geworfen, und eines Tages wirst du drüber stolpern. Wenn ein Mensch gutmütig und harmlos ist, muß ich es nicht allen erzählen. Über Tatsachen muß man nicht reden. Wenn man es tut, und wenn man es so oft tut wie Lukka, fangen die Leute an zu zweifeln. Der kann mir nicht erzählen, daß er dich mag.»

Jakob war bei seinem Lieblingsthema, sprach kreuz und quer über die Demütigungen, die ihm als Vater von einem angeblich wohlmeinenden Bürger, in Wirklichkeit jedoch von einer linken Zecke zugefügt worden waren. Darüber kam er wieder auf Thea Kreßmann und deren Behauptung, Ben habe das behinderte Mädchen vom Lerchenweg verletzt.

«Ich meine», sagte Jakob, «es ist ein großer Unterschied, ob ich einer Puppe ein Loch in den Bauch steche oder einem Menschen, der zu bluten und zu schreien anfängt. Weißt du, was ich denke? Ich sollte das nicht sagen, aber hier hört uns ja keiner. Wenn dem Mädchen einer Gewalt angetan hätte, zusätzlich, meine ich, da käme so schnell keiner auf die Idee, du wärst es gewesen. Das würden sie dir nämlich nicht zutrauen. In deinem Alter fängt das ja gerade erst an.»

Jakob betrachtete Ben von der Seite. Gerade fünfzehn Jahre alt geworden und schon größer als er selbst. Die Schultern um einiges breiter, die Hände um einiges kräftiger. Aber das Gesicht, es war noch ein Kindergesicht mit weichen Konturen. Die Augen von langen, gebogenen Wimpern beschattet, darunter ein sanfter Blick. Dann fiel ihm Bruno Kleus Bemerkung ein: «Wenn er jetzt schon reihenweise Puppen vögelt ...» Geändert hätte sich wohl kaum etwas am Gerede, wenn Ursula Mohn vergewaltigt worden wäre.

Jakob seufzte und sprach weiter: «Das ist eine Sache, die mir nicht in den Kopf will. Warum vergreift sich einer an einem Mädchen, sticht und schneidet nur blindwütig drauflos und tut ihm sonst nichts? Es ist mir schon klar, daß ein paar Leute dabei an dich denken. Aber es soll auch ältere geben, die nicht können. Und das macht sie fuchsteufelswild. Da lassen sie ihre Wut auf so eine Art raus. Aber da muß einer doch richtigen Haß haben, wenn er ein armes Ding, das sich nicht wehren kann, so zurichtet.»

Sie schlenderten in weitem Bogen durch die Dunkelheit zurück. Jakob hatte die Lampe neben der Haustür brennen lassen. Als er das fahle Licht wieder vor sich sah, war ihm ein wenig leichter. Er machte Abendbrot, danach saßen sie noch eine Weile in der Küche beisammen. Aber seit sie das Haus betreten hatten, war Ben wieder nur Ben. Mit sichtlicher Unruhe huschten seine Augen umher, glitten über Tisch und Schränke, über Jakobs Gesicht und immer wieder zur Tür.

«Eine Woche höchstens», sagte Jakob. «Das hat sie versprochen. Morgen früh wird sie operiert, am Nachmittag besuchen wir sie. Da mußt du aber ganz lieb sein. Und nächste Woche um die Zeit sitzen wir hier wieder zu dritt. Auch wenn sie noch nicht so kann, wie sie will, Hauptsache, sie ist wieder bei uns.»

Kurz vor zehn brachte Jakob ihn hinauf, steckte ihn für eine halbe Stunde in die Badewanne. Auch eines der Mittel, mit denen Trude gewisse Launen bei ihm bekämpfen konnte. Und bei Jakob, der es sich für die halbe Stunde auf dem Klodeckel gemütlich machte und eine Zigarette rauchte, zeigte sich ebenfalls ein bißchen Wirkung. Anschließend frottierte er ihn trocken und veranlaßte ihn zu einem glucksenden Kichern, als er mit einem Handtuchzipfel zwischen den Zehen rieb. Als er ihn endlich ins Bett brachte, war Jakob überzeugt, er habe die Situation im Griff.

Er legte sich ebenfalls schlafen, lag aber noch eine Zeitlang wach, fragte sich, wie es Trude in diesem Augenblick ergehen mochte, und schlief darüber ein. Gegen drei erwachte er vom Schlagen einer Tür. Draußen war starker

Wind aufgekommen. Was da schlug, war die Haustür, die Jakob ab- und Ben aufgeschlossen und nicht richtig hinter sich zugezogen hatte, als er das Haus verließ.

Wie man einen Schlüssel in der Tür drehte, hatte er auf dem Lässler-Hof gelernt. Und höchstwahrscheinlich hatte er am Bruch die Verbindung zwischen blutenden Wunden und einem hellen Mercedes hergestellt, hatte zum zweitenmal erlebt, daß andere keinen Unterschied machten zwischen Mensch und Tier, daß ein Mädchen nicht mehr Wert haben konnte als ein Huhn oder eine Katze.

Er war unschuldig an Ursula Mohn, unschuldig an jedem Küken, das in seiner Hand verreckte, an jeder Raupe, jedem Käfer, an jedem Leben, das zerdrückt in seinen Hosentaschen angekommen war. Schuld war nur die Kraft in seinen Fäusten, die der Kopf nicht steuern und nicht bremsen konnte, weil es keine Vorrichtung zum Steuern und Bremsen gab.

Sein Kopf war wie ein Irrgarten, in dem niemand den richtigen Weg finden und an ein Ziel gelangen konnte. Er gewiß nicht. Er trottete nur ewig im Kreis herum, getrieben von diffusen Wünschen, Begierden und Ängsten. Zärtlichkeit, etwas anderes hatte er nie gewollt. Und bekommen hatte er sie meist nur von flaumigen Federbüscheln an der Wange, vom Kribbeln und Krabbeln der winzigen Tierchen in seiner Hand. Er war der Hüter, der Sammler, der Jäger, immer auf der Jagd nach Freude, nach Lust. Und wie oft hatte er statt dessen Schmerz erfahren.

In der Mitte seines Irrgartens gab es einen hellen Raum – sein Gedächtnis. All die Erfahrungen, Erlebnisse und Widersprüchlichkeiten verwahrte er dort. Nichts war sortiert, aber alles war greifbar. Und alles wurde überragt vom größten Widerspruch in seinem Leben, seiner Mutter, sein Schutz und sein Untergang.

Und nun war seine Mutter in ein Auto gestiegen, das Blut und Verderben brachte. Erschwerend kam noch hinzu, sie hatte einen Koffer bei sich gehabt. Koffer gab es bereits in dem hellen Raum. Den einen hatte Anita aus dem Haus getragen, den zweiten Bärbel. Weder die Koffer noch die Schwestern waren zurückgekommen. Nicht, daß er sie sonderlich vermißt hätte, aber sie waren weg. Mochte sein Vater erklären und reden, soviel er wollte.

Mitten in der Nacht hatte er es nicht mehr ausgehalten in seinem Bett und brach auf, nach seiner Mutter zu suchen an den Stellen, an denen sie seiner Erfahrung nach zu finden sein mußte. Zuerst lief er zum Bruch. Dort war sie nicht. Dann lief er zur Apfelwiese, quälte sich schlotternd vor Kälte in seinem fadenscheinigen Schlafanzug unter dem Stacheldraht durch und kroch zu dem längst verschlossenen Pütz. Die Stelle sah nicht aus, als hätte man noch jemanden hineinwerfen können. Aber man konnte nie wissen. Sie taten häufig Dinge, die er nicht erwartet und für unmöglich gehalten hatte.

Für ihn waren wir die wunderlichen Wesen, die Zerstörer, deren Verhalten er nicht durchschaute und nicht verstand. Die ihn nicht verstehen wollten, da mochte er noch so deutlich sprechen mit den Worten, von denen er wußte, daß sie immer richtig waren.

Daß er sich an all den anderen Worten nicht versuchte, hatte viele Gründe. In den ersten Jahren unter der Fuchtel seiner Großmutter hatte sich niemand die Mühe gemacht, ihm vorzusprechen, daß der Tisch ein Tisch und das Bett ein Bett war. Und später, als er das alleine herausgefunden hatte, traute er den Worten nicht mehr. Es waren zu viele falsche dabei, zu viele, die er nicht einordnen konnte, und einige, bei denen er nicht wußte, zu wem sie nun wirklich gehörten. Wie hätte er seine Mutter Mama nennen können, wenn Albert Kreßmann mit diesem Wort nach Thea rief, Dieter Kleu nach Renate und es auf dem Lässler-Hof für Antonia galt?

Die halbe Nacht lag er auf dem Bauch im gefrorenen Gras, jammerte nach Trude und versuchte mit bloßen Fäusten die harte, kalte Erde aufzubrechen. Irgendwann gab er auf und kroch unter dem Zaun durch in Gerta Frankens ehemaligen Garten, der nie ein richtiger Garten gewesen war. Er suchte im dornigen Gestrüpp, irrte in der Wildnis umher, wimmerte und weinte sein: «Fein?» in die Nacht, während sein Vater die Gegend nach ihm absuchte.

Es war ein aussichtsloses Unterfangen. Jakob wußte nicht einmal, in welche Richtung sein Sohn sich davongemacht hatte. Während Ben durch den Bruch stolperte, lief Jakob auf die Abzweigung zu, weil er annahm, Ben habe den Weg eingeschlagen, den das Taxi mit Trude genommen hatte. Der Wind brauste und pfiff ihm um die Ohren und machte jedes Rufen zu einer Farce. Trotzdem brüllte Jakob sich fast die Lungen aus dem Leib, trieb den Strahl einer Taschenlampe in die Nacht und stemmte sich gegen die Böen.

Dann lief Jakob zum Bruch und zum Bendchen und wieder zurück. Was ihn am meisten beunruhigte, war die Tatsache, daß Ben nur einen dünnen Schlafanzug aus Flanell trug. Und er fror noch in seiner dick gefütterten Jacke und trotz der Anstrengung. Er holt sich den Tod in der Kälte, dachte er mehrfach.

Jakob fand ihn erst gegen fünf in der Früh unter dem Birnbaum, durchgefroren bis auf die Knochen, mit den Zähnen klappernd, am ganzen Körper zitternd. Jakob half ihm auf die Beine, legte ihm seine Jacke um, schleppte ihn heim, steckte ihn in die heiße Badewanne und anschließend ins Bett.

Während Trude auf dem Operationstisch lag, beugte sich Antonia über Bens Stirn, fragte nach dem Fieberthermometer und befand, es sei besser, den Hausarzt zu rufen. Doch außer Zäpfchen gegen das Fieber und zusätzlichen Wadenwickeln wußte der Arzt keinen Rat.

Den ganzen Tag und die Nacht saß Jakob neben dem Bett seines Sohnes, schlief hin und wieder für Minuten ein und wurde jedesmal aufgeweckt, wenn Ben sich herumwälzte, stöhnte, jammerte oder plötzlich losschrie: «Finger weg! Rabenaas!»

Erst am nächsten Morgen kam Jakob dazu, sich telefonisch nach Trudes Befinden zu erkundigen. Sie war noch etwas schwach auf den Beinen, kam jedoch selbst ans Telefon. Mit keinem Wort beschwerte sie sich, daß sie am Vortag vergebens auf einen Besuch gewartet hatte. Sie erkundigte sich nur nach Ben und wie Jakob mit ihm zurechtkomme.

«Bestens», sagte Jakob mit einer vor Müdigkeit tonlosen Stimme. «Wirklich prima. Ich hab ihn schon zweimal gebadet. Ich glaub, das hat ihm gefallen.»

Kurz vor Mittag kam Antonia, um nach Ben zu schauen und einen Eintopf auf den Küchentisch zu stellen. Als sie den Vorschlag machte, Ben mitzunehmen, lehnte Jakob mit halbem Herzen ab. «Das kann ich wirklich nicht von dir verlangen. Ich komm schon klar mit ihm. Das Fieber ist hoch, er phantasiert, aber …» Dann war er doch erleichtert, als Antonia darauf bestand. Er half ihr, den vor sich hin dämmernden Jungen in den Wagen zu tragen, und legte sich selbst für eine Stunde auf die Couch. Anschließend besuchte er Trude im Krankenhaus.

Mit ihrer Entlassung hatte es nun keine Eile mehr. Statt der beabsichtigten Woche blieb sie zehn Tage, erholte sich gut in dieser Zeit, trug Jakob täglich ihren Dank und liebe Grüße an Antonia und Paul auf. Als sie endlich heimkam, war auch Ben soweit auskuriert und Antonia überzeugter denn je, daß er mit Ursula Mohns Verletzungen nichts zu tun hatte und es richtig gewesen war, die Polizei von ihm fernzuhalten.

26. August 1995

Nachdem Jakob den Lässler-Hof verlassen hatte, kam es im Wohnzimmer seines Freundes zu einer Auseinandersetzung. Tanja Schlösser war mit ihren dreizehn Jahren nicht mehr klein und dumm. Sie hatte sehr wohl begriffen, daß man ihren Bruder einer furchtbaren Sache verdächtigte. Auch wenn niemand es offen aussprach.

Solange ihr Vater anwesend war, hatte sie gedacht, es sei dessen Aufgabe, für Ben einzutreten. Aber Jakob hatte nach seinem heftigen Widerspruch die Zähne nicht mehr auseinanderbekommen. Als er wie ein alter Mann aus dem Zimmer schlich, mit hängenden Schultern, den Kopf so tief dazwischen gezogen, daß er einen halben Meter kleiner wirkte, sprang Tanja auf, wollte ihm nach, ihn schütteln und mit dem gesamten Gerechtigkeitssinn ihres Alters zur Rede stellen.

Antonia deutete den Gesichtsausdruck ihrer Ziehtochter richtig und hielt sie zurück. «Laß ihn jetzt in Ruhe, Kind. Es ist für deine Eltern nicht leicht. Das war es nie. Sie sollten Ben wirklich für eine Weile festhalten, wenigstens in der Nacht.»

«Aber er tut doch nichts», protestierte Tanja.

«Das weiß ich», sagte Antonia. «Das wissen viele, leider wissen es nicht alle.»

«Und was wißt ihr, was Papa nicht weiß?» Sie schaute Paul an. «Was war mit Ursula Mohn vor acht Jahren, die du gefunden hast?»

Paul schüttelte den Kopf und richtete den Blick auf seine Frau. «Ich hab dir mehr als einmal gesagt, es war ein Fehler.»

Antonia zuckte mit den Schultern. Vielleicht hatte Paul recht. Ob Ben mit seinen damals vierzehn Jahren für die Behörden als Täter in Betracht gekommen wäre oder ob sie sich nur an ihn gehalten hätten, weil sie keinen anderen fanden, ließ sich heute nicht mehr beantworten. Es war auch nicht mehr wichtig. Für einige Leute im Ort war er der Täter gewesen und bis heute geblieben, nur das zählte.

Ben war kein Bruno Kleu, der sich jede Verdächtigung unter Androhung einer Schlägerei verbat. Er war kein Richard Kreßmann, der zur Polizei lief oder einen Rechtsanwalt einschaltete, sobald ihm ein Gerücht zu Ohren kam. Ben war nicht einmal ein Toni von Burg, der lächelnd zur Kenntnis nahm, daß man ihn für schuldig befand am Tod des alten Wilhelm Ahlsen. Toni hatte dazu nur gesagt: «Hätte ich Zyankali gehabt, hätte ich es mit Genuß in Ahlsens Bier gekippt. Schade, daß ich nicht auf die Idee gekommen bin, mir welches zu besorgen.» Ben war nur Ben, konnte sich mit Worten nicht wehren.

Antonia hatte in der vergangenen Woche bei ihren Besuchen im Dorf mehr als eine Stimme gehört, die an den Fall Ursula Mohn erinnerte und die Ansicht vertrat, das behinderte Mädchen hätte trotz allem großes Glück gehabt, im Gegensatz zu Erichs Tochter.

Allmählich spaltete sich das Dorf in zwei Lager. Die eine Seite schaute auf Bruno Kleu, nicht auf seinen Sohn. Dieter war mit seinen knapp drei Jahren wohl noch zu jung gewesen, als Althea Belashi verschwand. Die andere Seite schaute auf Ben und Ursula Mohn. Erich und Maria Jensen gehörten dazu, das wußte Antonia, sie kannte sogar sämtliche Gründe.

Paul hatte vor acht Jahren den Fehler begangen, seiner Schwester gegenüber anzudeuten, daß die offizielle Version der Vorgänge im Bruch nicht die richtige war. Paul hatte es nur gut gemeint, wollte den Gerüchten Einhalt gebieten.

Maria hatte es natürlich Erich erzählt. Und Erich hatte gelacht. «Ben soll versucht haben, das Mädchen zu verbinden? Wer hat dir denn den Floh ins Ohr gesetzt?

Deine Frau, vermute ich. Ihr seid doch alle nicht ganz bei Trost. Weißt du, was Ben getan hätte, wenn Andreas nicht gekommen wäre? Verbuddelt hätte er das arme Ding, er hatte doch schon angefangen. Der mit seiner verdammten Graberei!»

Wenn nicht bald ein Wunder geschah, wenn die Stimmen erst laut wurden ... Erich würde am lautesten schreien. Er hatte nie verstanden, daß Jakob einerseits auf seinen Sohn eindrosch wie ein Berserker, ihm damit die letzten funktionsfähigen Hirnzellen zu Klump schlug, wie Erich das ausdrückte, und sich andererseits weigerte, ihn in eine geschlossene Anstalt zu geben, wo er nach Erichs Meinung spätestens seit seinem vierzehnten Lebensjahr hingehörte.

Erich argumentierte mit dem Begriff Nachahmungstäter, den auch Thea Kreßmann gerne auf Ben anwendete. Dabei dachte Erich nicht an die junge Artistin. Daß Ben ihrem Sterben zugeschaut hatte, wußte er ebensowenig wie Antonia. Nur Gerta Franken war Zeugin des Geschehens jener Augustnacht gewesen. Damals hatte man ihr nicht geglaubt, und heute konnte man sie nicht mehr fragen. Erich dachte nur an Hühner und wollte seine Hand ins Feuer legen, daß Ben mehr als einmal gesehen hatte, wie ein Körper aufgeschlitzt und ausgenommen wurde. Schließlich lebte er seit seiner Geburt auf einem Bauernhof und nicht in einer Sakristei. Und Ben mußte doch nur einmal sehen, daß jemand einen Handgriff ausführte, schon machte er ihn nach.

Erich und Thea, es war die richtige Mischung. Bedauerlich, daß Erich sich damals eingebildet hatte, sie würden nicht zueinander passen. Antonia fand, sie hätten vortrefflich harmoniert und glatt eine neue Partei gründen können. Maria hätte dann eben Bruno Kleu genommen oder besser noch Heinz Lukka, der sie ja auch heftig verehrt hatte.

Heinz Lukka wäre im Gegensatz zu Bruno Kleu kaum einmal die Hand ausgerutscht. Er wäre auch gewiß nicht auf den Gedanken gekommen, fremdzugehen· oder ein junges Mädchen wegen einer Sechs in Mathe in seinem Zimmer einzuschließen, wie Erich es getan hatte. Vermutlich hätte Heinz Marlene dreimal in der Woche nach Lohberg gefahren und auf dem Parkplatz beim «da capo» gewartet, bis ihr vom Tanzen die Füße schmerzten. Auf Händen hatte er sie getragen, zusammen mit Maria. Der Altersunterschied – ach Gott, was machten ein paar Jahre schon aus? Antonia hatte noch nie bereut, einen zwanzig Jahre älteren Mann geheiratet zu haben.

Junge Männer hatten auch ihre Tücken, speziell wenn sie sich in der Politik engagierten und sich für ihre Ansichten das sozial-demokratische Mäntelchen umhängen durften. Für solche wie Ben sei die Allgemeinheit zuständig, derartig schwere Fälle dürften nicht einem einzelnen Elternpaar aufgebürdet werden. Mit dem Satz hatte Erich Jensen seine Schwägerin mehr als einmal auf die Palme gebracht. Ein paarmal hatte Antonia geantwortet: «Sei doch froh, daß Trude ihn daheim hält. Bei euren Defiziten in der Stadtkasse.»

Nur gingen ihr rasch die Argumente aus, wenn Erich die seinen anführte. Für die Kosten einer Heimunterbringung war nämlich der Landschaftsverband zuständig und nicht die Stadtkasse. So konnte Erich seine Trümpfe ungeniert ausspielen. Erbarmen mit einer geplagten Mutter, deren Gesundheit nicht die beste war, wie er zur Genüge wußte. Reichte er Trude doch meist persönlich die diversen Herzpillen, das Nitrospray und die blutdrucksenkenden Mittel über den Verkaufstisch. Verständnis für einen zum Jähzorn neigenden Vater, den die Kapriolen seines Sohnes an den Rand der Verzweiflung trieben. Und nicht zuletzt Mitleid mit der armen Kreatur, die zwischen Gut und Böse nicht unterscheiden konnte, die ein Recht hatte auf ein friedlich geregeltes Leben hinter dicken Mauern, die man als verantwortungsbewußter Bürger vor dem Schaden bewahren mußte, den sie sich bei der Freiheit in Feld, Wald und Wiesen zuziehen oder den sie anrichten konnte.

Daß in Feld, Wald und Wiesen ein anderer herumlaufen könnte, wollte Erich nicht wahrhaben. Dabei war er meist die erste Adresse, wenn es galt, Gerüchte über Bruno Kleu auszustreuen. Aber ehe er einen Ton über Bruno hätte verlauten lassen, hätte Erich sich eher die Zunge abgebissen. Bruno hätte sich revanchieren können, und der Skandal wäre perfekt gewesen.

Daß Heinz Lukka im Oktober 69 in Gerta Frankens Garten alles andere als eine Vergewaltigung verhindert hatte, wußte Erich Jensen zur Genüge. Antonia wußte auch, daß Maria damals verrückt nach Bruno gewesen war. Daran hatte sich nie etwas geändert. Deshalb wußte Antonia auch, daß Maria einen triftigen Grund gehabt hatte, ihrer Tochter einzureden, Dieter Kleu sei nun wirklich nicht der richtige Umgang für sie. Wer wollte denn eines Tages einen Enkel in den Arm gelegt bekommen, aus dem eventuell ein zweiter Ben wurde?

Maria hatte in den ersten Jahren ihrer Ehe die gleichen Schwierigkeiten gehabt wie Trude. Sie wurde einfach nicht schwanger, pilgerte von Arzt zu Arzt, ließ alle möglichen Untersuchungen über sich ergehen und hörte immer nur, es sei alles in Ordnung. Erich hatte sich damals geweigert, klären zu lassen, ob es eventuell an ihm lag.

Maria vermutete, daß er diesen Test später hatte machen lassen. Da war sie allerdings schon zum zweitenmal schwanger gewesen. Aber das endete in heftigen Krämpfen, einer starken Blutung und der Notoperation. Und bevor Maria Krämpfe bekam, war sie angeblich gestürzt. An diesen Sturz hatte Antonia niemals geglaubt.

Aus Erichs Vermutung oder Wissen resultierte die

Strenge gegenüber «seiner» Tochter. Und daß ein erwachsener Mann ein junges Mädchen büßen ließ für die Seitensprünge seiner Mutter, war für Antonia nicht nachvollziehbar. Daß Erich statt auf dem Mann, der ihm Hörner aufgesetzt und auch noch Druck damit ausgeübt hatte, als es nach Bens Sturz in den Pütz um die Heimeinweisung ging, auf Ben herumhackte, verstand Antonia erst recht nicht.

Es war Erich gewesen, der Paul veranlaßt hatte, «seine beiden» zu warnen. Und das nicht erst nach Marlenes Verschwinden, sondern schon im Juni, als ihm zu Ohren kam, daß Ben sich an Annette vergriffen hatte. «Habe ich euch nicht immer gesagt, mit dem erlebt ihr noch eine böse Überraschung? Stell dir nur vor, Albert Kreßmann wäre nicht in der Nähe gewesen.»

«Dann wäre garantiert nichts passiert», hatte Antonia ihrem Schwager geantwortet.

«Das glaubst aber auch nur du», hatte Erich erwidert. «Er hat einen Trieb wie jeder Mann, das kannst du ihm nicht absprechen.»

Antonia wollte Ben nichts absprechen. Natürlich hatte er einen Trieb. Aber daß er in Albert Kreßmanns Mercedes gefaßt und Annettes Brüste gestreichelt hatte, während Albert ein bißchen tiefer beschäftigt gewesen war, hatte eher mit Bens Nachahmungstrieb zu tun gehabt. Antonia war überzeugt, daß Ben nicht hingefaßt hätte, wären es nicht ausgerechnet Annette gewesen, die er gut kannte, und Albert, von dem er tausendmal gehört hatte: «Mach mal, Ben.»

Paul hatte sich nicht aufraffen können, es so zu sehen. Ihm war mulmig geworden.

Das alles konnte man einem dreizehnjährigen Mädchen nicht erklären, das für seinen Bruder durchs Feuer ging. Aus den wenigen Sätzen, zu denen Antonia sich hinreißen ließ, und aus den vielen, die sie verschwieg, hörte Tanja Schlösser nur heraus, daß man im Dorf einen Dummen suchte, dem man etwas in die Schuhe schieben konnte.

Und wie Trude seit Jahren, allerdings erheblich lauter und vom Fuß unterstützt, der einmal kräftig auf den Boden stampfte, erklärte Tanja: «Ben ist nicht gefährlich. Ihr könnt mich eine ganze Woche mit ihm einschließen. Und wenn er drei Messer hätte, würde er mir nichts tun – und auch sonst keinem Mädchen.»

«Das weiß ich», sagte Antonia noch einmal besänftigend.

«Nein! Wenn du es wüßtest, würdest du nicht sagen, Mama soll ihn einsperren. Du kannst ihm gar nichts Schlimmeres antun, als ihn einzusperren. Ihr seid alle so gemein.»

Sie rannte aus dem Zimmer. Antonia wollte sie erneut zurückhalten. Diesmal sagte Paul: «Laß sie in Ruhe. Du weißt, wie sehr sie an ihm hängt. Es ist nicht leicht für sie.»

Es war auch für Paul nicht leicht. In all den Jahren hatte er Ben nie mit eigenen Augen etwas Böses tun sehen, hatte nur gehört, was im Dorf erzählt wurde. Meist hatte er den Kopf geschüttelt und gedacht, daß das Volk einfach einen Buhmann brauchte. Ob es nun ein Wilhelm Ahlsen war, ein Bruno Kleu oder ein Ben, spielte gar keine Rolle. Hauptsache, es war jemand da, über den man sich das Maul zerreißen, vor dem man sich gruseln konnte.

Doch inzwischen hatte Paul einen Punkt erreicht, an dem zu viele Wenn und Aber zusammenflossen. Es waren Schatten aufgezogen. Das verhärmte Gesicht seiner Schwester, das verbitterte und in zwei Wochen um Jahre gealterte Gesicht seines Schwagers, das verlassene Zimmer seiner Nichte. Und als er seine jüngste Tochter vor einigen Tagen erneut zu ein wenig Vorsicht ermahnt hatte, hatte Britta ihm geantwortet: «Mach dir um uns keine Sorgen, Papa. Wenn wir zur Schule fahren, wartet Ben schon auf uns. Er paßt auf, bis wir an der Landstraße sind. Und wenn wir zurückkommen, liegt er wieder im Mais. Was meinst du, wenn da mal einer käme, was Ben mit dem täte?»

Daß Ben gegenüber einem Mann handgreiflich würde, der ein Mädchen bedrängte, bezweifelte Paul. Als Wachhund war er kaum zu gebrauchen. Von Albert Kreßmann jedenfalls hatte er sich beschimpfen und verscheuchen lassen. Der Mais drückte Paul auf die Seele. Ben lag nicht nur morgens und mittags dort mit wachsamen Augen und guten Ohren, die alles registrierten, was sich auf den Wegen tat, sondern auch nachts. Das wußte Paul. Und wohin lief ein Mädchen, das nachts aus einem Auto geworfen wurde, wenn Onkel und Tante in der Nähe wohnten? Marlene wäre zu ihnen gekommen, das stand für Paul außer Frage. Vorausgesetzt, die beiden Burschen, die man in Lohberg hatte laufenlassen müssen, hatten die Wahrheit gesagt.

Paul wußte nicht mehr, was er denken und glauben sollte. Wäre Ben statt zwei Metern nur knapp eins fünfzig groß gewesen, hätte er achtzig oder neunzig Pfund weniger durch die Gegend getragen und statt der vermaledeiten Messer, von denen er die Finger nicht lassen konnte, statt des Spatens und des Fernglases ein Eimerchen und ein Schäufelchen bei sich gehabt, hätte niemand einen schlimmen Gedanken an ihn verschwendet.

Das Dorf suchte nicht nach einem Sündenbock. Es suchte nach einem jungen Mädchen, eigentlich nach zweien, genaugenommen schon nach dreien. Aber um Svenja Krahl machte sich niemand Gedanken, Edith Sterns kurzen Besuch hatte kaum jemand registriert.

Und niemand kam auf die Idee, der Polizei von Bruno Kleus nächtlichen Touren zu erzählen, die mehr Leuten bekannt waren als nur Heinz Lukka. Niemand meldete auf der Wache in Lohberg, daß Albert Kreßmann mit Marlene Jensen gerne einmal Verstecken gespielt hätte. Niemand machte die Beamten darauf aufmerksam, daß Dieter Kleu schon in der bewußten Nacht allen Grund gehabt hätte, dem Wagen von Klaus und Eddi zu folgen. Niemand sprach vor offizieller Seite von Benjamin Schlösser, der nicht so denken konnte wie andere, der gerne mit Messern spielte und tiefe Löcher grub, die man anschließend mit der Lupe suchen mußte.

Während Paul noch grübelte, warf Tanja Schlösser in dem Zimmer, daß sie mit Britta Lässler teilte, wahllos ein paar Kleidungsstücke in ihre Schultasche, nachdem sie zuvor die Hefte und Bücher herausgenommen hatte. Mit der Tasche über der Schulter erschien sie Minuten später in der Diele, dicht gefolgt von Britta, die inständig bettelte: «Bleib doch hier.»

Tanja baute sich wie die Göttin des Zorns im Türrahmen auf und erklärte nachdrücklich: «Ich gehe nach Hause. Meine Familie braucht mich jetzt.» Es war etwas zuviel Pathos, aber den entschuldigten ihre dreizehn Jahre.

Bis zu dem Moment waren Paul und Antonia, Andreas und Achim, Annette und Britta ihre Familie gewesen. Tanja hatte sich nie gefragt, wie ihrem Vater zumute sein mochte, wenn er auf einen Besuch kam, um sie in den Arm nehmen zu können.

Auf ihre Weise liebte sie Jakob, der ohne Murren die Börse zückte und den zweiten Kinobesuch in einer Woche finanzierte, der noch einen Zehner zulegte für die Eisdiele, wo Tanja noch nie hatte bezahlen müssen, weil sie Brittas Großvater der Einfachheit halber ebenfalls Opa nannte und er sich darüber freute. Jakobs Zehner sammelte Tanja für größere Anschaffungen, zum Beispiel eine Jeans, von der Antonia behauptete, sie sei überteuert. Bei ihrem Vater konnte Tanja dann behaupten, Onkel Paul habe bezahlt.

Jakob hatte nie etwas verlangt, war immer der Sonntagspapa gewesen, an ihm gab es keine Schattenseiten. Mit der Liebe zu ihrer Mutter war es nicht so weit her. Trude hatte dazu auch wenig Anlaß gegeben. Zu ihren älteren Schwestern hatte Tanja gar kein Verhältnis. Ben dagegen …

Mit einem Funkeln in den Augen fügte sie hinzu: « Und wenn Papa es erlaubt, schlafe ich in Bens Zimmer.»

« Du gehst nicht allein», sagte Paul. «Wenn du unbedingt willst, fahre ich dich.»

Sie antwortete ihm mit einem trotzigen Lächeln: « Ich brauche keinen Leibwächter, Ben ist mein Bruder.»

Paul stand trotzdem auf und folgte ihr. Er ließ ihr einen Vorsprung von gut dreißig Metern, weil sie sich immer wieder mit wutblitzenden Augen nach ihm umschaute. Ihr Fahrrad hatte sie nicht mitgenommen, es war ein Weihnachtsgeschenk von Paul und Antonia. Und so aufgebracht, wie sie im Augenblick war, hielt sie es wohl für besser, einen deutlichen Strich zu ziehen zwischen den Familienbanden.

Außer ihr war auf dem Weg weit und breit niemand zu sehen. Paul ließ den Blick und die Gedanken schweifen. Der Mais machte ihm Sorgen, nicht nur wegen Ben. Nach den letzten Wochen brütender Hitze waren die Blätter gerollt von der Trockenheit. Die Kolben verloren ihre Körner. Ein verdammt schlechtes Jahr, das hörte man von Richard Kreßmann, von Bruno Kleu, von Toni von Burg, das hörte man von allen. Ein verdammter Sommer, in jeder Hinsicht.

Dort, wo das Maisfeld begann, machte der Weg eine leichte Kehre. Paul verlor Tanja vorübergehend aus den Augen, ging ein wenig schneller und erreichte die Rückseite von Lukkas Grundstück. Der Bungalow versperrte die Sicht auf den breiten Weg. Aber er hörte sie reden, nicht mehr so aufgebracht wie vorhin. Eher unbekümmert und leichthin, wie es sonst ihre Art war, grüßte sie Heinz Lukka. Der erwiderte ihren Gruß charmant: «Ebenfalls einen guten Tag, kleines Fräulein. Heute mal allein unterwegs?»

Ihre Antwort klang ein wenig schnippisch. «Nein, Onkel Paul ist hinter mir. Er meint, ich brauche einen Bodyguard.»

Paul ging weiter und bog um die Ecke. Sie hatten seine Schritte beide gehört und schauten ihm entgegen.

«Da kommt er ja», sagte Heinz Lukka lächelnd und stützte sich auf den Stiel einer Harke, mit der er im Vorgarten beschäftigt war.

Nach einem kleinen Geplänkel mit Heinz Lukka, das sich um die unerträgliche Hitze drehte, ging Paul mit ihr zusammen weiter. «Hast du dich beruhigt», fragte er.

Sie lachte verlegen. «Es war nicht böse gemeint. Ich finde nur, es kann nicht schaden, wenn ich ein paar Tage bei Ben bin.»

Als sie ihr Elternhaus erreichten, blieb Paul stehen. «Dann lauf», sagte er. «Und paß gut auf dich auf.»

«Mach ich!» Es klang wieder ein bißchen Trotz durch. Aber auch diesmal war es nicht so gemeint. Sie reckte sich auf Zehenspitzen und drückte ihm einen Kuß auf die Wange. «Komm doch mit rein. Papa freut sich bestimmt.»

«Heute nicht», meinte Paul. «Ein andermal.»

Er schaute ihr nach, wie sie zur Tür lief und sich noch einmal nach ihm umdrehte, schaute sie sich genau an; das hübsche Gesicht umrahmt von den dunklen Haaren, die sonnengebräunten Arme und die runden Schultern. Die Schultasche baumelte an ihrer Seite. Nicht auszudenken, wenn so einem Kind etwas zustoßen sollte. Bis ans Lebensende müßte man sich quälen, daß man nicht alles ge tan hatte, es zu verhindern. Es wurde Zeit, daß jemand ein offenes Wort mit der Polizei sprach.

Er schlenderte am Bendchen und am Bruch entlang zurück und nutzte die Zeit für ein paar Überlegungen, bei denen er sorgfältig abwägte zwischen Freundschaft, eigenen Erfahrungen und den Spekulationen.

Alles in ihm sträubte sich gegen die Vorstellung, daß ein Mann wie Bruno Kleu, an dessen Seite er jahrelang gearbeitet, mit dem er gelacht, geschwitzt, Milchkaffee und Bier getrunken hatte, über wehrlose Mädchen herfallen sollte, wenn sie ihm allein über den Weg liefen. Gut, er hatte Bruno selbst zweimal energisch in die Schranken verweisen müssen, weil er Maria nicht in Ruhe ließ. Aber damals war Bruno achtzehn gewesen, später hatten sie beide darüber gelacht.

Daß Bruno letztlich doch auf seine Kosten gekommen war, wußte Paul nicht. Es gab Dinge, über die sprach seine Schwester nur mit Antonia. Aber als sie gemeinsam darüber lachten, hatte Bruno eine komische Bemerkung gemacht. «Schon gut, Paul. Immer nur Maria wäre auf Dauer langweilig geworden. So kann ich mir doch hin und wieder ein Zuckermäuschen vornehmen.»

Zuckermäuschen! Paul wußte nicht, was er davon halten sollte. Vornehmen, das klang auch eher nach einer Schlägerei als einer Affäre. Und daß einer, der als gutmütiger Tölpel an seinem Tisch saß und um Freundlichkeit bettelte, sich in eine Bestie verwandelte, wenn ihm ein junges Mädchen unfreundlich kam, wollte ihm noch weniger in den Sinn. Nur hatte Antonia Ben nie beigebracht, auf Unfreundlichkeit gelassen zu reagieren.

Es wurde wirklich höchste Zeit, mit der Polizei zu sprechen. Nicht mit denen in Lohberg, da funkte Erich nur wieder dazwischen. Die Kriminalpolizei mußte her, fand Paul. Sie hatten die Möglichkeit zu prüfen, ob Edith Stern auf dem Heimweg war.

Er wollte keine Anschuldigungen erheben, wollte weder Renate Kleu und ihren Söhnen noch Trude und Jakob den Boden unter den Füßen entziehen, nur klare Verhältnisse wollte er schaffen. Doch als Paul Lässler sich endlich zu seinem offenen Wort aufraffte, hatte er selbst keinen Boden mehr unter den Füßen.

Friedenszeit

Paul hatte sich häufig gefragt, mit welcher Berechtigung oder Gewißheit Thea Kreßmann die Behauptung in die Welt gesetzt hatte, Ben habe Ursula Mohn verletzt. Ob vielleicht irgend jemand vom Kreßmann-Hof Ben an dem Nachmittag im Bruch oder auf dem Weg dorthin gesehen hatte? Antonia war immer der Ansicht gewesen, Thea habe nur die Aufregung im Dorf mitbekommen und sich den Rest aus den Fingern gesogen, um an Trudes Stelle als Königin auf dem Schützenball zu tanzen.

Irgendwann hatte Paul sich dieser Meinung angeschlossen, weil niemand etwas unternahm. Und kein Mensch im Dorf, davon war er immer überzeugt gewesen, hätte irgendwelche Rücksichten genommen oder aus lauter Sympathie beide Augen zugedrückt, wenn es darum ging, Ben hinter Gitter zu bringen. Er war nur gut, sich das Maul zu zerreißen. Und das Gerede über ihn war fast schon verstummt, als Trude sich im Frühjahr 88 dem Eingriff unterziehen mußte. Es war wie immer, wenn andere sich ins Gespräch brachten.

Richard Kreßmann wurde seinen Führerschein endgültig los. Albert flog mit Pauken und Trompeten vom Gymnasium. Da konnte Thea vor der eigenen Tür kehren. Eine Leuchte war ihr Sohn wahrhaftig nicht. Ob er sich auf der Realschule halten konnte, war noch die Frage.

Bruno Kleu ging fremd wie eh und je, diesmal angeblich mit einer knapp Zwanzigjährigen aus Lohberg. Und während er sich in fremden Betten amüsierte, brach sein Zuchtbulle aus und richtete beträchtlichen Schaden an, ehe er wieder eingefangen war. Anschließend wurde sein Sohn Dieter im Supermarkt beim Klauen erwischt. Eine Mutprobe, hieß es. Bruno wollte dem Geschäftsführer bei Nacht und Nebel einen saftigen Denkzettel verpassen, weil der Mann Dieter Ladenverbot erteilt hatte. Zu bedauern war dabei nur Renate, sie konnte nun ihren Ältesten nicht mehr zum Laden schicken, rasch ein Döschen Kaffeesahne zu besorgen.

Toni und Illa von Burg hatten zwar keine Probleme miteinander, auch keinen Ärger mit ihren Söhnen. Sogar Uwe, der Filou, knatterte nicht mehr jeden Sonntag mit einer anderen auf dem Sozius des Mofas durch Lohberg. Er hatte zurückgefunden zu Bärbel, ging treu und brav mit ihr in die Eisdiele, ins Kino oder, wenn das Taschengeld alle war, nur spazieren. Und noch lieber hielt sich Uwe in Bärbels möbliertem Zimmer auf.

Aber mit dem Mietshaus am Lerchenweg hatten Toni und Illa nichts als Ärger. Sobald eine Wohnung frei wurde, meldete die Stadtverwaltung Ansprüche an. Sie waren immer auf der Suche nach Quartieren für Sozialhilfeempfänger und Asylbewerber. Da wurde über Tonis Kopf hinweg eine Drei-Zimmer-Wohnung mit acht Personen belegt.

Es ging wie ein Lauffeuer durchs Dorf, daß es sich um eine Zigeunersippe handeln solle. Es blieb auch nicht bei den acht Leuten in der Wohnung. Wochenlang waren die Parkplätze, die den Mietern vorbehalten sein sollten, von einer Wohnwagenarmada blockiert. Auf der Polizeiwache in Lohberg häuften sich die Einbruchs- und Diebstahlsmeldungen. Es kamen auch ein paar Anzeigen wegen sexueller Belästigung, ein unhaltbarer Zustand. In der

Folge wurden weitere Wohnungen frei, jeder, der etwas auf sich hielt, zog weg. Und Toni hatte das Nachsehen.

Auch mit der Geflügelzucht ging es abwärts. Die Truthähne setzten sich nicht durch. Bei den Eiern aus der großen Legebatterie hatte der Absatz stark nachgelassen. Die Leute wollten zurück zur Natur, aber nur fünfzehn oder zwanzig Pfennig zahlen pro Ei. Es hieß, Toni verhandle jetzt mit einem Großabnehmer und wolle zusätzlich Enten und Gänse züchten fürs Weihnachtsgeschäft, eventuell auch Rehe.

Über Erich und Maria Jensen gab es nicht viel zu sagen. Sie hielten ihr Privatleben unter Verschluß. Ihre Ehe galt als vorbildlich. Nie fiel ein lautes Wort. Was sich hinter der Fassade abspielte, erfuhr nicht einmal Thea Kreßmann. Erich engagierte sich in der Politik, wie er es immer getan hatte. Es hieß, er strebe nun das Landratsamt an und schiele bereits mit einem Auge auf ein Abgeordnetenmandat im Bundestag.

Maria verhätschelte ihre Tochter, pflegte das Familiengrab, schaffte sich jedes Jahr ein neues Auto an und fuhr ihr einziges Kind damit zum Ballettunterricht, Reitstunden oder der Boutique für Kinderbekleidung, die neu in Lohberg eröffnet hatte. Die einsamen Abende verbrachte Maria im Theater, mit Opernbesuchen und dergleichen – hieß es. Ob Maria tatsächlich Richtung Lohberg und von dort aus weiter zur Autobahn fuhr oder andere Wege einschlug, sah niemand. Die Apotheke jedenfalls florierte prächtig, Thea Kreßmanns Unkenrufen zum Trotz. Maria wußte nicht, wohin mit Erichs Geld.

Da wußte Heinz Lukka schon mehr mit seinen Honoraren anzufangen. Er fuhr dreimal jährlich in Urlaub – hauptsächlich nach Thailand. Die Kultur und das Essen dort bekämen ihm gut, das Klima sei auch sehr angenehm und man könne äußerst günstig antike Kunstgegenstände kaufen, erzählte er oft.

Hinter Lukkas Rücken tippte man sich in Ruhpolds Schenke an die Stirn. Antike Kunstgegenstände – in Thailand? Das konnte Heinz auf dem Friedhof seiner Mutter erzählen. Jeder halbwegs vernünftige Mensch wußte, was man in Thailand billig kaufen konnte.

Aber Richard Kreßmann sagte, das habe Heinz nicht nötig. Er habe eine Freundin, eine überaus attraktive Frau, mit der er sehr glücklich sei. Wahrscheinlich verbrachte er den Urlaub sogar mit ihr zusammen und wollte nur nicht darüber reden, weil er wußte, wie das im Dorf war; daß ihm hier niemand den Dreck unter seinen Fingernägeln gönnte – und gewiß nicht so eine Frau.

Richard kannte sie zwar nicht persönlich, seine Frau jedoch hatte sie schon mehrfach gesehen. Thea sah auch den Wagen der Dame jeden Freitagabend, wenn sie an Lukkas Haus vorbei zum Lässler-Hof fuhr, um sich von Andreas die komplizierten Rechenaufgaben für Albert erklären zu lassen.

Ein tolles Auto und eine phantastische Frau, erzählte Thea jedem, der es hören wollte oder nicht. Höchstens Anfang Dreißig. Und der Wagen, bei den Typenbezeichnungen kannte Thea sich nicht aus, aber Albert hatte gesagt, es sei eine Corvette. Wenn er auch nicht rechnen konnte, mit Autos wußte Albert Bescheid. Er sammelte kleine Bildchen von ungewöhnlichen Typen, die in ein Album geklebt wurden.

Eine Corvette also. Und die Kleidung, ziemlich auffällig, aber sehr elegant. Heinz Lukka hatte Geschmack, das mußte ihm der Neid lassen. Thea Kreßmann wußte bereits, daß er über kurz oder lang seinen Anwaltstalar an den Nagel hängen und sich mit dieser Dame aus dem Berufsleben zurückziehen wollte. Doch wie so oft lag Thea auch mit dieser Behauptung weit neben der grauen Realität. Heinz Lukka hatte eben kein Glück mit seinen Romanzen.

In jungen Jahren hatte seine Mutter ihm alles verdorben. Seine große Liebe Maria Lässler hatte sich für Erich Jensen entschieden. Und seine Verlobte aus Lohberg fand den Tod auf der Landstraße. Was er sich möglicherweise in Thailand preiswert kaufte, konnte er nie mit heimbringen. Und die Dame mit der Corvette verschwand ebenso plötzlich, wie sie aufgetaucht war.

An einem Freitagabend im September 89 hatte Thea Kreßmann den ungewöhnlichen Wagen noch gesehen. Und am Samstag nachmittag tauchten zwei junge Männer bei Heinz Lukka auf. Was genau dann passierte, brachte niemand in Erfahrung, nicht einmal Thea. Aber die Folgen waren für jedermann sichtbar.

Offiziell hieß es, Heinz Lukka sei in seinem Bungalow von zwei Fremden überfallen und in übelster Weise zusammengeschlagen worden. Geraubt wurden ihm eine größere Menge Bargeld und einige antike Kunstgegenstände, die er aus dem Urlaub mitgebracht hatte. Ein Jadebuddha sei dabeigewesen, das wußte Thea mit Sicherheit.

Über lange Wochen war der Überfall das Gespräch im Dorf. Die Spekulationen wollten kein Ende nehmen. Darüber geriet Ben beinahe in Vergessenheit. Nur wenn er sonntags neben Trude im Café Rüttgers saß, wenn er zu Sibylle Faßbender in die Backstube schlich, dort geherzt und geküßt wurde, daß er mit roten Ohren wieder hervorkam, erinnerte man sich an ihn – und an Ursula Mohn.

Herr und Frau Mohn hatten nach der Genesung ihrer Tochter die Wohnung am Lerchenweg aufgegeben und waren fortgezogen. Auch Ben sah man nur noch selten im Dorf. Nur Paul Lässler sah ihn, wenn Ben für Achim die schweren Futtersäcke schleppte oder mit den beiden Mädchen spielte. Bruno Kleu, wenn Ben Löcher in den Waldsaum grub oder die Nesseln im Bruch umpflanzte.

26. August 1995

Jakobs Entschluß, mit Ben zum Bruch zu gehen, ließ sich nicht mehr in die Tat umsetzen. Trudes elender Zustand hatte Vorrang. Jakob brachte seinen Sohn hinauf und schloß ihn in seinem Zimmer ein. Dann stand er neben der Couch, hielt Trudes Hand und versuchte, ihr das Einverständnis abzuringen, den Arzt zu rufen. Sie wollte nicht, sprühte sich etwas von ihrem Nitrospray in den Mund und bat: «Laß mich nur ein bißchen liegen. Gleich geht es wieder.»

Nach einer Weile hatte sie sich tatsächlich erholt. Sie schleppte sich in die Küche und machte Abendbrot, obwohl Jakob anbot, ihr die Arbeit abzunehmen. Jakob brachte einen Teller mit Broten und einen Becher Milch hinauf zu Ben und drehte nach dem Verlassen des Zimmers den Schlüssel erneut in der Tür.

Noch während sie aßen, klingelte es an der Haustür. Seine Jüngste stand draußen. So sehr Jakob sich auch über ihr Erscheinen freute und über ihre Erklärung, daß sie jetzt daheim bleiben wolle, die Freude wurde gedämpft von der Vorstellung, was wohl bei Paul und Antonia noch auf den Tisch gekommen sein mochte, nachdem er den Lässler-Hof verlassen hatte.

An eine geruhsame Stunde mit seiner Tochter war nicht zu denken. Auch den Wunsch, in Bens Zimmer zu schlafen, mußte Jakob ihr abschlagen, was sie überhaupt nicht einsehen wollte. Trude ging hinauf und bezog das Bett in dem Zimmer, welches ursprünglich für Bärbel gedacht gewesen und nie genutzt worden war, mit frischer Wäsche. Dann kam Trude wieder herunter und bedeutete mit ein paar Blicken, daß es für junge Mädchen nun Schlafenszeit sei.

Das paßte Tanja ebenfalls nicht, es war noch viel zu früh. Bei Onkel Paul und Antonia dürfe sie speziell samstags immer sehr lange aufbleiben. Aber Jakob stellte sich hinter Trude. Es gab hier Dinge zu besprechen, die für Kinderohren nicht geeignet waren. Sie protestierte lauthals. Von wegen Kinderohren, immerhin war sie schon dreizehn, und es ging um ihren Bruder.

Das spielte keine Rolle, überhaupt keine, erklärte Jakob nachdrücklich. So verzog sie sich schmollend, ging allerdings nicht in das ihr zugewiesene Zimmer. Entgegen Jakobs ausdrücklichem Befehl drehte sie den Schlüssel um, öffnete die Tür, blinzelte verschwörerisch und rief ihrem Bruder halbwegs fröhlich zu: «Na, du Waldmensch, haben sie dich eingeschlossen?»

Er stand am Fenster und winkte sie mit einer Geste zu sich, die ebenso verschwörerisch wirkte wie ihr Blinzeln. Dann zeigte er mit einem alles umfassenden Wink ins Weite, nickte bedeutsam und erklärte mit gedämpfter Stimme: «Finger weg. Rabenaas.»

Sie dämpfte die Stimme ebenfalls, schmiegte sich an ihn und schob ihren Kopf unter seine Achsel. «Keine Angst», sagte sie. «Ich passe auf, großes Ehrenwort.»

Während im Wohnzimmer Trude und Jakob ein Gespräch in Ruhe versuchten und Jakob zum ersten Mal hörte, daß sein Sohn vor acht Jahren als erster im Bruch gewesen war und Ursula Mohn in seiner unbeholfenen, aber gutmütigen Art Erste Hilfe geleistet hatte, erzählte Ben seiner jüngsten Schwester mit immer denselben Worten, von Svenja Krahl, Marlene Jensen und Edith Stern.

Jakob und Trude sprachen anschließend noch über verbrannte Zeitungen, über Heinz Lukka, Bruno und Dieter Kleu, Albert Kreßmann und ihren Sohn, der nicht reden konnte, dem man irgendwann aus seinem Schweigen einen Strick drehen würde. Dabei verschwieg Trude alles Wesentliche und beschränkte sich auf das, was Jakob ohnehin wußte oder zumindest vermutete. Seinen Vorschlag, Ben von einem Psychologen befragen zu lassen, lehnte sie kategorisch ab.

«Was soll dabei rauskommen?» fragte sie. «Wenn nicht mal wir ein vernünftiges Wort von ihm hören.»

Es war fast ein Uhr nachts, als sie endlich ins Bett gingen. Jakob lag noch lange wach, dachte an Pauls Worte: «Ich habe meine beiden gewarnt.» Auch vor Bruno Kleu? Jakob dachte an das junge Mädchen im Nebenzimmer. «Keine Sorge, Papa, wenn er mir weh tut, brülle ich ...» Ob sie auch bei Bruno brüllen würde? Aber Bruno hatte es doch nicht nötig, sich mit Gewalt ein Mädchen zu nehmen. Und dann wußte auch Jakob nicht mehr, was er denken sollte. Darüber schlief er ein.

Trude lag wach, wälzte sich von einer auf die andere Seite. Den blutigen Rucksack der jungen Amerikanerin vor Augen und eins von ihren Unterhöschen, zwei abgeschlagene Finger vermutlich von Marlene Jensen, die Handtasche von Svenja Krahl, das Unterhöschen einer Unbekannten. Und einen Knochen, der möglichwerweise von einem Bein der ersten Edith Stern stammte, vielleicht auch von einer, deren Verschwinden nie bekannt geworden war.

Am Sonntag morgen fühlte Trude sich wie durch einen Teich von geronnenem Blut gezogen. Jakob gab sich etwas zuversichtlicher. Das mochte an dem vierten Gedeck und der munteren Stimme seiner Tochter liegen, die ihm noch beim Frühstück ihre Pläne für die nächsten Tage eröffnete.

«Mittags holt mich Ben an der Landstraße ab. Das haben wir schon besprochen. Er weiß, wo er auf mich warten muß. Und nachmittags gehe ich mit ihm im Dorf spazieren. Man darf ihn jetzt nicht verstecken, Papa. Man muß allen Leuten zeigen, daß er gutmütig ist. Dann hört das Gerede auf.»

Jakob brach nach dem Frühstück auf, fuhr allein zum

Bruch, schaute sich bis Mittag dort gründlich um und fand nichts von Bedeutung. Für Trude tropfte eine Sekunde der anderen hinterher und füllte das Minutenglas. Die Minuten füllten das Stundenglas, und die Stunden wurden lang und länger. Ein blutiger Rucksack, gefüllt mit Einzelteilen. Irgendwo draußen lagen diese Teile jetzt. Es konnte jeden Augenblick einer darüber stolpern. Dann würden sie kommen, dann ganz gewiß.

Kurz nach Mittag kam Britta Lässler auf ihrem Fahrrad, um Tanja die Hefte und Bücher zu bringen, die sie am nächsten Morgen in der Schule brauchte. Gleichzeitig wollte Britta ihre Freundin und Fastschwester zur Rückkehr bewegen. Trude ließ sie ins Haus und rief nach ihrer Tochter, die sich in Bens Zimmer aufhielt und kurz darauf gefolgt von Ben die Treppe hinunterkam.

Die beiden Mädchen gingen hinauf in das andere Zimmer. Ben, der ihnen hoffnungsfroh folgte, wurde gebeten, vor der Tür zu warten. «Setz dich schön da hin, Bär», wies ihn seine Schwester an und zeigte auf den Fußboden. «Wenn wir miteinander gesprochen haben, spielen wir noch ein bißchen mit dir.»

Trude spülte in der Küche das Geschirr und stellte mit einem schweren Seufzer fest: «Er tut keinen Schritt aus dem Haus, wenn sie in der Nähe ist. Wir hätten sie schon früher heimholen sollen.»

«Hätten», sagte Jakob. «Wir hätten viel und haben nicht. Jetzt ist sie jedenfalls hier.»

Britta Lässler blieb bis um acht, versuchte ihr Glück mit Bitten, Flehen und Tränen. Tanja blieb hart. «Du hast zwei Brüder, ich nur einen, und der braucht mich jetzt.»

Der Abschied vor der Haustür wurde von einigen Schluchzern verlängert. Als erneut Tränen über Brittas Wangen liefen, entschied Tanja: «Ich komme noch ein Stück mit, dann können wir ja noch mal darüber reden.»

Wie nicht anders zu erwarten, lief Ben nebenher, strich

einmal über das dunkle Haar seiner Schwester, dann über Brittas blonden Schopf. Schließlich legte er tröstend seinen Arm um Brittas Schultern, faßte mit einer Hand nach dem Lenker des Fahrrades und half ihr, es zu schieben.

«Jetzt wein doch nicht so», bat Tanja mehrfach. «Es ist ja nicht für lange.»

Britta blieb dabei, daß sie sich noch nie in ihrem Leben so verlassen gefühlt habe wie in der vergangenen Nacht.

Bei der ersten Abzweigung kam der nächste Abschied. Weiter wollte Tanja nicht mitgehen, um nicht doch noch von Brittas Tränen umgestimmt zu werden. Noch ein Händedruck, eine Umarmung. Jetzt weinten sie beide, und Tanja fluchte: «So eine blöde Scheiße.» Dann drehte sie sich um und lief mit großen Schritten die sechshundert Meter zum Elternhaus zurück.

Ben war unschlüssig, wem er folgen sollte. Er schaute seiner Schwester nach, blieb jedoch stehen. Als Britta ihr Rad erneut anschob, schloß er sich ihr an.

Es war ein heißer Nachmittag gewesen. Der Abend dagegen war mild. In einigen Gärten entlang des Weges genoß man die späte Sonne. Es waren genug Leute draußen, die Ben und Britta Lässler sahen und später Auskunft geben konnten.

Das laute Weinen machte ihn nervös, immer wieder legte er ihr den Arm um die Schultern. Immer wieder schüttelte sie ihn ab, erklärte ihm zwischen Schluchzen und Schniefen, er könne ja nichts dafür, aber genaugenommen sei alles nur seine Schuld. Wenn er sich vernünftig benehmen würde, wäre es nicht so weit gekommen. Er nickte, als stimme er mit ihr überein, nannte sie Fein, wie er es in all den Jahren getan hatte, und erkundigte sich mitfühlend. «Weh?»

Sie näherten sich langsam dem Stacheldraht und entschwanden den Augen der Beobachter in den Gärten. Aber es waren auch Spaziergänger unterwegs. Nicole

Rehbach, eine junge Frau, die erst im Mai dieses Jahres aus einer kleinen Mietwohnung in Lohberg ins Dorf gezogen war, schob einen Rollstuhl an Lukkas Bungalow vorbei auf die beiden zu und sah, daß Ben mit einer Hand den Lenker des Rades hielt und mit der anderen nach Brittas Arm griff, als sie den Mais erreichten.

Der Rollstuhl war der Grund, daß Nicole Rehbach sich bisher weder um Dorfklatsch noch um sonst etwas gekümmert hatte. Ihr Mann Hartmut war im Dorf aufgewachsen. Seine Eltern hatten ein Haus an der Bachstraße und waren um drei Ecken mit Thea Kreßmann verwandt. Eine Großmutter war die Cousine von Theas Vater gewesen. Kontakte pflegten sie nicht bei dieser weitläufigen Verwandtschaft. Nicole Rehbach wußte nicht einmal davon. Und selbst wenn sie es gewußt hätte, es hätte sie kaum interessiert. Ihre persönlichen Probleme wogen zu schwer, als daß sie sich daneben noch mit etwas anderem hätte beschäftigen können.

Seit gut einem halben Jahr verheiratet, hatte sie nur drei Wochen eine Ehe geführt. Anfang März, genau einundzwanzig Tage nach der standesamtlichen Trauung, war Hartmut Rehbach mit seinem Motorrad gestürzt. Er hatte einen komplizierten Armbruch erlitten, in dessen Folge der Arm steif blieb. Den rechten Unterschenkel hatte man amputieren müssen. Aber das waren nicht die schlimmsten Verletzungen gewesen.

Nicole Rehbach wußte noch nicht, wie sie weiterleben sollte mit einem Mann, der kein Mann mehr war. Sie wußte an diesem Abend auch nicht, wen sie vor sich hatte, und griff nicht ein, als Ben und Britta auftauchten.

Ben wollte Britta zur Seite ziehen. Sie entriß ihm ihren Arm und funkelte ihn wütend an: «Laß das! Wir bleiben auf dem Weg. Papa hat gesagt, immer schön in der Mitte bleiben, dann hat man Zeit wegzulaufen.»

Ben griff erneut nach Brittas Arm, hielt ihn diesmal fester und schüttelte heftig den Kopf. «Finger weg», sagte er und beugte sich so tief hinunter, daß er mit den Lippen ihr Ohr streifte. «Freund», sagte er. Dabei glitten seine Lippen über ihre Wange.

«Hör auf, du Idiot», schluchzte Britta. «Du bist selber schuld, wenn alle so was von dir denken. Du kannst nicht mein Freund sein. Du kannst überhaupt keine Freundin haben.»

Sie riß sich erneut los. Und dann machte Britta Lässler den entscheidenden Fehler. Sie stieß ihn heftig mit einer Faust vor die Brust und schlug nach ihm. Dabei schluchzte sie noch einmal laut auf und rief: «Hau ab, du Idiot!»

Ben ließ auf der Stelle den Lenker des Rades los. Es kippte um. Britta hob es auf, warf den Kopf in den Nakken und ging an Nicole Rehbach vorbei auf Lukkas Bungalow zu.

Nicole Rehbach schob ihren Mann im Rollstuhl weiter und drehte sich mehrfach um, um zu sehen, was weiter geschehen würde. Ben folgte Britta zögernd, rief ein paarmal Rabenaas, jedesmal ein wenig lauter. Er war sehr erregt, seine Sprache undeutlich. Nicole Rehbach verstand: «Haben das.» Sie nahm im ersten Moment an, er wolle das Fahrrad haben. Irgendwie tat er ihr leid. Seinem Äußeren war keine Beeinträchtigung anzusehen, aber sein Gebaren war typisch.

Bens Geschrei brachte Heinz Lukka an die Haustür. Er sah das weinende Mädchen und Ben ein paar Meter dahinter. Die junge Frau und den Mann im Rollstuhl beachtete er nicht sofort.

«Na, na, na», sagte Heinz Lukka besänftigend, schaute Ben an und lächelte. «Wer wird denn so laut schreien? Das machst du doch sonst nicht.»

Dann sprach er Britta an. «Kummer, kleines Fräulein?» Immer noch lächelnd und trotzdem sehr ernst, meinte er: «Du solltest nicht so weinen, wenn er in der Nähe ist. Ich glaube, das macht ihn nervös.»

Ben war stehengeblieben, als die Haustür geöffnet wurde. Er begann auf der Stelle zu tänzeln, schaute mit vor Erregung zuckender Miene zwischen Heinz Lukka und Britta hin und her. Seine Hände öffneten und schlossen sich wie die eines Kleinkindes, das etwas Bestimmtes haben will. Er schrie laut und so deutlich, daß Nicole Rehbach jedes Wort verstand: «Finger weg, Freund!»

«Aber sicher», sagte Heinz Lukka. «Du bist mein Freund, und du mußt die Mädchen in Ruhe lassen. Das weißt du auch, nicht wahr? Ich bin sicher, du wolltest Britta nichts tun. Dir tut auch niemand etwas. Geh nach Hause, Ben. Geh zu Mutter.»

Ben tänzelte weiter auf der Stelle, schüttelte heftig den Kopf und brüllte wieder: «Finger weg!»

Heinz Lukka zog unbehaglich die Schultern zusammen und erkundigte sich bei Britta: «Warum ist er denn so aufgeregt? So habe ich ihn ja noch nie erlebt. Hast du ihm etwas getan?»

Britta zuckte mit den Achseln und schürzte die Lippen. Nicole Rehbach hatte längst haltgemacht und rief zu Lukka hinüber. «Er hat sie auf die Wange geküßt. Da hat sie ihn beschimpft und geschlagen.»

«Misch dich da nicht ein», murrte ihr Mann. «Los, ich will nach Hause.»

«Vielen Dank», rief Heinz Lukka zurück. «Ich kümmere mich darum.» Er wandte sich Britta zu, meinte tadelnd: «Das darfst du nicht machen. Wenn du ihn schlägst, wird er genauso wütend wie jeder andere. Komm einen Moment herein, dann beruhigt er sich bestimmt.»

«Finger weg!» brüllte Ben erneut.

Für Nicole Rehbach sah es aus, als wolle er sich im nächsten Moment auf den alten Mann an der Tür stürzen. Sie sagte später: «Ich hab nicht gleich geschaltet, dabei war es offensichtlich. Er wollte das Mädchen, nicht das Fahrrad. Mehrfach rief er, der alte Mann solle die Kleine nicht anfassen. So hat er das nicht ausgedrückt. Aber ich habe ihn so verstanden. Und ich fand, daß der alte Mann irgendwie komisch reagierte.»

Britta schaute unschlüssig und nun auch ängstlich zu Ben hinüber, der wüst auf der Stelle tänzelte und mit den Armen um sich schlug. Noch ein winziger Augenblick des Zögerns. Dann lehnte sie ihr Rad an den niedrigen Zaun vor Lukkas Vorgarten. Als sie hinter Heinz Lukka zur Haustür ging, geriet Ben völlig außer sich. Er kam in großen Sätzen auf das junge Ehepaar zu, gestikulierte heftig mit beiden Händen und schrie: «Rabenaas! Finger weg!»

Nicole Rehbach bekam nun doch Angst vor ihm. So schnell wie mit dem Rollstuhl möglich lief sie los. Ben rannte noch ein Stück hinter ihnen her. Sie hörte seine Schritte und wagte es nicht, sich nach ihm umzudrehen. Erst als sie den Stacheldraht hinter sich gelassen hatte und sah, daß noch Leute in den Gärten waren, blieb sie stehen und schaute sich noch einmal um. Von dem tobenden Riesen war nichts mehr zu sehen. Sie nahm an, er sei um den Bungalow herumgelaufen.

Es war ihrem Mann nicht recht, daß sie eine ältere Frau in einem der Gärten ansprach. Er verlangte wieder, sie solle sich nicht einmischen. Doch sie waren zuvor an der Rückseite des Bungalows vorbeigekommen. Nicole Rehbach hatte gesehen, daß die Terrassentür offenstand. Und sie dachte, wenn dieser Koloß durch die offene Tür eindringt – so ein schmächtiger Mann und das junge Mädchen, was sollen sie ausrichten gegen diesen Brocken?

Aber die Frau im Garten sagte: «Da machen Sie sich mal keine Sorgen. Lukka wird schon mit ihm fertig, der weiß, wie man mit ihm umgehen muß. Außerdem geht Ben nicht in Lukkas Haus, bestimmt nicht über die Terrasse. Das hat Lukka ihm schon vor Jahren abgewöhnt.»

Lukkas Hund

Nachdem Lukka seinen letzten Schäferhund hatte einschläfern lassen müssen, hatte er lange gezögert, sich einen neuen Hausgenossen anzuschaffen. Wie er Thea Kreßmann mehrfach erklärte, war er zu der Einsicht gelangt, daß vielleicht nicht allein die enge Mietwohnung eine Verhaltensstörung bei dem Tier verursacht hatte. Die Einsamkeit tagsüber mochte ihren Teil dazu beigetragen haben. Und an dieser Einsamkeit änderte auch der Umzug ins neue, große Heim nichts. Tagsüber war er nun einmal in der Kanzlei in Lohberg, eine Stunde am Morgen und die Abende, mehr Zeit hatte er nicht, sich mit einem Hund zu beschäftigen. Nach dem brutalen Überfall im September 89 jedoch entschloß er sich zum Kauf eines robusten Bullterriers, der fertig abgerichtet und nicht so sensibel war wie ein Schäferhund.

Es war ein häßliches und bösartiges Vieh, das er frei im Haus laufen ließ, wenn er nicht daheim war. Antonia Lässler sah den Hund jedesmal, wenn sie vorbeikam. Mit gefletschten Zähnen hetzte er von einem Fenster zum anderen. Er bellte nie, war nur da und schien darauf zu warten, seine Zähne einsetzen zu dürfen. Antonia sagte oft: «Ich warte darauf, daß er durch die Scheibe geht. Das ist ein Killer.»

Paul sprach Heinz Lukka mehrfach auf die Gefahr an. Heinz beschwichtigte jedesmal. Der Hund war im Haus, Türen und Fenster waren geschlossen. Es konnte überhaupt nichts passieren.

Es passierte auch nichts. Antonias Furcht verlor sich allmählich. Der Bullterrier in Lukkas Bungalow wurde zu einer festen Einrichtung, um die man sich kaum noch kümmerte. Manchmal zuckte man zusammen, wenn man vorbeiging und er plötzlich an einem Fenster auftauchte. Im Frühjahr 90 jagte er Paul einen höllischen Schrecken ein, als er abends einen Inspektionsgang durch den jungen Mais machte und der Hund plötzlich auf der Terrasse stand und ein Grollen von sich gab. Aber ein kurzer Ruf von Heinz Lukka genügte, und das Tier trottete zurück ins Haus. «Er gehorcht ihm aufs Wort», sagte Paul anschließend zu Antonia.

An einem Abend im Juni 90 verließ Ben den Lässler-Hof kurz nach sieben. Bis dahin hatte er mit den Kindern neben der Garage gespielt. Heinz Lukka war bereits seit einer halben Stunde daheim, saß in seinem Arbeitszimmer und setzte einen Schriftsatz auf, wozu er am Nachmittag nicht gekommen war. Der Hund lag unter seinem Schreibtisch. Die Tür zur Diele stand offen, die zum Wohnzimmer ebenfalls. Auch die Terrassentür war in der milden Abendluft weit geöffnet.

Bevor Ben an diesem Tag auf dem Lässler-Hof erschienen war, hatte er eine Weile im Bruch gespielt und etwas gefunden. Eine ausgewachsene Ratte, die sich leider nicht mehr bewegte.

Antonia war von seinem Fund nicht begeistert gewesen und hatte ihn angewiesen, den Kadaver in die Mülltonne zu werfen. Das hatte er auch getan. Doch bevor er heimging, holte er sich seinen Schatz zurück.

Auf dem Weg zu Lukkas Bungalow hielt er den Kadaver in der Hand. Er roch ein wenig streng, aber das störte ihn nicht. Als er sich dem Bungalow näherte, stopfte er die Ratte in die Hosentasche. Er ging langsam, spähte über den Mais zur Terrasse, sah die offene Tür und hoffte auf einen Schokoladenriegel.

Angst vor dem Bullterrier hatte Ben nicht. Er war mit Tieren aufgewachsen und zeigte normalerweise nicht einmal Furcht vor Bruno Kleus Zuchtbullen. Wenn ihm eine Art fremd war, hielt er respektvoll Distanz. Das hatte er zu Anfang auch bei dem Bullterrier getan. Heinz Lukka hatte ihm tausendmal erklärt, wie er mit dem Hund umgehen sollte. Ben hatte nicht alle Worte verstanden, aber das Ergebnis war leicht zu begreifen. Freund Lukka war der Herr, und der Hund gehorchte. «Sitz!» Und er saß. «Bei Fuß!» Und er stand neben Freund Lukkas Bein. «Still!» Und er knurrte nicht einmal mehr.

Man mußte vorsichtig sein, durfte sich nicht hastig bewegen, wenn man das Haus betrat. Man sollte leise sprechen und die Hand nicht zurückziehen, wenn der Hund daran schnüffelte. Das alles hatte Ben gelernt. Er wußte sogar, daß der Hund es mochte, am Kopf gekrault zu werden, aber nur von seinem Herrn.

Ben kam auf die Terrasse, näherte sich langsam der offenen Tür und rief leise: «Freund!» Er erreichte die Tür, betrat den großen Wohnraum. Der Hund kam ihm aus der Diele entgegen. Ben streckte ihm eine Hand entgegen, wie Heinz Lukka es ihm gezeigt hatte. Es war die Hand, die die Ratte getragen hatte. Und ohne das geringste Warnsignal biß der Bullterrier zu.

Ben schrie auf, zerrte an seiner Hand, vergrößerte damit noch den Schmerz, den die tief ins Fleisch vergrabenen Hundezähne verursachten. Aus einem Reflex schlug Ben mit der freien Hand zu und traf die empfindliche Hundenase mit der Handkante. Es war ein äußerst heftiger Schlag gewesen. Trotz seiner guten Erziehung ließ der Hund los und schüttelte sich benommen.

Ben betrachtete voller Angst die Löcher in seiner Hand und das Blut, das auf den dicken Teppich tropfte. Er kreischte: «Freund!», was seine Lungen hergaben. Aber Freund Lukka erschien nicht, um ein Kommando zu geben.

Der Hund sprang ihn an, prallte mit geballter Kraft gegen Bens Brust und brachte ihn zu Fall. Ben riß einen Arm hoch, auch nur ein Reflex, doch damit schützte er sein Gesicht und die Kehle. Die Hundezähne gruben sich in seine Schulter, rissen und zerrten am Fleisch. Er schrie nicht mehr, wimmerte auch nicht vor Schmerz. Starr und stumm vor Furcht lag er auf dem Boden, vor seinen Augen begannen feurige Kreise zu tanzen. Und keine Hilfe kam. Kein Laut war zu hören, auch der Hund gab keinen Ton von sich.

Jeder andere hätte vielleicht mit letzter Kraft auf den Hund eingeschlagen oder sonst etwas Sinnloses getan. Ben tat etwas auf den ersten Blick Widersinniges. Er brachte den Arm, mit dem er Kehle und Gesicht schützte, nach unten, umklammerte mit beiden Armen den Hundekörper, zog ihn sich an die Brust wie zu einer innigen Umarmung. Dabei preßte er dem Bullterrier die Rippen zusammen und drückte gleichzeitig seine Fäuste gegen die Wirbelsäule des Tieres. Wieviel Kraft in Bens Fäusten steckte, ahnte niemand, weil er sie normalerweise nicht einsetzte.

Nach ein paar Sekunden gab es ein Knacken. Der Hund jaulte auf, die Zähne lösten sich aus Bens Fleisch, die Vorderläufe ruderten Halt suchend, die Hinterläufe hingen schlaff zur Seite. Ben schaffte es, sich von der Last des Hundekörpers zu befreien und auf die Beine zu kommen. Voll Abscheu und Zorn betrachtete er das Tier, das sich auf dem Fußboden krümmte und jaulte. Dann holte Ben aus und hieb mit der unverletzten Hand nach unten. Er traf – wieder mit der Handkante – den Hund dicht hinter dem Kopf. Das Jaulen verstummte auf der Stelle. «Finger weg!» schrie Ben.

Anderthalb Stunden später sagte Heinz Lukka zu Jakob und Trude: «Es tut mir so furchtbar leid. Ich war in der Garage. Ich hatte noch Akten im Auto und habe nichts gehört. Als ich ins Haus kam ... mein Gott, tut mir das leid. Aber der Arzt sagte, es sind nur Fleischwunden. Das wird wieder.»

Ben saß mit blassem Gesicht, dicke Verbände um Schulter und Hand, neben Trude auf der Couch.

«Und der Köter?» fragte Jakob. «Ich meine, wo er es jetzt einmal getan hat, wird er es bestimmt wieder tun.»

«Nein», sagte Heinz Lukka. «Er tut keinem mehr was. Ben hat ihm das Rückgrat und das Genick gebrochen.»

Aber das wußte Ben nicht. Von dem Tag an betrat er Lukkas Haus nicht mehr. Und das wußten einige – beispielsweise die alte Frau im Garten, die Nicole Rehbach beruhigte.

27. August 1995

Es war kurz vor zehn Uhr am Abend. Trude hatte Tanja hinaufgeschickt, sich die Zähne zu putzen und ins Bett zu gehen. Anschließend wollte sie Ben suchen, Jakob bestand darauf. Von seiner Jüngsten hatte Jakob erfahren, daß Ben Britta Lässler noch ein Stück begleitet, wahrscheinlich bis vor die Haustür gebracht hatte.

Jakob befürchtete, daß Paul auf die Begleitung seiner jüngsten Tochter anders reagiert hatte, als Ben es von ihm gewohnt war. Trude befürchtete ganz andere Dinge. Und noch hatte man draußen einen Rest Tageslicht, nicht mehr lange, und es war stockfinster. Zur Sicherheit steckte Jakob eine starke Taschenlampe ein, die im freien Feld nicht viel helfen würde.

Tanja kam noch einmal herunter auf einen letzten Gutenachtkuß für Jakob und küßte auch Trude flüchtig auf die Wange. Jakob ging zur Haustür. Er kam noch einmal zurück, als das Telefon klingelte.

Es war Paul, der sich in erzwungen leichtem Ton erkundigte, wann seine Kleine denn ans Heimkommen denke. Trude sah, daß Jakob sich auf die Lippen biß und bleich wurde. Sein Adamsapfel ruckte auf und ab. Er schloß die Augen und würgte hervor: «Ist sie noch nicht da, aber sie ist doch um acht ...»

Mehr hörte Trude nicht. Sie hatte nicht gewußt, daß es für die inneren Nöte noch eine Steigerung geben konnte. Vielleicht war es auch keine Steigerung. Vielleicht war nur der Gipfel erreicht und wurde nun überschritten. Hinter dem Gipfel ging es steil bergab auf das Ende zu. Und bergab ging es so rasend schnell, wie ein Meteorit durch den Weltraum flog. Rechts und links keine Sonnen mehr, keine Sterne, nicht die Löcher des Alls, nur noch grell flackernde, langgezogene, unendliche Streifen.

Als Trude den Blick endlich von diesen Streifen abwenden konnte, hatte Jakob den Hörer längst aufgelegt, stand mit wachsbleichem Gesicht vor ihr im Hausflur, schabte mit den Füßen über den Boden, räusperte sich wieder und wieder, weil er kaum ein Wort durch die Kehle brachte. Dann sagte Jakob, was Trude längst wußte. «Britta ist nicht heimgekommen. Paul will eine Suchmannschaft zusammenbringen, jetzt sofort, vielleicht kann man noch etwas retten.»

Jakob drehte sich der Treppe zu, an deren Fuß Tanja stand und mit ungläubigen Augen zu den Eltern hinsah, während sie flüsterte: «Aber Ben ist doch mit ihr gegangen.»

«Du gehst jetzt in dein Zimmer», befahl Jakob. «Schließ die Tür von innen ab. Schieb das kleine Schränkchen vor, klemm einen Stuhl zwischen das Schränkchen und das Bett. Und egal, was passiert: Du machst die Tür erst wieder auf, wenn ich davor stehe. Ich und sonst niemand. Hast du mich verstanden?»

Trude konnte nicht einmal mehr vor Entsetzen oder Entrüstung die Augen aufreißen. Sie ließ den Kopf hängen, betrachtete die Finger und blutigen Fetzen, die sich im Abgrund zu ihren Füßen häuften. Und plötzlich sah sie einen Balken. Es gab viele Balken in der Scheune. Sollte

Ben wirklich ... Sollte er eingesperrt werden, wo dann andere für ihn sorgten, wußte Trude, was sie zu tun hatte.

Jakob ging durch das Haus, von Zimmer zu Zimmer, ließ die Rolläden hinunter, ging in den Keller, schloß dort sämtliche Fenster und befestigte die Gitter davor. Zuletzt versperrte er die Kellertür, durch die Ben immer ins Haus kam.

Trude hörte, wie ein Riegel, ein Schloß nach dem anderen einschnappte, und innen war alles hohl und dunkel. Als Jakob zurück in den Hausflur kam, schlich sie hinter ihm her ins Freie, schaute ihm zu, wie er die Haustür absperrte, und hatte Mühe, wenigstens den oberen Teil der Lunge mit frischer Luft zu füllen.

«Das hätte er nicht getan! Das nicht! Ein Mädchen aus Lohberg, das er nicht kannte. Erichs Tochter, die ihn wahrscheinlich angebrüllt hat. Die junge Amerikanerin, die ihn vermutlich auch beschimpft hat. Das könnte vielleicht sein. Aber nicht Britta! Er hat sie als Baby im Arm gehalten. Er hat sie auf seinem Rücken reiten lassen. Sie ist doch für ihn wie seine Schwester.»

Sie wußte nicht, ob sie es nur dachte oder auch aussprach. Jakob reagierte nicht. Er stampfte davon, Trude hinter ihm her.

Zur gleichen Zeit nahm Antonia auf dem Lässler-Hof Paul den Telefonhörer aus der Hand und erledigte die restlichen Anrufe. Pauls Hände zitterten so stark, daß er keine Nummer mehr wählen konnte. Andreas war bereits mit seiner Frau und dem Schwiegervater auf dem Weg. Er hatte bei der Diskothek in Lohberg haltgemacht und seinen Bruder informiert. Achim sammelte im «da capo» ein paar Freunde um sich, in mehreren Wagen brachen sie auf.

Richard Kreßmann und Toni von Burg versprachen, sofort zu kommen mit allen zur Verfügung stehenden Leuten. Antonia mußte immer nur einen Satz sagen:

«Unsere Britta ist nicht heimgekommen.» Zu mehr war sie auch nicht in der Lage. Bruno Kleu war nicht daheim. Renate versprach, ihn zu schicken, sobald sie ihn sah. Vorab schickte sie ihre beiden Söhne. In Ruhpolds Schenke hielten sich noch sieben Männer auf, die sich zusammen mit Wolfgang Ruhpold auf den Weg ins Feld machten. Bei Heinz Lukka wurde nicht abgehoben, auch in der Wohnung über der Apotheke ging niemand ans Telefon. Erich Jensen und Heinz Lukka befanden sich zu diesem Zeitpunkt in einer Stadtratssitzung. Maria war nicht daheim.

Während das halbe Dorf aufbrach, um nach Britta Lässler zu suchen, und kein Mensch auf den Gedanken kam, die Polizei zu verständigen, verlor Trude den Rest ihres Kampfgeistes. Obwohl sie nicht dorthinwollte, lief sie mit trippelnden Schritten hinter Jakob her zum Bruch, zu der Stelle, an die Ben sie gestern geführt hatte.

Von Ben war weit und breit nichts zu sehen. Jakob ließ den Strahl der Lampe zwischen den moosbewachsenen Trümmern wandern, prüfte den Boden, den er bereits am Vormittag gründlich abgesucht hatte, erneut auf Winzigkeiten und Veränderungen. Nach einer halben Stunde bekamen sie Gesellschaft: Toni, Uwe und Winfried von Burg, Andreas Lässler und seine Frau Sabine. Andreas hatte einen Spaten dabei und begann augenblicklich an der Stelle zu graben, an der vor acht Jahren die Grube für Ursula Mohn ausgehoben gewesen war. Die anderen suchten das Gestrüpp ab. Um Trude kümmerte sich niemand. Sie irrte zwischen den Trümmerbergen umher, ohne Sinn und Verstand.

Kurz darauf trafen Richard und Albert Kreßmann ein, auch sie hatten einen Spaten dabei und eine Stange. Richard war halbwegs nüchtern und prüfte mit der Stange, ob der Boden irgendwo aufgelockert war. Albert schaute sich die Steinhaufen an und machte Jakob auf frische Spuren an dem großen Trümmerberg aufmerksam. Sie waren so winzig, daß Jakob sie zuvor übersehen hatte.

Uwe von Burg und Andreas Lässler kamen dazu. Zwanzig Minuten brauchten sie, um mit vereinten Kräften so viele der überwachsenen Steine fortzuschaffen, daß der Eingang zum Gewölbekeller freigelegt war. Andreas und Albert zwängten sich unter einem schräg liegenden Balken durch, während Jakob mit angehaltenem Atem auf einen Ruf des Entsetzens oder etwas anderes wartete.

Es fand sich in dem Gewölbe eine Menge, in der Hauptsache Schutt. Auf einem halb verrotteten Regal standen ein paar verbeulte Töpfe aus Aluminium, darin lagen uralte Besteckteile, Scherben von Porzellanfigürchen, Holzstücke und Unmengen von Knochen. Alles war ordentlich sortiert. Bei den Knochen handelte es sich meist um die Überreste von Feldmäusen, ein paar größere mochten von Ratten stammen. Von einem Menschen fand sich nichts.

Die jungen Leute machten sich daran, weitere der überwucherten Steinhaufen abzutragen. Ohne Ergebnis. Toni von Burg, Jakob und Richard Kreßmann kontrollierten die andere Seite der Senke und den Weg, der dort entlangführte. Um vier in der Nacht brachen die meisten zum Bendchen auf, um die freiwilligen Helfer dort zu unterstützen. Jakob nahm Trude beim Arm und folgte der Gruppe. Richard Kreßmann setzte sich am Rand der Senke auf den Boden, um ein wenig zu verschnaufen. Albert grub an seiner Stelle weiter.

Die Gruppe um Wolfgang Ruhpold war aufgebrochen und hatte mit der Suche beim Schlösser-Hof begonnen. Dort hatten sich die Männer geteilt. Vier von ihnen waren den Weg zum Bendchen abgeschritten und arbeiteten sich langsam in den Wald vor. Die anderen kontrollierten mit starken Lampen den gesamten Weg, den Britta Lässler hätte nehmen müssen.

28. August 1995

Bis um sechs in der Früh arbeiteten sich etwa dreißig Leute systematisch in den Wald hinein. Jakob wollte unbedingt bei ihnen bleiben, er war überzeugt, daß Ben über kurz oder lang auftauchte. Irgendwo mußte er schließlich sein. Trude schlich umher wie ihr eigener Schatten. «Du solltest sie heimbringen», riet Uwe von Burg seinem Schwiegervater. «Sie kann sich doch kaum noch auf den Beinen halten.»

Und Toni von Burg sagte: «Mach dir keine Sorgen um Ben, Jakob. Wenn ich ihn sehe, bringe ich ihn heim.»

Mit Trude im Arm brauchte Jakob länger als eine Stunde, ehe er den Hof erreichte. Unentwegt murmelte Trude etwas vor sich hin. Jakob verstand sie nicht, zog sie nur fester an sich, weil sie ständig über ihre eigenen Füße stolperte. Als sie in die Hofeinfahrt einbogen, sahen sie ihn sitzen – auf den Stufen vor der Haustür. Er spielte mit seinem Springmesser, ließ die Klinge herausschnappen, wieder verschwinden, erneut herausschnappen. Und vor ihm auf dem Boden lag Brittas Rad.

«Fein, Finger weg», sagte er und fuchtelte mit der Klinge herum.

Trude schrie auf und begann zu wimmern. Jakob setzte sie neben Ben auf die Stufe und riß seinem Sohn das Messer aus der Hand. Er preßte die Zähne aufeinander, daß es knirschte. «Wo ist das Mädchen?» fragte er. «Wo ist Britta?»

«Rabenaas», sagte Ben.

Jakob holte aus und schlug mit der geballten Faust zu. Er schlug so lange, bis Trude ihm in den Arm fiel. Aus ihrem Wimmern war ein Kreischen geworden. «Hör auf! Hör auf, du schlägst ihn ja tot.»

«Das wäre das beste!» sagte Jakob.

Ben saß noch auf der Stufe. Er war bei jedem Schlag

mit dem ohnehin wunden Rücken gegen die scharfe Kante einer anderen Stufe geprallt. Sein Gesicht war an zwei Stellen aufgeplatzt. Von der linken Augenbraue lief ihm ein dünner Streifen Blut die Schläfe entlang. Seine Nase blutete ebenfalls, eine Lippe war eingerissen. Und jetzt, fand Jakob, sah er aus wie ein Teufel.

Nachdem er von ihm abgelassen und die Haustür geöffnet hatte, erhob sich ein Teil von Trude und brachte Ben in die Küche, drückte ihn auf einen Stuhl, holte ein sauberes Tuch und machte sich daran, die aufgeplatzten Stellen mit kaltem Wasser zu betupfen.

Wie oft in all den Jahren hatte sie das tun müssen? Wie viele Beulen, Schrammen und Striemen hatte er heimgebracht? Wie viele Schläge, Tritte, Bisse und Kratzer hatte er eingesteckt?

Der andere Teil Trudes blieb vor der Haustür zurück, hob Brittas Rad vom Boden, stieg in den Sattel und radelte davon. Und während dieser Teil kräftig in die Pedale trat, während der Fahrtwind ihm das Haar aus dem Gesicht blies und die Gedanken kühlte, verschmolz etwas mit dem Rahmen, den Reifen, dem Lenker, tauchte tief und tiefer ein in Metall, Gummi und Vergangenheit, um zu ergründen, was das Rad gesehen hatte in den letzten Stunden. Den Mais! Zwischen den Speichen des Vorderrades hatte sich ein Stückchen von einem vertrockneten Blatt verfangen. Jakob hatte es nicht bemerkt in seiner hilflosen Wut und Verzweiflung.

Der Teil Trude, der in der Küche stand, fragte: «Willst du nicht die Polizei rufen?»

«Nein», sagte Jakob. «Jetzt lohnt sich das nicht mehr. Wenn er das Kind angerührt hat, wozu soll ich ihn da noch einsperren lassen?»

Trude schloß die Augen und hielt sich an der Tischkante fest. Jakob kontrollierte die lange Messerklinge. Spuren von Blut gab es daran nicht, nur ein paar Rostflecken. Er steckte es in seine Hosentasche, stieg die Treppe hinauf und ließ Tanja, die bereits heftig gegen die Tür klopfte, aus dem Zimmer. Zu zweit kamen sie zurück in die Küche. Jakob blieb bei der Tür stehen und beobachtete mit steifer Miene, wie Trude sich abmühte.

Tanja war mit zwei entsetzten Sprüngen neben dem Stuhl, ging in die Knie, legte den Kopf auf ein Bein ihres Bruders und strich mit einer Hand über das andere Bein. «Mein armer Bär, was haben sie mit dir gemacht?»

«Komm da weg», verlangte Jakob.

Als sie sich nicht von der Stelle rührte, kam er herein, riß sie am Arm in die Höhe, stieß sie beiseite und schaute Ben an. «Wenn du dich an der Kleinen vergriffen hast», sagte Jakob ruhig. «Wenn du ihr auch nur ein Haar gekrümmt hast, gehen wir beide auf eine lange Reise.»

Trude reagierte nicht. Tanja schrie auf und machte ihrer Entrüstung Luft in einem Ton, den Jakob nicht von ihr kannte. «Du bist ja völlig übergeschnappt. Was redest du für einen Mist?»

Jakob reagierte nicht. Er inspizierte Bens Hemd und die Hose, schaute sich Bens Hände genau an. Sie waren nicht schmutziger als sonst. Und sein Klappspaten lag im Keller. Er hatte ihn am vergangenen Abend nicht mitgenommen, als er seine Schwester und Britta Lässler begleitete. Möglich, daß er ihn irgendwann in der Nacht hatte holen wollen, aber die Türen und Fenster waren alle geschlossen gewesen.

«Wo ist das Mädchen?» fragte Jakob noch einmal.

«Freund», nuschelte Ben mit geschwollenen Lippen und vom Blut verstopfter Nase.

Tanja schimpfte ohne Unterbrechung, Jakob solle mit dem Blödsinn aufhören. Er solle sich lieber um die kümmern, die Ben geschlagen hätten.

«Das war er», sagte Trude teilnahmslos. «Er hat ihn immer so furchtbar geschlagen. Es ist alles nur seine

Schuld. Sibylle hat damals gesagt, mach einen Hund scharf, und du hast einen Beißer. Er hat ihn scharf gemacht.»

Trude hatte noch nicht zu Ende gesprochen, als Tanja mit beiden Fäusten auf ihren Vater losging. Im ersten Augenblick war Jakob viel zu überrascht, um sie von weiteren Schlägen abzuhalten. Dann hielt er ihr die Handgelenke fest, atmete tief durch und erklärte ihr, was er und viele andere in den letzten Stunden getan hatten und was draußen vor der Haustür lag. Danach war es eine Weile still in der Küche.

Tanja weinte. «Ich hätte mitgehen sollen.» Dann erhob sie Vorwürfe gegen Jakob. «Warum bist du nicht mit ihr gegangen? Onkel Paul hat mich auch nicht alleine gehen lassen.» Anschließend wollte sie sofort zu Onkel Paul, weil der sie jetzt nötiger brauchte. Aber zuerst mußte sie mit Ben reden, weil er wissen mußte, was mit Britta passiert war. «Wo ist sie? Du warst doch bei ihr.»

«Rabenaas», murmelte Ben noch einmal.

Jakob nickte voller Bitterkeit. «Da hörst du es.»

Was Jakob sagte, beachtete sie nicht. Mag sein, daß sie ihren Bruder besser verstand als alle anderen, weil Kinder ihre eigene Sprache haben und der Phantasie dreizehnjähriger Mädchen keine Grenzen gesetzt sind. Sie schaute Ben ins Gesicht, die Augen weit aufgerissen, die Lippen zitterten. Dann drosch sie plötzlich mit beiden Fäusten auf ihn ein, trommelte gegen seine Brust und schrie mit sich überschlagender Stimme: «Warum hast du denn nicht besser aufgepaßt? Warum hast du sie allein gelassen? Jetzt hat das Schwein auch noch Britta totgemacht.»

Trude zog sie an sich, nahm sie in die Arme und wiegte sie, bis das Schluchzen nachließ. Jakob nutzte die Zeit, um Ben nach oben zu bringen. Er schloß die Tür ab. Den Schlüssel steckte er ein, damit Trude nicht auf dumme Gedanken kam. Aber Trude war in Gedanken wieder mit

348

dem Rad unterwegs. Einmal zum Mais und wieder zurück, vorbei an den Feldern, den Rückseiten der Gärten. Und noch einmal kehrt. Und wieder und wieder. Jakob nahm ihr die Tochter aus den Armen, ohne daß sie etwas davon merkte.

Schweren Herzens fuhr Jakob seine Jüngste zurück zum Lässler-Hof. Er wollte gleich weiter, um denen, die noch draußen waren, bei der Suche zu helfen. Aber Antonia, die zu Hause geblieben war in der Hoffnung, daß Britta noch heimkäme, bat ihn, wenigstens auf einen Kaffee zu bleiben.

Jakob setzte sich in einen Sessel, spürte ein wenig Hunger und die vergangene Nacht in den Knochen. Vor allem die Fäuste taten ihm weh. Antonia brachte ein Frühstück auf den Tisch, setzte sich zu ihm und Tanja. Sie war so ruhig, daß Jakob es nicht begreifen konnte. Nichts in ihrer Stimme verriet Sorge oder Schmerz, als sie sich erkundigte, ob Ben am vergangenen Abend und in der Nacht draußen gewesen sei.

Jakob nickte nur, der Bissen blieb ihm im Hals stecken. An seiner Stelle rasselte Tanja herunter, was ihr bekannt war. «Was Papa sagt, stimmt nicht, Antonia. Ben ist nach Hause gekommen, da waren sie gerade weg. Er hat gerufen, aber ich konnte ihn nicht reinlassen, Papa hatte mich eingeschlossen. Ich hab ihm gesagt, er soll sich vor die Tür setzen, das hat er auch gemacht, glaube ich. Er ist bestimmt nicht mehr weggegangen. Er hat Britta nichts getan. Du kennst ihn doch, er tut uns nichts.»

«Ja», murmelte Antonia und nickte. Nach einer kleinen Pause fuhr sie wie in Gedanken versunken fort: «Wie oft war er hier, hat mit euch gespielt. Immer war er sanft, egal, wie ihr ihm zugesetzt habt. Und wenn ihr ihn fortgeschickt habt, ist er gegangen. Vielleicht hat sie ihn fortgeschickt. Paul hatte ihr doch gesagt, daß sie sich von ihm fernhalten soll.»

Endlich brachte Jakob den feststeckenden Bissen hinunter, goß noch einen Schluck Kaffee durch die rauhe Kehle und erklärte heiser: «Er hat ihr Rad heimgebracht, Antonia.»

Das schien sie außer Fassung zu bringen, aber nicht für lange. Jakob bewunderte sie. Für einen winzigen Moment verzog sie ihr Gesicht wie unter starken Schmerzen. «Tu es in die Scheune, Jakob», verlangte sie anschließend. «Oder nein. Sieh zu, ob du es schaffst, daß er es dorthin zurückbringt, wo er es gefunden hat. Da hätte man einen Anhaltspunkt.»

Ob Ben das Fahrrad bereits bei sich gehabt hatte, als er kurz nach zehn heimkam, wußte Tanja nicht. Sie hatte sich nur aus dem Fenster beugen können, als sie ihn rufen hörte. Das Zimmer lag an der Rückseite des Hauses neben Bens Zimmer. Er war um die Hausecke gekommen – und wieder gegangen, als sie ihm auftrug, sich vor die Tür zu setzen und zu warten. Aber ob er tatsächlich die ganze Nacht dort gesessen hatte, konnte Tanja nicht sagen.

Brittas Rad hatte Trude bereits auf den Zwischenboden der Scheune gebracht, gleich nachdem Jakob weggefahren war. Und vorerst kam niemand auf die Idee, bei ihr nach etwas zu suchen oder sie mit Fragen zu belästigen. So fand sie auch Zeit genug, den blutigen Rucksack zu verbrennen.

Die Stimmung im Dorf hatte den Siedepunkt überschritten. Untereinander sprachen einige offen von dem Schaufelblatt, mit dem man Ben erschlagen müsse wie einen tollwütigen Hund. Andere vermißten Bruno Kleu bei der Suche und debattierten sogar in Gegenwart seiner Söhne über den starken Ast und den Strick, mit dem man Bruno aufknüpfen müsse.

Es war fast so wie früher. Da hatten sie auch nur hinter vorgehaltener Hand geflucht auf die Sterns und die Goldheims, die in ihren noblen Häusern saßen und als Viehhändler oder mit ihrem Fahrradgeschäft den Leuten das Geld aus der Tasche zogen. Und nur wenn sie unter sich waren, hatten sie gelästert über die kleine Christa von Burg, deren blödes Grinsen ihr Vater nicht mit all seinem Land und all seinem Geld aus der Welt schaffen konnte. Aber es wäre kein Mensch auf die Idee gekommen, die kleine Christa, die Sterns oder die Goldheims bei Wilhelm Ahlsen oder der Polizei anzuschwärzen.

So dachte auch niemand daran, ein offenes Wort zu verlieren über Ben, Bruno oder gar über Albert Kreßmann, der immer noch – inzwischen fast allein, sein Vater war am Rand der Senke eingeschlafen – im Bruch grub, als wolle er dort einen zweiten Keller ausheben. Erst Heinz Lukka tat, was getan werden mußte.

Der alte Rechtsanwalt war an diesem Montag kurz nach acht in seine Kanzlei gefahren. Um zehn hatte er einen Termin vor dem Amtsgericht. Als er um eins zurück in die Kanzlei kam, richtete seine Sekretärin ihm aus, es habe schon zweimal eine Frau Lässler angerufen und gebeten, er möge sich doch bitte umgehend melden.

Heinz Lukka zeigte sich erschüttert, als Antonia ihm erklärte, warum sie ihn so dringend sprechen wollte. «Um Gottes willen», sagte er. «Das kann doch gar nicht sein. Sie war noch bei mir gestern abend. Sie hatte einen kleinen Streit mit Ben. Es ging um ihr Fahrrad, glaube ich. Er war ziemlich aufgeregt. Ich habe sie ins Haus gerufen und ihn heimgeschickt. Aber viel Zeit hatte ich nicht. Ich mußte noch zu einer Sitzung und war ohnehin spät dran. Als wir aus dem Haus kamen, war ihr Rad weg. Ich nehme an, Ben hat es genommen. Ich habe ihr angeboten, sie rasch mit dem Wagen heimzubringen. Aber sie wollte ihr Rad suchen.»

«Hast du jemanden gesehen auf dem Weg?» fragte Antonia.

«Nicht, als wir aus dem Haus kamen», sagte Heinz Lukka. «Vorher war eine junge Frau da mit einem Mann im Rollstuhl. Ben war jedenfalls nirgends zu sehen. Hast du die Polizei verständigt?»

«Die können auch nicht mehr tun als die Männer draußen», meinte Antonia.

«Sag das nicht», widersprach Heinz Lukka. «Sie haben doch andere Möglichkeiten, Spürhunde, Hubschrauber, was weiß ich. Du solltest sie verständigen.»

Als Antonia ihm darauf nicht antwortete, meinte Heinz Lukka noch: «Zwei Mädchen aus einer Familie, das ist kein Zufall, Antonia. Und da glaube ich auch nicht mehr daran, daß Marias Tochter ausgerissen ist. Da sollte man eher annehmen, es hat jemand einen furchtbaren Haß auf euch. Mach den Trotteln in Lohberg die Hölle heiß, daß sie endlich die Kripo informieren. Oder soll ich es für dich tun?»

Nachdem er das Gespräch beendet hatte, bat Heinz Lukka seine Sekretärin, die Termine für den Nachmittag und den nächsten Tag abzusagen. Wenige Minuten später verließ er die Kanzlei und fuhr zur Polizeistation. Von seinem persönlichen Erscheinen versprach er sich mehr als von einem Anruf. Um den Beamten den nötigen Druck zu machen, schaltete er auch die Presse ein. Heinz Lukka verschwieg allerdings, daß Britta Lässler in Bens Begleitung gewesen war und er sie ins Haus gerufen hatte, weil Ben auf dem Weg tobte.

Der Dienststellenleiter persönlich machte sich sofort auf den Weg zum Lässler-Hof. Er traf nur Antonia und Tanja Schlösser an. Von Antonia hörte er, daß seit dem vergangenen Abend das halbe Dorf auf den Beinen war und man bisher keine Spur von ihrer Tochter gefunden hatte. Tanja Schlösser erklärte, sie habe Britta bis zur Abzweigung begleitet. Daß damit die Abzweigung zum Schlösser-Hof gemeint war, erfuhr er nicht. So mußte er

352

davon ausgehen, Britta Lässler sei auf den letzten achthundert Metern zwischen Lukkas Bungalow und ihrem
Elternhaus verschwunden. Und da gab es theoretisch nur
eine Möglichkeit – ein Auto.

Kurz vor drei am Montag nachmittag wurde ich verständigt.

Von Ben war dabei mit keinem Wort die Rede. Ich habe
Jahre gebraucht, um alle Fakten zusammenzutragen.

Als ich die Ermittlungen aufnahm, lag Ben hinter verschlossener Tür auf seinem Bett, müde und zerschlagen,
verwirrt und verängstigt. Trude saß in der Küche, aß
nicht, trank nicht, dachte nicht, schwebte nur haltlos
über dem Abgrund. Antonia hatte dafür gesorgt, daß sie
von der Polizei unbehelligt blieb. Der Dienststellenleiter
hatte Antonia so verstanden, daß Tanja Schlösser nur
deshalb auf dem Lässler-Hof war, weil ihre Mutter – also
Trude – einen Herzanfall erlitten hatte, als sie von Brittas
Verschwinden hörte. Man ging davon aus, Trude sei im
Krankenhaus.

Und Jakob war draußen. Er war vom Lässler-Hof aus
nicht zurück nach Hause gefahren, hatte nicht getan,
worum Antonia ihn gebeten hatte. Es waren zu viele
Leute unterwegs, um Ben das Fahrrad durch die Gegend
schieben zu lassen. Aber das war nur einer von vielen
Gründen. Bis zum frühen Nachmittag beteiligte Jakob
sich noch an der Suche. Als die ersten Uniformen im Gelände auftauchten, fuhr er zum Baumarkt Wilmrod. Den
Dienstag hätte er gerne freigenommen. Das ginge nur am
Nachmittag, wurde ihm gesagt.

Am Montag abend fuhr er mit steifem Herzen zuerst
heim, schaute kurz nach Trude, sah sie reglos am Tisch
sitzen, überzeugte sich, daß Ben in seinem Zimmer war,
und fuhr zum Lässler-Hof. Immer noch seltsam berührt
von Antonias Haltung, erhoffte er sich ein ähnliches Ent-

gegenkommen von Paul. Aber mit Paul war nicht zu reden.

Jakob streichelte seine Tochter, die neben Paul auf der Couch saß, mit Blicken. «Ich möchte sie gerne wieder mitnehmen», sagte er. «Damit Trude jetzt nicht alleine ist. Es geht ihr nicht gut. Und ich muß morgen früh zur Arbeit.»

Paul legte einen Arm um Tanjas Schultern und zog sie an sich. «Sie bleibt hier, bis meine Kleine wieder da ist. Das ist gerecht, oder?»

«Das kannst du nicht machen», sagte Jakob.

«Ich kann noch viel mehr machen», erklärte Paul. «Ich mache dir einen Vorschlag. Wenn du dafür sorgst, daß Ben in eine Anstalt kommt, können wir weiterreden. Heinz war am Nachmittag hier und hat die Hand für ihn gehoben. Wenn Ben nicht mehr hier ist und es weitergeht, kann ich auch schwören, daß er keinem Menschen etwas antut. Aber wenn es dann aufhört, haben wir getan, was schon viel früher hätte getan werden müssen.»

«Hör nicht auf ihn, Jakob», sagte Antonia. «Ich glaube, Heinz hat recht. Wer uns das antut, muß einen furchtbaren Haß auf uns haben. Und Ben weiß nicht, was Haß ist. Hat er dir gezeigt, wo er das Rad gefunden hat?»

Jakob konnte ihr darauf nicht antworten, er schüttelte nur den Kopf und ging.

Antonias Sünden

Wäre Britta Lässler vier Jahre früher etwas zugestoßen, hätte kaum einer im Dorf Mitleid mit Paul und Antonia gehabt. Es war das Jahr, in dem Jakob das Vieh verkaufte, seine Ländereien verpachtete und auf den Gabelstapler in Wilmrods Baumarkt stieg.

Es war ein schlimmes Jahr für Jakob. Die Arbeitsgemeinschaft mit Paul und Bruno, die sich lange Zeit
bewährt hatte, war aufgelöst worden. Toni von Burgs
Beispiel hatte Schule gemacht. Spezialisierung hieß das
Zauberwort. Sogar Richard Kreßmann war auf den Geschmack gekommen, schaffte den kompletten Viehbe-
stand ab und widmete sich nur noch dem Ackerbau. Da
hatten seine Arbeiter wenigstens am Wochenende frei.

Paul konzentrierte sich auf die Schweinemast, nur den
Futtermais baute er noch selbst an. Bruno verlegte den
Schwerpunkt auf Milchwirtschaft und Zuckerrüben.
Nur Jakob tat noch von allem etwas. Für teure Investitio-
nen fehlte das Geld. Und auch ein hochmoderner Betrieb
brauchte mehr als zwei Hände. Allein war es für ihn nicht
zu schaffen.

Im Winter 90/91 waren er und Trude sich einig geworden, daß es keinen Sinn mehr hatte, so weiterzumachen
wie bisher. Natürlich war Jakob kräftig, konnte es, was
die Arbeit anging, noch mit einem Dreißigjährigen aufnehmen. Aber auch ein Dreißigjähriger wäre gescheitert,
hätte er alles alleine machen müssen. Zwei Monate lang,
für Jakob waren es entsetzlich lange Monate, hingen sie
praktisch in der Luft, rechneten hin und her. Und unter
dem Strich blieb immer nur so viel übrig, daß man dafür
einen Strick hätte kaufen können.

An einem Abend im Februar sprach Jakob mit Wolfgang Ruhpold über die düstere Zukunft. Heinz Lukka
stand daneben, und meinte: «Den Kopf in den Sand stek-
ken hilft dir nicht weiter. Ich werde mich mal umhören,
vielleicht kann ich etwas für dich tun.»

Mehr wollte Heinz Lukka nicht sagen, damit Jakob
sich keine voreiligen Hoffnungen machte. Aber da Wilmrod den günstigen Bauplatz im Gewerbegebiet und ein
paar weitere Vergünstigungen vor allem dem Einsatz des
Rechtsanwalts zu verdanken hatte, war die Sache von

Anfang an aussichtsreich. Und schon zwei Tage später wurde es amtlich. Heinz Lukka kam spätabends vorbei und erklärte Jakob, zu welchen Bedingungen er fortan arbeiten könne. Reich werden konnte er nicht dabei, aber der Lebensunterhalt war sichergestellt, und das war die Hauptsache.

Schon in der nächsten Woche ging für Jakob das geregelte Leben los. Kein Vieh mehr, das Sommer wie Winter, wochentags wie feiertags versorgt werden wollte. Kein Weizen, der in einem Jahr so viel Regen bekam, daß er an den Halmen faulte, und im Jahr darauf vertrocknete, weil es nicht regnen wollte. Keine Kartoffeln, die in dem einen Jahr von so schlechter Qualität waren, daß die Leute sich beschwerten. In anderen Jahren waren es solche Massen, daß sie kaum etwas einbrachten.

Genießen konnte Jakob es trotzdem nicht. Er vermißte den Himmel über dem Kopf, schaute wohl zwanzigmal zu der hohen Decke in Wilmrods Baumarkt hinauf. Auch die Lohnabrechnung am nächsten Ersten versöhnte ihn nicht mit dem Dankeschön, daß er zu Heinz Lukka hatte sagen müssen.

Aber Trude blühte ein wenig auf. Das brachte Jakob zu der Ansicht, die richtige Entscheidung getroffen zu haben. Im September machten sie Urlaub, den ersten richtigen, drei volle Wochen, in denen er hätte ausschlafen können. Er tat es nicht, es war doch hier und dort etwas zu richten. Das erledigte er frühmorgens, danach ging er zu Paul und fragte, ob er ein wenig helfen könne.

So verging die erste Woche. Anfang der zweiten sagte Paul, während sie nebeneinander im Schweinestall arbeiteten: «Statt bei mir zu schuften, solltest du lieber mit Trude für ein paar Tage wegfahren. Es täte ihr bestimmt gut. Und dir auch.»

Der Vorschlag kam nicht von Paul selbst. Antonia hatte anklingen lassen, daß Trude nach all den aufreibenden Jahren ein wenig Erholung verdient habe, Jakob natürlich auch. Und was Ben anging, er sei doch ein Schaf. Ein Frühstück am Morgen, ein Mittagessen und zum Abend noch eine Mahlzeit, ein Bett für die Nacht, ansonsten brauchte er nur Freiheit.

Nach dem Frühstück lief er zum Bendchen. Nach dem Mittagessen trieb es ihn zum Bruch. Irgendwann am Nachmittag tauchte er dann auf dem Lässler-Hof auf. Zuerst saß er mit den Kindern am Tisch. Während sie ihre Aufgaben für die Schule lösten, fuhr er mit der Fingerspitze über die Tischplatte, als wolle er ebenfalls schreiben oder rechnen. Aber auch ein Blatt und einen Stift, um etwas zu kritzeln, lehnte er ab. Er war kein Schüler, er war der Wächter. Wenn Antonia dazukam, um die Aufgaben der Kinder zu kontrollieren, lachte und blinzelte er sie an, immer in Sorge, daß sie ihn wegschickte, weil er die Kinder störte, und im Bemühen, sie sich wohlgesinnt zu machen.

Später lief er hinter den Kindern her über den Hof, trug ihnen die Puppenwagen von einem trockenen Fleck zum nächsten, damit sie diese nicht durch den Dreck schieben mußten. Und wenn sie in den kleinen Töpfen vom Puppengeschirr eine Brause anrührten oder ein wenig Vanilleeis auf den Tellern schmelzen ließen, setzte er sich erwartungsvoll auf die Stufen vor die Haustür, schlürfte die Brause oder leckte das geschmolzene Eis samt den hineingeratenen Sandkörnern von den Puppentellern.

Manchmal schickten sie ihn um die Hausecke. Dann war er der Vater, mußte zur Arbeit in den Schweinestall und durfte erst wieder neben ihnen auf den Stufen sitzen, wenn Tanja rief: «Jetzt ist Feierabend, Bär, jetzt kommen die Männer zum Essen.» Und bis sie ihn riefen, zog er hinter dem Haus seine Kreise. Nickend und murmelnd überdachte er wohl seine Erkenntnisse des Lebens.

Gutmütig, das war alles, was Antonia dazu einfiel. Ein

achtzehnjähriges Riesenkind, das mit Puppen spielte und sich von zwei kleinen Mädchen kommandieren ließ. Warum sollte Trude da nicht für ein paar Tage eine Freiheit genießen, die sie nicht kannte? Aller Sorgen und Pflichten ledig.

Als Jakob an dem Abend heimkam und von dem Vorschlag berichtete, den Paul und Antonia gemacht hatten, faßte Trude es gar nicht, wollte zunächst auch nicht so recht. Aber Jakob hatte bereits Gefallen daran gefunden, erinnerte an ihren Aufenthalt im Krankenhaus, wo das doch auch prima geklappt habe mit Ben und Antonia.

Drei Tage später lud Jakob zwei Koffer ins Auto. Für eine Woche in den Schwarzwald, eine kleine Pension, Doppelzimmer mit fließend Wasser und Frühstück. Vor der Abfahrt versah Trude Antonia mit Ratschlägen, Hinweisen, Verhaltensmaßregeln und der Telefonnummer der Pension für Notfälle.

Als sie zu Jakob ins Auto stieg, rechnete sie fest damit, daß Ben sie zurückhielt, daß er an ihrem Arm riß, tobte und jammerte. Aber Ben stand vor Lässlers Haustür, links und rechts ein kleines Mädchen neben sich. Ben strahlte wie die Sonne an einem klaren Frühlingsmorgen und hob erst den Arm und winkte, als Antonia ihn dazu aufforderte.

Richtig genießen konnte Trude ihren Urlaub trotzdem nicht. Hundertmal am Tag fragte sie sich, was er wohl gerade tat. Dreimal rief sie abends bei Antonia an. Jedesmal lachte Antonia und umriß in knappen Worten, womit Ben sich die Zeit vertrieb. Spielen, essen und schlafen. Und wenn sie ihm, natürlich nur unter Aufsicht, ein kleines Küchenmesser und eine dicke Kartoffel überließ, ritzte er ein Muster in die Schale. Was es darstellen sollte, wußte Antonia nicht, aber es sah hübsch aus.

In den ersten Tagen blieb Antonias gutes Werk unentdeckt. Wäre das so geblieben, hätte sich niemand aufgeregt. Daß Trude und Jakob im Schwarzwald weilten, war keinem bekannt. Aber dann machte Antonia den Fehler, am Sonntag nachmittag mit drei Kindern die Eisdiele ihres Vaters aufzusuchen. Ihr Vater setzte sich zu ihnen an den Tisch. Illa und Toni von Burg stießen dazu. Und zwei Tische weiter saß Thea Kreßmann mit ihrem Sohn.

Antonia berichtete über die zurückliegenden Tage, wie gutmütig Ben war, wenn man ihm nur ab und zu ein gutes Wort, ein Lächeln oder eine sanfte Hand gönnte. Er könne schmusen wie ein alter Kater, erzählte Antonia. Ein Wunder, daß er nicht schnurrte dabei. Vor allem morgens, wenn er aus dem Bett kam, war er weich wie ein Federkissen, blieb bei der Küchentür stehen, bis sie sich zu ihm umdrehte und die Arme ausbreitete. Dann kam er mit verschämtem Grinsen näher, ließ sich umarmen und auf die Stirn küssen, wobei er den Kopf tief hinunterbeugen mußte, und dann rieb er sein Gesicht in Antonias Halsbeuge. Es sei eine Schande um ihn, sagte Antonia, daß ihm die Liebe für sein ganzes Leben versagt bleiben würde.

Toni von Burg betrachtete Ben mit wehmütigem Blick, stimmte Antonia zu und erinnerte an seine kleine Schwester, der ihr gesamtes Leben versagt geblieben war.

Wenn es nach ihr ginge, sagte Antonia, und Paul Bens Vater wäre, würde sie verlangen, daß er mit ihm in gewisse Häuser ginge. Daß Paul sorgfältig auswählte, damit Ben nicht schlecht behandelt und eilig abgefertigt wurde.

Es sprach sich schnell herum, wie Antonia dachte. Und jeder halbwegs vernünftige Mensch im Dorf schlug die Hände über dem Kopf zusammen. Diese Südländer, heißblütig und leichtlebig! Nichts anderes im Kopf als Schweinereien. Mit Ben in gewisse Häuser! Auf solch eine Idee konnte nur Antonia kommen. Da mußte sich niemand wundern, wenn sie eines Tages auf die Idee kam, ihre eigenen Töchter zu ihm ins Bett zu stecken. Jeder im Dorf wartete auf das Unglück, das zwangsläufig kommen mußte. Aber es kam nicht, nicht in jenem Jahr.

29. August 1995

Ein Tag, eine Nacht und wieder ein Morgen. Die ganze Nacht hatte Trude am Küchentisch gesessen. Jakob hatte sich auf die Couch im Wohnzimmer gelegt, um in ihrer Nähe zu sein, falls sie ihn brauchte. An einen Wecker hatte er nicht gedacht und verschlafen. Es war schon neun, als er aufstand. Er holte die Zeitung herein und legte sie aufgeschlagen vor Trude auf den Tisch.

Brittas lachendes Mädchengesicht schaute Trude an. So jung noch und so unschuldig. Da reagierte sie endlich. «Darf ich ihm wenigstens ein Frühstück bringen?» fragte sie. «Er hat gestern gar nichts bekommen.»

Gewimmert hatte er die Nacht hindurch, manchmal zaghaft gegen die Tür gepocht, ein paarmal gerufen: «Freund» und «Finger weg» und «fein macht». Was bedeuten mochte, daß er es gut mit allen meinte, daß er wußte, was ihm verboten war, daß er sich doch nur bemüht hatte, das Richtige zu tun. Aber es konnte auch ganz etwas anderes heißen. Trude hatte ihn gehört, aber nichts für ihn tun können.

«Meinetwegen», sagte Jakob. «Aber laß ihn nicht raus.»

Er legte den Schlüssel auf den Tisch, faltete die Zeitung zusammen und klemmte sie sich unter den Arm. Während er zur Tür ging, erklärte er: «Ich bin kurz nach Mittag wieder da. Dann zeig ich ihm das Foto. Mal sehen, was passiert.»

Trude blieb am Tisch sitzen, hörte den Dieselmotor

brummen, das Geräusch entfernte sich rasch. Als es verklang, stieg aus der Dunkelheit im Innern eine Flamme auf. Sie fraß sich so rasend schnell durch Trudes Adern ins Hirn, daß alles in der Hitze erstickte. Nicht einmal Furcht blieb übrig, nur heiße, trockene, staubige Ruhe.

Trude ging zur Scheune, stieg auf ihr Rad und verriegelte das Scheunentor hinter sich, damit niemand während ihrer Abwesenheit über Brittas Rad stolperte. Dann fuhr sie ins Dorf. Am Anfang der Bachstraße gab es einen kleinen Kiosk. Dort erstand sie ein zweites Exemplar der Tageszeitung, fuhr zurück und saß wieder am Küchentisch, betrachtete das lachende Mädchengesicht auf der ersten Seite, erfüllt von der Ruhe, die sich während der Fahrt abgekühlt hatte und nun einem großen Eisblock glich.

Nachdem sie sich Brittas Gesicht eine halbe Stunde lang angeschaut hatte, ohne das Geringste zu empfinden, machte sie für Ben ein kräftiges Frühstück. Zusammen mit dem Teller trug sie die Zeitung hinauf.

Er lag auf dem Bett und schlief. Das Geräusch des Schlüssels weckte ihn. Als Trude eintrat – mit einem Lächeln auf dem Gesicht und dem Essen in der Hand –, lächelte er auch. Er richtete sich auf und griff hastig nach dem ersten Brot.

Trude setzte sich zu ihm auf die Bettkante, die Zeitung hielt sie unter dem Arm. Der Teller war rasch leer. Sie strich ihm das Haar aus der Stirn und murmelte: «Du armer Kerl. Sicher hast du auch Durst.»

Dann nahm sie ihn mit hinunter in die Küche, obwohl Jakob es strikt verboten hatte. Aber Jakob zählte nicht mehr. Es ging nur noch um sie und um ihn, um eine Frau und um das, was ihr Leib in die Welt gespuckt hatte. Es mochte nicht gut sein, aber es war auch nicht böse. Niemand hatte das Recht, es zu töten, auch nicht der eigene Vater.

Er kippte zwei Becher Milch hinunter und wollte anschließend zur Tür. «Nein, nein», sagte Trude rasch.

Er blieb stehen.

«Gleich», sagte sie. «Gleich darfst du raus. Komm erst einmal her und paß auf. Paß gut auf, was ich sage.»

Er kam zurück zum Tisch und schaute sie aufmerksam an. Sie tippte mit dem Finger auf das Mädchengesicht. «Das ist Britta», sagte Trude bedächtig. «Wir alle mögen Britta sehr gern. Ich hab immer gedacht, du magst sie auch sehr gerne. Wenn du ihr weh gemacht hast, warst du nicht lieb. Hast du ihr weh gemacht?»

«Freund», sagte er.

«Ja», sagte Trude, «du bist ihr Freund. Und du bist auch Antonias Freund, nicht wahr? Du hast Antonia doch lieb?»

«Fein», sagte er.

«Ja», sagte Trude. «Antonia ist fein. Aber jetzt ist Antonia traurig und weint, weil Britta weg ist. Wenn Britta nicht zurückkommt, muß ich auch weinen. Willst du, daß ich weine?»

Er schüttelte den Kopf, als habe er jedes Wort verstanden. Trude atmete tief durch, mobilisierte damit die letzten noch unter staubiger Ruhe schlummernden Kräfte und fuhr fort: «Es haben schon viele Leute nach Britta gesucht und sie nicht gefunden. Aber du findest doch immer die schönen Sachen. Du hast mir schon viel gebracht, eine Tasche und eine Jacke und Brittas Rad. Das hast du fein gemacht. Da freue ich mich immer, wenn du mir etwas Feines bringst. Und jetzt bringst du mir Britta, ja?»

Ihr Finger tippte unentwegt auf das Mädchengesicht in der Zeitung. «Du bist doch mein guter Ben, du bist mein Bester. Du kriegst ein großes Eis, wenn du sie zu mir bringst. Aber du mußt dich beeilen und aufpassen, daß dich keiner sieht.»

Es war niemand in unmittelbarer Nähe, der ihn hätte

sehen können. Die freiwilligen Helfer hatten die Suche inzwischen aufgegeben. Unsere Ansicht, daß Britta Lässler in einem Auto verschleppt worden war, hatte sich herumgesprochen und deckte sich mit den Ergebnissen der Suchaktion. Es ging niemand mehr davon aus, das Mädchen in der Umgebung des Dorfes zu finden.

Nachdem Ben das Haus durch den Keller verlassen hatte, schlich Trude hinauf in sein Zimmer. Sie hatte eigentlich mit ihm gehen wollen. Aber das hätten die Beine nicht geschafft, der Kopf und das Herz auch nicht. Sie stellte sich ans Fenster, konnte ihn aber nicht entdecken.

Kurz vor zwölf klingelte es an der Haustür. Trude schleppte sich hinunter, öffnete bereits den Mund, um der Polizei zu sagen, daß ihr Mann auf der Arbeit und ihr Sohn unterwegs sei. Aber vor der Tür stand nur Tanja mit verweintem Gesicht. Antonia hatte sie heimgeschickt, um mit Ben zu reden.

Trude setzte sich mit ihr in die Küche. «Ich hab ihn rausgelassen», sagte sie. Und obwohl sie einander sonst kaum etwas zu sagen hatten, Ben brachte sie ein wenig näher.

Tanja weinte wieder, um Britta und um den Bruder. «Wenn ich mitgegangen wäre ... Ich verstehe nicht, warum er sie nicht nach Hause gebracht hat.»

Dann klappte unten die Kellertür. Trude seufzte leise. «Da kommt er, du gehst jetzt besser.»

Aber Tanja wollte unbedingt mit ihm reden. «Laß es mich versuchen, Mama. Antonia meint auch, daß er vielleicht etwas weiß. Und ich verstehe ihn bestimmt. Ich verstehe nämlich eine ganze Menge. Weißt du, wenn er zum Beispiel Rabenaas sagt. Ihr denkt immer, er schimpft. Aber das tut er nicht. Er meint damit nur, daß jemand tot ist oder daß etwas passieren kann, wenn man nicht aufpaßt.»

Als Ben in die Küche kam, sprang Tanja auf, machte

einen Schritt auf ihn zu und sah, daß er einen Beutel in der Hand hielt. Es war ein schmutziger, blauer Plastiksack. Trude kannte die Art von Säcken. Einige im Dorf benutzten sie für Grünabfälle. Sie hatte auch eine Rolle davon im Keller und ging davon aus, daß er im Hinausgehen einen Sack genommen hatte. Es war nicht viel darin, nur ein runder Gegenstand – wie ein Ball.

«Du gehst jetzt besser», wiederholte Trude und streckte die Hand nach dem Sack aus. «Du kannst morgen mit ihm reden.»

Tanja schüttelte den Kopf, fragte mit gerunzelter Stirn: «Was hast du da, Bär?»

Er lächelte schief mit geschwollenen Lippen. «Fein», sagte er. Dann trat er mit dem Sack in der Hand auf den Küchentisch zu. Trude wußte, daß kein Ball in dem Sack war. Sie hatte ihn nicht aufgefordert, nach einem Ball zu suchen. Und in der Zeitung war nur das Gesicht abgebildet. Er griff in den Sack und legte den Kopf auf den Tisch. Brittas Gesicht lächelte nicht mehr, es war erschlafft und blutig.

Den Schrei ihrer Tochter hörte Trude nicht. Sie sah auch nicht, daß Tanja aus der Küche stolperte und Ben hinterherlief, hörte nicht, daß die Haustür hinter beiden ins Schloß fiel. Trude sah nur das erschlaffte, blutige Gesicht und hörte, wie das eigene Blut durchs Hirn dröhnte.

Sie faßte den Kopf vorsichtig bei den Haaren, steckte ihn zurück in den Sack und trug ihn hinaus in den Garten. Bis Jakob heimkam, verging noch eine halbe Stunde, in der Trude ein Loch grub, den Sack hineinsteckte, Erde darauf häufte und ein paar von den welken Salatköpfen hineinsteckte. Sie war gerade fertig, als Jakob auf den Hof fuhr.

Hochzeit

Für die Menschen im Dorf war Marlene Jensen das erste Opfer dieser furchtbaren Sommerwochen. Von Svenja Krahl wußte nur Trude – allerdings nichts Genaues. An Althea Belashi dachte kaum noch jemand. Und niemand ahnte, daß für Ben im November 94 ein Wunder geschehen war. So wie für Jakob Edith Stern von den Toten auferstanden war, wurde auch Bens Warten auf die Artistin belohnt. Bei der Hochzeit von Andreas Lässler und Sabine Wilmrod sah er sie wieder, die vor fünfzehn Jahren so freundlich gewesen und in der Erde verschwunden war.

Gefeiert wurde im Saal von Ruhpolds Schenke. Das Brautpaar hätte es lieber etwas stiller gehabt. Aber da hätte es am Ende geheißen, der Baumarkt Wilmrod werfe nicht genug ab. Da die Hochzeit vom Brautvater ausgerichtet wurde und er sich nicht lumpen lassen wollte, war alles geladen, was Rang und Namen hatte. Mit Ausnahme von Heinz Lukka, er machte Urlaub.

Jakob hatte lange gezögert, die Einladung anzunehmen, schließlich war er doch nur noch ein Lagerarbeiter. Dabei war Wilmrod ein patenter Kerl, der nie vergaß, daß er sich aus kleinsten Anfängen hatte hocharbeiten müssen. Mit ein paar Nägeln und Schrauben hatte er in der kleinen Eisenwarenhandlung begonnen, die ihm von seinem Vater vererbt worden war. Wilmrod kehrte nicht bei jeder Gelegenheit den Chef heraus, wie andere das taten.

Mit dem Prokuristen trank er oft nach Feierabend noch ein Bier. Aber das war etwas anderes, fand Jakob. Vermutlich hatte Wilmrod nie daran gedacht, eines Tages mit seinem Lagerarbeiter das Hochzeitsmahl seiner einzigen Tochter einzunehmen.

Für Jakob war es fast, als wolle er sich anbiedern. Er

saß während der Messe mit gesenktem Kopf neben Ben und bemerkte nicht, was vorging. An Bens rechter Seite saß Trude und hielt eine Hand auf seinem Bein, weil er so unruhig zappelte. Still in einer Kirchenbank zu sitzen war nicht seine Sache.

Der neue Pfarrer redete ziemlich lange und langsam, unterstrich seine Worte mit Gesten, ließ die Meßdiener das Weihrauchfäßchen schwenken, so daß der halbe Altar vernebelt wurde. Sogar die Braut rutschte unruhig auf dem Polsterbänkchen herum. Auch mit der Feierlichkeit konnte man es übertreiben.

Aber dann bemerkte Trude, daß es nicht die ausufernde Zeremonie war, die Ben zappeln ließ. Sie saßen in einer der letzten Bänke im linken Kirchenschiff. Zwei Bänke vor ihnen saßen Erich und Maria Jensen mit ihrer Tochter Marlene. Ben schaute nicht zum Altar, konnte den auch gar nicht sehen, weil ihm eine dicke Säule den Blick versperrte. Er blickte nur auf den zierlichen Rücken zwei Bänke vor ihnen, auf das von Maria sorgfältig frisierte Haar, das in blonden Locken um Marlenes Schulter wogte.

Wenn das junge Mädchen gelangweilt den Kopf zur Seite drehte, schaute Ben auch auf das Profil. Und jedesmal quälte sich ein langer Seufzer durch seinen mächtigen Brustkasten zu Trudes Ohren. Sie beugte sich zu ihm und flüsterte: «Jetzt sei still, es ist gleich vorbei. Dann gibt es einen leckeren Nachtisch.»

Und Ben flüsterte, ohne den Blick von den zarten Konturen zu lösen: «Fein.»

Trude begriff rasch, wen er meinte. Auch sie stutzte und fühlte sich erinnert an den grazilen Körper, der über ihren Köpfen durch die Luft schwang. Sie sah das hübsche Gesicht der jungen Artistin noch einmal deutlich vor sich, wie sie zu Ben kam, sich für den donnernden Applaus bedankte, wie sie ihn mit in die Manege nahm, ihn später auf beide Wangen küßte. Trude schüttelte die Erinnerung ab, es war so lange her, fünfzehn Jahre.

Daß es in seinem Kopf keine Zeit gab, nur jetzt und vorbei, daß auch vorbei immer präsent war, als sei es vor einer Stunde gewesen, wußte Trude nicht. Für sie war Marlene Jensen ein bildschönes junges Mädchen mit einer verblüffenden Ähnlichkeit. Und er war ein junger Mann, wurde bald zweiundzwanzig und hatte – wie Jakob es einmal treffend ausdrückte – vielleicht mehr Gefühl als seine Eltern, konnte es nur leider nicht so steuern wie andere.

Es war der Augenblick, vor dem Trude sich seit langem fürchtete. Daß er sein Herz entdeckte. Sie setzte all ihre Hoffnung auf die Kinder, die ihn normalerweise immer auf andere Gedanken brachten.

Kurz nach elf war der Bund endlich geschlossen. Andreas Lässler führte seine junge Frau auf das Portal zu. Eltern und Gäste folgten langsam. Draußen stand eine Kutsche mit vier Schimmeln davor. Festlich geschmückt, herausgeputzt mit Girlanden und Federbüschen am Zaumzeug. Niemand dachte dabei an die verstaubten Decken und die bunten Plakate, mit denen der Zirkus für sich geworben hatte. Nur Ben sah das noch deutlich in dem hellen Raum, der sein Gedächtnis war. Und hätte sich einmal jemand die Mühe gemacht, mit einer Lupe zu betrachten, was er in Kartoffelschalen ritzte, niemand hätte ihn mehr einen Idioten schimpfen dürfen. Mit bloßem Auge war aus den wirren Mustern kein Bild zu erkennen, dafür versuchte er, zuviel auf einer Schale unterzubringen.

Marlene Jensen ging zu den Pferden, tätschelte einem Tier den Hals. Und er machte einen Satz, als wolle er in einen nicht vorhandenen Sattel steigen. Mit beiden Händen griff er dem Tier in die Mähne. Trude hatte Mühe, seine Finger daraus zu lösen. Dann stieg Marlene mit ihren Eltern in einen Wagen. Und er rannte so eilig hinterher, daß Jakob und Trude kaum Schritt halten konnten.

Sie hatten das Auto nicht genommen, weil er nicht in den Mercedes stieg. Bei Paul und Antonia machte er keine Probleme. Sie fuhren einen Kombi. Aber Trude war noch nie der Gedanke gekommen, daß es etwas mit dem Auto zu tun haben könnte. Sie nahm an, es läge an Jakob, mit dem er nicht gerne allein in engen Räumen war.

Als sie im Saal von Ruhpolds Schenke eintrafen, waren die Plätze fast alle schon eingenommen. Es gab Kärtchen vor jedem Gedeck. Die Jensens saßen am Ende der langen Festtafel. Weil daran nicht alle Gäste Platz fanden, waren noch Tische an den Seiten verteilt. Auf einem davon entdeckte Jakob seinen Namen.

Ben ließ sich widerstandslos auf den Stuhl niederdrücken. Dann saß er so, wie Trude ihn sich in der Kirche gewünscht hatte, still und andächtig, den Blick unverwandt auf das Ende der langen Tafel gerichtet. Nicht einmal schaute er dorthin, wo das Brautpaar, wo auch Tanja und Britta saßen.

Es machte Trude ganz hilflos. Armer Ben! So ein hübsches Mädchen und so verzogen, bis zum Kragen des Festkleides voll mit der Arroganz der Schönheit. Trude gab ihr Bestes, ihn mit Pastetchen, Suppe, Braten und diversen Eis- und Puddingsorten abzulenken. Es half jeweils nur für kurze Zeit. Nach dem Essen versuchte sie es mit einem Spaziergang. Er folgte ihr nur deshalb bereitwillig, weil auch Marlene Jensen hinausging, um sich die Beine zu vertreten. Dabei wurde Marlene von einem jungen Mann begleitet, ein Verwandter von Wilmrods Seite. Trude kannte ihn nicht. Er mochte etwas jünger sein als Ben. Auf Trude machte er einen albernen Eindruck.

Beim Kaffee saßen sie wieder an ihrem kleinen Tisch. Ben zerbröselte ein Stück von der Hochzeitstorte, brauchte fast eine halbe Stunde, um die Krümel vom Teller zu picken, weil er die Augen nicht von Marlene Jensen ließ.

Nach dem Kaffee lockerte sich die Runde. Jakob ging nach einigem Zögern hinauf an die Festtafel, setzte sich zu Paul und sprach mit ihm über dies und das. Antonia kam zu Trude und prüfte verstohlen, ob das dunkle Samtband, das Ben statt einer Krawatte unter dem Hemdkragen trug, nicht zu fest gebunden war. Auch Antonia bemerkte seinen sehnsüchtigen Blick und trug den beiden Mädchen auf, sich ein wenig um Ben zu kümmern. Aber da war nicht viel zu tun, es half kein Streicheln, kein Locken. Er saß nur da und schaute Marlene an.

Am Abend gab es ein kaltes Büfett, Trude häufte ihm einen Teller voll Köstlichkeiten auf, achtete darauf, daß er sein Hemd nicht mit Mayonnaise beschmierte, und begriff endgültig, daß es Dinge gab, die sie nicht für ihn tun konnte.

Er hatte nicht weniger Gefühl als Albert Kreßmann, der Annette Lässler unter dem Tisch über die Beine streichelte und dabei gleichzeitig Marlene Jensen mit den Augen verschlang. Er hatte nicht weniger Verlangen als Dieter Kleu, der mit ein paar großen Tönen Marlenes Aufmerksamkeit erringen wollte. Er hatte nicht weniger Herz als Achim Lässler, der nach dem Abendessen losfuhr, seine Freundin zu holen. Er hatte nicht weniger Lust als Bruno Kleu, der Maria Jensen verstohlen musterte. Er hatte nicht weniger Liebe als Uwe von Burg, der Bärbel in diesen Stunden eine zweite Hochzeit versprach. Und nicht weniger als Andreas Lässler, der die Vorfreude auf die bevorstehende Nacht genoß.

So wie an diesem Tag hatte Trude ihren Sohn noch nie erlebt. Daß er Stunde um Stunde auf einem Stuhl sitzen konnte. Sich erinnerte und sich wunderte, daß die, die so freundlich zu ihm gewesen war, ihm weder ein Wort noch ein Lächeln schenkte.

Es entging Marlene Jensen nicht, daß er keinen Blick von ihr ließ. Bei jedem anderen hätte sie es genossen, aber ausgerechnet Ben! Sie machte Erich darauf aufmerksam. Er winkte ab. Es war nicht verboten, ein Mädchen anzuschauen. Auch wenn man sich stundenlang damit aufhielt, war es noch kein Verbrechen. Verbieten konnte man es keinem, nicht einmal Bruno, und dessen Blicke auf Maria waren Erich unangenehmer.

Nach dem Büfett gab es Musik und Tanz. Das Brautpaar eröffnete mit einem Walzer, andere schlossen sich an. Gezwungenermaßen führte Erich Jensen seine Frau auf die Tanzfläche, bevor Bruno Kleu sich erdreisten konnte, Maria aufzufordern. Jakob hätte auch gerne einmal getanzt. Aber Trude wagte es nicht, blieb an Bens Seite, bis Antonia sie für zehn Minuten ablöste.

Von der Tanzfläche aus sahen sie, daß Antonia Ben etwas zuflüsterte und ihn dann zu ihrer Nichte führte. «Einmal streicheln darfst du», sagte Antonia. Marlene Jensen lächelte gequält, wagte es jedoch nicht, Einwände zu erheben, um sich die Sympathie ihrer Tante nicht zu verscherzen. Ihr Protest kam lange Monate später, als Ben sich ihr in den Weg stellte.

August 1995, der letzte Tag

Für meinen Kollegen Dirk Schumann und mich kam das Ende, kaum daß wir den Anfang gemacht hatten. Das war – wie ich schon erwähnte – am Montag, siebzehn Tage nach Marlene Jensens Verschwinden. Ich hatte mich, als der Fall Ursula Mohn im September 87 ungeklärt abgelegt werden mußte, ein wenig mit der Dorfgeschichte beschäftigt. Dabei war ich auch über die alte Vermißtensache Althea Belashi gestolpert. Ich kannte die Aussagen von Maria Jensen, Heinz Lukka und Bruno Kleu.

Bruno hatte vor fünfzehn Jahren folgendes zu Protokoll gegeben: «Ja, es stimmt, ich habe mich auf dem Marktplatz kurz mit der Artistin unterhalten. Ich hatte eine Verabredung in Lohberg, sie fragte, ob ich sie mitnehmen könnte. Sie wollte zum Bahnhof. Für mich wäre das nur ein kleiner Umweg gewesen. Aber dann wollte sie vorher noch zur Gemeindewiese. Dort hatte sie ihren Koffer deponiert. Ich habe bei der Landstraße auf sie gewartet, etwa zehn Minuten. Dann wurde mir das zu lang, und ich bin gefahren, weil ich nicht zu spät zu meiner Verabredung kommen wollte.»

Etwas anderes hatten wir Bruno Kleu nie beweisen können. Seine «Verabredung» hatte bestätigt, daß er bei ihr gewesen war. Und eine Leiche war nie gefunden worden.

Als Ursula Mohn verletzt wurde, hatte ich Bruno mehrfach verhört, er war mein Hauptverdächtiger gewesen. Daß Ben dem Mädchen die Stich- und Schnittwunden zugefügt haben könnte, hätte ich vermutlich auch dann nicht in Betracht gezogen, wenn mir seine Existenz damals bekannt gewesen wäre. Ein Rechtsmediziner hatte die Verletzungen begutachtet und beim Täter anatomische Kenntnisse vorausgesetzt. Einige der Stichwunden waren tief, keine war lebensgefährlich. «Wer das getan hat, wollte sie schreien hören», hatte der Rechtsmediziner gesagt.

Das war bei Ben damals wie heute auszuschließen. Anatomische Kenntnisse besaß er kaum, laute Schreie machten ihm normalerweise angst. Und Bruno Kleu kannte die Gegend wie seine Hosentasche. Er wußte, wie man am Lässler-Hof vorbeikam, ohne gesehen zu werden. Und selbst wenn man ihn gesehen hätte, die Tatsache, daß er da draußen Land hatte, erklärte jede Fahrt.

Ich hatte seinen Wagen, den Mercedes, den später Jakob fuhr, auf Spuren untersuchen lassen – ohne Erfolg. Ich hatte Bruno Kleu sogar mit Ursula Mohn zusammengebracht, nachdem sie von ihren Verletzungen genesen war. Sie hatte nicht auf ihn reagiert und auch sonst keine Angaben machen können.

Aber vielleicht hätte Ben uns helfen können, wenn wir damals mit ihm gesprochen hätten. Seine heftige Reaktion auf das Taxi, von dem Trude sich im Februar 88 ins Krankenhaus bringen ließ, läßt heute nur den Schluß zu, daß er zumindest gesehen hatte, mit welchem Wagentyp Ursula Mohn zum Bruch gebracht worden war. Es hatte 1987 mehr als einen Mercedes im Dorf gegeben. Toni von Burg fuhr einen weinroten, Erich Jensen einen dunkelblauen. Auf dem Kreßmann-Hof gab es zwei, darunter einen beigefarbenen. Heinz Lukka und Bruno Kleu fuhren jeweils einen weißen.

Das kleine Geduldsspiel mit dem Katzengesicht wäre für uns vermutlich noch aussagekräftiger gewesen als das Auto. Wenn Ben die Plastikdose im Bruch lediglich gefunden hätte, woher wußte er dann, daß man die silbernen Kügelchen in die Katzenaugen rollen mußte? Es wäre unfair ihm gegenüber, völlig auszuschließen, daß er es alleine herausfand. Aber naheliegender ist einfach die Vermutung, daß ihn jemand mit dieser Dose ablenkte, und dieser Jemand mußte sehr vertraut mit ihm sein. Hätte man uns die Möglichkeit eingeräumt, ihn zu befragen, vielleicht hätten wir ihn ebenso verstanden, wie seine kleine Schwester ihn verstand. Aber wie ich schon sagte, ich erfuhr nicht einmal, daß er existierte. Ebensowenig hörte ich von den Gerüchten, die über Bruno und die junge Artistin kursierten.

Trotzdem galt mein erster Gedanke wieder Bruno, als

man mich montags über das Verschwinden eines dreizehnjährigen Mädchens in Kenntnis setzte. Beiläufig wies
man mich auch darauf hin, daß die siebzehnjährige Cousine dieses Mädchens ebenfalls vermißt wurde, aber da
hätte es familiäre Probleme gegeben und so weiter und so
weiter. Niemand wollte ein Versäumnis eingestehen, niemand sprach von Svenja Krahl. Zur Ehrenrettung der Beamten in Lohberg muß ich einräumen: von Edith Stern
wußten sie nichts.

Wie vor acht Jahren fuhr ich zusammen mit Dirk Schumann hinaus. Bruno Kleu erwartete uns bereits. Er war
sehr kleinlaut und wollte keine Angaben machen, wo und
mit wem er den Sonntagabend verbracht hatte. Wir stellten wieder einmal seinen Wagen sicher und nahmen ihn
mit nach Lohberg. Im Dorf konnten Dirk Schumann und
ich zu dem Zeitpunkt nicht viel tun. Die Suche nach
Britta Lässler war noch in vollem Gange. Drei Hundertschaften der Polizei und zahlreiche Freiwillige durchkämmten an dem Montagnachmittag die Umgebung des
Ortes.

Wir hofften, daß Bruno uns freiwillig und vor allem
schnell sagte, wo das Mädchen war. Aber wir hörten von
ihm nur: «Herrgott noch mal, warum soll ich mich denn
an einem Kind vergreifen? Das ist doch hirnverbrannt.»

Bis in den späten Montagabend ging das erste Verhör.
Mit dem zweiten begannen wir am Dienstag morgen. Die
Nacht in der Zelle hatte Bruno Kleu etwas umgänglicher
gemacht. «Ich habe wirklich keine Ahnung, wo die kleine
Lässler sein könnte», begann er. «Und sie ist ja nicht die
einzige. Hören Sie sich mal im Dorf um. Da ist am Freitag
abend eine junge Amerikanerin in Ruhpolds Schenke aufgetaucht. Sie wollte zu Lukka, und kein Mensch weiß,
wo sie abgeblieben ist. Albert Kreßmann hat's überall
rumerzählt. Warum reden Sie nicht mal mit Lukka?
Wenn es darum geht, daß jemand einen besonderen Haß

auf die Familie Lässler haben soll, muß er sich nämlich an die eigene Nase packen.»

Wie ihm in der kurzen Zeit zu Ohren gekommen war, was Heinz Lukka gegenüber Antonia geäußert hatte, erfuhr ich nicht. Es interessierte mich auch nicht. Für uns stand Heinz Lukka nicht zur Debatte. Zum einen hatte er die Polizei eingeschaltet, zum anderen war er am Sonntagabend in einer Stadtratssitzung gewesen.

«Ich hab ja auch nicht behauptet, er sei es gewesen», sagte Bruno. «Ich sage nur, Lukka hat bei Maria in die Röhre geschaut, ich nicht. Deshalb sollten Sie mal ein ernstes Wort mit Erich Jensen sprechen über – seine Tochter. Und dann fragen Sie ihn am besten gleich, wie Gerta Franken tatsächlich gestorben ist.»

Die sonderbare Betonung fiel mir auf. Doch ehe ich nachhaken konnte, was es damit auf sich hatte und wer Gerta Franken war, fuhr sich Bruno mit beiden Händen durchs Gesicht und sagte: «Wenn Maria schon früher einen Ton hätte verlauten lassen, da hätte ich meinem Sohn persönlich auf die Finger geschlagen. Aber sie hat mir erst vor zwei Tagen gesagt, daß ich 'ne Tochter habe und es beinahe zwei geworden wären. Die Fehlgeburt, das war auch ein Mädchen. Und irgendwann drehe ich Erich dafür das Gesicht auf den Rücken, das können Sie mir glauben.»

Wenig später gestand Bruno, daß er vor fünfzehn Jahren ein bißchen geschwindelt hatte. Althea Belashi hatte nicht mit ihm zum Bahnhof, und er hatte auch nicht nach Lohberg fahren wollen. Er hatte sich auf dem Marktplatz mit der jungen Artistin unterhalten, damit niemandem auffiel, daß er auf ein Zeichen von Maria Jensen wartete. Sie hatten es damals immer so gehalten, daß er über den Marktplatz schlenderte und sie ihm vom Fenster aus signalisierte, ob sie wegkonnte oder nicht. An dem Abend hatte er ihr Zeichen so verstanden, daß sie Zeit für ihn hatte. Er war vorausgefahren zum Bruch und hatte Althea Belashi bis zur Gemeindewiese mitgenommen. Aber offenbar hatte Maria die kleine Unterhaltung auf dem Marktplatz falsch gedeutet. Sie war nicht am üblichen Treffpunkt erschienen, hatte ihn statt dessen mit ihrer Aussage in die Klemme gebracht. Er hatte zu der Notlüge Bahnhof gegriffen und der Kellnerin einer Gaststätte fünfhundert Mark für sein Alibi gegeben, um sich das zu ersparen, was er jetzt erlebte.

«Maria war immer ein bißchen zickig. Zum Heiraten war ich nicht gut genug, da mußte ein Mann mit feinen Manieren her. Aber ab und zu braucht sie es weniger fein, dafür bin ich dann zuständig», erklärte Bruno fast resignierend und fügte hinzu: «Erich ist ja immer ziemlich beschäftigt mit der Politik. Und wenn ich mal rechts oder links schaue, ist der Teufel los. Sie ist schon sauer, wenn sie meint, ich hätte mit meiner Frau geschlafen.»

«Waren Sie am Sonntag abend mit Frau Jensen zusammen?» fragte ich.

Bruno schüttelte nachdrücklich den Kopf und erklärte: «Maria wird schwören, daß sie daheim gesessen und sich die Augen aus dem Kopf geweint hat. Geweint hat sie tatsächlich, wo, das geht keinen etwas an.» Er grinste müde. «Und jetzt will ich einen Rechtsanwalt. Ich schätze, ohne Alibi brauche ich einen. Irgendeinen, bloß nicht Lukka, der wird mich hier mit Freuden schmoren lassen, und ich will heute noch nach Hause.»

Brunos Aussage muß ungefähr zu dem Zeitpunkt aufgenommen worden sein, als Ben Brittas Kopf auf Trudes Küchentisch legte. Während Trude die welken Salatköpfe einsetzte, hetzte Ben hinter seiner jüngsten Schwester her, den Feldweg entlang. Geschüttelt von Entsetzen und würgendem Ekel weinte Tanja nicht, schrie auch nicht mehr, murmelte statt dessen Wortfetzen, die niemand hätte verstehen können. Die Augen weit aufgerissen, sah sie kaum etwas anderes als Brittas Kopf, der dreizehn Jahre lang neben ihr im zweiten Bett auf dem Kissen gelegen, mit dem sie sämtliche Geheimnisse und Zukunftspläne geteilt hatte.

Zweimal hatte Ben nach ihrem Arm gegriffen, zweimal hatte sie ihn in die Seite gestoßen, hatte ihn angefaucht: «Geh weg! Du bist schuld. Du hättest bei ihr bleiben müssen!» Hatte danach wild aufgeschluchzt und ihr Tempo gesteigert. Nun hielt er sich einige Meter hinter ihr. Er wurde langsamer, als sie den Mais erreichte und daran vorbei auf Lukkas Bungalow zulief.

Heinz Lukka war mit einer Rosenschere im Vorgarten beschäftigt. Er sah sie kommen und Ben dicht hinter ihr. Er sah die Panik in ihrem Gesicht, verließ den Garten, stellte sich ihr in den Weg und fing sie mit ausgebreiteten Armen auf.

«Na, na», sagte er besänftigend. «Du läufst doch nicht etwa vor deinem Bruder weg?»

Da kamen die Bröckchen, wirr und sinnlos, aber jeder hätte zumindest den Satz verstanden: «Er hat Mama Brittas Kopf gebracht.»

Heinz Lukka schloß sekundenlang entsetzt die Augen, fing sich wieder und meinte: «Und jetzt willst du zu Onkel Paul und ihm das erzählen. Das wäre aber nicht gut. Das wollen wir lieber der Polizei überlassen.» Während er sprach, führte er sie langsam durch den Vorgarten auf die Haustür zu.

Als Heinz Lukka die Tür schloß, fuhr Jakob den alten Mercedes in die Scheune. Er hatte einen weiten Bogen genommen für den Heimweg und sich überzeugt, daß die Bahn draußen frei war. Nun wollte er tun, was Antonia verlangt hatte; er wollte Ben dazu bringen, das Rad wieder dorthin zu legen, wo er es fortgenommen hatte.

Jakobs erster Weg führte die Treppe hinauf. Die Tür stand offen, Bens Zimmer war leer. Als er das Haus betrat, hatte er mit einem Blick gesehen, daß Trude nicht in der Küche war. Er nahm an, sie sei ihm zuvorgekommen. Doch als er wieder hinunterkam, stand sie vor dem Tisch, rieb und wischte, scheuerte mit einem nassen Lappen so heftig über die Platte, daß ihr das Haar in die Stirn hing.

Etwas in Jakob kochte über. Er wußte nicht, ob es Wut oder Verzweiflung war. Ihrem Treiben schenkte er keine Beachtung. Er fragte nach dem Rad, hörte, daß es in der Scheune lag, und brüllte los. Was ihr in den Sinn gekommen sei, Ben rauszulassen? Was noch alles passieren müsse, ehe sie zur Vernunft käme und einmal über alles nachdenke, wie ein erwachsener Mensch?

Trude hörte für einen kurzen Moment mit der Wischerei auf, strich sich mit der linken Hand das Haar aus der Stirn und erklärte sanft: «Er ist auch ein Mensch. Ein Tier bringt nämlich keine Disteln heim, um seiner Mutter eine Freude zu machen. Du hättest ihn nicht schlagen dürfen, nur weil er das Rad gefunden hat.»

«Und das Messer?» brüllte Jakob. «Hat er das auch nur gefunden?»

Eine Antwort bekam er nicht. Als er bemerkte, daß Trude mit ihren Kräften am Ende war, atmete er tief durch. «Ist er schon lange weg?»

«Nein», sagte sie nur und scheuerte weiter über die Tischplatte.

Jakob blickte zur Decke hinauf, um nicht den Rest seiner Beherrschung zu verlieren. «Wann hast du ihn rausgelassen?»

Ebenso monoton, wie sie seine erste Frage verneint hatte, erzählte sie, daß sie Ben ein Frühstück gebracht und ihn danach ein wenig auf den Hof gelassen habe, nur auf den Hof und ein paar Schritte ums Haus herum.

Dann sei Tanja gekommen, habe ein Weilchen mit ihm gespielt und sei wieder zu Antonia gegangen. Und Ben habe seine Schwester begleitet. Da müsse man sich keine Sorgen machen, daß ihr unterwegs etwas zustieß.

Es war Jakob mit jedem Satz schwerer gefallen, ihr ruhig zuzuhören. Das ausdruckslose Gesicht und die unermüdlichen Hände auf der Tischplatte, die vorgebeugten Schultern und das wirre Haar, die Augen, in denen blanker Irrsinn flackerte und leuchtete, alles zusammen widerlegte, was sie gerade gesagt hatte.

Jakob stolperte aus der Küche, durch den Hausflur und die Stufen vor der Tür hinunter. Den Wagen aus der Scheune zu holen kam ihm nicht in den Sinn. Er hetzte auf die Abzweigung zu. Noch bevor er sie erreichte, wurde ihm die Luft knapp, in beiden Seiten stach es, vor den Augen tanzten farbige Kreise. Gezwungenermaßen verlangsamte er seine Schritte. Die Augen jagten den Füßen voraus. Weit und breit war kein Mensch zu sehen.

Wenn sie nun recht hatten? Trude, Antonia. Natürlich konnte er das Rad gefunden haben, auch dieses vermaledeite Springmesser, das ausgesehen hatte, als hätte es längere Zeit im Freien gelegen. Und von anderen Dingen wußte Jakob doch nichts. Er hatte in seiner Wut nicht einmal bemerkt, was Trude so eifrig von der Tischplatte schrubbte.

Aber ob sie nun alle recht hatten oder nicht. Es gab nur eine Lösung: Ben mußte für kurze Zeit in sichere Obhut gegeben werden. Nur für kurze Zeit, nur zur Sicherheit für ihn und ein wenig für den eigenen Frieden. Daß man mit sich selbst wieder ins reine kam, die Faustschläge vergessen konnte und den wunden Blick, mit dem er sie eingesteckt hatte. Das mußte Trude verstehen.

Es würde nicht leicht sein, ihr das zu erklären, nicht in der Verfassung, in der sie jetzt war. Aber auch für Jakob war es nicht leicht. In seinem Innern hielt es sich die

Waage: in der einen Schale der entsetzliche Verdacht und die Schuldgefühle, die sich aus der Verantwortung als Vater ergaben, in der anderen Schale die Hoffnungsfunken. Und bis die Waage wieder voll in Richtung der Funken ausschlug, bis er wieder ohne Zweifel auf den breiten Rücken schauen konnte, so lange mußte er ihn sich aus den Augen schaffen, damit es kein Unglück gab.

Er erreichte Lukkas Bungalow und lief daran vorbei, inzwischen mit den Gedanken bei Paul. Wenn er ihm sagte, was ihm durch den Kopf ging, vielleicht half es Paul.

Mechanisch, aber eilig einen Fuß vor den anderen setzend, bog Jakob in den schmalen Fahrweg ein, Meter um Meter vorbei an Heinz Lukkas Grundstück. Er hatte den Mais, der sich der Terrasse anschloß, noch nicht erreicht, als er die Stimme hörte, das sinnlose Stammeln, die Wortfetzen, die vor Erregung durcheinanderwirbelten.

Jakob blieb stehen, als habe er einen Schlag ins Genick bekommen. Er drehte sich nach links, lief über das Rasenstück, das die Terrasse umschloß, sprang die Stufen zur Terrasse hinauf. Die Tür war verschlossen, das Glas darin zerbrochen. Es steckten nur noch ein paar Scherben dicht am Rahmen.

Vor dem ummauerten Kamin lag Heinz Lukka auf dem Boden. Blut an den Händen, den Armen, auf dem Hemd, an den Hosenbeinen, den Kopf so seltsam zur Seite gedreht, das Gesicht fast auf dem Rücken – Jakob wußte sofort: Heinz lebte nicht mehr. Zu Lukkas Füßen lag Tanja, der kurze weiße Rock mit Blut besudelt, das dünne Blüschen nur noch ein blutiger Fetzen.

Ben stand neben ihr, das lockige Haar hing ihm wirr über die Augen. Die Arme fuchtelten unkontrolliert in der Luft herum, zu seinen Füßen lag ein blutiges Messer. Der Mund kam nicht so schnell nach, wie er etwas hervorbringen wollte. Aber Jakob kannte die Worte, kannte sie alle: Freund, Finger weg, Fein, Weh, Freund, Raben-aas, fein macht?

Jakob hörte es im Bruchteil einer Sekunde, auch wenn er es so schnell nicht in sich aufnehmen konnte. Er hörte sich selbst brüllen, machte einen Satz auf den Kamin zu, griff nach einem der langen Schürhaken, sprang zurück, den Arm bereits zum Schlag erhoben. «Jetzt ist Schluß!» schrie er. «Ein für allemal.»

Der Schürhaken sauste hinunter. Ben stand noch einen Moment schwankend zwischen den beiden Körpern. Dann brach er zusammen.

Und Trude wischte immer noch über die Tischplatte, konnte nicht denken, nicht fühlen, nicht einmal richtig sehen. Vor den Augen waberte ein grauer Schleier, der sich zeitweise auf das Gehör legte. Irgendwann wurde der Schleier über den Ohren von gleichmäßig auf- und ab-schwellenden Geräuschen zerrissen. Sie waren weit weg, sehr weit. Martinshörner, die plötzlich wieder verstumm-ten. Trude wußte nur, es war etwas passiert.

Sie legten den Lappen zur Seite und setzte sich auf ei-nen Stuhl. Den Kopf mußte sie mit der Hand abstützen, die zweite Hand gegen die Brust pressen. Hinter den Rip-pen brannte es. Das Feuer zog bis in die Schulter, strahlte in den linken Arm und machte ihn lahm. Doch den Kopf machte es klar. So klar, daß Trude mit einem Schlag be-griff: Jakob war auf dem Weg zum Lässler-Hof, mußte längst dort angekommen sein und wissen, was Ben dies-mal gefunden hatte. Die Martinshörner galten wohl Paul und Antonia, vielleicht auch Jakob.

Da war noch ein kleiner Rest Verstand unter der Asche, nicht viel größer als der von Ben. Dieser kleine Rest war ein Motor. Er trieb sie vorwärts. Sie konnte doch ihren Sohn nicht ins offene Messer laufen lassen, solange sie noch einen Finger rühren und einen Fuß für ihn heben konnte.

Sie quälte sich in die Scheune, stieg, mühsam nach Luft ringend und das Brennen in der Brust ignorierend, in den alten Mercedes. Seit ewigen Zeiten hatte sie nicht mehr am Steuer gesessen wegen ihrer Herzprobleme. Aber jetzt ging es nicht anders, mit dem Rad hätte sie es nicht mehr geschafft, das Allerschlimmste zu verhindern, Ben zu holen und mit ihm wegzugehen – weit weg – in die Scheune, wo es viele Balken gab.

Die Augen fast blind von dem grauen Schleier, innerlich halb verbrannt, die linke Hand ohne jede Kraft im Schoß, fuhr sie auf die Abzweigung zu, bog in den breiten Weg ein, fuhr bis zur nächsten Abzweigung. Dort ging es nicht weiter. Die gesamte Kreuzung war blockiert von drei Rettungswagen, zwei Streifenwagen und dem Notarztwagen.

Heinz Lukkas Haustür stand weit offen. Trude stieg aus. Es war ein Gefühl, als ginge sie über Watteberge auf den offenen Schlund zur Hölle zu. Der Kommandeur und sein Henker, einen anderen Gedanken gab es in ihrem Hirn nicht mehr.

Sie kam noch bis zu der Tür, die in den Wohnraum führte. Auch die stand weit offen. In dem großen Raum herrschte ein unübersichtliches Gewimmel. So viele Leute, die am Boden hockten, bei der Terrassentür standen, auf Bahren lagen. Es dauerte noch zwei oder drei Sekunden, eine endlos lange Zeit, in der Trude versuchte, das Feuer im Innern zu ignorieren, alles in sich aufzunehmen und zu begreifen, was geschehen war.

Da lag der zierliche Körper ihrer jüngsten Tochter, um den sie zu dritt knieten, mit Verbandmull, gefüllten Beuteln und anderen Dingen hantierten. Vor dem Kamin lag einer, den sie bereits zugedeckt hatten. Und daneben noch einer, von dem Trude nicht viel sah, weil auch um ihn zwei Sanitäter und der Notarzt beschäftigt waren, aber ihn hätte sie noch erkannt, wenn er in absoluter Finsternis unter einem Haufen alter Knochen gelegen hätte.

Das Feuer in ihrer Brust schnitt ihr endgültig den Atem ab, stieß ihr in den Rücken wie ein Beil, riß ihr die Beine weg und ließ sie mit dem Gesicht voran auf den teuren Teppich schlagen. Wie eine Eisenkralle bohrte sich etwas in den zuckenden Muskel und quetschte ihn zusammen. Ein Teil von ihm starb auf der Stelle ab, brachte die Sache für Trude mit einem letzten rasenden Schmerz zum bitteren Ende.

Die Tage und Wochen danach

Die Ereignisse in Lukkas Bungalow machten erstaunlich schnell die Runde, dafür sorgte schon Thea Kreßmann. Im Café Rüttgers erinnerte sie bereits am nächsten Tag an die Warnungen, die Gerta Franken ausgesprochen, die leider niemand ernst genommen hatte. Thea bedauerte das Schicksal des rechtschaffenen Bürgers Heinz Lukka, der sein Vertrauen in Ben und den Versuch zu helfen mit dem Leben bezahlt hatte. Sie sprach ihre Achtung aus für Jakob, der sich seiner Verantwortung letztendlich doch noch bewußt geworden war und seinem Sohn den Schädel eingeschlagen hatte, damit dieses Monstrum nicht auch noch in einer Anstalt verschwand und dem Steuerzahler zur Last fiel.

Trudes Schicksal, überschattet vom schweren Infarkt, dem Grab näher als dem Leben, stellte Thea nicht zur Debatte. Sollte man Mitleid haben und Erbarmen zeigen für eine Mutter, die seit langem hätte wissen müssen, daß sie eine Bestie in Schutz nahm und gegen jeden Angriff verteidigte? Und mit so etwas hatte man nun jahrelang verkehrt und an einem Tisch gesessen.

Es half nicht viel, daß Sibylle Faßbender aus der Backstube zur Schwingtür kam und Thea darauf hinwies, daß es im Dorf Leute gab, die besser ihr Maul hielten, bevor sich jemand daran erinnerte, mit wem sie sonst noch an einem Tisch gesessen hatte. Thea unterbrach sich nur für einen Augenblick, stammelte entrüstet: «Unverschämtheit» und kam wieder zum Thema zurück.

So weit hätte das alles nicht kommen müssen. Sie hatte Trude doch schon im Juni gewarnt, als dieses Vieh über Albert und Annette hergefallen war. Und was hatte Trude unternommen? Einen Scheißdreck. Es war leider nicht mehr zu ändern. Es blieb nur noch zu hoffen, daß Bens kleine Schwester überlebte und der Himmel ein Einsehen hatte und ihn an seinem Schädelbruch krepieren ließ.

Sibylle Faßbender stampfte mit Tränen in den Augen in die Backstube, griff nach dem großen Tortenmesser, kam zurück bis zur Schwingtür und drohte: «Noch ein Wort, und ich schlag dir hiermit den Schädel ein. Nur damit du siehst, wie das ist. Kannst du nicht abwarten, bis die Polizei den Fall geklärt hat? Da kommt schließlich noch einer in Frage.»

«Mach dich doch nicht lächerlich», widersprach Thea. «Heinz mit seinen siebenundsechzig Jahren. Warum soll ein Mann in dem Alter über junge Mädchen herfallen?»

Zweifel an Theas Version gab es in den ersten Tagen nicht. Es fragte sich nur manch einer, woher sie es so genau wissen wollte. Sie ging allen entsetzlich auf die Nerven, wenn sie Einzelheiten beschrieb, als sei sie dabeigewesen. Sie war es nicht, zumindest, als wir Britta Lässlers Kopf fanden und ihr Fahrrad sicherstellten, gab es keinen Schaulustigen aus dem Dorf.

Die Situation in Lukkas Bungalow war für uns nicht auf Anhieb eindeutig gewesen, zwei Schwerverletzte, ein Toter, ein blutiges Messer und ein gebrochener Vater, der mit seinen ersten Worten an uns die gesamte Schuld auf sich nahm. «Ich hätte dafür sorgen müssen, daß er in eine

Anstalt kam, als er anfing, Puppen zu zerreißen», sagte Jakob.

Es war nach diesem Hinweis naheliegend, eine Durchsuchung seines Anwesens zu veranlassen. Wir wurden rasch fündig. Das Fahrrad in der Scheune und der vergrabene Kopf im Garten sprachen für Bens Schuld. Hinzu kam Heinz Lukkas Alibi für den Sonntagabend. Er war kurz nach neun im Versammlungsraum erschienen. Gegen halb neun hatte er Britta Lässler ins Haus gerufen, wie Nicole Rehbach bezeugte. Für die Fahrt nach Lohberg mußte man mindestens zehn Minuten ansetzen. Es war demnach nicht viel mehr Zeit gewesen, als den Moment abzuwarten, bis der tobende Riese außer Sichtweite war. Und das passierte ziemlich schnell.

Vor allem Nicole Rehbachs Aussage belastete Ben stark. Wieder und wieder rief sich die junge Frau in Erinnerung, wie sie sich noch einmal umgedreht und niemanden mehr auf dem Weg hinter sich gesehen hatte. Sie war auch ziemlich sicher, Brittas Rad nicht mehr vor Lukkas Grundstück gesehen zu haben.

Das deckte sich mit der Erklärung, die Heinz Lukka gegenüber Antonia Lässler abgegeben hatte. Das Rad war mit Sicherheit im Mais gewesen, das bewies das Stückchen vertrockneten Blattes, welches auch Trude zwischen den Speichen des Vorderrades bemerkt hatte.

Wir gingen davon aus, daß Ben Brittas Rad versteckt hatte, um zu verhindern, daß sie ihm noch einmal entwischte. Er hatte nur abwarten müssen – im Höchstfall fünf oder zehn Minuten.

Und dann? Wohin war Britta geschleppt, wo war sie getötet worden? Was war mit Edith Stern geschehen, als sie Lukkas Haus verließ? Wie war Ben in den Besitz ihrer Jacke gelangt? Wo war Marlene Jensen? Stammte der Fetzen aus dem Einweckglas, den Jakob erwähnte, tatsächlich von ihrer Jacke? Von Svenja Krahl, die den grauenhaften Reigen dieses Sommers eröffnet hatte, wußten wir immer noch nichts.

Aber wir kannten die Aussagen von Klaus und Eddi, die regelmäßig auf Höhe des Stacheldrahts angehalten hatten. Und Bruno Kleu, der uns in seiner ersten Erleichterung eine große Hilfe war, erklärte, die Apfelwiese sei Bens Refugium von frühster Jugend an gewesen. Von Lukkas Grundstück waren es nur fünfhundert Meter. Wir kontrollierten den Zaun der Wiese und entdeckten – nur einen knappen Meter vom Weg entfernt – an der Seite, die an Gerta Frankens ehemaligen Garten grenzte –, eine Stelle, wo der Stacheldraht mehrfach entfernt und wieder angebracht worden sein mußte. Die Krampen, die ihn auf den Holzpfosten hielten, saßen so locker, daß ich sie mit den Fingern herausziehen konnte.

Ich forderte einen Leichenspürhund an, weil Bruno Kleu sagte: «Wenn Ben das Mädchen vergraben hat, brauchen Sie eine Lupe.» Für den Kopf hatten wir keine gebraucht. Und nach Lage der Dinge mußten wir annehmen, daß Ben ihn im Garten seiner Mutter versteckt hatte.

Der Hund führte uns zu einer Senke zwischen den Apfelbäumen. An andere Stellen zog es ihn nicht, gewiß nicht in die dornige Wildnis nebenan. Insgesamt drei blaue Müllsäcke lagen in einer flachen Grube, ähnlich der, die acht Jahre zuvor im Bruch für Ursula Mohn ausgehoben worden war. In den Säcken befanden sich die Überreste von Britta Lässler. Sie waren notdürftig mit Erde und etwas Unkraut bedeckt.

Und Bruno Kleu sagte: «Das paßt nicht zu Ben. Ich habe ihn so oft beobachtet, wenn er sich im Bruch oder am Bendchen beschäftigte. Ehe er ein Loch aushob, entfernte er das gesamte Grünzeug. Anschließend setzte er jeden Grashalm wieder ein.»

Die Frage, ob Ben sich diese Mühe gemacht hätte,

wenn er den Leichnam nur vorübergehend auf der Wiese deponieren und bei Gelegenheit die gesamten Überreste auf den elterlichen Hof hätte bringen wollen, stellte sich uns nicht mehr. Mit dem Obduktionsbericht schloß ich mich Bruno Kleus Meinung an.

Die Rechtsmediziner stellten fest, daß Britta Lässler erst am Montag nachmittag getötet worden war. Zu diesem Zeitpunkt war Ben in seinem Zimmer eingeschlossen gewesen – und Heinz Lukka nach seinem Auftritt in der Polizeiwache daheim. Darüber hinaus brachten die kriminaltechnischen Untersuchungen im Bungalow genügend Beweismaterial für eine Schuldzuweisung.

Die Spurensicherung stellte zwei Flaschen sicher; eine aus dem Kühlschrank, die andere aus der verspiegelten Bar im Wohnraum; in denen sich außer Coca-Cola und Edelkirschlikör ein starkes und rasch wirksames Betäubungsmittel befand. Sie fanden sogar im Geschirrspüler noch das Glas, aus dem Britta getrunken hatte.

In Lukkas Garage wurde ein Spaten entdeckt, an dessen Schaufelblatt sich noch Erdklumpen befanden. Die labortechnischen Untersuchungen bewiesen zweifelsfrei, daß diese Erde von der Apfelwiese stammte. Die Bodenbeschaffenheit dort unterschied sich stark von der Umgebung. Auch wenn die Sandpütze seit langem erschöpft waren, war die Erde doch noch mit Sand durchsetzt.

Der Hobbykeller mit dem gefliesten Boden und den pflegeleichten Wänden machte auf den ersten Blick einen unverfänglichen Eindruck. Der Boden war blitzblank, die Wände makellos. Unter der Bestrahlung mit Speziallampen jedoch schien es, als wate man durch ein Meer von Blut. Zwischen Hanteln, Bauchtrainer und sonstigen Gerätschaften fand sich ein Chirurgenbesteck und anderes Werkzeug, daß sich selbst den Abgebrühten unter uns der Magen umdrehte.

Auch an Heinz Lukka gab es schlüssige Indizien. Obwohl er über und über mit Blut beschmiert gewesen war, ließ sich keine äußere Verletzung feststellen. Sein Genick und das Zungenbein waren gebrochen. Tanjas Verletzungen waren von einem Tranchiermesser verursacht, das neben Lukkas Leiche gelegen hatte. Auf dem Messergriff befanden sich nur Lukkas Fingerabdrücke. Ein paar verwischte Fingerspuren fanden sich auf der Klinge. Und da Bens Handflächen und Fingerkuppen zerschnitten waren, ebenso der rechte Ellenbogen und die rechte Schulter, war der Fall für mich eindeutig. Der Staatsanwalt sah es ebenso.

Benjamin Schlösser hatte versucht, das Leben seiner jüngsten Schwester zu retten, indem er mit Schulter und Ellenbogen voran durch die gläserne Terrassentür brach, mit Heinz Lukka um das Messer rang und, als das nichts half, den Anwalt bei Hals und Nacken packte. Ob er Heinz Lukka hatte töten wollen oder ob nur die Kraft in seinen Fäusten, die das Hirn nicht kontrollieren konnte, zu Lukkas Tod geführt hatte, konnte niemand beurteilen.

Aber ich traute mir sehr wohl ein Urteil über sein Verhalten nach Brittas Verschwinden zu. Er muß gewußt haben, welche Gefahr jungen Mädchen und Frauen im Haus seines Freundes drohte, folglich mußte er entsprechende Beobachtungen gemacht haben. Er hatte gesehen, daß Lukka noch einmal wegfuhr. Und er hatte versucht, seine Eltern auf den Weg zu bringen, um das Mädchen zu retten.

Und Britta Lässler wäre zu retten gewesen, hätte Ben daheim jemanden angetroffen – außer seiner eingeschlossenen Schwester. Britta Lässler wäre noch zu retten gewesen, hätte Jakob am Montag morgen nicht erneut zugeschlagen. Britta Lässler wäre sogar am frühen Montag nachmittag noch zu retten gewesen, als wir Bruno Kleu abholten. Wenn ich nur begann, darüber nachzudenken, wurde mir übel.

Offiziell war der Fall geklärt, soweit er Britta und Tanja betraf. Da stellte sich uns nur die Frage, wie der Kopf in Bens Hände gelangte, ob er zufällig aufmerksam geworden war, wie Bruno Kleu annahm. «Als Trude ihn am Dienstag rausließ, hat sein erster Weg garantiert zur Wiese geführt», meinte Bruno. «Das war seine übliche Tour. Und ich halte jede Wette, ihm ist sofort aufgefallen, daß drei Disteln anders standen. Sie hätten ihn erleben müssen, wie er sich nach der Suchaktion um das Kraut im Bruch bemüht hat.»

Es waren noch unzählige Fragen mehr. Warum hatte Heinz Lukka Bens Schwester angegriffen? Warum hatte er sich mit Britta Lässler so viel Zeit gelassen? Was hatte er sich von seinem Auftritt in der Polizeiwache versprochen? Hatte er sich darauf verlassen, daß Ben mit seinen beschränkten verbalen Mitteln niemandem verraten konnte, wo Britta Lässler war? Aber es hatte schließlich noch eine Zeugin gegeben. Hatte Heinz Lukka also nur ein widerliches Spiel mit den Beamten in Lohberg getrieben? «Bitte sehr, ihr Trottel, hier steht der Mann, den ihr fragen solltet. Begleitet mich nach Hause und macht der Sache ein Ende.»

Ich war sicher, daß ihm auch Marlene Jensen und Edith Stern zum Opfer gefallen waren. Doch dafür gab es keine Beweise. Und wie das so ist bei grausamen Mordfällen, dem Staatsanwalt sitzt die Presse im Nacken, die Öffentlichkeit will ein rasches Ergebnis sehen. Das hatten wir, allerdings nur im Fall Lässler.

Der Staatsanwalt wollte die Sache abschließen und sagte: «Wenn Lukka auch die beiden anderen Frauen getötet hat, hat er die Leichen vermutlich im Auto weggeschafft, in beiden Fällen hatte er mehr Zeit. Fragen können wir ihn leider nicht mehr. Versuchen Sie Ihr Glück von mir aus bei dem Jungen. Aber ich bezweifle, daß er eine vernünftige Auskunft geben kann. Die Frage ist ja auch, ob er von den beiden anderen etwas mitbekommen hat.»

«Das muß er», sagte ich. «Sonst hätte er keinen Grund gehabt, sich aufzuführen wie ein Wilder.»

Bens Kopfverletzung war nicht so schwerwiegend, wie Thea Kreßmann es sich gewünscht hatte. Er war zwei Tage nach der Operation aus der Bewußtlosigkeit erwacht, starrte seitdem ängstlich und verwirrt in fremde Gesichter, wimmerte, wenn jemand an sein Bett trat. «Freund, Finger weg, Fein, Rabenaas.» Niemand wußte, was er meinte, niemand fand ein Wort, ihn zu beruhigen und zu trösten. Ich auch nicht.

Bei seiner Mutter konnte ich mir keinen Rat holen, wie man mit ihm umgehen mußte. Trude kämpfte auf der Intensivstation einer Kölner Klinik noch immer um ihr Leben. Die Ärzte hielten sie in künstlichem Koma. Jakob war mir erst recht keine Hilfe. Er verbrachte die Vormittage am Bett seiner Frau. Nachmittags saß er bei seiner jüngsten Tochter, deren Leben ebenfalls am seidenen Faden hing. Abends suchte er Trost bei etlichen Biergläsern in Ruhpolds Schenke, brach oft unvermittelt in Tränen aus und flüsterte: «Wie soll ich ihm je wieder in die Augen sehen – oder Paul? Das kann ich doch nie gutmachen.»

Jedesmal legte ihm Wolfgang Ruhpold die Hand auf den Arm und mahnte: «Mach dich nicht kaputt, Jakob. Jeder macht mal einen Fehler. Du hast die Situation falsch eingeschätzt. Das hätte mir auch passieren können.»

Ich dachte, mit einem vertrauten Gesicht an meiner Seite hätte ich bei Ben eher Erfolg. Aber von Jakobs Begleitung versprach ich mir nichts. Abgesehen davon, daß es für ihn eine Tortur gewesen wäre, wollte ich es auch Ben nicht zumuten. Man mußte nicht schwachsinnig sein, um den Mann zu fürchten, der einem den Schädel eingeschlagen hatte.

Antonia Lässler mochte ich nicht um ihre Begleitung bitten. Bärbel von Burg redete sich mit einem Schwangerschaftsproblem heraus. Frau Doktor Anita Schlösser hatte ihren Bruder seit Jahren nicht mehr gesehen und bezweifelte, daß er sie noch kannte. Illa von Burg wäre bereit gewesen, mir zu helfen, wenn sie sich etwas davon versprochen hätte. Aber sie meinte: «So vertraut bin ich nicht mit ihm. Und mehr als das, was er bisher gesagt hat, kann er gar nicht sagen. Wenn er zu toben beginnt, weil er nach Hause will, das halte ich nicht aus.»

Ben war noch weit davon entfernt zu toben. Den zweiten Besuch an seinem Bett machte ich mit Uwe und Toni von Burg. Ich hatte ein Foto von Marlene Jensen dabei. Seinen Schwager und Toni von Burg beachtete Ben nicht. Er warf einen kurzen Blick auf das Foto, schaute mich an und sagte: «Rabenaas.»

Als ich über die Botschaft der USA endlich ein Foto von Edith Stern erhielt, versuchte ich mein Glück zum drittenmal mit Unterstützung eines Psychologen. Das Ergebnis blieb dasselbe. Da Ben sein obligatorisches «Rabenaas» in meine Richtung sprach, gelangte der Psychologe zu der Ansicht, Ben fühle sich von mir bedrängt und bringe nur zum Ausdruck, was er von mir dachte.

Als Sibylle Faßbender sich bei uns meldete, hatte ich mich bereits damit abgefunden, das Schicksal von Edith Stern und Marlene Jensen nicht klären zu können. Sibylle Faßbender hatte von Illa erfahren, daß Ben wieder bei Bewußtsein war und ich händeringend jemanden suchte, zu dem er Vertrauen hatte.

An einem Freitagnachmittag Mitte September holte ich sie im Café Rüttgers ab und fuhr mit ihr nach Lohberg. Sie hatte ein Tablett mit Kuchenstücken dabei und betrat das Zimmer mit einem Lächeln auf dem Gesicht, nach dem ihr gewiß nicht zumute war. Er saß aufrecht im Bett; als er sah, wer hereinkam, lächelte er auch. Mich kannte er inzwischen. Aber für mich hatte er weder einen Blick noch ein Schimpfwort übrig.

«Das ist ja mein Bester», sagte Sibylle. «Jetzt werde ich aber feste gedrückt. Und dann gibt es ein feines Stück Torte.»

Sie nahm ihn in die Arme, und ich sah, wie er sein Gesicht an ihrer Schulter rieb. Als sie ihn freigab, faßte er sich an den Kopf und sagte: «Weh.»

«Ja, du armer Kerl», tröstete Sibylle, «hat der Vater dich wieder geschlagen. Dabei warst du so lieb. Du hast es so fein gemacht.»

Er schien zufrieden mit diesem Lob und machte sich über den Kuchen her. Meine Fragen konnte er nicht beantworten, auch nicht, als Sibylle sie stellte. Er fragte nur immer wieder: «Fein?» Und Sibylle erklärte ihm, daß Trude, Tanja, Antonia, daß alle sehr krank seien, ebenso krank wie er. Aber es werde bestimmt bald besser, und dann dürfte er wieder nach Hause.

Unverrichteter Dinge fuhren wir zurück ins Dorf. «Was wird jetzt aus ihm?» fragte Sibylle.

Ich konnte ihr diese Frage nicht beantworten.

«Jakob wird ihn nicht heimholen», meinte sie. «Er verkraftet es nicht, daß er ihn geschlagen hat. Und wenn Trude stirbt ...»

Trude starb nicht. Ende September erhielt ich von den behandelnden Ärzten die Erlaubnis, kurz mit ihr zu sprechen. Die Aussage ihrer Tochter hatte ich schon zwei Tage zuvor zu Protokoll genommen. Angaben zum Tatgeschehen konnte Tanja Schlösser nicht machen. Sie erinnerte sich nur noch daran, daß Ben den Kopf auf den Tisch gelegt hatte und sofort hinter ihr hergerannt war. Für mich war das noch einmal eine verblüffende Wendung gewesen. Aber Trude wußte inzwischen, daß Bens Unschuld bewiesen war. Sie hielt es mit mir nicht anders als mit Jakob in all den Jahren.

«Ben hat öfter was heimgebracht», sagte sie. «Er hat ja immer draußen gebuddelt. Und wenn was auf dem Weg lag, hat er es natürlich aufgehoben. Vor zwei Jahren hat er mal einen uralten Knochen angeschleppt.»

«Frau Schlösser», sagte ich, «das war kein alter Knochen, es war der Kopf eines jungen Mädchens, nach dem das halbe Dorf fieberhaft suchte.»

«Und was hätten Sie damit gemacht an meiner Stelle?» fragte Trude. «Sie hätten auch nicht die Polizei gerufen, wenn er Ihr Sohn wäre und Ihnen nicht sagen könnte, wo er die Sachen findet. Sie hätten genauso wie ich gewußt, daß jeder denkt, er hätte es getan. Wenn Sie mich dafür bestrafen müssen, dann tun ...»

«Hat er noch mehr gefunden als einen uralten Knochen und den Kopf?» unterbrach ich sie.

«Nur die Jacke von der Amerikanerin», sagte Trude. «und da sind wir mit ihm den ganzen Weg abgegangen, aber er konnte uns nicht zeigen, wo sie gelegen hatte.»

Meine Hoffnung auf eine restlose Klärung begrub ich damit endgültig. Niemand dachte daran, Trude für die Aktion in ihrem Garten zu belangen. Der Staatsanwalt hielt ihr den Schock zugute.

Epilog

Während der Fahrt sprachen sie nicht miteinander. Jakob tat, als müsse er sich auf den Verkehr konzentrieren. Nicht ein einziges Mal schaute er zur Seite. Einen Tag zuvor war Trude endlich aus der Klinik entlassen worden. Weitgehend genesen, dürr geworden, das Gesicht so knochig, blaß und voller Trauer, daß Jakob es bisher noch nicht geschafft hatte, sie länger als eine flüchtige Sekunde anzusehen. Dabei hatte er sich so auf ihr Heimkommen gefreut.

In den letzten Wochen hatte er fast jeden Abend bei einem Glas Mineralwasser zusammen mit Wolfgang Ruhpold von der Zukunft geträumt. Und immer hatte er dabei dasselbe Bild vor Augen gehabt. Den gedeckten Frühstückstisch, vier Teller, vier Tassen, vier kleine Löffel und vier Messer. Jedesmal hatte Trude gesagt: «Nimm nicht so viel Butter aufs Brot, Ben.»

Dann hatte Tanja gesagt: «Ich muß los, Bär, sonst komme ich zu spät zur Schule. Läufst du noch ein Stück mit?»

So war es nie gewesen, und so würde es wohl auch nie sein.

Vor zwei Tagen, als Jakob es endlich schaffte, Tanja bei Paul und Antonia zu besuchen, war Paul sofort aus dem Zimmer gegangen.

«Es hat ihn zerrissen», hatte Antonia gesagt und plötzlich geschrien: «Es ist deine Schuld, Jakob. Es ist nur deine Schuld. Wenn du mit ihm gegangen wärst, statt ihn zu schlagen ...» Dann war auch sie aus dem Zimmer gerannt.

Tanja war auf seinen Schoß gekrochen, immer noch dünn und blaß, leicht wie ein mit Daunen gefülltes Kissen. «Ich hab es dir gesagt, Papa. Ich hab es dir immer gesagt, er tut keinem etwas. Bitte, Papa, wenn Mama heimkommt, will sie ihn bestimmt sofort besuchen. Und ich muß mich doch bei ihm bedanken. Wenn er nicht gekommen wäre ...» Dann die Tränen, das jämmerliche Schluchzen, von dem Jakobs Ohren zuschwollen. «Nimm mich mit, Papa, bitte.» Aber ihr Betteln half nichts.

Später! Später vielleicht, wenn er es aushalten konnte, dem Bär in die Augen zu schauen, während sie in der Nähe war.

Als sie gestern ins Haus gekommen waren, hatte Trude den Koffer abgestellt und gefragt: «Warum hast du ihn noch nicht heimgeholt?» Viel mehr hatte sie nicht gesagt, nur daß es ihr soweit gutginge. Daß sie sich eben in Zukunft ein bißchen vorsehen und regelmäßig ihre Medikamente nehmen müsse.

Jetzt saß sie neben ihm, und sie sprachen nicht miteinander. Jakob konnte ihr das nicht erklären. Er hatte viele Fehler gemacht, und beim letzten hatte er sofort gewußt, daß es ein Fehler war. So wie er in all den Jahren gewußt hatte, daß man Lukka nicht trauen durfte.

Erich Jensen war in den letzten Wochen so freundlich gewesen, so verständnisvoll und hilfsbereit.

Als Ben von seinen Verletzungen genesen war, hatte sich die Frage gestellt, wohin mit ihm? Im Krankenhaus konnten sie ihn nicht behalten, sie brauchten das Bett. Und Erich hatte gesagt: «Jakob, du mußt den ganzen Tag arbeiten. Du kannst ihn hier nicht alleine lassen. So gut geht es ihm noch lange nicht, daß er herumlaufen könnte. Denk an seine Gesundheit, Jakob. Stell dir nur vor, er stürzt da draußen und liegt hilflos im Feld.»

Ben litt noch unter erheblichen Gleichgewichtsstörungen, das hatten die Ärzte Jakob bereits erklärt. Arbeiten mußte Jakob zwar nicht mehr unbedingt, aber das mochte er Erich Jensen nicht auf die Nase binden. Theoretisch hätte er Ben auf seinen Streifzügen begleiten, für ihn kochen, ihn baden können, aber nur theoretisch. Und so hatte er zugestimmt. Erich hatte versprochen, ein nettes, freundliches Heim zu suchen und persönlich dafür zu sorgen, daß Ben genügend frische Luft bekam. Aber als Erich ihn erst mal in seinen Klauen hatte ...

Zuerst war es wirklich ein nettes Haus gewesen. Jakob hatte sich davon überzeugt. Eine sogenannte offene Wohngruppe in heller, freundlicher Umgebung, fünf Männer, von denen sich drei alleine versorgen konnten und ein Auge auf ihre Hausgenossen hielten, wenn der Betreuer nicht da war, der kam immer nur tagsüber. Jakob hatte sofort gedacht, daß die Männer mit Ben ein bißchen überfordert seien. Er hatte das auch zu bedenken gegeben, aber Erich hatte abgewinkt. Es war gekommen, wie es kommen mußte, dreimal war Ben entwischt. Und dann hieß es eben, das sei doch nicht der richtige Platz für ihn. Ehe Jakob etwas unternehmen konnte, hatte Erich bereits einen Amtsrichter eingeschaltet.

Trude erstarrte förmlich, als sie ihr Ziel erreichten. Sie stieg aus, Jakob ging hinter ihr her auf das Tor in der Mauer zu. Er war schon einmal hier gewesen und wußte, was sie erwartete. Hinter dem Tor nur ein bißchen Gras, ein paar Bäume. Gitter vor den Fenstern. Auch innen so viele Gitter, daß sich Jakobs Magen zusammenschnürte.

Die Abteilung für die schweren Fälle lag im zweiten Stock. Ein paar Gestalten liefen über den langen Flur, wüst und zerzaust. Die Blödheit tropfte ihnen aus den Mündern. Trudes Gesicht wurde zu Stein. Im Geist sah sie den breiten Rücken im karierten Hemd, wie er quer durch Bruno Kleus Rüben zum Bruch lief.

Ben war nicht auf dem Flur, er lag im Bett. Trudes Gesicht hellte sich für Sekunden auf, dann versteinerte sich ihre Miene wieder. Mit breiten Lederstreifen hatten sie ihn festgebunden. Sein Haar stand ihm in Stoppeln vom Kopf ab, sein Gesicht war aufgeschwemmt, irgendwie fett geworden. Er schlief.

Jakob warf nur einen kurzen Blick über Trudes Schulter, räusperte sich verhalten und erklärte: «Ich seh mal zu, daß ich den Arzt auftreibe. Da kläre ich gleich, wann wir ihn abholen können.»

«Wir nehmen ihn sofort mit», sagte Trude. «Hier bleibt er keine Stunde länger.»

Aber so einfach war das nicht. Es gab diese richterliche Verfügung, inzwischen hatten auch die Ärzte einen Eindruck gewonnen. Ben wurde als gewalttätig beurteilt.

Man mußte ihn ständig ruhigstellen. Zweimal hatte man es gewagt, ihn auf den Flur zu lassen. Da hatte er beinahe die Gitter abgebrochen. Drei Pfleger waren nötig gewesen, ihn zu bändigen. Und man durfte nicht vergessen, er hatte einen Menschen getötet.

«Das war kein Mensch», widersprach Jakob. «Das war eine blutrünstige Zecke. Außerdem war es Notwehr, hat die Polizei gesagt. Wenn Ben ihm nicht das Genick gebrochen hätte, hätte Lukka unsere Kleine abgestochen und ihn wahrscheinlich auch.»

Die Einschätzung der Polizei interessierte nur am Rande. Was hieß schon Notwehr bei einem, der es nicht abschätzen konnte?

Trude kam dazu. Sie hatte es nicht länger ertragen, neben dem Bett zu sitzen und Bens fahle Haut zu betrachten, hatte ihm nur noch einmal über die Stoppeln gestrichen und geflüstert: «Du bist doch mein guter Ben, du bist mein Bester. Ich hol dich hier raus, das verspreche ich dir. Und wenn es das letzte ist, was ich tue.»

Den Rest der Erklärung, mit der Jakobs Verlangen abgeschmettert wurde, hörte Trude noch. «Da ist aber das letzte Wort noch nicht gesprochen», sagte sie. «Er kann es sehr wohl abschätzen. Haben Sie seine Hände nicht gesehen? In die Klinge gefaßt hat er, um Lukka aufzuhalten. Wenn Lukka ihm das Messer freiwillig gegeben hätte, könnte er noch leben. Daß Ben hier tobt, wundert mich nicht. Hier würde ich auch toben. Er will nur raus. Mehr wollte er nie.»

Auf der Rückfahrt hatte Trudes Gesicht ein wenig Farbe bekommen. Anfangs war es hilflose Wut, die ihre Wangen rosig überzog. Nur blieb sie nicht lange hilflos. Zuerst schwieg sie noch, ließ sich alles durch den Kopf gehen. Dann erklärte sie: «Wenn Erich meint, er hätte gewonnen, irrt er sich gewaltig. Wir brauchen bestimmt einen guten Anwalt, wenn ich der Polizei alles sage. Aber jetzt, wo ich wieder da bin, soll er auch wieder da sein, wo er gerne ist.»

Und Jakob sollte nicht allein sein mit seiner Schuld, sollte sich nicht unentwegt fragen müssen, was geschehen wäre, wenn er gesprochen hätte. Gleich damals, 1945, als es vorbei war und man wieder offen reden konnte, als Werner Ruhpold und alle Welt hätten erfahren müssen, daß Edith Stern nie auf den Weg nach Idaho gelangt war. Doch das sprach Trude nicht aus.

Jakob war nicht einverstanden, als sie ihm erklärte, was sie vorhatte. Die ganze Nacht bettelte er. Es sei keinem geholfen, auch Ben nicht. Aber Trude ließ sich auf nichts ein.

Am nächsten Tag rief sie mich an und schlug mir einen Deal vor. Ihre gegen Bens Freiheit. Einen Anwalt hatte sie noch nicht konsultiert. Er hätte ihr garantiert abgeraten und wohl auch erklärt, daß es völlig überflüssig war, sich selbst in Schwierigkeiten zu bringen.

Für Bens Entlassung aus der Landesklinik war nicht die Polizei zuständig. Als Trude das begriff, war es zu spät. Da hatte sie mir bereits erzählt von Svenja Krahls Handtasche, den beiden Fingern, dem blutigen Rucksack und daß sie Ben geschickt hatte, ihr den Kopf zu bringen. Sie erzählte mir auch von Althea Belashi und daß Marlene Jensen noch leben könnte, hätte nicht fünfzehn Jahre vor ihr die junge Artistin sterben müssen.

«Das ist mir bei der Hochzeit im November aufgefallen», sagte Trude. «Sie war dem Mädchen vom Zirkus wirklich sehr ähnlich. Und da hat er vielleicht gedacht, noch mal soll sie nicht verschwinden. Aber sie hätte nicht an Lukkas Tür geklingelt. Sie wäre bestimmt zu Paul und Antonia gelaufen, wenn Ben nicht versucht hätte, sie aufzuhalten. Und er hat sicherlich Rabenaas gesagt, das sagt er seit fünfzehn Jahren zu den Mädchen. Es ist sein Wort für tot, und Freund ist sein Wort für Mörder. Unsere

Kleine hat mich darauf gebracht. Er wollte sie doch nur warnen, und wir haben es nicht begriffen.»

Trude war überzeugt, daß die Leichen noch in der Nähe waren. «Wenn Lukka sie im Auto weggeschafft hätte, hätte er das auch mit Britta getan und bestimmt nicht irgendwelche Sachen verloren», sagte sie. «Dann hätte Ben nichts heimbringen können.»

Was sie erklärte, war ungeheuerlich. Der Staatsanwalt geriet außer sich: «Das war wiederholte Vernichtung von Beweismaterial. Darüber kann ich nicht hinwegsehen, es war Begünstigung. Das hat strafrechtliche Konsequenzen. Stellen Sie sich nur einmal vor, die Frau hätte Alarm geschlagen, als er die Tasche nach Hause brachte. Das war im Juli. Wenn wir zu dem Zeitpunkt hätten aktiv werden können, wäre es vielleicht bei einem Opfer geblieben. Jetzt sind es vier. Denken Sie auch mal an die betroffenen Familien, die werden das nicht stillschweigend hinnehmen.»

Es war Trude sehr wohl bewußt, in welche Situation sie sich gebracht hatte. Sie hätte ihre Aussage widerrufen können, Beweise gegen sie gab es nicht. Ihre älteste Tochter beschaffte ihr eine gute Strafverteidigerin, die dringend zum Widerruf riet. Trude lehnte ab. «Die Mädchen sollen ein ordentliches Grab bekommen, und wenn Ben weiß, wo sie sind ...»

Als der Amtsrichter Anfang März endlich – mit ein wenig Druck von seiten des Staatsanwalts – Bens Entlassung aus der Landesklinik verfügte, weigerte Jakob sich, seinen Sohn heimzuholen, er war noch nicht soweit, sich wieder mit Ben auseinanderzusetzen. Trude rief mich an. «Wenn Sie vielleicht so nett wären, Frau Halinger, wir können dann sofort einen Versuch mit ihm machen.»

Sie wollte es nur noch hinter sich bringen, hatte bereits ein Köfferchen gepackt und war überzeugt, ich würde sie festnehmen, sobald die Leichen gefunden waren. Sie war sehr gefaßt, als ich sie abholte, und sehr erleichtert, als ich ihr erklärte, daß in ihrem Fall eine Untersuchungshaft unangemessen sei und sie bis zur Verhandlung zu Hause bleiben könne.

Auf dem langen Flur im zweiten Stock hielt sie sich noch aufrecht, aber als sie ihm dann gegenübertrat ... Ihren ersten Besuch an seinem Bett hatte er nicht registriert. Von weiteren Besuchen hatte Trude Abstand genommen, um ihm den jeweiligen Abschied zu ersparen. Er hatte sie seit sieben Monaten nicht mehr gesehen, sprang auf sie zu, umklammerte sie mit beiden Armen, wohl zwanzigmal stammelte er: «Fein.»

Seine Freude gab Trude Zeit, ihre Fassung zurückzugewinnen. Als er sie endlich losließ, strich sie ihm über die Wange und sagte: «Wir fahren jetzt mit dem Auto nach Hause. Da mußt du aber ganz lieb sein.»

Er war lieb, saß bei ihr im Wagenfond, strich immer wieder durch ihr Gesicht, drückte sich ihre Hand gegen seine Wange und legte schließlich den Kopf an ihre Schulter. Ich sah es im Rückspiegel, ich sah auch, wie Trude gegen die Tränen ankämpfte.

Mich akzeptierte er als nette Frau, jedenfalls nickte er, als Trude ihm die entsprechende Frage stellte. Er war auch bereit, mir eine Freude zu machen, weil ich ihn doch nach Hause brachte. Und dafür blamierte er mich zum Dank bis auf die Knochen.

Er führte uns tatsächlich zum Grab der vermißten jungen Frauen. Es lag nur gute dreißig Meter von der Stelle entfernt, an der wir Britta Lässlers Überreste geborgen hatten. Unter der alten Viehtränke beim Birnbaum in Gerta Frankens ehemaligem Garten war eine Grube von fast anderthalb Metern Tiefe ausgehoben und sorgsam wieder aufgefüllt worden. Darin lag das, was noch übrig war von Svenja Krahl, Marlene Jensen und Edith Stern.

Nur dreißig Meter! Und wir hatten der dornigen Wildnis keine Beachtung geschenkt, waren nicht einmal auf den Gedanken gekommen, dort könne sich in den letzten Jahren noch jemand herumgetrieben haben. Nie zuvor hatte ich mich derart inkompetent gefühlt, nie vorher waren mir die Grenzen so bewußt geworden, die einem logisch denkenden Menschen gesetzt sind, der sich an Fakten orientiert, an dem, was er sieht und hört.

Trotzdem, ich hatte mein Ziel erreicht mit Bens Hilfe. Mir war auch klar, daß Heinz Lukka die Leichen dort nicht vergraben haben konnte. Zumindest in dieser Hinsicht mußte Ben der Täter sein. Aber ich fragte mich keine Sekunde lang, in welcher Situation ich ihn zurückließ. Ich hatte noch keine Ahnung von den diversen Banden und Stricken und machte mir keine Gedanken um Lukkas Erbe.

Lukkas Erbe

DIE WICHTIGSTEN PERSONEN

Heinz Lukka, geb. 1928, Rechtsanwalt, ledig, vermögend, tötete mehrere Frauen und Mädchen und starb im August 1995.

Miriam Wagner, geb. 1969, Lukkas Haupterbin, ihre Mutter war verlobt mit Heinz Lukka, starb 1981 bei einem Verkehrsunfall.

Benjamin Schlösser, geb. 1973, genannt **Ben**, tötete Heinz Lukka, verbrachte danach einige Monate in der geschlossenen Psychiatrie. Seine Eltern, **Trude**, geb. 1936, und **Jakob Schlösser**, geb. 1932, früher Landwirt.
Geschwister: **Anita Schlösser**, geb. 1963, Juristin, lebt in Köln. **Bärbel von Burg**, geb. 1967, verheiratet mit **Uwe**, lebt im Dorf auf dem Hof ihrer Schwiegereltern. **Tanja Schlösser**, geb. 1982, lebt bei der Familie Lässler, wurde von Heinz Lukka mit mehreren Messerstichen schwer verletzt.

Paul, geb. 1931, und **Antonia Lässler**, geb. 1951, ihre jüngste Tochter **Britta** wurde im August 95 ermordet.
Weitere Kinder: **Andreas Lässler**, geb. 1969, verheiratet mit **Sabine**. **Achim Lässler**, geb. 1971, Erbe des väterlichen Hofs. **Annette Lässler**, geb. 1975.

Maria Jensen, geb. 1952, die Schwester von Paul Lässler, war verheiratet mit einem Apotheker. Ihre Tochter **Marlene** wurde im August 95 ermordet.

Bruno Kleu, geb. 1951, Landwirt, hat die zum Schlösser-Hof gehörenden Ländereien gepachtet und seit Jahren ein Verhältnis mit Maria Jensen, Marlene Jensen war seine Tochter. Verheiratet ist Bruno mit **Renate**. Die beiden Söhne aus dieser Ehe sind **Dieter**, geb. 1977, und **Heiko**, geb. 1980.

Patrizia Rehbach, geb. 1978, heiratet im Mai 97 **Dieter Kleu**, Schwägerin von

Nicole Rehbach, geb. 1969, Eltern unbekannt, wuchs in Heimen auf, verheiratet mit **Hartmut Rehbach**, geb. 1969. Befreundet ist das Paar mit Bärbel und Uwe von Burg, Andreas und Sabine Lässler sowie

Walter Hambloch, geb. 1969, ledig, Polizeibeamter.

Brigitte Halinger, geb. 1952, ermittelnde Hauptkommissarin und Chronistin.

BENS REVIER

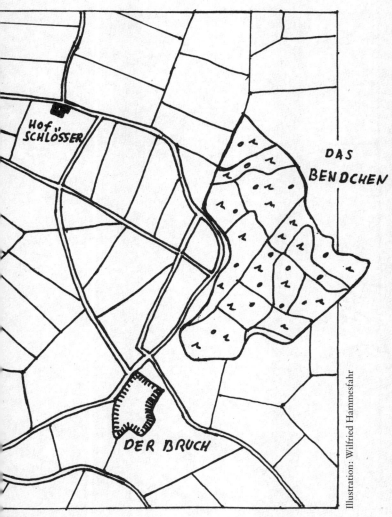

Illustration: Wilfried Hammesfahr

Prolog

Es war der letzte Dienstag im August 95, als Bens gewohntes Leben ein abruptes Ende fand. Er hatte seinen Freund getötet, aber das wusste er nicht. Zwischen Leben und Tod konnte er nicht unterscheiden. Er wusste nicht einmal, welcher von den vielen sein richtiger Name war. Seine Mutter sagte zu ihm guter Ben oder mein Bester. Seine jüngste Schwester rief ihn Bär oder Waldmensch. Seine beiden älteren Schwestern hatten ihn Idiot genannt, ehe sie große Koffer packten und fortgingen. Auch viele Leute aus dem Dorf sagten Idiot zu ihm. Und wenn sie sagten: «Hau ab, du Idiot», hieß das, er musste gehen.

Er war zweiundzwanzig Jahre alt. Das wusste er auch nicht. Für ihn hatten Wochen, Monate und Jahre keine Bedeutung. Er kannte kein Gestern und kein Morgen, nur jetzt und vorbei. Und nach dem Tag, als er seinen Freund getötet hatte, war für ihn alles vorbei.

Er lag in einem weißen Zimmer, in einem weißen Bett, bei weißen Leuten. Sein Kopf tat weh, seine Schulter, der Arm und die Hände taten weh. Und immer, wenn einer von den weißen Leuten an sein Bett trat, wurde er mit Nadeln gestochen, das tat auch weh. Er hatte Angst und wartete darauf, dass seine Mutter kam und ihn nach Hause holte.

So hatte er es als Kind erlebt. Und er vergaß nie etwas, keine Furcht, keinen Schlag, keinen Schmerz, keine Freundlichkeit, kein Gesicht, keine Erfahrung. Und immer erwartete er, dass es so geschah, wie er es kannte. Aber diesmal war alles ganz anders.

Seine Mutter kam nicht. Es kam nur eine Frau mit Fotos von hübschen Mädchen. Sie wollte von ihm wissen, ob er diese Mädchen gesehen habe und ihr sagen könne, was mit ihnen geschehen sei. Natürlich konnte er das, aber die Frau verstand ihn nicht.

Die Frau mit Fragen und Fotos war ich, Kriminalhauptkommissarin Brigitte Halinger. Im September 95 war ich dreiundvierzig Jahre alt, seit zwanzig Jahren verheiratet und Mutter eines siebzehnjährigen Sohnes. Mir waren die Ermittlungen in einem Fall übertragen worden, den die Medien später Blutsommer nannten.

Im August 95 waren in einem Dorf nahe der Kleinstadt Lohberg die siebzehnjährige Marlene Jensen, die dreizehnjährige Britta Lässler und eine zweiundzwanzigjährige Amerikanerin verschwunden. Der letzte bekannte Aufenthaltsort war jeweils ein Feldweg nahe dem einsam gelegenen Bungalow des Rechtsanwaltes Heinz Lukka gewesen.

Die besondere Tragik: Marlene Jensen und Britta Lässler waren Cousinen. Zwei Mädchen aus einer Familie, da lag es auf der Hand, nach einem Motiv im Umfeld dieser Familie zu suchen. Das Motiv fand ich: verschmähte Liebe, die in Hass umschlug. Es war sechsundzwanzig Jahre her, eine unglaublich lange Zeit. Im Oktober 1969 hatte Marlene Jensens Mutter, damals in dem Alter, in dem ihre Tochter sterben musste, Heinz Lukka zurückgewiesen und ausgelacht.

Die Leiche von Britta Lässler fand ich, Marlene Jensen und die Amerikanerin nicht. Dass es noch ein Opfer mehr war, erfuhr ich erst Monate später.

Am letzten Dienstag im August 95 wurde in Lukkas Bungalow dann noch die dreizehnjährige Tanja Schlösser lebensgefährlich verletzt. Tanja war bei der Familie Lässler aufgewachsen, weil ihre Mutter Trude Schlösser stets beide Hände, beide Augen, ihre gesamte Kraft und Aufmerksamkeit für den einzigen Sohn brauchte, für Ben, den jungen Mann, den ich mehrfach im Lohberger Krankenhaus besuchte.

Einige nannten ihn Puppengräber, weil er als Kind Puppen zerrissen und verbuddelt hatte. Er galt als schwachsinnig, und trotzdem hatte er dem Mörder gerade noch rechtzeitig das Genick gebrochen, um das Leben seiner jüngsten Schwester Tanja zu retten.

Für mich war er nach seiner Entlassung aus der Psychiatrie im März 96 die letzte Hoffnung, um das Schicksal der vermissten Frauen zu klären. Heinz Lukka konnte ich nicht mehr fragen.

Ich habe schon ausführlich über den August 95 und über Bens Entwicklung berichtet. Das alles möchte ich nicht wieder aufwärmen. Aber einiges wird zwangsläufig noch einmal zur Sprache kommen, weil es nicht vorbei war, als die Akten geschlossen wurden. Viele Fragen waren offen geblieben. Fragen, die nur Ben hätte beantworten können. Aber er konnte es nicht mit Worten.

In meinem ersten Bericht habe ich für ihn gesprochen. Dabei konnte ich ihn nur von außen betrachten, mit den Augen seiner Mutter Trude Schlösser.

Als ich zwei Jahre später im Oktober 97 erneut ins Dorf gerufen wurde, mitten hinein in die Wiederholung des Blutsommers, hat es Wochen gedauert, ehe ich durchschaut habe, was vorgegangen war in den neunzehn Monaten seit seiner Heimkehr. Viel zu spät fand ich heraus, wie Ben gelebt, was er erlitten hatte, wer an ihm interessiert gewesen war, aus welchen Gründen, und warum dann wieder vier junge Frauen und ein Mann sterben mussten wie im August 95 – mit dem großen Unterschied, dass der Mann, der getötet wurde, kein Mörder war wie Lukka.

Es gab Stunden, da fühlte ich mich so schuldig, wie

Bens Mutter sich nach dem schrecklichen Sommer schuldig gefühlt haben musste. Ich hatte verschwiegen, was ich im Frühjahr 96 zu begreifen glaubte. Ich hatte Ben zurückgebracht, ohne genau zu wissen, was im Sommer 95 tatsächlich geschehen war.

Und nun muss ich noch einmal sagen: «Ich habe mit allen gesprochen, die noch reden konnten.»

ERSTER TEIL
Schweigen

Ben

Im September 95 war er für mich nur ein Zeuge gewesen, der einen Mörder beobachtet hatte und nicht reden konnte. Sein Sprachschatz war äußerst dürftig. Er verstand viele Worte, doch die meisten wusste er nicht zu deuten. Sie verwirrten ihn, schwirrten um seine Ohren wie lästige Fliegen, die man nur ignorieren konnte, weil es nie gelang, sie zu fangen. Und viele waren falsch. Das hatte er im Laufe der Zeit erkannt.

Falsche Worte mochte er nicht. Er sprach nur solche aus, von denen er ganz sicher wusste, dass sie richtig waren. «Finger weg» waren alle schlechten Dinge. Damit waren Gegenstände wie ein Messer ebenso gemeint wie das Verhalten einer Person. «Fein macht» waren alle guten Dinge, ein Streicheln, ein Kuss, ein gelungenes Werk. «Weh», das war Schmerz.

«Fein» waren Frauen und Mädchen, die freundlich mit ihm umgingen. Seine Mutter natürlich, seine jüngste Schwester Tanja, Britta, Annette und Antonia Lässler und ein paar wenige mehr, viele waren es nie gewesen. Für all die anderen hatte er keinen Ausdruck, er sortierte sie nur in zwei Gruppen.

Zu dunkelhaarigen Frauen fasste er schnell Vertrauen, fühlte Verbundenheit und das Bedürfnis, sie zu schützen. Seine Mutter, seine jüngste Schwester und Antonia Lässler waren dunkelhaarig wie er. Die Blonden wie Antonias Töchter und ihre Nichte Marlene Jensen waren die schönen Mädchen, widersprüchliche Geschöpfe, manchmal waren sie sehr freundlich zu ihm, manchmal überhaupt nicht.

«Freund» war immer nur Heinz Lukka. Der alte Rechtsanwalt hatte nie ein lautes Wort an ihn verloren und stets eine Süßigkeit für ihn gehabt. Ben hatte niemals einen anderen Mann als Freund bezeichnet, es hatten sich nur einige eingebildet, er täte es.

Und «Rabenaas» war kein Schimpfwort, wie ich annahm, als ich ihn im Lohberger Krankenhaus zum Schicksal der vermissten Frauen befragte und dachte, ich ginge ihm damit auf die Nerven. Rabenaas war ein regloser, blutiger Körper. Er hatte mir sofort gesagt, was mit Marlene Jensen und der jungen Amerikanerin geschehen war, er hatte mir auch den Mörder genannt. Das hieß, er konnte Auskunft geben, man musste nur wissen, wie zu interpretieren war, was er von sich gab.

Nach seiner Entlassung aus dem Krankenhaus wurde er im November 95 für kurze Zeit in einer offenen Behindertenwohngruppe untergebracht. Es war nicht der richtige Platz für einen jungen Mann mit seinem Freiheitsdrang. Nachdem er zweimal ausgerissen war, wurde er in die Landesklinik eingewiesen, geschlossene Psychiatrie, die Abteilung für die schweren Fälle, weil er sich nicht festhalten lassen wollte und sich zweimal mit den Pflegern anlegte.

Er war stark, hatte bis dahin niemals einen erwachsenen Mann angegriffen, nicht einmal zurückgeschlagen, wenn er sinnlos verprügelt wurde. Er begriff doch nicht, warum er an so einem furchtbaren Ort sein musste. Niemand hatte es ihm erklärt.

Zu Hause war niemand mehr, der sich um ihn hätte kümmern können. Seine Mutter hatte einen schweren Herzinfarkt erlitten. Sein Vater glaubte, ihm nie mehr in die Augen schauen zu können, weil er ihn für den Täter gehalten und mit einem Schürhaken niedergeschlagen hatte, als er ihn in Lukkas Bungalow zwischen der Leiche des alten Rechtsanwalts und der schwerstverletzten jüngsten Tochter antraf.

Seine älteste Schwester Anita lebte in Köln, war als Juristin bei einer Versicherung beschäftigt und beruflich stark eingespannt. Seine zweitälteste Schwester Bärbel war im Dorf verheiratet und zum ersten Mal schwanger. Sie lebte im Haus der Schwiegereltern, dort wäre Platz genug gewesen. Aber Bärbel wollte ihren Bruder keinesfalls in der Nähe haben. Sie hatte eine üble Erfahrung mit ihm gemacht, beziehungsweise er mit ihr – seitdem tat Bärbel, als existiere ihr Bruder nicht.

Als Trude Schlösser sich im Januar 96 so weit wie möglich von ihrem Infarkt erholt hatte und mir ihren Sohn noch einmal als wichtigen Zeugen ans Herz legte, weil sie ihn unbedingt wieder bei sich haben wollte, hatte ich den Fall längst zu den Akten gelegt. Ahnungslos, dass für seine Entlassung nur ein Gutachten notwendig und ein Amtsrichter zuständig gewesen wäre, rief Trude mich an.

Sie war überzeugt, er wüsste, wo die Leichen der anderen Opfer waren. Um das zu untermauern, legte sie ein unfassbares Geständnis ab. Ben hatte in den Sommerwochen mehrere Beweise für Verbrechen nach Hause gebracht, die Handtasche von Svenja Krahl, einer siebzehnjährigen Schülerin, den blutigen Rucksack der Amerikanerin und zwei Finger von Marlene Jensen. Aus Angst, man könne ihn verdächtigen, hatte Trude alles in ihrem Küchenherd verbrannt.

Niemand glaubte das auf Anhieb. Der zuständige Staatsanwalt vermutete, Trude wolle nur über die Justizbehörden Druck auf den Amtsrichter ausüben lassen, der für Bens Entlassung aus der Psychiatrie zuständig war.

Entlassen wollte man ihn nämlich nicht mehr. Es hieß inzwischen, er sei gewalttätig, neige zu unmotivierten und unkontrollierbaren Wutausbrüchen.

Es dauerte noch bis März, ehe man in der Landesklinik erkannte, warum er sich phasenweise friedfertig zeigte und dann unvermittelt zu toben begann. Die Ärzte taten sich schwer, ihn einzuschätzen. Er war nicht geistesgestört und nicht geisteskrank. Einer der Mediziner meinte, autistische Züge zu entdecken. Aber Ben war auch kein klassischer Autist. Es gab keinen Stempel, den man ihm auf die Stirn drücken konnte. Es war nicht einmal völlig korrekt, ihn als schwachsinnig zu bezeichnen.

Sein Intellekt glich dem eines Kleinkindes. Aber er hatte ein paar besondere Fähigkeiten, es hatte sich nur nie jemand darum gekümmert, sie zu fördern, weil seine Mutter sich stets geweigert hatte, ihn in eine entsprechende Einrichtung zu geben. Trude Schlösser war immer der Meinung gewesen, er habe nicht mehr von seinem Leben als die Freiheit in Feld, Wald und Wiesen.

Und in der Gefangenschaft hatte er davon nur noch die Bilder. Kein Mensch hatte auch nur die geringste Vorstellung von seinem Gedächtnis. Er kannte es nicht anders, als dass er in seinem scheinbar leeren Hirn ein Feuerwerk an Erinnerungen entfachen konnte. Wo andere sich Raum für Abstraktionen geschaffen hatten, die Informationen verwahrten, die notwendig waren, einen Beruf auszuüben, mit der Umgebung zu kommunizieren und viele Dinge mehr zu tun, da verwahrte er alle bemerkenswerten Eindrücke seines Lebens, auch die Sommerwochen, all die Antworten, von denen ich dachte, niemand könne sie mehr geben. Es war nicht chronologisch geordnet, aber das störte ihn nicht, solange er jederzeit darin eintauchen konnte.

Er erinnerte sich nicht bloß, er fühlte, roch, schmeckte,

wie es gewesen war. Dann war es für ihn jetzt und nicht vorbei. Er spürte den Wind im Gesicht und den Boden unter den Füßen. Er konnte zum Bendchen, einem Waldstück, laufen, verborgen im Gebüsch liegen, beobachten, was die jungen Männer mit den Mädchen machten, und feststellen, dass es den Mädchen gefiel. Er konnte noch einmal durch das offene Wagenfenster von Annette Lässlers Freund greifen, Annettes nackte Brüste streicheln, wie er es im Juni 95 getan hatte. Er konnte hören, wie Annettes Freund sich aufregte und Annette sagte: «Ist nicht so schlimm, Ben, er tobt nur, weil er sauer ist.»

Er hatte ihr auch nicht wehgetan, da war er ganz sicher. Er hatte gut aufgepasst, wie die anderen jungen Männer es machten. Wehtun wollte er keinem Menschen, gewiss nicht einem hübschen jungen Mädchen.

Er konnte im Bruch nach verborgenen Schätzen graben, tote Mäuse sammeln und sie verstecken in einem alten Gewölbekeller unter den Trümmerbergen, dessen Zugang lange Zeit nur er alleine gekannt hatte. Er konnte sich bei seinem Freund Lukka einen Riegel Schokolade und ein freundliches Wort holen, auf dem Lässler-Hof spielen mit seiner kleinen Schwester Tanja und Britta, sich von Antonia Lässler in die Arme nehmen und auf die Stirn küssen lassen.

Er konnte jederzeit den Zirkus sehen und das erste schöne Mädchen in seinem Leben, eine junge Artistin am Trapez und auf Ponyrücken, mit der für ihn ein Wunder verknüpft war – und sein Untergang.

Zwei Ereignisse hatten sein Denken und Handeln geprägt. Das erste geschah im August 80. Damals war er sieben Jahre alt, als im Dorf ein Zirkus gastierte. Seine Mutter besuchte mit ihm eine Vorstellung, und die junge, blonde Artistin begegnete ihm sehr freundlich, nahm ihn mit in die Manege, ritt mit ihm zusammen auf einem Pony und küsste ihn auf die Wange. Bis dahin hatte er nicht sehr viel Zärtlichkeit erfahren, von seiner Mutter hin und wieder ein Streicheln oder einen Kuss auf die Wange. Allzu viel war das nicht, Trude Schlösser war ein eher spröder Typ. Und hübsche, junge Mädchen wie seine älteren Schwestern Anita und Bärbel machten einen Bogen um ihn.

Spät in der Nacht riss er aus, um die Ponys noch einmal zu sehen. Sie waren auf einer Wiese untergebracht, auf der später sein Freund Lukka den prächtigen Bungalow bauen ließ. Das schöne Zirkusmädchen war schon da, als er kam. Und wieder war sie freundlich, ließ ihn noch einmal reiten, küsste ihn noch einmal auf die Wange und begleitete ihn auf dem Heimweg, damit er nicht verloren ging.

Dann kam sein Freund Lukka, stach die Artistin mit einem Messer, machte mit ihr, was Ben Jahre später so oft bei anderen Paaren am Bendchen beobachtete. Und danach warf sein Freund sie in ein tiefes Loch, den Sandpütz. Ein Schacht von zwölf bis fünfzehn Metern Tiefe, am Ende glockenförmig erweitert.

Und Ben dachte, es könne nicht richtig sein, ein schönes Mädchen in dieses Loch zu werfen. Er sagte es seiner Mutter und anderen Leuten mit den Worten, die sein Freund benutzt hatte. «Rabenaas kalt.» Er zeigte es ihnen auch mit Puppen. Und immer wurde er dafür verprügelt.

Zwei Jahre später beobachtete er seine Schwester Bärbel und ihren Freund in einer ihm ähnlich erscheinenden Situation. Er wollte Bärbel beistehen, schlug ihrem Freund einen Stein auf den Kopf und wurde von Bärbel mit einem Knüppel zusammengeschlagen. Danach stürzte er in den Sandpütz, der zu diesem Zeitpunkt glücklicherweise bis auf einen Rest von drei Metern aufgefüllt war. Eine bange Nacht hatte er in der Tiefe verbracht, war erst am nächsten Tag von der Freiwilligen Feuerwehr Lohberg geborgen worden.

Und seitdem hatten die Männer mit Leitern und einem Korb für ihn eine ganz besondere Bedeutung. Welche, das wusste niemand, ich konnte es nicht einmal ahnen. Er hatte den großen Unterschied zwischen Mädchen und Puppen erkannt. Puppen waren kaputt, wenn man sie zerriss oder mit einem Messer aufschnitt. Die Mädchen kamen irgendwann zurück.

Er hatte das schöne Zirkusmädchen wieder gesehen – lange Zeit später – in Gestalt von Marlene Jensen, die eine verblüffende Ähnlichkeit mit der seit 1980 verschollenen Artistin hatte. So wie ihn mussten die Männer mit Leitern und einem Korb auch sie aus dem tiefen Loch geholt haben.

Ihn erstaunte es nicht, dass Menschen, die schon einmal blutend am Boden gelegen hatten und darin verschwunden waren, plötzlich wieder herumliefen. Mit unzähligen Ratten und Mäusen hatte er schon eine ähnlich wundersame Auferstehung erlebt.

Sie lagen auf Feldwegen, einem Acker, im Bendchen oder im Bruch und bewegten sich nicht mehr, wenn er sie fand. Manchmal fielen sie sogar auseinander, wenn er sie aufhob. Aber wenn er sorgfältig jedes Knöchlein aufsammelte und alles an den dunklen Ort trug, den vergessenen Gewölbekeller unter den Trümmerbergen, liefen bald wieder Mäuse und Ratten herum.

Für Menschen brauchte es natürlich andere Voraussetzungen, tiefe Löcher, aus denen die Männer mit Leitern und einem Korb ihnen wieder heraushelfen konnten. So sah er die Sache.

Vielleicht war – wie viele glaubten – die geschlossene

Psychiatrie der einzig richtige Platz für einen jungen Mann, der nicht die geringste Vorstellung von der Endgültigkeit des Todes hatte. Aber welche Vorstellungen er hatte, wusste noch niemand.

Und bei den weißen Leuten an dem schlimmen Ort hatte er bald gar keine mehr. All die Bilder in seinem Kopf wurden grau und zäh. Er brauchte sie bunt und lebendig, um sich zu orientieren, all das Schöne und weniger Schöne jederzeit wieder zu erleben, um all das Verworrene und Mysteriöse vielleicht doch noch irgendwann zu entschlüsseln und zu begreifen, warum es manchmal so und manchmal anders war.

Dass sie ihm eine Jacke anzogen, in der er seine Arme nicht bewegen konnte, dass sie ihn am Bett festbanden und mit Nadeln stachen, obwohl er keine Schmerzen hatte, hätte er noch hinnehmen können. Aber dass sie ihm seine Bilder stahlen, war zu viel. Wenn er die Dumpfheit fühlte im Kopf, musste er toben, sich mit aller Kraft zur Wehr setzen gegen die Diebe.

Kein Arzt kam auf den Gedanken, dass die Medikamente ihn um sein Gedächtnis, den Motor seines Lebens, den letzten Halt in der Gefangenschaft brachten. Dabei war allgemein bekannt, in welcher Weise verschiedene Stoffe das Gehirn beeinträchtigten. Als die Medikamente abgesetzt wurden, zeigte sich wieder der Ben, von dem seine Mutter all die Jahre vehement behauptet hatte: «Er ist gutmütig und völlig harmlos.»

Seiner Entlassung in die Freiheit stand nichts mehr im Weg.

Ich sage es ungern, aber es war so. Für mich war Ben an diesem trüben Mittwoch im März 96 nicht viel mehr als ein Hund, der mich zu den Leichen führen sollte. Trude hatte mit ihrer Aussage, Ben wisse, wo die Leichen der vermissten Mädchen lägen, den Stein ins Rollen gebracht. Nun wollte ich den Fall nur noch abschließen und mir nicht auch noch Gedanken über Bens Zukunft machen.

Es war der 20. März 96, Frühlingsanfang. Morgens um neun Uhr holte ich Trude ab. Sie war sehr gefasst, bis sie ihm gegenübertrat.

Die Tür stand offen. Er saß mit gesenktem Kopf auf dem Bett und schaute teilnahmslos hoch, als wir hereinkamen. Für mich hatte er keinen Blick, obwohl er mich vermutlich auf Anhieb erkannte. Aber ich war nur die Frau mit Fragen und Fotos.

Sekundenlang schaute er seine Mutter mit gerunzelter Stirn an, als müsse er sie erst noch irgendwo einsortieren. Trude war immer eine stattliche Frau gewesen, die schwere Krankheit und das Begreifen ihrer Schuld hatten sie ausgezehrt. Ein blasses, verhärmtes Gesicht, die Kleidung schlotterte um den mageren Körper. Unvermittelt riss er sie an sich, umklammerte sie mit beiden Armen. Wohl zwanzigmal stammelte er: «Fein.»

Seine Wiedersehensfreude verschaffte Trude die Zeit, ihre Fassung zurückzugewinnen. Als er sie endlich losließ, strich sie ihm über die Wange und sagte: «Wir fahren jetzt mit dem Auto nach Hause. Da musst du aber ganz lieb sein.»

Er war lieb, obwohl er hinten einsteigen musste, wozu man ihn früher nur unter erheblichem Zwang gebracht hatte. Aber Trude setzte sich zu ihm. Und ich glaube, er hätte sich auch hinter dem Wagen herschleifen lassen, wenn das der Preis gewesen wäre, wieder nach Hause zu kommen.

Es war kurz nach Mittag, als wir zurück auf den Hof kamen. «Ich koche uns erst mal was», sagte Trude, als wir das Haus betraten. «Das habe ich schon vorbereitet. Und er hat sicher Hunger.»

Während sie am Herd stand, saß ich mit ihm am Tisch in der gemütlichen Wohnküche und versuchte, ihn auf eine Befragung einzustimmen. Ich war gut vorbereitet, konnte seinen beschränkten Wortschatz interpretieren und hatte von den Psychiatrieärzten ein paar nützliche Tipps erhalten, wie man mit ihm umgehen musste. Aber ich scheiterte kläglich. Egal, was ich sagte oder fragte, Ben überhörte es geflissentlich und ließ die Augen nicht von seiner Mutter.

Nachdem wir gegessen hatten, holte Trude ein Vanilleeis aus der Gefriertruhe, um seine Bereitschaft zu fördern, und brachte auf einem Weg seinen Klappspaten aus dem Keller mit. Ich zeigte ihm noch einmal die Fotos der beiden jungen Frauen. Und Trude fragte schlicht: «Weißt du, wo die Mädchen sind?»

Er nickte.

«Zeigst du es uns?», fragte Trude. «Ich freu mich sehr, wenn du es uns zeigst. Frau Halinger freut sich auch sehr. Du magst doch Frau Halinger. Sie war so nett zu dir, hat uns im Auto nach Hause gefahren.»

Er schaute mich an und nickte noch einmal. Ob sich das auf die Fahrt oder auf seine Gefühle für mich bezog, war nicht ersichtlich. Dann ging er gemächlich vor uns her zu dem breiten Feldweg hinunter, der hinter den Gärten der an der Bachstraße gelegenen Häuser vorbeiführte. Er war untrainiert, längst nicht mehr so schnell, wie Trude es von ihm gewohnt war. Abgesehen davon genoss er es auch, der erste Weg in Freiheit, da legte man keine große Eile an den Tag.

Wir konnten mühelos mit ihm Schritt halten. Trude suchte mit den Augen die offenen Gärten ab. Viele waren es nicht. Die meisten hatten sich mit hohen Hecken oder Mauern abgeschirmt. Trudes Mienenspiel sagte mehr als jedes Wort: Hoffentlich sieht uns keiner. Ich hatte vorgeschlagen, im Auto zu fahren. Aber das hätte nicht viel Sinn gehabt. Wie hätte Ben mir begreiflich machen sollen, welche Richtung ich einschlagen und wo ich anhalten sollte?

Wir hatten Glück, kamen ungesehen bis zur Apfelwiese, so genannt wegen der Obstbäume, zwischen denen wir in einer flachen Mulde drei notdürftig verscharrte Müllsäcke mit den Überresten Britta Lässlers gefunden hatten. Es war ein großes Grundstück, von zwei Meter hohem Stacheldraht umgeben. Die Männer von der Spurensicherung hatten seitlich ein Teilstück vom Zaun entfernt. Es war nicht ersetzt worden, offenbar fühlte sich dafür niemand zuständig. Die Lücke irritierte Ben. Er betrachtete erstaunt die Holzpfähle zu beiden Seiten, strich prüfend mit einem Finger darüber.

Es dauerte fast eine Minute, ehe er endlich weiterging, etwa sechs bis sieben Meter in die Wiese hinein. Er zeigte auf die Stelle zwischen den Apfelbäumen, an der Brittas Leiche gelegen hatte. Die flache Mulde war geschlossen worden und wieder bewachsen. Sie unterschied sich nicht mehr von der Umgebung. Aber es war exakt der Fundort.

«Fein?»

Eine Frage, das war nicht zu überhören. Trude wusste auch sofort, wem sie galt. «Britta ist nicht mehr hier», sagte sie. «Frau Halinger hat sie schon gefunden. Jetzt zeig uns, wo Lukka die anderen Mädchen hingelegt hat.»

Er nahm mir die Fotos aus der Hand und zeigte mit ausgestrecktem Arm zu einer tiefen Senke hinüber – der seit Jahren geschlossene Sandpütz. Ich dachte, er betrachte seinen Auftrag als erledigt. Enttäuscht war ich. Auf der Wiese konnte nichts sein, wir hatten sie mehrfach mit einem Leichenspürhund abgesucht, nicht nur die Apfelwiese, die ganze Umgebung.

«Das war wohl ein Irrtum», sagte ich.

Trudes Augen glitten zwischen ihm und mir hin und her. Es muss ein schwerer Kampf für sie gewesen sein. Sie hätte sich eine Menge ersparen können, hätte sie mir in dem Moment zugestimmt. Ben war frei, ohne Leichen gab es keine Beweise gegen sie und damit kein Strafverfahren. Ihr Geständnis allein, Gegenstände aus dem Besitz der Opfer verbrannt zu haben, war ohne Wert, sie konnte es jederzeit widerrufen. Ihre älteste Tochter Anita hatte ihr eine gute Strafverteidigerin beschafft, die dringend geraten hatte, Trude solle behaupten, diese Vernichtungsaktionen nur erfunden zu haben, um ihren Sohn aus der Psychiatrie zu holen.

Aber Trude fragte ihn: «Hast du die Mädchen weggenommen?» Und er nickte.

Großer Gott, dachte ich. Trude begann zu weinen. «Du dummer Kerl», stammelte sie. «Warum hast du das getan?»

Er bewegte unbehaglich die Schultern und trat unruhig von einem Fuß auf den anderen. Ihre Tränen machten ihn nervös. Er verstand nicht, warum ein erwachsener Mensch weinte. Kleine Kinder weinten, wenn sie sich erschreckten, fürchteten, verprügelt wurden und starke Schmerzen hatten. Als Kind hatte er das auch getan, aber er hatte früh begriffen, dass sich nichts änderte, wenn man weinte. Nach ein paar Sekunden sagte er: «Fein macht.»

Ich wollte die Sache Trude zuliebe abkürzen und fragte: «Hat dir jemand gesagt, du sollst die Mädchen an einen anderen Platz legen?»

Es war nahe liegend, zu denken, er hätte in Lukkas Auftrag gehandelt. Trude hatte sich den Kopf zerbrochen, warum der alte Rechtsanwalt stets so freundlich mit Ben umgegangen war, ob er sich nur für einen bestimmten Zweck vor ihn gestellt hatte, wenn wieder mal jemand aus dem Dorf meinte, es sei eine Schande, Ben frei herumlaufen zu lassen. Der Zweck schien jetzt klar auf der Hand zu liegen. Es musste doch jemand die Dreckarbeit machen und im Notfall den Kopf hinhalten. Hätte man Ben mit einer Leiche erwischt ... Nur bei Britta Lässler hatte das dann nicht mehr funktioniert, weil Ben zum Zeitpunkt ihres Todes in seinem Zimmer eingesperrt gewesen war.

Trudes jämmerliches Weinen machte mich ebenso nervös wie ihn. Sie wusste genau, wie die Konsequenz aussah. Dass ich ihn zurückbringen musste in die Landesklinik. Und dafür hatte sie das alles auf sich genommen. «Bitte, Frau Halinger», schluchzte sie, «lassen Sie den armen Tropf nicht dafür büßen, dass ich ihn nicht verstanden hab. Er hat's mir doch immer wieder gesagt.»

Jetzt könnte ich behaupten, ich hätte mir die Entscheidung sehr schwer gemacht. Das wäre eine Lüge. Ich musste nicht lange überlegen, hatte seit Januar unzählige Stunden mit Trude verbracht, mir angehört, was sie für ihren Sohn auf sich genommen hatte, durch welche Hölle sie gegangen war in den verfluchten Sommerwochen.

Immer wieder hatte sie mich angerufen, auch als längst schon alles von Bedeutung zu Protokoll genommen war. Immer wieder hatte mein Mann gewarnt: «Lass dich nicht so tief hineinziehen, Brigitte. Du verlierst deine Distanz.» Ich hatte sie verloren.

«Schon gut, Frau Schlösser», sagte ich. «Hören Sie auf zu weinen.» Dann wandte ich mich an ihn und forderte: «Zeig mir, wo du die Mädchen hingelegt hast, dann kannst du nach Hause gehen.»

Er schüttelte den Kopf. Inzwischen war ich ihm lästig geworden und bedrohlich für seine Mutter. Er sorgte sich um sie, griff nach ihrem Arm und wollte mit ihr auf den Weg.

«Moment», sagte ich. «Wir sind noch nicht fertig. Ich muss wissen, wo die Mädchen sind.»

Er schüttelte erneut den Kopf.

«Du musst es mir zeigen», sagte ich. «Was Heinz Lukka mit Britta Lässler und mit deiner Schwester gemacht hat, war sehr böse. Ich muss wissen, ob mit den anderen dasselbe passiert ist.»

Er nickte, um mir zu bedeuten, dass mit den anderen dasselbe passiert war. Aber er machte keine Anstalten, mir etwas zu zeigen. «Finger weg?», fragte er.

Trude beruhigte sich ein wenig und erklärte: «Er will wissen, ob er es falsch gemacht hat.»

Natürlich hatte er es falsch gemacht, so falsch, dass er für den Rest seines Lebens in einer Anstalt hätte verschwinden müssen. Aber Trude irrte sich. Er wollte nur verhindern, dass ich die Mädchen wegnahm. Das machte er uns auch klar. Er nahm Trude den Klappspaten aus der Hand, machte einen Stich, bückte sich, nahm einen kleinen Stein aus der Kuhle und hielt ihn mir vor. Dann legte er ihn zurück und häufte ein bisschen Erde darüber. «Finger weg», wiederholte er dabei. Missverstehen konnte man das nicht. Ich durfte sie mir mal anschauen.

«Das geht nicht», sagte ich. «Ich muss sie mitnehmen. Sie haben alle eine Mutter, und ihre Mütter sind sehr traurig, weil sie nicht wissen, wo die Mädchen sind. Du bist doch auch gerne bei deiner Mutter.»

Er nickte. Ich wandte mich an Trude. «Erklären Sie ihm, wie wichtig es ist. Dass ich für die Mädchen tun muss, was noch getan werden kann.»

Doch ehe Trude ihm etwas erklären konnte, setzte er sich in Bewegung. Er hatte mich verstanden, auch wenn er noch nicht recht glaubte, dass ich die geschundenen Körper schnell wieder zurück in den ursprünglichen Zustand versetzen konnte. Das konnten nur die Männer mit Leitern und einem Korb. Aber dass die Mütter traurig sein mussten, wollte er nicht.

Das Grab befand sich auf dem Nachbargrundstück, einer von Brombeersträuchern zugewucherten Wildnis, durchsetzt von Nesseln und Disteln. Wir waren im Hochsommer hier gewesen, als alles in vollem Grün stand und die Beeren an den Sträuchern zu faulen begannen. Ein betäubender Geruch über allem und kein Durchkommen. So hatten wir es gesehen und uns auf den Leichenspürhund verlassen, den es nicht in die Dornen zog.

Nachdem Ben mir bestätigt hatte, dass sie alle bei einem alten Birnbaum lagen, bedankte ich mich für seine Hilfe und wollte ihn nach Hause schicken. Nur wollte er jetzt nicht mehr gehen. Er wollte sich überzeugen, dass ich mein Versprechen hielt und sie zu ihren Müttern brachte. Aus Erfahrung wusste er, dass wir alles wegwarfen, was wir nicht mehr schön fanden. Sein Vater hatte die Mäuse immer weggeworfen, wenn er sie mit ins Haus brachte. Und schön sahen die Mädchen nicht mehr aus, das war ihm auch bewusst.

«Du musst gehen», sagte ich. «Wenn ein Mensch erfährt, dass du sie hier begraben hast, werden sie dich wieder einsperren. Ich werde es nicht sagen. Aber ich muss ein paar Männer rufen, die mir helfen.»

Und so kannte er es, die Männer mit Leitern und einem Korb. Er lächelte mich an – zum ersten Mal, griff nach meiner Hand und drückte sie ganz sachte. «Fein», sagte er, «fein macht.» Es sollte wohl heißen, du bist in Ordnung, versuch dein Glück.

Zusammen mit ihm und Trude verließ ich die Wildnis, informierte den Staatsanwalt und forderte die Spurensicherung an. Während ich telefonierte, zupfte er mehrfach an meinem Ärmel, zeigte mit ausgestrecktem Arm nach

Süden zu Lukkas Bungalow oder dem Lässler-Hof. Es war dieselbe Richtung.

«Fein», sagte er wieder und: «Freund. Fein macht.»

Dass er mich darauf aufmerksam machte, im Haus seines Freundes lägen möglicherweise noch zwei Körper, die repariert werden müssten, begriff Trude ebenso wenig wie ich. Es war sein letzter Eindruck von Lukkas Bungalow, der alte Rechtsanwalt und Tanja reglos am Boden.

«Da kannst du nicht mehr hingehen», sagte Trude und zog ihn zur Seite, damit ich in Ruhe telefonieren konnte. «Auf dem Lässler-Hof sind alle böse mit uns. Und im Bungalow ist niemand mehr.»

Er folgte seiner Mutter mit gesenktem Kopf den Weg zurück, den wir gekommen waren. Ich schloss mich an und holte mein Auto, mit ins Haus ging ich nicht mehr.

Eine knappe Stunde später traf die Spurensicherung ein, kurz darauf auch ein Gerichtsmediziner.

In achtzig Zentimeter Tiefe stießen wir auf einen blauen Plastiksack, der wie eine Decke im Boden ausgebreitet war, darunter lag die Amerikanerin – auf zwei weiteren Säcken. Die Verwesung war weit fortgeschritten, viel Menschliches nicht mehr zu erkennen, eine Identifizierung auf Anhieb nur an den Haaren möglich. Marlene Jensen, hellblond und langhaarig, war ebenfalls zwischen Müllsäcke gebettet. Unter ihr lag eine dritte Leiche. Svenja Krahl, die siebzehnjährige Schülerin aus Lohberg, von der wir angenommen hatten, sie sei in die Drogenszene abgetaucht. Es war ein Schock für mich, diesen Irrtum zu erkennen.

Die Grube musste mehrfach ausgehoben, vertieft und wieder aufgefüllt worden sein. Der Gerichtsmediziner wunderte sich über die ausgebreiteten Müllsäcke und die Ordnung. «So etwas habe ich noch nie gesehen», sagte er. «Alles hübsch beisammen. Das sieht fast aus, als hätte der Täter ihnen zuletzt noch so etwas wie Ehrfurcht erweisen wollen. Aber dass er sie alle in ein Loch steckt, überlegen Sie mal, welch eine mühselige Plackerei das war. Er musste sie von unten doch immer wieder hochholen, um tiefer zu graben. Was hat er sich dabei gedacht?»

Ich wusste zu diesem Zeitpunkt noch nicht, was Ben gedacht hatte. Ich wusste nicht, dass Svenja Krahl, nachdem sie beim Bendchen aus dem Wagen geworfen worden war, noch eine Begegnung am Waldrand gehabt hatte und vergewaltigt worden war.

Es gab keine Zweifel an Lukkas alleiniger Täterschaft, soweit es die Morde betraf. Da vermuteten wir sogar, dass es mehr Opfer waren als die uns bekannten, das möchte ich ausdrücklich betonen. Die Obduktionsbefunde bestätigten, dass alle in ähnlicher Weise zu Tode gebracht worden waren. Die Einzelheiten möchte ich mir ersparen. Für den Staatsanwalt und mich war der Fall damit abgeschlossen. Heinz Lukka war tot, wir konnten ihn nicht mehr befragen, niemand konnte ihn zur Verantwortung ziehen. Und er konnte keinen Schaden mehr anrichten. So sah ich es, und das war mein größter Irrtum in dem Fall.

17. Juli 1997

Seit einer halben Stunde beobachtete der Mann das Paar im Bendchen. So wurde das Waldstück genannt, das die offenen Felder nach Osten begrenzte. Es lag nicht weit entfernt vom Schlösser-Hof, einem der vier großen Bauernhöfe, die sich wie Wachposten in alle Himmelsrichtungen um das Dorf verteilten.

Auf der Karte von Lohberg und Umgebung sah es idyllisch aus, der kleine rote Fleck mit den vier Punkten und all dem Grün drum herum. Viel freies Land, Felder, Wiesen und der Wald, der seit eh und je ein beliebter Treffpunkt für Liebespaare war. Hier hatte der Mann schon so manche Nacht verbracht, verborgen hinter einem Baumstamm gestanden oder im Unterholz gelegen.

Das Paar in dieser Nacht war mit dem Auto gekommen, das taten sie fast alle. Viele blieben im Wagen, vergnügten sich auf der Rückbank. Dann war es schwierig für ihn, er musste nahe heran, und es bestand die Gefahr, dass sie ihn sahen. Die beiden waren ausgestiegen, einige Meter in den Wald hineingegangen und dabei so dicht an ihn herangekommen, dass er nur eine Hand hätte ausstrecken müssen, um die Frau zu berühren.

Es war eine laue Nacht. Sie hatten eine Decke aus dem Kofferraum genommen und sich darauf gelegt. Jetzt lagen sie da, küssten sich, zogen sich gegenseitig aus. Das lustvolle Stöhnen der Frau klang ihm so laut in den Ohren – wie ein Befehl. Den Knüppel neben seinem linken Bein fühlte er schon seit einer Weile. Es war ein abgestorbener Ast von einem der umstehenden Bäume. Zweimal hatte er bereits die Hand darum geschlossen und wieder losgelassen.

Ihm zogen Bilder durch den Kopf von einer Nacht im Juli vor zwei Jahren, als er das zum ersten Mal getan hatte, obwohl er genau wusste, dass es üble Konsequenzen für ihn haben konnte.

Im Juli 95 waren es zwei Männer gewesen und ein hübsches, blondes Mädchen. Sie waren in Streit geraten, das Mädchen wollte nicht beide Männer an sich heranlassen. Die Männer fuhren ab und ließen das Mädchen zurück. Halb nackt stand sie am Waldrand, schimpfte und fluchte hinter dem davonfahrenden Wagen her, suchte in der Dunkelheit ihre Sachen zusammen, fand die Handtasche nicht.

Er trat ihr freundlich entgegen, half bei der Suche, weil sie so jammerte, in der Tasche seien wichtige Sachen. Bis er sich nicht mehr beherrschen konnte und das tat, was vor ihm einer der beiden Männer getan hatte. Erst danach kam die Angst.

Das Mädchen weinte und drohte: «Ich zeig dich an, du Dreckskerl. Ich sorg dafür, dass du eingesperrt wirst.»

Er wollte nicht eingesperrt werden, legte beide Hände um ihren Hals und drückte zu, bis sie still war und sich nicht mehr bewegte. Danach hatte er noch mehr Angst. Aber er hatte Glück gehabt in der Julinacht vor zwei Jahren. Irgendwann hatte das Mädchen sich wieder bewegt. Als sie vom Boden aufstand und benommen durch die Nacht taumelte, war er noch in der Nähe, hatte sich nicht aufraffen können, den reglosen Körper liegen zu lassen und einfach zu gehen, hatte überlegt, ein Loch im Waldboden auszuheben und sie darin verschwinden zu lassen.

Er konnte sich auch nicht überwinden, noch einmal die Hände auszustrecken oder mit einem Knüppel zuzuschlagen, war irgendwie erleichtert, als sie aufstand und davonlief. Er folgte ihr – in einiger Entfernung, unschlüssig, wie er sich verhalten sollte.

Sie lief nicht den Weg, den die Männer im Auto genommen hatten. Sie lief am Bruch entlang, einem alten Bombenkrater, den die Zeit in eine Senke verwandelt hatte. Im Zentrum ragten die Trümmerberge eines ehemaligen Gehöfts auf. Es war ein unheimlicher Ort, die Bruchkante ragte hoch auf neben dem Weg. In der Dunkelheit war nichts zu sehen von dem Unkraut und den moosüberwachsenen Steinhügeln. Dort hätte er sie auch gut verstecken können. Doch als ihm das einfiel, war das Mädchen schon zu nahe am Lässler-Hof.

Und sie lief weiter, wollte zur Landstraße, hoffte wohl, noch einen Wagen anhalten zu können, der sie nach Lohberg mitnahm. Dort musste sie hin. Aber dort kam sie nie an. Achthundert Meter vom Lässler-Hof entfernt stand noch ein einsames Haus an einer Wegkreuzung, der Bungalow des Rechtsanwalts Heinz Lukka.

Von zwei Seiten war das große Grundstück von mannshohem Mais umgeben, zu den Wegen hin lag es offen. Bei Tag ragte nur das Walmdach über den Mais hinaus. Bei Nacht sah man schon von weitem den Lichtschein aus dem Wohnraum wie eine Glocke über dem Feld liegen.

Diesmal war da nur die Dunkelheit, durchbrochen von einem schwach bläulichen Schimmer, den man erst sah, wenn man den Mais hinter sich gelassen hatte und an der offenen Rasenfläche hinter der Terrasse vorbeilief. Das Mädchen hatte inzwischen bemerkt, dass er noch in der Nähe war. Sie dachte wohl an Hilfe und klopfte beim Tod an. Und er tat nichts, um sie aufzuhalten.

Das Mädchen war die siebzehnjährige Schülerin Svenja Krahl aus Lohberg. Das erste Opfer des Blutsommers 95. Nicht einmal ihre Eltern vermissten sie wirklich. Svenja Krahl hatte ein Drogenproblem gehabt und an jenem Abend sogar ihre eigene Mutter noch um fünfzig Mark bestohlen, um in der Lohberger Diskothek ein paar Pillen dafür zu kaufen. Als ihr Verschwinden bekannt wurde, gingen alle davon aus, sie sei in der Drogenszene abgetaucht. Bis ihre Leiche gefunden wurde – zusammen mit den anderen Opfern.

Der Mann hatte in der Julinacht vor zwei Jahren wirklich sehr viel Glück gehabt. Heinz Lukka hatte getan, wozu er nicht in der Lage gewesen war.

Rückkehr

Zum Besten standen die Dinge nicht für Ben, als Trude ihn im März 96 zurück ins Dorf brachte. Jakob Schlösser hatte sich geweigert, seinen Sohn nach Hause zu holen, und es war nicht allein das schlechte Gewissen, weil er ihn für den Täter gehalten und niedergeschlagen hatte. Inzwischen war auch eine Menge Furcht dabei, Ben könne das nächste Opfer werden.

Seiner Mutter drohte ein Strafverfahren wegen Begünstigung einer Straftat nach Paragraph 211 des Strafgesetzbuches, weil sie Beweisstücke verbrannt und damit verhindert hatte, dass rechtzeitig kriminalpolizeiliche Ermittlungen aufgenommen werden konnten. Der Staatsanwalt wollte an ihr ein Exempel statuieren.

Ich wusste, was Trude Schlösser bevorstand. Aber ich wollte mich nicht auch fragen müssen, wer sich um Ben kümmern sollte, wenn sie zu einer Haftstrafe verurteilt wurde, wer verhindern sollte, dass er erneut herumstreunte, wie er es immer getan hatte. Es wäre ihm nach all den schrecklichen Ereignissen nicht mehr gut bekommen.

Im Dorf schieden sich die Geister. Für ein paar wenige war Ben ein Held, der einen sadistischen Mörder zur Strecke gebracht hatte. Der Großteil der Bevölkerung vertrat aber nach wie vor die Ansicht, er sei unberechenbar und deshalb in der Anstalt bestens aufgehoben, habe vielleicht doch irgendwie seine Finger im Spiel gehabt, weil er doch ständig bei Lukka herumgelungert hatte.

Auf dem Lässler-Hof, wo er früher jederzeit willkommen gewesen war, durfte er sich nun nicht mehr blicken lassen. Die Familie verkraftete den Verlust der jüngsten Tochter nicht.

Paul Lässler hatte sich Brittas Obduktionsbericht aushändigen lassen und kümmerte sich um nichts mehr, seit er gelesen hatte, wie sie gestorben war. Die Schweine im Stall mochten vor Hunger quieken, Paul saß reglos auf einem Stuhl am Küchenfenster, als wäre er taub geworden. Von diesem Platz hatte er die Hofeinfahrt im Blick. Er schaute hinaus, als warte er darauf, seine «Kleinen», wie er Britta und Tanja Schlösser genannt hatte, auf ihren Rädern in den Hof fahren zu sehen.

Brittas Mutter, die starke, tüchtige, unerschütterliche Antonia, war am Ende ihrer Kraft. Einen winzigen Halt fand sie nur noch bei der älteren Tochter Annette. Aber unzählige schlaflose Nächte machten sich bemerkbar. Die ungelebte Trauer forderte ihren Tribut.

Sie bemühte sich verzweifelt, ihre Familie zusammenzuhalten und zurückzuführen in einen normalen Alltag. Das war unmöglich. Zu Paul drang sie nicht mehr durch. Sechsundzwanzig Jahre Ehe, nie ein ernsthafter Streit, nie ein böses Wort. Jetzt sprach Paul gar nicht mehr, und wenn er sie anschaute, war so viel Leere in seinem Blick, dass Antonia sich abwenden musste.

Der älteste Sohn Andreas kam zweimal in der Woche vorbei mit seiner Frau Sabine. Aber selten blieben sie länger als eine Viertelstunde. Meist sagte Andreas schon nach zehn Minuten: «Sei mir nicht böse, Mama. Mir ist gerade eingefallen, dass ich noch etwas Wichtiges zu erledigen habe.»

Vergessen konnte man einmal eine wichtige Erledigung, nicht zweimal in der Woche. Antonia vermutete, dass ihr Ältester nur bemüht war, für sich und seine junge Frau ein bisschen Zukunft zu retten. Um ihn sorgte sie sich nicht, aber um ihren zweiten Sohn Achim.

Achim hatte nie viel Glück gehabt mit Frauen. Seine letzte Freundin hatte keinen Hehl daraus gemacht, dass ein Leben auf einem Bauernhof für sie nicht infrage kam.

Trotzdem hatte er gehofft, sie eines Tages umstimmen zu können. Aber dann hatte sie Brittas Tod zum Anlass genommen, sich endgültig von ihm zu trennen.

Seitdem erledigte Achim nur noch die nötigsten Arbeiten im Schweinestall, mehr nicht. Fast jeden Abend verließ er das Haus und war die ganze Nacht unterwegs auf der Suche nach einem Menschen, dem er für den Tod seiner Schwester und sein damit verbundenes Elend die Seele aus dem Leib prügeln konnte. Antonia verging fast vor Sorge, dass er sich zu etwas hinreißen ließ, was nicht wieder gutzumachen wäre.

Im vergangenen Jahr hatte sie noch große Hoffnungen auf Tanja gesetzt, die bei ihnen aufgewachsen war. «Vielleicht hilft es Paul, wenn er wenigstens eine zurückbekommt. Vielleicht besinnt er sich und fängt wieder an zu arbeiten. Und wenn sein Vater mit gutem Beispiel vorangeht, kommt vielleicht auch Achim wieder zur Vernunft.»

Im Dezember 95 hatte Antonia das Mädchen dann kurzerhand aus der Klinik geholt, ohne die Ärzte oder sonst wen um Erlaubnis zu fragen, eine regelrechte Entführung, viel zu früh. Tanja hatte schwerste Verletzungen davongetragen, ihr mussten die Milz, der rechte Lungenflügel und große Teile des Dünndarms entfernt werden. Sie hätte noch lange ärztliche Betreuung gebraucht.

Gebracht hatte Antonias Verzweiflungstat nicht viel. Tanja ging es sehr schlecht. Und Paul saß nun die meiste Zeit neben der Couch im Wohnzimmer oder neben dem Ehebett, in dem jetzt auch Tanja schlief. Zweimal in der Woche fuhr Paul sie zur Nachbetreuung ins Lohberger Krankenhaus. Und wenn die Ärzte auch nur andeuteten, Tanja könne stationär besser versorgt werden, ging Paul Lässler ihnen beinahe an die Kehlen.

Der einzige Mensch, mit dem Antonia über ihre Nöte

sprechen konnte, war Bruno Kleu, der die zum Schlösser-Hof gehörenden Ländereien gepachtet hatte, nachdem Bens Vater die Landwirtschaft aufgeben musste.

Bruno Kleu gehörte einer der großen Höfe. Er war Jahrgang 51, hatte zwei eheliche und zwei uneheliche Söhne. Verheiratet war er mit der sanften, stillen und duldsamen Renate, mit der er sich irgendwann arrangiert hatte. Das heißt, Renate Kleu hatte sich damit abgefunden, dass ihr Mann sie nicht lieben konnte. Geliebt hatte Bruno – wie Heinz Lukka – immer nur eine: Paul Lässlers schöne Schwester Maria.

Zum Heiraten war er ihr und ihrem Bruder nicht gut genug gewesen. Aber in all den Jahren hatte Maria ihn gebraucht für eine oder zwei Stunden in der Woche. Ob sie ihn liebte, hätte Bruno nicht beschwören mögen. Manchmal verletzte ihn ihre Art. Und sie hatte ihn nie mehr verletzt als an dem Abend, als sie ihm erklärte, dass er nicht nur vier Söhne, sondern auch eine Tochter gehabt hatte. Als Bruno Kleu das erfuhr, war seine Tochter Marlene Jensen seit zwei Wochen verschwunden, getötet worden von Lukka. Und nun sollte der Mann zurück ins Dorf kommen, der getan hatte, was Bruno Kleu liebend gerne mit eigenen Händen erledigt hätte.

Er tat, was er konnte, um Bens Sicherheit zu gewährleisten, pendelte zwischen den Familien Lässler und Schlösser hin und her. Für den Lässler-Hof erledigte er stillschweigend die Arbeit, um die Paul sich nicht kümmerte, damit nicht alles vor die Hunde ging. Er hörte sich Antonias Sorgen an, sagte mindestens einmal jeden Abend: «Ben kann doch nichts dafür.»

Trude Schlösser bestärkte er in ihrem Bestreben, den Sohn aus der Landesklinik zu holen. «Finde ich richtig, dass du ihn nicht büßen lässt für das, was ihr verbockt habt.»

Er versuchte auch, Jakob Schlösser bei einigen Gläsern Bier in Ruhpolds Schenke die Bedenken auszureden. In der für ihn typischen, burschikosen Art sagte er: «Nun mach dir nicht ins Hemd, Jakob. An Ben wird sich keiner vergreifen, ich bringe ihm schon bei, wie man sich wehrt. Und was Trude angeht, kein Richter wird eine Frau für einige Jahre in den Knast schicken, die dem Tod mit knapper Not von der Schippe gesprungen ist. Sie kriegt bestimmt Bewährung. Man muss ihr ja auch den Schock zugute halten.»

Es hatte sich nicht vermeiden lassen, dass Bruno Kleu von dem drohenden Strafverfahren erfuhr. Er war zweimal unerwartet in Trudes Küche aufgetaucht, während sie mit ihrer Anwältin zusammensaß. Dass Trude die Finger seiner Tochter verbrannt hatte, wusste Bruno jedoch nicht. Er nahm an, es ginge nur um Britta Lässlers Fahrrad, das Trude in der Scheune versteckt, und um Brittas Kopf, den sie in ihrem Garten vergraben hatte.

Damit Jakob nicht zu viel Zeit zum Grübeln fand und am Ende noch verhinderte, dass sein Sohn nach Hause kommen durfte, ließ Bruno ihn auf den Feldern arbeiten, wenn es sich eben einrichten ließ, auf dem Land, das Jakob an ihn verpachtet hatte. Zwar beschäftigte Bruno auch zwei Landarbeiter, aber mit der zusätzlichen Arbeit für den Lässler-Hof konnte er jede Hand gebrauchen.

Und Trude meinte, es täte ihrem Mann gut, lenke ihn ab von der Schuld, die sie sich aufgeladen hatten. Sie hoffte, dass es ihm auch half, das schlechte Gewissen gegenüber Ben zu bewältigen und wieder ein Vertrauensverhältnis zu seinem Sohn aufzubauen.

17. Juli 1997

Die Frau auf der Decke im Bendchen war blond wie der Typ, den Lukka bevorzugt hatte. Sie hieß Rita Meier, der Mann neben ihr hieß Frank, so jedenfalls stellte er sich ihr in der Lohberger Diskothek vor, wo Rita ihn an diesem Abend kennen gelernt hatte. Eine Gelegenheitsliebschaft, mehr als ihren Vornamen hatte Rita ihm auch nicht genannt.

Sie war zweiunddreißig Jahre alt und verheiratet. Ihr Mann war beruflich viel unterwegs. Er verdiente gut, bot ihr ein angenehmes Leben und erwartete im Gegenzug, dass sie ihm treu war. Er hätte sie umgehend auf die Straße gesetzt, hätte er gewusst, dass sie sich hin und wieder eine Abwechslung gönnte. Deshalb nahm Rita niemals einen Liebhaber mit nach Hause, aus Angst vor den Nachbarn.

Rita hörte noch ein Geräusch, doch für eine Reaktion war es bereits zu spät. Der Knüppel sauste nieder und traf Frank am Hinterkopf. Das Holz war morsch und zersplitterte, sodass der Schlag Frank nicht völlig betäubte. Rita schrie auf, als der Mann aus dem Unterholz hervorkam und noch einmal mit der Faust zuschlug. Frank brach über ihr zusammen, drückte sie mit seinem Gewicht auf die Decke, nahm ihr jede Möglichkeit zur Flucht.

Als der Mann den Körper ihres Liebhabers zur Seite zog, versuchte Rita zu fliehen. Sie war nicht schnell genug, die Panik verhinderte, dass sie gezielt handelte. Sie schrie nur: «Fass mich nicht an. Fass mich bloß nicht an!» Bis er ihr mit einer Hand den Mund verschloss und die Nase. Als ihr der Atem ausging, gab sie den Kampf gegen ihn auf. Rita hatte einmal gehört, es sei besser, es über sich ergehen zu lassen, als den Täter mit Gegenwehr zum Äußersten zu treiben.

Es ging schnell, schon nach zwei Minuten ließ er wieder von ihr ab und war im Unterholz verschwunden, ehe sie noch richtig begriff, dass es vorbei war. Dann kümmerte sie sich zuerst um Frank, der langsam wieder zu sich kam.

Am Hinterkopf war nur eine Schramme, aber der Faustschlag hatte ihn in den Nacken getroffen und den Wirbel geprellt. Minutenlang fürchteten sie beide, er sei gelähmt. Endlich gelang es ihm, Hände und Füße zu bewegen. Er brauchte noch ein paar Minuten, ehe er aufstehen und Rita zum Auto folgen konnte. Und sie war dankbar, einfach nur dankbar, so glimpflich davongekommen zu sein.

Frank wollte unbedingt zur Polizei, um den Überfall anzuzeigen, das konnte Rita ihm ausreden. Sie hatten doch beide in der Dunkelheit niemanden erkannt, wen sollten sie da anzeigen? Sie hatte zwar das Gesicht des Mannes für zwei Minuten dicht vor sich gehabt, aber in der Panik, er könne sie ersticken mit seiner Hand auf Mund und Nase, und in der Dunkelheit. Etwas von Bedeutung hatte sie nicht gesehen. Größe, Gewicht, Haarfarbe, Kleidung, es waren verschwommene Eindrücke geblieben.

Eine schwarze Lederjacke, da war sie sicher, weil sie ihre Hände hineingekrallt hatte. Schwarze Lederjacken gab es viele, das halbe Dorf lief darin herum, nicht unbedingt in einer warmen Nacht wie dieser, trotzdem. Und wenn ihr Mann erfuhr, dass sie sich in der Lohberger Diskothek von jungen Männern ansprechen ließ ...

Rita wollte kein Risiko eingehen. Dass das nächste Paar vielleicht weniger Glück haben, dass es irgendwann Tote geben könnte, daran dachte sie nicht. Die erste Möglichkeit, die Wiederholung des Blutsommers durch rechtzeitige Ermittlungen zu verhindern, wurde vertan. Der Mann hatte wieder einmal Glück gehabt.

Miriam

Im Sommer 95 war es eine verzweifelte Mutter gewesen, die verhindert hatte, dass die Kriminalpolizei rechtzeitig aktiv werden konnte. Zwei Jahre später waren es junge Frauen wie Rita Meier, die um ihre Ehe und die persönliche Bequemlichkeit fürchtete, und Lukkas Erbin, Miriam Wagner. Sie wollte auf eigene Faust herausfinden, ob Lukka allein für die Verbrechen verantwortlich war, und hielt es für überflüssig, ihre Erkenntnisse mit der Polizei zu teilen. Beide mussten sie teuer zahlen für ihr Schweigen.

Ich wusste nichts von Miriam Wagner, es hatte in Lukkas Unterlagen keinen Hinweis auf sie gegeben. Und sie wusste nicht, wer Lukka wirklich gewesen war, als sie im Oktober 95 mit dem Blutsommer konfrontiert wurde.

Den halben August und den September 95 hatte sie in Spanien verbracht. Offiziell war es ein Urlaub gewesen, in Wahrheit eine Flucht. Sie floh immer, wenn sie ihr Leben nicht mehr ertrug, es als sinnlos und überflüssig empfand. Es war ein Beinahe-Leben, zerrissen an einem regnerischen Tag im März 81 – an einem Alleebaum auf der Landstraße von Lohberg ins Dorf.

An dem Tag starb ihre Mutter bei einem Autounfall – fünf Wochen nach der Verlobung mit Heinz Lukka, wenige Wochen vor der Hochzeit. Damals war Miriam Wagner zwölf gewesen, jetzt war sie sechsundzwanzig. Eine auf den ersten Blick kleine, unscheinbare, kindlich wirkende Frau mit einem steifen Bein, einer tiefen Narbe im Gesicht und so vielen Narben in der Seele, dass man sie nicht zählen konnte.

Von Britta Lässlers Tod, dem Mordversuch an Tanja Schlösser und den vermissten jungen Frauen hatte Miriam weder gehört noch gelesen. Eine Mordserie in einem

Dorf, nahe einer Kleinstadt, deren Namen kaum jemand kannte, war in Spanien nicht von Bedeutung.

Als sie Anfang Oktober 95 zurückkam, lag das Kuvert in ihrem Zimmer. Absender war die Anwaltskanzlei Heinz Lukka in Lohberg, seine Kanzlei. Die Einladung zur Testamentseröffnung. Es traf sie wie ein Schlag in den Rücken. Der Mann, der beinahe ihr Vater geworden wäre, war tot.

Seine sanfte Stimme verfolgte sie während der Fahrt von Köln nach Lohberg über die Autobahn, wurde mit jedem Kilometer eindringlicher. Kleine Maus hatte er sie immer genannt, auch als sie längst erwachsen war. Zuletzt getroffen hatte sie ihn an dem Abend im Juli 95, an dem Svenja Krahl verschwand. An einem Tisch in einem Kölner Restaurant hatte er ihr gegenübergesessen, ein schmächtiger, kultivierter Mann von siebenundsechzig Jahren.

Er steckte ihr das Geld für den langen Urlaub zu und sprach davon, sich nun bald aus dem Berufsleben zurückzuziehen. Er hatte schon vor Jahren zwei junge Anwälte eingestellt, um sich zu entlasten, Zeit zu finden für Reisen, etwas zu sehen von der Welt, ehe er für immer die Augen schloss. So hatte er es ausgedrückt, nun waren sie geschlossen.

Es herrschte eine merkwürdige Stimmung in der Kanzlei, so bedrückend und grau wie der Himmel draußen. Einer der jungen Anwälte, die er zu seiner Entlastung eingestellt hatte, war nicht mehr da. Der andere begrüßte sie mit unbewegter Miene und erklärte, noch während er ihr aus der Jacke half, dass sie nicht Alleinerbin sei. Das kümmerte sie nicht, sein Vermögen hatte sie nie interessiert, nur er, der einzige Mensch, dem sie wirklich etwas bedeutet hatte. Und dass er tot sein sollte ...

Seine langjährige Sekretärin, an die Miriam Wagner

sich noch flüchtig erinnerte, gab nur zögernd Auskunft über seine letzte Ruhestätte. Ein anonymes Urnengrab auf dem Lohberger Friedhof.

«Warum wurde er nicht im Dorf bestattet?», fragte sie.

Es gab ein Familiengrab, in dem seine Eltern lagen, das wusste sie genau. Er hatte häufig davon gesprochen, dass er darin beigesetzt werden wollte. Im ersten Moment dachte sie, er hätte ein Grab in Lohberg gewählt, damit sie ihn besuchen konnte. Ins Dorf fuhr sie nicht. Sie hätte an dem Alleebaum auf der Landstraße vorbeifahren müssen, der ihre Mutter das Leben, sie selbst das Gesicht und die Zukunft gekostet hatte. Aber anonym, das passte nicht zu diesem Gedanken.

«Das hielten wir nicht für sinnvoll», antwortete die Sekretärin, brachte noch Kaffee für alle und verließ den Raum so eilig, als fürchte sie sich vor weiteren Fragen.

Es saß bereits ein Paar im Büro, Jakob und Frau Doktor Anita Schlösser. Die Namen waren Miriam geläufig. Jeden Monat hatte Heinz Lukka ihr einen langen Brief geschrieben. Und statt ausführlich über sich hatte er über das Dorf berichtet, das beinahe ihre Heimat geworden wäre, über die Sorgen und Nöte der Einwohner, ihre Beziehungen zueinander, freundschaftliche Bande und familiäre Stricke, Verpflichtungen und Verbindlichkeiten. Sie kannte jeden, der in den Blutsommer verwickelt oder davon betroffen gewesen war, nur dem Namen nach, dafür mit sämtlichen Beziehungen und Verflechtungen im Dorfgefüge.

Besonders oft hatte Heinz Lukka die Familien Lässler und Schlösser erwähnt, sich über die langjährige Freundschaft ausgelassen mit einem Hauch von Schwermut zwischen den Zeilen, weil sie aus ihm unerfindlichen Gründen auf ihn herabschauten. In einem Brief hatte er versucht, ihr den ältesten Lässler-Sohn Andreas schmackhaft zu machen. Er war sehr enttäuscht gewesen, dass sie nichts unternahm, Andreas Lässler kennen zu lernen, und dieser Sabine Wilmrod heiratete, die einzige Tochter des Mannes, dem der Baumarkt in Lohberg gehörte. Auch Achim Lässler, der so viel Pech mit seinen Freundinnen hatte, und Lukkas Erzfeind Bruno Kleu wurden oft erwähnt. Von «meinem Freund Ben» war in jedem Brief die Rede.

Als agiles, bemerkenswertes Kerlchen hatte Heinz Lukka ihn oft bezeichnet und sich darüber amüsiert, dass weder sein Vater noch sonst jemand ihn zu sinnvoller Arbeit anhalten konnte.

Kerlchen, darunter stellte Miriam sich ein schmächtiges Wesen vor, geduckte Haltung, den typisch debilen Ausdruck im Gesicht, ein bedauernswertes Geschöpf. Nun fiel diesem Geschöpf ein stattliches Wertpapierdepot zu – mit einer kleinen Einschränkung, die sie nur am Rande registrierte –, zur Verfügung bis zum Tod. Danach sollte eine gemeinnützige Einrichtung zur Förderung Behinderter in den Genuss der Wertpapiere kommen.

Das Geschäftshaus in Lohberg ging an sie und garantierte ihr eine sorgenfreie Zukunft in finanzieller Hinsicht. Doch in dieser Hinsicht hatte sie sich bisher keinen Gedanken zu viel gemacht. Sie lebte noch bei ihrem Vater, natürlich auch von ihm. Darüber hinaus hatte Heinz Lukka sie in all den Jahren großzügig unterstützt, ihr jeden Wunsch erfüllt, auch einen kostspieligen Wagen. Trotzdem beschwerte Miriams Vater sich oft, dass sie keine Anstalten machte, einen Beruf auszuüben. «Andere in deinem Alter ...» Das hörte sie mindestens dreimal in der Woche. Ihn würde es freuen, dass sie nun über stattliche Mieteinkünfte verfügen konnte.

Im Erdgeschoss des Hauses lagen die Anwaltskanzlei und die Praxis eines Orthopäden. Im ersten Stock praktizierten ein Internist und ein Zahnarzt, im zweiten Stock ein Kinderarzt und ein Gynäkologe, im Dachgeschoss ein Augenarzt und ein Hals-Nasen-Ohren-Arzt. Nur Ärzte.

«So kann ich mir einbilden, dass ich dazugehöre», hatte Heinz Lukka einmal gesagt. Er hätte gerne Medizin studiert, aber sein Vater hatte ihm keine Wahl gelassen. Darüber hatte er einmal gesprochen, als sie gerade neunzehn wurde und kurz vor dem Abitur stand. «Überleg dir gut, wie du dich entscheidest, kleine Maus. Du musst es dein Leben lang tun. Wenn es dich nicht ausfüllt ...»

Sie hatte nicht lange überlegen müssen, hatte wie er keine Wahl gehabt. Seit dem Tod ihrer Mutter wollte sie Psychologie studieren. Ihr Studium hatte sie abgeschlossen, verfügte über ein Diplom, das sie befähigte, als Therapeutin tätig zu werden. Aber in ihrem Leben war kein Platz für die Nöte und Probleme anderer. Sie wollte mit ihrem Wissen um auslösende Momente, Zusammenhänge und Reaktionen nur den eigenen Schmerz bewältigen, den Verlust ihrer Mutter und ihre Hoffnung auf einen Vater, der Zeit für sie hatte.

Ihr Vater hatte diese Zeit nie gehabt. Er war ein biederes Gemüt, hatte sich mit Zähigkeit hochgearbeitet vom Möbelschreiner zum Antiquitätenhändler. Ein Vermögen hatte er gescheffelt, zwei Läden eingerichtet. Er beschäftigte vier Verkäufer und stand selbst in der Werkstatt, von morgens bis abends, weil er mit seiner betuchten Kundschaft nicht umgehen konnte.

Auch als ihre Eltern noch verheiratet gewesen waren, hatte sie ihn oft tagelang nicht zu Gesicht bekommen. Ihre Mutter vermutete, dass er sich von Holzwürmern ernährte, weil er nicht mal zum Essen in der Wohnung erschien. Allein mit ihr am Tisch verging ihrer Mutter dann meist der Appetit, und statt zu essen, trank sie. Ein paar Mal musste sie zur Kur, versprach anschließend jedes

Mal, dass jetzt alles anders würde. Aber es änderte sich erst etwas, als Heinz Lukka in ihr Leben trat.

Wann genau und wo ihre Mutter ihn kennen gelernt hatte, wusste Miriam Wagner nicht, vermutlich in irgendeiner Bar in Köln. Aber sie erinnerte sich noch genau an den Tag, an dem ihre Mutter sie zum ersten Mal mitnahm nach Lohberg. Die Scheidung lief, ihre Mutter wollte für die Übergangszeit eine Wohnung in der Kleinstadt mieten. Heinz Lukka war ihr bei der Suche behilflich, er vertrat sie auch bei der Scheidung, die auf seine Initiative hin eingereicht worden war.

An dem Tag sagte ihre Mutter bestimmt hundertmal: «Du wirst ihn mögen, Herzchen.» Sie schwärmte von seiner Bildung, den exzellenten Manieren, ein Kavalier alter Schule, der genau wusste, womit man eine Frau glücklich machte. Besuche in der Oper, der Philharmonie oder einem Museum, Kunst und Kultur, Aufmerksamkeit und ein geduldiges Ohr für sämtliche Nöte. Heinz Lukka bot alles, was der Holzwurm nicht bieten konnte.

Die Wohnung, die er für sie ausgesucht hatte, lag nur zwei Straßen von seiner Kanzlei entfernt. Ein Auto brauchten sie nicht, um ihn zu besuchen, nachdem sie die leeren Räume besichtigt hatten. Am Abend fuhren sie in seinem Wagen ins Dorf.

Seine Wohnung lag am Marktplatz neben Jensens Apotheke. Eine bescheidene Wohnung, nur zwei Zimmer, Küche, Bad und eine winzige Diele, aber die Einrichtung war exquisit. Und er hatte einen Hund, Harras, der ihn freudig begrüßte und sich von ihr kraulen ließ. Miriam wünschte sich schon so lange einen Hund. Bisher war ihr das verweigert worden.

Sie blieben über Nacht, weil die Wohnung in Lohberg noch nicht möbliert war und ihre Mutter zu viel trank, um zurück nach Köln zu fahren. Heinz Lukka machte eigenhändig für Miriam ein Bett auf der Couch im Wohn-zimmer und trug seinem Hund auf, sie zu beschützen. Am nächsten Morgen kam er sehr früh aus dem Schlaf-zimmer, wollte wissen, ob die Couch bequem gewesen sei, sie gut geschlafen und Harras gut aufgepasst habe.

Er nahm sie mit in die Küche. Sie durfte den Napf für Harras füllen, während er den Tisch deckte für ein ge-meinsames Frühstück. Aber zuerst musste der Hund noch ins Freie. Und sie durfte ihn begleiten, durfte sogar die Leine halten.

«Wir haben Zeit für einen langen Spaziergang», sagte er. «Die Mami schläft noch fest.» Ihre Mutter schlief im-mer fest und lange.

Sie gingen mit dem Hund vom Marktplatz zur Bach-straße und weiter bis zum Ortsrand. Dort zeigte Heinz Lukka ihr ein großes Grundstück, auf dem er ein Haus bauen wollte für sie, ihre Mutter und sich selbst natür-lich.

«Wir haben sogar Platz für ein Schwimmbecken», sagte er. «Der Garten ist riesengroß.»

Es stand noch ein Haus an der Stelle, eine windschiefe Kate, in der eine uralte Frau lebte – ganz allein. «Das kann nicht mehr lange so weitergehen», sagte er. «Wenn eine Frau so alt geworden ist, dass sie sich alleine nicht mehr versorgen kann, muss man sich darum kümmern, dass sie gut versorgt wird.»

«Und wenn Männer so alt werden?», fragte sie.

Er lachte leise. «Wenn ich so alt werde, hoffe ich, dass du dich um mich kümmerst, kleine Maus.»

«Das tu ich bestimmt», versprach sie, obwohl sie ihn noch nicht ganz einen Tag kannte. Aber seine Art, diese sanfte Stimme, seine Fürsorglichkeit, sein unaufdringli-ches Lachen und der Hund, alles zusammen schuf eine Vertrauensbasis.

«Wenn wir hier ein Haus haben», fragte sie, «darf ich dann auch mal alleine mit Harras spazieren gehen?»

«Hier darfst du alles», sagte er.

«Auch wenn es dunkel ist?»

«Auch dann», sagte er. «Hier darfst du nachts herumlaufen, wenn du das möchtest. Hier passiert nichts.»

Das klang Miriam noch im Ohr, während der Anwalt den letzten Willen so hastig vorlas, als könne er es nicht schnell genug hinter sich bringen. Der Bungalow ging ebenfalls an sie. Heinz Lukka hatte keine Angehörigen gehabt, nur sie, eine Beinahe-Tochter, die sich nie hatte überwinden können, ihn im Dorf zu besuchen. Sie hätte sich auf der Landstraße auseinander setzen müssen mit der Schuld am Tod ihrer Mutter, mit ihrer Schuld.

Er selbst hatte häufig gesagt: «So gerne ich dich in meiner Nähe habe, kleine Maus, das will ich nicht von dir verlangen. Solch ein schreckliches Erlebnis darf man nicht immer wieder aufwühlen. Man kann es nicht ändern, also muss man versuchen, es zu vergessen, und das geht nur, wenn man den nötigen Abstand hält. Mir macht es nichts aus, nach Köln zu kommen, um dich zu sehen. Im Gegenteil, ich komme gerne, es erinnert mich an die ersten Wochen mit deiner Mutter. Da fühle ich mich jedes Mal um Jahre zurückversetzt.»

Nachdem alles verlesen war, erkundigte sich der Anwalt, ob sie das Erbe annehmen wolle. Sie nickte nur. Zwischen Jakob und Anita Schlösser kam es zu einem kleinen Disput. Bens Vater wollte ablehnen. Nur war er irrtümlicherweise als gesetzlicher Vertreter seines nicht geschäftsfähigen Sohnes vorgeladen worden. Die Vormundschaft hatte Jakob nach Bens Einweisung in die Landesklinik aber an die älteste Tochter abgetreten. Und Frau Doktor Anita Schlösser dachte praktisch. «Denk an Bens Zukunft, Papa.»

Papa, dachte Miriam Wagner und hörte sich fragen:
«Wenn du Mami heiratest, darf ich dann Papa zu dir sagen, Heinz?»

«Natürlich darfst du das, kleine Maus.»

«Und was sage ich dann zu dem Holzwurm?»

Er lachte leise. «Holzwurm solltest du ihn nicht nennen.»

«Mami nennt ihn auch immer so.»

«Erwachsene sagen manchmal Dinge, die nicht gut sind, kleine Maus. Er ist dein Vater und darf von dir Respekt erwarten. Wir beide warten mit dem Papa, bis alles seine Ordnung hat, einverstanden? Es dauert nicht mehr lange.»

Es war nie so weit gekommen.

Der Anwalt händigte ihr noch einen persönlichen Brief und die Schlüssel zum Bungalow aus. «Es ist leicht zu finden», sagte er und gab ihr eine Wegbeschreibung. «Sie können es nicht verfehlen. Informieren Sie mich, wenn etwas nicht in Ordnung ist. Das Haus steht seit Ende August leer. Eine zerbrochene Terrassentür haben wir bereits ersetzt.»

Miriam Wagner hatte immer noch keine Ahnung. Sie dachte bei einer zerbrochenen Terrassentür an spielende Kinder. Jakob und Anita Schlösser verließen die Kanzlei. Sie wollte sich anschließen, Lukkas langjährige Sekretärin hielt sie zurück und zerstörte mit wenigen Sätzen die Illusion der letzten vierzehn Jahre.

Als Miriam hinaus auf den Parkplatz kam, standen Bens Vater und seine älteste Schwester neben einem weißen Peugeot mit Kölner Kennzeichen und verhandelten miteinander. Es schien, als wolle Jakob Schlösser noch ein paar Worte mit ihr wechseln, Anita hielt ihren Vater zurück.

Das sah Miriam Wagner aus den Augenwinkeln, aber

es interessierte sie nicht, was diese Leute ihr sagen könnten. Sie stieg in ihren Wagen und fuhr los, ohne Augen für den Verkehr, ohne einen Gedanken, nur mit dem Wissen, dass der Mann, der beinahe ihr Vater geworden wäre, keines natürlichen Todes gestorben und die Terrassentür nicht von spielenden Kindern zerbrochen worden war. Jetzt begriff sie, warum Heinz Lukka nur ein anonymes Urnengrab auf dem Lohberger Friedhof bekommen hatte.

An dem Tag im Oktober 95 konnte Miriam Wagner die vier Kilometer von Lohberg ins Dorf nicht mehr bewältigen. Es gelang ihr nicht einmal, Heinz Lukkas letzten Brief sofort zu lesen. Die Stimme der Sekretärin hallte ihr wie ein Echo durch den Kopf. «Die Kriminalpolizei hatte keine Zweifel, dass der schwachsinnige junge Mann nur das Leben seiner Schwester verteidigt hat.»

Es war unvorstellbar, Heinz Lukka, ihre Illusion eines sinnvollen Lebens, schlachtete ein dreizehnjähriges Kind ab und konnte nur von einem Idioten daran gehindert werden, einem zweiten Mädchen das Gleiche anzutun.

Als sie aus Lohberg zurückkam, saß der Holzwurm, den sie immer noch Papa nannte, mit feister, roter Miene über einem Möbelprospekt. Er verschlang eine Pizza, die vermutlich längst kalt war. Seine fettigen Finger hinterließen schmierige Abdrücke auf dem Hochglanzpapier.

Sie hatte bisher keinen Versuch unternommen, eine eigene Wohnung zu nehmen, hegte unterschwellig noch ein wenig Hoffnung, irgendwann einmal zu spüren, dass sie für den Holzwurm mehr war als ein problematisches Geschöpf, das sich nur aus Trotz in seiner Nähe aufhielt.

Immer und immer wieder hatte Heinz Lukka gesagt: «Er ist dein Vater, ich bin sicher, dass er dich liebt, kleine Maus. Er kann es nur nicht zeigen. Aber wenn du es ihm zeigst, irgendwann kommt ein Echo, glaub mir.»

Auf dieses Echo hatte sie bisher vergebens gewartet. Statt liebevoller Worte hörte sie nur ständig, es sei höchste Zeit für sie, sich endlich abzunabeln und auf eigenen Füßen zu stehen. Er wollte sie loswerden und machte nicht einmal einen Hehl daraus.

Als sie hereinkam, hob er kurz den Kopf von seinem Möbelprospekt und erkundigte sich: «Na, was hat's gegeben? Hat es sich wenigstens gelohnt?»

Dann meinte er, wie nicht anders zu erwarten: «Ein Geschäftshaus und einen Bungalow? Das hört man doch gerne. Dann wirst du sicher bald ausziehen.»

Warum sie ihm überhaupt noch etwas erklärte, wusste sie nicht. Vielleicht nur, um einmal, ein einziges Mal festzustellen, dass er mehr im Kopf hatte als Sägespäne, dass sie mit ihm reden konnte, ein offenes Ohr fand und ein wenig Verständnis.

Er wusste von nichts, hatte keinen Blick in eine Zeitung geworfen, nie etwas von Britta Lässler und Tanja Schlösser in einem Fernsehbericht gehört. Und trotzdem sagte er mit diesem verwunderten Unterton: «Dann hatte deine Mutter doch Recht. Und ich dachte, sie wäre besoffen gewesen. Sie hat mich ja noch angerufen damals, und ...»

«Sie war betrunken», schnitt Miriam ihm das Wort ab.

Sie erinnerte sich genau an das Wochenende im März 81, fünf Wochen nach der Verlobungsfeier. Die Übergangswohnung ihrer Mutter in Lohberg war nur provisorisch eingerichtet mit dem Nötigsten, gemütlich war es nicht. Am Freitagabend holte Heinz Lukka sie beide ab. In seinem Wagen fuhren sie ins Dorf, aßen in Ruhpolds Schenke. Ihre Mutter trank zu viel wie üblich. Auf dem Weg von der Schenke zu seiner Wohnung sagte Heinz Lukka noch: «Keine Angst, kleine Maus. Das bekommen wir beide bald in den Griff.»

Der Hund war nicht da. Er hatte ihn für einen Eingriff

zum Tierarzt bringen müssen, wollte ihn montags wieder abholen. Damit ihr die Zeit nicht zu lang wurde ohne den treuen Harras, hatte er einen Zeichentrickfilm gekauft. «Für morgen früh», sagte er, als er ihr wie üblich das Bett auf der Couch machte und die Videokassette auf den Tisch legte. «Unser Spaziergang fällt ja aus.»

Er erklärte ihr, wie der Videorecorder zu bedienen war, und ließ anklingen, dass er am nächsten Morgen auch gerne etwas länger schlafen möchte. Sie wachte sehr früh auf und fand mit ihren zwölf Jahren, für Zeichentrickfilme sei sie zu alt. Andere Filme verwahrte Heinz Lukka hoch oben im Wohnzimmerschrank. Sie hatte die Kassetten oft gesehen, wenn er den Schrank öffnete, musste auf einen Stuhl steigen, um sie zu erreichen.

Und dann erwischte sie einen Horrorfilm, einen widerlichen, blutrünstigen Streifen. «Die Nacht der reitenden Leichen» oder «Ein Zombie hing am Glockenseil». Etwas in der Art. Heinz Lukka hatte das später alles erklären können.

Er hatte eine Kultursendung aufzeichnen wollen, die erst in der Nacht ausgestrahlt wurde. Es gab damals noch kein VPS, man durfte nicht darauf vertrauen, dass die Sendungen zur angekündigten Zeit begannen. Er hatte seinen Recorder großzügig programmiert. Und wie es häufig der Fall war, die Sportschau überzog, alle nachfolgenden Sendungen verschoben sich um gut eine halbe Stunde. So war das Ende dieses scheußlichen Filmes auf das Videoband geraten.

Wie sie es geschafft hatte, die Kassette zurück in den Schrank zu legen und den Stuhl wieder an seinen Platz zu stellen, wusste sie nicht. Sie wusste zu dem Zeitpunkt schon nicht mehr genau, was sie gesehen hatte, nur, dass es ganz furchtbar gewesen war, grässlich, blutig, grauenhaft.

Ihrer Mutter fiel beim Frühstück auf, dass sie so still war. Heinz Lukka vermutete, dass sie den Hund vermisste. Zum Ausgleich bot er einen Zoobesuch. Am Nachmittag fuhren sie hin. Im Affenhaus war es sehr heiß. Ihr brach immer noch der Schweiß aus, wenn sie nur daran dachte. Ihre Mutter nahm an, dass sie fieberte, und wollte nicht zurück ins Dorf, sondern in die Wohnung nach Lohberg, in die sie gerade erst eingezogen waren.

In der Nacht träumte sie von dem Film. Im Traum vermischten sich die Szenen vom Fernsehbildschirm mit kindlicher Phantasie. Heinz Lukka wurde zur Schreckensgestalt und zwang sie, ihm bei seinen Untaten zuzuschauen. Sie schrie laut, stammelte im Halbschlaf, was sie im Traum durchlebte.

Ihre Mutter weckte sie und begriff nicht, dass es nur ein Traum war. Sie trank bis zum Morgen, rief noch den Holzwurm an, zerrte sie zum Auto. Und dann wurde der Alptraum Wirklichkeit im Lohberger Krankenhaus. Messer in ihrem Leib, blutige Hände, die Nägel in ihr Bein trieben, ihren Körper aufrissen, Organe herausnahmen. Miriam kam es immer noch so vor, als hätte sie die Operationen bei vollem Bewusstsein erlebt, als wäre Heinz Lukka einer der Ärzte gewesen und hätte gesagt: «Das brauchst du nicht mehr.»

Und das für einen billigen Horrorstreifen, von dem er gar nicht wusste, dass er sich in seinem Schrank befand. Er hatte das Band nur am Ende kontrolliert, um festzustellen, ob die Kultursendung komplett aufgezeichnet worden war. Dann hatte er zurückgespult und die Kassette in den Schrank gelegt. «Warum hast du nicht sofort mit mir darüber gesprochen, kleine Maus?», fragte er später.

Weil sie unerlaubt in seinen Schrank gegriffen und nicht erwartet hatte, darin das Grauen zu finden. Weil sie beim Frühstück noch zu schockiert, entsetzt, innerlich wie gelähmt war. Weil sie gedacht hatte, sie könne sich von ihm nie wieder in den Arm nehmen lassen. Weil sich dann bei ihr der Alptraum festsetzte und nicht die Erinnerung an den scheußlichen Film.

Ein Horrorfilm, wie sie Ende der siebziger und Anfang der achtziger Jahre in Massen gedreht worden waren. Doch keiner davon konnte das Grauen zeigen, das sie nun schüttelte. Heinz Lukka, beinahe ihr Vater, der einzige Mensch, der seit dem Tod ihrer Mutter wirklich für sie da gewesen war, in seitenlangen Briefen ein Leben vor ihr ausbreitete, das sie nicht hatte leben dürfen, der unzählige Male über einen Restauranttisch gegriffen und ihre Hände gehalten hatte – mit seinen Händen hatte er ... Das konnte sie nicht zu Ende denken.

Erst Mitte Dezember war sie so weit, dass sie seinen letzten Brief lesen konnte, handgeschrieben wie alle anderen, datiert auf den 15. August 1995. «Nun heißt es Abschied nehmen, kleine Maus. Einige Monate haben die Ärzte mir ohne Behandlung noch gegeben, Krebs. Ich habe die Beschwerden zu lange ignoriert und sehe nicht ein, welchen Sinn es jetzt noch machen sollte, mich unters Messer zu legen. Das bisschen Zeit, das bleibt, nutze ich lieber, um einen lang gehegten Traum zu verwirklichen.»

Im zweiten Absatz hoffte er auf ihr Verständnis. «Es war mir ein großes Bedürfnis, Ben abzusichern. Dass seine Eltern Vorsorge für ihn treffen konnten, bezweifle ich. Gute Heimplätze sind teuer. Und ich will, dass der einzige wirkliche Freund, den ich im Dorf habe, an einem freundlichen Ort untergebracht wird, wenn seine Mutter nicht mehr für ihn sorgen kann. Für dich bleibt genug. Das Geschäftshaus wirft eine monatliche Rendite ab, von der man sehr gut leben kann.»

Im dritten Absatz bat er sie eindringlich, den Bungalow

nicht zu verkaufen und auch nichts darin zu verändern. «Ich habe mir viel Mühe gegeben, das Haus einzurichten. Jedes Teil ist mit Liebe ausgesucht. Die Vorstellung, dass Dinge, die mir viel bedeutet haben, entfernt werden oder dass Fremde sich dort einnisten, ist mir zuwider. Vielleicht gelingt es dir eines Tages, hinzufahren und es dir anzuschauen. Es wird dir gefallen, da bin ich sicher. Und wenn du Besuch erhältst von meinem Freund Ben, sei nett zu ihm. Er hat es verdient.»

Sie las die Seiten zweimal und begriff es nicht. So schrieb doch kein Mörder. Wenigstens einmal anzuschauen und nichts zu verändern in einem Haus, in dem laut der Kanzleisekretärin zwei Kinder ... Mein Freund Ben. Der Heinz Lukka, den sie gekannt hatte, hätte niemals die jüngste Schwester seines einzigen Freundes angreifen können. Warum denn? Sie wusste nicht, ob sie das wirklich wissen wollte, obwohl sie mit ihrem Studium vielleicht in der Lage gewesen wäre, sein Motiv zu ergründen. Sie hatte auch etliche Vorlesungen in Kriminalpsychologie gehört.

Ende Januar 96, als Trude Schlösser sich noch darum bemühte, ihren Sohn aus der Psychiatrie zu holen, fuhr Miriam Wagner zum ersten Mal los. Den Bungalow erreichte sie nicht, nicht einmal den Ortsrand. Auf halber Strecke musste sie umkehren, weil da dieser Baum war und genau das eintrat, was Heinz Lukka prophezeit hatte. Sie wurde zurückgeschleudert in den alten Horrorfilm, den Alptraum und die letzten Minuten mit ihrer Mutter.

Plötzlich war es, als hätte ihre Mutter während der Fahrt noch Flüche und Verwünschungen ausgestoßen. «Scheißkerle allesamt. Warum bin ich nicht selbst darauf gekommen? Und da wundere ich mich, dass mir ...»

Sie grübelte minutenlang über den Rest des Satzes, aber er war weg, vielleicht nicht zu Ende gesprochen worden, vielleicht nicht wichtig, die Worte einer Volltrunkenen oder ein Gedanke, den der Holzwurm ihr mit seiner Andeutung in den Kopf gesetzt hatte.

Erst als der Fall im März 96 erneut Schlagzeilen machte, der August den Namen Blutsommer bekam und Heinz Lukka von den Medien als Monster tituliert wurde, gelang ihr, was sie nicht für möglich gehalten hatte. Vier Opfer, genau genommen fünf, wenn man Tanja Schlösser dazu zählte.

Die Ungeheuerlichkeit machte den Alleebaum zwischen Lohberg und dem Ortsrand zu einem Orakel, das vielleicht Antwort geben konnte. Sprich mit mir, Mutter! Was hast du gesagt während der Fahrt damals? Worüber hast du dich gewundert? Was ist dir aufgefallen?

Doch diesmal kam nichts. Im Vorbeifahren roch sie nur für einen flüchtigen Moment den alkoholisierten Atem des Mannes, der damals erste Hilfe geleistet hatte, hörte statt ihrer Mutter für zwei Sekunden die raue, gedrängte Männerstimme neben sich: «Schau nicht hin, um Gottes Willen, schau nicht hin.»

Sie konnte nicht hinschauen, konnte den Kopf nicht bewegen, hatte den halben Motorblock im Schoß, das linke Bein und die Hüfte zerschmettert und ein Stück Metall im Gesicht. Die rechte Wange aufgeschlitzt, den Kiefer gebrochen, den Gaumen durchbohrt. Wie festgenagelt saß sie da und dachte, sie müsse sterben, bis es gnädigerweise dunkel wurde. Und wie oft danach hatte sie sich gewünscht, sie wäre gestorben zusammen mit ihrer Mutter und der Hoffnung auf einen Vater wie Heinz Lukka.

Er hatte sie besucht im Lohberger Krankenhaus, einmal, das wusste sie noch, als sei es gestern gewesen. Sie sah noch, wie er sich über sie beugte, fühlte seine Hand auf der Stirn, hörte seine sanfte Stimme. «Du musst jetzt sehr tapfer sein, kleine Maus. Die Mami ist tot.»

Das wusste sie schon, einer der Ärzte hatte es gesagt.

«Aber ich bin immer für dich da», sagte er.

Und sie quälte sich mit ihrem gebrochenen Kiefer und dem durchstochenen Gaumen ein Flüstern ab, presste es zwischen Zähnen und Lippen hervor: «Geh weg.» Hatte die blutigen Traumbilder vor Augen, fühlte seine Hand auf der Stirn wie ein Messer. «Geh weg, du bist böse.»

«Warum, kleine Maus, was habe ich getan?»

Darauf hatte sie ihm nicht mehr geantwortet. Er war gegangen, aber er hatte das natürlich nicht auf sich beruhen lassen. Als sie aus dem Lohberger Krankenhaus entlassen werden konnte, holte der Holzwurm sie zu sich – für ganze zwei Wochen. Er suchte schnellstmöglich ein exklusives Internat. Wenn er schon keine Zeit hatte, eine Ehe zu führen, für eine traumatisierte Tochter fehlte die Zeit erst recht. Zu ihren Geburtstagen kam von ihm eine bunte Glückwunschkarte, die einer der Verkäufer aus den Läden geschrieben hatte, sie kannte die Handschrift.

Und Heinz Lukka schrieb Briefe, zuerst einen kurzen, in dem er seinen Besuch im Internat ankündigte. «Wenn du mich nicht mehr sehen willst, werde ich nicht lange bleiben, kleine Maus. Aber du musst mir erklären, warum du plötzlich etwas Schlechtes von mir denkst.»

Bei seinem Besuch hatte er dann alles erklärt, nächtliche Kultursendung, kindliche Phantasie, die keinen Unterschied machte zwischen Traum und Realität, und eine stets alkoholisierte Frau, der das ebenfalls nicht gelang. Danach waren die Tränen geflossen. Alles vorbei – für sie und ihn.

Er hatte nach dem Tod ihrer Mutter nichts mehr unternommen, um seine Einsamkeit zu bewältigen und ein privates Glück zu finden. «Wenn zwei Versuche gescheitert sind, sollte man es lassen», hatte er einmal gesagt.

«Wer war dein erster Versuch?», fragte sie. Er erzählte ihr von der schönen Maria, die er einmal erwischt hatte, als sie es im Dreck mit dem Bauernrüpel Bruno Kleu trieb.

«Bruno ist ein Kerl wie eine Dampfwalze», sagte er. «Ich glaube, so ein Haudrauf imponiert einem jungen Mädchen mehr als Bildung und gute Manieren.»

«Mir nicht», sagte sie.

Und er lachte. «Du warst immer eine Ausnahme, kleine Maus.»

Das hörte sie noch, als sie hinter dem Ortsschild von der Landstraße in den schmalen Weg einbog, der hinausführte zum Lässler-Hof. Die schöne Maria. Dass Marias Tochter und ihre Nichte zu den Opfern gehörten, machte es so einleuchtend.

Miriam war kalt, als sie endlich die Wegkreuzung erreichte. Und sie wusste nicht, ob es an der feucht-kühlen Witterung lag oder an der Kälte im Innern, an der Furcht, die Höhle eines Monsters zu betreten. Minutenlang blieb sie im Wagen vor dem Bungalow sitzen und ließ den Anblick auf sich wirken.

Ein prachtvolles Haus – wie gebaut für eine glückliche kleine Familie – Vater, Mutter, Kind. Auf den ersten Blick störte nur der Mais, der das große Grundstück von zwei Seiten umschloss. Das Feld gehörte zum Lässler-Hof und war nicht abgeerntet worden. Die Frucht war über den Winter verrottet und bildete eine undefinierbare Masse, in der es hier und dort grün keimte.

Drinnen war die Luft abgestanden und so kühl wie draußen. Sämtliche Zimmertüren standen offen. Obwohl sie noch nie einen Fuß über die Schwelle gesetzt hatte, kannte sie alles aus seinen Briefen. Die große, helle Diele mit der nach unten führenden offenen Treppe und der Verbindungstür zur Garage. Küche, Bad, Schlafzimmer, ein Arbeitszimmer, in dem nicht mehr stand als ein Schreibtisch, ein bequemer Sessel und ein Sekretär, ein kostbares altes Möbelstück. Sie war oft genug in der Werkstatt ihres Vaters gewesen, um den Wert beurteilen zu können.

Sie ging langsam in den großen, nach Süden liegenden Wohnraum. Die Einrichtung zeugte von Stil. Eine verspiegelte Hausbar, nüchtern und schlicht in einer Ecke. Unzählige kleine Kostbarkeiten genau so verteilt, dass sie dem Raum eine besondere Note verliehen, ohne protzig zu wirken. Überall lag dick der Staub, an sämtlichen Möbelstücken haftete schwarzer Puder von der Spurensicherung.

Vor der Bar stand ein großer Karton mit Schriftstücken und anderen Dingen, die von der Polizei beschlagnahmt worden und nach gründlicher Überprüfung zurückgebracht worden waren. Zwischen den Papieren lagen auch einige Videokassetten, ein Anblick, der automatisch ihren Puls beschleunigte.

Auf dem Teppich bei der Sitzgarnitur am Kamin war noch der mit Kreide gezeichnete Umriss eines Körpers zu erkennen und Blut, sehr viel Blut. Auch am Rauchabzug entdeckte sie etliche Spritzer. Sie waren längst getrocknet, fühlten sich rau an, als sie mit den Fingerspitzen darüberstrich.

Seit sie die Diele betreten hatte, folgte seine sanfte Stimme ihr wie ein Geist, der sie in seinen Bann zu ziehen versuchte mit all den Erklärungen, die er damals geboten hatte. «Warum hast du nicht sofort mit mir darüber gesprochen, kleine Maus?»

Vor den Augen schwebte ihr noch der Anblick, den er zuletzt geboten hatte. Ein schmächtiger, alter Mann, schon gezeichnet von der Krankheit, die er vor ihr verbergen wollte. Er rang sich ein Lächeln ab und sagte: «Aber sicher geht es mir gut, kleine Maus. Ein paar Unpässlichkeiten bringt das Alter mit sich, mach dir darum keine Gedanken. Wenn ich dich sehe, geht es mir prächtig. Du hast die Augen deiner Mutter, weißt du das?»

Er schmeichelte ihr. Sie war nur ein billiger Abklatsch ihrer Mutter. Statt tiefblau waren ihre Augen wässrig grau. Ihr Haar war nicht hellblond, es hatte die Farbe von Asche. Deshalb färbte sie es dunkel, so passte es auch besser zu ihr.

An ihrer Figur war nichts Weibliches. Einen Busen, den man als solchen bezeichnen durfte, hatte sie nach dem Unfall nicht mehr entwickelt, gewachsen war sie auch kaum noch, nur gut einen Meter fünfzig groß.

Mit der Kleidung konnte sie die äußeren Mängel kaschieren, trug Büstenhalter mit dicker Einlage und in Gegenwart anderer nur hochhackige Schuhe. Sie zog grundsätzlich wadenlange Kleider oder lange Hosen an, dann sah man nur noch, dass sie das linke Bein nachzog. Und ihr Gesicht, sie brauchte täglich eine halbe Stunde, um die aufgeschlitzte Wange zu modellieren und mit Make-up zu überdecken.

Optische Täuschungen, eine kindlich wirkende, knabenhaft schlanke junge Frau und ein schmächtiger alter Mann, Frankensteins Braut und ein Massenmörder.

2. August 1997

Als der Blutsommer sich das zweite Mal jährte, dachten im Dorf nicht mehr viele Leute an Heinz Lukka. Die junge Frau, die seit März 96 im Bungalow wohnte, hatte man eine Weile misstrauisch beäugt und eine Gänsehaut bekommen beim Gedanken an ihre Nächte. Inzwischen hatte man sich an Miriam Wagner gewöhnt, bekam sie nur selten zu Gesicht. Nur wenige wussten von ihren Aktivitäten und den Bemühungen, das Entsetzliche zu begreifen und hinter sich zu lassen. Mehr hatte sie zu Anfang nicht gewollt. Dass sie damit ihren Teil zur Wiederholung beitrug, konnte niemand ahnen.

Zwei Jahre nach den entsetzlichen Morden wusste nur Rita Meier, dass wieder junge Frauen und Mädchen in Gefahr waren. Wie groß die Gefahr war, auch für sie, ahnte sie nicht. Zur Lohberger Diskothek fuhr sie nicht mehr, blieb abends zu Hause, hielt Türen und Fenster geschlossen und sah nicht, wer sich nachts in der Nähe ihres Hauses aufhielt.

Sie bemerkte auch nicht, dass der Mann sie nur wenige Tage nach der Vergewaltigung wieder sah. Es war ein Zufall. Rita Meier brachte noch spät Blumen auf das Grab ihrer Schwiegereltern. Der Mann hielt sich ebenfalls auf dem Friedhof auf. Er war oft dort. Und im Gegensatz zu Rita Meier, die von ihm kaum mehr gesehen hatte als einen schwarzen Schatten, hatte er sie längere Zeit beobachtet und war vertraut mit ihren Gesichtszügen.

Zuerst hatte er Angst, dass sie ihn ebenfalls erkannte. Sie sortierte die Blumen in der Vase, richtete sich auf, schaute in seine Richtung. Er meinte, dass sie ihn nachdenklich betrachtete. Als sie den Friedhof verließ, folgte er ihr in gebührender Entfernung und fand heraus, wo sie wohnte, in einem der Reihenhäuser am Lerchenweg.

Der Lerchenweg war ein großes Gebiet, das sich in unzählige kleine Stichstraßen zersplitterte, viele waren nur schmale Gehwege, in denen sofort auffallen musste, wer nicht dort wohnte. Auf den Gartenseiten war es ungefährlicher, dort gingen oft Hundebesitzer und Spaziergänger. Und von dort waren die Wohnzimmer gut einsehbar. Einige Abende hintereinander beobachtete er Rita Meier, stellte fest, dass sie meist allein war. Zum Wochenende kam ihr Mann nach Hause.

An diesem Wochenende war in Ruhpolds Schenke eine Menge los. Außer der fest angestellten Kellnerin war noch eine Aushilfe beschäftigt, Katrin Terjung. Beide Frauen hatten am Samstagabend alle Hände voll zu tun. Kurz vor Mitternacht wurde es ruhiger, und Katrin Terjung nutzte die Gelegenheit, mit einem der Gäste zu flirten. Sie war erst neunzehn Jahre alt, hatte einen festen Freund, aber er war zurzeit bei der Bundeswehr.

Der Gast am Tresen hieß Manfred Konz und war verheiratet. Seine Frau hatte in der Woche das erste Kind bekommen und lag im Lohberger Krankenhaus. Am Nachmittag hatte Manfred sie noch besucht und seinen Sohn im Arm gehalten, anschließend war ihm die Lust auf eine einsame Nacht in einem verlassenen Haus vergangen. Es waren vorher schon so viele, nicht einsame, aber enthaltsame Nächte gewesen. Und davon sollten noch etliche folgen.

Bis die Schenke um eins geschlossen wurde, hielt Manfred aus, trank ein paar Bier mehr als üblich und bemühte sich um Katrin Terjung. Sie war hübsch und nicht abgeneigt, seine derzeitige Situation für eine Stunde zu teilen, ihr erging es ja ähnlich. Als Manfred ihr ein großzügiges Trinkgeld gab und fragte: «Was machen wir jetzt mit dem angebrochenen Abend?», lachte sie.

«Was du machst, weiß ich nicht. Ich hatte vor, die Füße hochzulegen.»

Das klang doppeldeutig, fand Manfred Konz und wagte einen Vorstoß. Er bot ihr seine Schultern an, um die Füße hochzulegen. Katrin schaute sich verstohlen um, ob jemand mitgehört hatte. Dann nickte sie und forderte ihn auf, draußen zu warten. Sie musste noch mit dem

Wirt abrechnen und wollte nicht, dass ihre Verabredung sich herumsprach und ihrem Freund zu Ohren kam.

Es dauerte nicht einmal eine Viertelstunde, bis sie ebenfalls ins Freie trat. Am Straßenrand stand ihr Auto.

Manfred schaute sich aufmerksam um, ehe er einstieg. Es war niemand in unmittelbarer Nähe, aber selbst wenn jemand beobachtet hätte, dass er zu Katrin ins Auto stieg, es gab eine harmlose Erklärung: Sie hatten den gleichen Heimweg.

Manfred Konz hatte am Marktplatz ein älteres Haus gekauft, Katrin lebte noch bei ihren Eltern an der Bachstraße. Nur widerstrebte es Manfred, mit ihr ins Ehebett zu steigen. Er wollte doch nur ein kurzes Vergnügen. Ins Haus ihrer Eltern konnte er sie natürlich auch nicht begleiten. Aber es war eine warme Nacht. «Fahren wir zum Bendchen», schlug er vor. «Da ist es romantischer als in einem Schlafzimmer, wo schmutzige Wäsche herumliegt. Ich muss unbedingt noch aufräumen, ehe meine Frau nach Hause kommt.»

Am Waldrand standen bereits zwei Wagen, ein roter Fiesta und ein dunkelgrüner Audi, etwa zwanzig Meter voneinander entfernt. Der Mann war schon seit Stunden da und beobachtete das Paar in dem Audi. Er hoffte, dass die beiden ausstiegen und eine Decke auf den Boden legten, wie Rita Meier und Frank es getan hatten. Für diesen Fall war er gut gerüstet. Er hatte einen Knüppel gesucht, der nicht zersplittern würde, wenn er auf einen Kopf traf. Ein Messer hatte er diesmal auch dabei.

Aber sie taten ihm nicht den Gefallen, blieben im Auto. Er hätte die Fahrertür aufreißen, den Mann ins Freie zerren und niederschlagen müssen, um die Frau zu erreichen. Sie hätte Zeit gehabt zu schreien. Das hätte man in dem roten Fiesta bestimmt gehört. Also war er verurteilt zuzuschauen – seit über einer Stunde.

Und dann tauchte auf dem Weg vom Schlösser-Hof zum Wald ein Scheinwerferpaar auf, Katrin Terjungs Wagen. Sie fuhr an den beiden Autos vorbei, lenkte in einen Wirtschaftsweg, ließ den Wagen noch ein Stück rollen, hielt an, löschte die Scheinwerfer und vergewisserte sich, dass sie für die beiden anderen Paare nicht zu sehen waren.

Für den Mann waren sie gut zu sehen, noch besser als das Paar in dem dunkelgrünen Audi, näher, viel näher. Nur knapp drei Meter. Er stand dicht an den Stamm einer Rotbuche gepresst, wagte sich ein Stück vor. Zwischen den Bäumen war die Dunkelheit so dicht, dass er damit verschmolz.

Sie stiegen schon nach wenigen Minuten aus, weil es im Auto zu eng war. Er hörte sie scherzen. Katrin erinnerte Manfred daran, dass sie eigentlich ihre Füße habe hochlegen wollen, als sie sich über die Motorhaube beugte.

In dem Moment zerbrach ein dünner Zweig am Boden mit einem vernehmlichen Knacken unter seinem Tritt.

Manfred Konz sagte noch: «Wart mal, ich glaube, da ist einer.» Er drehte dabei den Kopf über die Schulter, genau in dem Moment, als der Knüppel niedersauste.

So traf der Mann ihn seitlich, sah ihn zusammenbrechen ohne einen Laut. Dann trat er hinter Katrin, und nun ging alles sehr schnell. Noch ehe sie erfasste, was mit Manfred geschehen war, spürte sie das Messer an ihrer Kehle. Und dort blieb es die ganze Zeit.

Sie sah nicht, wer hinter ihr stand, wagte es nicht, sich zu rühren, drückte ihr Gesicht auf das warme Blech und presste fest die Augen zusammen. Wie Rita Meier ließ Katrin Terjung es über sich ergehen, starr vor Angst wimmerte sie nur leise in sich hinein.

Als es vorbei war, blieb sie auf der Motorhaube liegen, bis Manfred am Boden zu stöhnen begann. Da schrie sie, grell und durchdringend, schrie noch, als die beiden anderen Paare längst bei ihr waren.

Die beiden jungen Männer kümmerten sich um den Verletzten, die Frauen um Katrin. Manfred Konz wusste nicht, was passiert war. Als er es begriff, beschwor er alle, um Gottes Willen keinen Aufstand zu machen. «Wenn meine Frau das erfährt ...»

Auch Katrin Terjung wimmerte: «Mein Freund macht Schluss, wenn er hört, dass ich ...»

Sie wollte nur nach Hause, unter die Dusche und vergessen. Nur war sie nicht imstande zu fahren. Die jungen Leute mit dem grünen Audi wollten nicht in etwas hineingezogen werden. Das Paar aus dem roten Fiesta bot Hilfe an. Der Mann fuhr Manfred Konz ins Lohberger Krankenhaus. In der Notaufnahme erzählten sie, Manfred sei in eine Wirtshausschlägerei geraten und mit einem Stuhlbein niedergeschlagen worden.

Die Frau brachte Katrin Terjung nach Hause und redete eine Weile auf sie ein. Katrins Eltern schliefen schon, sie konnten sich ungestört unterhalten. Die junge Frau hatte selbst einiges zu verlieren, sie war verheiratet wie Rita Meier. Aber sie meinte, man könne das nicht so einfach vertuschen, es sollte unbedingt eine Anzeige erstattet werden.

«Ich könnte behaupten, er hätte mich angegriffen», bot die junge Frau an. «Wenn du mir sagst, wie er aussah, damit ich der Polizei eine Beschreibung geben kann.»

«Weiß nicht», flüsterte Katrin. «Schwarz. Die Jacke. Die Ärmel von der Jacke. Mehr hab ich nicht gesehen. Ich dachte, er schneidet mir die Kehle durch, und hab die Augen zugemacht, damit er nicht denkt, ich sehe ihn.»

Ben

In den ersten Wochen nach seiner Heimkehr im März 96 hatte ihn niemand im Dorf zu Gesicht bekommen. Anfangs war er zufrieden, bei seiner Mutter zu sein und sie anschauen zu dürfen. Ein vertrautes Wesen, das nur selten unvorhersehbar reagierte, im Gegensatz zu den vielen, mit denen er sich monatelang hatte auseinander setzen müssen. Ärzte, Pfleger und Patienten, deren Verhaltensweisen ihm noch verwirrender erschienen waren als alles, was er bis dahin erlebt hatte.

Dass er in den Monaten an dem furchtbaren Ort mehr gelernt hatte als in den zweiundzwanzig Jahren zuvor, war ihm nicht bewusst. Er musste all das lernen, was seine Mutter ihm zuvor abgenommen hatte, auch das Denken. Früher hatte er sich nur von seinen Instinkten und Erfahrungen leiten lassen. Nun grübelte er den Ereignissen hinterher und wich nicht von Trudes Seite, hatte Angst, sie könne noch einmal aus seinem Leben verschwinden, wenn er sie allein ließ.

Machte Trude die Betten, stand er am Fenster und schaute nur angespannt über die Felder. Holte sie etwas aus dem Keller, war er dicht hinter ihr. Wenn sie in der Küche zu tun hatte, saß er am Tisch und warf Blicke zum Fenster hinüber. Bei seiner Größe konnte er auf den Hof schauen, auch wenn er auf der Eckbank saß.

Seine Unruhe wuchs von Tag zu Tag, er saß da wie zum Sprung bereit. Immer wieder fragte er: «Fein?» Dann erzählte Trude ihm, dass es seiner jüngsten Schwester gut ginge – was gar nicht der Fall war –, und dass er Tanja vielleicht bald einmal sehen dürfe.

Bruno Kleu wollte ein Treffen arrangieren, meinte wie Trude, es sei wichtig für Ben, seine Schwester wieder zu sehen und zu erkennen, dass er richtig gehandelt hatte, als er in Lukkas Bungalow eindrang und dem Anwalt das Genick brach.

«Sonst muss er ja glauben, er wäre eingesperrt worden, weil er Tanja das Leben gerettet und den Scheißkerl zur Strecke gebracht hat», sagte Bruno, betonte aber auch jedes Mal: «Wir warten bis nach Marlenes Beerdigung. Lass sie erst mal zur Ruhe kommen, Trude. Dann kann man vielleicht eher mit ihnen reden.»

Bruno war oft auf dem Lässler-Hof, weil er immer noch einen Großteil der Feldarbeit erledigte – und weil Maria ihren Mann nach dem Leichenfund verlassen hatte, sie lebte jetzt bei Bruder und Schwägerin. Bruno besuchte sie jeden Abend, ein Geheimnis machten sie nicht mehr um ihre langjährige Beziehung. Und Paul Lässler machte kein Geheimnis um seinen Gemütszustand. Seit er wusste, dass Ben wieder zu Hause war, hatte Paul schon mehr als einmal gesagt: «Wenn er hier auftaucht, kann Jakob einen großen Sarg bestellen.»

Dass Trude einmal mit Ben hinging, war völlig ausgeschlossen. Seit Anfang März ging Tanja wieder zur Schule. Sie besuchte das Gymnasium in Lohberg, saß noch einmal in der Klasse, die sie im vergangenen Jahr gerade abgeschlossen hatte. Aber sie fuhr nicht mehr mit dem Bus oder dem Rad. Morgens brachte Paul Lässler sie hin, mittags holte er sie wieder ab. Das machte es schwierig.

Bruno sagte: «Denk lieber nicht daran, dich Pauls Auto in den Weg zu stellen, Trude. Er fährt euch beide über den Haufen.»

Es schien auch, dass Tanja ihren Bruder nicht sehen wollte. Im Januar hatte sie noch gebettelt, als Jakob einen Besuch auf dem Lässler-Hof riskierte. «Bitte, Papa, nimm mich mit, wenn ihr Ben besucht. Ich muss mich doch bei ihm bedanken. Wenn er nicht gekommen wäre.» Davon war nicht mehr die Rede.

Paul und Antonia Lässler hatten großen Einfluss auf Tanja, was nicht weiter verwunderte, beide waren sie Bens jüngster Schwester immer näher gewesen als die eigenen Eltern. Und nach dem furchtbaren Erlebnis – sieben Messerstiche –, auch wenn Tanja daran keine Erinnerung hatte, den langen Klinikaufenthalt würde sie nie vergessen, ebenso wenig, dass sie zeit ihres Lebens gesundheitlich beeinträchtigt bleiben und Britta, die Freundin und Fastschwester, mit der sie aufgewachsen war, niemals wieder sehen würde.

Mit diesen Argumenten fiel es nicht schwer, Tanja davon zu überzeugen, dass Brittas Tod zum größten Teil Bens Verschulden war. Er war bei ihr gewesen an jenem Sonntagabend im August, als sie Lukka in die Arme lief. Da hätte er Lukka das Genick brechen müssen, nicht erst zwei Tage später.

«Lass ihn um Gottes willen nicht alleine laufen», mahnte Bruno immer wieder. «Auch nicht nachts, Achim ist jede Nacht unterwegs. Und der Junge ist noch verrückter als sein Vater. Paul hat ihn ganz irre gemacht mit seinem Gerede von Bens Schuld. Wenn Ben ihm über den Weg läuft, kriegst du nur Stücke zurück.»

In den ersten Nächten hatte Trude den Schlüssel abgezogen, wenn sie die Haustür verschloss. Aber es wäre kaum nötig gewesen. Auf Schritt und Tritt hing Ben an ihren Fersen. Wenn sie zu Bett ging, mussten die Türen des elterlichen Schlafzimmers und seines Zimmers offen bleiben. In den ersten Tagen schloss Jakob aus Gewohnheit die Schlafzimmertür hinter sich, morgens fand er seinen Sohn auf dem Flur liegend wie ein Hund.

Nicht einmal allein auf die Toilette konnte Trude noch gehen. Sie musste zumindest die Tür auflassen, damit er sie sah. Und wenn sie duschen wollte, folgte er ihr ins Bad und setzte sich auf den Klodeckel.

Darüber kam es schon in der ersten Woche zu einer kleinen Auseinandersetzung. Jakob wollte es ihm verbieten. «Komm da raus, Ben. Das gehört sich nicht.»

Bruno Kleu war nach der Feldarbeit zusammen mit Jakob ins Haus gekommen und sagte: «Jetzt lass ihn in Ruhe, Jakob. Verdammt nochmal, was ist dabei, wenn er mitgeht? Er guckt Trude schon nichts weg.»

Bruno kam jeden Abend, seit Ben wieder da war, nahm sich zwei, drei Stunden Zeit für ihn, sprach mit ihm über die Anstalt, wie schrecklich das alles für ihn gewesen sein müsse und so weiter. Er brachte ihm auch bei, wie man zurückschlug, wenn man angegriffen wurde, was gar nicht so einfach war. Ben begriff nicht, warum er einen Sandsack schlagen sollte, der nur harmlos in der Scheune hing. Bruno hatte den Sack eigens für diesen Zweck angeschafft und sogar angeboten, Ben zu sich zu nehmen, falls Trude ins Gefängnis müsse.

Es schien, als sei Bruno ehrlich bemüht um Ben. Trude dachte manchmal, sie müsste ihm eigentlich von ganzem Herzen dankbar sein. Doch diese Dankbarkeit wollte sich nicht einstellen. Trude hatte einfach Angst, dass Bruno dahinter käme, wer die Leichen begraben und die zwei Finger von Marlene nach Hause gebracht hatte. Dass Bruno eine Tochter verloren hatte, wusste inzwischen das halbe Dorf. Bruno selbst wusste seit März 96 nur, wo ihre Leiche gewesen war. Wer sie begraben hatte, sollte er besser nie erfahren, meinte Trude.

Wenn Bruno grinste und sagte: «Überlass ihn mir, Trude. Es hat mich schon immer gejuckt, ihn in die Finger zu bekommen. Man kann bestimmt was aus ihm machen. Man muss ihn nur richtig anpacken. Eines Tages kann er Traktor fahren, du wirst es erleben.» Dann hatte Trude das Gefühl, einen großen Fehler gemacht zu haben, als sie Ben nach Hause holte.

Ausgerechnet Bruno Kleu. Und im Notfall würde ihr nichts anderes übrig bleiben, als Ben für eine Weile in seine Obhut zu geben. Es wollte ihn sonst niemand aufnehmen. Und ihn mit Jakob allein lassen, war ausgeschlossen.

In den ersten Tagen hatte er Jakob mit misstrauischen und furchtsamen Blicken verfolgt, was verständlich war, nachdem Jakob ihn so fürchterlich verprügelt hatte an dem Montag im vergangenen August, als er frühmorgens mit Britta Lässlers Fahrrad vor der Tür saß. Und dann der letzte Schlag mit dem Schürhaken von Lukkas Kamin. Aber seine Angst hatte sich rasch gegeben. Schon nach einer Woche übersah er seinen Vater einfach.

Jeden Abend bemühte Jakob sich, ihn wenigstens für einen Rundgang ums Haus ins Freie zu locken, um wieder ein bisschen Vertrauen zu schaffen. Es half kein Vanilleeis, kein Schokoladenriegel, kein Betteln, kein noch so freundliches Wort. Er ging nicht mit, schaute Jakob nur flüchtig an und schüttelte den Kopf, kurz, nachdrücklich, endgültig.

Doch mit Bruno ging er – und sei es auch nur für fünf, höchstens zehn Minuten –, in die Scheune. Dann kam er zurück und vergewisserte sich, dass seine Mutter noch da war. Aber immerhin, fünf oder zehn Minuten und das auch dreimal am Abend. Wenn Trude ihnen folgte und einen Blick durch das Scheunentor warf, hielt Bruno entweder den Sandsack, damit der nicht herumpendelte, wenn Ben ihm zwei oder drei Faustschläge versetzte. So weit war er inzwischen. Bruno hatte ihm auch erklärt, dass er einen Menschen nur schlagen dürfe, wenn er angegriffen wurde. Es war Trude nicht recht, dass Bruno ihm so etwas beibrachte. Aber es war notwendig, wenn man Ben jemals wieder ohne Furcht allein aus dem Haus lassen wollte, das sah sie ein.

Manchmal beobachtete Trude auch, wie Bruno auf dem Traktor saß und Ben etwas erklärte. Was er sagte, war auf die Entfernung nicht zu verstehen. Es sah aus, als versuche er, Ben die Furcht vor den Maschinen zu nehmen. Natürlich vergebens. Ben hielt respektvoll Abstand, hörte nur mit ernster Miene zu und schüttelte manchmal den Kopf.

Trude fragte sich oft, was in ihrem Sohn vorgehen mochte. Ob es vielleicht so war, wie Bruno sagte: «Weißt du, was ich früher gedacht habe, wenn mein Alter mir mal wieder das Fell gegerbt hatte? Rutsch mir den Buckel runter, blöder Hund. Und irgendwann hab ich dann gesagt: ‹Sieh dich vor, beim nächsten Mal schlage ich zurück.› Jetzt stell dir mal vor, er hätte Jakob eine reingehauen. Statt sich verprügeln zu lassen, hätte er Jakob zu Lukkas Bungalow schleifen sollen. Da hätte Jakob sich austoben können. Darf man gar nicht drüber nachdenken.»

Dann klopfte Bruno ihm auf die Schulter. «Hab ich Recht, Kumpel? Mir brauchst du nichts zu erzählen. Ich weiß, wie es ist, wenn man's den anderen nicht recht machen kann, überall scheel angeguckt und immer gleich zum Sündenbock gestempelt wird.»

Bruno Kleu war der Erste, der wieder ein flüchtiges Lächeln auf Bens Gesicht brachte, wenn er am Abend erschien. Er hatte auch keine Schwierigkeiten, ihn zu einer Autofahrt zu überreden. Trude fuhr natürlich mit. Ben sollte in Lohberg neu eingekleidet werden, weil Bruno meinte, die Zeit der karierten Hemden, der Jogginghosen mit Gummibund und der Gummistiefel sei vorbei.

«Mir scheint, er fängt an, für sich selbst zu denken», sagte Bruno. «Da muss er nicht mehr wie ein Idiot durch die Gegend laufen. Ich lauf so jedenfalls nicht mit ihm rum.»

Bruno suchte ein Dutzend T-Shirts, Polohemden, Pullover, zwei gute Hosen und drei Jeans, eine Lederjacke und ein Jackett, ein Paar Slipper und ein Paar Sportschuhe mit Klettverschluss für ihn aus. Damit kam er zurecht. Mit Schnürsenkeln und Knöpfen an einem Hemd war er überfordert. Eine Schleife binden konnte er nicht. Und er brachte nie den richtigen Knopf durch das richtige Loch. Mal gab es oben und unten Zipfel, mal hatte er so geknöpft, dass es in der Mitte beulte. Die Reihenfolge kümmerte ihn nicht.

Wenn er sich bloß etwas über den Kopf ziehen musste, sah es ordentlicher aus. Die Lederjacke hatte einen Reißverschluss, da fummelte er zwar eine Weile, bis er ihn eingehakt hatte, aber er schaffte es, auch bei den Hosen, da brauchte er nur hochziehen und einen Knopf schließen. Das Jackett konnte er offen tragen, auch die drei Knöpfe an den Polohemden musste nicht unbedingt zu sein. Richtig elegant sah er aus bei der Anprobe.

Bruno klopfte ihm auf die Schulter, wie er es neuerdings oft tat, und sagte: «So lassen wir dich besser nicht allein auf die Straße, Kumpel, sonst hast du einen Schwarm Weiber auf den Fersen und weißt nicht, was du mit ihnen anfangen sollst.»

Außerdem kaufte Bruno noch ein Handy. Jakob hatte mehrfach anklingen lassen, dass er vielleicht besser zu Haus bleiben sollte in den nächsten Wochen. Das Strafverfahren gegen Trude war nach dem Leichenfund eröffnet worden, man musste bald mit Post von den Justizbehörden rechnen. Wenn Trude sich aufregte, Schwierigkeiten mit ihrem Herzen bekam, wie sollte Ben seiner Mutter helfen?

Dass Jakob zu Hause blieb und vielleicht doch wieder eine neue Vertrauensbasis schuf, passte Bruno Kleu nicht ins Konzept. In dem Fall bestand nicht die Aussicht,

Ben für immer auf seinen eigenen Hof zu holen, wie Bruno es tun wollte. Es reizte ihn einfach, Lukkas Henker an seiner Seite zu haben. Aber das war es nicht allein. Es musste auch möglich sein, ihn zu einer sinnvollen Arbeit zu bewegen. Ben den Umgang mit dem Telefon in der Diele zu erklären, hielt Bruno auch nicht für sinnvoll. Ben hätte vielleicht noch begriffen, welche Tasten er in einem Notfall drücken müsste. Nur hätte man am anderen Ende der Leitung kaum verstanden, welcher Notfall eingetreten war und wohin man fahren sollte.

Mit dem Handy war es simpler. Bruno hatte immer eins in der Tasche. Er programmierte die Nummer ein, mehr als eine Taste brauchte Ben nicht zu drücken.

Ganz ging Brunos Rechnung allerdings nicht auf. Auch mit dem Handy ließ Ben sich höchstens eine Viertelstunde von Trudes Seite locken. Das reichte für ein bisschen Training in der Scheune. Sobald Bruno versuchte, mit ihm alleine den Hof zu verlassen, sperrte Ben sich. Ohne Trude wollte er nicht fort, dass seine Mutter mit ihm sprechen konnte, wenn er mit Bruno unterwegs war, darauf ließ er sich nicht ein. Und dass sein Vater daheim blieb und ein wachsames Auge auf die Mutter habe, zu dieser Erklärung schüttelte er nur den Kopf. Bruno selbst hatte ihm einmal zu oft gesagt, sein Vater sei dumm. Und Ben wusste genau, was das bedeutete.

Er war längst nicht so dumm, wie allgemein angenommen wurde. Wie er mit dem Handy umgehen musste und dass er damit jederzeit Bruno rufen konnte, wenn mit seiner Mutter etwas nicht in Ordnung war, begriff er schnell. Es kam nur einmal zu einer kleinen Panne.

In der Woche nach Marlene Jensens Beerdigung bekam Trude Besuch von ihrer Anwältin. Sie kam immer hinaus auf den Hof, damit Trude mit ihrer angeschlagenen Gesundheit nicht die Fahrt nach Köln auf sich nehmen musste. Seit Ben wieder zu Hause war, hätte sich das ohnehin nur noch schwer einrichten lassen.

An dem Tag schlug die Anwältin vor, Trude sollte ein ärztliches Attest beibringen, um dem Untersuchungsrichter zu belegen, dass sie nicht verhandlungsfähig war und aus gesundheitlichen Gründen auch keine Haftstrafe antreten konnte.

«Heißt das, ich muss nicht ins Gefängnis, wenn ich so eine Bescheinigung habe?», fragte Trude.

«Genau das heißt es», erklärte die Anwältin. «Wir haben sogar gute Aussichten, dass der Untersuchungsrichter das Verfahren einstellt und es bei einer Geldbuße belässt. Der Fall hat für sehr großes Aufsehen gesorgt. Niemand ist daran interessiert, die Sache noch einmal hochzupuschen.»

Trude begann vor Erleichterung zu weinen. Und im nächsten Moment stand Ben, der bis dahin still auf der Eckbank gesessen hatte, zwischen ihr und der Anwältin. Zwei Meter Muskeln und Sehnen, ein lebender Schutzwall für seine Mutter.

«Finger weg», sagte er in einem drohenden Ton, den Trude noch nie von ihm gehört hatte.

«Schon gut, Ben», schluchzte Trude. «Es ist alles in Ordnung. Sei lieb und setz dich wieder hin.»

Er dachte nicht daran. Als die Anwältin ihn unwillig aufforderte, zu tun, was seine Mutter verlangte, stieß er sie mit einer Hand an ihrer Schulter zurück, drängte sie in die Ecke neben dem Herd, griff zum Handy und teilte Bruno Kleu mit: «Fein weh.»

Bruno grinste, als er die junge Frau aus ihrer misslichen Lage befreite. Er meinte, Ben hätte verstanden, was er ihm beigebracht hatte, er hätte sogar gelernt, eine Situation einzuschätzen und die Abwehrmittel entsprechend anzupassen. Er klopfte ihm auf die Schulter und sagte: «Das war sehr gut, Kumpel.»

Trudes Anwältin war weniger begeistert. Und Trude war sehr besorgt. Dieser drohende Ton und seine Haltung, seine Miene, verschlossen, grüblerisch, immer diese innere Unruhe, die Blicke zum Fenster. Das Weiche, Sanfte, bei dem ihr früher immer so warm ums Herz geworden war, suchte sie in seinem Gesicht vergebens.

Es fiel ihr unendlich schwer, sich das einzugestehen, aber ihr guter Ben, ihr Bester, der wieselflinke Riese mit den Augen einer Eule, dem Gedächtnis eines Elefanten und dem Verstand einer Mücke existierte nicht mehr. Den guten Ben hatte Jakob in Lukkas Bungalow erschlagen. Wer stattdessen aus der Anstalt zurückgekommen war und was Bruno aus ihm machte, musste sich erst noch zeigen.

Äußerlich sah er fast wieder so aus wie früher. Das Haar stand ihm nicht mehr in Stoppeln um den Kopf herum, im Gesicht hatte sich das durch die Medikamente verursachte Schwammige schon fast wieder verloren, und der Ansatz von Fett am Körper war dank Brunos Training in der Scheune ebenfalls wieder verschwunden. Blass war er, an den Händen fiel es Trude besonders auf, weil sie immer sauber waren. Er wusch sie sich jetzt selbst.

Wenn er vom Klo kam oder sah, dass sie einen Teller auf den Tisch stellte, ging er zum Spülbecken. Und die Nägel schnitt er sich mit einem kleinen Knipser, den er von einem Pfleger bekommen hatte. Alleine duschen und rasieren hatte er ebenfalls gelernt.

Letzteres wäre eigentlich nicht nötig gewesen, er hatte nur einen sehr schwachen Bartwuchs, ein bisschen Flaum. Früher war Jakob ihm ab und zu mit seinem Elektrorasierer durchs Gesicht gefahren. Jetzt stand er jeden Morgen vor dem Spiegel im Bad, strich mit diesem summenden Ding über sein Kinn, die Wangen, spannte die Oberlippe, vergaß auch nicht die Stellen unter dem Kinn und am Hals. Anschließend prüfte er mit dem Handrücken, ob alles glatt war.

Trude traute ihren Augen nicht, als sie es zum ersten Mal sah. Sie wusste nicht, ob sie sich freuen oder darüber weinen sollte. Wie oft war früher die Rede gewesen von Heimen, in denen man ihm das eine oder andere hätte beibringen können. Immer hatte sie sich dagegen gewehrt, Angst um ihn gehabt, gedacht, dass er nur weggeschlossen würde, weil er zu nichts nütze war.

Und jetzt das. Hände waschen, Nägel schneiden, duschen und rasieren, eine Jeans, ein Polohemd und Sportschuhe mit Klettverschluss anziehen. Einen Sandsack prügeln, ein Handy bedienen, wenn auch nur mit einer einprogrammierten Nummer.

Nur der Himmel wusste, was er alles gelernt hätte, wenn sie sich nicht all die Jahre von ihren irrationalen Ängsten hätte leiten lassen. Vielleicht hätte er sogar ein paar Worte mehr gelernt, wäre nach Hause gekommen an einem Tag im vergangenen Sommer und hätte ihr erzählt, was Heinz Lukka anrichtete, hätte es so erzählt, dass man es verstehen konnte.

Darüber durfte Trude gar nicht nachdenken und tat es doch unentwegt. Dass ausgerechnet sie, die immer nur das Beste für ihn gewollt, ihm jede Chance auf ein bisschen Eigenständigkeit verwehrt und ihn in diese Situation gebracht hatte. Es drehte ihr hundertmal am Tag das Herz um, wenn sie ihn zum Fenster schauen sah, ihn fragen hörte: «Fein?»

Und es war wie in all den Jahren, was er wirklich meinte, verstand Trude nicht. Ihm ging es nicht nur um seine Schwester. Natürlich hätte er Tanja sehr gerne wieder gesehen. Aber er hätte auch gerne gewusst, was aus den anderen geworden war, hätte gerne geglaubt, dass er von mir richtige Worte gehört hatte. Immerhin hatte ich, die Frau von der Polizei, ihn aus der Gefangenschaft befreit. Doch so, wie sich ihm die Dinge darstellten, hatte ich ihn belogen.

Wenn sie am Abend in die Scheune gingen, sprach Bruno oft von dem schönen Mädchen, das vor langer Zeit in dem tiefen Loch verschwunden und wieder zurückgekommen war. Bruno hatte auch ein Foto und weckte mit seinen Worten große Zweifel, dass ich mein Versprechen gehalten und die Mädchen wirklich zu ihren Müttern gebracht hatte. Bruno sagte nämlich, das Mädchen sei weg, so viel verstand er, wenn Bruno mit diesem schwermütigen Ton aussprach, wie ihm zumute war.

«Du hast keine Ahnung, was für ein Gefühl das ist, Kumpel. Da läuft so ein Mädchen jahrelang durchs Dorf, man sieht es zigtausend Mal. Jedes Mal denkt man, hübsches Ding, ganz die Mutter. Dann ist das Mädchen weg, und man erfährt, dass man der Vater war. Und man hat's nicht einmal im Arm gehalten, man hatte nicht die kleinste Chance, es vor so einem Schicksal zu bewahren. Ich hätte immer so gerne eine Tochter gehabt, was zum Knuddeln, da wachsen die Jungs zu schnell raus.»

Einmal sagte Bruno: «Wenn der Scheißkerl Lukka den August überlebt hätte. In keinem Knast der Welt wäre er sicher gewesen. Ich hätte Himmel und Hölle in Bewegung gesetzt, um ihn in die Finger zu bekommen, Wachbeamte bestochen oder sonst was mit ihnen getan, damit sie mich für eine Stunde in seine Zelle lassen. Nur für eine Stunde. So viel Zeit hätte ich mir genommen, um ganz langsam das mit ihm durchzugehen, was er mit den Mädchen veranstaltet hat. Und du machst das in zwei Sekunden, viel zu gnädig, Kumpel, und viel zu spät.»

Ben wusste nicht mehr, was und wem er glauben durfte, musste sich völlig neu orientieren, ganz für sich allein entscheiden, was gut und richtig, was böse und falsch war. Er wäre gerne einmal zum Lässler-Hof gegangen, um festzustellen, ob Britta wieder bei Antonia war. Wenn ich sie gefunden hatte, wie seine Mutter behauptete, und wenn ich tun konnte, was getan werden musste, hätte Britta zu Hause sein müssen. Dann hätte es aber keinen Grund geben dürfen, dass auf dem Lässler-Hof jetzt alle böse waren.

Auch zum Bungalow zog es ihn. Einen Blick durch die zerbrochene Glastür werfen und schauen, ob seine Schwester und sein Freund vielleicht noch am Boden lagen, oder ob wenigstens Bruno die Wahrheit sagte, dass Lukka jetzt in der Hölle schmore. Wo die Hölle war, wusste er nicht, aber wenn sein Freund dort war, konnte er nicht mehr in seinem Haus sein.

Unentwegt überlegte er, ob er es riskieren könne, einmal in der Nacht dorthin zu laufen – ganz schnell und nur ganz kurz. Seine Mutter sagte, da hinten wohne jetzt eine fremde Frau. Aber seine Mutter hatte ihm schon viele falsche Worte gesagt, nur weil sie wollte, dass er bei ihr blieb.

8. August 1997

Nach dem zweiten Überfall sprach sich im Dorf schnell herum, dass ein großer, kräftiger Mann im Bendchen sein Unwesen trieb. Das Paar aus dem dunkelgrünen Audi sorgte dafür, dass die Gefahr bekannt wurde. Man nannte ihn den schwarzen Mann. Einige von den Älteren amüsierten sich über den Ausdruck. Mit dem schwarzen Mann hatte man früher den Mädchen Bange gemacht, wenn man wollte, dass sie abends zu Hause blieben.

Obwohl die unmittelbar Betroffenen schwiegen, wusste man trotzdem bald, wer sie gewesen waren. Aber niemand wollte, dass Katrin Terjung ihren Freund verlor. Es wollte auch niemand den frisch gebackenen Vater in Schwierigkeiten bringen. Manfred Konz lag drei Tage mit einer schweren Gehirnerschütterung im Lohberger Krankenhaus und schwor sich, seine Frau nie wieder zu betrügen.

Katrin Terjung kam nicht mehr in Ruhpolds Schenke, um am Wochenende ein paar Mark zusätzlich zu verdienen. Sie wollte auf gar keinen Fall Anzeige erstatten, wollte nicht gefragt werden, was sie im Bendchen mit einem verheirateten Mann gemacht hatte, sich nicht anhören müssen, sie habe es zum größten Teil selbst verschuldet.

Die junge Frau, die sie nach Hause gebracht hatte, ging ebenfalls nicht zur Polizei, weil sie einsah, dass sie sich nur in Schwierigkeiten brachte mit einer Behauptung, die nicht den Tatsachen entsprach – und weil andere sich darum bemühten, den Täter zu fassen oder zumindest weitere Überfälle zu verhindern.

Der junge Mann, der sich den Audi seines Vaters ohne dessen Wissen ausgeliehen hatte, war Mitglied im Schützenverein, der jeden Freitagabend in Ruhpolds Schenke seine Versammlungen abhielt. Dort brachte er den «schwarzen Mann» gleich beim nächsten Treffen zur Sprache. Er behauptete, seine Freundin und er seien letzten Samstag beim Bendchen spazieren gegangen und hätten jemanden herumschleichen sehen. Ein Spanner höchstwahrscheinlich, und dem sollte man gründlich den Spaß verderben.

Ein paar Mitglieder der Versammlung erinnerten sich lebhaft an Bens zwei Jahre zurückliegenden Griff durch ein offenes Wagenfenster. Damals hatten sich einige darüber amüsiert, dass er Annette Lässlers nackte Brüste gestreichelt hatte, aufgeregt hatte sich nur Annettes Freund. Jetzt lachte niemand mehr.

Einer bezeichnete es als den Auftakt zum Blutsommer, kurz darauf war schließlich das erste Opfer verschwunden. Die Beschreibung des vermeintlichen Spanners passte auf Ben, obwohl niemand wirklich etwas Genaues gesehen hatte. Es sprach auch niemand offen aus, Ben könne der Täter sein. Was ihn betraf, hatte man sich einmal von der Kriminalpolizei eines Besseren belehren lassen müssen, nun war man vorsichtiger. Abgesehen davon stand Ben unter dem persönlichen Schutz von Bruno Kleu, und mit Bruno wollte sich niemand anlegen.

Brunos Sohn Dieter war ebenfalls Mitglied im Schützenverein. Und ausgerechnet Dieter Kleu machte den Vorschlag, eine Bürgerwehr zu bilden und im Bendchen zu patrouillieren.

Über eine Woche lag ein halbes Dutzend junger Männer im Wald auf der Lauer, jeder in irgendeiner Weise bewaffnet, einer sogar mit einer Schreckschusspistole. Nur passierte nichts in diesen Nächten. Liebespaare tauchten nicht auf. Ihnen war es nicht mehr sicher genug. Auch sonst bekam die Bürgerwehr niemanden zu Gesicht, sodass die jungen Schützenbrüder schon vermuteten, mit der Behauptung, im Bendchen treibe sich ein Spanner herum, wolle man ihnen den Spaß verderben. Gerade jetzt, wo die Nächte so mild waren, dass man sich nicht unbedingt in der Enge eines Wagens vergnügen musste.

Der Mann kannte den Wald besser als jeder von ihnen. Er sah und hörte seine Jäger, lange bevor sie auch nur vermuten konnten, er sei in der Nähe. Einige Nächte lang verhielt er sich so still, als existiere er nicht. Dann suchte er andere Plätze. Die warmen Nächte verführten zum Leichtsinn. An vielen Wohnungen und Häusern blieben die Fenster oder Terrassentüren noch lange weit geöffnet. Er konnte zuschauen, sich erregen an dem, was er sah.

Ein paar Mal wägte er ab, wie groß das Risiko für ihn wäre, in ein Haus einzudringen. Meist war es ihm zu groß. Nur wenige Häuser lagen so abgeschieden wie der Bungalow an der Wegkreuzung. Nur wenige Frauen waren in der Nacht allein wie Miriam Wagner.

Miriam

Beim ersten Aufenthalt Ende März 96 hatte sie es keine zwei Stunden lang ertragen mit dem Kreideumriss auf dem blutigen Teppich. Dann tat sie, was sie immer tat, sie floh. Aber nur für drei Tage. Dann machte der Holzwurm eine Bemerkung, die sie zur Weißglut trieb. Sie solle dem Schicksal auf Knien danken für den Unfall ihrer Mutter, sagte er. So hätte zumindest sie einigermaßen unbeschadet überlebt.

«Wer weiß, was der Kerl mit dir angestellt hätte. Er hätte sich garantiert an dir vergangen und dir irgendwann auf seine Weise das Maul gestopft. Wo deine Mutter die halbe Zeit sturzbesoffen war, hätte er doch freie Hand gehabt.»

Daraufhin packte sie in der letzten Märzwoche 96 zwei Koffer. Sämtliche Briefe von Heinz Lukka nahm sie mit. Der Holzwurm hielt sie für übergeschnappt. Aber wie er darüber dachte, spielte nun wirklich keine Rolle mehr. Den Alleebaum auf der Landstraße hatte sie bereits einmal bewältigt, sie war sicher, es erneut zu schaffen. So war es auch, weil das, was auf den Baum folgte, um vieles entsetzlicher war.

Als sie ankam, saß sie wieder minutenlang im Wagen vor dem Grundstück. Es fehlte nicht viel, und sie wäre umgekehrt, aber diesen Triumph gönnte sie dem Holzwurm nicht. Also stieg sie aus, trug ihre Koffer und ein paar Lebensmittel ins Haus, schaffte als Erstes den Karton mit Schriftstücken und Videobändern auf den Dachboden, ebenso Heinz Lukkas Sachen aus dem Kleiderschrank.

Vieles war so erschreckend banal, seine Hemden und Anzüge, Socken, Unterwäsche und Schuhe. Ein leerer Öltank, verdorbene Lebensmittel im Kühlschrank, Staub auf den Möbeln und ein blutiger Teppich.

Im Dorf registrierte man ihren provisorischen Einzug rasch. Sie fuhr einen auffälligen Wagen, einen dunkelgrünen Jaguar, den sie auf dem Weg abstellen musste, weil die Garage nicht frei war. Darin stand noch der Mercedes, den Heinz Lukka zuletzt gefahren hatte. Jeder, der den Feldweg benutzte, sah den Jaguar ab der letzten Märzwoche 96 vor dem Grundstück stehen.

Es gab ein paar Spekulationen, doch außer Jakob und Trude Schlösser wusste kein Mensch genau, wem der Wagen gehörte. Niemand dachte mehr an einen fünfzehn Jahre zurückliegenden Autounfall, bei dem Lukkas Verlobte ums Leben gekommen war. Kaum jemand erinnerte sich, dass die Frau damals eine zwölfjährige Tochter gehabt hatte.

Aus dem Dorf hielt Miriam Wagner sich fern. Einkäufe machte sie in Lohberg, dort aß sie auch zu Abend, weil sie noch nie für sich gekocht hatte und es jedes Mal eine Herausforderung darstellte, an dem Alleebaum vorbeizufahren. Es war jedes Mal ein winziger Triumph und gab ihr das Gefühl, auch dem größeren Entsetzen gewachsen zu sein. Aber leicht war es nicht.

Sie bemühte sich um Informationen. Doch nur die Lokalpresse hatte ausführlich über den Fall berichtet. Man stellte ihr Kopien der Artikel zur Verfügung, aber die reißerischen Schlagzeilen und die jungen, lebendigen, unversehrten Gesichter konnte sie nur kurz anschauen.

Bei Tag fand sie noch Ablenkung. Das Haus musste wieder wohnlich gemacht werden. Sie ließ den Öltank füllen, leerte und reinigte den Kühlschrank, telefonierte mit der Kanzlei, erkundigte sich, welche Hilfe Heinz Lukka im Haushalt gehabt hatte. Von einer Zugehfrau war nichts bekannt. Die Sekretärin meinte, er hätte keine gehabt. Daraufhin erinnerte sie sich, dass er einmal gesagt hatte: «Das Haus ist so leicht sauber zu halten, da muss ich keine Fremde in meiner Privatsphäre schnüffeln lassen.»

Natürlich nicht, das hatte er sich auch kaum leisten können, wenn er in seiner Privatsphäre Kinder und junge Frauen abschlachtete. Aber sie hätte gerne eine Hilfe gehabt, putzen und wischen lag ihr nicht.

Nachdem die Wohnräume oberflächlich wieder einigermaßen sauber waren, kümmerte sie sich um den Inhalt der Schränke, die sie nicht schon zwangsläufig hatte öffnen müssen wie die in der Küche und den Kleiderschrank, in dem sie ihre Garderobe untergebracht hatte.

Die Schränke im Wohnzimmer waren Antiquitäten wie der Schreibtisch und der Sekretär im Arbeitszimmer. In dem Schrank gegenüber der Terrasse standen – verborgen hinter den Türen – der Fernseher und ein Videorecorder. Ein ungünstiger Platz für ein Fernsehgerät, bei etwas Sonne draußen war kaum etwas zu erkennen, die Terrassentüren spiegelten sich im Bildschirm. Aber Heinz Lukka hatte tagsüber wohl nicht die Zeit gehabt, sich vor den Fernseher zu setzen. Ihr Bedürfnis war es auch nicht.

Bei den Geräten lag ein handlicher Camcorder. Sie

meinte, er hätte damals schon eine Videokamera besessen, ein klobiges, schweres Ding, das man besser auf ein Stativ stellte, wenn nicht die Bilder verwackeln sollten. Er hatte auch einmal darüber gesprochen, dass er auf Urlaubsreisen lieber filmte statt zu fotografieren. «Da spürt man das Leben.» Das hörte sie noch.

Im zweiten Schrank standen Bücher; Bildbände, Biographien von Politikern und anderen Persönlichkeiten sowie Heftmappen mit privaten Unterlagen. Es gab einige Lücken, in die wohl die Schriftstücke gehörten, die nun auf dem Dachboden lagen.

Es kostete sie große Überwindung, den Karton wieder herunterzuholen, die Papiere durchzusehen und die Videokassetten zu kontrollieren. Obwohl der Verstand ihr sagte, dass darauf nichts Verräterisches sein könne, sonst hätte die Polizei die Bänder kaum zurückgebracht, hatte sie Herzklopfen, als sie die erste Kassette in den Recorder schob und das Gerät einschaltete.

Sie hielt den Atem an und spürte eine warme Welle der Erleichterung durch den gesamten Körper fluten: Eine Opernaufführung. Auf dem zweiten Band war eine politische Diskussion festgehalten, auf dem dritten ein Konzert, auf dem vierten und fünften Urlaubsreisen, Thailand, buntes Treiben, fremdländische Kultur, ein Markt, eine Garküche am Straßenrand, ein Tempel und andere Bauwerke, mehr sah sie nicht.

Sie stellte die Kassetten zu den Büchern, ordnete die Schriftstücke ein, schaute noch einmal alles gründlich durch. Nirgendwo fand sich einer der unzähligen Briefe, die sie ihm geschrieben hatte. Sie war immer überzeugt gewesen, er hätte sie aufgehoben. Das war wohl ein Irrtum.

Es war eine bittere Erkenntnis, passte überhaupt nicht zu dem Mann, den sie vierzehn Jahre lang verehrt hatte.

Ein Mann, der mit seinen Bemühungen um eine Partnerschaft zweimal gescheitert war und danach erkannt hatte, dass er schon zu alt war, um sein Leben den Bedürfnissen einer Partnerin anzupassen. So hatte er es einmal ausgedrückt. «Man entwickelt mit der Zeit liebe Gewohnheiten, von denen man nur ungern wieder lassen würde. Die Erfahrung wirst du auch noch machen, kleine Maus. Und wenn man erst so weit ist, bleibt man besser allein.»

Nun fragte sie sich, welche lieben Gewohnheiten er entwickelt und welche Träume er wohl lange gehegt haben mochte. Mit dieser Frage konnte sie nicht in seinem Bett liegen. Die Nächte verbrachte sie im Wohnzimmer, lag auf der Couch oder saß in einem Sessel. Und achthundert Meter weiter hingen die gelben Vierecke in der Nacht. Erleuchtete Fenster am Lässler-Hof. Ganze achthundert Meter vom Elternhaus entfernt – war Britta nur dreizehn Jahre alt geworden. Und Marias Tochter, Brittas vier Jahre ältere Cousine, war genauso hübsch wie ihre Mutter in jungen Jahren.

Manchmal fragte Miriam sich, was die Familie Lässler empfinden mochte, wenn sie ein erleuchtetes Fenster am Bungalow sahen. Dann hätte sie gerne mit Einbruch der Dunkelheit die Läden geschlossen. Das war leider nicht möglich. Der Bungalow war mit rustikalen Holzläden ausgestattet. Sie waren mit Eisenklemmen am Mauerwerk befestigt. Die Klemmen waren verrostet, fest mit den Zapfen an den Läden verschmolzen. Wahrscheinlich brachen sie, wenn sie gelöst wurden, dann wären die Läden bei jedem Windzug hin und her geschlagen. Natürlich hätte sie einen Handwerker beauftragen können, die rostigen Teile zu ersetzen, daran dachte sie nicht.

Und manchmal spielte sie mit dem Gedanken, zum Schlösser-Hof zu fahren und dem Mann gegenüberzutreten, der einen Mörder getötet hatte. Ben die Hand schütteln. Aber sie wusste nicht genau, warum sie das gerne getan hätte. Weil er eine grauenhafte Mordserie beendet – oder weil er Heinz Lukka ein qualvolles Sterben erspart hatte? Sie wusste auch nicht, wie sie bei seinem Anblick reagieren würde. Eine Begegnung ohne Zeugen wäre ihr lieber gewesen. Und wie es schien, ließ sich das arrangieren.

Schon in der zweiten Aprilwoche 96 registrierte sie um vier Uhr morgens eine Bewegung draußen. Sie saß im dunklen Wohnzimmer in einem Sessel. Aber es war zu schwarz vor den Glastüren, ein wolkenverhangener Himmel, keine Beleuchtung auf den Feldwegen, keine Chance zu erkennen, was sich bewegte. Es konnte der Wind sein, der über den verrotteten Mais strich.

In der darauf folgenden Nacht war sie sicher, einen schwarzen Fleck in der Dunkelheit auszumachen. Etwa zwanzig Meter von der Terrasse entfernt, mitten im Maisfeld, völlig reglos. Sie starrte so lange und angestrengt in die Dunkelheit, bis ihr der Fleck vor den Augen verschwamm. Und in einem von Heinz Lukkas Briefen stand, dass Ben nachts unterwegs war, speziell in den Nächten.

«Er lässt sich nicht festhalten, da kann seine Mutter ihm goldene Berge versprechen. Plötzlich taucht er auf der Terrasse auf. Er kommt immer aus dem Mais, spielt gerne verstecken. Meist sehe ich ihn erst, wenn er direkt vor der Tür steht. Aber er kommt nicht immer heran. In manchen Nächten frage ich mich, ob tatsächlich er da draußen ist oder irgendeiner, der nur feststellen will, was bei mir zu holen ist.»

In der nächsten Nacht war der schwarze Fleck wieder da und etwas näher. Nahe genug, um eine Gestalt zu erkennen. Der Himmel war relativ klar. An einen Einbrecher dachte sie nicht. Wer etwas stehlen wollte, hatte Zeit genug gehabt, es zu tun in den langen Monaten, in denen der Bungalow unbewohnt gewesen war. Sie machte Licht im Wohnzimmer, damit er sie sah und näher kam. Das tat er nicht, und das bestärkte sie in der Annahme, dass es sich nur um Ben handeln konnte.

«Dankbar für jedes gute Wort», hatte Heinz Lukka geschrieben. Sie ging hinaus auf die Terrasse, lockte und schmeichelte. Ohne Erfolg. Vielleicht war ihre Stimme zu belegt, um einen echt wirkenden Klang zu erzeugen.

Süßigkeiten, in einem Brief stand auch etwas darüber. Am nächsten Vormittag fuhr sie nach Lohberg und kaufte ein Sortiment Schokoladenriegel. Sie fühlte sich wie ein Kammerjäger, als sie am Abend drei Riegel auf die Terrasse legte. Da lagen sie auch am Morgen noch. Aber er war da gewesen. Diesmal hatte sie ihn richtig gesehen, einen schwarzen Schatten in der Dunkelheit, nur etwa zehn Meter von der Terrasse entfernt. Sie hatte in Lohberg auch ein Nachtglas besorgt, leider war es nicht von bester Qualität. Sein Gesicht war ein verschwommener Fleck geblieben. Nur seine Gestalt war gut zu erkennen gewesen, groß und kräftig, ganz anders, als sie ihn sich vorgestellt hatte.

Am 24. April 96, genau fünf Wochen nach Bens Heimkehr, ließ Miriam Wagner über Nacht beide Terrassentüren geöffnet. Es war noch viel zu kühl. Zwei Nächte lang fror sie in einem Sessel, obwohl sie eine dicke Wolldecke um Schultern und Beine gewickelt hatte. In der Nacht zum Freitag schlief sie vor Erschöpfung ein, wachte um halb sechs in der Früh auf, gerade als die Terrassentüren geschlossen wurden – von außen.

Sie sah eben noch eine Gestalt um die Hausecke verschwinden, rannte in die Diele, hetzte zur Haustür hinaus, so schnell es mit ihrer Behinderung möglich war. Und da stand er – zwei Meter von ihrem Wagen entfernt bei der Garageneinfahrt. In der Dunkelheit war sein Gesichtsausdruck nicht zu erkennen, nur seine angespannte, geduckte Haltung.

«Keine Angst», sagte sie so sanft und weich, wie sie vielleicht einmal als kleines Kind mit einer Puppe gesprochen hatte. Mit einer Hand hielt sie die Decke um die Schultern fest. Es nieselte und war ekelhaft kalt. Die andere Hand streckte sie aus, um ihre Harmlosigkeit zu demonstrieren. Bei Hunden tat man das auch, ließ sie schnüffeln, damit sie sich an den Geruch gewöhnten.

«Ich habe Schokolade im Haus», sagte sie. «Du magst doch Schokolade. Lukka hat dir immer etwas Süßes gegeben, weißt du noch? Er war dein Freund. Er mochte dich gerne. Er mochte dich so gerne, dass er dich zu einem reichen Mann gemacht hat. Weißt du das überhaupt? Ich schätze, du weißt es nicht. Einem wie dir werden sie bestimmt nichts über Aktien erzählen.»

Während sie sprach, ging sie langsam mit der ausgestreckten Hand auf ihn zu. Er wich zurück. Auf dem Weg näherte sich ein Scheinwerferpaar, sie achtete nicht darauf. «Lauf nicht weg», bat sie und ärgerte sich, dass sie keinen Schokoladenriegel mit hinausgenommen hatte. «Ich will nur mit dir reden. Gehen wir ins Haus, da ist es wärmer und trocken.»

Er machte einen Schritt zur Seite, als sie ihn beinahe erreicht hatte, trat mitten in den Weg hinein, direkt vor das Auto. Es war ein älterer Opel, er wurde heftig abgebremst, brach aus der Spur und prallte gegen ihren Jaguar. Es scheppert heftig, er zuckte erschreckt zusammen. «Keine Angst», sagte sie noch einmal hastig. «Es ist nur Blech.»

Aus dem Opel stieg eine Frau, die Miriam vorübergehend aus der Fassung brachte. Sie mochten etwa im selben Alter sein, aber das war auch das Einzige, was beide

Frauen gemeinsam hatten. Perfekte Figur, hellblondes, schulterlanges Haar, ein makelloses Gesicht. So ungefähr hatte Miriams Mutter ausgesehen, ehe sie zu trinken begann. Es war wie eine Erscheinung aus der Vergangenheit, fast erwartete sie, in die Arme genommen und getröstet zu werden.

Die Zeugin

Die Frau, die an diesem Morgen im April 96 aus ihrem Auto stieg, hieß Nicole Rehbach. Achtzehn Monate später, im Oktober 97, sollte sie zum Telefon greifen und mich um ein Gespräch unter vier Augen bitten mit der Absicht, mir von dem schwarzen Mann im Bendchen, von Svenja Krahl, Katrin Terjung und zwei vermissten jungen Frauen zu erzählen, ohne zu ahnen, dass sie mit ihrem Anruf Todesurteile sprach. Aber ich will nicht vorgreifen ...

Nicole Rehbach war ein dicker Knoten im Beziehungsgeflecht des Dorfes. Zu ihrem Freundeskreis gehörten Sabine und Andreas Lässler, der seine jüngste Schwester Britta und seine Cousine Marlene Jensen verloren hatte, sowie Uwe und Bärbel von Burg, die zweitälteste Schwester von Ben, die ihm eine Nacht voller Angst und Schmerzen im Sandpütz beschert hatte. Ein Polizeibeamter der Lohberger Wache gehörte ebenfalls zu Nicoles Bekannten: Walter Hambloch.

Er war sowohl in Lukkas Bungalow als auch an den nur fünfhundert Meter entfernt liegenden Fundstellen der Leichen gewesen, kannte alle wesentlichen Details des Blutsommers. Walter Hambloch war noch ledig, hatte seine Mutter früh verloren und lebte seitdem allein mit seinem Vater in der Reihenhaussiedlung am Lerchenweg.

Viel Glück hatte Nicole Rehbach bis zu dem Zusammenstoß mit dem Jaguar nicht gehabt. Sie war eines jener bedauernswerten Geschöpfe, die nur der Zufall am Leben gelassen hat. Gefunden an einem nasskalten Oktobertag 1969 unter einem parkenden Auto, eingewickelt in ein schmutziges Tuch, stark unterkühlt, schätzungsweise drei Tage alt.

Es war der Polizei nie gelungen, ihre Mutter ausfindig zu machen, vom Vater ganz zu schweigen. Einen Großteil ihrer Kindheit und Jugend hatte Nicole in Heimen verbracht. Mehrfach war sie für kurze Zeit bei Pflegefamilien untergekommen, es hatte nie funktioniert. Das erste Ehepaar brachte sie im Alter von sechs Monaten zurück ins Heim, weil sich unerwartet ein eigenes Kind angekündigt hatte. Bei der zweiten Vermittlung war sie vier und zu oft krank. Mit zwölf Jahren holte das Jugendamt sie aus einer Familie, in der sie nur als Haushaltshilfe missbraucht und regelmäßig mit einem Gürtel verprügelt worden war für Putzstreifen auf den Fenstern und Bügelkniffe in Hemdrücken.

Den widrigen Umständen zum Trotz hatte Nicole sich zu einer sehr attraktiven Frau entwickelt. Sie war nicht hübsch, sie war das, was man eine klassische Schönheit nennt, ein Typ wie Heinz Lukkas unerfüllte Liebe Maria Jensen oder ihre Tochter Marlene und Miriam Wagners Mutter.

Freunde, die diese Bezeichnung verdienten, hatte Nicole allerdings erst gefunden, als sie ihren Mann kennen lernte.

Zum ersten Mal gesehen hatte sie Hartmut Rehbach am Sterbebett seiner Großmutter. Nicole arbeitete als Altenpflegerin im Seniorenheim in Lohberg. Hartmut Rehbach verbrachte viel Zeit bei der alten Frau, sprach mit ihr, hielt ihre Hand bis zum letzten Atemzug. Jedes Mal, wenn sie ihn so sitzen sah, dachte Nicole, dass sie eines Tages genauso sterben möchte, einen Mann neben sich, der Jugendstreiche oder sonst etwas erzählte, ihre Hand hielt und einfach da war.

Nach dem Tod von Hartmuts Großmutter kamen sie sich rasch näher. Hartmut war nur vier Monate älter als sie und hatte bis dahin nie lange eine Freundin. Von seiner Seite aus war es die berühmte Liebe auf den ersten Blick. Schon nach kurzer Zeit zog er zu Nicole nach Lohberg, weil sie sich weigerte, ihre kleine Wohnung aufzugeben. Bei aller Sympathie für seine Eltern und seine sehr viel jüngere Schwester Patrizia war Nicole nicht bereit, ihren eigenen Haushalt gegen ein Zimmer in Hartmuts Elternhaus zu tauschen. Aber Hartmut wollte nicht auf Dauer in Lohberg leben.

Er war im Dorf geboren und aufgewachsen wie alle seine Freunde. Seine Eltern besaßen ein Haus an der Bachstraße mit einem großen Garten, der sich bis zu dem breiten Feldweg zog. «Da ist Platz genug», sagte er oft.

Nach der Hochzeit wollte er sich sofort um eine Baugenehmigung kümmern. Geheiratet hatten sie im Februar 95. Statt eine Hochzeitsreise zu machen, erfüllte Hartmut Rehbach sich einen lang gehegten Traum: eine Harley Davidson. Den Motorradführerschein besaß er seit Jahren, hatte jedoch seit der Prüfung nicht mehr auf einer Maschine gesessen. Drei Wochen nach der Hochzeit holte er die Harley beim Händler ab und wollte sie umgehend seinen Eltern und Freunden im Dorf vorführen.

Die Landstraße war nicht ungefährlich, leicht gewunden, von alten Alleebäumen gesäumt. Es hatte schon mehr als einen Unfall mit Todesfolge gegeben, deshalb war eine Höchstgeschwindigkeit von siebzig Stundenkilometern vorgeschrieben. Als er die Autos vor sich überholen wollte, sah er zu spät, dass ihm ein Wagen entgegenkam. Er wich noch aus und verlor dabei die Kontrolle über die Harley. Dass er den Sturz überlebte, bezeichneten die Ärzte als ein Wunder. Sein rechter Arm blieb steif, den rechten Unterschenkel mussten die Ärzte amputieren. Und das war nicht das Schlimmste. Hartmut Rehbach verlor seine Männlichkeit.

Es hatte nach dem Unfall einige Monate gegeben, in denen Nicole nicht wusste, wie sie weiterleben sollte mit einem Mann, der kein Mann mehr war. Sie wollte unbedingt Kinder, wollte ihnen all das geben, was sie nicht bekommen hatte. Aber sie liebte Hartmut, er war nicht nur ihr Mann, er war ihre Familie. Ihn verlassen, das hätte sie nicht geschafft, wo er bei jedem Besuch im Krankenhaus ihre Hand umklammerte und weinte: «Lass mich nicht allein, Nicole, bitte, lass mich nicht allein. Ich liebe dich. Wir finden eine Lösung, wir finden bestimmt eine.»

Sie hatten mehr als eine Lösung finden müssen. Die kleine Wohnung in Lohberg aufgeben, drei Treppen, kein Aufzug, das konnte Hartmut unmöglich bewältigen. Monatelang war er an den Rollstuhl gefesselt. Ihm eine Prothese anzupassen war unmöglich in der ersten Zeit. Der Beinstumpf entzündete sich immer wieder. Die Ärzte fanden keine Erklärung, hielten es für psychisch bedingt, die Angst, verlassen zu werden.

Vorübergehend kamen sie in seinem Elternhaus unter, dort hüpfte Hartmut mit Krücken von einem Zimmer ins andere, sogar das war mit dem steifen Arm schwierig. Nicole fühlte sich zeitweise wie erschlagen. Im Garten wurde eilends ein kleiner Anbau für sie errichtet, nicht größer als die Wohnung, die sie in Lohberg aufgegeben hatten, Wohnzimmer, Schlafzimmer, eine winzige Küche und ein Duschbad. Für ein Haus reichte das Geld nicht mehr. Hartmut Rehbach verlor auch noch seinen Job, nicht aber seine Frau und seine Freunde.

Mit Andreas Lässler und Walter Hambloch war er schon seit der Grundschule befreundet. Sie waren alle Jahrgang 69. Uwe von Burg war vier Jahre älter und lange Zeit das große Vorbild gewesen mit dem Mofa, das er als Jugendlicher fuhr, und wegen der Mädchen, die er immer hatte. Jeden Sonntag eine andere, bis er an Bärbel Schlösser hängen blieb, was speziell Walter Hambloch überhaupt nicht verstand. Ausgerechnet Bärbel mit dem verrückten Bruder und mit ihrem losen Mundwerk fing den Mann ein, der ihnen vorgelebt hatte, wie man sich richtig amüsierte. Auch gegen Sabine Lässler hatte er Einwände. Als dann noch Nicole dazukam, hatte Walter Hambloch düster prophezeit, sie sei keine Frau zum Heiraten, eine wie sie hätte ein Mann nie für sich allein. Er hatte einige Register gezogen, um die Verbindung wieder auseinander zu bringen. Als ihm das nicht gelang, hatte er vermutet, jetzt sei es wohl vorbei mit der guten Freundschaft zu Hartmut. Das war nicht der Fall gewesen. Nicole interessierte es nicht, wie Walter Hambloch über sie oder die anderen Frauen dachte. Die anderen mochten sie, und auch er revidierte seine Meinung irgendwann.

Nach Hartmuts Unfall zeigte sich, welchen Wert richtige Freunde hatten. Andreas Lässler stellte aus dem Baumarkt seines Schwiegervaters das komplette Material für den Innenausbau der Wohnung zum Selbstkostenpreis zur Verfügung und verbrachte zusammen mit Uwe von Burg jede freie Minute mit Installationsarbeiten, Tapezieren, Bödenverlegen, Deckenverkleiden und was sonst noch zu tun war.

Walter Hambloch half ebenfalls nach Kräften, aber er war handwerklich nicht so geschickt, sagte nur tausendmal: «Du darfst alles tun, Nicole, aber du darfst Hartmut nicht im Stich lassen, das überlebt er nicht. Wenn ich dir irgendwie helfen kann, ein Wort genügt. Und wenn es etwas ist, womit du Hartmut das Herz nicht schwer machen willst, ich kann schweigen.»

Der August 95 hatte Nicole von ihren eigenen Nöten abgelenkt. Zuerst verschwand Marlene Jensen, die Freundin von Hartmuts Schwester Patrizia.

Dann starb Britta Lässler, deren Tod Nicole hätte verhindern können. An jenem Sonntag im August 95 hatte sie Hartmut im Rollstuhl spazieren gefahren und Britta noch gesehen – zusammen mit Ben und Heinz Lukka. Nicole war völlig fremd im Dorf und wusste nicht, wen sie vor sich hatte.

Andreas Lässler hatte manchmal von seiner jüngsten Schwester gesprochen, jedoch nie ein Foto gezeigt. Und Bärbel hatte ihren schwachsinnigen Bruder nie erwähnt.

Seitdem wunderte sich Nicole, dass die Freundschaft zwischen Andreas Lässler und ihrem Mann nicht zerbrochen war. Ein Wort von Hartmut hätte genügt, Brittas Leben zu retten. Doch statt zu erklären, dass Ben harmlos war, verlangte Hartmut damals von seiner Frau: «Misch dich nicht ein.» Aber Andreas hatte eine sehr distanzierte und realistische Einstellung zu den Morden. Für ihn gab es nur einen Schuldigen, Heinz Lukka, dem niemand im Dorf so etwas zugetraut hatte.

Andreas' jüngerer Bruder Achim dagegen sah die Sache ganz anders: Seit Brittas Tod ließ er Nicole nicht mehr in Ruhe. In den Wochen nach der Beerdigung rief Achim fast jede Nacht an. Er gab ihr die Schuld, stammelte und weinte so lange ins Telefon, bis Walter Hambloch das Sideboard im Wohnzimmer zur Seite schob, damit man den Telefonstecker erreichen konnte. Seitdem zog Hartmut jeden Abend den Stecker raus – mit dem Ergebnis, dass Achim Nicole morgens oder abends auflauerte.

Nicole machte immer noch Schichtdienst im Seniorenheim. Meist stand Achim Lässler in der Nähe ihrer Garage, wenn sie frühmorgens los musste oder spätabends zurückkam. Er sprach nur selten, wenn überhaupt, fragte er: «Geht's dir gut?»

Dann schüttelte sie den Kopf, und er schaute sie mit leerem Blick an. Andreas hatte mehrfach versucht, seinen Bruder zur Vernunft zu bringen. Auch Walter Hambloch hatte sich Achim schon zweimal vorgeknöpft, wie er das nannte, ohne Erfolg. Aber Angst vor Achim Lässler hatte Nicole nicht, nur ein schlechtes Gewissen und Mitleid.

Seit Miriam Wagner in den Bungalow gezogen war, stand er häufig an der Wegkreuzung, wie auch an dem Freitagmorgen im April 96. Er war immer schwarz gekleidet. Nicole hatte ihn in der Dunkelheit erst gesehen, als er ins Licht der Scheinwerfer geriet. Da hatte es auch schon gekracht.

Für die kleinwüchsige Frau mit der tiefen Narbe im Gesicht hatte Nicole zuerst keinen Blick, sie betrachtete erst den Schaden. Am Opel ihres Mannes war der Kotflügel auf der Fahrerseite verbeult. Den Jaguar hatte es schlimmer erwischt.

Nicole fluchte. «Wann hörst du endlich auf mit dieser Scheiße, Achim? Du hast doch nicht alle Tassen im Schrank. Jetzt hätte ich dich beinahe überfahren.»

Achim! Viel mehr als den Namen hörte Miriam Wagner nicht. Mit einem Schlag war für sie alles anders. Die Sehnsucht nach ihrer Mutter, die sie für einen kurzen Moment gespürt hatte, verschwand, an ihre Stelle trat Wut. Ein Irrtum, ein gottverfluchter Irrtum. Nicht Ben, nur Achim Lässler, der Erbe der Schweinezucht, der kein Glück hatte mit Frauen. Und sie sprang für ihn ins Freie, humpelte ihm entgegen, bot ihm Schokolade an, übernächtigt, mit Schatten der Erschöpfung unter den Augen. Sie fühlte sich blamiert bis auf die Knochen, so klein und erbärmlich neben der blonden Schönheit, dass sie Mühe hatte, nicht mit den Fäusten auf ihn loszugehen, und völlig vergaß, dass sie ihm von Aktien erzählt hatte.

«Darf ich erfahren, was Sie hier suchen, Herr Lässler?», erkundigte sie sich, nicht mehr sanft.

Achim Lässler reagierte nicht, verschlang nur Nicole mit Blicken.

«Er wartet auf mich», erklärte Nicole.

Das war offensichtlich. Miriam lachte kurz auf. «Komisches Spiel. Wie wäre es, wenn ihr euch einen anderen Platz dafür sucht? Es muss doch nicht ausgerechnet mein Haus sein. Ihr könnt auch eine Uhrzeit vereinbaren, dann muss er hier nicht die halbe Nacht herumschleichen.»

Statt darauf zu antworten, wandte Nicole sich erneut an Achim Lässler. «Andreas hat's dir schon ein paar Mal erklärt. Ich kann's nur wiederholen. Als Ben zu toben begann, Herrgott, ich hatte Angst, und meinem Mann ging es noch verdammt dreckig. Hätte ich gewusst, wer sie war, hätte ich deine Schwester nach Hause gebracht. Glaub es oder lass es, aber lass mich endlich in Ruhe.»

Und in dem Moment veränderte sich die Situation für Miriam Wagner noch einmal. «Bist du so freundlich, mich aufzuklären, Herzchen?», verlangte sie. «Was geht vor zwischen euch? Nach einer Romanze klingt es nicht.»

«Ich habe zugelassen, dass Lukka seine Schwester mit ins Haus nahm», bekam sie zur Antwort. «Aber mit so was rechnet man doch nicht.»

Miriam lächelte verstehend und wandte sich wieder an Achim Lässler. «Ach so ist das. Es tut weh, sich hier die Beine in den Bauch zu stehen. Magst du diese Art von Schmerz? Da haben wir schon eine Gemeinsamkeit.»

Sie griff nach seinem Arm, zeigte mit der anderen

Hand einladend zur offenen Haustür. Die Decke rutschte von ihren Schultern und fiel auf den nassen Weg. Sie kümmerte sich nicht darum. «Willst du sehen, wo sie gestorben ist? Nur keine Scheu. Ich zeige es dir gerne. Das bringt garantiert mehr, als die Sache nur von außen zu betrachten. Ich kann dir sogar ihr Blut zeigen. Es ist noch da, jeder Tropfen. Willst du es sehen?»

Achim Lässler entzog ihr seinen Arm und ging. Nicole schaute ihm nach, bis er in der Dunkelheit verschwunden war. Dann meinte sie: «Das wäre nicht nötig gewesen. Es hat ihn ziemlich aus der Bahn geworfen. Er packt es einfach nicht.»

Für Miriam klang es fast, als hätte ihre Mutter sie getadelt. Und das war zu viel. Sie hob die Decke vom Weg auf, mochte sich das verschmutzte Ding jedoch nicht wieder um die Schultern legen. Den Schaden an ihrem Jaguar streifte sie nur mit einem flüchtigen Blick und sagte: «Ich nehme an, du bist versichert, Herzchen. Klingel kurz, wenn du mehr Zeit hast. Wer so früh unterwegs ist wie du, muss doch bestimmt dringend irgendwo hin. Und ich muss wieder ins Warme.»

Sie ging zurück ins Haus. Die Wut über den Irrtum und die Blamage klang allmählich ab. Zurück blieb ein Gemisch aus Sehnsucht nach ihrer Mutter und etwas, das sie nicht genau benennen konnte. Eine Zeugin, die gesehen hatte, wie Heinz Lukka eines seiner Opfer ins Haus führte. Die blonde Schönheit kannte auch des Mörders Henker, vermutlich konnte sie etwas mehr erzählen als die wenigen Zeitungsartikel.

27. August 1997

Es war ein Mittwochabend. Der Mann stand verborgen im Gesträuch nahe dem Birnbaum und dachte an Rita Meier.

Sie hatte ihn noch einmal gesehen – vor vier Tagen auf dem Friedhof. Wieder hatte sie ihn so nachdenklich angeschaut. Dann hatte sie ihn angesprochen: «Kennen wir uns?»

Als er darauf nicht reagierte, war das Begreifen in ihren Augen offensichtlich. Sie wurde ausfallend, beschimpfte ihn in übelster Weise: «Du elende Sau, du wagst es ...» Gedroht hatte sie ihm wie Svenja Krahl vor zwei Jahren. «Wenn du dich nochmal in meiner Nähe blicken lässt, warst du die längste Zeit draußen.»

Seitdem war er jeden Abend beim Birnbaum, überlegte, was er tun könnte, ob er etwas tun müsste oder ob es reichte, wenn er sich verhielt wie in den letzten Wochen – nur zuschauen und sich dabei Erleichterung verschaffen. Aber jetzt hatte Rita Meier ihn richtig gesehen, wenn sie es nicht bei ihrer Drohung beließ ...

Der große Fleck nackter Erde beim Birnbaum, wo Lukkas Opfer gelegen hatten, sagte ihm deutlich, dass es nur eine Lösung gab. Er musste zum Lerchenweg gehen, an Rita Meiers Tür klingeln, sie in die Diele drängen, wenn sie öffnete, die Hände um ihren Hals legen und zudrücken, fester als bei Svenja Krahl.

Auf dem Weg ging Nicole Rehbach vorbei und lenkte seine Gedanken ab. Er wartete, bis nicht mehr die Gefahr bestand, dass sie ihn bemerkte. Dann folgte er ihr. Das hatte er schon oft getan. Der Anbau im Garten von Hartmut Rehbachs Eltern war ohne jedes Risiko für ihn. Auf dem breiten Weg kam spätabends nur selten jemand vorbei. Und selbst wenn, er konnte jederzeit Deckung hinter der Garage nehmen, aus sicherer Entfernung die schöne blonde Frau beobachten und ihren Mann im Rollstuhl.

Von der Garage führte ein Betonpfad zur Terrasse, der in eine Rampe überging. Die Tür stand weit offen, als er die Garage erreichte und dahinter Deckung bezog. Er hatte sich schon oft ausgemalt, einfach loszugehen. Ihr Mann wäre kein Gegner gewesen. Aber das durfte er nicht tun.

Um nicht in Versuchung zu geraten, lief er los, Richtung Bungalow.

Das große Grundstück war nicht mehr frei zugänglich. Miriam Wagner hatte schnell wachsende Zypressen auf die Grenze pflanzen lassen. Die hohe grüne Wand ragte neben dem Weg zum Lässler-Hof auf, schloss den Bungalow von drei Seiten hermetisch von der Umgebung ab. Nur die Vorderfront lag noch offen, der Vorgarten wurde nur von einem niedrigen Zaun begrenzt.

Er lief an der grünen Hecke entlang, bog vom Weg ab nach rechts in einen schmalen Pfad zwischen zwei Feldern. Den Lässler-Hof umrundete er in weitem Bogen, wollte nicht gesehen werden, nur den Weg erreichen, der am Bruch entlang zum Bendchen führte. Schon von weitem sah er, dass am Waldsaum drei Autos standen.

Die Bürgerwehr patrouillierte immer noch, zusätzlich schlossen die Pärchen sich jetzt häufig zu einem Konvoi zusammen, parkten dicht beieinander, um sich im Notfall gegenseitig helfen zu können. Mit Decken ins Freie wagte sich niemand mehr.

Am Bruch machte er Halt, stieg über die aufgeworfene, mannshohe Kante in die Senke, ließ sich zwischen die Trümmerberge ins hohe Gras fallen und gleichzeitig tief in die Bilder von Blut, wie er sie von Lukka kannte. Zum ersten Mal verschaffte er sich damit ein wenig Erleichterung und vertrieb so die Furcht, die Rita Meier in ihm ausgelöst hatte.

Nach einer Weile stand er wieder auf, lief im Bruch umher, betrachtete die Steine vor dem Eingang zum alten Gewölbekeller. Eine morsche Stiege führte hinab in ein dreckiges, finsteres Loch. Aber so sah er es nicht, er sah nur einen verschwiegenen Platz. Wenn er Decken herschaffte und Licht, Steine vor den Eingang häufte, konnte er Rita Meier herbringen, oder irgendeine andere Frau aus irgendeinem Haus. Niemand würde ihn stören.

Er stieg die Bruchkante wieder hinauf und lief den ganzen Weg zurück. In weitem Bogen vorbei am Lässler-Hof. Er bog in den breiten Weg ein, wollte weiterlaufen, bis ihm irgendeine Frau begegnete oder er irgendeine Tür offen fand.

Die offene Tür fand er schon knapp dreihundert Meter hinter der Apfelwiese. Die Frau hieß Vanessa Greven, sie war fünfunddreißig Jahre alt, lebte als Hauswirtschafterin, Assistentin und Geliebte mit Leonard Darscheid zusammen, einem Künstler, der vor Jahren den ehemaligen Lässler-Hof an der Bachstraße gekauft und die Scheune zu einem großzügigen Atelier ausgebaut hatte.

In Fachkreisen genoss Leonard Darscheid einen ausgezeichneten Ruf. Im Dorf wusste man nur, dass er malte und etwas mit Holz machte. Er war zweiundsiebzig Jahre alt, wirkte mit seinem vollen, schlohweißen Haar jedoch gute zwanzig Jahre jünger. Oft war er für mehrere Tage, sogar Wochen unterwegs. Er bestückte Ausstellungen in ganz Europa, begleiten mochte Vanessa Greven ihn nicht, weil sie ihre Perserkatze nicht längere Zeit allein lassen und das Tier auch nicht mit in Hotels nehmen wollte. In der Nacht war Leonard Darscheid in Paris, Vanessa Greven allein mit ihrer Katze.

Auf dem ehemaligen Lässler-Hof kannte der Mann jeden Winkel. Auch wenn vieles verändert worden war, die Grundrisse waren geblieben, und er hatte sie alle im Kopf.

In der milden Nachtluft standen die rückwärtigen Türen des Ateliers weit offen. Wenige Meter vom Weg entfernt. Vanessa Greven arbeitete noch an einer kleinen Holzplastik. Zwischen dem Atelier und dem Weg war Rasen angelegt, auf dem Ziersträucher und Steinplastiken standen, die ihm Deckung boten. Die Dunkelheit tat ein Übriges.

Er stand so plötzlich neben Vanessa Greven, dass ihr die Figur aus der Hand fiel. «Mein Gott», sagte sie und fasste sich vor Schreck an die Brust. Er schwieg, hielt ihr nur das Messer entgegen.

«Bitte nicht», flüsterte sie. «Steck das Messer ein, du brauchst es nicht. Ein junger Mann wie du braucht doch kein Messer.»

Er steckte es nicht ein, schloss die Außentüren und bedeutete ihr mit Gesten, das Atelier zu verlassen. Wenn noch jemand auf dem Weg vorbeikam, ausschließen durfte man das nie, man hätte ihn mit der Frau sehen können.

Mit dem Messer in der Hand trieb er sie vor sich her über den Innenhof ins Wohnhaus und hinunter in den Keller. Dort war noch fast alles so, wie er es kannte. Die Veränderungen waren unbedeutend. An der Stelle, wo früher eine Kartoffelkiste gestanden hatte, war nun ein Weinregal angebracht.

Aber er sah die Kiste noch deutlich vor sich, erinnerte sich, dass er als Kind oft Kartoffeln herausgenommen und seiner Mutter gebracht hatte. Er sah das Gesicht seiner Mutter, ihr liebevolles Lächeln. Er hörte ihre Stimme mit dem besorgten Unterton: «Wo hast du dich wieder herumgetrieben?» Und plötzlich wurde alles andere unwichtig, sogar die Frau, die er mit dem Messer bedrohte.

Abschied

Am 6. Mai 96, nicht ganz sieben Wochen nach Bens Heimkehr, kam kurz vor Mittag das Schreiben von den Justizbehörden, dem Jakob Schlösser mit Bangen entgegensah. Die Anklageschrift. Begünstigung einer Straftat nach Paragraph 211 des Strafgesetzbuches. Das erste Opfer des Sommers, die siebzehnjährige Svenja Krahl aus Lohberg, war nicht angeführt. Aber für Trude reichten die drei anderen.

Es war nur eine Kopie, weitergeleitet vom Büro ihrer Anwältin, «zur Kenntnisnahme» stand auf einem kleinen Begleitzettel. Trude las alles gründlich durch, und so schwarz auf weiß, in der nüchternen Juristensprache war es viel schlimmer. Essen konnte Trude danach nicht mehr. Sie hätte ihre Anwältin anrufen müssen. Das konnte sie auch nicht.

Sie saß nur da, mit Ben am Küchentisch, die zusammengehefteten Seiten vor sich, schaute zu, wie er aß, und fand, es wäre ein großes Unrecht, das Attest eines Arztes beizubringen und sich damit vor der Strafe zu drücken. Was waren einige Monate im Gefängnis gegen die Endgültigkeit, zu der die beiden jungen Frauen und Britta Lässler verurteilt worden waren?

Nachdem sein Teller leer war, erhob sich Trude, trug die Anklageschrift ins Wohnzimmer, legte sie dort in den Schrank zu den anderen wichtigen Papieren und sagte: «Geh rauf und zieh eine gute Hose an. Jetzt besuchen wir die Mädchen, wir gehen zu Britta und zünden ein Licht an für sie.»

Es war das erste Mal seit seiner Heimkehr, dass sie mit ihm ins Dorf ging. Bis dahin war sie selbst nicht mehr im Ort gewesen. Sie rechnete damit, dass es ein Spießrutenlaufen würde. Aber es gab auf den Straßen nur ein paar verwunderte Blicke. In Lederjacke und Flanellhose hatte man Ben zuvor noch nie gesehen. Niemand sprach sie an. Unbehelligt erreichten sie den Friedhof.

Zuerst führte Trude ihn an Marlene Jensens Grab. Die Blumengebinde und Kränze waren längst verwelkt und abgeräumt, die Inschrift auf dem schlichten Holzkreuz lag frei.

Marlene Jensen
*25. 4. 1978
† 13. 8. 1995?

Bruno Kleu hatte sich über das Fragezeichen sehr aufgeregt. Nur weil Lukka sich einen ganzen Tag Zeit mit Britta gelassen hatte, müsse er mit ihrer Cousine nicht ebenso verfahren sein. Beinahe hätte Trude ihm widersprochen, war aber dann noch geistesgegenwärtig genug, ihre Vermutungen darüber, wie lange seine Tochter hatte leiden müssen, Bruno zu verschweigen.

Die beiden Finger, die Ben etliche Tage nach Marlene Jensens Verschwinden in seinem Zimmer versteckt hatte, waren relativ frisch gewesen. Daraus schloss Trude, dass Lukka sich mit Marlene Jensen entschieden mehr Zeit gelassen hatte als mit Britta. Das hatte er sich ja auch leisten können, da es allgemein hieß, Marlene sei nur ausgerissen, um einem Hausarrest zu entkommen. Erst als Britta verschwand, hatte das Dorf Kopf gestanden.

Fast eine Viertelstunde lang stand Trude mit Ben da, konnte nicht denken, nicht beten, nicht einmal die Hände zusammenlegen und so tun, als sei sie in stillem Gedenken versunken. Er trat unruhig neben ihr von einem Fuß auf den anderen, schaute sich suchend um und fragte mehrfach: «Fein?»

Als Trude es endlich registrierte, führte sie ihn weiter an Britta Lässlers Grab. Dort wurde es für sie unerträglich. Der schlichte Blumenschmuck und der weiße

Grabstein mit der goldenen Inschrift schnürten ihr die Luft ab.

Hier ruht
– grausam aus unserer Mitte gerissen –
unsere geliebte Tochter
Britta Lässler

Im Geiste sah Trude die Kleine mit ihrer eigenen Tochter an einem Planschbecken spielen. Sah Antonia mit dem Baby Britta im Arm im Schlafzimmer an Tanjas Wiege stehen, hörte sie fragen: «Und weggeben willst du Ben nicht? – Dann nehm ich das Baby mit.» Sie und Jakob hatten so tief in Pauls und Antonias Schuld gestanden. Und wäre sie nicht gar so beschäftigt gewesen mit ihren Zweifeln und dem Verdacht gegen den eigenen Sohn ...

Natürlich hatte Trude ihn verdächtigt, nicht mit dem Herzen, aber mit dem Kopf. Es hatte so ausgesehen, als gäbe es keine andere Möglichkeit, als er all diese blutigen Teile nach Hause brachte. Sie betrachtete ihn von der Seite. Sein gesamter Körper schien in Bewegung, obwohl er sich nicht vom Fleck rührte, als zuckten tausend Muskeln unter der Haut. Und so war es schon die ganze Zeit, seit er zurück war.

Aber wohin war er denn zurückgekommen? Heimholen, das sagte sich leicht, es war nur ein Wort. Daheim war mehr als ein Dach über dem Kopf, eine Mahlzeit auf dem Tisch und ein Bett für die Nacht. Er war im Feld daheim gewesen, im Bendchen, im Bruch, auf dem Lässler-Hof. Ein Kind war er gewesen, in Gummistiefeln und Trainingsanzug, ein Kind, das sich am Leben freute und sich um alles Lebendige sorgte. Jeden Grashalm gehegt, jede Distel gepflegt, keinen Käfer zertreten und die toten Mädchen gesammelt wie die toten Mäuse, ohne zu wissen, dass es ein Unrecht war.

Wie er da neben ihr stand, in der Flanellhose und der Lederjacke über einem Polohemd, war er nur ein Besucher in einer fremden Welt, deren Gesetze er nicht verstand. Und wieder kamen Trude große Zweifel, ob sie das Richtige getan hatte, als sie ihn zurückholte. Ob es nicht besser für ihn gewesen wäre, ihn bei den Ärzten und Pflegern zu lassen, die ihm beigebracht hatten, sich zu rasieren, die Nägel zu schneiden und vor dem Essen die Hände zu waschen. Nur der Himmel wusste, welchen Unsinn Bruno Kleu ihm beibrachte. Traktor fahren, wozu sollte das noch gut sein, er dürfte es ja doch nicht tun, wenn er es jemals lernen sollte, woran Trude nicht glaubte.

Sie kramte ein Grablicht und eine Schachtel Zündhölzer aus ihrer Tasche, drückte ihm die Schachtel in die Finger und sagte: «Mach ein Licht an für Britta.»

Zu Hause hatte sie noch schnell mit ihm geübt, wie er ein Zündholz anreißen und einen Docht in Brand setzen musste. Nur damit es auf dem Friedhof reibungslos klappte, falls jemand in der Nähe gewesen wäre. Aber sie waren allein. Ein junger Mann und seine Mutter, die aus Angst um ihren Sohn drei junge Menschen zum Tode verurteilt und der eigenen Tochter die unbeschwerte Jugend und die Gesundheit genommen hatte. Sie hatte so viel Schuld auf sich geladen, dass es sie fast schon auf dem Friedhof erdrückte.

Mit einer raschen Bewegung führte er das Zündholz über die Reibfläche und schützte die Flamme mit der hohlen Hand. Trude hielt ihm das Grablicht hin. Nachdem er es angezündet hatte, bückte er sich und stellte es zwischen die Blumen.

Im Aufrichten fragte er: «Fein?»

«Ja», sagte Trude unkonzentriert, «das hast du gut gemacht.»

Dann ging sie mit ihm zurück zum Ausgang. Er schaute sich immer wieder um, fragte noch ein paar Mal: «Fein?»

«Ja», sagte Trude erschöpft. «Es ist ein schöner Platz, friedlich und still. Wer hier liegt, hat keine Sorgen mehr, keine Schuld und keine Angst. Wirst du mich besuchen, wenn ich hier liege? Wirst du mir Blumen bringen und ein Licht für mich anzünden?»

Er nickte, schaute suchend über die Grabreihen, als erwarte er, dass sie noch einmal Halt machte. «Fein?», fragte er erneut.

«Bei Marlene waren wir doch schon», sagte Trude. «Und die beiden anderen sind nicht hier. Sie sind auf dem Friedhof, wo ihre Mütter und Väter sie besuchen können. Frau Halinger hat dir doch erklärt, dass sie nach Hause gebracht werden müssen.»

Was ich ihm erklärt hatte, kümmerte ihn nicht mehr. Falsche Worte, immer nur falsche Worte. Da sagte seine Mutter, dass sie zu den Mädchen gingen, und führte ihn an Erde, Steinen und Holzkreuzen vorbei, ließ ihn ein Licht anzünden für Britta. Aber Britta war nicht da.

Die Zeit des Grübelns war für ihn vorbei wie vieles andere. Ein paar Wochen Ruhe an der Seite seiner Mutter, er hatte auf seine Art gründlich über alles nachgedacht, seine Schlüsse gezogen und die wenigen Menschen in seiner Umgebung neu geordnet. Sie waren nicht mehr nur gut, neutral oder bedrohlich. Jetzt sortierte er sie in vorbei, dumm, richtig, falsch und schutzbedürftig.

Britta, Antonia, Annette, Paul, Andreas und Achim Lässler, seine Schwester Tanja, die schönen Mädchen und sein Freund Lukka waren alle vorbei. Sein Vater war dumm, Bruno sagte das oft. Seine Mutter war falsch, aber auch schutzbedürftig, weil sie das letzte Fein war in seinem Leben, die Letzte, die sich seinen Kopf an die

105

Brust oder die Schulter zog, ihm übers Haar strich, ihm manchmal einen Kuss auf die Wange gab und sich von ihm auf die Wange küssen ließ.

Richtig, was so viel wie ehrlich und aufrichtig bedeutete, war nur noch Bruno Kleu. Von Bruno hatte er noch nie einen Schlag, auch sonst keinen Schmerz hinnehmen müssen und noch kein falsches Wort gehört – nur etliche, die er nicht kannte. Und Bruno vermittelte ihm zum ersten Mal das Gefühl, er sei wichtig für einen anderen Menschen. Er könne etwas geben, was Bruno unbedingt brauchte, eine Antwort.

Wenn sie am Abend in die Scheune gingen, sagte Bruno manchmal: «Ich wüsste zu gerne, was der Scheißkerl mit ihr gemacht hat. Ob sie so lange leiden musste wie Britta. Manchmal denke ich, ich könnte es abhaken, wenn ich wüsste, wie sie zuletzt ausgesehen hat.»

Ben wusste das. Ich hatte ihn gewarnt, er würde wieder eingesperrt werden, wenn ein Mensch erführe, dass er sie begraben hatte. Das hatte er sich gemerkt. Aber von begraben sprach Bruno nie. Und ich hatte ihn nicht gewarnt zu zeigen, auf welche Weise sie gestorben war und wie sie dabei ausgesehen hatte.

Dass der Friedhof nicht der richtige Platz war, Ben die Unwiderruflichkeit des Todes begreiflich zu machen, erkannte Trude in ihrem Elend nicht.

Sie war völlig erschöpft. Der lange Weg ins Dorf, die beiden Gräber und so viel Schuld. Sie war nicht sicher, ob sie ihrem Herzen noch den Rückweg zumuten durfte.

Zurück auf den Hof und bis in die Küche kam Trude noch, zu einem Stuhl oder der Eckbank schaffte sie es nicht mehr. «Jetzt lass ich dich allein.» Diesen Satz hörte Bruno Kleu noch durchs Telefon. Als seine Mutter zusammenbrach, rief Ben an, wie Bruno es ihm beigebracht hatte. «Fein weh.»

Jakob und Bruno Kleu kamen nur zehn Minuten später ins Haus. Für Trude konnte niemand mehr etwas tun, das sah Bruno auf den ersten Blick. Ben saß mit ihr auf dem Fußboden in der Küche, hielt sie im Arm und drückte sich ihr kleines, verhärmtes Gesicht an die Brust. Jakob setzte sich einfach daneben.

Bruno verständigte den Notarzt, der kurz darauf eintraf. Aber Ben war nicht bereit, einen Fremden an seine Mutter zu lassen. Er duldete es nicht einmal, dass Jakob sie anfasste. «Finger weg.»

Nur ein Grollen, so tief aus der Kehle, dass Bruno unwillkürlich an einen Hund denken musste, der im nächsten Moment zuschnappen würde. «Ganz ruhig, Kumpel», sagte Bruno und spürte neben einem Anflug von Erleichterung, dass mit Trude ein großes Hindernis aus dem Weg war, nur Mitleid.

Wie Ben da mit der Leiche auf dem Boden saß, sie in den Armen wiegte, als hielte er ein Kind. Mehr war Trude auch nicht in seinen Armen. Gute zwei Zentner Verzweiflung, zwei Meter Panik, mehr als Bruno je bei einem Menschen gesehen hatte. «Ganz ruhig, deiner Mutter kann niemand mehr wehtun.»

Bruno knöpfte sein Hemd auf, nahm Bens linke Hand und legte sie sich auf die Brust. «Fühlst du, wie es klopft?» Dann drückte Bruno ihm die Hand gegen die eigene Brust. «Da klopft es auch, fühlst du es?» Er nickte.

«Das ist Leben», sagte Bruno, drückte ihm die Hand unter Trudes linke Brust. «Und das ist Tod. Da klopft nichts mehr. Es ist vorbei, verstehst du, vorbei, weg, aus, tot.»

Ben schaute ihn nur an. Bruno überlegte, welchen Ausdruck er sonst noch benutzen könnte, um es ihm begreiflich zu machen. Da gab es wohl nur einen. «Rabenaas.»

Zuerst schüttelte er heftig den Kopf. Eine Minute verging und noch eine. Mit konzentrierter Miene saß Ben da, die Hand fest auf die Brust seiner Mutter gepresst, bis sein Vater neben ihm aufschrie: «Um Gottes willen, gib sie her!»

Da gestattete er endlich, dass der Notarzt für einen Moment ein Stethoskop auf Trudes Brust setzte und offiziell den Tod feststellte. Er duldete es anschließend auch, dass sein Vater Abschied nahm. Aber nicht lange. Nach wenigen Minuten nahm er Jakob den Leichnam wieder ab.

Er war bei ihr bis zum allerletzten Moment. Es blieb ihnen gar nichts anderes übrig. Er kam fast um vor Angst, dass er zurück musste zu den weißen Leuten an den schlimmen Ort, wenn seine Mutter nicht mehr da war. Bruno hatte ihm erklärt, er habe nur dort sein müssen, weil seine Mutter nicht da gewesen und sein Vater zu dumm sei, nicht zur Strafe.

Das hatte er gerne geglaubt. Aber Rabenaas, das glaubte er Bruno nicht. Sie blutete nicht, niemand hatte sie mit einem Messer gestochen. Was mit ihr geschehen war, verstand er nicht. Er begriff nur, dass man sie ihm wegnehmen wollte, das letzte Fein in seinem Leben, die Hand, die gefüttert, gestreichelt und beschützt hatte.

Als der Bestattungsunternehmer mit dem Sarg kam, wurde es sehr kritisch.

«Finger weg!» Ben heulte, winselte, seine Stimme kippte in der Not. Er schlug nach dem Mann mit fahrigen Bewegungen, als wolle er Insekten verscheuchen.

«Ganz ruhig, Kumpel, ganz ruhig.» Bruno redete sich den Mund trocken, es half nichts. Jakob saß auf dem Fußboden und war nicht mehr ansprechbar.

Der Bestattungsunternehmer kam schließlich auf den rettenden Einfall. «Auf dem Boden liegt deine Mutter doch nicht bequem», sagte er und zeigte auf den offenen Sarg. Bruno hatte ihn angewiesen, einen von den teuren Eichensärgen mitzubringen. Die Ausstattung war sehr edel. Alles war mit weißer Seide bezogen, so etwas hatte Ben noch nie gesehen.

«Schau», sagte der Bestattungsunternehmer. «So schöne, weiche Kissen, da liegt deine Mutter viel besser.»

Das überzeugte ihn.

Als der Bestattungsunternehmer dann noch anbot: «Wenn du willst, darfst du sie hineinlegen», war der Anfang gemacht, aber der Kampf noch lange nicht zu Ende.

Dass der Sarg geschlossen wurde, ließ er nicht zu. Und er fuhr mit nach Lohberg, wollte weder vorne noch hinten sitzen, kroch neben den Sarg auf die Ladefläche des Kombis und hielt ihre Hand. Bruno ließ Jakob notgedrungen auf dem Fußboden zurück und folgte dem Leichenwagen. Ein vergebliches Unterfangen. Mit zurück ins Dorf fahren wollte Ben nicht.

Er hob seine Mutter aus dem Sarg, nachdem sie das Bestattungsinstitut erreicht hatten. Er stand dabei, als Trude gewaschen und angekleidet wurde, beäugte misstrauisch die fremden Hände, die ihr Haar richteten und etwas Schminke auf den blassen Wangen verrieben. Er streichelte ihr Gesicht und rieb die Schminke damit wieder ab, streichelte ihr Haar und brachte die Frisur wieder durcheinander. Er legte sie zurück in den Sarg. Dann kroch er wieder auf die Ladefläche und begleitete sie zur Leichenhalle.

Drei Tage und Nächte saß er bei ihr in der Kälte und wartete darauf, dass sie die Augen wieder aufschlug, ihn anlächelte.

Bruno fuhr zweimal täglich hin, brachte ihm etwas zu

essen, zu trinken, einen warmen Pullover, vergewisserte sich, dass er seine Notdurft nicht in einer Ecke verrichtete, und fragte sich mit Schrecken, wie sie Trude unter die Erde bringen sollten.

Seltsamerweise gab es damit kein Problem. Nach drei Tagen hatte Ben begriffen, dass er vergebens auf ein Lächeln und eine Bewegung hoffte. Endlich gestattete er, dass der Sarg geschlossen wurde. Der Bestattungsunternehmer konnte gut mit ihm umgehen und fand immer die richtigen Worte.

Er führte ihn an das frisch ausgehobene Grab – unmittelbar neben Brunos Tochter Marlene – und erklärte: «Jetzt müssen wir den Deckel aber zumachen, sonst fällt deiner Mutter der Dreck ins Gesicht.»

Und dann fand auch Bruno die erlösenden Worte. «Na komm, Kumpel, so kannst du doch nicht in der Kirche sitzen, du stinkst. Wir fahren jetzt nach Hause, du gehst unter die Dusche und ziehst dir was Feines an. Dann nehme ich dich mit. Wir haben ein Zimmer für dich, ein schönes, großes Zimmer. Beim Vater kannst du nicht bleiben.»

Von all den Worten verstand Ben einen Satz ganz genau. *Nehme ich dich mit.* Er war so erleichtert, dass er nicht zurückmusste zu den weißen Leuten, klopfte Bruno auf die Schulter, wie es sonst umgekehrt der Fall war, und sagte: «Freund.»

«Nein», widersprach Bruno. «Ich bin nicht dein Freund. Wenn ich das Wort nur höre, dreht sich mir der Magen um. Dein Freund war ein Scheißkerl, ein elender Sadist, wie man so schnell keinen zweiten findet.»

«Kumpel?», fragte er klar und deutlich.

Das erste neue Wort aus seinem Mund. Bruno lächelte erstaunt und zufrieden. «Na, wer sagt's denn, es geht doch. Man muss es dir nur oft genug vorkauen, was?»

Bei der Trauerfeier saß Ben in der ersten Reihe auf der linken Seite bei der Familie Kleu.

Es war eine armselige Beerdigung, aber das sah er anders. Dass kaum jemand aus dem Dorf seiner Mutter das letzte Geleit gab, störte ihn überhaupt nicht. Große Menschenmassen waren ihm suspekt. In dem kleinen Grüppchen, das nur schweigend beieinander stand, während der Pfarrer ein paar Worte über Aufopferung für die Familie, die unergründlichen Wege des Herrn und den ewigen Frieden verlor, konnte er sich in Ruhe auseinander setzen mit dem Geschehen.

Er sah Blumen, brennende Kerzen und Feierlichkeit. Er sah, dass seine Mutter nicht in der nackten Erde liegen musste wie die Mädchen. Sie lag in dieser schönen Kiste auf weichen Kissen. Und dann wurde die Kiste in das tiefe Loch gelegt.

Die Endgültigkeit des Todes hatte er nicht begriffen, war nach wie vor davon überzeugt, dass auch sie eines Tages zurückkam. Aber er verstand, welche Bedeutung dem Ort mit den Steinen, Lichtern und Holzkreuzen zukam. Dass auch wir einen Platz hatten, an dem wir sie verwahrten, wenn sie sich nicht mehr bewegten. Einen Platz ohne Stacheldraht oder dorniges Gestrüpp.

Er sah ein, dass wir doch die Klügeren waren, und begann zu ahnen, warum ich die Mädchen hatte haben wollen. Damit sie wie seine Mutter bequem liegen durften und nicht die Erde im Gesicht haben mussten. Damit sie sauber waren, wenn die Männer mit den Leitern und dem Korb kamen. Und damit ihre Mütter sie bis dahin besuchen konnten, ohne sich die Hände an Stacheldraht oder Dornen aufzureißen.

Er wusste, dass es sehr lange dauern konnte. Er wusste auch, dass wir nicht sehr geduldig waren. Damit wurden ihm die Warnungen vor dem Lässler-Hof verständlich.

Ein Licht anzünden für Britta! Wenn Paul, Antonia und Achim nun sehr lange auf Britta warten mussten, gab es einen Grund, dass sie böse waren.

Aber was war mit seiner kleinen Schwester geschehen? Lag sie vielleicht an dem Platz, an den seine Mutter ihn geführt hatte, ehe sie zu Britta gegangen waren? Nur hatten sie an diesem Platz kein Licht angezündet. Und seine Mutter hatte immer wieder gesagt, er dürfe Tanja vielleicht bald einmal sehen. Hatte seine Mutter nicht gewusst, wie lange es dauerte? Es waren viele Fragen, die ihn beschäftigten, als das Grüppchen sich auflöste.

Kaffee und Kuchen gab es nach der Beisetzung nicht. Anita Schlösser folgte ihrer Schwester und ihrem Schwager Uwe von Burg.

Bärbel weinte ein paar Tränen und regte sich auf, weil die jüngste Schwester nicht erschienen war. «Das wäre das Mindeste gewesen. Man darf doch nicht völlig vergessen, wem man das Leben verdankt.» Seit Bärbel selbst Mutter war, sah sie einiges in einem anderen Licht.

Für Bens Vater war das Maß des Erträglichen überschritten. Die Schuld des vergangenen Sommers. Trudes schwerer Infarkt, Wochen voller Angst, sie könne sterben. Hoffnung, als sie sich langsam erholte. Erneute Angst, sie könne sich übernehmen, als sie Ben unbedingt wieder bei sich haben wollte. Oder sie könne eingesperrt werden für die Beweisvernichtung. Und gerade als Jakob dachte, das Allerschlimmste sei nun überstanden, kam das Ende.

Er war vom offenen Grab weggegangen, ohne sich noch einmal umzudrehen. Während seine beiden ältesten Töchter Kaffee tranken, verkroch er sich vor dem Maria-Hilf-Altar in der Kirche, zündete eine Kerze an, faltete die Hände und wusste nicht, wann er zuletzt gebetet hatte.

«Herr, gib ihr die ewige Ruhe», sagte er nur und bemerkte nicht einmal, dass er vor der falschen Figur kniete.

27. August 1997

Die Erinnerung an seine Mutter hatte der blonden Frau vorübergehend die Bedeutung genommen. Der Mann besann sich erst wieder auf Vanessa Greven, als sie ihn leise ansprach: «Was willst du?»

Neben dem Weinregal lag ein Stapel grauer Decken, mit denen Leonard Darscheids Kunstwerke beim Transport geschützt wurden. Er bedeutete ihr, die Decken vor dem Weinregal auszubreiten, sich auszuziehen und hinzulegen. Minutenlang stand er hoch aufgerichtet neben ihr und schaute sie an. Das Licht im Keller war schlecht und machte ihren Körper weicher.

Er legte sich neben sie, hielt das Messer mit einer Hand an ihrer Kehle, führte mit der anderen ihre Hand über seine Wange, die Brust und weiter hinunter, zeigte ihr, was sie tun sollte.

Vanessa Greven gab sich große Mühe, am Leben zu bleiben, heuchelte Zärtlichkeit und Leidenschaft, schmeichelte ihm, er sei ein schöner, starker Mann, genau das, wonach sie sich sehne. Sie erzählte ihm von dem alten Mann, mit dem sie sonst schlief. Log ihm vor, dass es sie oft ekle vor dem schlaffen, faltigen Körper. Dass sie glücklich wäre, wenn er am nächsten Abend wieder zu ihr käme, der alte Mann sei noch über eine Woche weg.

Was sie sagte, kümmerte ihn nicht. Ihm klang noch Rita Meiers Drohung im Ohr. Und Vanessa Greven hatte ihn bei Licht gesehen. Als er ging, war sie tot. Und vorerst vermisste sie niemand.

Leonard Darscheid rief zweimal aus Paris an und sprach eine kurze Nachricht auf den Anrufbeantworter, bat um Rückruf. Als Vanessa sich nicht bei ihm meldete, dachte er sich nichts dabei. Sie hatte vor seiner Abreise angekündigt, dass sie für einige Tage eine Freundin besuchen wolle, wenn sie mit den Schleifarbeiten an den Holzplastiken fertig sei.

Der Mann, der nun ein Mörder war, kam noch zweimal. Beim ersten Mal hatte er Hoffnung, Vanessa Greven sei nur bewusstlos gewesen, als er sie verließ – wie Svenja Krahl vor zwei Jahren. Dass sie sich tatsächlich freue, ihn wiederzusehen, vielleicht nicht sofort. Aber wenn er ihr bewies, dass er diesmal wirklich nur kam, um ihre Zärtlichkeit zu genießen und zärtlich zu sein ...

Das Atelier lag im Dunkeln, als er sich auf dem Feldweg näherte, das erstaunte ihn nicht. Es war Nacht, das ganze Dorf schlief. Er schloss sorgfältig die Ateliertüren hinter sich und verriegelte sie, damit sie ungestört blieben. Dann überquerte er rasch den Innenhof, betrat das Wohnhaus, verharrte einen Moment unschlüssig, ob er sofort in den oberen Räumen nach ihr suchen oder zuerst im Keller nachschauen sollte. Er stieg hinunter, und da lag sie so, wie er sie verlassen hatte.

Eine Weile saß er vor dem Weinregal neben der von Fliegen umschwärmten Leiche und bedauerte aufrichtig, sie in diesen Zustand versetzt zu haben.

Sie war nachgiebig gewesen, weich, bereitwillig, sehr zärtlich und sehr geschickt. Vielleicht könnte er sie noch ein paar Tage so liegen lassen. Im Keller war es kühl, aber die Fliegen waren ihm lästig. In seinen Erinnerungen versunken, bemerkte er die Katze erst, als sie unmittelbar neben der Leiche stand und ihn anfauchte. In seiner Wut, die sich in seiner eigenen Schuld begründete, packte er das Tier und brach ihm kurzerhand das Genick. Dann schleuderte er es gegen die Wand.

Danach ging er wieder, überquerte den Innenhof, wo ihm noch jeder Stein im Boden vertraut war, schritt vorsichtig durch das dunkle Atelier, bemüht, nirgendwo anzustoßen. Sorgfältig zog er die Außentüren zu, es waren Schiebetüren, dass sie nicht richtig geschlossen waren, konnte niemandem auffallen, der nicht versuchte, sie zu öffnen.

Beim zweiten Besuch kam er früher. Der Himmel draußen war klar, nach dem langen Weg durch die Dunkelheit erschien es ihm fast zu hell. Sogar im Atelier war Licht genug, um jeden Gegenstand zu erkennen. Zuerst schaute er sich die kleinen Holzplastiken an, an denen Vanessa Greven gearbeitet hatte.

Es waren vier Mädchenfiguren, jede nur sieben Zentimeter hoch, das Gesicht nicht größer als ein Daumennagel, immer dasselbe Gesicht. Marlene Jensen. Drei der Mädchenfiguren standen auf einem Werkzeugschrank, die steckte er ein, weil die Frau sie in der Hand gehalten hatte.

Die vierte Figur, an der Vanessa Greven gearbeitet hatte, war zerbrochen. Auch die nahm er mit, aber den kleinen Kopf und die winzigen Hände fand er nicht in der Dunkelheit.

Dann ging er zu der Frau, wickelte sie sorgfältig in die Decken und trug sie erst einmal in den Innenhof. Er war nicht Lukka, konnte einen Frauenkörper tragen, ohne sich sonderlich anstrengen zu müssen.

Er kehrte zurück und holte auch die Katze. Dabei stieß er gegen das Weinregal. Eine Flasche rutschte aus ihrer Halterung und zerbrach. Der Rotwein verteilte sich in einer großen Lache über dem grobporigen Betonboden, spritzte gegen die Wände und sah im schwachen Licht aus wie Blut.

Er stopfte den Kadaver der Katze in einen Müllsack. Dann stieg er hinauf ins Obergeschoss und suchte Vanessa Grevens Zimmer. Wenn Frauen gingen, packten sie einen Koffer. Und sie ging jetzt mit ihm an einen Ort, an dem sie ungestört waren. Wenig später vergrub er den Müllsack mit der Katze.

Neue Freundschaft

Als Ben im Mai 96 seine Mutter verlor, hatten sich Miriam Wagner und Nicole Rehbach schon angefreundet. An dem Morgen im April war Nicole im ersten Moment nur erleichtert gewesen, dass die Besitzerin des Jaguars nicht darauf bestand, die Polizei zu rufen.

Als sie am Nachmittag vom Dienst zurückkam, stand vor dem Bungalow ein weißer Jaguar. Bei dem Gedanken, das Haus von Heinz Lukka zu betreten, lief ihr ein Schauer über den Rücken. Walter Hambloch hatte ein paar scheußliche Einzelheiten ausgebreitet. Nicole hatte jedes Mal Britta Lässler vor sich gesehen und den tobenden Ben, von dem ihre Schwiegermutter anschließend gesagt hatte: «Ach Gott, der arme Kerl, der tut doch keiner Fliege was. Ben ist nur froh, dass er lebt.»

Miriam Wagner öffnete schon nach dem ersten Klingeln, als hätte sie in der Diele bereits auf sie gewartet. Sie sah entschieden anders aus als am Morgen. Das aufwendige Make-up verdeckte die Narbe auf der rechten Wange fast völlig. Ein elegantes, weinrotes Kleid kaschierte die restlichen Mängel.

Miriam lächelte und bemerkte, dass sie sich am Morgen nicht vorgestellt habe. Das holte sie nach und zeigte einladend in die Diele. «Nur keine Scheu», sagte sie, als Nicole zögerte. «Drinnen plaudert es sich gemütlicher. Es liegen garantiert keine Leichen mehr auf dem Teppich.» Sie führte Nicole in die Küche und bot ihr einen Kaffee an.

Nicoles Unbehagen verlor sich vorübergehend. Es war eine gutbürgerliche Einbauküche mit hellen Holzfronten, alles sauber und aufgeräumt. Nichts deutete darauf hin, dass hier ein sadistischer Mörder gelebt und gewütet hatte.

Miriam registrierte die vorsichtigen Blicke und lächelte wieder, ein bisschen spöttisch diesmal. «Sämtliche Leichenteile habe ich weggeräumt. Es sieht doch ordentlicher aus, wenn nichts herumliegt. Vorerst muss ich mich selbst um den Haushalt kümmern. Es wird wohl auch noch eine Weile dauern, ehe ich eine Zugehfrau finde, die nicht streikt, wenn sie im Folterkeller wischen soll.»

Nicole schluckte einmal heftig und fand, es sei nicht das richtige Thema, um sich darüber lustig zu machen.

Miriam fuhr im gleichen lässigen Plauderton fort: «Lukka hatte keine Putzfrau, das hätte eigentlich mal jemandem auffallen müssen. Ein alter Rechtsanwalt, der nicht weiß, wohin mit seinem Geld, und seine Fenster selbst putzt, mich hätte das stutzig gemacht.»

«Ich wohnte noch nicht lange im Dorf, als es passiert ist», sagte Nicole etwas härter als beabsichtigt. «Ich habe nie gesehen, dass Lukka seine Fenster geputzt hat. Ich habe ihn überhaupt nur das eine Mal gesehen und hatte keine Ahnung, wer er war.»

«Schon gut, Herzchen», beschwichtigte Miriam. «Ich auch nicht. Nimmst du Milch und Zucker?»

Nicole schüttelte den Kopf.

«Aber etwas Gebäck kannst du dir leisten bei deiner Figur», stellte Miriam fest, nahm eine Gebäckdose aus einem der Schränke und stellte sie zusammen mit dem Porzellan auf ein Tablett. Dann erkundigte sie sich nach Nicoles Alter, Arbeitsplatz, Einkommen und dem Einverständnis, sich duzen zu lassen, was sie bereits die ganze Zeit tat.

Nicole war so verblüfft, dass sie automatisch Auskunft gab. Es wäre ihr lieb gewesen, anschließend mit dem Vornamen angesprochen zu werden. Miriam blieb bei «Herzchen», füllte den Kaffee in eine Isolierkanne um, stellte auch die Kanne auf das Tablett und ging voran in das große Wohnzimmer.

Das Blut sah Nicole erst, als sie in einem Sessel Platz genommen hatte. Auf den Schieferplatten an der Kamineinfassung und der Kupferhaube vom Rauchabzug fielen die dunklen Spritzer kaum auf. Aber der Teppich ... Ein Perser oder so was. Nicole kannte sich nicht aus damit, Ornamente auf dunkelrotem Grund und diese großen, schwarzen Flecke. Es sah fast aus wie Teer.

Miriam folgte ihrem Blick und lächelte entschuldigend. «Es geht nicht raus, ich habe schon einiges probiert. Vielleicht möchtest du es mal versuchen. Ich zahle dir zweihundert Mark mehr, als du im Seniorenheim bekommst. Ein Einpersonenhaushalt ist nicht viel Arbeit, wenn man etwas davon versteht. Zwei, drei Stunden täglich, schätze ich.»

Nicole glaubte, nicht richtig zu hören. Eine Stelle als Putzfrau in Lukkas Bungalow wäre so ziemlich das Letzte gewesen, was sie zu diesem Zeitpunkt angenommen hätte, auch nicht für fünfhundert Mark mehr, obwohl sie das Geld gut hätte gebrauchen können.

Aber abgesehen davon, dass sie schon eine Gänsehaut bekam beim Anblick des Teppichs, das Seniorenheim war ihr letztes Stück Freiheit. Die aufreibende Arbeit dort erlaubte ihr, häufig zu müde zu sein für Zärtlichkeiten, die zu nichts mehr führten. Sie hatte sich so sehr ein Kind gewünscht.

Nicole schüttelte nachdrücklich den Kopf. «Ich bin Altenpflegerin, keine Putzfrau.» Dann fragte sie: «War es das, was du Achim Lässler zeigen wolltest?» Eine Antwort wartete sie nicht ab, sprach gleich weiter. «Das ist aber nicht von seiner Schwester. Die wurde unten umgebracht, in einem großen Keller.»

«Ach, warst du dabei?», erkundigte Miriam sich spöttisch. Es war ein künstlicher Spott, nur Fassade. Wenn sie etwas perfekt beherrschte, war es, Gefühlsregungen unter Kontrolle zu halten. Sie machte nur selten Gebrauch von dieser Fähigkeit. Augenblicklich war es notwendig, weil sie sich keine Blöße geben wollte. Sie musste erst einmal selbst herausfinden, was in ihr vorging.

Zorn, den spürte sie deutlich. Aggressivität gegen ihre Mutter, die sie allein gelassen hatte. Es gab bei Tageslicht und näherer Betrachtung keine bemerkenswerte Ähnlichkeit zwischen ihrer Mutter und Nicole. Es war die gesamte Erscheinung, Figur, Haarfarbe, Nicoles Verhalten, ihre Miene, die Ausdrucksweise, sogar der Klang ihrer Stimme – wie von einem unterschwelligen Tadel behaftet.

«Ein Freund von meinem Mann ist bei der Polizei», antwortete Nicole. «Er war hier.»

Miriam hob überrascht eine Augenbraue an. Das war mehr, als sie erwartet hatte. «Auch an dem Tag, als Lukka starb?»

«Da war Walter Hambloch einer der Ersten», erklärte Nicole. «Er hat sie alle noch liegen sehen, musste sogar erste Hilfe leisten, weil der Notarzt völlig überfordert war. Es muss ein fürchterliches Chaos gewesen sein.»

Miriam füllte die Tassen, öffnete die Gebäckdose und zündete sich eine Zigarette an, um ein wenig Zeit zu gewinnen und die widersprüchlichen Empfindungen unter Kontrolle zu halten. Kaffee trinken mit einer Frau, die sie wütend machte und gleichzeitig das Bedürfnis weckte, in die Arme genommen zu werden. Das allein war schon verwirrend. Und Heinz Lukka kam noch dazu. Darüber verlor der beschädigte Jaguar völlig seine Bedeutung. Die Kosten für Reparatur und Ersatzwagen würde ohnehin die Vollkaskoversicherung übernehmen.

Sie fühlte ihren Herzschlag überdeutlich, hätte gerne gefragt, ob irgendetwas an Lukka auffällig gewesen war in den letzten Tagen, fragte stattdessen: «Dieser Junge, Ben, geht es ihm gut?»

«Er ist kein Junge», berichtigte Nicole. «Er ist ein Mann. Ich nehme an, dass es ihm gut geht. Warum interessiert dich das?»

«Nur so, ich frage mich, was für ein Mensch er ist.»

«Ein armer Tölpel», sagte Nicole. «Es hat bei ihm nicht mal für die Sonderschule gereicht.»

«Und warum tobte er an dem Abend? Du hast gesagt, du hattest Angst. Da muss es ja heftig gewesen sein.»

«Zuerst nicht», sagte Nicole. «Sie kamen uns auf dem Weg entgegen, Britta Lässler und er. Da war er noch friedlich. Er zog sie zur Seite, wollte mit ihr in den Mais. Sie wollte nicht, schlug nach ihm und schimpfte. Da fing er an zu schreien. Rabenaas. Das ist sein Wort für Tod. Ich hab's zuerst nicht richtig verstanden und gedacht, er will das Fahrrad haben. Dann kam Lukka an die Tür und wollte wissen, was los war. Er sprach beruhigend auf ihn ein, aber es wurde nur schlimmer.»

«Und Lukka hatte keine Angst vor ihm?»

Nicole zuckte mit den Achseln und versuchte sich an das zu erinnern, was Bens Schwester Bärbel ihr später erzählt hatte. «Wohl war ihm nicht in seiner Haut. Aber er kannte ihn gut, hat man mir erzählt. Er hat bestimmt nicht damit gerechnet, dass Ben durch die geschlossene Tür bricht. An dem Sonntagabend waren beide Terrassentüren nämlich offen. Da ist er nicht rein, obwohl es ein Kinderspiel gewesen wäre. Erst dienstags, als Lukka seine Schwester angriff. Ich hab's nie verstanden. Seine Familie meint, er hätte Angst gehabt. Er ist wohl mal von Lukkas Hund gebissen worden. Den Hund gab es seit Jahren nicht mehr, aber das hat er anscheinend nicht begriffen.»

Miriam nickte versonnen. Die Sache mit dem Hund war ihr bekannt. Vor Jahren hatte Heinz Lukka einmal erwähnt, dass Ben sein Haus nicht betrat, seit er dort von dem Hund angefallen worden war.

«Hattest du den Eindruck, dass er etwas wusste?», fragte sie. «Ich meine, dass er eine Gefahr in Lukka sah?»

«Wenn er für Tod Rabenaas sagt», meinte Nicole, «muss er wohl was gewusst haben. Außerdem schrie er, Finger weg, Freund, deutlicher kann man es eigentlich nicht ausdrücken.»

«Wohl kaum», antwortete Miriam. «Und das hast du nicht verstanden und nichts unternommen.»

«Natürlich hab ich's verstanden», rechtfertigte sich Nicole. «Aber ich konnte damals mit den Worten nichts anfangen. In der Situation sah es für mich so aus, als hätte Ben das Mädchen auf die Wange geküsst. Und Lukka sagte zu ihm: ‹Ja, ich bin dein Freund, und du weißt, dass du die Mädchen nicht anfassen darfst.› Da klang es, als hätte Ben ihm nur erklären wollen, dass er keine bösen Absichten hatte. Warum interessiert dich das so brennend?»

Zuletzt war Nicole etwas heftiger geworden. Sie wollte

sich nicht erneut entschuldigen müssen für ihre Untätigkeit, bestimmt nicht vor dieser Frau. Einiges an Miriam Wagner störte sie gewaltig, war ihr unheimlich wie das Haus. Dass darin überhaupt noch jemand leben konnte … Mit dem Blut im Teppich. Ein Jaguar vor der Tür, das weinrote Kleid sah auch nicht nach Schlussverkauf aus. Da sollte man annehmen, Miriam Wagner hätte sich einen neuen Teppich leisten können. Und dieses Lächeln, nicht freundlich, nicht herzlich, nur spöttisch oder kalt. Die Art und der Ton, wie Miriam mit Achim Lässler gesprochen hatte. Das Blut seiner Schwester zeigen, Leichenteile, Folterkeller. Es war wirklich kein Thema, um sich daran zu ergötzen.

«Hast du das Haus gekauft oder warst du mit Lukka verwandt?», fragte Nicole.

«Beinahe verwandt», sagte Miriam, trank einen Schluck Kaffee und zündete sich noch eine Zigarette an. Dann nahm sie einen Keks aus der Dose, drehte ihn jedoch nur in der Hand. «Meine Mutter wollte ihn heiraten. Ein paar Wochen vor der Trauung trank sie zu viel, verlor auf der Landstraße die Kontrolle über ihren Wagen. Sie war sofort tot, und ich …»

Mitten im Satz brach sie ab. Der Keks war völlig zerbröselt, ihr ganzer Schoß mit Krümeln bedeckt. In ihrem Kopf hallten noch diese Worte nach: Finger weg, Freund. – Die Aufforderung, Britta Lässler nicht anzurühren, deutlicher war es wirklich nicht auszudrücken. Sie zog noch einmal hektisch an ihrer Zigarette, drückte sie im Aschenbecher aus und zeigte flüchtig auf die unter dem aufwendigen Make-up kaum sichtbare Narbe.

«Damit sind wir beim Thema, Herzchen. Kleiner Blechschaden. Mein Auto braucht einen neuen Kotflügel und eine neue Tür. Für die Dauer der Reparatur habe ich mir schon einen Ersatzwagen besorgt.»

«Ich hatte nie eine Mutter», sagte Nicole, ohne zu wissen, warum sie es Miriam erklärte. «Mich hat ein Hund unter einem Auto gefunden. Da war ich ungefähr drei Tage alt. Es hat geregnet. Der Mann, dem der Hund gehörte, wollte sich keine nassen Füße holen. Dann wunderte er sich, dass der Hund nicht zurückkam. Da hat er nachgeschaut. Ich war schon ziemlich unterkühlt. Noch ein paar Stunden länger, und das wär's gewesen. Glück gehabt. Aber so ziemlich das einzige Glück in meinem Leben.»

Miriam runzelte die Stirn, überrascht oder unwillig, das war Nicole nicht so ganz klar. Sie sprach schnell weiter. «Mein Mann hatte auch einen Unfall auf der Landstraße, letztes Jahr im März. Ein halbes Bein weg, ein Arm ist steif geblieben. Arbeiten kann er nicht mehr. Und eine Rente in dem Alter ist ein Witz, es war ja kein Arbeitsunfall. Wir leben nur von meinem Verdienst. Das Auto ist natürlich versichert. Aber wenn ich den Schaden melde und die Prämie steigt, wird's verdammt eng. Außerdem war es nicht allein meine Schuld. Wenn du Achim Lässler in Ruhe gelassen hättest und er mir nicht vors Auto gesprungen wäre ...»

«Schon gut, Herzchen.» Miriam stand auf, die Kekskrümel rieselten von ihrem Kleid auf den Teppich, verteilten sich auf den Blutflecken wie gelbe Schneeflocken. Miriam verließ den Raum, als sie zurückkam, hielt sie ein Bündel Geldscheine in der Hand. «Bring den Wagen in die Werkstatt und gib mir die Rechnung. Ich regle das mit meiner Versicherung.»

Nicole wusste nicht, was sie sagen sollte. Plötzlich war es peinlich. «So habe ich das nicht gemeint», begann sie. «Ich dachte nur, wenn jeder seinen Schaden selbst trägt oder du vielleicht mit Achim Lässler sprichst, genau genommen hat er ...»

Miriam unterbrach sie mit einem Lächeln. «Ich schätze, mit ihm habe ich fürs Erste genug gesprochen und mich ziemlich im Ton vergriffen. Es ist für mich keine leichte Situation hier. Manchmal stelle ich mir vor, dass jemand von der Lässler-Familie auf die Idee kommt, einen Molotow-Cocktail durch ein Fenster zu werfen.»

«Warum lebst du dann hier?», fragte Nicole.

Miriam lächelte: «Warum bohrt sich ein Fakir Nägel ins Fleisch? Es gibt nicht auf alles eine Antwort, Herzchen.»

Sie drückte Nicole das Geldbündel in die Finger. «Es sind fünftausend. Das müsste reichen, wenn nicht, sag mir Bescheid. Und denk noch einmal über mein Angebot nach, zweihundert Mark mehr für drei Stunden Arbeit täglich.»

«Ja», sagte Nicole, steckte das Geld ein, sagte noch: «Danke», und fühlte sich nun sehr erleichtert und beschämt. «Fünftausend sind wahrscheinlich zu viel. Es ist ja nur der Kotflügel.»

«Umso besser», meinte Miriam. «Wenn etwas übrig bleibt, über eine Einladung zum Essen würde ich mich sehr freuen. Ich kenne hier noch niemanden.»

«Ja», sagte Nicole noch einmal. Es würde bestimmt eine Menge übrig bleiben. Und irgendwie müsste sie sich wohl revanchieren.

Hartmut Rehbach sah das auch so. Bei der überaus kulanten Schadensregulierung war er sofort einverstanden, Miriam Wagner einmal einzuladen. Er wollte sie sogar im großen Kreis einführen. «Machen wir nächste Woche», schlug er vor. «Da hat Walter frei, Bärbel und Uwe kommen bestimmt, vielleicht haben Andreas und Sabine auch Lust. Du kochst uns was Gutes, und ...»

Das hielt Nicole für keine gute Idee. Abgesehen davon, dass eine größere Runde in ihrer Wohnung nicht bequem sitzen und essen konnte, widerstrebte es ihr, Miriam Wagner mit Andreas Lässler zusammenzubringen. Andreas litt zwar nicht gar so sehr unter dem Tod seiner jüngsten Schwester wie Achim, aber auch er hatte mal eine Bemerkung gemacht, die dagegen sprach.

«Was denkt dieses Weib sich eigentlich? Sitzt da hinten und schaut sich das Haus an, in dem eines der Opfer aufgewachsen ist. Das muss ja wahnsinnig viel Spaß machen. Irgendwann zeigt ihr mal einer, dass andere es nicht so lustig finden.»

Dass Andreas sich zu etwas hinreißen ließ, schloss Nicole aus. Er war vernünftig. Sie vermutete, dass sein Bruder Achim zu Hause vielleicht einmal eine Drohung gegen die Frau im Bungalow geäußert hatte. Bisher hatte Nicole in Achim Lässler keine Gefahr gesehen. Aber wenn er so gereizt wurde wie an dem Morgen, wie konnte Miriam Wagner anbieten, ihm das Blut seiner Schwester zu zeigen? Es wäre wirklich nicht nötig gewesen, so etwas zu sagen.

2. September 1997

Der Mann sah sie kommen. Er stand verborgen hinter den Brombeersträuchern nahe dem Wegrand. Die breite Bresche, die die Motorsäge im März 96 zum Birnbaum geschlagen hatte, war fast wieder völlig zugewachsen. Ein schmaler Trampelpfad war noch übrig und bezeugte, dass die Fundstelle der Opfer häufig besucht wurde. Manchmal lag ein Blumenstrauß auf der nackten Erde beim Birnbaum.

Nicole wusste, wer dort Blumen ablegte. Sie wusste eine Menge. Doch an dem Abend dachte sie nicht darüber nach, war nur mit sich selbst beschäftigt. Im Vorbeigehen sah sie eine Bewegung weit hinten im Gebüsch, als der Mann sich zurückzog. Sie dachte, es sei Bruno Kleu. Normalerweise stand zwar Brunos Wagen am Wegrand, wenn er sich beim Birnbaum aufhielt und ein Zwiegespräch führte mit der Tochter, die Maria ihm vorenthalten hatte. Dass der Wagen einmal nicht hier stand, wertete Nicole nicht als ein alarmierendes Zeichen.

Manchmal war es auch Ben, der den Platz aufsuchte. Seit Monaten war er wieder unterwegs, Abend für Abend, Nacht für Nacht auf der Suche nach dem verlorenen Leben und den Spuren des neuen, das ihm noch fremd und ungewohnt war.

Angst vor ihm hatte Nicole längst nicht mehr, dafür kannte sie ihn inzwischen zu gut. Oft dachte sie, wenn sie ihn im August 95 schon so gut gekannt hätte wie jetzt, es wäre alles ganz anders gekommen. Britta Lässler würde noch leben, Tanja Schlösser wäre ein gesundes, lebenslustiges Mädchen, das seinen Bruder ohne Vorbehalte lieben könnte und nicht so viel weinen müsste.

Achim Lässler hätte vielleicht seine Freundin nicht so schnell verloren oder längst eine gefunden, die bereit war, auf einem Bauernhof zu leben. Nicole hätte ihn dann niemals ins Telefon weinen hören, ihn nie bei ihrer Garage oder beim Bungalow stehen sehen, nicht Miriams Jaguar gerammt und fünftausend Mark dafür bekommen.

Sie hätte höchstens mal mit Ben einen Kaffee getrunken, weil er jetzt irgendwie zur Familie gehörte, quasi adoptiert worden war von ihrer blutjungen Schwägerin Patrizia, die ihn regelmäßig mitbrachte, wenn sie zu Besuch kam. Aber er kam auch alleine.

Vor ein paar Tagen war er morgens in ihrem Garten gewesen. Sie hatte ihn zum Frühstück hereingerufen, über eine Stunde mit ihm gesessen und sich gefragt, was er wollte. Es hatte den Anschein gehabt, dass er ihr etwas mitteilen wollte, aber bei seinem beschränkten Wortschatz: «Fein, fein macht.» Das konnte alles und nichts heißen. Nicole interpretierte es so, dass eine Frau etwas getan hatte, was ihm gefiel. Vielleicht war es nur sein Dank für das Frühstück gewesen.

Walter Hambloch hatte gesagt: «Er ist wie ein Vampir. Beim ersten Mal muss man sie reinbitten, danach kommen sie unaufgefordert. An deiner Stelle wäre ich ein bisschen vorsichtiger mit ihm, Nicole. Man kann nicht in seinen Kopf hineinsehen.»

Natürlich nicht, das konnte man bei niemandem. Im Gegensatz zu anderen jedoch, die ihre wahren Gedanken und Absichten hinter einer undurchschaubaren Miene versteckten, sah man Ben immer an, ob er zufrieden war oder nicht.

Er tat ihr Leid. Einer, der nur froh war, dass er lebte, der stets und ständig abhängig war, dass andere für sein Wohlergehen sorgten, musste einem Leid tun. Auch wenn man ihn nicht mehr als armen Kerl bezeichnen konnte, für Nicole blieb er das. Gerade wegen des Geldes, das Lukka ihm vererbt hatte, war nicht alles, was für ihn getan worden war, zu seinem Besten gewesen.

Seine älteste Schwester Anita spekulierte mit seinem Vermögen an der Börse, das wusste Nicole von Bärbel, Bens zweitälteste Schwester, mit der Nicole seit Jahren befreundet war. Das Stammkapital durfte Anita Schlösser nicht antasten. Das sollte ja laut Lukkas letztem Willen nach Bens Tod einer gemeinnützigen Einrichtung zufallen. Über die Erträge konnte Anita Schlösser nach Belieben verfügen, und sie hatte ein gutes Händchen, im Laufe der Zeit noch ein kleines Vermögen dazu erwirtschaftet und bestritt heftig, dass sie auch mit dem Leben ihres Bruders spekuliert hatte.

Nicole wusste wirklich eine Menge, sogar dass Jakob Schlösser nach dem Tod seiner Frau bei den von Burgs offen über die vermeintliche Erkenntnis gesprochen hatte, Ben habe die drei Leichen in Lukkas Auftrag vergraben. Bärbel hatte ihr davon erzählt und sich ziemlich aufgeregt. «Und den lassen die frei rumlaufen.» Dann hatte Bärbel noch gesagt: «Wenn Bruno dahinter kommt, möchte ich nicht wissen, was er mit ihm macht.»

Was Bruno gemacht hatte, als er dahinter kam, wusste Nicole auch. Sie hatte mehrfach mit dem Gedanken gespielt, mich anzurufen, das neue Beziehungsgeflecht zu offenbaren und die Motive derer, die sich um Ben bemühten, dafür zu sorgen, dass er von Amts wegen sicher untergebracht wurde – zur Sicherheit für ihn. Getan hatte sie es nicht, aus vielen Gründen.

Und inzwischen dachte sie, es wäre nicht mehr nötig, etwas zu unternehmen, soweit es Ben betraf. Es hätte sich doch noch alles irgendwie zum Guten gewendet, vielleicht nicht zum Besten für ihn, aber wer wusste schon, was für ihn das Beste war? Das hatte nicht einmal seine Mutter gewusst.

Nicole war längst an dem schmalen Trampelpfad vorbei, hatte auch das Atelier von Leonard Darscheid bereits hinter sich gelassen und wunderte sich im Weitergehen flüchtig, weil sie Vanessa Greven seit Tagen nicht gesehen hatte. Sonst saß Darscheids Assistentin, oder wie immer man sie sonst nennen mochte, um diese Zeit meist noch nahe den großen Türen, beschäftigte sich mit feinem Schleifpapier und den kleinen Holzfiguren. Manchmal kam sie ins Freie, wenn Nicole vorbeiging. Dann wechselten sie ein paar Worte. Vielleicht war sie verreist. Nicole erreichte ihre Garage, ging über den Betonpfad zum Anbau.

Der Mann trat aus dem Gestrüpp auf den Weg, lief in

Richtung Bungalow, daran vorbei, umrundete den Lässler-Hof in weitem Bogen, lief weiter zu dem kühlen Ort, an dem er die Nähe der Frau genießen und von Nicole träumen konnte.

ZWEITER TEIL
Niemandes Kind

Patrizia

Als Trude Schlösser Anfang Mai 96 starb, war Bens Ersatzmutter noch nicht ganz achtzehn Jahre alt. Geburtstag hatte Nicole Rehbachs junge Schwägerin Patrizia erst Ende Mai. Sie war nur knapp einssechzig groß, nicht die beste Voraussetzung, die Welt vor Ben oder ihn vor der Welt zu beschützen. Patrizia lebte in der festen Überzeugung, dass jeder Mensch die gleichen Rechte hatte. Und zuallererst setzte sie die beiden obersten Verbote außer Kraft, die Trude erlassen hatte. Bei ihr durfte er Mädchen anfassen und mit Messern hantieren.

Das Gefühl, einen Platz gefunden zu haben, an dem er bleiben und zufrieden sein konnte, bis seine Mutter zurückkam, hatte Ben nur für sehr kurze Zeit. Vielleicht sogar nur in den ersten Stunden nach der Beerdigung. Bruno Kleu nahm ihn mit auf seinen Hof, zeigte ihm das Zimmer, das für ihn hergerichtet worden war. Seine neuen Sachen waren schon da. Das hatte Bruno in den vergangenen Tagen erledigt.

Es war wirklich ein schönes und großes Zimmer, hatte sogar ein eigenes Duschbad. Brunos Haus war gebaut worden, um irgendwann mehrere Generationen zu beherbergen. Platz war darin mehr als genug. Bruno führte ihn noch ins Bad, damit er sich auch dort mit allem vertraut machen konnte.

«Waschen und rasieren kannst du dich ja alleine», sagte Bruno und brachte ihn wieder nach unten zu seiner

Frau. Renate war in der Küche mit der Zubereitung eines späten Mittagessens beschäftigt. Bruno verabschiedete sich. Er hatte sein Ziel erreicht. Ben auf seinen Hof geholt. Dort sollte er es gut haben. Bruno war entschlossen, ihm ein freundliches Heim zu bieten und ein sinnvolles Leben mit etwas Arbeit. Aber damit hatte es nun keine Eile mehr.

Allein mit Renate Kleu in der Küche war fast ein bisschen wie bei seiner Mutter. Renate sprach nicht, so konnte Ben eintauchen in die Bilder der letzten Tage und Stunden, noch einmal jede Einzelheit betrachten. Brunos ältester Sohn Dieter war nach dem Essen in den Stall gegangen, der jüngere Heiko in sein Zimmer, um Schularbeiten zu machen. Renate hatte sich einen Korb Bügelwäsche vorgenommen.

Ben saß bei ihr und wartete auf Bruno, der für ihn in den vergangenen Wochen zu einer wichtigen Bezugsperson geworden war. Aber es kam nur Patrizia Rehbach, die frühere Freundin von Marlene Jensen.

An Marlenes Seite hatte Patrizia lange vergebens darauf gehofft, Dieter für sich zu gewinnen. Dieter Kleu war ahnungslos und hoffnungslos verliebt gewesen in seine Halbschwester. Mit ihren schmachtenden Blicken und den Fragen, ob er sie aus der Diskothek mit zurück ins Dorf nehmen könne, war Patrizia ihm nur auf die Nerven gegangen. Sie ging vielen Leuten auf die Nerven. Sogar ihre Schwägerin Nicole sagte oft: «Mein Gott, Patrizia, du redest einen heute wieder tot und lebendig.»

Und dann hatte Bruno Kleu im November 95 zu seinem Sohn gesagt: «Dass Patrizia dich anhimmelt, bildest du dir garantiert nur ein. Sie ist ein intelligentes Mädchen, geht aufs Gymnasium und will auch mal ein gutes Gespräch führen. Für solche bist du ein Bauerntrampel, höchstens gut als Chauffeur.»

Daraufhin fühlte Dieter Kleu sich verpflichtet zu beweisen, dass er alles andere war als ein Bauerntrampel und man auch mit ihm gute Gespräche führen konnte. Viel sagen musste er ja nicht, das übernahm Patrizia. Sie war selig, Dieter bildete sich ein, ein intelligentes Mädchen von seinen Qualitäten überzeugt zu haben. Und Bruno Kleu hatte jemanden, von dem er all die kleinen und nichtigen Begebenheiten aus dem Leben seiner Tochter erfahren konnte.

Patrizia fühlte sich geschmeichelt von Brunos Aufmerksamkeit. Bereitwillig und mit großer Ausdauer erzählte sie ihm all die Dinge, von denen Maria Jensen nichts wusste oder über die sie nicht reden wollte.

Patrizia war ein bodenständiger Typ, eingehüllt in diese besondere Art von Naivität, die nur ein behütendes Elternhaus in dörflichen Verhältnissen hervorbringt, das Nesthäkchen in ihrer Familie, vierzehn Jahre jünger als ihr Bruder Hartmut. Für ein neugeborenes Kalb konnte sie sich eher begeistern als fürs Kölner Nachtleben, von dem Marlene immer geschwärmt hatte. Insofern hatte Bruno Kleu für seinen Sohn keine schlechte Wahl getroffen.

Patrizias Eltern waren nicht völlig einverstanden mit ihren Zukunftsplänen. Vor allem ihr Vater bestand darauf, dass sie sich mehr Zeit für die Schule nahm. Sie durfte immer erst am späten Nachmittag zum Anwesen ihres zukünftigen Schwiegervaters radeln. Vorher hatte sowieso niemand Zeit für sie.

Am Nachmittag nach Trude Schlössers Beerdigung fuhr sie etwas früher los. Es waren nur noch Vorbereitungen für eine Englischklausur, etwas Geographie, Mathe und Geschichte zu erledigen. Das wollte sie samstags tun. Sie hatte Ben seit Jahren nicht gesehen und war neugierig auf den Helden des vergangenen Sommers. Ihr Vater gehörte zu den wenigen, die die Ansicht vertraten, man müsse Ben einen Orden verleihen, weil er das Dorf von einem Monster befreit hatte.

Als Fünfjährige hatte Patrizia sich einmal vor Ben gefürchtet. Damals hatte er im Garten ihrer Eltern eine ihrer Puppen zerrissen. Ihre Mutter hatte sich aufgeregt, aber später tausendmal gesagt: «Ach Gott, der arme Kerl.» Und so sah sie ihn an dem Freitagnachmittag.

Bruno war nicht daheim. Dieter, den Patrizia natürlich zuerst begrüßte, arbeitete alleine im Stall und war sauer, weil sein Vater sich ein paar schöne Stunden mit Maria Jensen gönnte. «Und ich steh hier allein mit der ganzen Scheiße», fluchte Dieter. Das war wörtlich gemeint. Es musste ausgemistet werden, ein Grund für Patrizia, sich nicht lange im Stall aufzuhalten.

Von Bruno und Maria wussten inzwischen alle. Patrizia hatte es in der Wohnung ihres Bruders von Andreas Lässler und auch von Walter Hambloch gehört. Zuerst war sie ein bisschen schockiert gewesen, die Mutter ihrer ermordeten Freundin und ihr zukünftiger Schwiegervater. Inzwischen fand sie es nur noch romantisch *und konnten zusammen nicht kommen*. Aber all die Jahre hatten sie sich geliebt, und nun versteckten sie sich auch nicht mehr. Es war natürlich schade für Dieters Mutter. Dass Renate Kleu sich nicht gerne betrügen ließ, verstand Patrizia. Ihr wäre das auch nicht recht gewesen. Aber Ben konnte nun wirklich nichts dafür, dass Dieters Vater eine andere Frau liebte.

Als sie das Haus betrat, war Renate Kleu mit der Bügelwäsche fertig und nun mit der Zubereitung des Abendessens beschäftigt. Sie hackte mit verschlossener Miene eine Zwiebel in kleine Würfel. Ben saß am Tisch, noch bekleidet mit der dunklen Flanellhose und einem weißen Hemd, das in der Mitte ein wenig beulte, weil sich niemand darum gekümmert hatte, in welcher Reihenfolge er die Knöpfe schloss.

Ganz still und in sich gekehrt war er, versunken in seinem Gedächtnis. Mit dem verlorenen Gesichtsausdruck, den er dabei zeigte, tat er Patrizia so Leid wie die kleinen Kälbchen, wenn sie von ihren Müttern getrennt wurden. Sie setzte sich zu ihm, lächelte ihn herzlich an und fragte: «Na du, bist du sehr traurig?»

Na du. Zuerst dachte er, das sei ein neuer Name für ihn. Es war ja alles neu, das Haus, sein Zimmer, sein Leben, die Erkenntnis, die er auf dem Friedhof gewonnen hatte. Aber dann konnte er nicht mehr denken, nur noch zuhören. Bis Renate Kleu das Abendessen auf den Tisch brachte, hatte Patrizia ihm schon mehr erzählt als seine Mutter in den gesamten sieben Wochen, die er mit ihr noch gehabt hatte.

Einmal sprach sie auch von Tanja, das verstand er, allerdings nur, dass es um seine Schwester ging, mehr nicht. «Ich dachte heute Morgen ja, ich sehe nicht richtig. Da kommt Tanja tatsächlich, als ob überhaupt nichts wäre. Sie hatte Bio in der ersten Stunde. Wenn ich mir das vorstelle, meine Mutter wird begraben und ich mach Bio. Ich kann mir überhaupt nicht vorstellen, dass meine Mutter mal nicht mehr da ist. Sie war aber da heute Morgen, hast du sie gesehen?»

«Du redest zu schnell, Patrizia», sagte Renate Kleu. «Da versteht er nur die Hälfte.»

«Dann mach ich langsamer», sagte Patrizia und wiederholte noch einmal sehr langsam die Frage, ob er ihre Mutter in der Trauerhalle oder auf dem Friedhof gesehen habe.

Er schüttelte den Kopf, wusste nicht, wer ihre Mutter war, wusste auch nicht, wer Patrizia war. Sie sah nicht mehr aus wie die Fünfjährige, die damals schreiend durch den großen Garten ihrer Eltern zum Haus gelaufen war: «Mama, Mama, komm mal schnell, er macht meine Puppe kaputt.»

Jetzt streichelte sie seine Hand, das hatte noch nie jemand so gemacht wie sie, nicht einmal seine Mutter, er fand es schön. Noch schöner fand er, dass sie seine Hand für einen Moment an ihre Wange legte, Berührungsängste kannte Patrizia nicht. Sie war daran gewöhnt, von ihrem Bruder und seinen Freunden geknuddelt zu werden. Und dabei sagte sie ganz langsam: «Du warst auch bestimmt sehr aufgeregt, du armer Kerl, und sehr traurig. Hast du viel geweint?»

Er schüttelte noch einmal den Kopf.

«Dann warst du aber sehr tapfer», meinte Patrizia noch langsam, wurde dann wieder schneller. «Aber ich finde das nicht gut, wenn Männer sich einbilden, sie dürfen nicht weinen. Als mein Bruder den Unfall hatte, hat er in den ersten Tagen auch nicht geweint, erst später. Er hatte nämlich einen schweren Unfall mit dem Motorrad, das weißt du sicher gar nicht.»

Aber dann erfuhr er binnen weniger Minuten, was Hartmut Rehbach nach dem Kauf einer Harley Davidson zugestoßen war, dass Patrizia eine wunderschöne Schwägerin hatte, die wahnsinnig darunter litt, dass sie keine Kinder bekommen konnte und ständig von Achim Lässler belästigt wurde. Aber darunter litt Nicole nicht so sehr, es war ihr nur unangenehm, weil Hartmut und Walter Hambloch sich darüber aufregten. Sie meinten nämlich beide, vermutlich sei Achim nur scharf auf Nicole und wolle mit der Mitleidsmasche seine Chancen bei ihr erhöhen. In den letzten Wochen hatte Achim sich allerdings nicht mehr in Nicoles Nähe gewagt. Miriam Wagner hatte ihm nämlich gründlich die Meinung gesagt und Nicole fünftausend Mark geschenkt.

Es prasselte wie ein Wasserfall auf ihn nieder. Er verstand weniger als die Hälfte, hörte trotzdem aufmerksam zu, vielleicht zum ersten Mal in seinem Leben, und vielleicht nur, weil er hoffte, Patrizia würde noch einmal seine Schwester erwähnen. Das tat sie nicht. Sie sprach weiter von Marlene, was ihm überhaupt nichts sagte, erzählte, wie egoistisch und gemein sie sich gefühlt habe in den sieben Monaten bis zum Leichenfund. Das Schicksal ihrer Freundin ungeklärt, aber man habe sich an zwei Fingern ausrechnen können, was mit ihr passiert sei. Und sie war glücklich mit Dieter. Als sie zu schildern begann, welchen Ärger sie seitdem daheim hatte, unterbrach er sie endlich. «Fein?»

Patrizia strahlte ihn an, tätschelte erneut seine Hand und legte sie sich auch noch einmal kurz an die Wange, drehte sich zu Renate um und fragte: «Haben Sie das gehört, Frau Kleu? Er hat fein zu mir gesagt. Ich glaube, er mag mich.»

«So hat er seine Mutter genannt und Tanja», erklärte Renate kurz angebunden und bat sie dann, Dieter zum Abendessen zu rufen.

Nach dem Essen wollte Dieter in die Diskothek nach Lohberg. Patrizia hätte lieber Ben noch ein wenig getröstet, einen derart geduldigen Zuhörer hatte sie noch nie gehabt, nur zwei einsilbige Unterbrechungen in zwei Stunden. Aber sie fügte sich, wünschte ihm eine gute Nacht und verabschiedete sich mit dem Versprechen: «Morgen komme ich ein bisschen früher.»

Bruno kam erst um zwei Uhr in der Nacht. Und ungefähr so hatte Renate Kleu es sich vorgestellt, als ihr Mann sagte: «Viel Arbeit wird er dir nicht machen. Bei Trude hat er den ganzen Tag nur herumgesessen. Ich glaube, ihm steckt die Anstalt noch in den Knochen. Das wird wohl auch eine Weile dauern, ehe er das ausgeschwitzt hat.»

Renate war nicht einverstanden gewesen, Ben aufzunehmen. Dass ihr ältester Sohn mit Marlene Jensens Freundin verkuppelt worden war, hatte sie noch hingenommen. Es war nicht viel einzuwenden gegen Patrizia. Dieter störte es nicht, dass sie ohne Unterbrechung redete. Er war unverändert der Überzeugung, da offenbare sich Intelligenz. Und dankbar war er, dass er nicht viel zur Unterhaltung beitragen musste. Patrizias Sanftmut färbte ein wenig auf ihn ab, das bekam ihm nicht schlecht, fand Renate. Abgesehen davon konnte Dieter für sich alleine entscheiden. Ben konnte das nicht.

Sich vorübergehend um ihn kümmern, für die Dauer einer Haftstrafe seiner Mutter, darüber hätte man reden können. Obwohl auch in dem Fall erst einmal seine Familie für ihn zuständig gewesen wäre. Immerhin lebte eine seiner Schwestern im Dorf, und bei den von Burgs war Platz genug. Aber die wollten ihn nicht. Illa von Burg verwies auf Bens Vater Jakob, um den sie sich kümmern mussten, damit er keine Dummheiten machte.

Auf Dauer für Ben die Verantwortung zu tragen, war eine ganz andere Sache. Renate Kleu fühlte sich damit überfordert. Er hatte einen Mann getötet, der lange Jahre sein Freund gewesen war. Erweiterte Notwehr – natürlich, aber man musste ihm trotzdem nicht dafür auf die Schulter klopfen, wie Bruno es tat. Sonst meinte er am Ende noch, es sei ein Heldenstück gewesen und dürfe bei nächster Gelegenheit wiederholt werden.

Renate Kleu kannte Ben von klein auf, hatte einmal erlebt, dass er heftig wurde, mit einem Messer auf ihren ältesten Sohn losging und Dieter beim Kampf um ein Bilderbuch in die Finger schnitt. Es war ewig her, sie waren beide noch Kinder gewesen. Inzwischen interessierte Dieter sich nicht mehr für Bilderbücher. Und auch Ben war erwachsen geworden.

Dreiundzwanzig Jahre alt, größer noch als Bruno, das war ihr auf dem Friedhof aufgefallen. Vermutlich war er auch etwas stärker als Bruno, er war ja nur halb so alt. Und eigenwillig, so hatte Trude ihren Sohn häufig bezeichnet. «Was er nicht will, will er nicht, da kann man sagen, was man will.»

Was Renate sagen sollte, wenn er etwas tat, was sie nicht wollte, wusste sie beim besten Willen nicht. Ihr war am Nachmittag ein wenig mulmig geworden allein mit ihm und Patrizia. Völlig verflüchtigt hatte sich dieses Gefühl nicht, trotz der Engelsgeduld, mit der er den Wortschwall über sich hatte ergehen lassen – und Patrizias Hand an seiner Wange.

Es wäre vielleicht gegangen – mit der nötigen Autorität und der richtigen Anleitung. Bruno hatte gesagt: «Ich bringe ihm schon bei, dass er mit anpackt. Das wird nicht von heute auf morgen gehen. Tagsüber hab ich ja auch nicht viel Zeit. Aber abends bin ich auf jeden Fall da.»

Natürlich war er nicht da. Maria Jensen hatte die Scheidung eingereicht und suchte eine Wohnung, bei ihren Ansprüchen konnte das dauern. Bis sie etwas Passendes gefunden hatte, lebte sie bei Bruder und Schwägerin auf dem Lässler-Hof.

Mit dem Verhältnis ihres Mannes hatte Renate sich schon vor langer Zeit abgefunden. Sie hatte inzwischen auch einen Freund, davon wusste Bruno noch nichts. Da er sich selten vor zwei Uhr nachts von Maria verabschiedete, konnte Renate sich so manche stille Stunde leisten. Ihre Söhne mussten nicht mehr beaufsichtigt werden. Mit Ben sah das anders aus, das erlebte sie bereits an diesem Abend.

Nachdem Patrizia fort und die Küche aufgeräumt war,

ging Renate ins Wohnzimmer. Er folgte ihr, als sie ihn dazu aufforderte. Aber lange ging es nicht gut. Renate rief ihren Freund an und schaltete für Ben den Fernseher ein. Auf Sender und Programm achtete sie nicht, schimpfte am Telefon ein wenig auf Bruno und wurde jäh unterbrochen.

«Finger weg», sagte Ben mit drohendem Unterton und einem Gesichtsausdruck, bei dem sich Renates Herzschlag beschleunigte. Sie wusste nicht, wie viel er von ihrer Unterhaltung verstand, aber was er verstand, passte ihm offenbar nicht. Und das passte zu Bruno. Das hatte er ihm in den vergangenen Wochen vermutlich als Erstes beigebracht. «Ich bin dein Kumpel, und jeder, der schlecht über mich redet, ist unser Feind.»

Das konnte heiter werden. Und nicht einmal Dieter war im Haus. Renate unterbrach das Gespräch mit ihrem Freund, schickte Ben in sein Zimmer und atmete auf, als er tatsächlich ging. Nach ein paar Minuten folgte sie ihm. Er saß auf dem Bett wie am Nachmittag in der Küche, reglos, wie in Gedanken versunken. Sie gab ihm einen Schlafanzug von Bruno, weil er offenbar keinen besaß, jedenfalls waren bei den Sachen, die Bruno für ihn eingepackt hatte, keine Schlafanzüge gewesen.

«Gute Nacht», sagte Renate und hoffte, dass er oben blieb.

Das tat er nicht. Bis Bruno um zwei in der Nacht heimkam, konnte er nicht hinaus. Die Haustür war verschlossen, der Schlüssel abgezogen, damit Dieter und Bruno von außen aufschließen konnten. Bruno kam als Letzter und ließ den Schlüssel stecken. Er warf noch einen kurzen Blick in Bens Zimmer, sah ihn auf dem Bett liegen. Dass er bis auf die Schuhe komplett bekleidet war, fiel Bruno in der Dunkelheit nicht auf, also ging er beruhigt zu Bett.

Ben wartete noch ein paar Minuten. Als es im Haus wieder still wurde, tat er endlich, wonach es ihn schon die ganze Zeit drängte: Er unternahm den ersten Streifzug durch sein Revier.

Er lief hinunter zur Landstraße, überquerte sie. Das hatte er bisher noch nie tun müssen, aber in der Nacht herrschte kaum Verkehr zwischen Lohberg und dem Dorf. Beim Bungalow machte er den ersten Halt, sah, dass die zerbrochene Glastür wieder heil war und niemand mehr auf dem Boden lag.

Im Hintergrund regte sich etwas, erhob sich von der Couch, kam im Dunkeln auf die Tür zu. Es war halb drei Uhr nachts. Aus dem Schlaf gerissen, ohne das aufwendige Make-up, bekleidet nur mit einem kurzen Hemd, sah Miriam Wagner mit ihrer kindlich zierlichen Figur und dem kurzen dunklen Haar ein wenig aus wie seine kleine Schwester.

Da sie zu schimpfen begann, noch ehe sie die Tür erreichte, sah er nicht viel mehr von ihr und sie von ihm nur den dunklen Umriss. Sie nahm an, es sei Achim Lässler. Seit sie ihn ein paar Wochen zuvor das erste Mal mit Ben verwechselt hatte, kümmerte sie sich nicht mehr darum, ob er nachts um ihr Haus schlich. Ben zog sich rasch zurück, beobachtete vom Weg aus ihr Hinken, hörte die wütende Stimme, die so gar nicht nach seiner kleinen Schwester klang: «Hau ab, du Idiot.»

Das war die Aufforderung zu gehen. Er begriff auch nicht, wen er vor sich hatte. Von der *fremden Frau* hatte er keine Vorstellung. Minutenlang beobachtete er Miriam aus sicherer Entfernung. Sie stieß noch etliche Flüche und Drohungen aus, von denen er nur wenig verstand. Dann schloss sie die Tür wieder, und er ging weiter.

Den zweiten Halt machte er am Wegrand ein Stück

vom Bungalow entfernt. Am Rand des Maisfeldes hatte er im vergangenen Sommer seinen wertvollsten Besitz vergraben, ein altes Springmesser, das er natürlich nicht haben durfte und deshalb immer gut verstecken musste. Das wollte er sich als Erstes zurückholen.

Er musste sehr lange suchen, mit bloßen Händen in der Erde graben, ehe seine Finger den Messergriff ertasteten. Er zog es aus dem Dreck, reinigte es notdürftig an der Hose. Die langen Monate im feuchten Boden waren dem Messer nicht gut bekommen. Die Klinge schnappte nicht heraus, wie er rasch feststellte. Er steckte es in eine Hosentasche und lief weiter. Am Lässler-Hof vorbei, alles war dunkel.

Kurz darauf erreichte er den Bruch. Und nichts war mehr so, wie er es erwartet und zuletzt gesehen hatte. Der Einstieg zu dem alten Gewölbekeller, in dem er sich auch in absoluter Finsternis zurechtfand, war offen. Seine Schätze lagen nicht mehr an dem Platz, an dem sie immer gewesen waren. Den kleinen Topf, in dem er die Reste von Mäusen und Ratten gesammelt hatte, fand er nicht wieder. Über den großen Topf, mehr ein Suppenkessel, stolperte er, als er sich in der Dunkelheit vorwärts tastete.

Bis an den Rand war dieser Kessel gefüllt gewesen mit bizarr geformten Holzstücken und Rinde, in deren Innenseiten feine Linien geritzt waren. Er hatte schon als Kind in Kartoffeln geritzt und geschnitten, was ihm bemerkenswert erschienen war. Es hatte sich nur nie jemand die Mühe gemacht, genauer hinzuschauen. Auf Kartoffeln hielten sich seine Werke auch nicht lange, mit Holz war das anders.

Alles, was er im Laufe der Zeit im Bendchen aufgesammelt hatte, war in dem Suppenkessel aufbewahrt worden, nachdem er es bearbeitet hatte. Bei manchen Teilen hatte er nur wenig mit einem Messer oder einem krummen Nagel nachhelfen müssen, bei anderen Stücken musste er sich sehr viel mehr Mühe geben.

Leider hatte jemand den Kessel ausgekippt. In der völligen Schwärze des Gewölbes fand er am Boden nahe dem Einstieg nur wenige Teile wieder. Die meisten waren zerbrochen unter derben Schuhen. Alles, was heil geblieben war, stopfte er sich in die Hosentaschen und nahm es mit.

Vom Bruch aus lief er zum Bendchen. Dort hielt sich um diese Zeit niemand mehr auf. Er suchte im Unterholz nach brauchbarem Material, um das Verlorene zu ersetzen. Es lag oft etwas am Boden. Seine Augen waren längst auf die Dunkelheit eingestellt. Er fand ein paar Rindenstücke, die ihm groß genug erschienen. Auch zwei kleine Äste. Damit hatte er die Hände so voll, dass er nicht weitersuchen brauchte. Die Hosentaschen waren zu klein. An den alten Jogginghosen waren die Taschen viel größer gewesen.

In gemächlichem Trab lief er zu seinem Elternhaus. Das Küchenfenster war kaputt und stand offen. Er konnte mühelos hinein. Auf dem Fußboden lagen Glasscherben und ein dicker Stein. Aber sonst war alles so, wie er es kannte. Er wusste, wo seine Mutter Plastiktüten verwahrte, nahm eine und füllte all das Holz hinein. So war es bequemer zu tragen.

Dann hörte er etwas aus dem oberen Stockwerk und dachte, seine Mutter sei schon zurückgekommen. Er freute sich so sehr, lief rasch zur Treppe und erschrak heftig, als er Achim Lässler erkannte. Achim hatte ein großes Messer, und er hob es an, als wolle er ihn damit stechen. Bei den Übungen mit dem Sandsack hatte Bruno gesagt, bei einer Bedrohung durch einen Menschen müsse er unter das Kinn des Angreifers oder gegen dessen Bauch schlagen.

Das leuchtete ihm in der Situation nicht ein. Für ihn stellte das Messer in Achims Hand die Bedrohung dar. Und daran würde sich nichts ändern, wenn er unter Achims Kinn schlug. Er schlug lieber zuerst einmal unter den Arm, da flog das Messer in hohem Bogen weg. Dann schlug er unter das Kinn, da fiel Achim um.

Es verblüffte ihn, Bruno hatte nicht gesagt, welche Folgen so ein Schlag haben konnte. Aber es verschaffte ihm die Zeit, zurück in die Küche zu laufen, die Plastiktüte zu nehmen und schnell durch das Fenster ins Freie zu steigen.

Er lief auch noch sehr schnell zum breiten Weg hinunter, schaute sich ein paar Mal um, ob Achim ihm folgte. Das war nicht der Fall, so lief er langsamer vorbei an den Gärten, Darscheids Atelier, Rehbachs Garage, der Apfelwiese und dem verwilderten Grundstück daneben.

Im Gestrüpp flatterten noch Reste des rotweißen Absperrbandes. Die breite Bresche sagte ihm mehr als jedes Wort. Ich, die Frau mit den Fotos, hatte die Mädchen weggenommen und dabei alles kaputt gemacht. Wir machten immer alles kaputt, auch wenn wir etwas Gutes tun wollten. Er machte das immer anders.

Beim Birnbaum war ein riesiger Fleck nackter, aufgeworfener Erde. Darauf lag ein Blumenstrauß, das wunderte ihn. Er fragte sich, ob doch noch eines der Mädchen in der Erde lag. Vielleicht hatte ich sie nicht alle gefunden. Aber er hatte keinen Spaten dabei, konnte nicht nachschauen, mochte auch nicht zurücklaufen, um seinen Klappspaten aus dem Keller zu holen. Wenn Achim wieder aufgestanden war ...

Und im Osten wurde der Himmel bereits grau. Es war Zeit, zurückzukehren in das Zimmer, das sein Kumpel Bruno ihm zugewiesen hatte. Die Haustür verschloss er hinter sich, wie man einen Schlüssel in der Tür drehte, hatte er schon vor langen Jahren auf dem Lässler-Hof gelernt. Dann ging er hinauf, zog sich aus und legte sich noch für eine Stunde aufs Bett.

Früh um sechs begann der Tag auf Bruno Kleus Hof. Er wachte auf, als Bruno an seine Tür klopfte und rief: «Komm, Kumpel, die Kälber haben Hunger.»

Bruno und Dieter gingen sofort in den Stall, während Renate Frühstück machte. Die Milchwirtschaft und der Zuchtbetrieb waren Familiensache.

Er wusste nichts von den Prioritäten auf Brunos Hof, hatte in der Landesklinik gelernt, zuerst waschen, dann frühstücken. Die Tüte mit den Holzstücken lag neben seinem Bett, das Messer steckte noch in der Hosentasche. Er suchte aus Gewohnheit ein Versteck dafür. Doch das überlegte er sich dann anders. Er wollte es lieber bei sich haben. Früher waren immer Sachen verschwunden, die er in seinem Zimmer versteckt hatte. Und dieses Messer brauchte er unbedingt für die Rinde. Er nahm es mit unter die Dusche, wusch gründlich den Dreck ab und hantierte so lange damit herum, bis die Klinge endlich wieder herausschnappte.

Dann zog er noch einmal das weiße Hemd und die dunkle Flanellhose mit dem Streifen Erde am Bein an, weil ihm niemand andere Sachen hingelegt hatte. Rasieren konnte er sich leider nicht, Bruno hatte den alten Apparat seines Vaters nicht mitgebracht. Aber die Erde unter seinen Fingernägeln konnte er entfernen. Sie war beim Duschen aufgeweicht und ließ sich leicht herausschaben mit dem kleinen Nagelreiniger, der an dem Knipser befestigt war.

Als er endlich in der Küche erschien, sagte Renate: «So kannst du aber nicht im Stall helfen. Geh rauf und zieh etwas anderes an.»

Er ging, kam aber nicht wieder zurück. Nach zehn Minuten schaute Renate nach, was er trieb, da stand er ratlos vor dem Kleiderschrank. Renate gab ihm eine Jeans und ein Polohemd, obwohl das auch nicht für die Stallarbeit geeignet war. Er brauchte dringend noch ein paar Arbeitshosen. Renate betrachtete die Flanellhose und fragte misstrauisch: «Wo kommt denn der Dreck her?»

«Finger weg», sagte er wahrheitsgemäß.

Nur wusste Renate nicht, wie das gemeint war. Aber die Tüte mit den Holzstücken verriet doch einiges. «Warst du draußen?»

Er nickte.

«Das geht nicht», sagte Renate. «Du kannst nachts nicht mehr draußen herumlaufen. Das ist gefährlich. Achim ist immer draußen und will dich schlagen.»

Ben schüttelte den Kopf, den Versuch, ihn zu schlagen, hatte Achim nicht unternommen. «Finger weg», sagte er noch einmal.

Und da sich das nach Renates Wissen auch auf Verbote bezog, stimmte sie zu: «Richtig, Finger weg, in der Nacht musst du im Haus bleiben.»

Als er sich endlich umgezogen hatte, waren Bruno und Dieter mit der Fütterung der Kälber längst fertig. Dieter stand unter der Dusche. Bruno war noch damit beschäftigt, den Zuchtbullen zu versorgen, und hatte keinen Blick für das Rindenstück, das Ben ihm mit feierlicher Miene überreichen wollte. «Fein», sagte er.

«Eine halbe Stunde zu spät ist nicht fein», tadelte Bruno. «Morgen muss das schneller gehen.»

Dann frühstückten sie erst einmal. Dass er mit dem alten Springmesser in der Hosentasche am Tisch saß, bemerkte niemand. Nach dem Frühstück nahm Bruno ihn mit in den Stall und ließ die Kühe raus. Fünfzig Stück Milchvieh, den Weg in den Melkstand fanden sie alleine, ebenso den Weg zu der großen Wiese hinter der Scheune. Ben stand nur herum und hielt die Tiere auf.

Bruno schickte ihn wieder ins Haus, damit es schneller ging.

Schon um neun Uhr kam Patrizia und überraschte Ben mit dem Springmesser und einem Stück Rinde auf dem Bett sitzend. Dass er ein Messer hatte, erschreckte sie nicht, vielmehr war sie fasziniert von dem, was er damit machte.

Sie kramte in der Tüte und entdeckte ein kleines Wunderwerk. Ein Pferdchen – nicht viel größer als ihr Daumen, grob geschnitzt, aber unschwer zu erkennen als das, was es darstellen sollte. Die Proportionen stimmten nicht ganz, fand Patrizia, der Schwanz war zu dünn. Das tat ihrer Begeisterung keinen Abbruch. In den winzigen Leib waren hauchfeine Schnitte gebracht worden, die wie ein Schattenspiel wirkten.

Patrizia geriet außer sich vor Entzücken. «Das ist aber schön. Hast du das gemacht? Es ist wunderschön, wirklich. Darf ich es haben?»

Natürlich durfte Patrizia das Pferdchen, das genau genommen ein Zebra war, haben. Sie hatte seine Hand getätschelt und an ihre Wange gelegt.

«Und was wird das?», fragte sie.

«Fein», sagte er.

In der Annahme, er spräche von seiner Mutter oder Schwester, streichelte Patrizia seine Wange und sagte mitfühlend: «Du armer Kerl. Du vermisst sie sehr, was? Willst du dir ein Bildchen von ihr machen? Lass mal gucken.» Damit hatte sie ihm die Rinde auch schon aus der Hand gerissen, betrachtete die feinen Linien auf der Innenseite, die sich zu einem Gesicht formten, meinte: «Putzig. Das sieht aber eher aus wie ein Zwerg. Es ist so verhutzelt.» Dann riet sie: «Das Messer tust du jetzt besser weg. Sonst nehmen sie es dir bestimmt ab.»

Er steckte das Messer in die Hosentasche und folgte

Patrizia nach unten. Renate Kleu war nach Lohberg gefahren, um Einkäufe zu machen. Patrizia hatte ihre Schultasche dabei und einige Dinge, die sie für nützlich hielt,
um die Verständigung zu erleichtern.

Damit es nicht wieder ein Missverständnis mit dem
Fein gab, schnitt sie aus stabilem Karton handliche Karten zurecht, eine für jeden, der im Haus lebte oder be-
absichtigte, so schnell wie möglich dort einzuziehen. In
großen Druckbuchstaben malte sie die Namen: DIETER,
PATRIZIA, BEN, BRUNO, RENATE, HEIKO.

Damit er sich das auch gut merken konnte, klebte sie
auf die Rückseite ihrer Karte sofort ein Passbild. Von
Dieter besaß sie leider nur drei Fotos, davon konnte sie
unmöglich eins hergeben. Aber sie hatte die Polaroidka-
mera ihres Vaters dabei und machte sich daran, die Bewohner des Hauses abzulichten.

So hatte Ben plötzlich ein Mittel in der Hand, eine Person genau zu bezeichnen. Für ihn hatten die Buchstaben
und Fotos Wahrhaftigkeit, sie veränderten sich nicht.
Und die Karten ließen sich gut in einer Hosentasche un-
terbringen. So konnte er sie immer bei sich haben und
steckte sie sofort ein.

Nachdem ihre Schularbeiten erledigt waren, beschrieb
Patrizia ihm auch Karten mit den Namen seiner Mutter
und seiner Schwester, von der er meinte, er hätte sie in
der vergangenen Nacht wieder gesehen und sie hätte ihn
weggeschickt.

Es war immer noch Karton übrig, aber es gab auch
noch viel, was er unterscheiden lernen musste. Den ganzen Vormittag war Patrizia mit ihm unterwegs, fotogra-
fierte das Haus, den Stall, die Scheune, die Kühe auf der
Wiese dahinter, die Kälber und den Zuchtbullen, fertigte
weitere Karten für den Grundbedarf, erklärte ihm Gott
und die Welt.

Renate meinte schon beim Mittagessen, ihm müsse der Kopf qualmen. Bruno amüsierte sich über Patrizias Eifer, aber kurz nach Mittag verging ihm das Lachen. Da rief Toni von Burg an und bat, Bruno möge sofort zum Schlösser-Hof kommen.

Schon an diesem Samstag, es war der 11. Mai 96, hätte es im Dorf wieder Arbeit für die Polizei gegeben. Toni von Burg, der Schwiegervater von Bärbel, war zum Schlösser-Hof gefahren, um ein paar Sachen für Jakob zu holen. Jakob sollte ein paar Tage bei ihnen bleiben. Tonis Frau Illa hielt es für besser, ihn mit seinem Enkel vom Schmerz um Trude abzulenken, als ihn in einem Haus alleine zu lassen, in dem er von nun an ganz auf sich gestellt wäre.

Es sprach wenig für einen Einbruch und viel dagegen. Das Küchenfenster war zertrümmert, aber abgesehen davon schien alles in Ordnung zu sein.

Die Schränke waren nicht durchwühlt. Die wenigen Schmuckstücke, die Trude besessen hatte, lagen unangetastet in einer kleinen Schachtel im Wohnzimmerschrank, wie Toni von Burg mit einem Blick feststellte. In der Diele stand Trudes Handtasche mit der Geldbörse. In einem Küchenschrank fand Toni auch etwas Bargeld in einer Zuckerdose und ein Sparbuch unter einem Stapel Suppenteller.

Toni ging ins Obergeschoss. Im Schlafzimmer glaubte er sich sekundenlang in einen Hühnerstall versetzt. Als er die Tür öffnete, wirbelte er schon mit dem schwachen Luftzug Unmengen von Federn auf. Der blaue Überwurf, den Trude tagsüber immer auf das Doppelbett gelegt hatte, war heruntergerissen, das Bettzeug völlig ruiniert, Kopfkissen und Daunendecken von unzähligen Messerstichen zerfetzt, sogar die Matratzen aufgeschlitzt.

Auch Bens Zimmer war verwüstet. Einer alten Stoffpuppe, mit der er lange Zeit das Bett geteilt hatte, waren Kopf und Glieder abgetrennt worden, der Schaumgummileib von mehreren Schnitten kreuz und quer aufgetrennt, die bunten Flocken der Füllung verteilten sich mit den Federn über das ganze Bett.

Nachdem er das gesehen hatte, gelangte Toni von Burg zu der Überzeugung, dass es sich hier nicht um einen gewöhnlichen Einbruch handelte. Hier hatte jemand gewütet, der die Familie Schlösser hasste. Er dachte an Achim Lässler. Ben hätte das bestätigen können, doch ihn fragte niemand. Es war auch nicht nötig, Bruno sah es ebenso wie Toni.

Achim hätte dringend die Hilfe eines Psychologen gebraucht. Darauf hatte Bruno schon mehrfach hingewiesen, aber Achims Eltern brachten nicht mehr die Kraft auf, sich um ihren Sohn zu kümmern. Also versuchte Bruno es. Er fuhr zum Lässler-Hof. Fast zwei Stunden redete er auf Achim ein und hörte nur: «Schade, dass keiner in den Betten gelegen hat. Und beim nächsten Mal haut er mich nicht so leicht um. Ich mach sie alle kalt.»

4. September 1997

Nach Nicole bemerkte Patrizia als Nächste, dass Vanessa Greven nicht zu Hause war, machte sich aber zunächst noch keine Gedanken darüber. Im Mai 97 hatte Patrizia ihr Traumziel erreicht, sie hieß nun Kleu und war im achten Monat schwanger. Sie hatte sich mit Begeisterung in die Bedienung des Melkroboters eingearbeitet, steuerte ebenso begeistert den großen Traktor, wenn man sie ließ, was jedoch nur selten der Fall war, meist hätschelte sie nur die Kälber und Ben. Vor ihrer Hochzeit hatten Bruno und Renate Kleu noch gewichtige Worte mitgeredet. Damit war es nun vorbei. Renate lebte nicht mehr auf dem Hof. Sie hatte sich von Bruno getrennt und war zu ihrem Freund gezogen. Bruno kümmerte sich nur noch selten um Ben, er hatte eingesehen, dass alle Mühe, Ben zu sinnvoller Arbeit anzuhalten, vergebens war.

Mit dem breiten Trauring war Patrizia die gesamte Verantwortung für Ben übergestreift worden. Und seit ihr Mann im Juli von der Versammlung der Schützenbrüder heimgekommen war und erzählt hatte, im Bendchen treibe sich ein schwarzer Mann mit einer Lederjacke herum, hatte Patrizia ein bisschen Angst.

So wie Trude Schlösser im Sommer 95 zuerst nur ein bisschen Angst gehabt hatte, als Ben an einem Julimorgen die Handtasche von Svenja Krahl nach Hause brachte und blutige Kratzer an den Händen hatte. Kratzer von Dornen und Stacheldraht, da war Trude völlig sicher gewesen. Patrizia war ebenso sicher, dass Ben sich nicht im Wald herumtrieb und Liebespaare belästigte.

Natürlich trug er ständig diese schwarze Lederjacke, Bruno hatte ihm so oft gesagt, darin sähe er chic aus. Und es gefiel ihm, wenn man ihm ein Kompliment machte, da bemühte er sich, es öfter zu hören. Und andere trugen auch Lederjacken, Achim Lässler, Uwe von Burg, Walter Hambloch, Bruno, ihr eigener Mann. Nur wusste Patrizia, wie das im Dorf war. Irgendwo sah jemand einen Schatten, alle schielten sofort auf Ben. Und sie hatte ihm den Schlüssel für die Haustür gegeben.

Das hatte sie sofort am Tag nach ihrer Hochzeit getan, als sie das Kommando auf dem Hof ihres Schwiegervaters übernahm, damit Ben kommen und gehen konnte, wann er wollte. Und seitdem war er unterwegs, Nacht für Nacht.

Tagsüber wich er ihr nicht von der Seite, hing an ihrer Latzhose wie früher am Rockzipfel seiner Mutter. Sein Handy trug er stets mit einem Clip am Gürtel der Jeans befestigt. Und Patrizia musste nur eine Hand in den Rücken stemmen, der mit fortschreitender Schwangerschaft doch schon häufig schmerzte, dann hatte er das Telefon am Ohr und teilte Bruno mit: «Fein weh.»

Abends kam Dieter und genoss das Vorrecht des Ehemannes. Da trat Ben zurück, lebte sein eigenes Leben, suchte Stille nach all den Stunden, in denen Patrizia ihm wieder einmal den Großen Brockhaus vorwärts und rückwärts erzählt hatte.

Zuerst besuchte er das Grab seiner Mutter, das sah jeder, der sich am Abend noch auf dem Friedhof aufhielt. Immer brachte er Trude etwas mit. Eine Geranienblüte aus den Blumenkästen vor dem Küchenfenster, einen hübsch gemaserten Stein, den er irgendwo vom Weg aufhob, manchmal waren es nur ein paar Grashalme. Und manchmal zündete er ein Licht für sie an, obwohl er nicht wusste, wie es ihr leuchten sollte in der ewigen Dunkelheit ihrer schönen Kiste, wenn er es nur oben auf die Erde stellte.

Nach einer halben Stunde, in der er nur reglos am Grab stand, als hielte er Zwiesprache mit seiner Mutter, ging er weiter. Manchmal sah man ihn auf dem Weg zu seinem Elternhaus – von dem es nicht weit war zum Bendchen. Manchmal sah man ihn in der Nähe des Lässler-Hofs.

Als Patrizia am frühen Donnerstagvormittag vergebens auf den Klingelknopf an Leonard Darscheids Haustür drückte, war Ben bei ihr. Sie waren über die Bachstraße gekommen. Als sich auch nach dem dritten Klingeln nichts rührte, fragte Patrizia: «Sollen wir es hinten versuchen oder zuerst Einkäufe machen?»

Mit Ben einkaufen mochte Patrizia besonders gerne. Er

bahnte ihr im Supermarkt immer den Weg zur Kasse, damit sie nicht in der Schlange anstehen musste. Alle anderen machten automatisch Platz, wenn er erschien.

Die Alternative, die sie ihm geboten hatte, beantwortete er mit einem Kopfschütteln und einem anschließenden Nicken. Das hieß, er wollte es nicht beim Atelier am Feldweg versuchen, sondern zuerst mit ihr Einkäufe machen. Dass jemals ein simples Ja oder Nein über seine Lippen kam, erwartete auch Patrizia nicht mehr. Aber man konnte ihm drei oder vier Fragen hintereinander stellen, er beantwortete sie der Reihe nach auf seine Weise. Achtzehn Monate Training mit Patrizia hatten dazu geführt, dass er auch längere Erklärungen aufnehmen konnte.

So fuhren sie zuerst in Bruno Kleus Wagen nach Lohberg. In der Lebensmittelabteilung des Kaufhauses herrschte wie immer viel Betrieb. Und er brauchte sehr lange, ehe er sich etwas ausgesucht hatte. Er durfte sich immer etwas aussuchen, wenn er nicht nervös wurde im Gedränge. Natürlich wurde er immer nervös, aber wenn er sich tapfer durchkämpfte, nicht schon am Kaffeeregal einen Fluchtweg suchte, gab es eine Belohnung.

Da er immer ein stilles Fleckchen wählte, um in Ruhe zu entscheiden, was er gerne haben wollte, fielen die Belohnungen sehr unterschiedlich aus. Mal trug er eine Dose Cola zur Kasse, die er dann unterwegs im Auto sofort austrank, mal eine Tüte Weingummi. Diesmal war es ein Beutel mit Wäscheklammern, weil bei den Getränken ein paar Jugendliche herumtobten und bei den Süßigkeiten ein kleines Kind lautstark um ein Überraschungsei bettelte. Patrizia holte ihm noch schnell eine Dose Cola für die Fahrt.

Als sie zurück ins Dorf kamen, war es zu spät, um noch einen Versuch beim Atelier zu machen. Patrizia musste kochen. Die Männer kamen zum Essen. Anschließend musste noch ein Korb voll Wäsche ins Freie gebracht werden. Selbstverständlich trug Ben den Korb und hielt ihn hoch, damit Patrizia sich nicht bücken musste. Er schenkte ihr auch die Wäscheklammern, weil er damit nichts anfangen konnte.

Als Patrizia am Abend wieder einfiel, dass sie eigentlich noch zum Atelier hatte fahren wollen, war es zu spät und Ben schon unterwegs.

Patrizia nahm sich vor, es am nächsten Morgen nochmal mit ihm zusammen zu probieren. Im Atelier war Vanessa Greven immer sehr freundlich mit Ben umgegangen. Und Patrizia hatte den Eindruck gewonnen, dass er die Frau ebenfalls gerne mochte. Nur die Perserkatze war ihm nicht geheuer. Das Tier ließ sich nur von Vanessa Greven anfassen, kratzte sofort, wenn ein anderer die Hand ausstreckte. Patrizia hatte auch schon blutige Striemen auf dem Handrücken gehabt.

Trotzdem war Ben zweimal bereit gewesen, einen halben Nachmittag im Atelier zu verbringen, damit Patrizia Termine bei ihrem Gynäkologen wahrnehmen konnte. Ihn dahin mitzunehmen, war etwas problematisch. Ärzte machten ihn sehr nervös, da wollte er sie dann erst recht nicht alleine lassen.

Neue Perspektiven

Erst Anfang Juni 96 hatte Miriam Wagner erfahren, dass Ben seine Mutter verloren hatte, nun bei Bruno Kleu lebte und in Patrizia Mutterinstinkte weckte. Und Wichtigeres hörte sie an dem Abend nicht. Nicole hatte sie mit Walter Hambloch bekannt gemacht. Aber viel konnte oder wollte Hartmuts Freund nicht erzählen.

Fünftausend Mark für die Bekanntschaft eines Polizisten, der Heinz Lukka tot am Boden hatte liegen sehen. Viel mehr als das hatte Walter Hambloch aber auch nicht gesehen. Tanja Schlösser war von Notarzt und Sanitätern umlagert gewesen. Ihn hatte man angewiesen, einen Infusionsbeutel für Ben in die Höhe zu halten.

Es war bereits der vierte Abend, an dem Miriam gemeinsam mit Nicole, Hartmut und Walter zum Italiener nach Lohberg fuhr.

Inzwischen war es für Miriam nebensächlich geworden, was Walter Hambloch über die Morde wusste, sie wollte nur den Abend genießen. Für sie war es fast ein kleines Wunder. Sie hatte früher nie mit jungen Leuten in einem Restaurant gesessen, immer nur alle vier Wochen mit Heinz Lukka.

Die Unterhaltung bestritt Hartmut Rehbach wieder einmal fast allein. Er erzählte mit besonderer Vorliebe von seinem Unfall, dem langen Krankenhausaufenthalt und seiner Angst, Nicole könne in der Zeit einen anderen Mann kennen lernen. Danach kam er regelmäßig auf Achim Lässler zu sprechen, äußerte den Verdacht, dass hinter dessen Verhalten ganz etwas anderes stecke als Trauer und Schmerz über den Verlust seiner Schwester. Das tat er auch an dem Abend.

«Er ist scharf auf Nicole, hat sie schon mit den Augen ausgezogen, als er sie zum ersten Mal gesehen hat. Beim Schützenfest im September 94, als wir rausgegangen sind an die Imbissbude, kam er uns prompt hinterher. Weißt du noch, Schatz?»

«Er kam uns nicht hinterher, er war schon da», korrigierte Nicole. «Mit seiner Freundin. Und er war mehr an den Reibekuchen interessiert als an mir.»

«Blödsinn», widersprach Hartmut. «Er war scharf auf dich, so was sehe ich auf Anhieb. Walter hat es ja auch gesehen. Er hat dich sogar noch gefragt, ob dein Kleid noch zu ist. Erinnerst du dich, Walter?»

Walter Hambloch nickte pflichtschuldigst.

Und Nicole sagte: «Du hast Achim doch erst gesehen, als Walter dich auf seine Freundin aufmerksam gemacht hat.»

«Nicht auf seine Freundin», behauptete Hartmut, «auf die Art, wie er dich angeglotzt hat. Manchmal bist du wirklich zu naiv. Hast du überhaupt eine Ahnung, wie du auf Männer wirkst?»

«Ich denke schon», sagte Nicole.

Miriam saß nur dabei und dachte, dass Hartmut Rehbach vermutlich nicht völlig falsch lag mit seinem Verdacht. Ihr war Achim Lässlers Blick ja auch aufgefallen. An Heinz Lukka dachte sie gar nicht an diesem Abend. Jeder Gedanke kreiste um die Frau mit dem makellosen Gesicht, neben der sie sich bei der ersten Begegnung auf dem Feldweg so klein und erbärmlich gefühlt hatte.

Das tat sie längst nicht mehr. Zwar konnte sie auch mit dem aufwendigen Make-up nicht mit Nicoles Aussehen konkurrieren, und kein noch so teures wadenlanges Kleid verbarg das Hinken. Aber nüchtern betrachtet war Nicole ein bedauernswertes Geschöpf. Gebunden an diese Quasselstrippe im Rollstuhl, argwöhnisch beobachtet von den Augen des treu sorgenden Polizistenfreundes. Sie hätte wetten können, dass Walter Hambloch auf der Stelle eine Großfahndung nach dem alten Opel auslösen würde, käme Nicole mal eine Viertelstunde zu spät nach Hause.

Und das nach einer trostlosen Kindheit und Jugend in tristen Heimen. Nicole hatte schon mehrfach darüber gesprochen, wenn sie auf einen kurzen Besuch in den Bungalow kam. Jedes Mal, wenn Nicole ein wenig von ihrem Dilemma offenbarte, war es für Miriam wie ein Ausflug in frühe Jahre. Als würde ihre Mutter sagen: «Nun stell dich nicht so an, Miriam. Mach nicht aus deinen Problemchen eine Nationalkrise. Andere Leute haben auch Sorgen.»

Ihre Nöte waren immer nur Problemchen gewesen, sobald sie Vergleiche mit anderen zog. Und im Vergleich mit Nicole Rehbach stand sie sehr gut da. Sie war frei, finanziell unabhängig, nicht mehr gezwungen, sich mit dem Holzwurm auseinander zu setzen, genau genommen auch nicht gezwungen, in Lukkas Haus zu leben. Nicht einmal er hatte das von ihr erwartet.

Und es gab keine Antworten, nicht in dem blutigen Teppich, nicht in den getrockneten Spritzern am Kamin, nicht in den Schränken, nicht im Keller, nicht auf dem Dachboden. Das Haus war so tot wie die fünf Menschen, die darin gestorben waren. Sie hätte tun können, wozu der Holzwurm geraten hatte, den Bungalow verkaufen. Sollten sich doch Fremde darin aufhalten und sich herumschlagen mit all den Gespenstern, die nicht erscheinen und Auskunft geben wollten.

«Warum lebst du dann hier?», hatte Nicole sie gefragt, und Miriam dachte immer noch darüber nach.

Sie wusste es nicht genau. Aber eines wusste sie inzwischen mit Sicherheit: Sie war in einer entschieden besseren Position als Nicole, war es immer gewesen.

Bei ihr war es immerhin ein exklusives Internat. Und sie war nicht von ihrer Mutter weggeworfen worden. Sie hatte ein paar nette Erinnerungen an frühe Jahre, als es ihrer Mutter noch gereicht hatte, Mutter zu sein. Die Probleme mit dem Holzwurm und dem Alkohol waren erst später gekommen, davor war ihre Kindheit nicht übel gewesen. Mit der Zeit war die Erinnerung verblasst, Heinz Lukka hatte als schillernde Illusion alles überlagert.

Nun bekamen die frühen Jahre wieder Farbe beim Vergleich. Nicole war vermutlich nie durch die weihnachtlich geschmückte Spielwarenabteilung eines großen Kaufhauses geführt, nie vor die Wahl gestellt worden, sich ein Plüschtier zu wünschen oder eine Puppe, die sprechen konnte, wenn man an einer Schnur zog. Sie war fünf Jahre alt gewesen, hatte sich nicht entscheiden können und beides unter dem Tannenbaum gefunden. Nun fragte sie sich, wie die Bescherung in jenem Jahr wohl für Nicole ausgefallen sein mochte.

Was Hartmut Rehbach erzählte, rauschte an ihr vorbei. Er war immer noch bei Achim Lässler, berichtete von einem Nachmittag vor ewigen Zeiten, an dem Walter und er bei Andreas auf dem Lässler-Hof gewesen waren. Andreas hatte ein Mofa bekommen, um unabhängig vom Busfahrplan nach Lohberg zum Bahnhof zu fahren. Und Achim war vor Neid beinahe geplatzt, er hätte eben auch gerne ein Mofa gehabt, ebenso gerne ein Studium ins Auge gefasst wie sein älterer Bruder, aber er war ja nur der Erbe und fühlte sich schon mit sechzehn benachteiligt.

Walter Hambloch meinte beschwichtigend, es sei damals noch nicht so schlimm gewesen mit Achim. Problematisch sei es erst geworden, als Andreas sich in Sabine Wilmrod verliebte. Und da war Walter einer Meinung gewesen mit Achim Lässler, dass Frauen zu einem Störfaktor werden konnten. Hartmut Rehbach erinnerte Walter daran, dass er noch ein bisschen mehr gegen ihre Freundinnen gewettert habe als Achim, der eigentlich nur davon träumte, auch eine tolle Freundin zu finden.

Hartmut ging Miriam längst auf die Nerven. Auch Walter Hambloch störte. Sie vermutete, dass er schwul war. Die Art, wie er mit seinem Freund umging, legte den Verdacht nahe. Aber vielleicht war er auch beiden Geschlechtern zugetan. Manchmal starrte er Nicole völlig abwesend an, und Miriam hatte den Verdacht, dass er auch sie interessant fand. Natürlich nur wegen ihres Geldes.

Hätte Walter Hambloch gewusst, wie Miriam über ihn dachte, hätte er sich wohl weitere Bemühungen erspart. Sie war sicher, dass er sich nur für die Polizeiuniform entschieden hatte, weil er sich einbildete, darin wie ein Mann auszusehen. Er hatte zwar eine sportliche Figur, aber er war ein Milchgesicht. Rote Bäckchen, treue blaue Augen, schütteres Haar mit einem Stich ins Rote. Und seine Lippen, zu weich für einen Mann, zu rot und ständig feucht. Er fuhr unentwegt mit der Zunge darüber. Es ekelte sie schon, ihm dabei zuzuschauen.

Miriam war erleichtert, als sie endlich aufbrachen. Nicole bemerkte ihr heimliches Aufatmen und sagte mit gedämpfter Stimme: «Er redet erst so viel, seit das passiert ist.»

«Schon gut, Herzchen», sagte sie und freute sich schon auf die nächste halbe Stunde allein mit Nicole.

Leider hatte Nicole nie mehr Zeit als diese halbe Stunde am Nachmittag, und die auch nur, wenn sie Frühschicht hatte. Dann tranken sie einen Kaffee, Nicole aß ein wenig Gebäck, Miriam rauchte drei Zigaretten. Manchmal tadelte Nicole: «Du rauchst zu viel.» Einmal fragte sie: «Wann kaufst du dir endlich einen neuen Teppich?» Und immer klang sie wie ihre Mutter.

An das Blut konnte Nicole sich nicht gewöhnen. Aber ihre anfängliche Skepsis gegenüber Miriam war rasch verschwunden. Das hatte nicht so viel mit den fünftausend Mark zu tun, auch wenn Nicole sich von derartigen Geschenken in die Pflicht genommen fühlte. Doch schwerer als das Geld wogen die Sätze, die Miriam von sich gegeben hatte. Warum bohrt sich ein Fakir Nägel ins Fleisch? Und Achim Lässler hatte sie nicht verborgen, wie tief verletzt auch sie war.

Nicole hätte gerne mehr über diesen Schmerz erfahren,

nicht aus Neugier. Sich mit Miriams Nöten zu beschäftigen, lenkte sie ab von den eigenen Problemen. Auch sie bedauerte jedes Mal, dass sie schon nach einer halben Stunde sagen musste: «Hartmut wartet. Er bekommt Zustände, wenn ich später komme. Früher war er nicht so eifersüchtig. Er hat zu viel Zeit, um nachzudenken.»

So war es keine Großzügigkeit, Hartmut Rehbach etwas mobiler zu machen und Nicole damit ein wenig Freiraum zu verschaffen. Nicole hatte schon mehrfach davon gesprochen, dass sie einen Wagen mit Automatikschaltung bräuchten. Damit sei es Hartmut vielleicht wieder möglich, selbst zu fahren.

Mitte Juni händigte Miriam Nicole den Schlüssel von Lukkas Mercedes aus. «Lass deinen Mann einmal Probe fahren. Wenn er mit dem Wagen zurechtkommt, mir steht er nur im Weg. Verkaufen kann ich ihn nicht, wer will schon das Auto eines Mörders fahren?»

Hartmut Rehbach wollte. Er fuhr zehn Meter den Feldweg entlang und hatte Tränen in den Augen, als Miriam ihm auch noch den Ersatzschlüssel und den Kfz-Schein überließ, nicht den Fahrzeugbrief, den behielt sie. So gesehen war es kein Geschenk, nur eine Leihgabe. Aber das störte Hartmut Rehbach nicht. «Du kannst dir nicht vorstellen, was das für mich bedeutet, Miriam.»

«Doch», sagte sie und legte eine Hand an ihr verkrüppeltes Bein. «Ich kämpfe ja mit dem gleichen Problem.»

«Wenn ich noch so laufen könnte wie du, wäre ich zufrieden», sagte er. «Jetzt kann ich vielleicht bald wieder fahren. Wie können wir das gutmachen?»

«Schenk mir ein bisschen Zeit deiner Frau», sagte sie. «Ich verspreche dir, keinen Mann in ihre Nähe zu lassen, bestimmt nicht Achim Lässler.»

Hartmut Rehbach lachte verlegen. «Wenn's weiter nichts ist.» Für Miriam war es eine Menge. Sie fühlte, dass sie lebte, wenn Nicole in ihrer Nähe war. Und Heinz Lukka war tot. Sie gewann Abstand, spürte es deutlich, und es tat so gut.

Ende Juni 96 nahm Nicole zwei Wochen Urlaub. Verreisen wollten sie nicht. Die fünftausend Mark waren auf ein Sparbuch eingezahlt worden. Hartmut hatte sich entschlossen, den alten Opel nicht reparieren zu lassen, es war ja nur der Kotflügel beschädigt. Zum ersten Mal gab es wieder einen Notgroschen. Den verprasste man nicht, um einen Mann im Rollstuhl einen Strand entlang oder einen Berg hinaufzuschieben.

Hartmut Rehbach zeigte sich großzügig, was die Zeit seiner Frau betraf. Nicole durfte die Nachmittage mit Miriam verbringen. Meist waren sie in Lohberg unterwegs, weil Nicole sich nicht gerne für längere Zeit im Bungalow aufhielt.

Einmal gingen sie ins Kino, in die Nachmittagsvorstellung.

«Weißt du, wann ich zuletzt im Kino war, Herzchen? Da war ich fünfzehn. Wir waren zu viert, das weiß ich noch. Ich wollte nicht hingehen, die anderen haben mich überredet, weil ich als Einzige zahlen konnte – für alle.»

«Ich war zuletzt vor vier Jahren hier», sagte Nicole. «Da kannte ich Hartmut noch nicht. Er ist nicht der Typ, mit dem man ins Kino gehen kann. Er schaut sich im Höchstfall mal ein Fußballspiel im Fernsehen an, aber das auch nur, wenn seine Freunde dabeisitzen. Mich hatte eine Kollegin aus dem Seniorenheim überredet, die sich nicht allein in den Film traute. Die halbe Zeit hielt sie die Hände vor die Augen und fragte, was gerade passierte. Es war so eine elende Metzelei.»

Unwillkürlich dachte Miriam an das Horrorvideo und ihren Alptraum. Auf dem Weg zurück ins Dorf sprach sie zum ersten Mal darüber. Über das Gefühl all die Jahre, den Tod ihrer Mutter verschuldet zu haben mit einem unerlaubten Griff in Lukkas Schrank.

«Mein Verstand hat mir tausendmal gesagt, es sei nicht meine Schuld gewesen. Meine Mutter war sturzbetrunken. Der Holzwurm hat einmal erwähnt, man hätte bei ihr zwei Komma acht Promille festgestellt. Aber sie hat erst nach meinem Alptraum getrunken. Und gegen Gefühle ist der Verstand machtlos.»

Als sie an dem Alleebaum vorbeifuhren, zeigte Miriam kurz zur Seite. Plötzlich war sie nur noch ein verletztes Kind, ein völlig vereinsamtes Geschöpf, das sich eingeigelt hatte mit einer Hand voll Gespenster, das sich selbst zerfleischte, weil es einen Mörder geliebt und ihm vertraut hatte.

«Bist du nur deshalb hergekommen?», fragte Nicole. «Weil du gedacht hast, du findest hier etwas und kannst ihm die Schuld am Tod deiner Mutter geben?»

Miriam zuckte mit den Achseln. «Ich weiß es nicht – vielleicht. Aber es ist nichts da. Mir reicht auch seine Schuld an den anderen. Und es gibt immer noch Momente, da kann ich es einfach nicht glauben. Ich weiß zu wenig über die Frauen, über Svenja Krahl und die Amerikanerin gar nichts. Und bei Marlene Jensen spricht eigentlich sein Abschiedsbrief dagegen. Er hatte eine sehr geschliffene Sprache, immer den passenden Ausdruck auf der Zunge. Wenn es sein Traum gewesen wäre, Rache zu nehmen an der schönen Maria, hätte er es in seinem letzten Brief anders formulieren müssen, nicht so, als träume er noch. Das Mädchen war seit zwei Tagen verschwunden, als er diese Zeilen schrieb.»

Es war das erste Mal, dass Miriam offen über ihre Gefühle sprach, über die Zeit vor Lukkas Tod und den Abgrund danach. Über die Fassungslosigkeit, dieses Auf-

162

bäumen im Innern, sich klammern an eine Illusion und genau wissen, dass es besser wäre, endlich loszulassen. Sie waren längst wieder im Bungalow, Miriam erzählte immer noch – von seinen Briefen, den Besuchen im Internat, den Treffen in teuren Restaurants, der großzügigen finanziellen Unterstützung, seiner scheinbar so liebevollen, fürsorglichen Art, wie er sich immer wieder Anteil nehmend über ihre Verletzungen ausgelassen, sich erkundigt hatte, wie sie sich fühle.

«Jetzt denke ich manchmal, es war ihm vielleicht ein besonderes Vergnügen, sich auszumalen, wie mir der halbe Unterleib weggeschnitten wurde. Dass seine Briefe nur eine Art von Psychoterror waren, dieses beschauliche Leben hier mit all den netten Leuten, die ich nicht kennen lernen durfte. Tausendmal hat er mir erklärt, dass ich die Landstraße nicht fahren könne. Er hat es mir so lange erklärt, bis ich überzeugt war davon. Ich kenne die Tricks, kenne sie alle. Ich habe studiert, wie man einen Menschen manipuliert, und habe nicht bemerkt, wie ich selbst manipuliert wurde.»

Miriam sprach bis weit in den Abend hinein, vieles war widersprüchlich. Danach fiel lange Zeit kein Wort mehr über Lukka. Als sie sich am nächsten Nachmittag wieder trafen, unterhielten sie sich nur noch über Nicoles Situation.

Es war auch für Nicole das erste Mal, dass sie völlig offen mit einer Frau über alles sprechen konnte, sogar über das, was sie seit Hartmuts Unfall entbehrte. Mit Bärbel von Burg und Sabine Lässler darüber zu reden war ihr unmöglich. Beide waren nur die Frauen von Hartmuts Freunden. Sie verstand sich gut mit ihnen, doch diese besondere Vertrautheit hatte sich nie eingestellt. Und bei Miriam war sie da.

Ob es an Miriams Psychologiestudium lag, an ihrer Offenheit oder an der Tatsache, dass sie sich dem Anschein nach nichts aus Männern machte und in ihr keine Konkurrenz sah, wusste Nicole nicht. Es war auch nicht so wichtig. Zu Bärbel und Sabine konnte sie jedenfalls nicht sagen: «Ich sehne mich danach, wieder einmal richtig mit einem Mann zu schlafen. Es müsste allerdings ein Mann sein, der sonst nichts von mir will. Ich will ja eigentlich nur ein Kind.»

Nach so einem Geständnis hätten Sabine und Bärbel doch sofort auf ihre Männer geschielt. Und Miriam sagte stattdessen: «Das ist verständlich, wenn der Freundeskreis Nachwuchs in die Welt setzt. Aber da gibt es doch auch für dich Möglichkeiten. Hast du darüber noch nicht nachgedacht?»

Sie saßen unter einem Sonnenschirm an einem der Tische, die vor der Eisdiele in Lohberg aufgestellt waren. Eine Terrasse gab es nicht, nur ein Stück Gehweg. Dicht vor ihnen schlenderten oder hetzten Passanten vorbei, auch eine junge Mutter mit einem Kinderwagen.

«Wir haben mal über eine Adoption gesprochen», sagte Nicole und schaute dem Kinderwagen hinterher. «Kurz nach Hartmuts Unfall, als wir noch dachten, er könnte sich umschulen lassen und wieder irgendwas arbeiten.»

«Eine Adoption wäre unfair», meinte Miriam. «Du bist eine gesunde, junge Frau. Warum sollten dir morgendliche Übelkeit, nächtlicher Harndrang und andere Beschwerden versagt bleiben? Meine Mutter hat davon immer geschwärmt. Ich glaube, sie hatte masochistische Neigungen.»

«Du meinst, ich soll mich künstlich befruchten lassen?»

«Nein.» Miriam lächelte spöttisch. «Du hast doch eben selbst gesagt, du sehnst dich nach einem Mann. Da solltest du das Angenehme mit dem Nützlichen verbinden. Such dir ein schönes Exemplar aus und lass dir ein schönes Kind machen. Bei deinem Aussehen hast du die freie Wahl.»

«Ich könnte Hartmut nicht betrügen.»

«Das ist kein Betrug an ihm», sagte Miriam. «Zu verzichten ist ein Betrug an dir. Lass uns mal überlegen, wen können wir als Kandidat ins Auge fassen?»

Auch wenn sie bisher nur Walter Hambloch persönlich kennen gelernt hatte, war sie längst mit Nicoles Freundeskreis vertraut, hauptsächlich durch Lukkas Briefe. «Was ist mit Andreas Lässler? Er ist glücklich verheiratet, seine Frau wird demnächst entbinden, da ist er für einige Wochen kaltgestellt und vielleicht dankbar, dir aushelfen zu dürfen.»

«Ich glaube kaum, dass Sabine ihn mir mal leiht.»

«Das heißt, du würdest ihn akzeptieren.»

«Es gibt bestimmt ein hübsches Kind», sagte Nicole. «Andreas sieht gut aus, aber er hatte bei seiner Geburt einen Herzfehler.»

Nicole nahm diese Unterhaltung nicht ernst. Auch Miriam setzte weiter dieses spöttisch-schelmische Lächeln auf. Das war das Besondere an ihr, wenn es nicht um Lukka ging, verfügte sie über einen Humor, der nichts ins Lächerliche zog, nur befreiende Wirkung hatte.

«Ein Risiko gehen wir nicht ein, es soll ja auch ein gesundes Kind werden. Was ist mit Uwe von Burg?»

«Das würde ein bildschönes Kind», sagte Nicole. «Und kerngesund. Der Beweis ist ja schon da. Nur würde Bärbel mir dafür die Augen auskratzen. Sie hat ziemlich lange um Uwe gekämpft, jetzt verteidigt sie ihn mit Klauen und Zähnen. Wenn er nur mal nach links oder rechts schaut, bekommt sie schon nervöse Zuckungen.»

«Dann vergessen wir das», meinte Miriam. «Wie stehst du zu Bruno Kleu? Er soll einem kleinen Abenteuer

nicht abgeneigt sein und mitnehmen, was sich anbie-
tet.»

«Das hat sich inzwischen als Irrtum herausgestellt»,
sagte Nicole. «Außerdem ist er mir zu alt. Und es würde
ein kompliziertes Verwandtschaftsverhältnis. Ein Kind
vom zukünftigen Schwiegervater meiner Schwägerin.
Das kann ich Patrizia nicht antun.»

«Dann stehen wir vor einem Problem», meinte Miriam. «Im unmittelbaren Umfeld haben wir nur noch
Walter Hambloch, und ich fürchte, er ist schwul.»

Nicole lachte. «Wie kommst du denn darauf?»

«Schau dir mal genau an, wie er mit deinem Mann umgeht.»

Nicole winkte ab. «Quatsch. Walter hat nur Angst,
Hartmut könnte unglücklich sein. Er sucht händeringend
die Frau fürs Leben, jetzt meint er, das wäre ein Job für
dich. Gestern Abend hat er erst wieder gefragt, wann wir
nochmal zusammen essen gehen, geschwärmt hat er, du
wärst eine faszinierende Frau.»

«Was findet er denn faszinierender», erkundigte Miriam sich. «Mein Bein oder mein Gesicht?»

«Dein Auto, nehme ich an», antwortete Nicole. «Bei
seinem Gehalt kann er sich so etwas nicht leisten. Der
Bungalow reizt ihn auch. Vor ein paar Tagen hat er Hartmut erst erklärt, man könnte ihn abreißen und an der
Stelle ein solides Einfamilienhaus hinstellen, es müsste
nicht mal unterkellert sein. Ein kleiner Anbau an die Garage genügt Walter völlig, um was abzustellen.»

«So ungefähr hatte ich mir das vorgestellt», sagte Miriam. «Also vergessen wir Walter. Es gäbe auch kein
schönes Kind.» Sie seufzte theatralisch und fügte hinzu:
«Dann wird uns nichts anderes übrig bleiben, als zu tes-
ten, ob Achim Lässler tatsächlich so scharf auf dich ist,
wie dein Mann meint.»

«Dann doch lieber Bruno Kleu», entschied Nicole. «Den werde ich anschließend auf jeden Fall wieder los. Andreas hat mal erzählt, dass Bruno sich von Maria Jensen auch jederzeit in die Wüste schicken lässt. Und dann wartet er geduldig, bis sie ihn wieder braucht. Wenn wir ihn in so einer Phase erwischen, habe ich wahrscheinlich Glück. Patrizia meint, ich sei ein Typ wie Maria.»

Und dann lachten sie beide darüber.

5. September 1997

Patrizia war die Erste, die feststellte, dass auf dem ehemaligen Lässler-Hof nicht alles so war, wie es sein sollte. Am Freitagvormittag probierte sie es beim Atelier, fand die Schiebetüren unverriegelt und wunderte sich über die Nachlässigkeit. Es standen doch einige Kunstwerke herum.

Dicht gefolgt von Ben und laut nach Vanessa Greven rufend, überquerte sie den Innenhof, fand auch die Hintertür am Wohnhaus unverschlossen und die Kellertür offen. Auf ihr Rufen kam keine Antwort, ganz geheuer war Patrizia die Sache nicht. Sie dachte an einen Sturz auf der Treppe.

«Frau Greven?», rief Patrizia noch einmal, machte Licht auf der Kellertreppe und spähte nach unten. Zu sehen war nichts, weil die letzten Treppenstufen um die Ecke führten.

«Gehen wir mal nachschauen.» Es war halb eine Frage, halb eine Aufforderung. Ben nickte und folgte ihr nach unten.

Sie gingen bis in den Weinkeller. Dass die Transportdecken neben dem Regal fehlten, fiel Patrizia nicht auf, weil sie nicht wusste, dass dort Decken gelegen hatten. Sie sah nur die längst getrocknete Rotweinpfütze und die Scherben der Flasche. Es war ein Reflex, sich danach zu bücken und die ersten Scherben aufzusammeln. Ben half ihr dabei.

«Pass auf, dass du dich nicht schneidest», warnte Patrizia. Erst nach ein paar Minuten wurde ihr bewusst, dass es wohl besser sei, alles zu lassen, wie es war. Sie veranlasste Ben, die Scherben wieder hinzulegen, und ging mit ihm nach oben. Im Atelier suchte sie noch nach den Mädchenfiguren und überlegte, ob sie Walter Hambloch informieren sollte. Aber eigentlich gab es dafür keinen Grund. Es war nur eine Flasche zerbrochen und Vanessa Greven aus irgendwelchen Gründen nicht da.

Am späten Nachmittag traf Leonard Darscheid im Dorf ein. Er kam mit einem Taxi, ein Auto fuhr er längst nicht mehr. Auch Vanessa Greven hatte kein Auto besessen, das auf dem Anwesen zurückgeblieben wäre und sofort verraten hätte, dass etwas nicht stimmte. Seine Assistentin, Hauswirtschafterin und Geliebte anzutreffen, erwartete der Künstler nicht. Er hatte vor dem Abflug aus Paris noch versucht, sie zu erreichen, und wieder nur den Anrufbeantworter in der Leitung gehabt.

Leonard Darscheid fühlte sich nicht wohl und legte sich erst einmal für eine Stunde auf sein Bett. Es war ein unruhiger Flug gewesen von Paris nach Köln-Bonn. Nachdem er sich von den Strapazen erholt hatte, bestellte er telefonisch beim Italiener in Lohberg sein Abendessen. Dazu wollte er ein Glas Wein trinken und stieg hinunter in den Keller.

Die getrocknete Rotweinpfütze vor dem Weinregal war gut zu erkennen als großer, dunkler Fleck auf dem Beton. Überall lagen Scherben. Das Fehlen der Transportdecken drängte ihm einen schrecklichen Verdacht auf.

Vanessa Greven wäre nicht die erste junge Frau gewesen, in der er sich getäuscht hätte. Und so lange lebte er noch nicht mit ihr zusammen, ein gutes Jahr erst. Ihre Vorgängerin hatte ihn nach einer Vernissage gegen einen jungen Galeristen ausgetauscht, deren Vorgängerin war ohne Angabe von Gründen, dafür aber mit einer größeren Summe Bargeld verschwunden. Seitdem bewahrte er keine Wertsachen mehr im Haus auf, wenn er unterwegs war. Aber im Atelier standen etliche Kunstwerke.

Seine Bilder und die großen Holzplastiken waren unangetastet, Leonard Darscheid atmete auf. Die kleinen Mädchenfiguren vermisste er, aber die waren ihm nicht wichtig. Er nahm an, sie seien bereits abgeholt worden. Es waren Auftragsarbeiten gewesen, eine reine Gefälligkeit von seiner Seite, nur die letzte Feinarbeit leisten, mit Schmirgelpapier die Spuren des Messers beseitigen. Und das zu tun, hatte er Vanessa überlassen.

Er bemerkte, dass die Außentüren nicht ordnungsgemäß geschlossen waren, verriegelte sie, verließ das Atelier wieder und wusste nicht, was er von der Sache halten sollte. Es war schon merkwürdig. Eine Nachlässigkeit wie die unverriegelten Außentüren sah Vanessa eigentlich nicht ähnlich. Und Wein trank sie nicht, wenn sie allein war, das wusste er genau. Aber wenn sie im Keller nach ihrer Katze gesucht hatte und dabei gegen das Regal gestoßen war ... Nur hätte sie die Scherben weggeräumt.

Er ging in Vanessas Zimmer. Ihr Schrank war noch zur Hälfte gefüllt. Unter den Sachen, die auf den Bügeln hingen und in den Fächern lagen, waren einige, von denen er wusste, dass sie mit Leib und Seele daran hing. Den Morgenmantel aus Seide liebte sie geradezu, weil er im Rücken mit dem Gesicht ihrer Katze bestickt war. Oft lief sie stundenlang in dem Mantel herum. Den hätte sie niemals hängen lassen, auch nicht für einen Besuch bei einer Freundin.

Im Bad standen eine Batterie von Nagellackfläschchen, ihre elektrische Zahnbürste, auch die Ohrstöpsel lagen da, die sie nachts einsteckte, weil sie sich vom Verkehr auf der Bachstraße gestört fühlte. Dabei fuhr nachts nur selten ein Auto vorbei. Aber sie war sehr lärmempfindlich, hielt sich deshalb auch am liebsten im Atelier auf.

In Vanessas Bekanntenkreis nach ihrem Verbleib zu forschen, war ihm nicht möglich. Er kannte nur die Vornamen von zwei Frauen, mit denen sie manchmal telefonierte. Allzu viel wusste er wirklich nicht über sie, das wurde ihm jetzt erst richtig bewusst. Sie war aus dem Nichts in seinem Leben aufgetaucht, hatte einmal von Indien erzählt und einmal von Ägypten. Aber er hätte nicht sagen können, ob sie tatsächlich dort gewesen war oder nur geträumt hatte, einmal hinzukommen.

Als das Essen geliefert wurde, war er immer noch unschlüssig, ob er die Polizei verständigen musste. Es gab nicht wirklich einen triftigen Grund, nur den seidenen Morgenmantel. Und die Reaktion der Beamten konnte Leonard Darscheid sich lebhaft vorstellen. Eine fünfunddreißigjährige Frau und ein etwas mehr als doppelt so alter Mann. Da sah er die Mienen der Polizisten förmlich vor sich. Zum Gespött machen wollte er sich nicht. Also unternahm er vorerst nichts, wartete ab, ob Vanessa Greven sich in den nächsten Tagen meldete. Sie wusste ja, ab wann er wieder zu Hause war.

Bis zum 10. September hatte er noch nichts von ihr gehört. An dem Mittwochnachmittag erschien Miriam Wagner in seinem Atelier. Sie wollte ein Bild für ihr Wohnzimmer kaufen, konnte sich aber nicht entscheiden. Als Darscheid ihr erzählte, dass er Vanessa seit fünf Tagen vermisse, konnte Miriam ihm auch nicht sagen, wo sich seine Lebensgefährtin aufhielt.

Sie empfahl, die Wache in Lohberg zu verständigen. Auslachen, meinte sie, werde man ihn vermutlich nicht. Mit der Erinnerung an den Sommer 95 müsse einem Polizisten das Lachen im Hals stecken bleiben, wenn er höre, dass wieder eine junge Frau verschwunden war.

«Wenn doch jemand lacht», sagte Miriam Wagner, «schicken Sie ihn zu mir. Ich bin sicher, dass vor zwei Jahren nicht Lukka allein aktiv war. Es ist zwar nicht üblich, dass Serienmörder einen Komplizen haben. Doch in dem Fall gab es einen zweiten Mann.»

Zu diesem Zeitpunkt fühlte Vanessa Grevens Mörder sich wieder völlig sicher. Das durfte er auch. Rita Meier hatte ihn nicht wieder gesehen und nichts unternommen. Auch Miriam beließ es bei ihrer Empfehlung, die Polizei zu informieren. Eine Andeutung, wer der zweite Mann gewesen sein könnte, machte sie nicht. Das wusste sie zu diesem Zeitpunkt auch noch nicht mit letzter Sicherheit. Sie hatte einen Verdacht, nur leider noch keine schlüssigen Beweise.

Friedenszeit

In den Sommermonaten 96 hatte Miriam Wagner kaum noch einen Gedanken an Lukka verschwendet. Sie hatte in Nicole eine Ablenkung gefunden und einen Ersatz für ihre Mutter. Lukkas Wunsch, nichts im Bungalow zu verändern, kümmerte sie nicht länger. Nicole fühlte sich nicht wohl in dieser Umgebung, das zählte.

Miriam begann mit Kleinigkeiten. Im Bad standen plötzlich Cremetöpfchen und Parfümflakons offen herum. Außerdem stellte sie dort eine winzige Stereoanlage mit einem CD-Player auf und schaffte Handtücher in Pastellfarben an. Alles, was sich mit wenig Aufwand ersetzen ließ, wurde nach und nach ersetzt. Porzellan, Gläser, das Besteck und die Töpfe in der Küche.

Die meisten Einkäufe machten sie gemeinsam. Sie orientierte sich sogar an Nicoles Geschmack, sagte oft nur: «Nicht so bescheiden, Herzchen. Schau nicht auf die Preise, such nur das aus, was dir wirklich gefällt.»

Dann verschwand auch endlich der blutige Teppich und wurde durch einen hellen Berber ersetzt. Nicoles Urlaub war längst zu Ende. Aber da Hartmut jetzt mehr auf den Mercedes als auf seine Frau fixiert war, verbrachte sie immer noch viel Zeit mit Miriam, wenn sie Frühschicht hatte.

Und Miriam reichten die Nachmittage jede zweite Woche nicht mehr. Sie versuchte zielstrebig, Nicole mit einem besonderen Köder ganz für sich zu gewinnen. Zweihundert Mark mehr für drei Stunden Arbeit im Haushalt, der Rest wäre Vergnügen – und irgendwann ein Kind. Solange Nicole im Seniorenheim beschäftigt war, musste das Utopie bleiben, wer sollte sich um das Baby kümmern? Bei ihr dagegen könnte sie es mitbringen.

Sie hatte noch nie mit kleinen Kindern zu tun gehabt, wusste nicht, ob Geschrei sie stören würde, wäre vielleicht eifersüchtig zu Anfang. Aber bestimmt nicht lange. Sie wurde erwachsen, hatte Heinz Lukka hinter sich gelassen, zumindest glaubte sie das.

Im Dorf registrierte man Miriam Wagner kaum. Manchmal begegnete man ihrem Wagen zufällig auf der Landstraße. Sie galt als eigenbrötlerisch, eine junge Frau, die ein zurückgezogenes Leben in einem einsam gelegenen Haus führte. Manchen schüttelte es noch gelegentlich beim Gedanken an den Vorbesitzer. Aber der Schock war abgeklungen, das Grauen einigermaßen verarbeitet.

Auf dem Lässler-Hof sah das noch anders aus. Achim Lässler war immer noch Nacht für Nacht unterwegs, wusste nicht mehr, was er fühlte, Wut, Verzweiflung, Einsamkeit, Sehnsucht, Hass auf alle, die noch lachen konnten wie Nicole und Miriam. Sie sahen ihn nicht, wenn er gut verborgen im Mais lag und sie beobachtete. Und wenn er sie lachen hörte, war es wie ein Messer in seinem Innern. Es war nie leicht gewesen für ihn, den Zweitgeborenen. Sein Bruder durfte studieren, von ihm wurde erwartet, dass er den Hof übernähme.

Im Gegensatz zu Achim Lässler fühlte sich Ben in seinem neuen Leben wohl, soweit Bruno Kleu das beurteilen konnte. Mit der Arbeit klappte es zwar nicht so, wie Bruno sich das vorgestellt hatte. Im Stall hatte man nicht Augen genug. Er wollte wohl gerne helfen, aber das ging immer daneben. Bruno ließ die Kühe raus, er den Zuchtbullen. Ihn auf einen Traktor zu bringen, war unmöglich, abgesehen davon konnte er draußen noch weniger tun als im Stall.

Trotzdem nahm Bruno ihn gelegentlich mit hinaus, wenn auf einem Acker etwas zu tun war, fuhr dann eben im Auto mit ihm und ließ ihn beim Bruch oder beim Bendchen laufen, weil er nachts nicht mehr rauskam. Der Schlüssel wurde jetzt immer abgezogen. Aber ein bisschen Freiheit brauchte er, fand Bruno.

Passieren konnte nicht viel, wenn Ben tagsüber mal allein unterwegs war. Er hatte immer das Handy dabei, konnte im Notfall Hilfe rufen, falls Achim Lässler ihm über den Weg lief. Aber Hilfe brauchte er nicht. Achim ließ sich in seiner Nähe nicht mehr blicken, nachdem er einmal zu Boden geschickt worden war.

Wenn Bruno den Heimweg antreten wollte, rief er Ben

an. Was er tun musste, wenn sein Handy klingelte, hatte Patrizia ihm beigebracht. Er meldete sich nicht, kam aber sofort, wenn Bruno ihn dazu aufforderte. Meist war auch Patrizia in seiner Nähe. Wenn Bruno ihn mit hinausnahm, kam sie am Nachmittag dazu.

Dann streiften sie gemeinsam durchs Bendchen, suchten dort nach abgebrochenen Ästen, aus denen er bizarre Figuren schuf. Bruno wusste längst, dass Ben stets ein Messer bei sich hatte. Er duldete es, hatte auch Renate dazu gebracht, sich nicht aufzuregen, wenn sie Ben einmal mit dem alten Springmesser in der Hand erwischen sollte. Irgendwas brauchte er schließlich, um sich abends zu beschäftigen, und er schnippelte doch bloß an Holzstückchen herum.

Patrizia durchkämmte auch noch einmal den Bruch mit ihm. Bei Tageslicht war in der Senke noch das eine oder andere Teil aus dem alten Suppentopf zu finden. Offenbar war der Kessel beim Eingang zum Gewölbekeller ausgekippt worden. Nur wenige Teile waren ins Gewölbe gefallen, die anderen weit im Gelände verstreut. Meist handelte es sich um kleine Figürchen.

Wenn sie fündig geworden waren, führte Patrizia ihn am Abend mit leuchtenden Augen zu Renate Kleu in die Küche. «Gucken Sie mal, Frau Kleu, so klitzekleine Männeken. Die hat er gemacht. Nicht wahr, Ben?»

Er zog die Karte mit seinem Namen aus der Hosentasche, und Patrizia freute sich. «Das hat er sich doch schnell gemerkt, oder? Ich glaube, wenn man ihm das richtig erklärt, kann er noch viel lernen.»

Patrizia war immer darum bemüht, bei Renate schön Wetter für ihn zu machen. Von der stillen Übereinkunft, das Messer zu übersehen, wusste sie nichts. Und Ben war ja viel mehr mit Renate zusammen als mit Bruno. Renate beschäftigte ihn mit kleinen Handreichungen im Haushalt. Kartoffeln aus dem Keller holen, Müll nach draußen bringen und mal einen schweren Korb mit feuchter Wäsche für sie ins Freie tragen. Er ging ihr gerne zur Hand, deckte den Tisch, das hatte er oft genug gesehen. Er räumte ihn auch wieder ab und lernte sogar, das Geschirr in die Spülmaschine zu sortieren mit einer peniblen Sorgfalt, die Renate erstaunte. Dass er eine Stunde beschäftigt war damit, dreimal alles wieder aufräumte, war zweitrangig. Er hatte etwas zu tun, und das war die Hauptsache, fand Renate.

Der ständige Umgang mit ihm hatte ihr die Unsicherheit genommen. Man musste ein bisschen vorsichtig sein mit dem, was man sagte, wenn er in der Nähe war. Auf Bruno zu fluchen, war nicht ratsam, da bekam er diesen wachen, unwilligen Ausdruck in die Augen. Allerdings drohte er nicht mehr: «Finger weg.»

Renate war längst zu der Überzeugung gelangt, dass sich seine Äußerung am ersten Abend auf das Fernsehprogramm und nicht auf das Telefongespräch mit ihrem Freund bezogen hatte. Gegen Fernsehen hatte er etwas.

Wenn sie zu Hause blieb und den Fernseher einschaltete, ging Ben sofort hinaus. Wenn Heiko ihn beaufsichtigte, nahm er ihn meist mit in sein Zimmer. Es stand noch etwas Spielzeug aus Kindertagen herum, darunter auch ein großes Feuerwehrauto. Ein Leiterwagen mit Besatzung, winzige Plastikfiguren mit Helmen auf den Köpfen. Ben war davon so fasziniert, dass Heiko ihm das Auto schenkte. Danach wollte Ben es immer mit zum Friedhof nehmen.

Die wöchentlichen Besuche am Grab seiner Mutter übernahm Patrizia. Sie hatte mehr Zeit als Renate. Eine gute Stunde gönnte sie Ben immer. Und viele von denen, die einmal beobachtet hatten, wie er da an Trudes Grab stand, die kleinen Plastikmännchen aus dem Feuerwehrauto pflückte und zwischen den Stiefmütterchen verteilte, bedauerten ihn. Jeder, der seine Miene sah, wenn Patrizia dann wieder mit ihm zurückging, die Sehnsucht in seinen Augen, die unzähligen Blicke über die Schulter zurück auf das Grab, jeder hatte Mitleid.

Dass er ausgerechnet bei Bruno Kleu leben musste. Umgetopft und irgendwo abgestellt wie ein Kaktus, den eigentlich niemand wollte. An einen Ort verpflanzt, an dem es drunter und drüber ging. Von seinen Monaten in der Anstalt hatten die meisten nur eine vage und nicht sehr angenehme Vorstellung. Aber bei Trude hatte er es doch nur ruhig und beschaulich gehabt. Einsame Streifzüge durchs Feld, hin und wieder eine Stunde mit seiner jüngsten Schwester und Britta Lässler. Und beide Mädchen zusammen waren nicht halb so mitteilungsbedürftig und eifrig gewesen wie Patrizia.

Ein Kuss mit schlimmen Folgen

Es war zum einen Teil Patrizias Eifer, der dazu führte, dass sein ohnehin eingeschränktes Leben bei Bruno Kleu während der Sommermonate 96 noch mehr Einschränkungen erfuhr, bis so gut wie keine Freiheit mehr übrig war.

Patrizia hatte in der Schule einiges gelernt über positive Verstärker und herausgefunden, dass Ben gerne englisches Weingummi aß. Das war besser geeignet als Vanilleeis, wenn man sich draußen aufhielt. Und bis zum Herbst wollte Patrizia schaffen, woran sein Vater und Bruno bereits gescheitert waren, ihm das Traktorfahren beizubringen.

In der Scheune stand ein dreißig Jahre alter Traktor, den Bruno schon lange nicht mehr benutzte, von dem er auch annahm, dass er nicht mehr funktionierte. Die Vorderreifen fehlten, aber es war wohl noch etwas Treibstoff im Tank. Niemand wusste genau, wann das Altertümchen zuletzt gestartet worden war. Es wurde nicht mit einem Schlüssel angelassen, hatte noch einen Startknopf. Optimale Bedingungen für Patrizia, sie musste nicht lange fragen, ob sie den Schlüssel haben durfte.

Mit einer Hand voll Weingummi brachte sie Ben schon nach wenigen Tagen auf den Beifahrersitz und triumphierte abends: «Ich wusste, dass es funktioniert. Das ist das Prinzip Leistung-Belohnung, das funktioniert fast immer.»

Der zweite Schritt war nun, Ben hinter den Lenker zu bringen. Auch dieses Ziel erreichte Patrizia erstaunlich schnell. Und es waren nicht die positiven Verstärker, nur das Bedürfnis nach Zärtlichkeit. Mit einer Hand voll Weingummi lockte Patrizia ihn wie schon mehrfach auf den Beifahrersitz. Dann sagte sie: «Wenn du dich hierhin setzt, darfst du dir etwas wünschen. Was willst du haben, noch mehr Weingummi oder lieber Schokolade?»

Er schüttelte den Kopf, nahm sie in die Arme, wartete einen Moment. Als der Protest ausblieb, küsste er sie auf die Wange.

«Du willst ein Küsschen», stellte Patrizia fest. Sie dachte sich nichts dabei. Es war doch nur Ben. «Da musst du dich aber erst hinter den Lenker setzen.»

Er setzte sich hinter den Lenker und hielt ihr die Wange hin. Patrizia küsste ihn. Er zog sie auf seinen Schoß, küsste sie noch einmal, rieb seine Wange an ihrer. Das übten sie dann ein paar Tage lang, ohne dass jemand etwas davon mitbekam.

Dann kam der dritte Schritt. Er musste hinter dem Lenker sitzen, während der Motor lief. Es dauerte eine Weile, Patrizia musste den Startknopf sehr lange drücken, aber endlich sprang der Traktor an – und Ben sofort hinunter. Er zog sich einige Meter zurück. Patrizia redete ihm gut zu, demonstrierte, dass der alte Traktor weder biss noch sonst etwas Böses tat. «Guck, er macht nur Krach. Komm wieder rauf. Du kriegst auch ein richtiges Küsschen, wenn du kommst.»

Er kannte den Unterschied zwischen richtigen und anderen Küsschen, hatte es oft genug gesehen. Dieter bekam immer die richtigen – auf den Mund. Was daran besser sein sollte, wusste er noch nicht. Ihm reichten auch die anderen. Aber er kam, langsam und mit einer Miene, als befürchte er eine Explosion.

Patrizia lockte weiter. Inzwischen war Renate in der Küche auf das Tuckern aus der Scheune aufmerksam geworden. Bruno und Dieter wuschen sich gerade die Hände. Das Abendessen war fertig. «Das glaube ich ja nicht», sagte Renate verwundert. «Sie hat das alte Ding tatsächlich nochmal anbekommen.»

Das Küchenfenster stand offen. Renate schaute hinaus, weil sie damit rechnete, Ben habe die Scheune längst verlassen. Draußen war niemand zu sehen. Renate wunderte sich noch mehr. «Und Ben hat nicht die Flucht ergriffen.»

Dieter triumphierte, intelligente Menschen wie Patrizia kannten eben ganz andere Lernmethoden und verzeichneten damit auch in schwierigen Fällen Erfolge. Dann ging er hinaus, um sich den Erfolg seiner Freundin anzuschauen.

Durchs Küchenfenster hörte Renate ihren Sohn brüllen. «Lass sie sofort los, oder ich schlag dir alle Zähne...»

Renate rannte ins Freie, Bruno hinterher. Ben saß hinter dem Lenkrad und hielt Patrizia auf dem Schoß. Das richtige Küsschen zur Belohnung hatte er schon bekommen und auch eins zurückgegeben. Glücklicherweise hatte Dieter das nicht mehr gesehen.

Patrizia verstand die Aufregung nicht ganz. Es war doch nur Ben, mit dem sie ein bisschen schmuste, weil er so tapfer gewesen, wieder aufgestiegen war und sich sogar hinter das Lenkrad gesetzt hatte. «Er braucht das. Seine Mutter hat bestimmt auch mal mit ihm geschmust.»

«Du bist aber nicht seine Mutter, Patrizia», sagte Renate. »Und er ist kein großes Baby. Er ist ein junger Mann. Da musst du ein bisschen vorsichtiger sein. Heute will er schmusen. Was will er morgen oder nächste Woche?»

Patrizia war ziemlich sicher, dass er nächste Woche auch nicht mehr wollte. Er hatte sie auf den Mund nicht anders geküsst als auf die Wange. Offenbar wusste er nicht, wie man richtig küsste.

Es war eigentlich nur ein kleiner Anlass, aber die Auswirkungen für Ben waren enorm. In die Scheune durfte Patrizia nicht mehr mit ihm, jedenfalls nicht allein. Wenn sie sein Zimmer aufräumte, musste die Tür offen bleiben. Die langen Spaziergänge mit ihr zum Friedhof wurden ganz gestrichen.

Den wöchentlichen Gang zum Grab seiner Mutter übernahm nun Renate, die nie so viel Zeit hatte und nie das Feuerwehrauto mitnehmen wollte.

Patrizia gab sich Mühe, ihm weiterhin die Zeit zu vertreiben, ohne dabei noch einmal Anstoß zu erregen. Da er nicht fernsehen mochte, erzählte sie ihm zur Unterhaltung Filme, aber nur solche, die sie für geeignet hielt wie «Das letzte Einhorn» oder «Dschungelbuch». Damit er etwas lernte, machte sie ihm jeden Tag zwei neue Karten, zwang ihn eine Stunde lang, Haus von Stall, Auto von

Fahrrad, Scheune von Tankstelle zu unterscheiden. Manchmal brachte sie ihm ein paar Holzstückchen mit. Und weil er früher so gerne mit Puppen gespielt hatte, opferte sie ihre alte Barbie und etwas Zubehör. «Du darfst sie aber nicht kaputtmachen. Wenn du sie kaputtmachst, schenke ich dir nichts mehr.»

Er machte sie nicht kaputt, kämmte die verfilzten Haare, zog die Puppe mit trübsinniger Miene aus und an, aus und an mit allem, was ihm zur Verfügung stand, und fragte sich vielleicht zum ersten Mal, warum er keine Zärtlichkeit geben und keine empfangen durfte.

Patrizia tätschelte höchstens noch einmal verstohlen seine Hand. Renate berührte ihn nie, legte ihm nie eine Hand an die Wange, küsste ihn nie auf die Stirn, wusste nichts von seiner Sehnsucht. Das letzte Fein in seinem Leben lag auf weichen Kissen in einer schönen Kiste, und immer war die Erde unberührt, wenn er auf den Friedhof kam. Aber wo war seine kleine Schwester, die ihn früher auch so oft gestreichelt und geküsst hatte, ohne dass sich jemand darüber aufgeregt hatte?

Bis dahin hatte er sich damit abgefunden, Tanja nie wieder zu sehen. Nun änderte sich das. Er wollte auch einen Menschen für sich. Jeder im Haus hatte einen, nur er war allein und grübelte, wo er nach seiner Schwester suchen könnte.

Renate Kleu verband den Besuch auf dem Friedhof meist mit Einkäufen in dem kleinen Supermarkt nahe der Kirche. Da hatte er dann wenigstens eine Viertelstunde für sich. Er nutzte die Zeit, um mit seinen Karten die Gräberreihen abzuschreiten. Jedes Kreuz, jeden Grabstein suchte er ab nach Zeichen auf der Karte seiner Schwester. Tanja. Es war ein junger Name, und es starben nur selten junge Leute im Dorf. Es gab keine Tanja.

Nachdem er das festgestellt hatte, vermutete er, dass

Tanja wieder bei Paul, Antonia, Annette und Achim war. Dort durfte er nicht hingehen. Dass auf dem Lässler-Hof alle böse waren, hatte Achim mit dem Messer in der Hand bewiesen. Er wollte nicht alle unter das Kinn schlagen müssen, solange es andere Möglichkeiten gab.

Bruno hatte seinem jüngsten Sohn Heiko und Patrizia strikt untersagt, ihm von Tanja zu erzählen. Doch das hatte Patrizia schon getan, lange bevor Bruno es verbot – am Tag der Beerdigung seiner Mutter. Und auch wenn er davon kaum etwas verstanden hatte, Bio, das hatte er sich gemerkt, wusste nur lange nicht, was es bedeutete.

Von Heiko hörte er es dann wieder und konnte es einordnen. Bio gehörte zur Schule. Leider wusste er nicht, wo die Schule war. Seine Schwester und Britta waren im Sommer mit ihren Rädern dorthin gefahren. Er hatte kein Rad. Heiko hatte eins, aber er ging morgens aus dem Haus. Zur Schule, das sagte er immer.

Und Renate hatte nichts dagegen, dass er Heiko am Morgen begleitete – zur Bushaltestelle am Ortsausgang. Dort stieg Heiko zusammen mit anderen in einen Bus. Er wollte ebenfalls einsteigen, doch ihn wollte der Fahrer nicht mitnehmen.

«Nur für Schüler», sagte der Fahrer.

Und Heiko sagte: «Geh nach Hause, Ben. Mutti hat gesagt, du sollst sofort zurückkommen.»

Er ging nicht. Sein Zuhause war dort, wo seine Mutter gewesen war. Bei Bruno hatte er nur ein schönes, großes Zimmer. Es war bei Bruno viel besser als bei den weißen Leuten, auch wenn es objektiv betrachtet keinen großen Unterschied gab, keine Freiheit. Aber niemand stach ihn mit Nadeln, niemand zog ihm die Jacke an, in der er seine Arme nicht mehr bewegen konnte, niemand band ihn am Bett fest, niemand stahl seine Bilder.

Bruno klopfte ihm auf die Schulter und nannte ihn

Kumpel. Renate war immer freundlich und lobte ihn, wenn er das Geschirr in die Maschine räumte. Patrizia malte ihm viele Karten und sagte ihm, in welchem Kleid die Barbie-Puppe schön aussah. Heiko schenkte ihm jedes Auto aus seinem Zimmer, das er haben wollte. Nur Dieter war noch böse mit ihm und sagte manchmal: «Lass die Finger von Patrizia, sie ist meine Freundin.»

Und Heiko sagte, es könne nicht jeder eine Freundin haben, er hätte auch keine. Aber Heiko hatte Freunde. Ben hatte nur noch seine kleine Schwester. Er wartete.

Etwas später kam noch ein Bus, aber der wollte ihn auch nicht mitnehmen. «Bis Lohberg zweizwanzig», sagte der Fahrer, «oder haben Sie eine Karte?»

Natürlich hatte er eine Karte, er hatte viele, zeigte TANJA. Und der Fahrer verlangte, dass er zurück auf die Straße ginge. Er versuchte es mehrfach, aber egal, was er zeigte, auch mit HAUS, AUTO oder KUHSTALL wollte ihn niemand mitnehmen.

Wiedersehen

Patrizia, die nicht regelmäßig den Schulbus nahm, wurde kurz vor Beginn der Sommerferien einmal Zeugin seiner Versuche, mit den Karten in den Bus zu kommen. Ihr tat es entsetzlich Leid. Und dann schnappte sie während der Pause auf dem Schulhof auf, dass Tanja am Sonntagnachmittag zusammen mit Antonia die Eisdiele in Lohberg besuchen wolle.

Die Eisdiele gehörte Antonia Lässlers Vater und wurde seit Jahren von ihrem Bruder geführt. Für Tanja Schlösser waren beide Männer wie Großvater und Onkel. Daran dachte Patrizia in dem Moment nicht, sie sah nur die Chance, ein Wiedersehen zu arrangieren.

Schon am selben Nachmittag erfuhr Ben von seinem Glück, von dem Patrizia noch gar nicht wusste, wie sie es in Erfüllung gehen lassen könnte. Bruno oder Renate Kleu um Erlaubnis zu fragen, ersparte sie sich. Nach fast einem Jahr noch etwas zu erzwingen, wogegen Tanja sich entweder aus eigenem Empfinden oder aus Solidarität mit ihren Zieheltern sträubte, darin hätten beide keinen Sinn gesehen.

Aber Bruno hatte am Sonntagnachmittag etwas vor, Maria wollte eine Kunstausstellung besuchen, Renate ihren Freund. Um Heiko machte Patrizia sich keine Gedanken. Von ihm ließ sie sich nicht verbieten, etwas mit Ben zu unternehmen. Dieter stellte ein kleines Problem dar, er war immer noch nicht gut auf Ben zu sprechen. Aber ihn verstand Patrizia zu überzeugen mit einem Argument, das den Tatsachen entsprach, nämlich dass Ben wohl nur mit ihr geschmust habe, weil er Tanja nicht mehr sehen dürfe.

Leider stieg Ben nicht in Dieters Golf. Eine halbe Stunde lang versuchte Patrizia, ihn zu überreden. Nicht einmal das in Aussicht gestellte Wiedersehen brachte ihn auf den Beifahrersitz. Es war ihm zu eng, er glaubte nicht, was Patrizia versprach, wollte auch nicht neben Dieter sitzen.

Und Dieter wollte nicht mit dem Bus fahren, weil am späten Nachmittag kein Bus mehr zurück ins Dorf fuhr. Dass der Rückweg ein schöner Spaziergang wäre, ließ Dieter sich nicht einreden. Es waren vier Kilometer. Außerdem befürchtete er Ärger mit seinem Vater, wenn bei der Hinfahrt jemand im Bus säße, der es anschließend im Dorf herumerzählte. Bei einer Busfahrt nach Lohberg hätte Bruno sofort gewusst, dass es Absicht gewesen war.

Mit einem Auto könnte man es als zufälliges Zusammentreffen darstellen, wenn etwas schief ging.

So stürmte Patrizia an einem Julisonntag 96 gegen halb drei in den Anbau und bat ihre Schwägerin, Ben einen riesigen Gefallen zu tun.

Sie flunkerte ein wenig, behauptete, es handle sich um eine feste Verabredung mit Tanja und bat Nicole um einen großen Gefallen. «Kannst du uns nach Lohberg fahren? Für dich wären das nur zehn Minuten und für Ben so eine große Freude. Machst du es?» Nicole nickte nur.

«Klasse», freute Patrizia sich und ging schon mal zur Garage. Um Viertel vor drei fuhren sie auf Bruno Kleus Hof. Dieter und Ben warteten vor der Tür. Patrizia stieg vom Beifahrersitz nach hinten, Dieter gesellte sich dazu.

Ben zögerte, betrachtete misstrauisch den Mercedes und die schöne, blonde Frau am Steuer. Er kannte sie, sie war weggelaufen, als sein Freund Britta ins Haus führte. Von ihr erwartete er nichts Gutes, bestimmt nicht, wenn sie im Auto seines Freundes saß.

«Komm», lockte Patrizia. «Steig ein, es ist Platz genug, wir fahren zu Tanja.»

Das klang irgendwie logisch in seinen Ohren. In Lukkas Mercedes zum letzten Opfer. Er nahm zögernd auf dem Beifahrersitz Platz. Patrizia wies darauf hin, dass Nicole ihm den Sicherheitsgurt umlegen müsse. Dann fuhren sie los.

Für Nicole war es ein seltsames Gefühl. Ben sah so anders aus als an dem Sonntagabend im August des Vorjahres, als er auf dem Weg vor Lukkas Bungalow tobte. Damals hatte sie sehr schnell von seinem Verhalten auf seine Behinderung geschlossen. Nun hatte sie von Patrizia schon tausendmal gehört, welch ein lieber Kerl er sei, ein verkannter Künstler, der mit seinem alten Springmesser wahre Wunderdinge schnitzte. Und er saß neben ihr wie irgendein junger Mann, der einer Verabredung entgegenfieberte, von der er nicht wusste, wie sie enden würde. Seine Miene war ernst und erwartungsvoll, spiegelte jedoch auch Nervosität. Er schwieg.

Nicole sah Patrizia und Dieter im Rückspiegel miteinander flirten, und plötzlich tat es weh. Noch einmal so jung sein, alles vor sich haben, alles anders machen. Einen Kinderwagen schieben statt einen Rollstuhl.

Miriam hatte mit ihren Scherzen über einen geeigneten Vater und dem Angebot, bei ihr könne sie ein Kind mitbringen, eine Lawine losgetreten. Seitdem hatte Nicole sich schon unzählige Male vorgestellt, wie es sein würde, wenn sie endlich ein Kind hätte. Nur wer kam als Vater infrage?

Sie war sehr erleichtert, als sie vor der Eisdiele anhalten konnte. Die Knutscherei im Wagenfond hörte auf, Patrizia und Dieter stiegen aus. Ben blieb sitzen, bis Nicole begriff, worauf er wartete. Dass sie den Sicherheitsgurt wieder löste. Sie musste ihn nicht berühren wie bei Fahrtantritt, nur auf den Knopf drücken. Der Gurt glitt von selbst zurück in die Halterung. Die Tür öffnete Dieter für ihn.

Der rote Ford Fiesta, Achim Lässlers Auto, das auch Antonia fuhr, stand bereits am Straßenrand. Patrizia atmete erleichtert auf. «Sie sind schon da. Kannst du uns um sechs abholen?»

«Willst du drei Stunden lang Eis essen?», fragte Dieter.

«Nein, aber wir können noch ein bisschen spazieren gehen.»

Ein Stück die Straße hinunter war ein kleiner Juwelierladen. Patrizia zeigte wie zufällig in diese Richtung. Nicole kannte den Laden, dort hatten Hartmut und sie die Trauringe gekauft. Und plötzlich hasste sie sich, schämte sich für die Gedankenspielereien, ihn zu betrügen, schämte sich sogar für den nagenden, hohlen Schmerz im Innern. Hartmut konnte doch nichts dafür. Er hatte mehr verloren als sie.

Ehe Dieter weitere Einwände gegen die Zeit vorbringen konnte, sagte sie: «Sechs Uhr», und fuhr ab. Im Rückspiegel sah Nicole noch, dass Patrizia Ben bei der Hand nahm, dass Dieter sich augenblicklich dazwischendrängte und Ben vor sich herschob zwischen den Tischen durch, die im Freien aufgestellt waren.

Auf dem Stück Gehweg vor der Eisdiele war kein Platz frei. Drinnen waren nur wenige Tische besetzt. Von Antonia Lässler und Tanja war nichts zu sehen. Patrizia steuerte auf einen Tisch nahe dem Durchgang zu den Privaträumen zu. «Wahrscheinlich sind sie oben», meinte sie.

Sie setzten sich, Ben schaute sich suchend um, betrachtete die fremden Gesichter. Natürlich war Tanja nicht da. Er hatte auch nicht wirklich erwartet, sie sehen zu dürfen. Falsche Worte, aber Patrizia verzieh er sie wie seiner Mutter.

Niemand schenkte ihm Beachtung. Er entspannte sich und freute sich auf sein Eis. Als die Bedienung an den Tisch kam, um die Bestellung aufzunehmen, bat Patrizia kurzerhand, man möge Tanja Bescheid sagen, dass ihre Schulfreundin da sei.

Es war sehr hochgestapelt, von Freundschaft zwischen ihr und Tanja konnte nicht die Rede sein. Tanja wich ihr längst aus, um nicht immer wieder hören zu müssen, was für ein lieber Kerl ihr Bruder war. Aber es funktionierte. Noch ehe die Eisbecher serviert waren, wurde die Verbindungstür geöffnet und Tanja erschien.

«Was habe ich gesagt», sagte Patrizia.

Für Ben kam seine Schwester wie aus heiterem Himmel. «Fein», sagte er andächtig und erhob sich langsam, als wolle er jede Sekunde bis ins Letzte auskosten. Es waren auch nur ein paar Sekunden, Tanja verschwand wieder, noch ehe er um den Tisch herum war. Die Verbindungstür wurde so heftig zugeschoben, dass die wenigen Gäste erschreckt zusammenzuckten. Hinter der Tür waren noch kurz lautes Weinen und eilige Schritte zu hören.

«Fein!», rief er, stürzte zur Tür, warf einen Stuhl um, suchte nach einer Klinke, drückte mit beiden Händen dagegen. Schiebetüren kannte er noch nicht, und in der Aufregung hatte er nicht registriert, wie es funktionierte. Dafür war es zu schnell gegangen.

«Fein!», schrie er, schlug mit beiden Händen gegen das Holz. Dahinter war es inzwischen still geworden. Einige Leute begannen zu tuscheln. Die Bedienung kam eilig hinter der Theke hervor. Dieter fluchte: «Scheiße, das gibt Ärger.» Patrizia hob den Stuhl auf, bemühte sich, Ben zu beruhigen und zurück an den Tisch zu bringen. Aber da war nichts zu machen.

«Fein.» Er schrie nicht mehr, bettelte nur noch – bis die Tür wieder aufgeschoben wurde. Diesmal erschien nicht Tanja, sondern Achim Lässler. Dass er dabei sein könnte, hatte Patrizia nun wirklich nicht erwartet. Für einen Moment zog Ben den Kopf ein, dann ballte er eine Faust, tippte Achim leicht gegen das Kinn und sagte: «Finger weg, Freund.»

Dieter fluchte noch einmal: «Jetzt geht's rund.»

Patrizia versuchte, sich zwischen Ben und Achim zu schieben. Ben straffte die Schultern, schob Patrizia behutsam und Achim energisch zur Seite und ging durch die Tür. «Fein», rief er.

Hinter der Tür lag ein schmaler Korridor, von dem eine Treppe in die oberen Räume führte. Achim Lässler folgte Ben, packte seinen Arm, wollte ihn zurück in den Gastraum ziehen. Als Ben mit einem scheinbar lässigen Griff seine Hand entfernte, beauftragte Achim die Bedienung, die Polizei zu rufen.

Patrizia erklärte den Anwesenden rasch: «Wir brauchen keine Polizei. Er will nur seine Schwester einmal sehen. Darauf wartet er schon fast ein Jahr. Er hat ihr das Leben gerettet, aber die lassen ihn nicht zu ihr.»

An einem der Tische sagte eine jüngere Frau: «Das ist ja furchtbar, warum denn nicht?»

Patrizia erklärte auch das noch. Wieder setzte Tuschelei ein, wurde lauter. Und plötzlich standen alle auf seiner Seite, gegen Achim Lässler. Die Bedienung hatte den Telefonhörer bereits abgenommen, legte wieder auf. Patrizia huschte durch die offene Tür, um Ben zu seinem Recht zu verhelfen. Achim schob sie zurück mit dem Hinweis: «Das ist privat.»

Ben sagte noch einmal drohend: «Finger weg, Freund.»

«Eine Schwester ist auch privat», rief ein älterer Mann. «Wenn er nicht rauf darf, hol das Mädchen runter.»

«Sie will ihn nicht sehen», erklärte Achim Lässler.

«Dann soll sie ihm das ins Gesicht sagen», meinte der ältere Mann. «Ist doch keine Art so.»

Alle spähten angestrengt in den halbdunklen Korridor. Ben rief mehrfach in Richtung der Treppe: «Fein!»

Dann kam Antonia herunter.

«Fein», sagte er, zerrte die Karten mit den Namen aus seiner Hosentasche, hielt Antonia TANJA entgegen, flehte: «Fein.»

Irgendjemand sagte: «Mein Gott, das kann man ja nicht mit ansehen, der arme Kerl. Jetzt tun Sie ihm doch den Gefallen, holen Sie das Mädchen runter.»

«Haben Sie eine Vorstellung, was das Kind durchgemacht hat?», fragte Antonia.

Niemand antwortete. Antonia wandte sich an ihn. «Es tut mir Leid, Ben. Wir alle haben große Fehler gemacht. Nun haben wir großen Kummer. Paul ist davon krank geworden. Tanja ist auch noch krank und sehr traurig, weil wir Britta verloren haben. Du hättest Britta helfen können und hast es nicht getan, nur weil sie mit dir geschimpft hat. Sie wusste nicht, dass Lukka böse war. Du hast es gewusst und hast sie trotzdem mit ihm gehen lassen. Tanja wird nicht zu dir kommen. Sie weint. Willst du das?»

Er schüttelte den Kopf.

«Dann geh», sagte Antonia.

Und er ging, kam zurück in den Gastraum, ging weiter auf den Ausgang zu. Wenn er nicht so genau gewusst hätte, dass Tränen nichts änderten, hätte er wohl auch geweint.

«Willst du nicht dein Eis essen?», fragte Patrizia.

Er schüttelte noch einmal den Kopf und trat hinaus ins Freie. Patrizia und Dieter folgten ihm zwangsläufig. Zahlen mussten sie nicht, sie hatten ja auch nicht viel verzehrt. Nur Dieter hatte ein paar Löffel von seinem Amarenabecher genommen.

Bis sechs Uhr liefen sie mit ihm die Straße hinauf und hinunter. Er gab das Tempo vor. Zweihundert Meter in eine Richtung, wieder zurück. An den Juwelierladen dachte Patrizia nicht mehr. Dieter schlug ein paar Mal vor, nochmal reinzugehen und eine Cola zu trinken. «Ich habe so einen Durst, und wenn wir uns nur an einen Tisch setzen...»

Aber Ben wollte nicht wieder hineingehen, auch nicht draußen sitzen, als dort Plätze frei wurden. Als Nicole sie um sechs Uhr abholte, näherten sie sich gerade wieder dem roten Ford Fiesta.

«Vielleicht sollten wir noch ein bisschen im Auto warten», schlug Patrizia vor. «Irgendwann fahren sie ja auch zurück. Dann könnte er Tanja wenigstens nochmal sehen.»

«Weg», sagte er, riss die Wagentür auf und saß so schnell auf dem Beifahrersitz, als könne er es kaum erwarten, Lohberg den Rücken zu kehren. Patrizia und Dieter stiegen ebenfalls ein, während Nicole sich bemühte, ihm den Sicherheitsgurt umzulegen, ohne ihn zu berühren.

Patrizia erstattete ausführlich und sehr frustriert Bericht. Er verrenkte sich auf seinem Sitz, um in seine Hosentasche greifen zu können, zog die Karten heraus und legte sie Nicole alle in den Schoß. «Weg», sagte er, und sie glaubte zu begreifen, was er meinte: Er hatte alles verloren. Und dann berührte er sie, nahm ihre Hand und legte sie ans Lenkrad. «Weg», sagte er noch einmal.

11. September 1997

Seit Wochen war es so friedlich im Dorf wie in den Sommermonaten des Vorjahres. Die jungen Paare wagten sich wieder ins Bendchen, es war ja scheinbar nichts mehr passiert. Wer immer den Wald unsicher gemacht hatte, jetzt war er weg, das schrieb man dem Einsatz der Bürgerwehr zu.

Rita Meier hatte das unerfreuliche Erlebnis und die Begegnung auf dem Friedhof verdrängt. Sie wähnte sich sicher nach ihrer Drohung. Katrin Terjung litt immer noch unter der Vergewaltigung und wusste nicht, wie sie ihrem Freund begreiflich machen sollte, warum sie seine Zärtlichkeit nicht mehr ertrug. Aber zu oft musste sie ihn nicht abweisen, weil er in Norddeutschland stationiert war und nicht jedes Wochenende Urlaub bekam.

Was mit Vanessa Greven geschehen war, wusste nur ihr Mörder. Leonard Darscheid befolgte zwar die Empfehlung von Miriam Wagner, er meldete der Lohberger Wache das Verschwinden seiner Lebensgefährtin. Es passierte aber genau das, was er befürchtet hatte.

Zwei junge Beamte erschienen, Walter Hambloch und sein Kollege Martin Schlömer. Gemeinsam untersuchten sie den Keller, fanden aber nichts Verdächtiges.

Der große dunkle Fleck vor dem Weinregal war eindeutig kein Blut, die kleinen Flecken an den Wänden wurden ebenfalls für Rotwein gehalten. Die Scherben hatte Leonard Darscheid längst weggeräumt. Und was das Fehlen der Transportdecken betraf, wenn die Außentüren unverriegelt gewesen waren und jeder das Anwesen hatte betreten können, durfte man sich über einen Diebstahl nicht wundern.

Miriam Wagners Hinweis, dass neben Lukka vor zwei Jahren noch ein anderer Mann aktiv gewesen sei, wurde mit einem Lächeln quittiert, das mehr sagte als tausend Worte. Die Polizei hatte keinen Hinweis auf einen zweiten Mann gefunden, und von Miriam Wagner durfte man keine anderen Behauptungen erwarten. Walter Hambloch erkundigte sich, ob Leonard Darscheid wegen der Decken eine Anzeige erstatten wolle. Aber das ersparte der Künstler sich.

Am späten Donnerstagvormittag entdeckte er dann den abgebrochenen Kopf der kleinen Mädchenfigur unter dem Werkzeugschrank. Ihm war etwas aus der Hand gefallen, er musste sich bücken und sah ihn da liegen. Dass auch die winzigen Hände unter der Werkbank lagen, bemerkte er nicht, sie verloren sich zwischen den Holzspänen. Im ersten Moment maß er dem Kopf keine

Bedeutung bei. Erst nach einer Weile wurde ihm bewusst, dass Bruno Kleus Schwiegertochter und der große junge Mann seit seiner Rückkehr aus Paris noch nicht im Atelier gewesen waren. Sonst kamen sie mindestens einmal in der Woche, meist sogar zweimal.

Leonard Darscheid vermutete, Vanessa habe der jungen Frau etwas von ihren Plänen erzählt, womöglich sogar den Grund genannt, warum sie sich bei ihm nicht meldete. Als er bei Bruno Kleu anrief und Patrizia ans Telefon ging, erzählte sie ihm eine Geschichte, die durchaus glaubwürdig klang. Ihren letzten Besuch mit Ben im Atelier datierte sie einige Tage vor und behauptete, sie hätten die Figuren abholen wollen, aber Vanessa Greven habe erklärt, sie seien gestohlen worden. Es sei mal aus Versehen die Ateliertür über Nacht aufgeblieben, am nächsten Morgen wären sie alle vier weg gewesen.

Leonard Darscheid überlegte nach dieser Auskunft, ob er die Polizei noch einmal bemühen und doch wenigstens eine Diebstahlsanzeige aufgeben sollte. Aber die kleinen Holzfiguren hatten kaum mehr Wert als die Transportdecken. Und sich noch einmal belächeln lassen, dagegen sprach sein Stolz.

Zu diesem Zeitpunkt wären noch Leben zu retten gewesen. Vielleicht nicht das des nächsten Opfers, aber mit ziemlicher Sicherheit ein Leben, das Patrizia sehr viel bedeutete.

Nur ein Vater

Es war ein Mittwoch im August 96, ein Jahr nach den Morden, nur drei Monate nach dem Tod seiner Mutter, als Bens Leben noch einmal eine dramatische Wende nahm. Das Desaster in der Eisdiele hatte für ihn keine nachteiligen Folgen gehabt. Nur Patrizia hatte sich eine Strafpredigt anhören müssen, weil er tagelang so außer sich gewesen war.

An diesem Mittwoch wies Renate Kleu beim Frühstück darauf hin, dass er dringend zum Friseur müsste. Trude hatte ihm früher immer selbst die Haare geschnitten. Renate konnte das nicht und traute sich auch nicht zu, mit ihm zu fahren. Im Dorf gab es keinen Friseur mehr. Mit Ben in ein Auto zu steigen, war Renate nicht geheuer. Man wusste ja auch nicht, ob er einen Fremden mit einer Schere an sich heranließ, wenn Bruno nicht in der Nähe war.

Am frühen Nachmittag sprach Renate es erneut an. Sie meinte, Ben sei sehr nervös geworden, weil ihm ständig die viel zu langen Haare ins Gesicht fielen. Patrizia bot auf der Stelle an, die Fahrt nach Lohberg zu übernehmen. Sie hatte vor zwei Wochen ihre Führerscheinprüfung bestanden: «Wenn ich das Auto haben darf.»

Das Auto war Brunos BMW, das einzige auf dem Hof, in das Ben freiwillig einstieg. Zu Renates kleinem Corsa und Dieters Golf schüttelte er den Kopf, wie sich schon mehrfach gezeigt hatte.

Dieter war ganz und gar nicht einverstanden, dass Patrizia alleine mit Ben nach Lohberg fuhr. Man durfte nicht übersehen, Ben war ein junger Mann, dreiundzwanzig Jahre alt, ein hübsches, ernstes Gesicht, eine Figur wie Herkules, immer ordentlich gekleidet, seit er in ihrem Haushalt lebte. Immer frisch rasiert, neuerdings benutzte er sogar ein Aftershave, weil Bruno das auch tat, und was Bruno tat, musste gut sein.

Dieter hatte die Schmuserei auf dem alten Traktor noch nicht vergessen und wollte kein weiteres Risiko eingehen, Bruno auch nicht. Einen Führerscheinneuling von knapp einem Meter sechzig Körpergröße mit Ben in einem 520er BMW losschicken, das musste nun wirklich nicht sein.

Die Autofahrten, die Bruno inzwischen mit Ben unternommen hatte, waren zwar ohne unangenehme Zwischenfälle verlaufen. Dafür garantieren, dass Ben nicht mal versuchte, während der Fahrt auszusteigen, oder dass er ins Steuer griff, konnte jedoch niemand.

So führte Bruno ihn kurz nach drei zum Wagen. Die Fahrt verlief problemlos. Beim Friseur gab es jedoch Schwierigkeiten. Es war alles sehr ungewohnt. Das Becken, in das er den Kopf legen musste, weit nach hinten gebeugt. Bei seiner Mutter hatte er immer baden dürfen und in einem die Haare gewaschen bekommen. Das erledigte er nun morgens unter der Dusche, es wäre eigentlich nicht nötig gewesen, ihn in das Becken zu zwingen. Aber das ließ er noch über sich ergehen, weil eine junge Friseuse ihm die Haare wusch.

Doch dann kam der Meister persönlich mit der Schere, weil es offensichtlich war, dass man einen schwierigen Kunden hatte. Und es war viel zu schneiden nach all den Monaten, seine Mutter hatte das immer schnell erledigt.

Zweimal sagte er mit angespannter Miene: «Finger weg.»

«Ist gleich vorbei», beruhigte Bruno. «Schön still halten, Kumpel. Dann siehst du bald wieder aus wie ein Mensch und nicht mehr wie ein Mopp.»

Ihm reichte es, unvermittelt machte er eine heftige Bewegung mit dem Kopf, gerade als der Friseur die Seitenpartie noch etwas nacharbeiten wollte. Die spitze Schere fuhr nicht ins Haar, sie schrammte über die Kopfhaut und hinterließ eine blutende Wunde. Es war nicht weiter tragisch. Mit blutstillender Watte war das Malheur schnell behoben.

Bruno hatte schon befürchtet, er müsse auch noch mit ihm zum Krankenhaus, weil die Arztpraxis im Dorf an einem Mittwochnachmittag geschlossen war. Und er hätte nicht mal eine Versicherungskarte gehabt. Nur darum ging es, als Bruno nach dem Friseurbesuch mit Ben zum Schlösser-Hof fuhr, ein simples Stück Plastik veränderte alles.

Einen Hausschlüssel besaß Bruno. Den hatte Jakob ihm schon vor einer Weile ausgehändigt, falls er noch etwas holen musste für Ben. Jakob lebte immer noch bei den von Burgs, daran würde sich auch nichts mehr ändern.

Bruno war oft genug im Haus gewesen. Er wusste, wo Trude wichtige Unterlagen aufbewahrt hatte – im Wohnzimmerschrank. Und dort fand Bruno sie dann, nicht die Mitgliedskarte einer Krankenversicherung, nur die Kopie der Anklageschrift gegen Trude. Und dann las Bruno Kleu, dass Ben zwei Finger von seiner Tochter nach Hause gebracht und Trude sie verbrannt hatte.

Ben saß noch im Auto und drückte die blutstillende Watte gegen seinen Kopf, obwohl es längst nicht mehr blutete. Es war ganz gut so. Wäre er mit Bruno ins Haus gegangen, jetzt in seiner Nähe gewesen, Bruno hätte ihn auf der Stelle erschlagen. Jetzt wusste Bruno, was Paul Lässler fühlte. Er verstand, was Achim dazu gebracht hatte, die Betten auf dem Schlösser-Hof und Bens alte Puppe zu zerschneiden.

Eine halbe Stunde stand Bruno vor dem Schrank im Wohnzimmer. Die Zeilen der Anklageschrift verschwammen ihm schon nach wenigen Minuten vor den Augen. Er sah nur die Flammen vor sich und das puppenhaft schöne Gesicht seiner Tochter, aus der irgendwann eine zweite Maria geworden wäre. Eine Frau, die auch mit fünfundvierzig Jahren noch so makellos war, dass Bruno sich für einen Auserwählten hielt, wenn er bei ihr sein durfte. Er sah die Flammen so lange, bis er das Gefühl hatte, Trude hätte seine Tochter komplett verbrannt.

Dann stürmte er hinaus, befürchtete, dass er Ben in die Scheune prügeln, ihm den Schädel spalten, den Reservekanister auskippen und die ganze Bude abfackeln würde. Aber er riss nur die Wagentür auf, löste den Sicherheitsgurt, zerrte Ben aus dem BMW, schlug die Beifahrertür zu, rannte ums Auto herum, klemmte sich hinter das Steuer und brauste davon, immer noch die Flammen vor Augen und in der Brust. In seinem Innern war eine Hitze, dass er glaubte, zu verglühen. Er kam nur bis zu der Bresche, fand sich im Dreck beim Birnbaum wieder, noch ehe er wusste, wie er dahin gekommen war.

Und Ben stand allein mitten auf dem Hof vor seinem Elternhaus. Im ersten Moment war er viel zu verblüfft, um zu wissen, was er tun sollte. Bruno hatte ihm gut zugeredet, schön im Auto sitzen zu bleiben. Er war sitzen geblieben, und Bruno hatte ihn herausgerissen. Das verstand er nicht.

Die Haustür war noch offen, also ging er hinein und schaute überall nach, ob seine Mutter wieder da war oder ob vielleicht Achim Lässler Bruno mit dem großen Messer erschreckt hatte. Aber es war niemand da. In den Schlafzimmern sah es wüst aus, alle Decken waren zerschnitten. Das gefiel ihm nicht.

Er ging wieder ins Freie, zog die Tür hinter sich zu und trabte los. Dann wurde er schneller, erreichte den breiten Weg, lief hinter den Gärten vorbei. Mit Erleichterung sah er Brunos Auto vor der Bresche stehen. Nur hielt seine Erleichterung nicht lange vor.

Bruno lag auf dem großen Fleck nackter Erde beim Birnbaum, einen Arm hatte er angewinkelt, das Gesicht darin verborgen, mit der anderen Hand wühlte er im Dreck. Er nahm an, Bruno suche das schöne Mädchen.

Dabei wollte er ihm gerne helfen. Doch als er sich bemerkbar machte, schoss Bruno förmlich vom Boden in die Höhe, holte sofort aus und schlug zu. Er traf ihn an Brust, Schulter, Oberarmen, war völlig außer sich, nicht imstande, gezielt zu handeln, weinte und fluchte in einem Atemzug, prügelte dabei nur hilflos auf ihn ein.

Ben war völlig überrascht von dem Angriff, bog zuerst nur den Kopf nach hinten und steckte die Schläge aus Gewohnheit ein. Zweimal sagte er: «Kumpel.» Beim ersten Mal klang es verwirrt, beim zweiten Mal energisch. Unter Brunos Kinn zu schlagen, was bei Achim Lässler so gut funktioniert hatte, widerstrebte ihm. Plötzlich zog er Bruno an sich, umklammerte ihn mit beiden Armen und hinderte ihn so daran, noch einmal die Fäuste zu heben.

Bruno weinte immer noch heftig, schlug nun mit der Stirn gegen seine Schulter, versuchte, sich aus der Umklammerung zu befreien, das gelang ihm nicht. «Lass mich los», stammelte er. «Lass mich los, um Gottes willen.»

Ben gehorchte, trat einen Schritt zurück, betrachtete ihn zweifelnd und unsicher. «Kumpel», sagte er noch einmal.

«Scheiß auf Kumpel», schluchzte Bruno. «Hau ab. Na los, verschwinde. Geh mir aus den Augen, sonst schlag ich dich tot.»

Das wäre wohl so ohne weiteres nicht mehr möglich gewesen, wie Bruno am eigenen Leib gespürt hatte. Er suchte in seinen Taschen nach einem Tuch, um sich zu schnäuzen. Es schüttelte ihn immer noch. Diese Kraft in den Armen, als wäre er in einen Schraubstock geraten. Es war ihm noch nie passiert, sich nicht wehren zu können. Bisher hatte er sich nicht einmal wehren müssen, war immer der Angreifer gewesen.

Aber Bruno war überwältigt vom Begreifen, dass

Trude es gewusst hatte. Lange vor allen anderen wusste sie, was mit seiner Tochter geschehen war. Und wie oft hatte sie ihm ins Gesicht schauen können, ihm vorgelogen, Ben habe Lukka möglicherweise beim Beseitigen der Leichen beobachtet. Möglicherweise! Nachdem sie zwei Finger verbrannt hatte.

Und Jakob hatte ihm erzählt, die tausend Mark Unterhalt für seinen Sohn jeden Monat stammten aus Trudes Lebensversicherung. Von Lukkas Erbe wusste Bruno seit Monaten. Achim Lässler hatte Maria von den Aktien erzählt, nachdem er es von Miriam Wagner gehört hatte. Als Maria es ihm erzählte, hatte Bruno noch gedacht, dass auch ein Scheusal wie Lukka irgendwo eine menschliche Seite gehabt haben müsse, und dass Jakob sich nur dafür schäme, das Geld genommen zu haben.

Zweifel an Lukkas alleiniger Täterschaft hatte Bruno Kleu bis dahin nicht gehabt. Dafür konnte er sich zu gut hineinversetzen in diesen Scheißkerl, hatte schließlich in jungen Jahren auch einmal mit dem Gedanken an blutige Rache gespielt, sich ausgemalt, Paul Lässler zu zeigen, wie weh es tat, etwas nicht behalten zu dürfen, was man unbedingt zum Leben brauchte.

Bruno setzte sich auf die Erde, lehnte sich mit dem Rücken gegen den Baumstamm. Das Gestrüpp rundum verschwamm ihm vor den Augen, auch Ben verschwamm. Sekundenlang stand er noch hoch aufgerichtet vor ihm.

«Hau ab», sagte Bruno.

Da setzte Ben sich zögernd in Bewegung, ging zum Weg, schaute sich immer wieder um, ob er zurückgerufen wurde.

«Hau ab, du Idiot!», schrie Bruno noch einmal hinter ihm her.

Deutlicher hätte er ihm nicht sagen können, dass er gehen musste. Er wusste nur nicht, wohin. Zurück zu seinem Elternhaus? Aber dort war niemand mehr. Fast eine halbe Stunde stand er unschlüssig neben dem BMW, wartete, ob Bruno kam und es sich vielleicht noch anders überlegte. Zweimal ging er die wenigen Schritte zurück, wagte durch die Bresche einen Blick zum Birnbaum.

Er ließ Bruno äußerst ungern zurück, nur ging es wohl nicht anders. Langsam setzte er sich in Bewegung, trottete mit hängenden Schultern Richtung Bungalow und überdachte die Situation. Er musste irgendeinen Fehler gemacht haben, sonst hätte Bruno ihn nicht geschlagen und nicht geweint.

Die Tränen verwirrten ihn mehr als die Schläge. Dass ein Mensch auf ihn eindrosch und dabei weinte, hatte er noch nie erlebt. Sein Vater hatte immer nur geschimpft und gebrüllt, wenn er ihn verprügelte. Wer weinte, hatte große Schmerzen oder viel Angst und wusste nur nicht, dass es nicht besser wurde, wenn man weinte.

Als er den Bungalow erreichte, war er sicher, dass Bruno Hilfe brauchte. Aber er hatte sein Handy nicht dabei, hätte auch nicht gewusst, wen er in diesem Notfall anrufen sollte. Er hörte die Frauenstimmen, ihr Lachen, bog nicht nach rechts in den Weg, der zur Landstraße führte. Er ging links, am Bungalow vorbei zur Rückfront. Dem Haus seines Freundes hatte er sich stets nur von hinten genähert. Vorne gab es einen kleinen Zaun. Die große Rasenfläche, die sich der Terrasse anschloss, lag offen.

Wohl war ihm nicht dabei, er fürchtete, dass die fremde Frau wieder wie Bruno schrie: «Hau ab, du Idiot.»

Die fremde Frau saß zusammen mit der schönen, die ihn zu Tanja gefahren hatte, in der Abendsonne. Nicole Rehbachs Anblick erleichterte ihn ein wenig, auch wenn er von ihr immer noch nichts Gutes erwartete. Er steuerte auf sie zu.

Doch ehe er erklären konnte, warum er kam, gab die fremde Frau einen Pfiff von sich und sagte: «Wow. Es muss hier wirklich ein sehr gesundes Klima sein. Die starken Männer sprießen nur so aus dem Boden, und schön ist er auch noch. Herzchen, das wird ein Bilderbuchbaby. Soll ich ihn fragen, ob er Zeit hat und keine Ansprüche stellt, oder willst du?»

Was das bedeutete, wusste er nicht. «Kumpel weh», sagte er.

Die fremde Frau runzelte irritiert die Stirn, als die Schöne sagte: «Das ist Ben.»

«Kumpel weh», wiederholte er eindringlich und zog die Karten mit den Namen aus der Tasche.

Die fremde Frau betrachtete ihn so sonderbar, hatte gar keinen Blick für Brunos Bild. Die Schöne fragte: «Was ist denn passiert, ein Unfall?»

Das wusste er nicht. «Finger weg», sagte er.

Nicole sah die Blutstropfen auf der Schulter seines T-Shirts, dachte an das Messer in seiner Tasche, mit dem er laut Patrizia nur Holz bearbeitete. «Hast du Bruno Kleu etwas angetan?»

Er schüttelte heftig den Kopf. «Kumpel weh», sagte er noch einmal.

Und Nicole antwortete: «Schon gut, zeig mir, wo er ist.»

Sie lief mit ihm den Weg zurück, aber Bruno wollte sie nicht sehen, weinte und schrie, sie sollten beide verschwinden und ihn in Ruhe lassen.

Die Wende

Dieser Nachmittag im August 96, der alles veränderte, hatte für Miriam Wagner und Nicole Rehbach friedlich und harmonisch begonnen. Durch die kleinen Veränderungen der Einrichtung hatte sich die Atmosphäre im Bungalow in den vergangenen Wochen schon stark gewandelt.

An dem Mittwoch bot Miriam ihrer Freundin eine besondere Überraschung. Sie war aufgedreht wie ein Kind, als Nicole sie nach der Frühschicht wie schon so oft besuchte. Miriam öffnete, legte ihr die Hand vor die Augen. «Nicht blinzeln, Herzchen, erst schauen, wenn ich es sage.»

Sie führte Nicole durch die Diele, bei der Tür zum Wohnzimmer nahm sie die Hand weg. «Na, was sagst du?»

Zuerst war Nicole sprachlos. Die dunkle Ledergarnitur mit den hölzernen Armlehnen war durch helle Sitzelemente ersetzt. Der wuchtige Eichentisch hatte Platz gemacht für einen Tisch mit Glasplatte, die bisher nackten Terrassentüren waren mit einem luftigen Seidenstoff verhängt. Ein paar Topfpflanzen hauchten dem grossen Raum Leben ein, ein Schälchen hier, eine Vase dort brachten eine verspielte Note hinein.

«Es geht noch weiter», sagte Miriam und drängte sie hinaus auf die Terrasse. Dort standen Korbmöbel mit dicken Kissen unter einem Sonnenschirm. Der Tisch war schon mit dem neuen Service gedeckt. Zwei Stücke Sahnetorte standen im Kühlschrank.

«Die Landstraße bin ich inzwischen so oft gefahren, dass es anfängt, mich zu langweilen», sagte Miriam. «Jetzt können wir es uns hier gemütlich machen. Setz dich, ich hole den Kaffee und die Torte – aus dem Café Rüttgers, sie soll sehr gut sein.»

Es war ein sonniger, aber nicht zu heißer Nachmittag, Miriam aß ein Stück Torte, statt sich wie sonst üblich zuerst eine Zigarette anzuzünden. Während sie aß, nörgelte sie über den Mais: «Das Zeug macht mich nervös. Darin kann sich eine halbe Armee verstecken und man sieht nichts davon. Sprich doch mal mit deiner Schwägerin. Wenn Patrizia ihren Schwiegervater in spe lieb bittet, vielleicht ist er bereit, die Pampe unterzupflügen.»

«Da wird ein liebes Lächeln nicht viel helfen», meinte Nicole und wollte noch hinzufügen, dass auch Bruno Kleu in diesem Haus eine Tochter verloren hatte. Aber das sprach sie dann doch nicht aus.

Für einen Moment verzog Miriam frustriert das Gesicht und erkundigte sich: «Wen kann ich sonst fragen?»

«Keine Ahnung», sagte Nicole.

Miriam seufzte. Doch zwei Sekunden später lächelte sie wieder, lehnte sich im Korbsessel zurück, zündete eine Zigarette an und sagte: «Das ist heute erst die siebte. Du tust mir wirklich gut, Herzchen. Willst du nicht endlich ja sagen? Zweihundert Mark mehr und irgendwann ein Baby. Wenn Achim Lässler wirklich ein Auge auf dich geworfen hat, vielleicht haben wir Glück, und er bemüht sich mit dem Pflug hierher, um dich zu sehen. Dann wäre der Anfang gemacht und der Mais weg.»

Dass Achim Lässler nur etliche Meter von der Terrasse entfernt im Mais lag und Teile ihrer Unterhaltung verstand, ahnten sie beide nicht. Zu sehen war nichts von ihm. Hartmut Rehbach hatte sich nicht eingebildet, seine Frau wäre beim Schützenfest an der Imbissbude von Achim mit den Augen ausgezogen worden. Als Kind hatte Achim für seine Tante Maria geschwärmt, war mit sechs oder sieben Jahren fest entschlossen gewesen, sie eines Tages zu heiraten. Nicole war derselbe Typ, ein Traum, der für einen wie ihn unerfüllt bleiben musste.

Als Nicole nicht anwortete, meinte Miriam: «War nur ein Scherz, du darfst dich gerne künstlich befruchten lassen, wenn sich das eher mit deinem Gewissen vereinbart. Dann brauchen wir nur einen Samenspender, dagegen kann dein Mann keine Einwände erheben. Aber den Rest meine ich ernst. Ich hatte bisher nicht viele Nachmittage auf einer Terrasse, die ich wirklich genießen konnte, genau genommen ist das der erste. Und ich hätte gerne mehr davon. Es ist ein schönes Haus, und es wäre noch schöner, wenn es richtig sauber wäre, Haushalt ist nicht mein Ding. Ich schaffe es sogar, die Fertiggerichte aus dem Supermarkt zu verderben. Du musst mal einen Blick in den Backofen werfen, dann bekommst du einen Schock. Putzstreifen auf den Fenstern stören mich nicht. Bügeln musst du auch nicht, das geht alles in die Reinigung. Vormittags machst du sauber und kochst für uns, nachmittags unternehmen wir etwas oder machen es uns hier gemütlich.»

Nicole schwieg immer noch, wusste einfach nicht, was sie antworten sollte. Von den Gründen, die sie im April noch zu einem entschiedenen Nein bewegt hatten, waren die wichtigsten weggefallen. Ihre Skepsis Miriam gegenüber hatte sich restlos verloren, und die aufreibende Arbeit im Seniorenheim fiel ihr zusehends schwerer.

Auch hatte Hartmut sich in wenigen Wochen ebenso verändert wie die Atmosphäre im Bungalow. Er hatte einen neuen Lebenssinn gefunden, saß nicht mehr grübelnd und misstrauisch in der Wohnung. Jetzt saß er am Computer, probierte dies und das, wählte sich mal für eine Stunde ins Internet, sprach nur noch über Gigabytes, Downloaden, Antivirusprogramme und seine Homepage, er war voller Pläne.

Uwe von Burg hatte ihm zur Anschaffung der Anlage geraten. Uwes jüngerer Bruder Winfried von Burg hatte sich in Lohberg mit einem Computerladen selbständig gemacht, da hatte Uwe sogar einen Freundschaftspreis ausgehandelt. Den alten Opel hatten sie an einen Kollegen von Walter Hambloch verkauft und dank Walters Verhandlungsgeschick trotz des demolierten Kotflügels noch viertausend Mark dafür erzielt. Gut die Hälfte hatte Hartmut in den Computer investiert, den Rest aufs Sparbuch eingezahlt.

Siebentausend Mark auf der Bank, die Nabelschnur zur Welt im Wohnzimmer und einen Mercedes vor der Tür, den er allerdings erst haben konnte, wenn seine Frau von der Arbeit kam. Hartmut wagte sich inzwischen alleine nach Lohberg – mit Rückendeckung durch die Polizei. Walter Hambloch hatte seine Kollegen gebeten, ein Auge zuzudrücken, wenn sein Freund unterwegs war.

Ein bisschen unsicher war Hartmut noch, aber sehr vorsichtig. Wenn er während der Fahrt den Scheibenwischer betätigen musste, steuerte er an den Straßenrand. Die rechte Hand konnte er zwar benutzen, damit greifen, am Computer arbeiten und einiges mehr. Nur den Arm konnte er nicht heben, musste die Hand immer mit der Linken in Position bringen. Und mit dem Auto ging er kein Risiko ein. Er mied Stoßzeiten und die Innenstadt, fuhr nur zum Baumarkt in der Hoffnung, er könne sich bei Andreas Lässler irgendwie nützlich machen, vielleicht mal eine halbe Stunde aufs Büro aufpassen oder eine Kasse übernehmen, während die Kassiererin Pause machte.

Zum Computerladen fuhr er natürlich auch, um mit Winfried von Burg zu fachsimpeln – oder ihn davon zu überzeugen, dass er dringend eine Aushilfe brauchte, notfalls auf Abruf. Wenn Winfried irgendwo eine Anlage installieren musste, konnte er das nur nach Feierabend tun. So kam er nicht an große Kunden heran.

Der Computerladen wurde in der Hauptsache von Jugendlichen frequentiert, die an Spielen interessiert waren. Damit war kein Vermögen zu verdienen. Annette Lässler, die einige Monate vorher zu Winfried gezogen war, hatte eine Anstellung in der Lohberger Apotheke gefunden. Und Winfried machte keinen Hehl daraus, dass ihr kleines, aber festes Einkommen für ihn eine gewisse Sicherheit darstellte und es ihm ersparte, Unterstützung von seinen Eltern anzunehmen. Den Laden während der Geschäftszeit zu schließen, konnte er sich nicht leisten, eine Aushilfe auch nicht.

«Das mache ich gerne umsonst für den Anfang», sagte Hartmut Rehbach. «Übers Bezahlen können wir sprechen, wenn es richtig läuft. Und so ein bisschen Verkauf oder Büroarbeit, das kann ich.»

Stehen und gehen konnte er auch wieder stundenweise. Den Rollstuhl benutzte er nur noch als Sitzgelegenheit am Computer und draußen, weil er damit schneller war als mit Krücken und der Prothese, die er seit Wochen den ganzen Tag trug.

Hartmut blühte auf. Er wurde auch nicht mehr misstrauisch, wenn Nicole früh zu Bett ging. Manchmal sagte er sogar: «Du bist aber nicht sauer, wenn ich noch ein Stündchen surfe? Nachts ist es billiger.»

Natürlich war sie nicht sauer, eher erleichtert. Und das alles hatte sie Miriam zu verdanken. Im Bungalow war Nicole inzwischen so oft gewesen, dass sie kaum noch wusste, wie sie sich beim ersten Aufenthalt dort gefühlt hatte. Es gab nur einen Grund, der sie noch zögern ließ. Im Seniorenheim hatte sie eine feste Stelle; wenn sie kündigte und sich herausstellte, dass Miriam doch nicht auf Dauer im Dorf leben wollte...

Walter Hambloch gab das zu bedenken. Seit Miriam nicht mehr bereit war, einen Abend zu viert beim Italiener in Lohberg zu verbringen, war er nicht mehr so gut auf sie zu sprechen.

«Irgendwas stimmt nicht mit ihr», sagte Walter. «Sie hat keinen Mann, keinen Freund, meiner Einschätzung nach gar kein Interesse am anderen Geschlecht. Und so übel sieht sie wirklich nicht aus, wenn sie sich zurechtgemacht hat. Ich halte jede Wette, sie ist vom anderen Ufer und nur an dir interessiert, Nicole. Wenn sie merkt, dass sie die Falsche aufs Korn genommen hat, stehst du wahrscheinlich wieder auf der Straße. Oder willst du die Seiten wechseln?»

Das hatte Nicole nicht vor. Sie glaubte auch nicht, dass Miriam lesbisch sein könnte. Es hatte bisher nicht den kleinsten Annäherungsversuch gegeben, im Gegenteil. Miriam schien sehr darauf bedacht, körperlich Abstand zu halten.

Nicole war es egal, wie Walter Hambloch über sie und Miriam dachte. An dem Mittwochnachmittag drehten sich ihre Gedanken nur um das Kind, das sie haben könnte, wenn sie Miriams Angebot annahm, vielleicht auch um einen Mann, irgendeinen, der keine Forderungen stellte, der nur zärtlich war – und zeugungsfähig.

Und dann stand plötzlich Ben da.

17. September 1997

Im Dorf kursierten ein paar Gerüchte, wer sie aufgebracht hatte, wusste niemand genau. Es hieß, Vanessa Greven sei mit einem Liebhaber durchgebrannt. Nicht alle glaubten das, aber Vanessa war eine Fremde gewesen. Um Leute von auswärts machte man sich nicht viele Gedanken.

Nur in dem kleinen Supermarkt an der Kirche vermisste man sie schmerzlich, eine Stammkundin, die nicht auf Preise geschaut und nicht zu denen gehört hatte, die für größere Einkäufe nach Lohberg fuhren. Und dann hatte sie immer diese spezielle Teemischung verlangt, die lag nun im Regal, keiner wollte sie.

Aber niemand dachte mehr an etwas Schlimmes, auch Vanessas Mörder nicht. Er trauerte seit Wochen um die Frau, die er getötet hatte. Das Deckenbündel in dem alten Gewölbekeller versetzte ihn bei jedem Besuch ein wenig mehr in einen Zustand tiefer Depression. In den ersten Tagen war es noch schön gewesen mit ihr, obwohl sie nicht mehr lebte.

Er hatte sich wohl gefühlt, wenn er neben ihr saß. Es war ruhig und friedlich, hübsch eingerichtet, überall Lichter verteilt und die kleinen Holzfiguren. Niemand störte ihn, kein Mensch wagte sich in der Nacht zum Bruch. Er konnte sich völlig seinen Gedanken und Träumen hingeben, musste nicht ständig wachsam sein. Damit die Decken nicht gar so nach Tod aussahen, hatte er sie mit einigen Kleidungsstücken aus dem Koffer bedeckt.

Aber inzwischen drang der Geruch durch, wenn er unmittelbar neben ihr saß, störte es ihn. Von Mal zu Mal musste er etwas mehr Abstand halten. Und so viel Platz war nicht in dem Raum unter den Trümmerbergen. Nun saß er schon auf der morschen Stiege, halb im Freien, musste den Kopf einziehen, weil ein dicker Balken quer über dem Eingang lag. Es war unbequem und kühl, in den vergangenen Nächten hatte es geregnet, in dieser Nacht zum Glück nicht. Es war seine letzte Nacht mit ihr.

Er zögerte die Trennung so lange wie möglich hinaus. Es war schon alles vorbereitet, das Loch für sie ausgehoben. Es war nicht sehr tief, im Bruch war es nicht möglich, tief zu graben. Überall im Boden lagen Steine. Auswickeln mochte er sie nicht mehr, wollte sich nicht anschauen, in welchen Zustand er sie versetzt hatte.

Er hatte das nicht gewollt, hatte es nur tun müssen, damit sie ihn nicht verriet. Aber vielleicht hätte sie das gar nicht getan. Sie war älter gewesen, reifer, erfahren, nicht so ein junges, dummes Ding wie Svenja Krahl, nicht so arrogant wie Rita Meier, nicht ängstlich wie Katrin Terjung. In der Zeit mit ihr hatte er kaum einmal an eine der anderen gedacht, auch nur selten an Nicole und gar nicht an Miriam Wagner. Das tat er auch in der Nacht noch nicht.

Er tat nur, was getan werden musste, hatte Säcke mitgebracht, weil er das Deckenbündel nicht noch einmal tragen wollte, auch nicht tragen durfte, man hätte den Tod riechen können, wenn er sie noch einmal auf die Schulter nahm. Kordel hatte er auch dabei, streifte die Säcke von oben und unten über die Decken, umwickelte alles mit der Kordel und schleifte sie zu der morschen Stiege.

Dann zog er sie hoch, unter dem querliegenden Balken durch zu dem Loch. Die Säcke wurden dabei beschädigt, das kümmerte ihn nicht. Nachdem er sie hingelegt und mit Erde bedeckt hatte, grub er an anderen Stellen ein paar Pflanzen aus, drückte die Wurzel in der lockeren Erde fest und legte auch noch ein paar Steine hin.

Es war immer noch dunkel, als er endlich fertig war. Er wartete, bis im Osten der erste graue Schimmer des Tages aufzog, um zu prüfen, wie stark das Grab sich von der Umgebung unterschied. Die lockere Erde sah noch sehr verräterisch aus, doch mit dem nächsten kräftigen Regen, wenn die Pflanzen Wurzeln schlugen, würde niemand mehr etwas sehen.

Von dem Koffer und ihren Sachen mochte er sich nicht

trennen. Er packte alles ein und versteckte den Koffer im hintersten Winkel des Gewölbes. Auch die Kerzenstummel und Figuren ließ er zurück. Die Steine häufte er nicht mehr vor den Eingang.

Ehe er die Frau hergebracht hatte, war der Eingang offen gewesen. Und in wenigen Wochen begann die Rübenernte. Auf der anderen Seite des Weges zogen sich die großen Rübenfelder entlang, die Bruno Kleu gehörten. Es war nicht auszuschließen, dass einmal einer der Männer über die Kante stieg und sich wunderte, wenn da wieder die Steine lagen, der offene, dunkle Schlund reizte bestimmt niemanden, die Stiege hinunterzuklettern und sich in dem Loch umzuschauen.

Klärende Gespräche

Bens unverhofftes Auftauchen vor der Terrasse hatte Miriam Wagner zunächst sehr gestört. Nicole war so nahe daran gewesen, das Arbeitsangebot anzunehmen.

Dabei ging es Miriam nur um eins: Sie wollte Nicole behalten und mehr von ihr haben als diese Stunden am Nachmittag alle zwei Wochen. Sich zurückfallen lassen in die frühen Jahre, geliebt, umsorgt, gehätschelt und bekocht werden, von morgens bis abends in der Nähe einer Frau, die sie so sehr an ihre Mutter erinnerte.

Genau genommen hatte Nicole mehr von Miriams Mutter, als der Tochter lieb war. Dieses Zögern, unfähig, aus eigener Kraft einen Schlussstrich zu ziehen. Da brauchte es einen massiven Anstoß von außen. Die Befriedigung einer Sehnsucht – so wie Heinz Lukka damals die Sehnsüchte ihrer Mutter befriedigt hatte.

Und dann stand plötzlich der Mann vor ihnen, der

Heinz Lukka getötet hatte. Und so hatte Miriam sich ihn nicht vorgestellt. Sein Anblick verfolgte sie noch, lange nachdem Nicole mit ihm verschwunden war. Seltsamerweise war es nur sein Anblick. Sie meinte, sie hätte Lukka in diesen großen Händen sehen müssen. Die letzten Sekunden seines Lebens, brechende Augen, niedergestreckt von diesem Riesen, neben dem er wie ein Kind gewirkt haben musste.

Es erstaunte sie sehr, als ihr nach ein paar Minuten bewusst wurde, dass sie nur verärgert war über die Störung. Nicole tat ihr mehr als gut, sie hatte ein Wunder vollbracht. Wie ihre Mutter in den frühen Jahren Wunder vollbracht hatte bei aufgeschlagenen Knien und verbrannten Fingern. Einmal pusten und der Schmerz ließ nach, daran hatte sie immer fest geglaubt.

Flüchtig fragte Miriam sich, was wohl mit Bruno Kleu passiert sein mochte, es interessierte sie nicht wirklich. Sie warf einen Blick auf ihre Armbanduhr und begann sich zu langweilen. Nicole war seit zwanzig Minuten weg. Mit einem Seufzer erhob sie sich, ging zur Haustür und schaute den Weg hinunter. Vor der Biegung, die der Weg bei der Apfelwiese machte, stand ein schwarzer Wagen. Auf die Entfernung von fünfhundert Metern war die Marke nicht zu erkennen.

Etliche Minuten später tauchte hinter dem Wagen jemand auf. Ben – unübersehbar. Kurz darauf kam auch Nicole aus dem Gestrüpp. Sie näherten sich rasch, die letzten Meter im Laufschritt. Nicole nannte ihr hastig eine Telefonnummer und bat, auf Bruno Kleus Hof anzurufen. «Patrizia soll herkommen. Erzähl irgendwas, mir sei schlecht geworden oder so.»

«Was ist denn los?»

«Keine Ahnung», log Nicole. Der Anblick beim Birnbaum war eindeutig gewesen. «Bruno Kleu hat vermutlich Kreislaufprobleme. Ich habe Tropfen gegen zu niedrigen Blutdruck.»

«Mach keine Experimente, Herzchen», mahnte Miriam. «Der Blutdruck kann auch zu hoch sein, die Symptome sind gleich.»

Nicole nickte und wollte kehrtmachen.

«Was ist mit ihm?», fragte Miriam und zeigte auf Ben, der einfach nur so dastand.

«Er kann hier warten.» Nicole wandte sich an ihn. «Du bleibst hier stehen, ja? Lauf nicht weg. Patrizia kommt bald.»

Er nickte. Nicole lief eilig den Weg zurück. Miriam ging wieder ins Haus und schloss die Tür. Das Telefon stand im Arbeitszimmer. Den Hörer hielt sie schon in der Hand, wählte die erste Zahl, schaute zum Fenster. Er stand unverändert da – wie abgeschaltet. Jeder andere wäre ein paar Schritte hin und her gegangen, hätte in die Richtung geschaut, aus der jemand kommen sollte. Ben tat nichts dergleichen. Er hielt den Kopf gesenkt, als sei das Todesurteil über ihn gesprochen worden und er warte nur noch auf den Henker.

Mein Freund Ben, dachte Miriam. Sei nett zu ihm. Warum nicht? Sie legte auf, ging zur Haustür, zögerte noch einen Moment, ehe sie öffnete. Dann fragte sie: «Möchtest du hereinkommen und bei mir warten?»

Er schaute zweifelnd auf, nickte unschlüssig und kam langsam näher. Irgendetwas in seinem Gesicht berührte sie eigenartig. Solch einen Ausdruck hatte sie noch nie gesehen. Debil wirkte er nicht, nur verzweifelt, voller Resignation und Furcht.

«Hast du Angst?»

Er nickte wieder, betrat die Diele, blieb nach zwei Schritten stehen. Sie versuchte es mit einem Scherz, nach dem ihr gar nicht war. «Hier beißt niemand mehr. Du glaubst doch nicht wirklich, hier wäre noch ein Hund? Nach all den Jahren kannst du das nicht mehr glauben.»

«Kumpel weg», sagte er.

«Er kommt schon wieder in Ordnung», antwortete sie, wusste nicht, wie er das weg meinte. Weg konnte Bruno Kleu kaum gewesen sein, sonst wäre Nicole nicht zurückgelaufen. «Nicole hat heilende Hände. Sie streicht ihm über die Stirn und alles ist gut, du wirst sehen.»

Er schaute sie an mit einem Blick, der sein gesamtes Elend spiegelte, dabei schüttelte er langsam den Kopf. «Kumpel weg.» Er legte eine Hand an die Brust. Diese Geste hatten die Ärzte ihm beigebracht, sich selbst zu bezeichnen, weil er seinen Namen nicht über die Lippen brachte. Warum er sich ausgerechnet in dieser Situation daran erinnerte und nicht stattdessen die Karte mit seinem Namen zeigte, vielleicht war es die Furcht, das Wissen, dass er den weißen Leuten an dem schlimmen Ort wieder sehr nahe war, wenn Bruno ihn nicht mehr sehen wollte.

«Weg», sagte er mit der Hand an der Brust.

Miriam Wagner verstand die Geste völlig falsch. «Nun mach dich nicht verrückt, es wird nicht gleich ein Herzinfarkt sein. Ihm ist bestimmt nur übel geworden. Komm.» Sie hatte nach seinem Arm gegriffen, ehe ihr bewusst wurde, dass sie ihn anfasste. Als ihr auffiel, dass sie ihn vorwärts schob, waren sie bereits im Wohnzimmer – ungefähr an der Stelle, an der Lukka gelegen haben musste.

Ben stockte, schaute sich um. In seine Resignation mischte sich ein wenig Neugier. Es sah alles so anders aus. Er ließ den Blick über die neue Einrichtung wandern, betrachtete den hellen Teppich. «Freund?»

«Verstehe ich das richtig, du möchtest mein Freund sein?» Sie lachte kurz auf und ließ seinen Arm los. «So war das aber nicht gemeint.»

Sie verstand es auch nicht richtig, er nickte trotzdem,

wollte gerne ihr Freund sein. Sie sah ein bisschen aus wie seine kleine Schwester. Und wenn sie nicht schimpfte, ihn freundlich ins Haus bat, vielleicht durfte er bei ihr bleiben, wenn Bruno ihn nicht mehr sehen wollte.

Sie trug eine kurze Hose. So weit war sie inzwischen, musste ihre Narben vor Nicole nicht mehr verstecken. Er registrierte die tiefen Dellen im Fleisch ihres Oberschenkels, wusste nichts vom Stolz einer zutiefst verletzten Frau, kannte keine Scheu, etwas genau zu bezeichnen. Er zeigte auf ihr Bein. «Weh?», fragte er.

«Nein, es tut nicht mehr weh», sagte sie. «Es sieht nur noch hässlich aus.» Sie zeigte zu den offenen Terrassentüren. «Setz dich draußen hin.» Sie konnte nicht länger mit ihm im Wohnzimmer stehen, nicht an dieser Stelle, wo Lukka gestorben war.

Er ging ins Freie. Auf dem Tisch stand noch das benutzte Geschirr. Es war auch noch Kaffee in der Isolierkanne, vermutlich war er sogar noch warm genug. Sie müsste nur ein frisches Gedeck aus der Küche holen. Aber sie wusste nicht, ob sie ihm einen Kaffee anbieten sollte, ging stattdessen ins Schlafzimmer und zog einen wadenlangen Rock an.

Es war so irreal. Sie hatte ihn angefasst. Nur ein Reflex. Aber normalerweise neigte sie nicht zu solchen Reflexen. Er hatte eine sonderbare Wirkung auf sie. Diese Kraft, das kurzärmelige T-Shirt stellte seine Muskeln deutlich zur Schau, und sein Gesicht strahlte so viel Hilflosigkeit aus.

Er lächelte sie unsicher an, als sie ihm ins Freie folgte und wieder in dem Sessel Platz nahm, in dem sie zuvor gesessen hatte. Er saß auf Nicoles Platz. Sie hatte nur zwei Sessel für die Terrasse angeschafft, weil sie nicht erwartet hatte, hier jemals mehr als Nicoles Gesellschaft zu genießen. Dann zog er seine Karten aus der Hosentasche, hielt ihr BEN hin und bedeutete mit einer Geste, dass sie an der Reihe sei, sich vorzustellen.

«Ich bin die kleine Maus», sagte sie. «So hat Lukka mich immer genannt. Von dir hat er oft gesprochen und sehr viel über dich geschrieben. Hat er dir auch einmal von mir erzählt?»

Er schaute sie nur zweifelnd an. Dass sie eine kleine Maus war, glaubte er nicht, kleine Mäuse sahen ganz anders aus. Aber wenn sein Freund Lukka sie nur so genannt hatte, das leuchtete ihm ein, seine Schwester hatte ihn Bär genannt und Waldmensch.

«Sehr auskunftsfreudig bist du nicht», stellte sie fest. «Aber du kannst doch sprechen. Kannst du nicht mehr sagen als Kumpel, Freund, weh und weg?»

«Fein», sagte er.

Sie lachte leise. «Phantastisch, fünf Worte.»

«Fein weg», sagte er, zog die Karten seiner Mutter und seiner Schwester aus dem kleinen Haufen und legte sie nebeneinander zwischen die mit Sahneresten verschmierten Teller auf den Tisch.

Sie lachte noch einmal. «Sehr aufschlussreich.»

«Freund weg», sagte er und zeigte mit ausgestreckter Hand in den Wohnraum. Und sie bemerkte seine Narben, die unzähligen kleinen, die er sich im Laufe der Jahre irgendwo draußen an Dornen und Stacheldraht zugezogen hatte, und die großen. Die Stimme der Kanzleisekretärin zog ihr noch einmal durch den Kopf. «... keine Zweifel, dass der schwachsinnige junge Mann nur das Leben seiner Schwester verteidigt ...»

Abwehrverletzungen, sie waren typisch, wenn jemand in die Klinge eines Messers griff. Auf wie vielen Fotos hatte sie das gesehen? Die Hände der Opfer von Messerangriffen sahen so aus, und meist gehörten dazu noch Fotos von einer durchschnittenen Kehle oder Stichwunden.

«Das ist etwas, was ich nie begreifen werde», sagte sie. «Marias Tochter und Britta Lässler kann ich noch nachvollziehen. Die beiden anderen hatten vielleicht einfach nur Pech. Aber deine Schwester will mir nicht in den Kopf. Welchen Grund hatte Lukka, sie zu verletzen? Du warst dabei, sag es mir.»

Er hätte es ihr vielleicht sagen können. Zu den Bildern in seinem Kopf gehörten viele Worte, und einige waren noch da. Aber es waren nicht seine Worte. Die Notwendigkeit, sie in bestimmten Situationen auszusprechen, kannte er nicht. Er durchlebte es immer nur für sich allein.

Marlene Jensen, die ihn mit ihrem ungehaltenen: «Lass das, du Idiot», in die Schranken verwies, als er die Finger durch ihr Haar gleiten ließ.

Britta Lässler, die weinend neben ihm ging und schluchzte: «Du bist selber schuld, wenn alle so was von dir denken.»

Und die Stimme seines Freundes, als Tanja blutend am Boden lag: «Was hast du gemacht, du dummer Kerl? Geh nach Hause, geh zu Mutter. Ich bringe es zu Ende. Das muss sein.»

Die fremde Frau, die kleine Maus hieß, sagte auch viele Worte, fast so viele wie Patrizia, bei der alles immer so leicht und schnell klang. Die kleine Maus klang langsam und schwer, so wie er sich jetzt fühlte, allein. Traurig sagte Patrizia dazu. Er war sehr traurig, die Frau vor ihm auch.

Währenddessen bemühte Nicole Rehbach sich um Bruno Kleu. Zweimal verlangte Bruno, sie solle sich zum Teufel scheren. Das tat sie natürlich nicht. Nicole redete und redete, fast so viel wie Patrizia, ohne zu wissen, was sie eigentlich sagen sollte.

Aus den halben Sätzen, die er von sich gab, zog Nicole den Schluss, dass Bruno vermutete, Ben könne seine

Tochter und die beiden anderen getötet haben. Es war ein Missverständnis, aber das erkannte Nicole nicht. In bester Absicht beging sie den großen Fehler, Bruno zu erklären, was sie von Bens Schwester Bärbel gehört hatte.

Bruno glaubte Nicole nicht eine Sekunde lang. Die Leichen in Lukkas Auftrag begraben. Er hatte Lukka gut gekannt und war sicher, das Risiko wäre der Scheißkerl nie eingegangen. Ben war unkalkulierbar. Was er tun sollte, tat er nur, wenn man ihn dabei die ganze Zeit über im Auge behielt.

Wie oft hatte Jakob sich früher darüber aufgeregt, dass man ihn nicht kontrollieren konnte. Man erklärte ihm, warum dieses oder jenes so sein oder getan werden müsste. Er nickte, als habe er alles verstanden und könne das auch akzeptieren. Dann tat er genau das Gegenteil.

Nicole erkannte rasch, dass sie den Schaden nur vergrößert hatte. Also schlug sie vor: «Sie sollten einmal mit Walter Hambloch sprechen, Herr Kleu. Er kann Ihnen das alles genau erklären. Er war im Bungalow und auch dabei, als die Leichen geborgen wurden.»

Walter Hambloch saß mit Hartmut zusammen am Computer. Erfreut reagierte er nicht, als Nicole mit Bruno Kleu auftauchte und ihm Auskünfte abverlangte. Er stellte erst einmal klar, dass er in Teufels Küche komme, wenn er polizeiliche Erkenntnisse an eine Privatperson weitergäbe. Erst als Bruno erklärte, warum er als Privatperson so brennend interessiert sei und was er in Trudes Wohnzimmerschrank gefunden hatte, gab Walter Hambloch nach.

Dass gegen Trude Schlösser Anklage erhoben worden war, hörte der Polizist zum ersten Mal. Bärbel hatte nur mit Nicole darüber gesprochen. Als er dann noch hörte, wie viele Beweise Bens Mutter vernichtet hatte, sagte Walter Hambloch fassungslos: «Das ist ja unglaublich.»

Er erklärte erst einmal ausdrücklich, an Lukkas Schuld und am Tatort Keller habe es keine Zweifel gegeben. Im Freien sei es unmöglich gewesen, die Frauen in den Zustand zu versetzen, in dem sie gefunden worden waren. Dann ging Walter Hambloch ins Detail.

Bruno begriff schon nach wenigen Sätzen, dass Nicole zumindest in einem Punkt die Wahrheit gesagt hatte. Ein Loch von der Tiefe hätte Lukka niemals schaufeln können. Wann hätte der Zwerg das machen sollen? Tagsüber war er in seiner Kanzlei gewesen. Das Risiko wäre er auch nicht eingegangen, man hätte ihn sehen können. Und bei Nacht hätte er eine Lampe gebraucht, das hätte er erst recht nicht riskiert.

Und so wie Walter Hambloch die Fundsituation beschrieb, die Verwunderung des Gerichtsmediziners, alles hübsch beieinander, als hätte der Täter seinen Opfern zuletzt noch so etwas wie Ehrfurcht erweisen wollen. Ehrfurcht hatte Lukka bestimmt nicht gehabt. Für Bruno war die Sache einigermaßen klar. Lukka hatte die Leichen irgendwo abgelegt, wie er es mit Britta getan hatte. Den Rest hatte Ben übernommen. Aber warum?

Bruno beruhigte sich allmählich, nippte gelegentlich an dem Weinbrand, den Nicole ihm eingeschenkt hatte. Es war weit nach acht Uhr, als er sich bei Walter Hambloch und Nicole bedankte. Was er tun wollte oder konnte, wusste er noch nicht genau. Ben nach den Gründen für sein Handeln fragen natürlich, obwohl keine Aussicht auf eine verständliche Antwort bestand.

Bruno rechnete damit, dass Patrizia Ben längst abgeholt und zurück auf den Hof gebracht hatte. Kurz entschlossen fragte er Nicole, ob sie bei Lukkas Erbin ein gutes Wort für ihn einlegen könne. Er hätte gerne einen Blick in den Keller geworfen.

Wider Erwarten saß Ben noch auf der Terrasse des

Bungalows, trank stark gesüßten, nur noch lauwarmen Kaffee und hörte sich an, was Miriam Wagner ihm erzählte. Vierzehn Jahre Illusion, unzählige Briefe, jeden Monat ein Treffen in einem Restaurant und nie den geringsten Verdacht. Hin und wieder verstand er einen Satz, begriff, dass Lukka sie enttäuscht und verletzt hatte. Dass sie eine Gemeinsamkeit sah. Auch er war enttäuscht und verletzt worden.

Miriam nahm seine rechte Hand, diesmal bewusst, hielt sie, als wolle sie ihm aus den Narben die Zukunft vorhersagen. Sechs tiefe, weiße Linien allein im rechten Handteller, quer durchgezogen, und mehrere Kerben in den Fingern. Und sie zeichnete mit einer Fingerspitze jede einzelne nach. Es gefiel ihm sehr gut. Nur konnte er es nicht mehr lange genießen.

Vom breiten Weg war Motorengeräusch zu hören und erstarb vor dem Grundstück. Zwei Autotüren schlugen. Dann tauchte Bruno bei der Hausecke auf, dicht gefolgt von Nicole.

Nicole war nicht sehr erfreut von Bens Anblick, hielt es für einen Fehler, dass Miriam ihn hereingerufen und sich die ganze Zeit mit ihm beschäftigt hatte. Gerade erst war es ihr gelungen, etwas Abstand zu gewinnen.

Bruno begrüßte Miriam zuerst nur mit einem kurzen Nicken und wandte sich an Ben. «Das gefällt dir, was? Mit einer jungen Frau in der Sonne sitzen und Händchen halten.»

Ben nickte, war so erleichtert, dass es Bruno wieder gut ging, dass er nicht mehr verlangte: «Hau ab, du Idiot.»

Nicole erklärte unterdessen im Flüsterton, warum sie in Begleitung zurückgekommen war. Zuerst weigerte Miriam sich, Bruno Kleu in den Keller zu lassen. «Das ist kein Museum da unten.»

«Das ist mir klar», erwiderte Bruno. «In ein Museum

gehe ich auch nicht. Geben Sie mir ein paar Minuten, Frau Wagner, nur ein paar Minuten, bitte.» Er sprach von Britta Lässlers Obduktionsbericht, von seinen Gefühlen, den grausamen Vorstellungen, die ihn quälten, dass seine Tochter ebenso habe leiden müssen. Und von seiner Hoffnung, dass er es vielleicht abhaken könnte, wenn er einmal etwas Konkretes hatte.

Schließlich gab Miriam Wagner nach, nur hinunterbegleiten mochte sie ihn nicht. Aber der Raum war nicht zu verfehlen, er lag hinter einer Stahltür. Sie war verschlossen, der Schlüssel steckte außen. Bruno Kleu blieb etwa zwanzig Minuten unten, versuchte sich vorzustellen, wie das ausgesehen haben musste. Wie in einem Schlachthaus, hatte Walter Hambloch gesagt, allerdings erst, nachdem die Spurensicherung Speziallampen eingeschaltet hatte.

Jetzt war nichts zu sehen, ein wenig Staub vielleicht, sonst nichts. Der Raum war gefliest bis unter die Decke, leicht sauber zu halten. Ein paar Trimmgeräte standen herum, eine Dusche in der Ecke, zwei Metallringe an der Innenwand. Bruno musste eine Hand vor den Mund pressen, um nicht zu schreien.

Nicole hatte ein ungutes Gefühl, als Bruno aus dem Keller zurückkam und Ben aufforderte, mit ihm zum Wagen zu gehen. Es sah nicht so aus, als hätte er alles geglaubt, was Walter Hambloch ihm erklärt hatte. Er fuhr auch nicht zur Landstraße hinunter, wendete den BMW auf der Kreuzung und fuhr mit Ben noch einmal zurück zur Fundstelle. Als Nicole sich auf den Heimweg machte, sah sie beide beim Birnbaum stehen.

Bruno sprach auf Ben ein, erhielt jedoch nur ein Achselzucken zur Antwort. Die Unsitte, unangenehmen Fragen auf diese Weise auszuweichen, hatte er bei Dieter Kleu abgeschaut. Er hatte Angst. Da mochte Bruno noch hundertmal sagen: «Ich weiß, dass du sie hier verbuddelt hast, ich will nur wissen, warum.»

Dass Bruno es wusste, machte es für ihn nicht leichter. Zurück zu den weißen Leuten. Er hatte wirklich große Angst.

Auch Renate Kleu bemerkte, dass etwas nicht stimmte. Dass es beim Friseur sehr lange gedauert hatte und Blut geflossen war, glaubte sie noch. Den Beweis hatte Ben auf seinem T-Shirt und am Kopf. Spuren von Fäusten sah Renate nicht, weil Bruno ihn nicht ins Gesicht geschlagen hatte. Renate glaubte auch, dass Bruno mit Ben nach dem Friseurbesuch irgendwo in Lohberg etwas getrunken hatte, um ihn für die Schramme am Kopf zu entschädigen. Die Bedienung sei sehr nett gewesen und habe ein bisschen mit Ben geflirtet.

Da sagte Renate noch: «Mach bloß keinen Quatsch.»

Und Bruno antwortete: «Träumen darf er doch.»

Dann ging Bruno hinauf in Bens Zimmer und konfiszierte das alte Springmesser. Und darüber wunderte Renate sich sehr. Es musste einen Grund geben, wenn Bruno das Messer monatelang duldete, ihr abverlangte, beide Augen zuzudrücken, und es Ben dann wegnahm. Bloß weil er beim Friseur gezappelt oder in irgendeiner Kneipe mit einer freundlichen Bedienung geflirtet hatte, bestimmt nicht.

Renate fiel in den nächsten Tagen auch auf, dass Bruno ihm nicht mehr auf die Schulter klopfte, ihn nicht mehr Kumpel nannte, ihn nur noch so nachdenklich betrachtete. Mehrfach versuchte sie von Ben zu erfahren, was vorgefallen war, hörte immer nur: «Kumpel weh, Fein fein macht.» Dann zog er die Karte mit seinem Namen und sagte: «Weg.» Renate konnte sich darauf keinen rechten Reim machen, für sie klang es so, als hätte Bruno ihm gedroht. Schließlich stellte sie Bruno zur Rede.

Er bestritt irgendeinen unangenehmen Zwischenfall.

Doch Renate glaubte ihm nicht. «Ich weiß nicht, was passiert ist», sagte sie. «Und ich weiß nicht, was du vorhast. Aber ehe du es tust, erkundige dich besser bei Maria, ob sie bereit ist, deinen Haushalt zu führen, die Kälber zu versorgen und sich um die Kühe zu kümmern. Sobald ich merke, dass du irgendwas mit Ben im Schilde führst, bin ich weg.»

Widerstand von seiner Frau kannte Bruno Kleu nicht. Dass sie Partei für Ben ergriff, hatte er nicht erwartet, wo sie ihn doch zu Anfang nur mit Widerwillen aufgenommen hatte. Er nahm ihre Drohung auch nicht sofort ernst. Wo sollte sie denn hin, sie hatte doch nicht mal einen Beruf gelernt, der sie hätte ernähren können, und großartigen Unterhalt von ihm durfte sie nicht erwarten. Es war längst nicht mehr so rosig in der Landwirtschaft, man kam gerade mal so über die Runden.

Dann hörte Bruno zu seinem Erstaunen, dass es in Lohberg einen Mann gab, der mit Freuden für Renate sorgen wollte und sie mit offenen Armen aufnehmen würde. Und wenn sie ihn tatsächlich verließ, bei einem Hof von der Größe wäre das eine Katastrophe gewesen. Maria zu fragen, konnte Bruno sich ersparen. Die Antwort kannte er.

Maria hatte sich sehr verändert, wollte ihr Leben genießen, nichts mehr sehen und hören von Lukka, ihrer Tochter und allem, was damit zusammenhing. Sie hatte auch schon gedroht, Bruno zu verlassen, wenn er das Thema nicht endlich abhakte. Ein paar Mal hatte er gedacht, dass sie vielleicht Recht hatte, dass er sich nur unnötig damit quälte und doch nichts mehr ändern konnte. Jetzt dachte er anders, weil er wissen wollte, was Ben veranlasst hatte, für Lukka den Totengräber zu spielen. Zu einem kleinen Teil war es aber auch die Verantwortung, die er sich mit Ben ins Haus geholt hatte.

2. Oktober 1997

Das nächste Opfer hieß Dorit Prang, war achtundzwanzig Jahre alt und seit drei Jahren verheiratet. Seit zwei Monaten lag ihr Mann in einer Kölner Klinik, Krebs. Dorit Prang hatte bis zum Abend an seinem Bett gesessen und einen von den vielen Blumensträußen mitgenommen, die Kollegen ihres Mannes ihm in die Klinik gebracht hatten. In ihr Haus am Lerchenweg zog es sie nicht. Sie wollte die Blumen zum Grab ihrer Großeltern bringen.

Für den großen, dunkel gekleideten Mann in ihrer Nähe hatte sie keinen Blick. Erst als er fast neben ihr stand, hob sie den Kopf. Sie hatte geweint, war ganz in Gedanken und erschrak nicht einmal, als er ihr das Messer zeigte. Sie schrie auch nicht, als er ihr die Hände um den Hals legte.

Er drückte zu, nicht fest und nur so lange, bis sie zusammenbrach. Dann ließ er sie sofort los und trug sie in den Schatten der Kirche. Dort wartete er mit ihr, bis er sicher sein konnte, auf den Straßen keinem Menschen mehr zu begegnen.

Damit sie unterwegs nicht schrie und jemanden aufmerksam machte, stopfte er ihr Papiertücher in den Mund. Und damit sie nicht nach ihm schlug, band er ihr die Hände mit seinem Gürtel auf den Rücken.

Es war ein langer Weg. Er musste sie stützen. Das letzte Stück trug er sie sogar. Dann legte er sie nieder, legte sich dazu. Bis zum Morgen blieb er bei ihr. Ehe er sie verließ, steckte er ihr wieder das Papier in den Mund, band ihr Hände und Füße zusammen. Dann häufte er die Steine vor den Eingang. Es war keine gute Lösung. Die Rübenernte stand nun kurz bevor. Aber er wusste keine bessere Möglichkeit, sie unterzubringen.

222

Als er am nächsten Abend eine Plane anbrachte, damit der Wind nicht eindringen konnte, war die Frau wach. Er brachte ihr etwas zu essen und zu trinken und dachte, sie sei danach etwas freundlicher zu ihm. Doch statt sich zu bedanken, weinte sie, als er das Papier aus ihrem Mund nahm, bettelte, er solle sie gehen lassen, ihr Mann sei krank, habe nur noch kurze Zeit zu leben und brauche sie dringend.

Verraten und verkauft

Eine knappe Woche nach seinem Zusammenbruch beim Birnbaum und den zwanzig Minuten im Keller des Bungalows fuhr Bruno am frühen Vormittag mit Traktor und Pflug los, um sich bei Miriam Wagner zu revanchieren.

Beim ersten Besuch hatte er sich nur bedankt und Miriam hatte dabei ihr Studium erwähnt. Bruno machte keinen Unterschied zwischen Psychologie und Psychiatrie. Und wenn er mit seinen Mitteln nicht weiterkam …

Er wollte Ben auf keinen Fall zurück in die Landesklinik oder an sonst einen sicheren Ort bringen. Dafür gab es viele Gründe. Einer war das Geld, das für Bens Unterhalt gezahlt wurde. Tausend Mark haben und nicht haben – für drei Mahlzeiten täglich, hin und wieder eine neue Jeans, ein T-Shirt oder ein Paar Schuhe. Ben kümmerte es nicht, ob man ihm eine Hose für siebzig Mark im Kaufhaus holte oder eine für hundertsiebzig aus der Boutique, Hauptsache, sie war bequem. Da blieb eine hübsche Summe übrig.

Aber es war nicht nur das Geld. Bruno hatte sein Wort gegeben, daran änderte auch die verfluchte Anklageschrift nichts. Wenn er darüber nachdachte, sah er Trude mit ihrem müden, verhärmten Gesicht der letzten Wochen am Herd stehen. Dann wusste er, sie hätte das nicht getan, wenn sie nicht von Bens Unschuld überzeugt gewesen wäre. Sie hätte ihm eher etwas ins Essen gerührt und sich selbst auch eine große Portion genommen.

Vielleicht hatte er Ben einmal zu oft auf die Schulter geklopft, ihn einmal zu oft Kumpel genannt, einen Vergleich zu viel gezogen mit der eigenen Jugend und der Zeit, in der man ihn als Mörder verdächtigt und in die Mangel genommen hatte. Das war der dritte und wichtigste Grund, dieses Gefühl der Verbundenheit und des Mitleids. Wenn er zur Tür hereinkam und das kurze Aufleuchten in Bens Augen sah – wie ein Hund, der stundenlang auf sein Herrchen gewartet hat, freudig mit dem Schwanz wedelt, wenn Herrchen endlich erscheint. Dann hoffte der Hund, jetzt ginge es an die frische Luft. Und dann die Enttäuschung, die bangen Fragen im Blick, die nicht über die Zunge wollten, die Unterwürfigkeit, bedingungslose Ergebenheit, die Bruno schon so oft erschüttert hatte. Schick mich nicht weg, wo soll ich denn hin?

Ben hatte wohl wirklich einen Mann gebraucht, eine Leitfigur, an der er sich orientieren konnte. Jakob in seiner Hilflosigkeit, die leicht in Jähzorn umschlug, war dafür nicht geeignet gewesen. Bruno hätte den Papst verprügelt oder den Bundeskanzler, wenn sie ihm eine Veranlassung gegeben hätten und er an sie herangekommen wäre. Auch bei seiner Frau war ihm die Hand einmal ausgerutscht, aber niemals bei seinen Söhnen. Bei jeder Tracht Prügel, die er in jungen Jahren von seinem Vater bezogen hatte, hatte er sich geschworen, so nicht. Daran hatte er sich gehalten. Zwar war Ben nicht sein Sohn, aber er vertraute ihm.

Und Bruno wünschte sich, umgekehrt wäre das auch wieder der Fall. Darum ging es, als er mit Traktor und

Pflug zum Bungalow fuhr, nur darum. Er war sicher, mit Miriams Hilfe von Ben die Wahrheit zu erfahren – auf die eine oder andere Weise. Er hatte das Gutachten gelesen, kannte die Einschätzung der Ärzte, dass Ben nicht lügen, dass er nur unangenehmen Fragen ausweichen konnte. Das tat er bei ihm. Vielleicht war es eine Aufgabe für Fachleute in einer geschlossenen Einrichtung, aber das war nicht der Sinn der Sache. Und wenn man Fachleute im Dorf hatte…

Den ganzen Tag war Bruno mit dem Mais beschäftigt. Es war ein sehr großes Feld. Miriam schaute von der Terrasse aus zu, zweimal lud sie ihn auf einen frischen Kaffee ein, dabei plauderte sie ganz zwanglos. Sie war sehr interessiert am Auslöser für seinen Zusammenbruch. Von Nicole hatte sie nur ausweichende Antworten erhalten.

Geduldig zugehört, wenn es um seine Tochter ging, hatte ihm bis dahin noch niemand. Fast zwei Stunden dauerte das erste Gespräch. Bruno Kleu war der Erste, an dem Miriam Wagner ausprobierte, was sie studiert hatte. Er fühlte sich besser danach. Als er ging, riet er ihr dringend, die Grundstücksgrenzen zu sichern, ebenso Fenster und Türen. Jetzt – wo der Mais nicht mehr da war.

Daraufhin beauftragte Miriam eine Gärtnerei aus Lohberg, die schnell wachsenden Zypressen zu pflanzen, die schon bald eine dichte, grüne Wand neben dem Weg bildeten, unüberwindlicher als jede Mauer und jeder Zaun es gewesen wäre. Zusätzlich ließ sie an sämtlichen Fenstern und den Terrassentüren Rollläden einbauen, die elektronisch über eine Zahlenkombination geöffnet und geschlossen wurden. Hinein kam niemand mehr, dem sie die Haustür nicht öffnete.

Bruno kam noch zweimal, erzählte alles über seine Tochter und sein Verhältnis zu Maria. Dann sprach er endlich über Ben. Dass er keinen Sinn darin sah, eine Antwort aus ihm herauszuprügeln. Zum einen, weil das nicht die richtige Methode war, zum anderen hatte er ihm beigebracht, zurückzuschlagen. Aber für eine Frau wie Miriam, die Psychologie studiert hatte, wissen musste, wie man Leute zum Reden brachte...

Miriam lachte ihn aus. «Entschuldigen Sie, Herr Kleu, er spricht gerade mal sechs Worte. Wie soll ich ihn zum Reden bringen?»

«Ein paar mehr als sechs sind es inzwischen», sagte Bruno. «Und was er nicht sagen kann, zeigt er. Patrizia hat Karteikarten für ihn gemacht. Lesen kann er nicht. Ich denke, er merkt sich die Anordnungen der Buchstaben. Auf jeden Fall findet er Häuser und Kühe inzwischen auch, ohne die Bilder zu sehen, die sind auf der Rückseite.»

«Häuser und Kühe.» Miriam lächelte. «Was ist mit Verzweiflung, mit dem Gefühl, in ein Loch zu fallen und nur mühsam wieder Boden unter die Füße zu bekommen?»

«Es gibt nicht für alles Bildchen», sagte Bruno. «Und ich dachte, das wäre eine reizvolle Aufgabe für Sie. Die Honorarfrage ist kein Problem. Ich bin sicher, dass seine älteste Schwester lieber Sie bezahlt als die Kosten für eine erneute Heimunterbringung, und die müsste man theoretisch ins Auge fassen, wenn man nicht genau weiß, warum er das getan hat, und ihm nicht klar machen kann, was er tun muss, wenn so was nochmal vorkommen sollte.»

Miriam lachte. «Das ist ja wohl kaum zu erwarten. Und ich bin wirklich nicht die richtige Adresse, Herr Kleu. Mir fehlt die entsprechende Ausbildung.»

Dass Ben die Leichen begraben haben sollte oder musste, berührte sie nur am Rande. Es änderte nichts an

Lukkas Schuld. Und es war eine Sache, mal mit Ben auf der Terrasse zu sitzen. Sich regelmäßig mit ihm zu beschäftigen und Dinge ans Licht zu bringen, die sie so genau gar nicht mehr wissen wollte, war eine ganz andere Sache.

Sie wollte sich nicht den mit Nicoles Hilfe mühsam erkämpften Frieden zerstören lassen, wollte ihre psychologischen Kenntnisse lieber nutzen, um Nicole die Stelle als Haushaltshilfe mit dem besonderen Köder Baby so lange schmackhaft zu machen, bis ihre neue Freundin an gar nichts anderes mehr denken konnte.

Anfang Oktober 96 kündigte Nicole endlich ihre Stelle als Altenpflegerin. Sie hatte sechs Wochen Kündigungsfrist, konnte somit ab Mitte November im Bungalow arbeiten.

Walter Hambloch warnte nachdrücklich. «Überleg dir das gut, Nicole. Natürlich ist es ein reizvolles Angebot, mehr Geld für weniger Arbeit. Aber die Sache hat einen Haken, da bin ich sicher. Eine Putzfrau für die Bude kann sie billiger haben, und sie hätte sich längst darum bemüht, wenn es nur darum ginge. Aber ihr geht es um etwas anderes, ganz bestimmt. Überleg doch mal, sie hat sich an dich rangemacht, als sie hörte, dass du Lukka an dem Sonntagabend noch gesehen hast.»

«Sie hat sich nicht an mich rangemacht», stellte Nicole richtig. «Ich bin ihr ins Auto gefahren.»

«Ja», sagte Walter Hambloch. «Und zur Belohnung kriegst du fünftausend Mark und einen nur zwei Jahre alten Mercedes geschenkt.»

«Geliehen», korrigierte Nicole.

«Werd nicht spitzfindig», sagte Walter. «Das Geld war nicht geliehen. Mit Speck fängt man Mäuse, Nicole. Ihr geht es nur um Lukka. Sie hat schnell begriffen, an welche Leute sie durch dich herankommt, da halte ich jede Wette. Zuerst hatte sie mich im Visier. Jetzt hat sie Bruno Kleu am Haken, über ihn kriegt sie Ben in die Finger.»

«Sie will Ben nicht in die Finger bekommen», sagte Nicole. Miriam hatte ihr von Bruno Kleus Ansinnen erzählt. «Sie will nur ihre Ruhe.»

«Erzählt sie dir. Und was machst du, wenn sie ihre Meinung ändert? Wenn du von ihr abhängig bist ...»

«Dann koch ich eben für drei», schnitt Nicole ihm das Wort ab. Walter ging ihr auf die Nerven mit seinen düsteren Vermutungen, die jeder Grundlage entbehrten.

«Du bist doch bloß sauer auf Miriam, weil du nicht bei ihr landen konntest», mischte Hartmut sich ein. «Gönnst du es uns nicht, wenn es uns ein bisschen besser geht? Zweihundert Mark mehr jeden Monat, die können wir gut gebrauchen. Und für Nicole wird alles leichter, keine Schichtarbeit, jedes Wochenende frei. Den Mercedes braucht sie auch nicht mehr. Ist ja nur ein Kilometer. Den kann sie zu Fuß gehen. Dann könnte ich vielleicht auch noch was dazuverdienen. Winfried wäre bereit, mich im Computerladen als Aushilfe zu nehmen. Erst mal für lau, aber dabei bleibt es nicht, das garantiere ich dir.»

Dass er ihnen etwas nicht gönnte, bestritt Walter Hambloch energisch.

«Es hört sich aber so an», sagte Hartmut. «Manchmal weiß man wirklich nicht, was man bei dir noch denken soll.»

Walter Hambloch winkte ab. «Macht doch, was ihr wollt. Aber wundert euch nicht, wenn das dicke Ende nachkommt.»

Weder Nicole noch ihr Mann hatten Zweifel an Miriams guten Absichten. Und Miriam reagierte mit überschwänglicher Freude auf die Nachricht von der Kündigung. Ihren Sieg wollte sie gleich am Samstagabend feiern, aber dafür war der Italiener in Lohberg nicht geeignet. Sie reservierte einen Tisch für vier Personen in dem Kölner Restaurant, in dem sie ihren letzten Abend mit Lukka verbracht hatte. Hambloch durfte mitkommen und sich davon überzeugen, dass Lukkas Erbin nichts weiter wollte als ein geruhsames Leben auf dem Lande führen.

Miriam genügte, was sie erreicht hatte. Sie hatte mit Lukkas Henker in der Sonne gesessen und ihn sympathisch gefunden. Sie hatte mit Lukkas Erzfeind Bruno Kaffee getrunken, sich angehört, wie ihm zumute war, und ihm ein paar gute Tipps für den Umgang mit Maria Jensen gegeben. Und Lukka konnte sich nicht mal im Grab umdrehen, er war ja nur noch Asche.

Sie bewegte sich auf sehr dünnem Eis und spürte nicht, wie zerbrechlich die Kruste unter ihr war. In sechs Wochen war ihre Ersatzmutter für sie da, Tag für Tag, würde kochen und wischen, sie umsorgen und lieben.

Es war zu Beginn ein netter Abend, obwohl Walter Hambloch kein Blatt vor den Mund nahm und all die Bedenken äußerte, die er schon bei Nicole und Hartmut angebracht hatte. Miriam hörte ihm lächelnd zu, ließ sich durch nichts aus der Fassung bringen. Als er endlich schwieg, erkundigte sie sich: «Ist dir der Begriff Eifersucht geläufig, Walter? Es gibt verschiedene Formen. Es gibt zum Beispiel junge Männer, die sich für ihre Freunde ein Bein ausreißen und allergisch reagieren, wenn jemand etwas gibt, was sie nicht geben können. Da vermuten sie alle möglichen und unmöglichen Hintergedanken und wühlen so lange herum, bis sie ein Haar in der Suppe finden. Du wirst lange suchen müssen, Walter, ich leide nicht unter Haarausfall.»

«Ich bin auch nicht eifersüchtig», sagte Walter. «Ich frag mich nur, was für dich an Nicole so interessant war.»

«Ist», korrigierte Miriam. «Es hat sich nichts geändert, Walter, nur weil ich einige Gespräche mit Bruno Kleu geführt habe. Das war beruflich. Bei Nicole suche ich Freundschaft, und das solltest du nachempfinden können. Du bezeichnest dich doch auch als ihren Freund.»

Nicole verfolgte den Disput aufmerksam. Hartmut Rehbach war eher missmutig, ihm passte es nicht, dass Walter Miriam in dieser Form angriff. Aber sein Menü lenkte ihn ab. Hartmut hatte nur einen flüchtigen Blick auf die Speisekarte geworfen, festgestellt, dass er sie nicht lesen konnte, nach Gutdünken ausgewählt und etwas serviert bekommen, von dem er nicht genau wusste, was es war. Und in einem so noblen Lokal wollte er kein Aufsehen erregen. Nicole fischte verstohlen alles von seinem Teller, was er auf den Rand schob.

«Freundschaft kauft man nicht», sagte Walter. «Wer so vorgeht, will etwas anderes. Ich habe nicht studiert wie du, Miriam. Aber ein bisschen Psychologie eignet man sich mit der Zeit an in meinem Job.»

«Natürlich», stimmte sie ihm spöttisch zu. «Wie will man sonst beurteilen, warum Promillesünder zu tief ins Glas schauen oder die Geschwindigkeitsbeschränkung auf der Landstraße so oft überschritten wird.» Sie winkte den Oberkellner heran und ließ Dessertkarten bringen.

Walter fuhr sein schwerstes Geschütz auf. Dass er sie für krank hielt, normal sei es jedenfalls nicht, wenn eine junge Frau sich in einem Haus einquartiere, in dem sehr wahrscheinlich fünf Menschen gestorben waren, darunter das jüngste Kind einer Familie, die nur achthundert Meter entfernt wohnte.

Wie er das ausdrückte, klang es nicht nach einer gesicherten Erkenntnis. «Was heißt sehr wahrscheinlich?», fragte sie.

«Mit an Sicherheit grenzender Wahrscheinlichkeit», korrigierte Walter. «Es gab nicht viele Sachbeweise. Lukka hatte Zeit genug, gründlich sauber zu machen. Zwischen Svenja Krahl und Britta Lässler lagen immerhin fünf Wochen.»

Und dann nannte Walter Hambloch ein Datum, nannte den Tag, an dem Svenja Krahl beim Bendchen vergewaltigt worden war, nannte den Abend im Juli 95, an dem sie Heinz Lukka zum letzten Mal gesehen hatte.

«Das kann nicht sein», sagte sie. «Nicht an dem Abend.»

«Und ob», sagte Walter. «Es war ein Sonntag.» Er wandte sich an Hartmut und Nicole. «An dem Abend haben wir noch so lange in eurer Wohnung gearbeitet, erinnert ihr euch? Andreas und Uwe haben die Deckenpaneele angebracht.»

«Genau», bestätigte Hartmut, «und du hast zwei Flaschen Bier getrunken und ihnen zugeschaut. Am besten hörst du jetzt auf davon. Du hast uns schon genug vom Abend versaut. Du kannst von Glück sagen, dass Miriam es so locker nimmt.»

Davon konnte keine Rede mehr sein. «Moment», sagte sie. «Hier geht es um Mord. Lukka kann Svenja Krahl nicht getötet haben, wenn er nicht im Dorf war. Das war er mit Sicherheit nicht. Er war hier, an dem Tisch dort haben wir gesessen.» Sie zeigte mit dem Daumen über die Schulter, sah es noch so klar vor sich. Der schmächtige alte Mann ihr gegenüber, der sich ein Lächeln abrang und sagte. «Wenn ich dich sehe, geht es mir immer prächtig.» Sie sah ihn noch die Rechnung begleichen, ein großzügiges Trinkgeld geben – und die Rechnung auf dem Tisch zurücklassen – sein Alibi.

Walter schüttelte nachdrücklich den Kopf und bestand darauf: «Du musst dich irren, Miriam.»

Sie war sich ihrer Sache völlig sicher. «Es war mein letzter Abend mit ihm. Montag früh bin ich in Urlaub gefahren.»

«Ihr habt aber bestimmt nicht die ganze Nacht hier gesessen», entgegnete Walter. «Um zwei Uhr kann er wieder im Dorf gewesen sein.»

«Er ist nicht zurückgefahren», sagte sie. «Er wollte ein Hotelzimmer nehmen für die Nacht, hatte am nächsten Morgen einen Termin am Landgericht und wollte nicht unnötig hin und her fahren.»

Walter betrachtete sie nachdenklich und meinte nach ein paar Sekunden: «Dann haben die Burschen wohl den falschen Tag angegeben. Die sind doch erst sieben Monate später nochmal zu Svenja Krahl befragt worden. Wer weiß denn nach sieben Monaten noch so genau ...»

Das ist kein Argument, dachte Miriam. Walter Hambloch wusste nach mehr als einem Jahr noch, dass an dem Abend die Deckenpaneele angebracht worden waren. Sie konnte sich kaum noch auf seine Stimme konzentrieren. Ihr wurde so entsetzlich übel, dass sie glaubte, sich übergeben zu müssen. Wie durch Watte hörte sie Nicole fragen: «Sollen wir mal rausgehen, Miriam? Frische Luft tut dir bestimmt gut.»

Das hörte sie noch, danach rauschte einiges an ihr vorbei, als hätte sie Wasser in den Ohren. Die Eisdecke hatte nachgegeben, sie war eingebrochen, strampelte hilflos in eisiger Kälte, fühlte, dass Nicole nach ihrer Hand griff, ihr auch gegen die Wange klopfte. Sie hörte Fetzen einer Auseinandersetzung, hätte aber nicht sagen können, ob nur Hartmut Rehbach heftig auf Walter Hambloch einsprach oder ob Nicole sich beteiligte.

Nicole setzte ihr ein Glas an die Lippen, Mineralwasser. Alkohol trank Miriam nie, nicht einmal Wein zum Essen. Automatisch schluckte sie, es schmeckte nach nichts. Nur die Kohlensäure spürte sie auf der Zunge wie Schaumbläschen.

«Geht's wieder, Miriam?», fragte Nicole.

Es ging nicht, der Schaum in ihrem Mund verhinderte, dass sie aussprechen konnte, was sie dachte. Heinz Lukka hatte Svenja Krahl nicht getötet, er konnte sie gar nicht getötet haben. Und wenn dieses Mädchen mit zwei anderen zusammen in einem Grab gelegen hatte, musste man seine Schuld auch bei Marlene Jensen und der Amerikanerin bezweifeln. Sein Abschiedsbrief! Zwei Tage nach Marlene Jensens Verschwinden geschrieben – einen lang gehegten Traum verwirklichen. Sie hatte doch gleich so ein sonderbares Gefühl gehabt bei dieser Formulierung.

Der Oberkellner kam an den Tisch und erkundigte sich, ob die Dessertauswahl nicht nach ihren Wünschen sei. «Doch», sagte sie. «Aber wir verzichten auf das Dessert. Ich möchte zahlen.»

Wenig später gingen sie ins Freie. Hartmut auf Krücken, Walter hielt sich ein Stück hinter ihm, um sich nicht noch mehr Vorwürfe anhören zu müssen. Nicole führte Miriam am Arm hinaus und sagte besorgt: «Du kannst doch so nicht fahren. Gib mir den Schlüssel. Ich bringe dich nach Hause.»

Das kam überhaupt nicht infrage. Mutter am Steuer. Mutter hatte sie monatelang in Sicherheit gewiegt. Und dann hatte Mutter sie geradewegs in den Untergang gefahren.

«Ich glaube, es ist besser, wenn ich sie begleite», meinte Walter. «Tut mir Leid, Miriam, wirklich. Ich wollte uns den Abend nicht verderben. Ich konnte ja nicht ahnen, dass du ... Es muss der Samstag gewesen sein, die Burschen waren immer samstags in der Diskothek.»

Der Jaguar hatte eine Zentralverriegelung, er stieg ein, ohne sich zu erkundigen, ob sie überhaupt eine Begleitung oder jetzt lieber allein sein wolle. Zweimal geriet sie in Versuchung, es ihn bedauern zu lassen. Während der Fahrt verlor er kein Wort, betrachtete sie nur verstohlen von der Seite. Das fühlte sie.

Die Narbe auf ihrer Wange juckte unter seinen Blicken, sie juckte immer, wenn jemand sie anstarrte. Lange musste sie es nicht ertragen. Nachts herrschte nicht viel Verkehr auf der Autobahn. Die Landstraße nach Lohberg war völlig frei, der Jaguar fuhr locker zweihundertzwanzig Stundenkilometer. Sie brauchte nur knapp zwanzig Minuten. Schon kurz hinter Köln war der Mercedes zurückgeblieben.

Miriam fuhr in die Garage. Walter Hambloch bestand darauf, sie auch ins Haus zu begleiten. Sie war nicht in der Verfassung, um ihn daran zu hindern. Als sie den Bungalow durch die Verbindungstür zur Diele betraten, steuerte er umgehend den Wohnraum an. Er kannte sich gut aus. Der Polizist am Ort des Geschehens.

«Ich mache dir etwas zu trinken.» Dann stand er auch schon an der Hausbar und hantierte mit Flaschen und Gläsern. Er bestand darauf, dass sie ihr Glas sofort austrank, füllte es noch einmal und versprach dabei: «Ich gehe der Sache nach, Miriam. Eine Hotelbuchung lässt sich auch nach all der Zeit noch überprüfen. Wahrscheinlich hat er dir nur erzählt, dass er nicht zurück ins Dorf will. In welchem Hotel ist er abgestiegen?»

«Das weiß ich nicht.»

«Ich finde es heraus.» Walter Hambloch war sehr zuversichtlich. Es wunderte sie, dass er sich überhaupt darum bemühen wollte, wenn er meinte, die beiden Männer hätten den falschen Tag angegeben. Und wenn dem so war, dann hatte ihr an jenem Sonntag im Juli 95 ein

Mann gegenübergesessen, der nur eine Nacht zuvor ein Mädchen getötet und damit seinen ersten Mord begangen hatte. Das konnte sie nicht glauben. Lukka war an dem Abend nicht anders gewesen als sonst. Sie war überzeugt, ihr hätte eine Veränderung in seinem Verhalten auffallen müssen.

Allmählich wurde sie ruhiger, ob es am Alkohol lag oder an der unvermittelt geweckten Hoffnung, hätte sie nicht sagen können. «Kannst du mir Einblick in die Ermittlungsunterlagen verschaffen?», fragte sie nach einer Weile.

Walter bedauerte. «Die liegen bei der Staatsanwaltschaft. Da kommt von uns niemand mehr ran.»

Dann verabschiedete er sich. Sie begleitete ihn zur Tür und schaute noch in die Dunkelheit, als er längst verschwunden war. Als sie die Tür endlich schloss, hörte sie Heinz Lukka in seiner sanften, eindringlichen Art fragen: «Warum hast du nicht sofort mit mir darüber gesprochen, kleine Maus?» Damals hatte er sich rechtfertigen, die Sache mit dem verfluchten Horrorfilm klarstellen können. Vielleicht hätte es auch im August 95 eine Erklärung gegeben. Um diese Chance hatte der Idiot ihn am Ende betrogen. Und sie hatte mit ihm auf der Terrasse gesessen, seine Hände gehalten ...

Am Sonntagvormittag fuhr Nicole vergebens zum Bungalow, um zu sehen, wie es Miriam ging. Ihr wurde nicht geöffnet. Am Nachmittag probierte sie es nochmal, Miriam war nicht mehr da.

Drei volle Wochen lang versuchte Miriam, mit sich selbst ins Reine zu kommen. An Nicole, die auf ihr Drängen hin eine feste Anstellung gekündigt hatte, dachte sie kaum einmal. Sie fuhr herum ohne Sinn und Zweck. Nirgendwo blieb sie länger als einen Tag. Und egal, wo sie anhielt, Lukkas Stimme war schon da. Manchmal hörte sie auch Bruno Kleu über die Finger seiner Tochter sprechen, hörte ihn sagen: «Ich dachte, es wäre eine reizvolle Aufgabe für Sie.» Das gab den Ausschlag für die Rückkehr.

Am letzten Mittwoch im Oktober 96 fuhr sie wieder an dem Alleebaum auf der Landstraße vorbei. Um die Mittagszeit betrat sie den Bungalow und hatte zum ersten Mal das Gefühl, nach Hause zu kommen und eine sinnvolle Aufgabe zu haben. Wenn Bruno Kleu so gerne wissen wollte, wie die Finger seiner Tochter in Bens Hände geraten waren ...

In Lohberg hatte sie sich mit ein paar Lebensmitteln versorgt, unter anderem ein Fertiggericht gekauft, das im Backofen verkohlte, weil sie keinen Appetit hatte und es vergaß. Um den beißenden Geruch zu vertreiben, öffnete sie das Küchenfenster. Am frühen Nachmittag hielt der Mercedes vor dem Haus, zwei Sekunden später klingelte Nicole an der Haustür.

Sie wollte nicht öffnen, aber Nicole war sehr hartnäckig, nahm den Finger gar nicht wieder vom Klingelknopf. Als Miriam in die Diele ging, war sie noch ruhig. Doch kaum hatte sie die Tür geöffnet, fiel die Fassade in sich zusammen.

«Da bist du ja wieder», sagte Nicole erleichtert. «Wo warst du denn? Wir haben uns solche Sorgen gemacht.»

Das brachte sie völlig aus der Fassung. Es hatte sich noch nie ein Mensch Sorgen um sie gemacht, höchstens ihre Mutter in frühen Jahren. Heinz Lukka hatte immer gesagt, sie sei stark. «Kleine Mäuse sind unverwüstlich, sie lassen sich nicht ausrotten.» Ausrotten! Ein merkwürdiger Ausdruck, das wurde ihr jetzt erst bewusst.

Nicole nutzte den Moment der Verwirrung, schob Miriam von der Tür zurück in die Diele, schloss die Tür, schob sie weiter ins Wohnzimmer, drückte sie in einen Sessel und setzte sich ihr gegenüber. «Ich war jeden Tag hier und hatte keine Ahnung, was ich tun sollte. Walter hat schon überlegt, ob er dein Auto suchen lassen soll. Er macht sich ziemliche Vorwürfe, weil er sich so blöd benommen hat an dem Abend in Köln.»

«Er hat sich nicht blöd benommen», sagte sie. «Er hat mir die Augen geöffnet.»

«Das ist doch Unsinn, Miriam.» Nicole wurde eindringlich. «Walter hat in sämtlichen Kölner Hotels nachgefragt. Lukka hat nirgendwo übernachtet. Er war hier in der Nacht.»

«Und warum hat er mich mit dem Hotel belogen? Konnte er hellsehen? Wusste er, dass in der Nacht ein Mädchen bei ihm auftauchen würde? Du hast ihn nicht erlebt an dem Abend. Er war ausgeglichen und zufrieden. So ein Mann fährt nicht nach Hause und bringt irgendein Mädchen um, das nur zufällig bei ihm klingelt, vielleicht nach einem Taxi telefonieren will. Nenn mir einen vernünftigen Grund, warum er das hätte tun sollen.»

«Manchmal wissen solche Kerle selbst nicht, welchen Grund sie haben.»

«Nenn ihn nicht Kerl.»

«Doch, das tu ich», sagte Nicole. «Bruno Kleu nennt ihn sogar Scheißkerl, und ich schätze, das ist der richtige Ausdruck.» Sie beugte sich im Sessel vor, und ihre Stimme klang noch eindringlicher. «Sei vernünftig, Miriam. Lukka hat schon lange vor dem Sommer Frauen getötet. Walter sagte, kein Mensch weiß genau, wie viele Opfer es tatsächlich waren. Er war viel unterwegs, hat sich wahrscheinlich auf seinen Reisen ausgetobt und hier nur zugeschlagen, wenn sich eine günstige Gelegenheit bot. Du solltest dich mal mit Uwe von Burg unterhalten. Er kann dir einiges über Lukka erzählen. Seine Mutter hat sich früher um eine alte Frau gekümmert, die einen Mord beobachtet hat. Das war im August 80, eine junge Artistin, die Maria Jensen sehr ähnlich sah.»

Nicole sagte noch eine Menge mehr. Das meiste rauschte an Miriam vorbei. August 80, das blieb haften. Zu der Zeit hatte ihre Mutter Heinz Lukka schon gekannt. Minutenlang kreisten ihre Gedanken um die letzte Fahrt mit ihrer Mutter, um die Flüche und Verwünschungen. «Scheißkerle allesamt. – Warum bin ich nicht selbst darauf gekommen? Und da wundere ich mich, dass mir ...»

Irgendwann sagte Nicole: «Miriam, ich weiß, dass Lukka dir sehr viel bedeutet hat. Aber du solltest dir auch etwas bedeuten. Mach dich nicht kaputt für dieses Schwein und lass Ben in Ruhe. Nehmen wir den allerschlimmsten Fall, Lukka hätte Svenja Krahl und die beiden anderen nicht getötet. Was ändert sich für dich? Gar nichts. Es bleiben die beiden Kinder.»

«Und du meinst, das kann man so hinnehmen?», fragte sie. «Denkst du dabei nicht an Patrizia? Sie ist täglich mit Ben zusammen. Und wenn es auch nur den Hauch eines Verdachts gibt, sollte man dem nachgehen, oder siehst du das anders?»

Nicole schüttelte den Kopf, wusste nicht, was sie noch antworten sollte.

7. Oktober 1997

Dorit Prangs Verschwinden wurde von mehreren Personen registriert. In der Kölner Klinik fiel den Krankenschwestern auf, dass die junge Frau ihren Mann nicht mehr besuchte. Ihr Mann bemerkte das natürlich auch, aber es ging ihm sehr schlecht. Er war nicht imstande, einmal zu Hause anzurufen und zu fragen, warum Dorit ihm nicht beistand in seinen letzten Tagen.

Eine Krankenschwester versprach, das für ihn zu tun.

Als sie keine Verbindung bekam, dachte sie sich ihren Teil. Von dem, was zwei Jahre zuvor im Dorf passiert war, wusste die Krankenschwester nichts. Sie wusste nur, dass junge Frauen oft einer Belastung auswichen und es nicht ertrugen, einen geliebten Menschen zu verlieren.

Aber noch jemand vermisste Dorit Prang, ihre Nachbarin Maria Jensen. Maria hatte die junge Frau am 2. Oktober gegen Mittag zum Bahnhof nach Lohberg gefahren, weil Dorit Prang unter der seelischen Belastung nicht selbst fahren sollte. Maria fuhr sie täglich um dieselbe Zeit. Zurück ins Dorf kam Dorit immer mit einem Taxi. Maria hatte sie auch am Donnerstag und am Freitag nach Lohberg fahren wollen, an beiden Tagen jedoch vergebens bei ihr geklingelt und zuerst angenommen, sie sei vielleicht doch selbst gefahren.

Am Samstag, es war der 5. Oktober, besuchte Maria das Grab ihrer Tochter und entdeckte den verwelkten Blumenstrauß vor dem Grabstein von Dorit Prangs Großeltern. Der Strauß lag einfach da, neben der leeren Vase. Das kam Maria sehr merkwürdig vor. Am Sonntagnachmittag sprach sie auf Bruno Kleus Hof über ihre Vermutung. An diesem Nachmittag lebte Dorit Prang noch.

Es war der Geburtstag von Dieter Kleu. Nicole und Hartmut Rehbach saßen mit am Kaffeetisch, Ben half Patrizia in der Küche. Maria hätte gerne einmal in der Garage von Dorit Prang nachgeschaut, ob das Auto noch da war. Wenn Bruno bereit gewesen wäre, das Tor aufzubrechen. Bruno tippte sich nur an die Stirn und schlug vor, sie solle die Wache in Lohberg verständigen. Dann konnte die Polizei die Garage aufbrechen lassen.

«Die husten mir was», sagte Maria. «Ich habe auf der Wache angerufen, sie sehen keinen Handlungsbedarf. Dorit ist eine erwachsene Frau. Mit Hambloch habe ich auch gesprochen. Er wohnt ja in meiner Nähe, und ich dachte, wenn er offiziell nichts tun kann, dann vielleicht als Nachbar. Er hat genauso reagiert wie du, Garage aufbrechen sei Hausfriedensbruch. Es gebe keine Anzeichen, dass Dorit etwas zugestoßen sei. Aber Dorit muss etwas zugestoßen sein. Und ich halte jede Wette, es ist auf dem Friedhof passiert. Warum hat sie die Blumen nicht mehr ins Wasser gestellt?» Darauf bekam Maria keine Antwort. «Jetzt sind es schon zwei Frauen», sagte Maria und schaute in die Runde. «Oder glaubt hier jemand, dass die Greven mit einem jugendlichen Liebhaber durchgebrannt ist? Ich glaub's nicht. Wo hätte sie denn einen Liebhaber kennen lernen sollen, im Supermarkt oder vielleicht im Atelier? Woanders war sie doch nicht.»

Auch darauf bekam Maria keine Antwort. Sie schaute wie zufällig auf Ben und erkundigte sich anscheinend ohne Zusammenhang bei Bruno: «Wie lange willst du ihn eigentlich noch hier behalten?» Bruno ignorierte auch diese Frage.

Nach dem Kaffee weinte Patrizia sich in der Küche bei ihrer Schwägerin aus. Nicole half ihr, die Reste der Torten zusammenzustellen und das Geschirr in die Spülmaschine zu räumen. Ben war hinauf in sein Zimmer gegangen.

«Das macht Maria jedes Mal, wenn sie hier ist», schimpfte Patrizia unter Tränen. «Seit meiner Hochzeit geht das so. Sie hat sich übernommen mit dem Haus am Lerchenweg, würde es gern wieder loswerden und hier einziehen. Jetzt ist ja jemand da, der die Kühe rauslässt, die Kälber versorgt und den Dreck wegmacht. Aber dass Ben auch hier ist, passt ihr nicht. Die blöde Kuh, sie will, dass er wieder in ein Heim kommt. Und das sagt sie immer, wenn er dabeisitzt. Bruno hat schon ein paar Mal gesagt, sie soll den Mund halten, sie macht ihn nervös. Da sagt sie, der versteht doch nur Bahnhof. Er versteht alles, das kannst du glauben.»

Patrizia stellte ein Tablett mit Torte in den Kühlschrank. «Das mit dem Friedhof sagt sie nur, weil sie genau weiß, dass Ben jeden Abend dahin geht. Ich mache eine ambulante Entbindung. Sonst ist er weg, wenn ich wiederkomme.» Patrizia ließ sich auf einem Stuhl nieder, dann fragte sie: «Versprichst du mir was? Wenn ich ins Krankenhaus muss, kann ich ihn so lange zu dir bringen? Ich mach auch schnell, es dauert bestimmt nur ein paar Stunden, dann bin ich wieder hier.»

Patrizia hatte eine romantische Vorstellung von einer Geburt, war überzeugt, sofort danach mit ihrem Kind im Arm wieder ins Auto zu steigen, nach Hause zu fahren und sich um Ben kümmern zu können. Nicole sah das ein wenig anders, nickte trotzdem und fand, Maria hatte Recht. Jetzt waren schon zwei Frauen, ohne Spuren zu hinterlassen, verschwunden. Genau wie vor zwei Jahren. Sie überlegte, ob sie etwas unternehmen sollte.

Neue Ansichten

In den ersten beiden Novemberwochen des Jahres 96 hatte Nicole nichts unternommen, nur viel gegrübelt. Ihre sichere Zeit lief ab, für die Zukunft sah es düster aus. Miriam war so anders seit dem Abend im Restaurant, tat genau das, was Walter prophezeit hatte – verhandelte mit Bruno Kleu, ab wann und wie oft Ben zu ihr kommen sollte. Für Nicole hatte sie kaum noch Zeit.

In der ersten Woche hatte Nicole Spätschicht, hielt zweimal vergebens am Vormittag beim Bungalow. Miriam war unterwegs, machte Besuche in der Landesklinik, sprach mit den Ärzten, die Ben dort betreut hatten, holte sich nützliche Ratschläge für den Umgang mit ihm.

In der zweiten Woche klingelte Nicole dreimal am Nachmittag, ohne Erfolg. Es lief laute Musik. Nicole erkannte die Gruppe «Vaya con dios». Danny Klein sang «Forever blue» und war noch vor der Haustür sehr gut zu verstehen. Dreimal dasselbe Lied, es schallte durchs ganze Haus. Ob Miriam bei dem Lärm den Türgong nicht hörte oder nicht öffnen wollte, darüber dachte Nicole lieber nicht nach.

Sie tat sich sehr schwer in den letzten Tagen im Seniorenheim. Es kam so viel zusammen. Walter Hamblochs düstere Prognosen, Miriams Rückzug aus einer Beziehung, die so viel versprechend begonnen hatte, und die Melancholie auf der Station. Viele der alten Leute kannte sie doch seit Jahren, alle ihre Kolleginnen bedauerten, dass sie ging. Und sie wusste nicht mehr, wohin.

Am 16. November fuhr sie zum letzten Mal zur Frühschicht. Am Nachmittag kam sie zurück, später als sonst. Der Abschied hatte sich hingezogen, Einkäufe hatte sie auch noch gemacht. Die Lebensmittel lagen im Kofferraum. Auf dem Beifahrersitz lag ein halbes Dutzend kleiner Päckchen, Abschiedsgeschenke. Ein paar von den alten Leuten hatten geweint.

Ihr war sehr sonderbar geworden, als eine bettlägerige Frau sagte: «Das heißt nicht auf Wiedersehen, Kindchen. Wir sehen uns nicht wieder, nicht in diesem Leben.»

Bei den Worten hatte sie den Dorffriedhof vor sich gesehen, ein schweigendes Grüppchen an einem offenen Grab. Wie von einer Kamera herangezoomt waren einzelne verweinte Gesichter aufgetaucht. Ihre Schwiegereltern, der Freundeskreis und Patrizia. Ihr eigenes Gesicht und ihren Mann suchte sie vergebens.

Es dauerte einen Moment, ehe sie zu begreifen glaubte, dass sie sich nur an die Beerdigung von Hartmuts Großmutter erinnerte. Das Szenario stimmte jedenfalls, und da

Hartmut neben ihr gestanden hatte, konnte sie sein Gesicht in der Menge nicht entdecken. Sie hätte zur Seite schauen müssen, aber das tat man wohl nicht, wenn man sich bloß erinnerte.

Sie hätte gerne ein paar Worte mit Miriam gewechselt. Über die Worte der alten Frau, die Erinnerung an den Friedhof und die Furcht, den sicheren Hafen verlassen zu haben und nun in unbekannten Gewässern zu treiben.

Die Musik hörte sie schon, als sie in den breiten Weg einbog. «Forever blue.» Sie wusste, dass Miriam ihr nicht öffnen würde, stieg trotzdem aus, klingelte ein paar Mal, wartete – es hatte keinen Sinn.

Deprimiert stieg Nicole wieder ins Auto und fuhr nach Hause. In die Garage fahren konnte sie nicht, davor stand ein Streifenwagen. Martin Schlömer, der junge Kollege von Walter Hambloch, der ihren alten Opel gekauft hatte, saß hinter dem Steuer und war mit einem Rätselmagazin beschäftigt. Er schaute kurz auf, als sie ausstieg, grüßte salopp mit einer Hand und vertiefte sich wieder in sein Magazin.

Walter Hambloch saß mit Hartmut am Computer. Während sie ihre Abschiedsgeschenke auf dem Couchtisch ablegte, erkundigte er sich: «Du bist spät dran, warst du noch bei Miriam?»

Nicole schüttelte den Kopf. Walter grinste flüchtig. «Sie hat dich nicht reingelassen, was? Bruno Kleu war den halben Nachmittag bei ihr – mit Ben. Vergangene Woche habe ich seinen BMW auch ein paar Mal vor dem Bungalow gesehen. Da war er aber alleine bei ihr. Wenn sie so weitermacht, darf sie sich nicht wundern, wenn hier ein paar Gerüchte aufkommen.»

Ehe Nicole antworten konnte, sagte Hartmut: «Kann dir doch egal sein.»

Nicole holte einen Korb aus der Küche für die Lebensmittel, die lose im Kofferraum lagen. Walter verabschiedete sich rasch von Hartmut und folgte ihr ins Freie, draußen sprach er weiter: «Jetzt bist du abgemeldet, was? Ich hab mir gedacht, dass so was passiert. Ihr ging es von Anfang an nur um Lukka. Und jetzt hat sie den Richtigen in den Fingern.»

Sie hatten den Mercedes und den Streifenwagen erreicht. Nicole öffnete den Kofferraum, packte die Lebensmittel in den Korb. Walter half ihr dabei, zog eine kleine Sprühdose aus der Hosentasche, legte sie zu den Waren und sagte: «Wenn du ab Montag hier zu Fuß unterwegs bist, kannst du vielleicht mal so was brauchen.»

«Was ist das?»

«Tränengas», antwortete er. «Aus kurzer Distanz in die Augen, aber achte auf den Wind, sonst setzt du dich selbst außer Gefecht. Ein bisschen Sport solltest du auch treiben, laufen vor allem. Kauf dir ein paar gute Schuhe.» Er zeigte auf ihre Slipper. «In den Tretern hast du keine Chance, wenn's brenzlig wird.»

«Was soll denn hier brenzlig werden?»

«Kann man nicht wissen», sagte er. «Ich habe ein ganz blödes Gefühl. Hartmut will nichts davon hören. Aber er muss auch nicht zweimal täglich einen Kilometer im Dunkeln laufen. Neulich hab ich Achim getroffen, er hat ein paar interessante Sachen erzählt. Wusstest du, dass Bruno Kleu Ben trainiert hat? Achim sagte, er hätte ihn mit einem einzigen Schlag zu Boden geschickt. Nun frag ich mich, was Miriam ihm noch beibringen soll. Vielleicht wie man mit Messern spielt. Wenn sie Lukkas Unschuld beweisen will, ist das ein guter Weg. Und du bist genau der Typ, den sie brauchen. Drei von den vier Opfern waren blond. Pass gut auf dich auf, versprich mir das.»

Nicole wusste nicht, was sie darauf antworten sollte.

Es klang ziemlich weit hergeholt. Walter ging zum Streifenwagen, ehe die Wache in Lohberg bemerkte, dass er wieder während der Dienstzeit Privatbesuche gemacht hatte. Sie trug den Korb in die Küche.

Nachdem die Lebensmittel verstaut waren, kochte sie Kaffee. Sie hatte Hefegebäck mitgebracht, Hartmut liebte das, wollte aber am Computer sitzen bleiben. Er probierte ein neues Spiel aus. Von Miriam, ihren Sorgen und der Angst vor der Zukunft wollte er nichts hören, meinte nur: «Das renkt sich schon wieder ein, wenn du jeden Tag mit ihr zusammen bist.»

Am Abend kamen Andreas und Sabine Lässler zu Besuch. Andreas bestätigte die Sache mit dem Faustschlag, meinte jedoch, es habe Achim bestimmt nicht geschadet, noch zwei oder drei Schläge mehr hätten ihn vielleicht völlig zur Vernunft gebracht. Sabine erzählte, dass Walter sich in letzter Zeit sehr um Achim bemühte und versuchte, ihn zu einem Bier in Ruhpolds Schenke oder einem Abend in Köln zu überreden. Sie kannten sich ja schon, seit sie Kinder waren. Nur war Walter damals der Freund von Andreas gewesen.

«Jetzt sind die zwei Richtigen zusammen», meinte Sabine. «Achim weiß eine gute Männerfreundschaft bestimmt zu schätzen. Er kriegt bei der holden Weiblichkeit ja auch kein Bein an die Erde, aber in Köln haben sie sicher mal Glück.»

Sabine hatte leicht reden, fand Nicole, sie war im siebten Monat schwanger, saß neben einem Mann, der nicht zu einem Stück Plastik greifen musste, wenn er mit ihr schlief, der auf zwei Beinen neben ihr ging, einen gesunden rechten Arm um ihre Schultern legte. Der Anblick verfolgte sie am Sonntagmorgen noch.

Hartmut setzte sich sofort nach dem Frühstück wieder an den Computer. Ungewaschen, unrasiert, so wie er aus

dem Bett gestiegen war. Er hatte nur den Pullover übergezogen, den er schon am Samstag getragen hatte. Dazu
trug er die Shorts, in denen er geschlafen hatte. Sie be-
deckten nicht einmal den Urinbeutel, der an seinem
Oberschenkel befestigt war und sich mittels Dauerkatheter füllte.

Plötzlich wusste sie nicht mehr, wie es gewesen war,
mit ihm zu schlafen. Sie sah sich mit Walter durch den
Garten gehen. Walter war keine Schönheit, bestimmt
nicht, aber er war ein Mann, der sich vielleicht in Köln
eine Frau für Geld suchen musste – allein oder mit Achim
Lässler. Sie sah sich mit Achim bei der Garage stehen – an
dem Septembertag im vergangenen Jahr, als seine
Schwester beerdigt wurde, morgens in aller Herrgotts-
frühe. Ein kräftiger junger Mann, blond und gut ausse-
hend wie Andreas, nur ein bisschen kantiger. Er war so
verletzt gewesen, so zerbrechlich, dass sie ihn beinahe in
die Arme genommen hätte.

Sie sah sich neben Ben im Auto sitzen, hatte diesen
Duft in der Nase, Aftershave, und dachte, das gibt's
nicht. Wer würde von Ben erwarten, dass er Aftershave
benutzt? Ein Mann nach dem anderen. Überall waren
Männer, und ihrer saß mit einem Dauerkatheter am
Computer. Sie war erleichtert, als Patrizia erschien und
sie aus ihren Gedanken riss.

Patrizia erkundigte sich, ob der Abschied im Seniorenheim schwer gefallen sei, und tröstete: «Ich glaube, es ist
aber besser für dich. Du musst dir nicht mehr anschauen,
wie jemand stirbt. Das ist ja ein großes Problem bei so alten Leuten. Weißt du noch, wie Oma gestorben ist? Das
hat so lange gedauert. Da hat Hartmut oft gesagt, das
kann er sich kaum anschauen, er fährt eigentlich nur
noch hin, weil er dich sehen will.»

«Ja, das weiß ich noch», sagte sie.

Dann bewunderte Patrizia die kleinen Abschiedsgeschenke, die inzwischen ausgepackt auf dem Sideboard lagen. Patrizia wollte wissen, ob Nicole das wirklich alles brauche oder ob sie das eine oder andere Teil haben könne. Ben würde sich bestimmt freuen über eine kleine Spieluhr, auf der sich eine Tänzerin zu einem Sonett drehte.

«Nimm sie», sagte Nicole. «Wer ist eigentlich auf den Gedanken gekommen, ihm ein Aftershave zu kaufen?»

«Dieters Mutter», antwortete Patrizia. «Er hatte sich mal eine leere Flasche von Dieters Vater aus dem Müll genommen. Da hat sie ihm ein eigenes mitgebracht. Das riecht gut, oder?»

«Ja», sagte Nicole. «Es riecht sehr gut.»

Patrizia hob die Spieluhr an. «Danke. Das ist wirklich nett von dir, dass er die haben darf. Aber er ist auch so ein lieber Kerl. Wenn du am Montag zu Miriam gehst, kannst du vielleicht mal mit ihr sprechen. Ab nächsten Freitag wird er sie ja auch regelmäßig besuchen, er kriegt eine Förderstunde pro Woche. Finde ich toll, dass sie das macht. Und ich dachte, wenn du ihr sagst, dass er so schöne Figuren macht, dann spricht sie mal mit Dieters Vater, dass er wieder ein Messer haben darf. Er muss doch irgendwas haben, womit er sich beschäftigen kann.»

«Das muss aber doch nicht ausgerechnet ein Messer sein», meinte Nicole, dachte an die Warnung, die Walter Hambloch ausgesprochen, und die Spraydose, die er ihr in den Korb gelegt hatte. Tränengas. Pass gut auf dich auf, versprich mir das.

13. Oktober 1997

Als der Mann in der Nacht kam, jammerte die Frau nicht mehr. Dorit Prang hatte sich in dem zugigen, dreckigen Loch eine Erkältung zugezogen und war mit dem Knebel im Mund qualvoll erstickt.

Der Mann bemerkte nicht sofort, dass sie tot war. Kalt war sie in jeder Nacht gewesen, weil es in dem Gewölbekeller so kalt war. Und im schwachen, unruhigen Licht der Kerzen fielen ihm die ersten, leichten Verfärbungen ihrer Haut nicht auf. Als er dann registrierte, was mit ihr geschehen war, war er sehr enttäuscht, betrachtete es aber nicht als seine Schuld.

Er blieb zwei Stunden bei ihr, häufte wieder die Steine vor den Eingang, weil er sie noch eine Weile behalten wollte. Bei ihr sitzen und von Nicole träumen.

In dieser Nacht zog es ihn mit Macht zu Nicole, wenigstens ihre Nähe wollte er spüren. Es war viel zu spät, um sie nochmal sehen zu können.

Zu seinem Erstaunen brannte noch Licht im Schlafzimmer. Er sah den schmalen gelben Streifen durch die Gardine fallen. Nicole zog die Gardine nie völlig zu. Vorsichtig schlich er über den Betonpfad heran. Man musste immer aufpassen, wohin man trat. Manchmal lagen kleine Steinchen auf dem Pfad, dann knirschte es unter den Schuhen.

Und dann hörte er etwas, das ihn maßlos zornig machte. Nicole wollte dafür sorgen, dass die beiden Frauen gefunden wurden. Ihr Mann schien nicht einverstanden zu sein. Nicole redete weiter auf ihn ein. Er verstand jedes Wort. Sie sprach über Svenja Krahl und Katrin Terjung. Über Miriam Wagner und einen Hinweis, den Lukka hinterlassen hatte. Es klang, als habe Svenja Krahl Lukka noch gesagt, wem sie im Bendchen begegnet war.

Länger als eine Stunde stand er auf seinem Horchposten, stand noch da, als es hinter dem Fenster längst dunkel geworden war. Als er endlich ging, wusste er genau, was er tun musste, um seine Freiheit zu behalten.

In dieser Nacht starb Rita Meier. Wenige Stunden später, am Morgen des 14. Oktober, verschwand Katrin Terjung. Sie verließ ihr Elternhaus an der Bachstraße kurz vor sechs Uhr, wollte mit dem ersten Bus nach Lohberg, dort den Zug nehmen und ihren Freund in Norddeutschland besuchen. Es sollte eine Überraschung werden. Beide Frauen wurden erst Tage später vermisst.

DRITTER TEIL
Mein Alptraum

14. Oktober 1997

Dass es schon vier Opfer waren, wusste Nicole Rehbach nicht, als sie mich anrief. Das war kurz nach sechzehn Uhr. Sie hatte lange nachgedacht, an wen sie sich wenden könnte, wenn die Beamten der Lohberger Wache keinen Handlungsbedarf sahen. Nicole bat um ein Gespräch unter vier Augen. Ben erwähnte sie nicht, erklärte nur, dass eine junge Frau im Bendchen vergewaltigt worden war, die jedoch keine Anzeige erstatten möchte. Außerdem seien höchstwahrscheinlich zwei Frauen verschwunden. Sie nannte mir die Namen Vanessa Greven und Dorit Prang.

Ich rief sofort anschließend die Polizeiwache in Lohberg an. Man wusste nur, dass Leonard Darscheid ein Stapel Transportdecken gestohlen worden war, nachdem seine Lebensgefährtin ihn verlassen und bei ihrer Abreise vergessen hatte, eine Außentür zu schließen. Dass Maria Jensen wegen Dorit Prang Alarm geschlagen hatte, darüber gab es nicht mal eine Aktennotiz. Und die Vergewaltigung im Bendchen war natürlich nicht bekannt.

Danach versuchte ich mein Glück auf dem Schlösser-Hof. Ich hatte keine Ahnung, was seit dem Leichenfund im März 96 im Dorf passiert war. Mitte Mai 96 hatte ich vom Büro des Staatsanwalts nur die lapidare Mitteilung erhalten, das Strafverfahren gegen Trude sei eingestellt worden. Dass Trude gestorben war, wusste ich nicht.

Es hatte mich nach der Mitteilung vom Staatsanwalt

wohl ein paar Mal in den Fingern gejuckt, Trude anzurufen, zu fragen, wie es ging, ob Ben sich wieder gut eingelebt hatte, wie er sich verhielt und so weiter. Getan hatte ich es nicht, weil ich meine Distanz zurückhaben wollte.

So ist das in meinem Job, man schließt keine Freundschaften, pflegt keine Kontakte mit Menschen, die in Mordserien verwickelt waren und Beweisstücke verbrannt haben. Man schließt die Sache ab und muss versuchen, die Opfer zu vergessen, sonst kann man nicht weiterarbeiten. Aus polizeilicher Sicht war es im Dorf ruhig geblieben. So hatte ich mich nie fragen müssen, ob ich im März 96 einen Fehler gemacht hatte.

Natürlich bekam ich keine Verbindung zum Schlösser-Hof. Der Anschluss existierte gar nicht mehr. Ich sprach mit Dirk Schumann, dem Kollegen, mit dem zusammen ich im Sommer 95 ermittelt hatte, über Nicole Rehbachs dürftige Auskünfte. Im März 96 war Dirk nicht an den Ermittlungen beteiligt gewesen, einfach weil es nach dem Leichenfund keine Ermittlungen mehr gegeben hatte.

Nun lachte er und meinte: «Die werden doch vor zwei Jahren nicht den Falschen eingeäschert haben.» Dann sagte er: «Mach dich nicht verrückt, Brigitte. Zwei erwachsene Frauen in wackligen Beziehungen bedeuten höchstwahrscheinlich, dass die beiden Damen sich ein paar nette Tage machen.»

Für Nicole Rehbach war der 14. Oktober ein besonderer Tag. In ihrem Personalausweis war dieses Datum als ihr Geburtstag angegeben. Ob sie tatsächlich an dem Tag geboren war, konnte niemand mit Bestimmtheit sagen. Ihr war das auch nicht so wichtig. Sie rechnete damit, dass am Abend ihre Freunde erschienen, um zu gratulieren. Es war so üblich, besondere Einladungen brauchte es nicht.

Wie immer war Walter Hambloch der Erste. Er kam schon kurz nach sechs Uhr, half bei der Zubereitung eines kleinen Büfetts und holte die Getränke herauf, die im Keller des Hauses an der Bachstraße aufbewahrt wurden. Miriam wollte nicht kommen, hatte keine Lust auf einen Abend mit Walter Hambloch. Außerdem wollte sie eine kleine Reise machen.

Hartmut Rehbach kam gegen sieben Uhr nach Hause. Er war inzwischen als eine Art Kompagnon im Computerladen tätig, wurde nach Umsatz bezahlt und verdiente recht gut. Kurz nach ihm trafen Andreas und Sabine Lässler ein, wenig später auch Bärbel und Uwe von Burg. Als Letzte kamen Patrizia und Dieter Kléu, die mussten mit zwei Küchenstühlen vorlieb nehmen, weil es an Sitzgelegenheiten mangelte.

Patrizia entschuldigte Ben, der eigentlich hätte mitkommen sollen, aber wenn Bärbel dabei war, war das eine Sache für sich. Bärbels Einstellung zu ihrem Bruder hatte sich in den letzten Monaten stark gewandelt, umgekehrt war das nicht der Fall. Bärbel fühlte sich oft verpflichtet, in Bens «Erziehung» einzugreifen. Und Patrizia passte es nicht, wenn jemand an ihm herummäkelte. Sich offen gegen Bärbel zu stellen, wagte sie nicht. Im Notfall brauchte sie Bens ältere Schwester als Verbündete, um die von Maria Jensen gewünschte oder nachdrücklich geforderte Heimeinweisung zu verhindern.

Nichts deutete an diesem Abend darauf hin, dass die Uhr ablief. Es war ein Abend, wie Nicole schon etliche erlebt hatte. Die Unterhaltung war oberflächlich heiter. Niemand sprach von Vanessa Greven oder Dorit Prang. Trotzdem konnte Nicole den Abend nicht genießen und hoffte, dass ihre Gäste nicht allzu lange blieben. Der Zigarettenqualm störte sie, außerdem musste sie immer wieder an das Gespräch mit mir am nächsten Morgen denken.

Kurz nach elf Uhr öffnete Nicole die Terrassentür, um einmal durchzulüften. Sie meinte, im Garten Geräusche zu hören. Es klang, als werfe jemand Steinchen auf den Betonpfad oder zertrete sie beim schnellen Rückzug. Aber es war zu dunkel, um etwas zu erkennen. Andreas bemerkte, dass Nicole angestrengt ins Freie schaute. Sowohl Walter als auch Sabine fiel auf, dass sie nervös war, als sie sich wieder hinsetzte.

Ein paar Minuten später meckerte Bärbel: «Jetzt mach doch mal einer die Tür zu, das wird doch viel zu kalt hier.»

Andreas schloss die Tür und warf bei der Gelegenheit einen langen Blick in den Garten. Er sah und hörte nichts.

Kurz darauf verabschiedeten sich Patrizia und Dieter. Sie mussten sich früh am nächsten Morgen ums Vieh kümmern und verließen den Anbau durch die Verbindungstür, die vom Wohnzimmer in den Flur des Hauses führte. Sie waren auch über die Bachstraße gekommen, hatten dort ihr Auto abgestellt.

Etwa zehn Minuten später brachen Andreas und Sabine auf. Nicole begleitete beide mit einer Taschenlampe durch den Garten. Andreas hatte seinen Wagen auf dem unbeleuchteten Feldweg abgestellt. Nachdem sie abgefahren waren, lief Nicole rasch zurück. Es war kalt, die Luft sehr feucht, sie hatte ihren Mantel nicht angezogen.

Sie musste rund fünfzig Meter zurücklegen. Das Grundstück ihrer Schwiegereltern war sehr groß wie alle Grundstücke an der Bachstraße. Auf halber Strecke hörte sie etwas hinter sich. Sie drehte sich um und ließ den Kegel der Taschenlampe wandern. Das sahen die Gäste im Wohnzimmer noch. Bis zur Garage reichte das Licht allerdings nicht.

Walter Hambloch kam zur offenen Terrassentür und rief: «Stimmt etwas nicht, Nicole?»

Sie antwortete nicht, kam nur im Laufschritt näher. Als sie das Wohnzimmer betrat, fragte Bärbel: «Treibt mein Bruder sich draußen herum, warum kommt er denn nicht rein?»

«Ich habe niemanden gesehen», erwiderte Nicole.

«Werden wir aber gleich», meinte Bärbel, erhob sich mit einem vernehmlichen Seufzer, ging zur Terrassentür und rief in den Garten: «Na komm, du Streuner. Hier drinnen ist es gemütlicher, und hier gibt es noch was Feines zu essen, leckeren Salat und kalten Braten. Eine Cola für dich haben wir auch.»

Nichts rührte sich. Bärbel wartete einige Sekunden, schloss die Tür und nahm wieder auf der Couch Platz mit dem Hinweis: «Ben ist mit Sicherheit nicht da. Für eine Cola leistet er Satan persönlich Gesellschaft.»

«Satan vielleicht», bemerkte Walter Hambloch ironisch.

Bärbel und Uwe von Burg brachen erst kurz vor Mitternacht auf. Walter machte keine Anstalten, sich anzuschließen. Er war immer der Letzte. «Komm, Waldi», forderte Bärbel ihn auf. «Gehen wir, es schickt sich nicht zu bleiben, bis die Hausfrau im Sessel einschläft.»

Walter riet Nicole, den Schlüssel nicht in der Tür stecken zu lassen. Es war eine Glastür. «Wenn du den Schlüssel abziehst, muss man die ganze Tür zertrümmern, um reinzukommen. Das macht Lärm, das überlegt sich jeder dreimal, der einigermaßen bei Verstand ist.»

Nicole hielt seine Warnung für sehr übertrieben, nahm an, er mache sich wohl doch Sorgen wegen der beiden Frauen, auch wenn er nichts unternommen hatte, vielleicht wirklich nichts unternehmen konnte.

Walter verabschiedete sich von Hartmut, wünschte ihm eine gute, vor allem schmerzfreie Nacht. Nicole holte rasch ihren Trenchcoat. Er hing an einem Haken hinter der Verbindungstür im Hausflur. Zu viert verließen sie den Anbau. Wieder ging sie mit einer Taschenlampe voraus. Auch Uwe von Burg hatte seinen Wagen auf dem Feldweg abgestellt. Walter Hambloch war zu Fuß gekommen.

Uwe erkundigte sich, ob sie ihn mitnehmen sollten. Das Anwesen der von Burgs lag nahe dem Lerchenweg. «Ich lauf lieber», antwortete Walter, wie nicht anders zu erwarten. «Dann bin ich richtig müde, wenn ich ankomme. Da macht das Ausschlafen mehr Spaß. Morgen habe ich frei.»

Bärbel und Uwe stiegen ein und fuhren in östlicher Richtung. Walter lief hinterher und verschwand in der Dunkelheit. Nicole ging rasch zurück zum Anbau, verschloss die Tür mit Hartmuts Schlüssel, der immer auf dem Computertisch lag. Sie zog den Schlüssel auch ab, wie Walter geraten hatte, obwohl es ihr lächerlich vorkam.

Die Spuren ihrer Geburtstagsfeier hatte Hartmut schon zum größten Teil beseitigt, die Reste in den Kühlschrank gestellt, Gläser, Geschirr und die beiden Aschenbecher in die Küche gebracht. Aufräumen wollte Nicole am nächsten Morgen. Arbeiten musste sie nicht in den nächsten Tagen, Miriam wollte anrufen, wenn sie von ihrer Reise zurück war.

Etwa zu diesem Zeitpunkt fuhren Andreas und Sabine Lässler mit ihrer kleinen Tochter am Bungalow vorbei zur Landstraße. Sie waren noch länger bei Antonia gewesen, die auf ihre Enkeltochter aufgepasst hatte.

Die Lampe über der Haustür am Bungalow brannte. Sie war mit einem Bewegungsmelder ausgestattet und schaltete sich automatisch ein, wenn jemand vorbeilief oder -fuhr. In dieser Nacht hatte Miriam Wagners Jaguar die Lampe eingeschaltet. Andreas und Sabine Lässler sahen den Wagen noch kurz vor sich auf der Landstraße und meinten, es hätten zwei Personen darin gesessen.

Neue Gefahr

Am 18. November 96 hatte Nicole zum ersten Mal kurz vor neun Uhr die Wohnung verlassen, um für Miriam zu arbeiten. Sie ging ohne Eile, randvoll mit Gedanken, widerstreitenden Gefühlen und dem Bedürfnis, immer weiter zu gehen und nirgends anzukommen. Sie fühlte sich niedergeschlagen und hatte Angst vor dem, was sie erwartete. Es war genau das eingetreten, was Walter Hambloch vorhergesagt hatte.

Aber dann sah es wieder ganz anders aus. Miriam erwartete sie mit einem üppig gedeckten Tisch und der guten Laune, die sie während der Sommermonate gezeigt hatte. Sie war nicht übertrieben fröhlich, wirkte nur ausgeglichen und zufrieden.

Obwohl Nicole schon mit Hartmut gefrühstückt hatte, saßen sie noch fast zwei Stunden in der Küche. Gleich zu Anfang fiel Miriam auf: «Du wirkst so elegisch, freust du dich nicht?»

«Worauf?», fragte Nicole. «Dass du das nächste Mal für ein paar Wochen verschwindest und ich keine Ahnung hab wohin? Dass du dich mit Ben beschäftigst, diesen ganzen Mist wieder aufwühlst, völlig ausflippst, und ich steh auf der Straße oder hier vor der Tür und darf mir Danny Klein anhören? Forever blue. Miriam, du packst das nicht, lass die Finger davon. Wir hatten so eine schöne Zeit im Sommer. Und ich hatte gedacht, so ginge es weiter. Aber wenn ich schon mal denke, es könnte besser werden.»

Miriam seufzte vernehmlich. «Tut mir Leid, wirklich. Ich verstehe, dass du dir Sorgen machst. Aber du wirst nicht auf der Straße stehen, nur weil ich ausflippe. Das war nur der erste Schock. Ich habe mir gut überlegt, was ich tue. Und ich bin mit Ben keine Verpflichtung für alle Zukunft eingegangen. Es ist ein Versuch, eine Chance, die musst du mir zugestehen. Lass mich begreifen, was hier vorgegangen ist und wem ich wirklich vertraut habe. Ben weiß es, er muss es wissen.»

«Aber er kann es dir nicht sagen.»

«Doch», widersprach Miriam, «er kann – auf seine Weise. Du musst dir das nicht anschauen. Ich habe seine Stunden mit Absicht auf den Freitagnachmittag gelegt. Du wirst Einkäufe machen in der Zeit. Wenn du aus Lohberg zurückkommst, ist er wieder weg, und ich bin in Ordnung, das verspreche ich dir.»

Nicole wusste nicht, ob sie über diese Regelung erleichtert sein sollte. In Anbetracht ihrer verworrenen Gefühle während der Fahrt zur Eisdiele schien es eine vernünftige Lösung, ihm nicht zu begegnen, um nicht wieder auf völlig verrückte Gedanken zu kommen. Andererseits wäre sie lieber in der Nähe geblieben, für den Fall, dass es nicht so lief, wie Miriam es sich vorstellte. Und sie wusste nicht genau, ob sie aus Sorge oder wegen ihrer verrückten Gedanken lieber in der Nähe geblieben wäre. Er hatte etwas an sich gehabt an dem Sonntagnachmittag ...

«Hast du eine Ahnung, was für ein Gerede das im Dorf gibt, wenn du dich auch noch allein mit ihm beschäftigst?»

Miriam lachte leise. «Im Dorf wird niemand etwas davon mitbekommen. Es redet vermutlich nur einer. Und wenn Walter spekuliert, darfst du ihm erzählen, dass ich in Ben den idealen Partner für mich sehe. Sein kraftstrotzender, gesunder Körper und mein Kopf, der bei mir als Einziges richtig funktioniert, meistens jedenfalls. Wir wären das ideale Paar. Auf diese Weise käme ich zu einem schönen Mann, der nicht auf mein Auto spekuliert und sich nachts vermutlich mit einem Kuss auf die Wange zufrieden gibt. So viel Glück hätte ich bei Walter kaum gehabt.»

«Dass Walter auf dein Auto spekuliert hat, war doch nur ein Scherz», sagte Nicole. Mehr fiel ihr dazu nicht ein.

Miriam lachte noch einmal, fröhlich klang es allerdings nicht. «Aber der Rest war kein Scherz. – Tut mir Leid, wenn Walter sich Hoffnungen gemacht hat, die ich nicht erfüllen kann. Ich habe noch nie mit einem Mann geschlafen und beabsichtige nicht, es jemals zu tun.»

Als sie Nicoles verblüffte und ungläubige Miene sah, fügte sie an: «Auch nicht mit einer Frau, mach dir keine Sorgen. Im Internat hat es mal eine bei mir versucht, sie hat es bitter bereut. Ich mag nicht angefasst werden. Es ist nicht viel da, was ein Mann gerne anfassen möchte. Und auf schockierte oder mitleidige Blicke lege ich keinen Wert.»

«So schlimm, wie du meinst, siehst du gar nicht aus», sagte Nicole. «Ich hab dich schon mal ohne Make-up gesehen und auch in einer kurzen Hose.»

«Ich schätze, du bist auch einiges gewöhnt», meinte Miriam.

Sie waren vom Thema abgekommen. Es war Miriam ganz recht so. Sie war nicht halb so sicher, wie sie sich gab. Der vergangene Samstagnachmittag mit Ben und Bruno hatte eine merkwürdige Stimmung hinterlassen. Bruno hatte Ben erklärt, dass er ab der nächsten Woche zu ihr kommen dürfe, und er hatte so eifrig genickt, sie angelächelt, ihr die Hand hingehalten, um sich zu verabschieden. Und als sie sich nicht überwinden konnte, seine Hand zu nehmen, hatte er es getan. «Fein.»

Miriam erhob sich. «Räum den Tisch ab. Dann überlegen wir, was wir zu Mittag essen. Ich fürchte, ich habe nichts im Haus, was du kochen könntest.»

Nachdem Nicole die Küche aufgeräumt hatte, führte Miriam sie herum, damit sie sich mit allem vertraut machte. Die Fenster mussten geputzt werden, nur wollte sie damit nicht unbedingt beginnen. Es bot sich auch reichlich Auswahl. Haushalt war wirklich nicht Miriams starke Seite.

Aus der Dusche und von den Wasserhähnen mussten Kalkablagerungen entfernt werden. Die Parkettböden in Wohnraum und Arbeitszimmer waren mit einem Schmierfilm überzogen, weil Miriam den falschen Reiniger benutzt hatte. Der Backofen in der Küche war völlig verkrustet.

«Den machst du bitte zuerst», verlangte Miriam. «Die ganze Küche stinkt, wenn ich ihn einschalte. Das Arbeitszimmer kannst du dir vornehmen, wenn du sehr viel Zeit hast. Ich benutze es nicht.»

Im Schlafzimmer waren der Teppichboden, sämtliche Möbel und sogar der Bettüberwurf mit einer dicken Staubschicht überzogen. Es war offensichtlich, dass Miriam in diesem Raum nur den Schrank nutzte, um ihre Garderobe unterzubringen. Zwei von den neuen Sitzelementen im Wohnzimmer ließen sich ausklappen und ergaben ein passables Gästebett.

«Du hast wohl seit März nicht mehr in einem richtigen Bett geschlafen», stellte Nicole fest.

«Ich musste immer auf die Couch, wenn wir bei Lukka übernachtet haben.»

«Hier übernachtest du aber nicht nur, du lebst hier und könntest das Arbeitszimmer zum Schlafzimmer machen. Die Räume sind gleich groß. Und mit einer neuen Einrichtung ...»

«Wir werden sehen», sagte sie.

Abgesehen von der Grundreinigung war nicht viel zu tun. Und die konnte Nicole vornehmen, wie sie wollte. Miriam machte ihr keinerlei Vorschriften. Nur die Mahlzeiten wollte sie pünktlich serviert haben, begonnen mit einem üppigen Frühstück um neun Uhr, das sie im Bett auf der Couch einnahm. Miriam händigte ihr einen Hausschlüssel aus und sagte: «Ich lasse mich gerne verwöhnen. Bisher hat das niemand getan.»

Mittagessen um halb eins. Besondere Wünsche für die Mahlzeiten hatte Miriam nicht. «Ich esse alles gern, was ich nicht selbst kochen muss.» Um vier Uhr noch einmal Kaffee und ein Stück Torte oder etwas Gebäck. «Wenn du willst, kannst du danach gehen», sagte Miriam.

Über Mittag fuhren sie nach Lohberg, weil wirklich gar nichts da war, was Nicole hätte kochen oder braten können, nicht mal Eier. Sie aßen beim Italiener eine Kleinigkeit, machten anschließend die Besorgungen für die nächsten Tage.

Erst am späten Montagnachmittag tat Nicole, wozu Miriam sie engagiert hatte: Sie schrubbte den Backofen und entfernte Kalkablagerungen im Bad, bis Miriam sagte: «Heb dir etwas für morgen auf. Wenn du so weitermachst, hast du bald nichts mehr zu tun.»

Als Nicole sich auf den Heimweg machte, war es schon dunkel. Miriam bot an, sie rasch zu fahren. Aber für den Kilometer lohne das nicht, meinte Nicole. Sie hatte eine Taschenlampe dabei, auch Walters Sprühdose mit Tränengas, obwohl sie die für völlig überflüssig hielt. Sie erreichte den Anbau unbehelligt.

Am Dienstag- und Mittwochabend geschah ebenfalls nichts von Bedeutung. Jedes Mal kam sie abends in eine leere Wohnung. Hartmut nutzte die freie Verfügung über das Auto, fuhr am Vormittag zum Computerladen und fand den Heimweg erst, wenn Winfried von Burg ihn vor die Tür setzte.

Am Donnerstag kurvte ab Mittag ein Traktor über das große Feld. Zu sehen war nichts, die Zypressen versperrten den Blick. Aber das Motorengeräusch war gut zu hören. Zweimal verklang es, als der Traktor zum Lässler-Hof fuhr. Nach einer halben Stunde kam er jedes Mal zurück.

Miriam wurde ein wenig nervös. «Was treibt der da?»

Was Achim Lässler trieb, offenbarte sich, als Nicole am frühen Nachmittag die Terrassentüren öffnete, um einmal gründlich durchzulüften. Ein penetranter Gestank zog ins Wohnzimmer. Achim Lässler düngte. Ob das um die Jahreszeit noch sein musste, wusste Nicole nicht. Miriam hielt es für reine Schikane. Und es fand kein Ende. Mit Einbruch der Dunkelheit waren die Scheinwerfer des Traktors trotz der Zypressen als huschender Lichtschein wahrzunehmen. «Der will wohl überhaupt nicht mehr aufhören mit dieser Sauerei», schimpfte Miriam ungehalten.

Achim Lässler hörte auf, als Nicole den Bungalow verließ. Er steuerte den Traktor samt Gülleanhänger mitten auf den Weg. Nicole kam nicht weiter. Er stieg ab und kam auf sie zu.

«Jetzt fang doch nicht wieder an mit dem Quatsch», sagte sie.

«Geht's dir gut?», fragte er.

«Ja», sagte Nicole.

«Ist das Blut noch da?»

«Nein.»

«Hast du es weggemacht?»

«Nein. Es war auch nicht von deiner Schwester, wirklich nicht. Es war von Tanja Schlösser.»

Achim Lässler nickte versonnen und schaute über sie

hinweg zum Bungalow. «Ich hab euch gehört – im Sommer, als sie Ben reingeholt hat. Lass die Finger von ihm. Er ist kein Mann für dich. Er ist überhaupt kein Mann.»

«Das weiß ich», sagte Nicole.

Er nickte wieder. «Aber du brauchst einen. Ich hätte gerne mal mit dir getanzt auf dem Schützenfest damals, hab mich nicht getraut zu fragen.»

«Das wusste ich nicht», sagte Nicole.

Achim Lässler nickte zum dritten Mal. «Dachte ich mir. Hättest du nein gesagt?»

«Ja», sagte Nicole.

Er nickte zum vierten Mal. «Und wenn ich dich jetzt frage?»

«Ohne Musik tanze ich nie», sagte Nicole. «Ich glaube auch kaum, dass mein Mann damit einverstanden wäre.»

«Dein Mann ist doch auch keiner mehr», antwortete Achim Lässler. «Also nenn ihn nicht so. Bruno sagte, wenn man was will, muss man dafür kämpfen. Ich will dich. Und wenn's nicht anders geht, räume ich deinen Mann aus dem Weg. Er hat's nicht besser verdient.» Er zeigte mit ausgestrecktem Arm zum Bungalow. «Und sie auch nicht. Mit ihr fange ich an. Ich zeig ihr, wie das ist, wenn man in so einer Bude festsitzt und genau weiß, dass man nicht mehr lebend rauskommt.»

«Red doch keinen Unsinn», sagte Nicole.

Er schüttelte den Kopf. «Ist kein Unsinn. Ich muss das tun. So geht's nicht weiter.»

Das Bedürfnis, ihn in die Arme zu nehmen, hatte Nicole in dem Moment nicht. Der Güllegestank nahm ihr den Atem. Sie drehte um und lief zurück zum Bungalow.

Miriam war nicht halb so beunruhigt, wie Nicole erwartet hatte. «Lässler redet nur, mach dir um ihn keine Sorgen. Wenn er handeln wollte, hätte er das längst getan. Glaub mir, ich weiß, wie Menschen in Ausnahmesituationen reagieren.»

Nicole glaubte nicht, dass Miriam es wusste. Die Situation hatte sich geändert – für sie, für Hartmut, sogar für Miriam. Nur für Achim Lässler nicht.

Als die Scheinwerfer des Mercedes auftauchten, rannte sie winkend auf die Kreuzung. Der Traktor stand immer noch auf dem Weg. Von Achim Lässler war in der Dunkelheit nichts zu sehen.

Im Gegensatz zu Miriam war Hartmut sehr schockiert von der Drohung. Er wendete auf der Kreuzung, dann nahmen sie den Umweg über die Bachstraße und die östliche Kreuzung, um die Garage anzusteuern. Kaum in der Wohnung, rief Hartmut sofort Andreas an. Andreas legte ihm dringend nahe, mit Walter zu sprechen.

«Tut mir Leid, das sagen zu müssen», gestand Andreas. «Aber ich habe keinen Einfluss auf meinen Bruder. Und ich würde es auch nicht auf die leichte Schulter nehmen, wenn er so etwas von sich gibt.»

Am Freitagmorgen fuhr Walter Hambloch zum Lässler-Hof, um ein sehr ernstes Wort mit Achim zu sprechen. Er traf jedoch nur Antonia an. Paul Lässler war mit Tanja zum Krankenhaus gefahren. Und Antonia konnte nicht sagen, wo Achim sich aufhielt. Sie wusste es wirklich nicht, hatte ihren Sohn nicht mehr gesehen, seit er am vergangenen Abend mit der letzten Fuhre Gülle vom Hof gefahren war. Der Traktor stand auch an dem Morgen noch auf dem Weg. Antonia fuhr ihn zurück auf den Hof, rief ihre Schwägerin an und bat Maria, mit Achim zu sprechen, damit er endlich zur Vernunft kam.

Maria rief Bruno Kleu zu Hilfe, gemeinsam machten sie sich auf die Suche. Ehe man mit Achim reden konnte, musste man ihn erst einmal finden. Am späten Nachmittag entdeckten sie ihn – in der Scheune auf dem Schlösser-Hof. Er lag auf dem Zwischenboden, wie es Ben oft getan hatte, wenn er den Lässler-Hof beobachtete.

Achim schaute nicht, lag einfach nur da, starrte das Deckengebälk an und sagte: «Ich glaube, ich fang mit Papa an. Wenn man es genau nimmt, ist das alles seine Schuld. Er hat zu Britta gesagt, sie soll sich ein bisschen fern halten von Ben, obwohl er es besser hätte wissen müssen. Wenn er die Schnauze gehalten hätte, wäre ihr nichts passiert.»

Maria brachte ihren Neffen dazu, ihnen zum Auto zu folgen. Nachdem er eingestiegen war, sagte Achim zu Bruno: «Aber wenn Ben die Frau anrührt, mache ich ihn kalt. Noch mal erwischt er mich nicht unvorbereitet, das kannst du glauben.»

An diesem Freitagnachmittag hatte Ben seinen ersten Termin im Bungalow. Bruno fuhr ihn persönlich hin, warnte Miriam bei der Gelegenheit noch einmal vor Achim und bat, auch Nicole zu warnen. «Der Junge hat sich da was in den Kopf gesetzt», sagte Bruno. «Er meint, Frau Rehbach schuldet ihm was. Und wenn sie unbedingt ein Kind will, könnte sie auf die Weise zahlen. Entweder freiwillig oder ...»

Nicole war nicht da, sie machte Einkäufe in Lohberg wie besprochen, durfte dafür den Jaguar nehmen. Als sie zurückkam, war Ben schon wieder weg. Und Miriam hatte andere Probleme als Achim Lässler. Sie hatte es keine volle Stunde lang ertragen – allein mit Ben im Wohnzimmer. Lukkas Stimme im Ohr, und bei dem Anblick von Bens großen zerschnittenen Händen meinte sie, ihn auch sehen zu können: röchelnd, brechende Augen, die letzten Sekunden seines Lebens. Und das war nicht das Schlimmste.

Was es für sie unerträglich machte, war Bens argloses Lächeln und sein unverhohlenes Interesse an ihren Verletzungen. Dreimal zeigte er ohne jede Scheu auf ihr Bein, obwohl sie einen langen Rock trug. Und trotz des aufwendigen Make-ups entging ihm auch die Narbe auf ihrer Wange nicht.

Sie legte ihm die ausgeschnittenen Zeitungsfotos der Opfer vor, er warf nur einen flüchtigen Blick darauf und erkundigte sich Anteil nehmend: «Freund weh macht?»

Zweimal antwortete sie: «Nein, Lukka hat mich nicht verletzt. Es war ein Autounfall.» Und sie wusste, dass es nur zum Teil der Wahrheit entsprach. Lukka hatte sie schlimmer verletzt als dieser verfluchte Alleebaum.

Beim dritten Mal wurde sie laut. «Nein, verdammt. Er hat mir nichts getan. Jetzt hör auf davon.»

Und er betrachtete sie so skeptisch, als glaube er ihr kein Wort, tippte mit einem Finger auf die Zeitungsausschnitte. «Freund Fein weh macht.»

In ihren Ohren klang es, als hätte er gesagt: «Mach dir nichts vor, wir wissen doch beide, was er mit jungen Frauen und Mädchen angestellt hat. Du kannst dir die Mühe mit mir sparen. Ich habe ihnen nur die letzte Ehre erwiesen.»

Und Bruno Kleu hatte gesagt, er könne nicht lügen. Die Ärzte in der Landesklinik hatten es bestätigt. Es machte sie so hilflos. Ihn noch einmal anschreien schaffte sie nicht. Stattdessen dämpfte sie die Stimme zu einem gefährlich ruhigen Ton, der ihn zu einem Stirnrunzeln veranlasste. «Wir werden feststellen, wer was gemacht hat. Und wenn du eines der Mädchen angerührt hast, bringe ich dich um.»

Er schaute sie nur ratlos an. Bringe ich dich um, das klang für ihn nicht nach einer Drohung. Totmachen war ihm ein Begriff, aber den verband er nur mit kleinen Tieren wie Hühnern, Katzen und Käfern. Bringen, den Ausdruck kannte er natürlich, rühren auch. Das tat Renate, wenn sie einen Kuchen backen wollte, und da sagte Renate oft: «Bring mir noch ein Ei, Ben.»

Angerührt hatte er keines der Mädchen, das wusste er mit Sicherheit. Er hatte sie angefasst. Und das hatte er tun müssen, wie hätte er sie sonst so in die Erde legen sollen, dass alle Teile an ihrem Platz waren?

15. Oktober 1997

Ben war nicht in seinem Zimmer, als Patrizia und Dieter Kleu von Nicoles Geburtstagsfeier zurückkamen. Sie hatten auch nicht erwartet, ihn in seinem Bett zu finden. Die Figur, an der er abends geschnitzt hatte, um sie Nicole zum Geburtstag zu schenken, war noch nicht fertig. Es war eine Frau mit kurzem Haar, das war schon gut zu erkennen. Sie saß in einem Sessel, das war auch gut zu erkennen. Ein Arm war angewinkelt, es sah aus, als führe sie ein Glas zum Mund. Aber Hand und Glas waren noch nicht geformt. Insgesamt war die Figur noch sehr rau, überall sah man die Ansätze des Messers, mit dem er schnitzte. Man hätte sie zum Schleifen in Leonard Darscheids Atelier bringen müssen. Daran wagte Patrizia nicht einmal zu denken.

Als Patrizia, Dieter und Bruno Kleu am nächsten Morgen um sechs aufstanden, war Ben immer noch nicht da. Auch das war nicht ungewöhnlich. Manchmal kam er frisch geduscht und fertig angezogen aus seinem Zimmer, wenn sie hinaus auf den Flur trat. Manchmal saß er schon erwartungsvoll in der Küche und hatte den Tisch gedeckt. Manchmal tauchte er erst in der Einfahrt auf, wenn sie mit dem Frühstück begonnen hatten.

An dem Morgen nicht. Patrizia versuchte, ihn auf seinem Handy zu erreichen, es klingelte, aber er nahm nicht ab. Das war noch nie vorgekommen. «Jetzt reg dich nicht auf», sagte Bruno. «Er kommt schon, wenn er Hunger hat.»

Er kam nicht. Um halb acht brachen die Männer auf, das Vieh war versorgt, die Rüben warteten. Bruno stieg zu Dieter in den Golf, um zum Schlösser-Hof zu fahren, wo die Maschinen in der Scheune standen. Um zehn Uhr hatte Patrizia einen Termin beim Gynäkologen – sie war inzwischen im letzten Monat schwanger – da konnte sie Ben nicht mitnehmen. «Wenn er auftaucht, bringst du ihn raus zum Bruch», sagte Bruno.

Es war neblig. Der Golf fuhr vom Hof und verschwand schon kurz hinter der Einfahrt. Immer wieder schaute Patrizia aus dem Fenster. Draußen bewegten sich nur die Nebelschwaden. Bis um acht Uhr versuchte Patrizia noch zweimal, Ben auf dem Handy zu erreichen. Beim ersten Mal hörte sie noch das Freizeichen, beim zweiten Mal war das Telefon ausgeschaltet. Das hatte er bis dahin nie gemacht.

Patrizia war sehr beunruhigt, wollte nicht nach Lohberg fahren, ohne zu wissen, dass er gut aufgehoben war. Sie stieg ins Auto, drehte eine Runde, wusste aber nicht so recht, wo sie nach ihm suchen sollte um diese Zeit. Zuerst fuhr sie zum Friedhof, obwohl sie nicht erwartete, ihn dort anzutreffen. Dann kurz rauf zum Schlösser-Hof, ohne Erfolg. Jakob wohnte bei den von Burgs, schaute nur ab und zu im Haus nach dem Rechten. Patrizia fuhr weiter zu ihrer Schwägerin, weil Nicole ihn ab und an schon mal zum Frühstück hereinrief, wenn sie wusste, dass Patrizia zum Arzt musste und er morgens in ihrem Garten auftauchte. Nur hatte Patrizia ihren Arzttermin am vergangenen Abend nicht erwähnt.

Eine Viertelstunde nach Patrizia traf ich ein. Nach

einem langen Abend und einer Nacht voller Erinnerungen an Ben und den Blutsommer war ich sehr früh aufgebrochen, viel früher als ursprünglich beabsichtigt. Ich wollte zuerst zum Schlösser-Hof, sehen, was dort los war.

Mit Nicole Rehbach hatte ich keine bestimmte Uhrzeit vereinbart. «Ich bin den ganzen Tag zu Hause», hatte sie gesagt und mich gebeten, über den Feldweg zu kommen. «Wenn Sie an der Tür zur Bachstraße klingeln, höre ich vielleicht nicht, wenn Sie klingeln. Meine Schwiegereltern sind in Urlaub.»

Das war fadenscheinig, weil die Verbindungstür von ihrem Wohnzimmer direkt in den Hausflur führte. Aber wenn ich den Wagen auf der Bachstraße abstellte, mussten die Nachbarn ihn bemerken. Offensichtlich wollte Nicole Aufsehen vermeiden.

Im dichten Verkehr auf der Autobahn brauchte ich fast eine Stunde, ehe ich das Ortsschild erreichte und abbog. Es war immer noch neblig. Ich war dankbar für die schlechte Sicht. So sah ich vom Bungalow im Vorbeifahren nicht viel mehr als den niedrigen Zaun des Vorgartens und an der Grundstücksgrenze neben dem Weg zum Lässler-Hof die Zypressen als hohe, grüne Wand aufragen. Der Vorgarten machte einen gepflegten Eindruck. An den beiden Fenstern der Vorderfront waren die Rollläden herabgelassen. Die rustikalen Holzläden dienten nur noch der Zier.

Fünfhundert Meter weiter auf Höhe der Apfelwiese kam mir ein Mann entgegen. Ich sah ihn erst im letzten Moment und in der flüchtigen Sekunde im Nebel nur, dass er dunkel gekleidet war. Er lief schnell und hatte den Kopf eingezogen. Beim Blick in den Rückspiegel sah ich schon nichts mehr von ihm.

Noch einmal fünfhundert Meter weiter stand die Garage am Wegrand, die Nicole Rehbach mir als Zielpunkt genannt hatte. Davor stand ein roter Van und blockierte die Ausfahrt. Alarmierend war daran nichts, und später hätte ich nicht sagen können, was an dem Van mich veranlasst hatte zu halten.

Der fallende Nebel legte sich wie ein feuchtes Tuch auf mein Gesicht. Fünfzig Meter zum Anbau. Der Betonpfad zwischen den Beeten bröckelte an den Rändern, war dunkel und glitschig von der Nässe. Ich musste aufpassen, wohin ich trat. Als ich noch etwa zehn Meter von der Terrasse entfernt war, hörte ich es. Ein dünnes, schwaches Stimmchen, dem die Kraft fehlte, laut zu schreien. «Hilfe, warum hilft mir denn keiner?»

Ich rannte die letzten Meter, die Rampe hinauf. Eine Tür, die sich durch einen Knauf und ein Türschloss von üblichen Terrassentüren unterschied, stand weit offen. Auf dem Kachelboden dahinter hatte sich Feuchtigkeit ausgebreitet. Eine Trittspur führte von außen herein.

Der Wohnraum war übersichtlich, spärlich eingerichtet. Drei Zimmertüren führten in andere Räume, zwei an der Stirnwand waren geschlossen, die Tür an der rechten Seitenwand offen. Aus dem Raum dahinter kam die schwache Stimme. Die Hilferufe waren verstummt, stattdessen stammelte sie jetzt: «Ich bin ganz vorsichtig, Nicole. Ich tu dir nicht weh. Ich kann dich auch tragen. Ich weiß, wie das geht. Das habe ich in der Fahrschule gelernt.»

Das Schlafzimmer. Neben der freien Hälfte des Doppelbetts, nahe der Tür, zerrte ein unförmiges Geschöpf in Latzhose, Pullover und Sportschuhen das Laken von der Matratze. Auf dem Teppichboden vor dem Fußende des Bettes verteilten sich dunkelrot gefärbte Papierknäuel. Taschentücher, mit denen sie die Wunden betupft hatte.

Sie drehte mir für einen Moment das Gesicht zu,

nackte Panik in den Augen. Ein bekanntes Gesicht. Aber ich kannte sie doch alle, die mit dem Sommer 95 zu tun gehabt hatten. Patrizia Rehbach, dass sie inzwischen Kleu hieß, wusste ich noch nicht.

Ich war wieder mittendrin, fühlte mich sekundenlang wie in einem Alptraum. Der verfluchte Sommer und der März 96, wie oft ich davon geträumt hatte, weiß ich nicht mehr. Irgendwann hatte ich aufgehört, die Nächte zu zählen, in denen ich aus dem Schlaf schreckte. Immer der gleiche Traum, Ben an meiner Seite beim Birnbaum. Er setzte den Klappspaten an, um eine Leiche zu vergraben. Und ich ließ es ihn tun.

Mein Mann hatte mir häufig erklärt, es seien Gewissensbisse. Nur mit ihm hatte ich gesprochen über meine Erkenntnis, dass Ben die drei Frauen begraben hatte. Und er hatte wiederholt gesagt: «Ich verstehe nicht, was in dir vorgegangen ist, Brigitte. Da können fünf Gutachter behaupten, der Mann stelle keine Gefahr für seine Umwelt dar. Als sie zu der Ansicht gelangten, wussten sie nicht, was er sich geleistet hatte. Und du lässt ihn da einfach zurück. Was hast du dir dabei gedacht?»

Gar nichts. Doch, natürlich eine Menge, ich hatte es doch nur für Trude getan. Für all die Stunden in ihrer Küche, für die immer gleiche Frage: «Was hätten Sie gemacht, wenn er Ihr Sohn wäre, Frau Halinger?»

Keine Ahnung, wirklich nicht. Ich hatte mich nie in Trudes Lage versetzen können. Mein Sohn sprach zwar auch in knappen, aber klar verständlichen Sätzen. Wenn er zu Hause etwas auf den Tisch legte, mussten sich niemandem die Nackenhaare sträuben. Es sollte nach Möglichkeit nur jemand die Geldbörse zücken und ihm erstatten, was er ausgelegt hatte für Schulbücher oder neue Socken. Mein Sohn hatte nur gegen eine leichte Akne gekämpft, nie um ein Leben. Und er hatte nie Angst vor seinem Vater haben müssen, war nie geschlagen worden. Mein Mann ist Pazifist, er löst Probleme mit endlosen Diskussionen. Es geht einem häufig auf die Nerven, aber es tut nicht weh.

Man hat mir später vorgeworfen, ich hätte erneut vertuschen wollen, was ich im März 96 glaubte erkannt zu haben. Ich hätte nur versucht, mich selbst zu schützen und nichts anderes im Kopf gehabt als den Blutsommer. So war es nicht. Ich habe nicht versucht, mich selbst zu schützen. Aber was hätte ich anderes im Kopf haben sollen bei diesem Anblick?

Nicole Rehbach lag bäuchlings auf der zweiten Betthälfte. Es war nicht sehr hell im Zimmer, der Tag zu trüb, die Übergardine teilweise vorgezogen. Und für einen irrealen Augenblick dachte ich, sie trüge einen eng anliegenden, rot gemusterten Schlafanzug. Ich hatte schon viel gesehen, aber noch nie einen so blutigen Körper auf so blutiger Bettwäsche.

Ihr linkes Bein hing über den Bettrand, das Knie berührte den Boden. In dünnen Streifen floss das Blut von der Hüfte über ihren Oberschenkel und war stellenweise schon angetrocknet. Ihr Gesicht war halb im Kissen verborgen, blutig, als hätte jemand mit blutigen Händen ihre Wangen gestreichelt. Unzählige Schnittwunden, wie tief sie ins Fleisch gingen, konnte ich nicht abschätzen. Ihr gesamter Rücken war zerschnitten, das Blut über Arme und Beine verrieben.

Patrizia stand unter Schock, mein unerwartetes Erscheinen nahm sie als willkommen hin, sie huschte zur anderen Seite des Bettes. «Helfen Sie mir mal», verlangte sie energisch. «Wir packen sie warm ein und bringen sie weg. Ich hab Brunos Auto, da ist genug Platz drin.»

Sie machte sich daran, den blutigen Körper mit dem Laken zu umwickeln. Ich schob sie zur Seite und hatte

Angst, das Laken wieder wegzunehmen, wollte Nicole Rehbach nicht umdrehen und Stichwunden sehen. Aber es gab keine, Brust und Leib waren unverletzt, nur rot gefärbt von dem blutigen Laken.

Patrizia neben mir atmete mit geöffnetem Mund, schaute mit großen Augen zu. «Oder ist sie tot?»

Das war sie nicht, noch nicht. Ihr Atem ging flach, der Puls war am Hals tastbar. Ich konnte nicht abschätzen, wie bedrohlich ihre Verletzungen waren. «Hast du schon einen Arzt gerufen?»

«Das ging nicht», erklärte Patrizia. «Aber ich hab einen Termin um zehn Uhr.» Sie war völlig verstört.

Ich verständigte die Notrufzentrale, die Wache in Lohberg und meinen Kollegen Dirk Schumann. Er wusste, was zu tun war. Dann versuchte ich, von Patrizia ein paar Auskünfte zu erhalten. Für Nicole Rehbach konnte ich nicht viel tun, nur ihren Puls und die Atmung überwachen, mich bereithalten für eine Reanimation, die bei dem Blutverlust wahrscheinlich sinnlos gewesen wäre.

Patrizia plapperte wirr durcheinander von Bruno, ihrem Mann, viel Arbeit in den Rüben, Nicoles Geburtstagsfeier und einem Geschenk, das nicht fertig geworden war. Dabei schob sie eine Hand in die Seitentasche ihrer Latzhose.

Ich war selbst nicht in der richtigen Verfassung, aber irgendwann fiel mir doch auf, dass sie die Hand nicht wieder aus der Tasche nahm. «Was hast du da?»

«Nichts», behauptete sie. «Ich wollte es Nicole nur mal zeigen, aber es ist noch nicht fertig, habe ich doch schon gesagt.»

«Lass mich mal sehen.»

Sie zog eine Holzfigur aus der Tasche, die Mädchenfigur ohne Kopf und Hände, die Vanessa Greven im Schreck hatte fallen lassen, als ihr Mörder erschien. Wie hätte ich ahnen sollen, welche Bedeutung diesem Teil zukam? Patrizia ließ mich nur einen kurzen Blick darauf werfen, steckte sie sofort wieder ein und behauptete: «Sie ist mir leider kaputtgegangen, aber das kann man wieder kleben mit Holzleim.»

Sie wusste vor Panik nicht ein noch aus und zauberte trotzdem eine einigermaßen plausible Erklärung herbei. Die personifizierte Naivität. Mütterchen Courage in Sorge um ihr Riesenbaby. Für Patrizia war Ben das, pflegeleichter als ein Säugling, er brauchte keine Windeln, konnte alleine essen, duschen und machte sich nützlich, soweit es seinen Möglichkeiten entsprach.

«Wie lange bist du schon hier?» Ich betrachtete ihren prallen Leib und den breiten, goldenen Trauring. «Darf ich überhaupt noch du sagen?»

«Klar doch.» Patrizia strich eine Haarsträhne aus der Stirn, ihre Hände hinterließen einen blutigen Streifen. Sie überlegte. «Keine Ahnung, nicht lange. Als ich ankam, hab ich noch gedacht, jetzt übertreibt Nicole aber mit Lüften. Man kann doch die Tür nicht auflassen bei dem Wetter. Es wird ja alles nass.»

Das war die einzige sinnvolle Information, die ich von ihr erhielt. Von Ben war mit keinem Wort die Rede. Mir kam auch nicht der Gedanke, mich bei ihr nach ihm zu erkundigen. Sie wollte ins Wohnzimmer mit dem Hinweis: «Ich sag mal schnell meinen Termin ab, vielleicht geht es jetzt.»

Ich hielt sie zurück. «Nichts anfassen.»

«Aber ich muss denen sagen, dass ich nicht kommen kann.»

Sie richtete den Blick auf ihre Schwägerin und stammelte: «Das ist so gemein. Wer macht denn so was?»

Ich überließ ihr mein Handy, damit war sie ein wenig abgelenkt. Zuerst rief sie in der Praxis ihres Gynäkologen an, danach Bruno Kleu. «Mit Nicole ist was passiert, sie blutet ganz furchtbar.» Das hörte ich noch.

Ob sie noch mehr sagte, weiß ich nicht. Der eintreffende RTW lenkte mich von ihr ab, der Notarzt war dicht hinter dem Rettungswagen. Sie verloren nicht viel Zeit mit der Erstversorgung vor Ort. Der Notarzt legte nur eine Infusion an und gab ein knappes Kommando: «Raus mit ihr!» Die beiden Sanitäter hoben sie auf eine Trage, deckten sie zu und hasteten mit ihr ins Freie.

Ich konnte gerade noch fragen. «Wohin bringen Sie sie?»

«Lohberg», rief der Notarzt auf dem Weg zu seinem Wagen. «Die haben seit geraumer Zeit einen Chirurgen, wie Sie lange einen suchen müssen.»

Dann waren sie weg. Das Martinshorn hörte ich noch eine ganze Weile. Ich wollte mich wieder Patrizia widmen, aber sie war nicht mehr da. Mein Handy hatte sie mitgenommen. Ich konnte zu diesem Zeitpunkt noch nicht wissen, dass Nicoles Wunden ihr einen ganz bestimmten Verdacht aufgedrängt hatten.

Nur eine sinnvolle Beschäftigung

Da Nicole sich geweigert hatte, mit Miriam Wagner über ein Messer für Ben zu sprechen, beschaffte Patrizia ihm im November 96 auf ihre Weise geeignetes Werkzeug. Für Nicole war die erste Arbeitswoche im Bungalow vorbei, und abgesehen von dem trübsinnigen Beginn und dem hässlichen Zwischenfall mit Achim Lässler war es eine recht angenehme Woche für sie gewesen.

Nach ihren Einkäufen am Freitagnachmittag hatten sie noch gemütlich Kaffee getrunken, Apfelstrudel gegessen, sich über dies und das unterhalten. Das Thema Ben und Lukka vermieden beide.

Samstags hatte Nicole frei, Patrizia auch. Bevor sie an diesem Morgen zu Bruno Kleus Hof radelte, kam sie in den Anbau – ohne besonderen Grund, nur um mal zu fragen, wie es ging. Nicole und Hartmut saßen noch beim Frühstück. Hartmut wollte danach zum Computerladen fahren. Überaus hilfsbereit begleitete Patrizia ihren Bruder zur Garage, damit er nicht nochmal aussteigen musste, um das Garagentor zu schließen. Zurück in die kleine Wohnung kam sie nicht mehr.

In der Garage lag ein Stapel mit Holzresten, die vom Innenausbau der Wohnung übrig geblieben waren. Es hing auch etwas Werkzeug an der Wand. Als Nicole nach draußen ging, um nachzuschauen, was Patrizia so lange in der Garage trieb, waren bereits alle kleineren Holzteile in zwei großen Plastiktüten verstaut. Nun zersägte Patrizia eifrig Deckenpaneele und einen Balkenrest in handliche Stücke. Der Gedanke, um Erlaubnis zu fragen, war ihr nicht gekommen. «Ihr braucht das doch nicht mehr. Und Ben freut sich bestimmt, wenn ich ihm ein bisschen Holz mitbringe.»

Dass Holz allein nicht genügte, erklärte Patrizia nicht. Und Nicole hatte das winzige Pferdchen aus dem Bruch längst vergessen. Auch an Patrizias Bitte um ein gutes Wort bei Miriam dachte sie nicht mehr. Sie half noch bei der Arbeit, hielt den Balken fest, damit Patrizia gerade sägen konnte, suchte anschließend noch zwei große Plastiktüten im Küchenschrank.

Unbemerkt von Nicole konfiszierte Patrizia im Wohnzimmer einen Satz kleiner Feilen und ein so genanntes Konfektionsmesser. Mit dieser Art von Messern hatte Patrizias Mutter vor Jahren in Heimarbeit für einen kleinen Betrieb in Lohberg die Anspritzer von Plastikgussteilen entfernt. In einem flachen Griff etwa von der Länge eines Bleistifts steckte eine austauschbare, kurze, sehr spitze und höllisch scharfe Klinge. In Patrizias Elternhaus lagen auch noch drei Päckchen mit je hundert Ersatzklingen.

Patrizia wollte nicht mehr, als Ben ein wenig ablenken von all den Dingen, die er nicht mehr hatte und durfte. Dass Renate oder Bruno Kleu einverstanden wären, wenn sie ihn mit einem Konfektionsmesser ausstattete, glaubte sie kaum. Deshalb steckte sie ihr Beutestück kurz darauf zusammen mit drei Feilen, einem halben Dutzend Ersatzklingen und etlichen Filzstiften in ein ausrangiertes Schulmäppchen. Zur perfekten Täuschung legte sie noch einen Schreibblock dazu.

Am Samstagnachmittag brachte sie ihm am Küchentisch erst einmal bei, wie man mit Filzstiften auf ein Blatt Papier kritzelte. Als Renate den Tisch brauchte, um einen Korb Wäsche zu bügeln, räumte Patrizia bereitwillig das Feld. «Wir malen in seinem Zimmer weiter.»

Die Tür blieb offen, damit nicht wieder ein falscher Verdacht aufkam. Heiko hatte das Haus nach dem Mittagessen verlassen, in der oberen Etage hielt sich niemand auf. Patrizia konnte ihn ungestört unterweisen.

Erstens: Er durfte sich nur in dem kleinen Duschbad mit Holz und dem Messerchen beschäftigen. Auf die Weise verhinderte sie, dass er mit dem Messer in der Hand erwischt wurde. Es konnte immer mal passieren, dass Renate oder Bruno abends noch einen Blick in sein Zimmer warfen. Aber ins Bad gingen sie beide nicht. Und dort ließen sich Holzspäne leichter beseitigen als vom Teppichboden. Da Patrizia es übernommen hatte, in Bens kleinem Reich für Ordnung und Sauberkeit zu sorgen, bestand keine Gefahr, dass Renate einmal stutzig wurde.

Zweitens: Er musste gut aufpassen, durfte sich nicht in

die Finger schneiden. Die winzige Klinge verursachte klaffende Fleischwunden, die genäht werden mussten. Das hatte Patrizia einmal bei ihrer Mutter erlebt.

Drittens: Wenn die Klinge nicht mehr scharf genug war und er sie auswechseln musste – Patrizia zeigte ihm, wie das gemacht wurde –, sollte er die alte Klinge ins Klo werfen und gut abziehen. Und mit den Feilen konnte er den Figürchen dann den letzten Schliff geben.

Während Patrizia den Block bekritzelte und ihm dabei wieder eine ihrer Geschichten erzählte, probierte er das ungewohnte Konfektionsmesser an einem Stück Holz aus. Es schnitt sehr gut, viel besser als das alte Springmesser, das Bruno ihm weggenommen hatte. Patrizia wollte ein Pferdchen. Das schaffte er bis zu Dieters Auftauchen nicht ganz. Das Pferd als solches war zwar fertig, aber es hatte noch einen Auswuchs auf dem Kopf. Fast sah es aus, als trüge es einen Zylinder.

Patrizia vermutete, es sollte ein Horn werden. Dieter wollte zur Diskothek nach Lohberg. Das vermeintlich letzte Einhorn nahm Patrizia mit, damit Ben nicht auf den Gedanken kam, es Bruno, Renate oder Heiko zu zeigen. Sicherheitshalber hatte sie nur zwei Holzstücke mitgebracht, in den Jackentaschen ins Haus geschmuggelt. Die vier prall gefüllten Tüten standen in ihrem Zimmer im Elternhaus, Vorrat für lange Zeit. Beim zweiten Stück, das sie mitgebracht hatte, handelte es sich um ein etwa handtellergroßes Deckenpaneel.

«Damit darfst du weitermachen, wenn Renate zu ihrem Freund fährt. Heiko guckt bestimmt Fernsehen, der stört dich nicht.»

Dann verabschiedete sie sich, kurz darauf verließ auch Renate das Haus. Bruno war schon am frühen Nachmittag zu Maria gefahren. Heiko bekam Besuch von zwei Freunden, die zwei Videofilme mitbrachten. Ben setzte sich auf den Klodeckel im Bad und ritzte mit der scharfen Messerspitze feine Linien in das Paneel – wie früher in die Innenseite von Rinden – zwei winzige Figürchen, umgeben von allerlei Kratzern und Kringeln. Man brauchte eine Lupe, um Einzelheiten zu erkennen.

Die Mühe, nach einer Lupe zu suchen, machte Patrizia sich am Sonntagvormittag nicht. «Du musst es größer machen», sagte sie. «So ist es viel zu klein. Da kann man nicht erkennen, was es sein soll. Mach nur ein Männchen auf jedes Stück, wir haben Holz genug.» Sie nahm das Stück an sich und ließ ihm ein neues da, damit er für den Abend etwas zu tun hatte.

An dem Sonntag kam Patrizia noch spät in den Anbau gehuscht, um ihrer Schwägerin Bens Werk zu zeigen, traf aber nur ihren Bruder und Walter Hambloch an, die am Computer beschäftigt waren. Hartmut warf nur einen flüchtigen Blick auf das Pferd.

Walter Hambloch wurde aufmerksam, als Patrizia das Stück Paneel vorzeigte.

«Das hat Ben auch gemacht. Ich glaube, das sind Leute im Wald. Aber man kann es nicht genau erkennen. Ich habe ihm schon gesagt, er muss es größer machen.»

Walter Hambloch nahm Patrizia das Paneel aus der Hand, betrachtete es mit vor Anstrengung zusammengekniffenen Augen. Dann ging er zum Sideboard. Er kannte sich aus, im mittleren Schubfach lag eine Lupe. Leute im Wald – gut möglich. Die Kratzer und Kringel sollten wohl Baumstämme und Unterholz darstellen.

«Und womit hat Ben das gemacht?», erkundigte sich Hartmut. «Hier fehlen nämlich ein paar Feilen und ein Konfektionsmesser. Nicole weiß nicht, wo es geblieben ist.»

Statt einer Antwort fragte Patrizia: «Ist das nicht schön?»

«Das Messer kriege ich zurück», sagte Hartmut, «und zwar schnell. Du bist wohl nicht bei Trost, Ben ein Messer in die Finger zu drücken. Was sagt Bruno Kleu denn dazu, weiß er das?»

Unerwartet kam Walter Hambloch ihr zu Hilfe: «Jetzt reg dich doch nicht auf. Ben hatte immer Messer und ganz andere Kaliber als deine Konfektionsdinger. Mit so einer Klinge kann er nun wirklich nichts anstellen, sich höchstens tüchtig in die Finger schneiden.»

«Für den Hals reicht es auch», sagte Hartmut Rehbach.

15. Oktober 1997

Ich nahm an, Patrizia sei dem RTW hinterhergefahren. Das war nicht der Fall, wie sich bald herausstellte. Sie kam schon nach gut einer Viertelstunde zurück, immer noch in Latzhose und Pullover, die Hose war am Bauch mit Blut beschmiert, der Pullover an den Ärmeln. Ihre Hände und das Gesicht hatte sie gewaschen, gab mir mit verlegenem Lächeln mein Handy zurück.

«Entschuldigung, ich hab erst gesehen, dass ich es noch hatte, als ich schon im Auto saß. Ich musste so dringend. Der Kleine drückt auf die Blase, nachts muss ich auch dreimal raus. Und ich dachte, wenn ich hier nichts anfassen darf ...»

Sie hatte sich rasch auf dem Hof ihres Schwiegervaters umgeschaut, ob Ben inzwischen gekommen war. Ohne Erfolg. Dann hatte sie Bruno Kleu umfassend informiert und auf seine Anweisung hin das Konfektionsmesser und die halb fertige Schnitzerei aus Bens Zimmer verschwinden lassen. Bruno hatte ihr versprochen, sich sofort um Ben zu kümmern. «Ich denke, ich weiß, wo er steckt. Ich hole ihn. Dann behalte ich ihn hier. Wenn jemand nach ihm fragt, er ist heute früh um sieben Uhr mit uns rausgefahren. Er war die ganze Zeit bei mir.»

Von dieser Sorge befreit, hatte Patrizia wieder Zeit für ihre Schwägerin. «Sollen wir nicht mal ins Krankenhaus fahren und sehen, wie es Nicole geht?»

«Später», sagte ich und hoffte, dass mein Kollege und die Spurensicherung bald eintrafen. Kurz vor Patrizia waren zwei Beamte der Lohberger Wache erschienen, sie hatten sofort mit der Befragung der Nachbarschaft begonnen. Ich hatte mir einen ersten Eindruck verschafft, wusste aber nicht, was ich denken sollte. Ob dieser Fall mit unserer Verabredung zusammenhing? Wenn jemand hätte verhindern wollen, dass Nicole Rehbach mit mir über eine Vergewaltigung und die beiden verschwundenen Frauen sprach, hätte er sie umgebracht, aber nicht zerschnitten. Das war Hass.

Nichts deutete auf ein gewaltsames Eindringen oder einen Kampf hin. Kein Schrank war durchwühlt. Türschloss und Scheibe der Terrassentür waren unbeschädigt. Durch das in Kippstellung befindliche Schlafzimmerfenster konnte niemand eingestiegen sein, es war durch einen Schließmechanismus in dieser Stellung gesichert. Wenn Nicole hatte durchlüften wollen, wie Patrizia vermutete, gab es nur die Tür, die große Glasscheibe daneben war fest mit dem Mauerwerk verbunden. Und dass jemand zufällig auf dem Weg vorbeigekommen war und eine günstige Gelegenheit genutzt hatte, war bei dem Nebel unwahrscheinlich.

Auf dem Kachelboden im Eingangsbereich wimmelte es jetzt von schmutzigen Trittspuren. Es waren nach mir noch mehrere Leute durch die Nässe gelaufen. Als ich kam, waren da nur die Sohlenabdrücke von Patrizia gewesen. Das sah ich noch vor mir.

Die rechte Tür an der Stirnwand des Wohnzimmers führte in den Flur des Hauses an der Bachstraße, die Haustür war ordnungsgemäß verschlossen. Die linke Tür führte in eine kleine Küche. Dort war das Fenster geschlossen und unbeschädigt. Der Tisch war für drei Personen gedeckt, gefrühstückt hatte aber niemand, Geschirr und Besteck waren unbenutzt, die Glaskanne der Kaffeemaschine gefüllt, die Maschine eingeschaltet. Ich zog einen Stift aus meiner Tasche, schaltete sie damit aus und fragte mich, für wen das dritte Gedeck gedacht gewesen war.

Die Tür zum Bad befand sich neben dem Kleiderschrank im Schlafzimmer. Es war ein schmaler, fensterloser Raum mit spartanischer Ausstattung. Duschkabine mit Plastikvorhang und Waschmaschine auf einer, Waschbecken und Toilette auf der anderen Seite. Auf der Ablage über dem Becken lag ein alter Nassrasierer zwischen Kamm, Bürste und zwei Zahnputzgarnituren. Auf dem Toilettendeckel lagen ein Frotteebademantel und saubere Unterwäsche, Slip und Büstenhalter. Auf dem Fußboden eine zweite Garnitur – getragen, und ein Handtuch – trocken.

Das Becken war der Dusche genau gegenüber angebracht. Am Beckenrand war eine Blutspur, nur ein Schmierstreifen. «Das ist nicht von mir, ich war da nicht drin, hab nicht daran gedacht, ein Handtuch zu holen», behauptete Patrizia, und ich glaubte ihr.

Die Szenerie ließ vermuten, dass Nicole Rehbach im Bad überrascht und vielleicht niedergeschlagen worden war, dann hatte sie jemand ins Schlafzimmer geschleppt und aufs Bett gelegt.

Eine Tatwaffe sah ich nirgendwo, auch keinen Schlüssel. Wo Nicole ihr Schlüsselmäppchen über Nacht aufbewahrte, wusste Patrizia nicht. «Manchmal legt sie es auf den Küchenschrank, manchmal aufs Sideboard. Sie legt es immer irgendwo hin, oft sucht sie es dann, wenn sie nochmal weg muss.»

Der Telefonstecker im Wohnzimmer war herausgezogen und lag auf dem Boden, fast völlig verdeckt von dem Sideboard. Die blutigen Fingerabdrücke auf dem Apparat stammten von Patrizia. «Ich hab den Notruf gewählt, und das ging nicht. Ich hatte solche Angst.»

Die hatte sie immer noch, wahnsinnige Angst, vor allem wegen der Holzfigur ohne Kopf und Hände, die Nicole in einer Hand gehalten hatte, als Patrizia sie fand. Davon hatte sie nicht einmal Bruno erzählt. Inzwischen lag das verräterische Teil tief unten im Mülleimer in ihrer Küche. Einen Herd mit Feuerung gab es dort nicht, sonst hätte sie es vermutlich gemacht wie Trude.

Hätte sie nur einen Ton verlauten lassen über Vanessa Greven, aber zu dem Zeitpunkt hätte sie sich eher die Zunge abgebissen, als ihre Besuche mit Ben im Atelier zu erwähnen. Dass ihre Schwägerin mich angerufen hatte, wusste sie nicht. Und auch nicht, worüber Nicole mit mir hatte sprechen wollen.

Auf meine Frage nach dem herausgezogenen Telefonstecker antwortete sie: «Früher hat mein Bruder den jeden Abend rausgezogen, aber das ist schon lange her. Ich wusste nicht, dass er es jetzt wieder tut.»

«Warum hat er es früher getan?»

«Achim Lässler hat oft angerufen, wegen Britta. Sie wissen schon. Das ist aber lange her. Ich hab nicht mehr daran gedacht.» Sie hatte auch keinen Mann in dunkler Kleidung gesehen, weder auf dem Weg noch im Garten.

Endlich fragte ich sie, wo ihr Bruder sich aufhielt:

«Weiß ich nicht genau, Hartmut musste früh weg, hat er gestern Abend gesagt. Nach Bochum, glaube ich.»

Sie wusste genau, dass ihr Bruder nie weiter als bis Lohberg fuhr. Vielleicht befürchtete sie, dass er ihr die Schuld geben würde, wenn er erfuhr, was mit seiner Frau geschehen war. Sie erklärte mir nicht einmal, dass er in Winfried von Burgs Computerladen beschäftigt war, behauptete, er sei selbständig – was im weitesten Sinne sogar zutraf. «Aber ein Handy hat er nicht. Wenn er unterwegs ist, kann man ihn nicht erreichen. Damit warten Sie auch besser, bis er nach Hause kommt. Wenn Sie ihm das sagen, kann er bestimmt nicht mehr fahren.»

Kurz nach zehn trafen endlich mein Kollege und die Spurensicherung ein. Dirk Schumann übernahm das Kommando vor Ort, ich fuhr zum Krankenhaus. Patrizia wollte unbedingt mit.

Während der Fahrt wollte sie noch einmal telefonieren, rief Bruno Kleu an und erkundigte sich, ob sie zu Mittag Gulasch machen sollte. Die Antwort verstand ich nicht. Sie bat ihn, Bescheid zu sagen, wenn doch jemand zum Essen käme, und gab ihm meine Nummer durch. Mit einem kläglichen Lächeln reichte sie mir das Handy, wischte rasch ein paar Tränen aus den Augenwinkeln und sagte überflüssigerweise: «Die Männer kommen wahrscheinlich nicht zum Essen. Sie wollen durcharbeiten. Die Rüben müssen raus, es ist viel Regen angesagt.»

Ich nahm an, dass sie immer noch unter Schock stand und sich an Alltäglichkeiten festhielt.

Der Nebel hatte sich inzwischen gelichtet. Zu diesem Zeitpunkt war Bruno Kleu nicht auf einem Rübenacker, sondern unterwegs, um nach Ben zu suchen. Er hatte Patrizia versprochen, ihr sofort Bescheid zu sagen, wenn er ihn gefunden hatte.

Dass ich mein Handy im Krankenhaus ausschalten musste, gefiel ihr nicht. «Dann kann er mir ja nicht sagen, ob doch jemand zum Essen kommt.»

Der OP-Trakt lag im Untergeschoss. Es gab zwei unbequeme Plastikstühle nahe den Doppeltüren mit der Aufschrift: «Zutritt verboten.» Patrizia setzte sich, lehnte den Kopf gegen die gelb gestrichene Wand, verschränkte beide Hände auf dem vorgewölbten Leib und versank in Gedanken.

An der Aufnahme hatte ich die Auskunft erhalten, Nicole Rehbach sei noch im OP. Nach ein paar Minuten wisperte Patrizia: «Was machen die denn die ganze Zeit mit ihr?» Ehe ich ihr antworten konnte, tröstete sie sich selbst. «Vielleicht ist es ein gutes Zeichen. Sie müssen bestimmt viel nähen. Wollen Sie nicht mal fragen, warum es so lange dauert? Wenn Sie Ihren Ausweis zeigen, dürfen Sie bestimmt rein.»

Ich setzte mich neben sie, hatte plötzlich das Bedürfnis, sie in den Arm zu nehmen. «Nein, darf ich nicht», sagte ich.

Sie schloss die Augen und erzählte mir von ihrer Hochzeit, wie schön Nicole und wie stolz Hartmut gewesen war. Dass ihr Vater zuerst auf Bruno Kleu geschimpft hatte. Aber nachdem Nicole ein bisschen vermittelte, tranken sie Brüderschaft. Mir kam sie vor wie ein Kind, das laut singend durch die Dunkelheit läuft, um Ungeheuer und die Furcht fern zu halten.

Plötzlich zuckte sie zusammen. «Der Kleine ist so unruhig. Fühlen Sie mal, wie er tritt. Er merkt das, wenn man Angst hat.»

Dann begann sie endlich zu weinen. «Was mache ich, wenn Nicole stirbt? Alle werden sagen, es war meine Schuld. Hartmut bringt sich um. Er sagt immer, wenn Nicole nicht mehr da ist, will er auch nicht mehr leben.»

«Sie wird nicht sterben», sagte ich.

«Wissen Sie das bestimmt?»

«Ja», sagte ich und dachte, im Krankenhaus sei Nicole Rehbach sicher. Sie hatte sehr viel Blut verloren, aber der Notarzt hatte nicht von Lebensgefahr gesprochen.

Der zweite Termin

Am 29. November 96 stieg Patrizia wenige Minuten vor drei Uhr am Nachmittag zum ersten Mal in Brunos BMW, weil er selbst nicht die Zeit hatte, Ben bei Miriam Wagner abzuliefern. Patrizia verschwand fast hinter dem Steuer.

Nachdem sie gewissenhaft Spiegel und Sitz für sich eingestellt und Ben den Sicherheitsgurt umgelegt hatte, fuhren sie vom Hof. Auf dem knappen Kilometer bis zum Bungalow gab es nur einen Gefahrenpunkt, das Überqueren der Landstraße.

Bruno hatte Ben eingeschärft, dass er während der Fahrt nicht ins Lenkrad greifen, nicht die Tür öffnen und Patrizia auch nicht anfassen durfte. Es wäre nicht unbedingt nötig gewesen, ihn an Letzeres zu erinnern. Dass Patrizia für ihn tabu war, wusste er seit dem Sommer. Mit ihr durfte er noch am Tisch in der Küche sitzen und in seinem Zimmer sein, wenn sie sein Bett machte und das kleine Duschbad wischte.

Er wusste, wohin die Fahrt ging. Aber in der letzten Woche hatte es ihm nicht so gut gefallen bei der kleinen Maus. Sie hatte nicht seine Hand genommen, ihm nur erklärt, was sie von ihm wollte. Ganz genau wissen, was mit den schönen Mädchen geschehen war, und warum er sie begraben hatte. Dass er es getan hatte, wusste sie

286

schon. Bruno wusste es auch. Aber niemand sprach davon, dass er dafür eingesperrt würde.

Nur sagten wir nicht immer, was wir tun wollten. Manchmal sagten wir es so und taten dann etwas anderes. Die Erfahrung hatte er oft gemacht. Seine Mutter hatte zum Beispiel gesagt, er bekäme auch eine bunte Jacke, wenn er ihr die Jacke der Amerikanerin gebe. Und als sie den blutigen Rucksack fand, hatte sie ihm einen Kuchen und ein großes Eis versprochen, wenn er ihr zeigte, wo das Mädchen war, dem der Rucksack gehörte. Er hatte ihr das zeigen wollen, verstanden hatte sie ihn nicht. Bekommen hatte er auch nichts, stattdessen hatte seine Mutter ihm den Rücken zerschnitten. Er war verunsichert, befürchtete, dass die kleine Maus ihn auch nicht verstand und wie seine Mutter etwas tat, was ihm nicht gefiel.

Patrizia hatte nur den Kasten mit den Karten und ein Zirkuspferd mitnehmen wollen. Zur Sicherheit hatte er noch einige Teile dazu gelegt in der Hoffnung, sich damit eher verständlich machen zu können. So musste Patrizia einen großen Karton nehmen, um alles einzupacken. Der stand nun im Kofferraum.

Es gab noch einen kleinen Schuhkarton im Schrank in seinem Zimmer. Darin lagen die Arme, Beine, Finger und Körper der Mädchen, auch schon ein paar Gesichter, aber die waren noch nicht ganz fertig. Damit hätte er der kleinen Maus alles ganz genau zeigen können. Nur hatte er es nicht gewagt, ein paar von den Teilen aus dem Schuhkarton zu nehmen, weil Patrizia immer alles haben wollte, was er aus Holz machte.

Alle Zirkuspferde nahm sie ihm weg, lange bevor sie fertig waren. Nie kam er dazu, die Federbüsche auf ihren Köpfen auszuarbeiten oder die Ornamente der Decken, die sie unter den Sätteln getragen hatten. Er konnte schnell arbeiten mit dem kleinen, scharfen Messer, aber für Patrizia war er nie schnell genug. Und was er behalten wollte, musste er vor ihr verstecken.

Jedes Mal, wenn Patrizia Wäsche in seinen Schrank räumte, befürchtete er, dass sie in den Karton schaute und ihm auch noch die Teile wegnahm. Leider gab es kein besseres Versteck in seinem Zimmer. Draußen hätte es viele gegeben, aber da durfte er nicht nach einem suchen.

Er durfte gar nichts mehr, jede Freiheit gestrichen, nachts in einem Haus mit verschlossener Tür. Wenn er zum Bendchen laufen wollte oder zum Bruch, musste er das in seinem Kopf tun. Und in seinem Kopf war nicht mehr so viel Platz wie früher. Patrizia hatte ihn voll gestopft mit Worten. Da konnte es geschehen, dass er gerade so schön mit seiner kleinen Schwester und mit Britta Lässler spielte oder sich von Antonia auf die Stirn küssen ließ, und plötzlich schoben sich Worte vor die Bilder.

Er fühlte die Arme seiner Schwester um den Hals und sah FRÜHER. Er saß auf den Stufen vor Antonias Tür, schleckte geschmolzenes Vanilleeis mit Sandkörnern von einem Puppenteller und sah VORBEI.

Das wusste er doch, da wollte er es nicht auch noch sehen müssen. Und er brauchte nicht Worte wie WILL und MUSS. Was er wollte, kümmerte keinen, er musste immer tun, was Patrizia wollte. Manchmal war sie wie seine Mutter, nur dass er sie nicht mehr in die Arme nehmen und küssen durfte.

Während der kurzen Fahrt saß er mit trübsinniger Miene neben ihr. Als sie dann anhielt und Nicole Rehbach die Tür des Bungalows öffnete, hellte seine Miene sich auf. «Fein», sagte er.

Sie kamen zu früh, Nicole hatte gerade nach Lohberg aufbrechen wollen, als Patrizia im BMW vorfuhr.

Patrizia wies ihn an, den Karton aus dem Kofferraum ins Haus zu tragen. «Wir haben mal alles mitgebracht», erklärte sie Miriam. «Ich wusste ja nicht, was Sie brauchen.»

Den Karteikasten mit inzwischen hundertzwanzig Karten, auf denen in Druckbuchstaben ein Grundstock für die Verständigung zusammengestellt war. Rund die Hälfte war auf der Rückseite beklebt mit Polaroidfotos oder Abbildungen aus Katalogen. Aber wie Miriam und Bruno Kleu einmal festgestellt hatten, es gab nicht für alles Bildchen. So hatte Patrizia ihm auch viele Karten gemacht, bei denen ihm nichts anderes übrig blieb, als sich die Kombination der Buchstaben zu merken. Es wäre entschieden einfacher gewesen, er hätte die Worte ausgesprochen. Aber noch wusste er nicht genau, welche immer richtig und welche manchmal falsch waren.

Außerdem enthielt der Karton das Feuerwehrauto, das halbe Dorf, die Kirche und drei bewaldete Hügel der zu Heiko Kleus Modelleisenbahn gehörenden Landschaft, die alte Barbie-Puppe samt Zubehör, ein halb fertiges Pferdchen mit einem Auswuchs auf dem Kopf und das Deckenpaneel mit den Leuten im Wald. Binnen weniger Minuten hatte Patrizia mit dem Kartoninhalt im Wohnzimmer das Chaos angerichtet. Miriam fand die Schnitzereien bemerkenswert, den Karteikasten nützlich, den Rest überflüssig und Patrizia sehr anstrengend.

Patrizia erklärte erst einmal, wie mit den Karten umzugehen wäre. «Wir machen das immer so. Wenn er das Wort kennt, kommt die Karte nach vorne, wenn er zuerst auf das Bild gucken oder raten muss, kommt sie in die Mitte. Und wenn er noch nicht weiß, was es heißt, kommt es ganz nach hinten. So mache ich das immer mit Vokabeln, das klappt prima. Passen Sie mal auf, wie gut er das schon kann. Zeig mal Fahrrad, Ben.»

Er war nicht bei der Sache, zog eine Karte aus dem Kasten, ohne hinzuschauen.

«Was machst du denn?», tadelte Patrizia. «Fahrrad kennst du doch schon. Du musst aufpassen.»

Er achtete nicht auf Patrizia, ließ Nicole nicht aus den Augen und schielte verstohlen zu der zierlichen, dunkelhaarigen Frau mit der gut überschminkten Narbe, die ihn so sehr an seine kleine Schwester erinnerte. Und daran, wie er seine Schwester zum Weinen gebracht hatte, weil er Britta nicht geholfen hatte. Tanja sollte nicht weinen müssen, niemand sollte weinen müssen oder traurig sein, das wollte er nicht.

Er wäre bereit gewesen, den Ersatz zu akzeptieren. Patrizia als Mutter, für die er sich notfalls hätte in Stücke reißen lassen, auch wenn sie ihm manchmal Unmögliches abverlangte. Miriam als die Schwester, die auf seinen Schultern ritt, Fangen mit ihm spielte, sich von ihm das Haar zerzausen ließ, ihn umarmte und küsste. Es wäre beinahe wieder gewesen wie FRÜHER und VORBEI. Sie hätte nur nicht mit dieser komischen Stimme sprechen dürfen. «Bringe ich dich um.»

Für Nicole hatte er keine rechte Verwendung, sie war nur eins von den schönen Mädchen, die er nicht anfassen durfte. Aber sie hatte dafür gesorgt, dass Bruno nicht mehr weinte und brüllte. Folglich musste sie gut sein.

Für GUT und BÖSE hatte er auch Karten, obwohl er die gar nicht gebraucht hätte. Aber Patrizia meinte, fremde Leute wüssten nicht, was «Fein macht» und «Finger weg» heißen sollte. Und dann hatte sie bestritten, dass fremde Leute DUMM wären.

Miriam versuchte, Patrizias Redefluss einzudämmen, natürlich vergebens. Daraufhin beeilte sie sich, Bens Ersatzmutter loszuwerden. «Du kannst ihn in einer Stunde wieder abholen.»

«Soll ich nicht hier bleiben und Ihnen erklären, was er sagt?»

«Ich verstehe ihn schon», sagte Miriam. «In einer Stunde. Er kann sich besser konzentrieren, wenn ich mit ihm alleine bin.»

Miriam begleitete Patrizia zur Haustür, kam zurück, stieß einen pathetischen Seufzer aus und sagte zu Nicole: «Die Redseligkeit muss in der Familie liegen. Wie hältst du das aus? Du trägst heimlich Ohrstöpsel, gib es zu. Die nächste Stunde wird die reinste Erholung für mich sein.»

Kurz nach Patrizia brach auch Nicole auf, um die Einkäufe zu machen. Ben blickte enttäuscht auf die Tür zur Garage, die sich hinter Nicole schloss, er hatte wohl darauf gehofft, sie würde bleiben. Dass er Nicole anhimmelte, fiel Miriam sofort auf. Es war derselbe Blick, mit dem Achim Lässler sie bei der ersten Begegnung auf dem Feldweg verschlungen hatte. Für Miriam hatte noch nie ein Mann so einen Blick gehabt. Sie kannte es nicht anders und war völlig sicher, dass sie es auch nicht wollte.

«Räum das wieder ein», verlangte sie, zeigte mit einer ausholenden Geste über seine Sammlung.

Er schüttelte den Kopf, hob die Barbie-Puppe vom Boden auf und sagte: «Kumpel Fein.»

«Was heißt das?»

Für einen Moment war er ratlos, wusste nicht, wie er ihr begreiflich machen sollte, dass die Puppe mit dem goldblonden Plastikhaar nun das schöne Mädchen darstellte, an dem Bruno so interessiert war. Er wartete darauf, dass sie ihm noch einmal die Bilder auf dünnem Papier zeigte, um es ihr damit zu erklären. Aber das tat sie nicht. Sie stand nur da und schaute ihn an mit einem Gesichtsausdruck, den er nicht einordnen konnte. So verteilte er seine Utensilien nach ein paar Minuten im gesamten Wohnzimmer.

Die Hügel der Eisenbahnlandschaft stellten die Brombeerwildnis rund um den Birnbaum dar. Die Kirche stand für den Friedhof, ein paar Häuser verteilte er rund herum, das war das Dorf. Ein Haus stellte er ein Stück von den Hügeln entfernt auf. Das war das Haus seines Freundes, aber das kam erst später an seinen Platz. Zuerst nahm er es noch einmal weg, legte an die Stelle das Holzpferdchen hin und zog seinen Namen aus der Hosentasche.

Nun konnte er beginnen. Die Puppe war das schöne Mädchen, mit dem für ihn das Wunder der Auferstehung verknüpft war. Es besuchte das Pferd auf der Wiese; dann ging es mit BEN zu den Hügeln. Sein Freund kam dazu, für ihn und das, was dann geschah, hatte er keine Figur und keine Karten, nur Worte.

«Freund Rabenaas kalt», sagte er, und die Puppe fiel um. Er legte sie unter einen Hügel. Dann kam die Feuerwehr. Die kleinen Plastikfigürchen räumten den Hügel beiseite und halfen der Puppe beim Aufstehen. Feuerwehr und Puppe verschwanden hinter der Hausbar, er suchte aus dem Kasten das Wort, das der kleinen Maus verdeutlichen sollte, wie viel Zeit vergangen war. FRÜHER.

Er nahm das Pferd weg, stellte das Haus an den Platz, legte AUTO zu den Hügeln und holte die Puppe wieder hinter der Bar hervor. Für einen Moment stand sie neben AUTO, dann lief sie zum Haus seines Freundes. Dort lag BEN. Die Puppe war DUMM, wollte nicht verstehen, dass BEN es nur GUT meinte. Auch das konnte er demonstrieren. Er nahm BEN in die linke Hand. Die rechte Hand hielt die Puppe, die linke streichelte über das Plastikhaar, die Puppe schlug nach der Karte.

«Weg», sagte er, hielt dabei die Puppe hoch, um zu zeigen, wer gerade sprach. Dann hob er die Karte: «Rabenaas kalt.»

«Weg», sagte die Puppe noch einmal.

«Fein», sagte die Karte und zog sich wieder hinter das einsam stehende Haus zurück.

Er hatte in jener Augustnacht begriffen, dass Marlene Jensen sich vor ihm fürchtete, als er sie warnte, indem er ihr sein Messer zeigte, damit sie begriff, was Lukka ihr antun würde, wenn sie zum Bungalow ging. Sie solle weiterlaufen zu Antonia, hatte er ihr geraten – Fein – und sich wieder im Mais versteckt, wo er auch vorher Wache gehalten hatte. Er war so erleichtert gewesen, als sie tatsächlich am Haus seines Freundes vorbeilief. Aber dann kehrte sie um, hatte hinter den Glastüren das blaue Licht gesehen. Leider konnte er das blaue Licht nicht zeigen, nur wie es dann weitergegangen war.

Die Puppe musste nun zwischen zwei Hügeln liegen, den dritten türmte er darüber. Wieder kam die Feuerwehr – diesmal mit dem Hinweis: «Fein, fein macht.» Noch einmal halfen die Männer mit den Leitern und dem Korb dem schönen Mädchen aus der Erde, brachten es zur Kirche und legten es dorthin. Die Karte mit dem Namen seiner Mutter legte er daneben und noch eine weitere: WARTEN.

Dann kam die Feuerwehr zum dritten Mal. Sie halfen dem Mädchen beim Aufstehen und drehten die Karte seiner Mutter um, sodass nun ihr Foto oben lag.

«Rabenaas weg», sagte er.

Miriam Wagner versuchte zu erfassen, was er gezeigt hatte, und es mit dem zu kombinieren, was er sagte. Wenn Rabenaas der Tod und der Tod weg war, sobald die Feuerwehr erschien ...

WARTEN.

An diesem Nachmittag begriff sie noch nicht, welche Vorstellung Ben vom Tod hatte. Aber sie erkannte es, nachdem sie von Bruno Kleu hörte, dass Ben als Kind eine bange Nacht in einem alten Sandpütz verbracht hatte. Bruno war damals einer der Männer gewesen, die sich vor der Feuerwehr darum bemüht hatten, ihn zu bergen. Und Bruno wusste auch, dass die Leiche der jungen Artistin, die Maria und seiner Tochter so verblüffend ähnlich gesehen hatte, höchstwahrscheinlich in diesem Sandpütz verschwunden war.

15. Oktober 1997

Zwei Stunden saß ich mit Patrizia vor den Doppeltüren zum OP-Trakt. Viermal ging ich durch die nahe gelegene Notaufnahme hinaus ins Freie, rief meinen Kollegen an und fragte nach, wie weit die Spurensicherung war.

Schlüssel hatten sie in der Wohnung bei meinem letzten Anruf immer noch nicht gefunden, auch keine Tatwaffe. Die erste Befragung der Nachbarschaft hatte nichts anderes ergeben, als man erwarten konnte. Niemand hatte etwas gesehen oder gehört. Wer arbeitet schon bei Nebel frühmorgens im Garten? Inzwischen war die Sicht gut. Dirk Schumann ließ zwei Polizisten den Garten nach Spuren absuchen, obwohl er sich nichts davon versprach.

«Hier ist keiner rein, Brigitte, hier ist einer raus. Die Frau hat's im Bad erwischt. Wo ist der Mann?»

Das wusste ich noch nicht. Und obwohl sich Dirks Eindruck mit dem deckte, was ich selbst gesehen hatte, konnte ich es nicht glauben, dachte immerzu an Vanessa Greven und Dorit Prang.

«Wir brauchen einen Hund», sagte ich.

«Blödsinn.» Dirk reagierte ungehalten, als ich zum vierten Mal anrief. «Hier wird niemand vermisst. Auf der Wache liegen keine Anzeigen vor.»

«So war es vor zwei Jahren auch», sagte ich.

«Vor zwei Jahren ist vorbei, Brigitte. Das hier ist eine Beziehungsgeschichte, darauf kannst du wetten.»

Dirk hatte sich nach dem Blutsommer ein ziemlich dickes Fell zugelegt. «Sieh zu, dass du eine Aussage von Frau Rehbach bekommst», sagte er noch.

Ich ging zurück zu Patrizia, versuchte rational zu denken, diese Beklemmung abzuschütteln, das Ticken im Hinterkopf. Ich wollte ihr ein paar Fragen zur Ehe ihres Bruders stellen. Stattdessen erkundigte ich mich nach Vanessa Greven und Dorit Prang.

Patrizia hatte inzwischen eingesehen, dass wir über kurz oder lang in Erfahrung bringen mussten, um wen es sich handelte. Dass sie häufig mit Ben im Atelier gewesen war, ihn auch alleine zu Vanessa Greven geschickt hatte, um einen Arzttermin wahrzunehmen, erwähnte sie nicht. Und mich bei ihr nach Ben zu erkundigen, der Gedanke kam mir nicht, das sagte ich ja schon einmal. Patrizia verschwieg auch, dass Maria Jensen vermutete, Dorit Prang sei auf dem Friedhof etwas zugestoßen. «Frau Prang war in Köln bei ihrem Mann», sagte sie stattdessen. «Danach hat sie keiner mehr gesehen. Vielleicht ist sie gar nicht nach Hause gekommen. Und bei Frau Greven meinen die Leute, sie hätte Herrn Darscheid verlassen, weil er viel älter ist.»

Meinen die Leute. Dass ausgerechnet sie das so flüssig über die Lippen bringen konnte ... Sie klammerte sich an Bruno Kleus Versprechen und seine Anweisung: «Wir finden ihn schon. Und dann zeigen wir ihnen den Ben, den wir aus ihm gemacht haben. Und bis wir ihn finden, ist er in den Rüben, seit heute früh.»

Ich weiß nicht, was in ihren Köpfen vorgegangen ist. Hätte Patrizia auch nur einen Ton verlauten lassen, dass sie Ben am vergangenen Abend zuletzt gesehen und nicht den Schimmer einer Ahnung hatte, wo er sich aufhalten könnte, ich hätte sofort alle verfügbaren Streifenwagen auf die Suche nach ihm geschickt.

«Die Leute meinten vor zwei Jahren auch, deine Freundin sei ausgerissen, weil sie Hausarrest hatte, bis wir sieben Monate später ihre Leiche fanden.»

«Aber das war doch Lukka», murmelte sie. «Das war doch ganz etwas ande…»

Mitten im Wort brach sie ab, schaute mit schreckhaft geweiteten Augen zum OP-Trakt. Ein Arzt trat auf den Korridor. Er betrachtete ihren prallen Leib mit einem skeptischen Blick, schaute mich an. «Polizei?» Als ich nickte, winkte er mich zu der Tür, durch die er gerade gekommen war.

«Wie geht es Nicole?», fragte Patrizia mit einer Stimme, die jeden Moment zu brechen drohte.

«Sie schläft», sagte der Arzt nur.

Ich folgte ihm in den Korridor hinter der Tür. Er ging weiter durch einen Aufwachraum. Nicole Rehbach lag auf einer Rollbahre, fast so weiß wie das Laken, mit dem ihr Körper bis zum Hals zugedeckt war. Ihr Gesicht war unverletzt – bis auf eine Prellung an der Stirn, die in der blassen Haut irgendwie unecht wirkte, wie aufgemalt. Eine Krankenschwester war bei ihr und löste einige Überwachungsinstrumente, mit denen sie noch verbunden war.

«Sie wird sofort nach oben gebracht», begann der Arzt. «Wir haben zwei Intensivbetten, beide sind frei. Das heißt, sie hat unsere ungeteilte Aufmerksamkeit.»

Er zählte auf: «Platzwunde an der Stirn, unbedeutend. Starke Prellung mit Platzwunde im Hinterhauptsbereich, auch nicht gravierend. Keine Hirnblutung, nur eine schwere Erschütterung. Das Hirn war eine Zeit lang unterversorgt, daher die tiefe Bewusstlosigkeit. Sie hat sehr viel Blut verloren, vier Konserven Vollblut bekommen. Wenn nicht noch Komplikationen auftreten, hat sie eine Chance. Für den Fötus kann allerdings niemand garantieren.»

«Sie ist schwanger?», fragte ich verblüfft.

«Sechste Woche ungefähr», sagte der Arzt. «Ich habe unseren Gynäkologen dazugerufen, damit keine Verletzungen übersehen werden. Sexuelle Misshandlungen können wir ausschließen.»

Sexuelle Misshandlungen konnte Hartmut Rehbach auch kaum noch in der üblichen Weise vornehmen. Schwanger in der sechsten Woche. Ich hörte Dirk Schumann schon sagen: «Na bitte.» Ein anderer Mann, ein Motiv im persönlichen Bereich. Der andere wird dich nicht bekommen – oder nicht mehr wollen, wenn ich mit dir fertig bin.

«Können Sie mir etwas über die Tatwaffe sagen?»

Der Arzt nickte mit einem vernehmlichen Durchatmen. «Ein höllisch scharfes Gerät, völlig glatte Wundränder. Kein Schnitt geht tiefer als anderthalb Zentimeter ins Gewebe, aber das reicht, um Muskeln und Sehnen zu durchtrennen. Möglicherweise eine Rasierklinge. Wenn man die so hält.» Er demonstrierte mit seinen kurzen, dicken Fingern, wie er eine Rasierklinge gehalten hätte.

Ich dachte an den alten Nassrasierer auf der Ablage über dem Waschbecken. Als Schlagwaffe vermutete der Arzt einen Stock, ich dachte an eine Krücke. Aufgrund der Vielzahl der Wunden, des Blutverlustes und der Blutgerinnung konnte er auch ungefähre Angaben zur Zeit machen. Zwischen sieben und acht Uhr morgens. Mir fiel Patrizias Bemerkung über ihren Bruder ein: musste früh weg, nach Bochum. Sollte es sich wirklich nur um eine Beziehungsgeschichte handeln, nichts mit Nicoles Anruf bei mir zu tun gehabt haben? Ich hätte das so gerne geglaubt, mir wäre sehr viel wohler gewesen, wenn ich es hätte glauben können.

Hoffnung auf eine baldige Aussage von Nicole Rehbach konnte der Arzt mir nicht machen. Es könne Abend werden, eher morgen, meinte er. Ich wäre gerne geblieben, hätte mich neben ihr Bett gesetzt und gewartet, bis sie den Verdacht bestätigte, dass ihr eigener Mann ihr das angetan hatte. Aber ich hatte keine Ruhe, wollte zu Leonard Darscheid, zu Dorit Prangs Ehemann und auch mal kurz zu Trude. Ich wollte noch so viel tun.

Auf der Rückfahrt versuchte ich erneut, von Patrizia einige Auskünfte zu bekommen. «Hat Nicole einen Freund?»

«Wie meinen Sie das?» Es klang ein bisschen feindselig. «Nicole hat viele Freunde, Walter, Andreas und Uwe. Jeder mag sie gerne. Bruno sagt auch immer, sie ist eine tolle Frau. Aber sie würde Hartmut nie verlassen.»

«Das habe ich dich nicht gefragt. Gibt es einen Mann, mit dem sie schläft? Ich weiss, dass dein Bruder nicht mehr mit ihr schlafen kann.»

«Kann er wohl», behauptete Patrizia trotzig. «Da gibt es nämlich viele Möglichkeiten. Das haben sie ihm sofort nach dem Unfall damals alles erklärt.»

«Aber ein Kind kann sie nicht von ihm bekommen», sagte ich.

«Nicole hat mal gesagt, wenn sie ein Kind will, holt sie eins aus dem Heim. Da sind so viele, die eine Mutter brauchen. Sie weiß, wie das ist, hat sie gesagt.»

Wir fuhren am Ortsschild vorbei, ich bog in den schmalen Weg ein, vor mir tauchte wieder der Bungalow auf. Die Rollläden an den beiden vorderen Fenstern waren immer noch unten. Ich fragte mich, wer der Mann gewesen sein mochte, der mir begegnet war, woher er gekommen und wohin er gelaufen sein mochte. Vielleicht nur ein Jogger, ein Bewohner der Bachstraße.

Kurz darauf hielt ich hinter dem Garten an. Patrizia stieg aus.

«Kannst du alleine fahren?»

«Ist ja nicht weit», meinte sie, stieg in den Van und verschwand.

Die beiden Polizisten stapften im Garten durch aufgeweichte Erde. Bisher hatten sie nicht mehr entdeckt als fünf Bonbonpapierchen bei der Garage. Sie lagen eingetütet auf dem Tisch im Wohnzimmer. Hustenbonbons, ich kannte die Sorte.

Die Papierchen waren glatt gezogen und durchfeuchtet, trotzdem war die Rille gut zu erkennen, die ein Fingernagel hinterlassen hatte. So vertrieb sich jemand die Zeit, der gezwungen war, untätig herumzustehen. Der Stunde um Stunde nichts weiter tun konnte, als ein hell erleuchtetes Wohnzimmer voller Menschen zu beobachten, und darauf wartete, dass sie endlich gingen und er näher heran konnte.

Die Tatwaffe hatten sie bisher auch draußen nicht gefunden. Aber eine Rasierklinge. So ein winziges Ding im Gartendreck zu entdecken war Präzisionsarbeit. Dirk rief den beiden Polizisten zu, wonach sie Ausschau halten sollten, dann zählte er weiter die bisherigen Erkenntnisse auf.

Die Spurensicherung in der Wohnung war abgeschlossen. Sie hatten Unmengen von Fingerabdrücken gesichert, die meisten im Wohnzimmer und im Bad. Zum Vergleich brauchten wir nun die Abdrücke sämtlicher Geburtstagsgäste. Damit wollte Dirk warten, denn wenn sich sein Verdacht gegen Hartmut Rehbach bestätigte, war es überflüssig. Dirk hielt immer noch daran fest, obwohl ihm inzwischen jemand energisch widersprochen hatte.

Vor gut einer Stunde war Walter Hambloch am Tatort erschienen, einer seiner Kollegen hatte ihn angerufen. Von Hambloch hatte Dirk gehört, dass Hartmut Rehbach an diesem Morgen zuerst zum Arzt wollte. Die telefonische

Nachfrage hatte jedoch ergeben, dass Nicoles Mann dort nicht aufgetaucht war. Im Computerladen ging niemand ans Telefon. Walter Hambloch war aufgebrochen, seinen Freund zu suchen, kurz bevor ich zurückkam.

«Hambloch hält es für ausgeschlossen», sagte Dirk. «Er meinte, Rehbach wäre froh, wenn er ohne Hilfe von einem Zimmer ins andere käme. Seine Frau niederschlagen und aufs Bett schleifen hätte er unmöglich schaffen können. Aber in dem engen Badezimmer sehe ich durchaus Möglichkeiten. Wenn ihm auch was zugestoßen wäre, müsste er ja hier sein.»

Walter Hambloch hatte auch Nicole Rehbachs Schlüsselmäppchen entdeckt – in der Tasche ihres hellen Trenchcoats. Der Mantel hing an dem Haken hinter der Flurtür. Wir hatten ihn übersehen, das hätte nicht passieren dürfen, doch wenn man die Tür öffnete, verdeckte sie den Haken. In dem Mäppchen befanden sich ein Auto- und vier Türschlüssel.

Die Haustür an der Bachstraße und die Terrassentür hatte Dirk schon zugeordnet. Von den beiden verbliebenen musste einer zum Schwingtor der Garage gehören. Dirk wollte es gerade ausprobieren, als ich zurückkam.

Er schaute mich an, als erwarte er, etwas mehr zu hören als nur das, was ich im Krankenhaus erfahren hatte. Zu diesem Zeitpunkt wusste er schon, dass ich im März 96 mit Ben nicht bloß einen Zeugen aus der Landesklinik geholt und im Dorf gelassen hatte, sondern Lukkas Totengräber. Walter Hambloch hatte ihn darüber informiert, doch davon sprach Dirk nicht. Er bot mir die letzte Chance zur Offenheit unter Kollegen, und ich merkte es nicht.

In einem schmalen Blumenbeet unter dem Schlafzimmerfenster befand sich eine Trittspur, offenbar schon etwas älter und nicht sehr deutlich. Trotzdem hatte Dirk einen Gipsabdruck machen lassen – wegen der Bonbon-papierchen. Walter Hambloch hatte erklärt, dass sich in der Nacht möglicherweise jemand im Garten oder bei der Garage aufgehalten hatte.

«Vermutlich dein spezieller Freund», meinte Dirk mit einem sonderbaren Grinsen, er wartete immer noch auf eine freiwillige Erklärung. «Er ist seit geraumer Zeit wieder nachts unterwegs.» Und dann hörte ich endlich, dass Ben seine Mutter verloren hatte und seitdem bei Bruno Kleu lebte.

Das Todesurteil

Als ich begann, nach ihm zu fragen und zu suchen, hieß es zuerst, es gebe nichts von Bedeutung zu sagen. Er habe bei Bruno Kleu ein geordnetes Leben geführt, alles bekommen, was er brauchte, sogar noch eine Menge gelernt. Seine Stunden im Bungalow erwähnte niemand. Kein Mensch war bereit, freiwillig über Miriam Wagner zu sprechen.

Sie hatte sich übernommen mit ihrer Aufgabe, wusste es schon nach der dritten Stunde mit ihm und konnte es trotzdem nicht beenden. Wenn sein nächster Termin anstand, wurde sie fast verrückt, wusste beim besten Willen nicht, was sie von ihm erhoffte oder erwartete. Erklären konnte er ihr nichts, so viel hatte sie inzwischen begriffen.

Stundenlang saß sie mit Ben auf dem Fußboden, ließ ihn wieder und wieder die Puppe zwischen die Hügel legen und die Feuerwehr auffahren, spielte mit ihm um Leben und Tod. Ein Schicksal nach dem anderen spielten sie durch, alle, die er kannte. Die junge Artistin, ein schwer verletztes Mädchen, von dem Bruno Kleu sagte, man habe es im August 87 im Bruch gefunden, Svenja Krahl, Marlene Jensen, die Amerikanerin Edith Stern, Britta Lässler und Bens kleine Schwester.

Miriam verstand nicht alles, was er zeigte. Welche Bedeutung dem Deckenpaneel mit den beiden winzigen Figürchen zwischen all den Kringeln zukam, erkannte sie nicht. Leute im Wald, hatte Patrizia gesagt. Er benutzte das Paneel nur in Verbindung mit Svenja Krahl, einmal legte er in diesem Zusammenhang auch das Katalogbildchen einer Tasche hin. Aber Miriam wusste nichts von den Beweisen, die Trude Schlösser verbrannt hatte. Und Nicole hütete sich, ihr davon zu erzählen.

So gab es für sie bald nicht mehr den geringsten Zweifel an Lukkas Schuld. Und sie hatte Lukka geliebt. Hatte vierzehn lange Jahre auf die Stärke eines Monsters vertraut, sich festgehalten an einer Illusion. Sein Erbe angetreten, seinen Freund Ben sympathisch gefunden, und das tat sie immer noch. Vielleicht war das die schlimmste Erkenntnis: Sie mochte Ben.

Mit niemandem sprach sie über ihre Hilflosigkeit, dachte immer häufiger daran, sich umzubringen und Ben gleich mit, weil er auf seine Art ebenso schuldig geworden war wie sie, ebenso vertraut, vielleicht geliebt hatte.

In den Wochen vor Weihnachten setzte sie ein Testament auf – zugunsten von Nicole Rehbach. Dann erzählte sie Ben, dass sie zusammen zu seiner Mutter gehen würden. Als sie ihn fragte, ob er einverstanden sei, nickte er nur.

Ben konnte niemandem erklären, was Miriam Wagner ihm ankündigte. Nur Renate Kleu bemerkte, dass er nachdenklicher war als sonst, wenn er aus dem Bungalow zurückkam.

Aber Renate wusste von Miriam nur, was ihr Mann

und Patrizia erzählten. Eine sympathische, junge Frau sollte sie sein.

Mit den Monaten hatte Renate auch erkannt, dass der verlorene Ausdruck auf seinem Gesicht kein Zeichen von Einsamkeit oder Trauer war, dass es eher das Gegenteil bedeutete. Ein paar Mal hatte sie ihn angesprochen, wenn er so versunken da saß. «Wo bist du, Ben?»

Die Frage verstand er. Und Renate verstand seine Antwort. «Fein.» Er träumte mit offenen Augen von seiner Mutter, seiner kleinen Schwester, Britta und Antonia Lässler, der Freiheit in Feld, Wald und Wiesen, träumte sich mitten hinein in das verlorene Leben und war zufrieden darin.

Renate fragte ihn auch nach den Stunden im Bungalow: «War es schön? Was hast du denn heute gelernt?»

Wenn sie ihn das nach Patrizias Kartenstunden fragte, zeigte er oft etwas. Mit einer Geste hinaus auf den Hof, wo meist die Autos standen, und in der anderen Hand hielt er die entsprechende Karte. Oder er zeigte Arm, Bein, Bauch, Kopf, als Patrizia die Körperteile mit ihm durchnahm. Und wenn er keine Lust hatte, etwas zu demonstrieren oder zu tun, was Renate ihm auftrug, legte er RENATE MUSS WARTEN auf den Tisch.

MUSS WARTEN trug er inzwischen auch in der Hosentasche, damit er es stets griffbereit hatte. Bruno amüsierte sich darüber. «Soll noch einer sagen, er wäre blöd.»

Als er in der dritten Dezemberwoche von Miriam Wagner zurückkam – den Kasten brachte er immer wieder mit –, legte er BEN und TRUDE auf den Tisch, kramte eine Karte mit einem Paar Füßen aus dem Kasten und legte sie zwischen die Namen.

Renate sah keinen verräterischen Hinweis in der Kartenkombination. Sie vermutete, dass er allein zum Friedhof gehen wollte. «Wir gehen morgen», sagte sie.

Patrizia war nicht da an dem Nachmittag. Es ging mit Riesenschritten auf Weihnachten zu, da mussten Geschenke besorgt werden. Für Ben kaufte Patrizia eine neue Barbie, weil die alte im Bungalow lag. Zusätzlich noch ein dickes Malbuch mit vorgezeichneten Figuren, die nur ausgemalt werden sollten, damit er nicht immer sinnlos auf den Schreibblock kritzeln musste, und ein Päckchen neuer Filzstifte, weil die alten kaum noch Farbe hatten.

Zum Eklat kam es am ersten Weihnachtstag. Bruno hatte seine Frau vor die Alternative gestellt, Maria einzuladen oder auf ihn zu verzichten. Renate hatte daraufhin auch ihren Freund dazu gebeten. Und alle saßen friedlich beisammen.

Dieter war es ein bisschen peinlich, dass seine Eltern nicht mehr den kleinsten Versuch unternahmen, ihre Liebschaften zu verschleiern, dass sie sich auch noch benahmen, als seien sie seit Jahren gute Freunde. Patrizia stieß sich weder an Maria noch an Renates Freund. Sie fand es modern, dass sich alle gut vertrugen, überreichte Ben seine hübsch eingewickelten Geschenke und bekam im Gegenzug von ihm ein Fläschchen Parfüm, das Renate besorgt hatte.

Zur Feier des Tages durfte er Patrizia auch einmal auf die Wange küssen. Renate erklärte ihm, dass es eine Ausnahme war, die sich im festlich geschmückten Tannenbaum begründete. Damit er auch wirklich begriff, dass ihm Küsse nur zu Weihnachten erlaubt waren, bekam er dann noch den ersten von Renate.

Anschließend verzog er sich mit seinen Geschenken in die Küche, ihm waren zu viele Menschen im Wohnzimmer. Und alle sprachen durcheinander, das reinste Chaos in seinen Ohren. Als Renate ihm seinen Teller mit Weihnachtsgebäck brachte, saß er am Küchentisch und betrachtete die vorgegebenen Zeichnungen im Malbuch.

Als Renate die zweite Kanne Kaffee holte, probierte Ben die neuen Filzstifte aus, machte hier und dort einen Strich ins Buch. Renate dachte noch, man müsse ihm vielleicht zeigen, wie eine Figur ausgemalt werden sollte. Aber dann vergaß sie ihn. Und er zog die neue Barbie-Puppe aus. Es hatten sich alle Geschenke gemacht, er hatte bisher nur Patrizia etwas gegeben, nun wollte er auch Bruno eine Freude machen.

Eine knappe halbe Stunde später kam er ins Wohnzimmer und legte mit feierlicher Miene die Einzelteile neben Brunos Gedeck. Kopf, Rumpf, Arme, Beine, alles war über und über mit roten Strichen bedeckt. Bruno beachtete ihn nicht sofort, Maria saß schließlich dabei und beanspruchte seine gesamte Aufmerksamkeit.

Ehe Bruno erkannte, was Ben auf den Tisch gelegt hatte, sah Patrizia es, geriet außer sich und machte mit ihrem Lamento alle anderen aufmerksam. «Warum hast du sie denn kaputtgemacht und so bemalt? Ich schenk dir nie mehr was, nie mehr.»

«Fein macht», sagte er.

«Das ist nicht fein», widersprach Patrizia. «Das sieht ja aus, als ob sie blutet.»

Bruno beschwichtigte: «Ist doch nicht schlimm, das kann man wieder abwaschen, zusammenstecken kann man sie auch wieder. Darüber muss man sich nicht aufregen.»

Er begriff natürlich, was ihm da geschenkt wurde. Nachdem Walter Hambloch detailliert den Zustand der Leichen beschrieben hatte, konnte es daran auch keine Zweifel geben. Maria erkannte es ebenfalls, ohne dem Polizisten zugehört zu haben. Ihr geschiedener Mann hatte ihre Tochter häufig mit einer Barbie verglichen. Langes, blondes Haar und kein Grips im Kopf. Und eine blutende Barbie in Einzelteilen … Da musste kein Mensch Maria etwas erklären.

Bruno verschwand eilig mit den Puppenteilen in der Küche. Maria folgte ihm und stellte ihn zur Rede. Im Wohnzimmer war sie gut zu verstehen. «Hast du das bei deiner Fachkraft so in Auftrag gegeben?» Eine Antwort wartete sie nicht ab. «Du elender Mistkerl, warum gibst du nicht endlich Ruhe? Ich will mir irgendwann vorstellen dürfen, Marlene wäre von einem Auto überfahren worden. Wie oft habe ich dich gewarnt? Keine Einzelheiten! Hast du mich überhaupt jemals ernst genommen? Seit du mit dieser Wagner zu tun hast, garantiert nicht mehr.»

Maria sagte noch eine Menge mehr. Ihre lautstarken Vorwürfe machten Patrizia klar, dass Ben nur aus einem Grund zu Miriam Wagner gebracht wurde: weil Bruno alles ganz genau wissen wollte über Leben und Tod ihrer Freundin. Patrizia hörte auch, dass sie Dieters Zuneigung nur errungen hatte, weil Bruno zuerst sie als Quelle gebraucht und seinen Sohn mit einem fiesen Trick – Maria drückte es so aus – von ihren Qualitäten überzeugt habe. «Der ist blöd genug, die Quasselstrippe für intelligent zu halten.»

Das war zu viel für Patrizia, sie brach in Tränen aus. Dieter versicherte eilig, dass er sie wirklich liebe und sich von niemandem etwas aufschwatzen ließe, bestimmt keine Frau. Renate forderte ihren jüngsten Sohn auf, hinaufzugehen und zu packen, nur das Nötigste für die nächsten Tage. Den Rest konnten sie später holen. Renate ging ebenfalls nach oben, gefolgt von ihrem Freund, der rasch beim Packen helfen wollte, damit sie sich das nicht noch anders überlegte.

Maria verließ das Haus als Erste, Bruno rannte hinter ihr her, versuchte etwas zu erklären, sich zu entschuldigen, sie zurückzuhalten. Dieter führte die aufgelöste Patrizia in sein Zimmer, um ihr zu beweisen, wie sehr er sie liebte. Ben ging ebenfalls nach oben, holte sein Handy, ging damit noch kurz zu Heiko, ließ es ihn einschalten und den Pincode eingeben. Heiko tat ihm den Gefallen, ohne sich etwas dabei zu denken. Er achtete auch nicht darauf, wo Ben anschließend hinging.

Als Renate Kleu mit ihrem Freund und drei Koffern wieder nach unten kam, war niemand mehr da. Bens Lederjacke hing am Garderobenhaken, das sah Renate, als sie ihren Mantel nahm. Aber sie hatte Ben noch in sein Zimmer gehen sehen und nahm an, er sei dort, um nach dem Tohuwabohu etwas Ruhe zu finden. Noch einmal nach ihm zu schauen, kam ihr nicht in den Sinn. Sie wollte sich die Sache nicht schwerer machen als nötig.

15. Oktober 1997

Auf den fünfzig Metern zur Garage versuchte ich jeden Gedanken an Ben auszuklammern. Es gelang mir nicht. Dirk Schumann wollte wissen, ob ich nur deshalb sofort nach einem Hund verlangt hätte, als ich etwas von verschwundenen Frauen hörte, weil ich unweigerlich sofort an Ben hätte denken müssen.

«Nein», sagte ich.

Es war wirklich nicht so, dass ich Ben verdächtigt hätte. Wie hätte ich das tun können? Ich hatte ihn zurückgebracht. Ich wollte nur wissen, dass es ihm gut ging. Ich wollte ihn in Sicherheit wissen, darum ging es. Dirk lachte kurz und keineswegs fröhlich.

Er war zwei Schritte vor mir, erreichte die Garage, probierte die beiden verbliebenen Schlüssel aus und spekulierte dabei noch kurz, ob der vierte Türschlüssel in Nicole Rehbachs Mäppchen zum Haus oder zur Wohnung eines Liebhabers gehörte. Dann drückte er das Tor hoch. Und wir standen vor Lukkas Mercedes, sogar das Kennzeichen war noch das alte. Es war wie ein Schlag ins Gesicht.

Auch Dirk war verblüfft. «Wie kommt denn Lukkas Auto hierher?» Dann drängte er sich an mir vorbei. Ich sah nur das Blut.

Dirk riss die Fahrertür auf. Hartmut Rehbach fiel ihm mit dem Oberkörper entgegen, nackt bis auf die Unterwäsche, blutüberströmt. Bei ihm waren es mehrere Schnitte auf der linken Halsseite. Probeschnitte sagen die Gerichtsmediziner dazu, typisch für einen Suizid. Ein Schnitt hatte die Schlagader durchtrennt.

Von dem Moment an schien alles klar – soweit es Nicole Rehbach betraf. Ein Mann, der keiner mehr war, eine schöne, junge Frau, in der sechsten Woche schwanger, und Patrizias Hinweis, dass ihr Bruder nicht mehr leben wolle, wenn Nicole nicht mehr da sei. Dirk machte keinen Hehl aus seiner Erleichterung. Mit Rechthaberei oder Triumph hatte es nichts zu tun, es war ein gelöster Fall. Und die Lösung gestattete es ihm, ebenfalls zu schweigen, nicht eine Kollegin zu denunzieren, mit der er etliche Jahre gut zusammengearbeitet hatte.

Ein Ehedrama, Motive waren vorhanden. Und ein Fremdtäter hätte sich nicht die Mühe gemacht, Hartmut Rehbach halb nackt fünfzig Meter weit durch den Garten zu schieben und ins Auto zu setzen. Er hätte ihn in der Wohnung getötet und dort gelassen. Ein Mann in einer emotionalen Ausnahmesituation dagegen, der gerade seine Frau zerschnitten hat, schafft es nicht, sich neben sein Opfer zu legen, er flieht. Man kennt dieses Verhalten von Beziehungstätern. Sie suchen ein stilles Plätzchen und setzen ihrem Leben dort ein Ende. So sah Dirk Schumann es.

Hartmut Rehbachs Schlagader war ohne Zweifel erst im Wagen durchtrennt worden. Auf dem Garagenboden war nicht der kleinste Blutfleck. Zwischen seinen nackten Beinen lag ein Ring mit vier Schlüsseln und einem kleinen Anhänger. Hinter dem Fahrersitz stand zusammengeklappt der Rollstuhl. Die Beinprothese und die beiden Krücken lagen im Wagenfond. An einer davon waren mit bloßem Auge Blutspuren zu erkennen.

Er musste seit Stunden tot sein, die Leichenstarre war schon stark ausgeprägt. Dirk setzte ihn zurück in den Wagen, verständigte die Staatsanwaltschaft und forderte alles Notwendige an, Gerichtsmediziner, Bestattungsunternehmer, einen Abschleppwagen für den Mercedes.

Bis zu deren Eintreffen konnte niemand viel tun. Die beiden Polizisten standen ebenfalls vor der Garage. Einer sagte: «Walter dreht durch, wenn er das sieht. Er geht für seinen Freund durchs Feuer. Na, jetzt muss man wohl sagen, er ging.»

Walter Hamblochs Auto näherte sich etwa zehn Minuten später auf dem Weg und hielt an. Er stieg aus, kam heran, sagte noch, er habe im Computerladen niemanden angetroffen. Dann sah er das offene Schwingtor und seinen Freund hinter dem Steuer. Ehe ihn jemand daran hindern konnte, stürzte er in die Garage, riss den Leichnam wieder mit dem Oberkörper aus dem Auto, umklammerte ihn mit beiden Armen und schrie: «Nein! Nein! Nein! Nein!» Ich weiß nicht wie oft, nur dieses Wort.

Dirk war mit zwei Riesenschritten bei ihm. Hamblochs Kollegen eilten ihm zu Hilfe. Doch selbst zu dritt gelang es ihnen nicht, Walter Hambloch von der Leiche wegzubekommen. So viel Platz war nicht in der Garage, sie behinderten sich nur gegenseitig.

Walter Hambloch kämpfte wie ein Stier mit gesenktem Kopf. Es fehlte nicht viel und er hätte einem seiner Kollegen die Waffe aus dem Holster gerissen. Erst als Dirk ihn mit einem Kinnhaken vorübergehend außer Gefecht setzte, gelang es, ihn zu bändigen.

Die beiden Polizisten brachten ihn wieder ins Freie. Dort riss er sich los, schlug mit den Fäusten gegen die Mauer, presste die Stirn dagegen. «Warum hat er das getan?», schrie er. «Ich versteh's nicht. Er war doch in Ordnung gestern Abend, hatte nur Schmerzen, aber die hat er seit Wochen.»

Seine Meinung hatte Walter Hambloch offenbar geändert. Auch er schien nicht zu bezweifeln, dass Rehbach der Täter war. Seine Kollegen sprachen beruhigend auf ihn ein. Dirk verlangte, dass sie ihn nach Hause brachten.

«Ich geh hier nicht weg», sagte Walter Hambloch. «Ich bin ruhig und stehe keinem im Weg.»

Das tat er wirklich nicht. Bis der Tross anrückte, hielt er sich in gebührender Entfernung vom offenen Schwingtor, schaute nur mit starrer Miene in die Garage und schüttelte manchmal den Kopf.

Der Gerichtsmediziner brauchte nicht lange für eine erste Untersuchung. Der Tod war zwischen sieben und acht Uhr morgens eingetreten. Das deckte sich mit den Zeitangaben, die der Arzt im Krankenhaus zu Nicoles Verletzungen gemacht hatte.

Walter Hambloch machte einen Schritt nach vorne, als sein Freund in den Notsarg gelegt wurde. Es sah aus, als wolle er ihn noch einmal berühren, aber er hielt sich zurück, sagte nur: «Du blöder Kerl, das musste nicht sein. Ich war immer für dich da.»

Der Sarg wurde verladen. Das Fahrzeug des Bestattungsinstituts fuhr als Erstes wieder ab, der Gerichtsmediziner hinterher. Ein Mann von der Spurensicherung untersuchte kurz den Innenraum des Mercedes und entdeckte zwischen den Pedalen ein Konfektionsmesser, blutbesudelt. Im Sideboard hatten sie zwei weitere von diesen Messerchen entdeckt. Dass es ursprünglich fünf Messer gewesen waren, wusste von uns noch niemand. Es schien wirklich alles klar. Ich wünschte mir nur, ich wäre erleichtert gewesen.

Der Abschleppwagen nahm den Mercedes an den Haken. Die Spurensicherung packte zusammen. Wir waren fertig in der Wohnung, mussten nur Patrizia noch verständigen.

Sie war allein, als wir auf den Hof kamen. Bruno hatte ihr befohlen, sich nicht von der Stelle zu rühren. Sie hatte viel gekocht, noch mehr geweint und war erleichtert, ein bisschen Gesellschaft zu bekommen. Ich konnte ihr nicht sagen, dass ihr Bruder tot war. Sie war doch fast noch ein Kind mit ihrem dicken Bauch, dem verweinten Gesicht, den Töpfen und Pfannen auf dem Herd.

«Sie haben sicher Hunger», meinte sie. «Sie können gerne was haben. Die Männer kommen erst heute Abend. Das verbrutzelt mir ja alles.»

Es gab Koteletts, Kartoffelrösti und Bohnengemüse. Sie deckte den Tisch, verteilte den Inhalt aus Töpfen und Pfannen gerecht auf drei Teller. Dirk übernahm es, ihr behutsam ein paar Fragen zur Ehe ihres Bruders zu stellen. Aber er hörte nur, was sie mir bereits erzählt hatte. Wie schön Nicole und wie stolz Hartmut bei ihrer Hochzeit gewesen sei.

Patrizia vermutete, wir hätten inzwischen mit ihrem Bruder gesprochen. «Was hat Hartmut denn gesagt?»

«Nichts», sagte Dirk und erklärte mit der üblichen

Anteilnahme, wen wir in der Garage gefunden hatten. Ich fühlte mich so entsetzlich feige.

Patrizia reagierte erst nach mehr als einer Minute auf die Nachricht. «Jetzt weiß ich gar nicht genau, wo meine Eltern sind. Mallorca, glaube ich, oder Menorca. Hartmut hat sich die Adresse aufgeschrieben.»

Sie löste sorgfältig den Knochen von ihrem Kotelett und schnitt das Fleisch in Stücke, bis nichts mehr da war, woran sie das Messer hätte ansetzen können. Dann machte sie sich mit der gleichen Akribie über die Rösti und das Bohnengemüse her, schrie unvermittelt auf: «Warum hat er das gemacht?»

Sie legte eine Hand vor die zuckenden Lippen, wiederholte: «Warum hat er das gemacht? Das ist ja so gemein. Die arme Nicole. Sie hätte ihn nie allein gelassen. Sie hat immer gesagt, dass sie ihn nie verlässt.»

Zweifel an der Schuld ihres Bruders schien auch sie nicht zu haben. Sie legte das Besteck auf ihren Teller, den Kopf auf den Tisch und weinte, hörte gar nicht mehr auf. Länger als eine halbe Stunde saßen wir so da mit ihr. Ein Dutzend Mal fragte ich, wen ich anrufen könnte, damit sie nicht allein blieb.

Sie schüttelte immer nur den Kopf, antwortete erst, als ich fragte: «Wo ist Ben?»

«In den Rüben», schluchzte sie. «Ich hab doch gesagt, die Männer sind alle in die Rüben – seit heute früh.»

«Wo ist deine Schwiegermutter?», fragte Dirk.

«Schon lange weg», murmelte Patrizia. Dann erzählte sie ein wenig vom Weihnachtsfest im vergangenen Jahr, als Renate Kleu zum ersten Mal ihre Koffer gepackt hatte.

Das Fest der Liebe

Am frühen Abend musste das Vieh versorgt werden. Kühe, Kälber und der Zuchtbulle kannten keine Feiertage. Draußen war es längst dunkel und sehr kalt, nur wenige Grad über null. Während Dieter die Arbeit in den Stallungen erledigte, wollte Patrizia sich bei Ben entschuldigen, hoch und heilig versprechen, ihn nie mehr anzuschreien, bestimmt nicht, wenn er in Miriams Auftrag eine Puppe kaputtmachte und bemalte. Zweifel an Marias Vermutung, dass Miriam Wagner ihn angestiftet hatte, kamen Patrizia nicht. Mit der alten Barbie hatte Ben schließlich immer nur gespielt.

In seinem Zimmer, wo Renate Kleu ihn bei ihrem Aufbruch vermutet hatte, war er nicht. Patrizia suchte zuerst das Haus, dann die Nebengebäude und das gesamte Grundstück nach ihm ab, ohne Erfolg. Kurz nach sieben brachen sie in Dieters Golf zu einer eiligen Suche auf. Ben hatte nicht mal sein Jackett übergezogen, das hing in der Küche über einer Stuhllehne.

Patrizia war sehr besorgt und sehr gekränkt. Nach allem, was sie am Nachmittag gehört hatte, fühlte sie eine noch tiefere Verbundenheit mit Ben. «So eine Gemeinheit», schimpfte sie. «Und ich hab gedacht, dein Vater mag uns wirklich.»

Dieter fand es nicht weiter tragisch, wenn sein Vater Patrizia nicht so mochte, wie sie sich das vorgestellt hatte. Er liebte sie, das musste reichen. Und in der Situation hielt er es für sinnvoller, sich den Kopf zu zerbrechen, wo sie Ben finden könnten. Sie versuchten es zuerst auf dem Friedhof. Dort hielt sich um die Zeit niemand auf. Ein eiskalter Wind wehte über die Grabreihen und ließ etliche Lichter flackern. Ob Ben das Grab seiner Mutter besucht hatte, war nicht festzustellen.

Sie fuhren weiter zum Bungalow. Dort war niemand.

Miriam Wagner saß seit dem Nachmittag bei Nicole und Hartmut, wo Dieter und Patrizia kurz nach neun Uhr ankamen. Walter Hambloch hatte sich verabschiedet, als Miriam ein paar spitze Bemerkungen über Freundschaft fallen ließ und sich erkundigte, wie das Angebot an Nicole nach Hartmuts Unfall gemeint gewesen sei. Von wegen: «Wenn ich etwas tun kann, ein Wort genügt. Und wenn es etwas ist, womit du Hartmut das Herz nicht schwer machen willst, ich kann schweigen.»

Nicole bedauerte, ihr davon erzählt zu haben. Als Patrizia und Dieter erschienen, schlug sie vor, die Polizei zu informieren.

«Ich glaub nicht, dass mein Vater damit einverstanden ist», meinte Dieter. «Dann heißt es nachher wieder, Ben müsste ins Heim. Das will mein Vater nicht, das weiß ich sicher.»

Auch Miriam hielt es für überflüssig, gleich die Behörden einzuschalten. «Ben ist hier aufgewachsen, er kennt jeden Stein. Und er ist kein kleines Kind.»

«Er ist eine hilflose Person», gab Nicole zu bedenken.

«Und es ist so kalt, er hat nur ein Hemd an», jammerte Patrizia.

«Wenn er friert, sucht er sich schon ein warmes Plätzchen», sagte Miriam und schlug vor, Patrizia und Dieter sollten zurückfahren zum Hof. «Vielleicht sitzt er längst vor der Tür.»

Dort saß er nicht, hatte auch nicht Zuflucht in den warmen Stallungen gesucht. Dieter probierte in kurzen Abständen, seinen Vater telefonisch bei Maria zu erreichen. Die Leitung war immer besetzt. Und Brunos Handy lag im Wohnzimmer.

Kurz vor elf Uhr rief Patrizia bei Walter Hambloch an. Das Haus seines Vaters lag ganz in der Nähe von Maria

Jensens Haus. Walter Hambloch ging sofort hinüber, klopfte und klingelte so lange, bis Maria ihm öffnete. Dass Ben verschwunden war, berührte sie nicht sonderlich. Wo Bruno sich aufhielt, konnte sie nicht sagen. Er war ihr bis zu ihrem Haus gefolgt, hatte minutenlang um Einlass gebeten, nachdem ihm die Tür vor der Nase zugeschlagen worden war. Dann hatte er noch eine Weile im Auto gesessen, war endlich losgefahren. Und Maria hatte zur Sicherheit den Telefonhörer neben den Apparat gelegt, damit Bruno sie nicht auf diese Weise belästigte.

Als Walter Hambloch kurz darauf auf Bruno Kleus Hof eintraf, waren dort alle – mit Ausnahme von Bruno – versammelt. Sogar Anita, Bens älteste Schwester. Anita war zu Besuch bei Bärbel gewesen, wo Dieter ebenfalls angerufen hatte. Nun drängte Anita energisch darauf, die Polizei zu verständigen.

«Die Wache zu alarmieren, halte ich nicht für sinnvoll», sagte Walter Hambloch. «Meine Kollegen können auch nicht mehr tun, als draußen die Augen offen halten.» Er schlug vor, dass alle noch einmal aufbrachen. Patrizia sollte mit Anita im Haus bleiben für den Fall, dass Ben doch noch kam.

Nachdem die Männer wieder aufgebrochen waren, erzählte Patrizia ausführlich, wie es zu dem Debakel gekommen war und welchen Stellenwert sie und Ben für Bruno Kleu hatten. «Das ist so gemein. Ich sprech nie wieder mit ihm.»

Anita Schlösser hätte gerne einmal mit Bruno gesprochen und fand es bedauerlich, dass er sein Handy nicht dabei hatte. Ihr fiel ein, dass auch ihr Bruder einmal über ein Funktelefon verfügt hatte. «Hat er das noch?»

Patrizia lief nach oben und stellte fest, dass es nicht in seinem Zimmer lag.

«Kann er richtig damit umgehen?», fragte Anita.

«Wir haben mal mit ihm geübt, was er tun muss, wenn es klingelt», antwortete Patrizia. «Aber das ist lange her. Ich weiß nicht, ob er sich das gemerkt hat.»

«Das werden wir feststellen», sagte Anita, ließ sich die Nummer geben, reichte dann jedoch an Patrizia weiter. «Das machst wohl besser du.»

Das Freizeichen ertönte dreimal, viermal, fünfmal. Anita meinte bereits, es habe wohl keinen Sinn, da verstummte der Ton.

«Bist du dran, Ben?», fragte Patrizia. In der Leitung blieb es still. «Wenn du mich hörst, sag etwas. Sag Fein.»

«Fein.»

«Wo bist du?» Während Patrizia noch überlegte, wie sie ihn zu einer Ortsangabe veranlassen könnte, sagte er: «Kumpel weh.»

«Ich glaube, er ist bei Dieters Vater», flüsterte Patrizia.

Anita vermutete, Bruno Kleu habe ihren Bruder irgendwo unterwegs aufgelesen. «Und dafür geraten wir alle in Panik. Er soll Bruno das Telefon geben.» Patrizia richtete ihm das aus, aber es funktionierte nicht. Entweder wollte oder konnte Bruno das Handy nicht nehmen.

«Ist Bruno da?»

«Kumpel weh», sagte er wieder.

Viel Sinn hatte es nicht, weil er Fragen nur mit Nicken oder Kopfschütteln beantwortete und sich auf diese Weise nicht einmal klären ließ, ob Bruno tatsächlich bei ihm war. Patrizia lockte und schmeichelte mit allen möglichen Versprechen, er solle zu ihr kommen, um ihr zu zeigen, wo Bruno wäre. Er sagte immer nur: «Kumpel weh.»

Dann hörte Patrizia Motorengeräusche und tippte auf die Landstraße. Anita wollte nach draußen, um die Straße abzufahren, da krachte und schepperte es aus dem Hörer, dass Patrizia erschreckt zusammenzuckte. Ben schrie auf, aber nur kurz. Dann sagte er wieder: «Kumpel weh.»

Patrizia versuchte noch einmal, Ben zum Heimkommen zu bewegen. Und er kam tatsächlich. Es vergingen nur knappe zehn Minuten, da tauchte er auf, steif vor Kälte.

Patrizia verständigte Walter Hambloch und Winfried von Burg. Winfried fuhr als Erster auf den Hof, lud Ben in seinen Wagen, er fuhr einen geräumigen alten Volvo. «Zeig mir, wo ich fahren soll.»

Ben dirigierte ihn mit Handzeichen zur Landstraße hinunter, weiter geradeaus, beim Bungalow nach links – bis zur Bresche. Schon einige Meter vorher zeigte er zur Seite. «Kumpel weh.»

Dem Anschein nach hatte Bruno mit Vollgas auf den Birnbaum zugehalten. Er war ohne Bewusstsein, das rechte Bein gebrochen. Der Airbag hatte das Schlimmste verhindert. Aber ohne rasche Hilfe wäre er an einer Milzruptur verblutet.

Während Bruno auf dem Weg ins Krankenhaus war, ließ Patrizia im großen Badezimmer heißes Wasser in die Wanne laufen, damit Ben wieder warm wurde. Anita wollte ihm beim Ausziehen helfen. Er kannte seine älteste Schwester nicht mehr, hatte ein achtzehnjähriges, pummeliges Mädchen in Erinnerung und stand einer dreiunddreißigjährigen Frau gegenüber, die sich hauptsächlich von Mineralwasser ernährte.

«Finger weg», sagte er und schlug ihre Hände beiseite. Also half Patrizia ihm.

Bruno verbrachte etliche Wochen im Lohberger Krankenhaus. Reifenspuren auf dem der Bresche gegenüber liegenden Acker bewiesen, dass er ziemlich weit ausgeholt hatte, um den BMW auf Touren zu bringen. Eine

Selbstmordabsicht bestritt er allerdings energisch. «Seh ich aus, als würde ich mir selbst das Licht ausblasen wollen?»

Bruno behauptete, er sei vom Weg auf den Acker geraten, wohl nicht ganz bei der Sache gewesen, nachdem Maria ihm erklärt hatte, es sei aus zwischen ihnen, endgültig aus. Da hätte er die Bresche mit dem schmalen Weg zur Landstraße verwechselt. Von Ben habe er nichts gesehen. Und dass Ben ihm das Leben gerettet hatte, wollte Bruno so übertrieben nicht formuliert haben. Aber dass er bewusstlos, mit einem gebrochenen Bein und einem Milzriss den Heimweg aus eigener Kraft geschafft hätte, glaubte er selbst wohl auch nicht so recht.

Renate besuchte ihn mehrfach im Krankenhaus. Auf Maria wartete er vergebens. Renate sprach zweimal mit Jakob Schlösser über Bens Zukunft, einmal war auch Anita dabei.

«Er kommt bei Bruno nicht zur Ruhe», sagte Renate. «Das geht mal für ein paar Wochen gut, dann ist Bruno wieder beim Thema. Und wenn ich sehe, was Ben in den acht Monaten gelernt hat. Er kann sich mit den Karten verständigen, hilft mir im Haushalt, streunt nicht mehr herum, wenn man ein bisschen aufpasst. Vielleicht könnte man noch einmal versuchen, ihn in dieser betreuten Wohngruppe in Lohberg unterzubringen. Da kann Patrizia ihn besuchen. Ich bin auch in der Nähe, ich bleibe nicht auf Dauer hier. Wenn Bruno aus dem Krankenhaus entlassen wird, bin ich wieder weg. Aber ich bringe Ben gerne mal ins Dorf, zum Friedhof. Ich halte es für einen großen Fehler, ihn bei Bruno zu lassen.»

Anita Schlösser sah das ein wenig anders. Betreutes Wohnen kostete entschieden mehr als das, was Bruno an Unterhalt bekam. «Ben braucht eine feste Bezugsperson», sagte Anita. «Und ich hatte den Eindruck, in Bruno hat er sie gefunden. Er wusste jedenfalls, wo er Bruno finden würde. Er muss doch beim Birnbaum auf ihn gewartet haben, so wie sich das anhörte.»

«Aber Bruno hat doch gar keine Zeit für ihn», hielt Renate dagegen. «Er hat nur eines im Kopf, seine Tochter und Maria. Er wird so lange vor ihrer Tür sitzen, bis sie ihm wieder aufmacht. Sollen Dieter und Patrizia jeden Abend ans Haus gebunden sein? Sie sind beide nicht mal zwanzig.»

«Ich bin ja auch noch da», sagte Jakob. «Ich kann abends mal vorbeikommen und mit Ben spazieren gehen, wenn er das möchte. Er gehört hierher, Renate. Trude wollte es so.»

«Ach, Jakob», seufzte Renate. «Was Trude wollte und was sie damit erreicht hat, hat ein paar Gräber gefüllt.»

15. Oktober 1997

Am Nachmittag fuhr ich zum Bruch. Ich wollte Ben wenigstens einmal sehen, traf auf dem großen Rübenfeld aber nur Bruno Kleus Landarbeiter an. Bruno und Jakob Schlösser waren angeblich mit den Maschinen zum nächsten Acker unterwegs. Und Ben sei mit Dieter Kleu zur Zuckerfabrik gefahren, sagten sie mir. Als Dieter von dort alleine zurückkam, war ich nicht mehr im Dorf.

16. Oktober 1997

Am Vormittag wurde Hartmut Rehbach obduziert. Dabei entdeckte man eine Verletzung über dem linken Ohr. Er war mit seiner eigenen Krücke entweder niedergeschlagen oder im Bett liegend betäubt worden. Dirk Schumann nahm als Zeuge an der Sektion teil und hörte auch, dass Rehbach mit dem unbrauchbaren rechten Arm die Halsschnitte nicht so angebracht haben konnte, wie sie platziert waren. Der Gerichtsmediziner meinte, es müsse jemand im Auto hinter ihm gesessen haben.

Während Dirk in der Gerichtsmedizin erfuhr, dass Hartmut Rehbach sich nicht selbst getötet haben konnte, saß ich wieder an Nicoles Bett. Sie war nun bei Bewusstsein, aber zu schwach, um einen zusammenhängenden Satz zu sagen. Fast eine Stunde brauchte sie, um mir begreiflich zu machen, was am vergangenen Morgen geschehen war.

Um sechs Uhr klingelte der Wecker. Sie ging in die Küche, setzte Kaffee auf, räumte das schmutzige Geschirr von der Geburtstagsfeier in die Spülmaschine, ging in den Wohnraum, um gründlich durchzulüften. Sie sah eine Bewegung im Nebel, nahm an, es sei Ben, rief ihn zum Frühstück und bot ihm an, er könne bei ihr bleiben, solange Patrizia beim Gynäkologen war.

Sie rechnete damit, dass er näher kam, und wunderte sich, dass er es nicht tat. Aber Zweifel, dass er es war, kamen ihr nicht. Sie ließ die Tür offen, stellte noch ein drittes Gedeck auf den Tisch, ging ins Schlafzimmer und weiter ins Bad, ihr Mann lag noch im Bett. Während sie unter der Dusche stand, kam jemand herein. Sie dachte, es sei Hartmut.

Und dann ging alles sehr schnell. Sie schob den Vorhang zur Seite, wollte ihr Handtuch nehmen. Jemand packte ihr Handgelenk und riss sie nach vorne. Auf dem seifigen Untergrund verlor sie sofort den Halt, fiel mit dem Gesicht gegen etwas Glattes, Schwarzes, vermutlich eine Lederjacke, wurde im Nacken gepackt und mit der Stirn gegen die Beckenkante geschlagen. Ob Ben sie verletzt hatte oder sonst jemand, konnte sie nicht sagen.

«Wo ist mein Mann?»

Ich wusste nicht, was ich ihr darauf antworten sollte. Sie drehte ihr Gesicht zur Seite und weinte. Und die Schwester meinte, es reiche für den Anfang, sie brauche jetzt Ruhe.

Also fuhr ich ins Dorf, um mit Leonard Darscheid zu sprechen, und ich hörte, wie er sein Anwesen vorgefunden hatte, als er aus Paris zurückkam. Er führte mich bereitwillig herum. Aber es gab nichts von Bedeutung zu sehen, der leere Platz neben dem Weinregal und eine dunkle Verfärbung davor. Rotwein. Ein paar verschmierte Stellen an den Wänden. Die fehlenden Decken und die nur zugeschobenen Außentüren zehn Meter von dem Feldweg entfernt, der im Sommer 95 drei jungen Frauen und einem dreizehnjährigen Mädchen zum Verhängnis geworden war ...

Ich wusste, was geschehen war, auch wenn es noch keinen Beweis dafür gab, die hatte es damals auch erst gegeben, als nichts mehr zu retten war. Ich ließ mir ein Foto von Vanessa Greven aushändigen. Damit fuhr ich zu Bruno Kleus Hof, wollte es Ben vorlegen und ein paar einfach formulierte Fragen stellen. «Hast du dieser Frau etwas getan?»

Ich hätte es auch drastisch formulieren und mich seinem Sprachniveau anpassen können. «Hast du diesem Fein mit einem Finger weg weh gemacht?» Nicht, dass ich es geglaubt hätte. Mir wäre nur sehr viel leichter gewesen, wenn er den Kopf geschüttelt hätte. Es war eine furchtbare Situation für mich. Ich fragte mich die ganze Zeit, was ich übersehen, ob ich aus Trude Schlössers Erklärungen, dem Gutachten und Bens Verhalten die falschen Schlüsse gezogen hatte.

Ben war nicht da, Patrizia völlig aufgelöst, überfordert mit der Situation. Ich brauchte nicht viel Druck ausüben und erfuhr schon nach wenigen Minuten, dass sie häufig mit Ben im Atelier gewesen war und wie sie beim letzten Besuch den Keller vorgefunden hatte. «Ben hat Frau Greven nichts getan. Er ist so ein lieber Kerl.»

«Ich weiß», sagte ich. «Ich weiß das.»

Und sie wusste nicht, wo er war, wusste es wirklich nicht und befürchtete das Schlimmste. «Die haben ihm bestimmt was getan.»

«Wer sind die?»

«Weiß ich nicht. Leute aus dem Dorf. Maria hat doch überall herumerzählt, dass er in ein Heim gehört. Da haben bestimmt ein paar gedacht, ein Heim wäre noch viel zu gut für ihn.»

Ich durfte mir sein Zimmer anschauen und hörte, dass er seit Monaten kaum noch eine Nacht darin verbracht hatte. Er schlief auch tagsüber nicht, das bedeutete, er musste nachts irgendwo schlafen.

«Ich glaube, er geht nach Hause», weinte Patrizia. «Bruno hatte mal einen Schlüssel vom Schlösser-Hof. Der ist nicht mehr da. Ich bin sicher, Ben hat ihn genommen und versteckt. Und nachts geht er dahin, das ist sein Zuhause, wissen Sie. Herr Schlösser hat mal erzählt, er hätte das Gefühl, es wäre jemand da gewesen. Manchmal war irgendwas nicht mehr so wie vorher. Da hängen ja auch noch seine alten Sachen im Schrank. Vielleicht hat er sich umgezogen, bevor er draußen herumgelaufen ist. Wenn er morgens zurückkam, war er immer sauber. Und wenn ihm da jemand aufgelauert hat ...»

Patrizia war so verzweifelt: «Ben könnte keinen Menschen verletzen. Wenn ich sage, komm, wir schmusen ein bisschen, ist er sofort da. Das mache ich aber nur, wenn mein Mann nicht da ist. Der flippt ja immer gleich aus. Aber Ben braucht das, man muss ihn doch mal in den Arm nehmen.»

All ihre Sünden beichtete sie, die Küsschen auf dem alten Traktor, das Wiedersehen mit Tanja und die zwei Konfektionsmesser, zwei von fünf. Das Messer aus dem Mercedes musste somit aus der Wohnung stammen. «Eins hat er vermasselt, ich weiß nicht wo.»

Das andere lag im Schuhkarton, von dem Patrizia natürlich längst wusste. Sie hatte den Karton für den Fall einer Hausdurchsuchung im Kuhstall versteckt, auch die unfertige Holzfigur, die er Nicole zum Geburtstag hatte schenken wollen.

Der Schuhkarton war bis an den Rand gefüllt mit hölzernen Armen, Beinen und Fingern. In einem Teil erkannte ich einen Torso. Patrizia meinte: «Hier sammelt er alles, was kaputtgegangen ist. Er wirft nie etwas weg.»

Ich nahm den Karton mit, um mir das alles in Ruhe anzuschauen. Patrizia holte mir auch die Figur ohne Kopf und Hände wieder aus dem Müll und erklärte, dass es vier gewesen seien. «Er macht immer vier oder fünf, die nur ein kleines bisschen verschieden sind, so als ob sie sich bewegen.»

Sie versprach, mich sofort anzurufen, egal ob Tag oder Nacht, sobald sie in Erfahrung brachte, wo Ben sich aufhielt oder was mit ihm geschehen war. «Was werden Sie mit ihm machen?»

«Nichts», sagte ich und hoffte inständig, dass ihm niemand etwas angetan hatte. Verschwunden! Das war lächerlich. Einer wie er tauchte doch nicht unter. Wohin denn? Er war darauf angewiesen, dass ihm jemand sein

Essen vorsetzte. Er hatte nie einen Pfennig Geld in der Tasche. Er hatte immer nur sein Leben gehabt.

Ich verabschiedete mich, wollte noch einmal zum Bruch fahren, weil Patrizia sagte, die Männer seien noch auf dem Acker beschäftigt, sie seien gestern nicht fertig geworden. Mit Bruno Kleu wollte ich sprechen. Auch wenn ich noch nichts von Miriam Wagner und ihren Aktivitäten wusste, hatte ich eine klare Vorstellung, was Bruno Kleu zu seinen Bemühungen veranlasst hatte. Der Inhalt des Schuhkartons legte beredtes Zeugnis ab. Ich nahm an, dass Bruno auf diese Weise erfahren hatte, wie seine Tochter gestorben war. Als Patrizia dann anrief und ihm erzählte, was mit ihrer Schwägerin geschehen war, hatte er wahrscheinlich die Nerven verloren und Ben beseitigt. So sah ich die Sache. Aber ich kam nicht mehr dazu, Bruno meine Fragen zu stellen.

Auf dem kurzen Stück Weg zur Landstraße kam mir Dirk entgegen. Er sagte nur: «Du bist draußen, Brigitte. Wir machen es nicht offiziell, wenn du vernünftig bist. Du hast doch bestimmt noch etliche Überstunden gut, dann nimmst du jetzt ein paar freie Tage. Ich denke, ich habe hier bessere Argumente. Ich habe im März 96 nichts vertuscht und muss mir nichts vorwerfen lassen.»

Dirk hatte noch einmal ausführlich mit Walter Hambloch gesprochen, auch schon mit Maria Jensen. Er kannte die Namen Vanessa Greven und Dorit Prang. Von Rita Meier und Katrin Terjung wusste er ebenso wenig wie ich. Er hielt Nicole Rehbach für das dritte Opfer, das unwahrscheinlich viel Glück gehabt hatte. Vielleicht sei der Täter gestört worden durch Patrizia, meinte er – oder Patrizia habe den Täter überrascht und weggeschickt.

Walter Hambloch hatte ihm erzählt von Patrizias unermüdlichem Einsatz für Ben und dass Hartmut Rehbach von künstlicher Befruchtung gesprochen hatte, weil seine

Frau unbedingt ein Kind wollte. «Einen Liebhaber, dem der Mann im Weg gewesen wäre, gab es wahrscheinlich nicht», sagte Dirk.

Er sagte noch viel mehr, sprach all das aus, was ich nicht denken wollte und doch unentwegt dachte. «Sie haben Ben aus dem Weg geräumt, damit es nicht wieder so geht wie im März 96 oder im Sommer 95. Da werden wir wohl nochmal ran müssen. Aber jetzt klären wir erst mal den aktuellen Fall.»

Ich wusste, dass es die beste Lösung war, die er mir anbot. Nur wollte ich mich nicht an die Wand drücken lassen. Wenn ich im März 96 Fehler gemacht hatte, stand mir das Recht zu, es zu beweisen.

«Irrtum, Brigitte», sagte Dirk. «Fehler beweisen immer andere.»

Und ich dachte, ich hätte einen kleinen Vorsprung. Einen Schuhkarton voller Holz, Patrizias Vertrauen und Nicole Rehbachs erste Aussage. Ich hätte ihm sagen müssen, was ich von Nicole gehört hatte. Aber er fragte nicht danach, und Nicole hatte doch nichts Genaues gesehen, nur eine große Gestalt im Nebel.

Nicht Ben! Bitte nicht! Warum hätte er einer Frau, die ihm freundlich begegnet war in den letzten Monaten, die ihn ohne Argwohn zum Frühstück rief, so etwas antun sollen?

Mir schwebten einzelne Passagen aus dem Gutachten vor Augen. Aggressionsmangel hatten die Ärzte ihm attestiert. Sofortiger Rückzug oder völlige Passivität in Gefahrensituationen. Das typische Verhalten eines Schwachsinnigen, der sich eher totschlagen ließ, als einmal zurückzuschlagen. Gleichzeitig hatte es geheißen, es sei nicht völlig korrekt, ihn als schwachsinnig zu bezeichnen. Und dann hatte Bruno Kleu ihn in seine Finger bekommen.

Er hatte einmal getötet, das war nicht zu leugnen.

Theoretisch hätte er Nicole verletzen und ihren Mann umbringen können. Das war eine Sache, für die es keinen überragenden Intellekt brauchte. Aber Hartmut Rehbach ins Auto setzen, es nach Selbstmord aussehen lassen, dazu war Ben nicht fähig. Nicht der Ben, den ich in langen Gesprächen mit seiner Mutter und für wenige Stunden in eigenem Erleben kennen gelernt hatte.

Ich fuhr zur Dienststelle und gab Bescheid, dass ich etliche Überstunden abfeiern wolle, im Notfall aber zur Verfügung stände. Dann machte ich Urlaub auf dem Land. Das konnte mir niemand verbieten. Es konnte auch niemand Einwände erheben, wenn ich alte Bekannte besuchte.

Jakob Schlösser zum Beispiel. Illa von Burg hatte ihm ein Beruhigungsmittel aufgedrängt, weil er nicht wusste, was mit seinem Sohn geschehen war.

«Bruno hat ihm bestimmt nichts getan», sagte Jakob. «Das kann ich mir nicht vorstellen. Er mag ihn wirklich, ist sofort losgefahren, als die Kleine anrief und sagte, was mit ihrer Schwägerin passiert ist und dass sie Ben nirgendwo finden kann. Bis nach Mittag war Bruno allein unterwegs. Er hat ihn bestimmt nur irgendwo gut untergebracht. Und damit sich niemand verplappert, hat er uns erzählt, er wüsste nicht, wo Ben sein könnte.»

Bärbel von Burg zuckte auch nur ratlos mit den Schultern, beteuerte ihren Glauben an Bruno Kleus Zuneigung zu Ben und bestätigte, dass Nicole Rehbach zwei Arzttermine gehabt hatte, um eine Schwangerschaft einzuleiten. «Sie hat mir so Leid getan. Was ist das denn für eine Art, sich auf den Stuhl zu legen? Wie Brunos Kühe, da kommt auch nur der Tierarzt mit der Spritze, und der Bulle steht nebenan.»

Von Andreas und Sabine Lässler hörte ich noch einmal das Gleiche. Andreas verlor auch vorbeugend ein paar

Sätze über seinen Bruder. Dass Achim eine schlimme Zeit durchgemacht und Nicole monatelang mit nächtlichen Anrufen und Belästigungen terrorisiert habe. Aber dann habe Achim ein paar Gespräche mit einer Therapeutin geführt und sich wieder gefangen. Den Namen der Therapeutin nannte Andreas Lässler nicht. Er sagte auch kein Wort über Bens Therapiestunden.

Die letzten Bemühungen

Nach den unerfreulichen Vorfällen zu Weihnachten musste Miriam Wagner ihre letzte Flucht notgedrungen verschieben. Renate Kleu kam nach Brunos Unfall noch einmal zurück, dachte aber nicht im Traum daran, Ben noch einmal zum Bungalow zu bringen, und machte mit ihrer Weigerung sämtliche Pläne zunichte. Miriam hatte seinem und ihrem Leben noch vor dem Jahreswechsel ein Ende setzen wollen. Nun gab es diese Pause, Zeit zum Nachdenken. Sie wollte nicht mehr nachdenken über die letzten Monate und die Achterbahnfahrt ihrer Gefühle, wollte nur noch ihre Ruhe.

Warum sie Ben unbedingt mit in den Tod nehmen wollte, hätte sie niemandem erklären können, nicht einmal sich selbst. Es gab zu viele und zu verschiedene Gründe. Einer war, sie hatten vieles gemeinsam, vielleicht gehörten sie deshalb zusammen. Beide hatten sie einen Mörder geliebt und ihm vertraut. Beide konnten sie ihrem Leben keinen richtigen Sinn geben, waren nutzlos, überflüssig, meist nur eine Last für andere.

Das war die negative Seite, es gab auch eine positive, die Erinnerung an eine Stunde mit ihm auf der Terrasse. In der Sonne sitzen mit ihm wie irgendeine Frau mit irgendeinem Mann, die ihr Leben beide genossen. Ein schöner Mann – wie sie zu Nicole gesagt hatte. Ein junger, starker Mann mit kräftigen Muskeln in einem ärmellosen T-Shirt, mit einem Lächeln auf dem Gesicht. Und eine Frau, die für wenige Momente erwachsen war, sich der Wahrheit stellen konnte.

Jetzt konnte sie das nicht mehr, weil die Wahrheit etwas in sich barg, das sie nicht eingestehen wollte, etwas Unerreichbares. Eine Romanze in Moll. Sie liebte immer die falschen Männer. Zuerst liebte sie einen Mörder. Dann entdeckte sie plötzlich Gefühle für einen Mann, den eine Frau nicht lieben durfte, weil er immer ein Kind bleiben würde. Manchmal spürte sie das Bedürfnis, ihn zu berühren und von ihm berührt zu werden. Sich in diese muskulösen Arme nehmen zu lassen, sich beschützt zu fühlen von seiner Kraft. Sie wollte den Kopf an seine Schulter legen, eintauchen in seine Welt, in der vielleicht alles einfacher und überschaubarer war.

Und manchmal fühlte sie Eifersucht, wenn sie sah, wie er Nicole anhimmelte. Für sie hatte er solche Blicke nicht. Mit ihr spielte er nur, ließ die Feuerwehr zwischen den Hügeln der Eisenbahnlandschaft auffahren und eine Barbie-Puppe retten, spielte um Leben und Tod, den er nicht als das Ende betrachtete. Dann konnte er doch auch getrost mit ihr sterben und einen neuen Anfang machen.

An einem der ersten Januartage holten Patrizia und Dieter die Sachen ab. Nur das Paneelstück mit den Leuten im Wald blieb zurück. Nicole fragte einmal, ob sie es in den Müll werfen solle. Miriam schüttelte den Kopf. Das Stück gehörte zu Svenja Krahl. Und das Katalogbild einer Tasche gehörte dazu. Bruno Kleu hatte immer nur von den Fingern seiner Tochter gesprochen, kein Interesse gehabt an den anderen Opfern, Svenja Krahls Handtasche nicht erwähnt.

Leute im Wald! Die Zeichnung auf dem Paneel war viel zu winzig, auch mit einer starken Lupe ließ sich nichts von Bedeutung erkennen. Miriam wusste nicht einmal mehr, ob sie etwas erkennen wollte. Wenn Ben nicht mehr zu ihr kommen durfte, wäre es bestimmt besser gewesen, sich noch einmal zu bemühen, das alles zu vergessen. Ein letztes Mal einen neuen Anfang zu versuchen oder, wenn das nicht gelang, allein in den Tod zu gehen.

Sie konnte jederzeit ein Ende machen, nahm es sich manchmal am Abend vor, wenn die Haustür hinter Nicole zufiel. Und dann lag sie auf der Couch, das Paneel neben sich auf dem Tisch wie eine letzte Frage, die noch unbedingt beantwortet werden musste.

Nicole vergaß das Stück Holz bald wieder, ihre Gedanken kreisten ausschließlich um ein Baby. Hartmut war einverstanden. Über Weihnachten hatten sie ausführlich darüber gesprochen, nachdem Miriam den Anstoß gegeben hatte. Künstliche Befruchtung. «Mich stört dabei nur, dass man nicht weiß, von wem es ist», sagte Hartmut. «Man hört so viel über Vererbung und Gene, da wüsste ich gerne, was auf uns zukommt. Bist du einverstanden, wenn ich mal mit Andreas spreche oder mit Uwe?»

Natürlich war Nicole einverstanden, glücklich war sie.

Das waren andere auch. Anfang Februar wurde Bruno aus dem Krankenhaus entlassen und besänftigte Maria mit dem heiligen Versprechen, nie wieder an die Tochter und deren Tod zu rühren. Renate und Heiko Kleu warteten noch Bens Geburtstag ab, verließen danach den Hof endgültig und zogen zu Renates Freund. Patrizia ließ Schule Schule sein, übernahm die Pflichten der Hausfrau und verbrachte die Nächte in Dieters Zimmer, obwohl ihre Eltern dagegen waren.

Und Miriam wartete auf Ben, auf die letzte Antwort,

die nur er geben konnte. Leute im Wald – sie musste zuerst erfahren, wer diese Leute gewesen waren, und dann sterben, allein oder mit ihm. Aber es gab kein Auto mehr auf Bruno Kleus Hof, in das er freiwillig stieg. Der BMW war als Totalschaden in der Schrottpresse gelandet, ein Neuwagen noch nicht geliefert. Das gebrochene Bein war auch noch nicht so weit verheilt, dass Bruno wieder selbst hätte fahren können. Patrizia behauptete, mit dem großen Haushalt und den Kälbern brauche sie dringend Bens Hilfe und habe nicht die Zeit, ihn zum Bungalow zu bringen. Und ihn alleine gehen lassen, kam überhaupt nicht infrage. Die Landstraße war zu gefährlich.

Aber an einem Auto sollte es nicht scheitern. Miriam konnte ihn abholen. Bruno war einverstanden, als sie es anbot. In der ersten Märzwoche fuhr sie kurz vor drei los. Ben freute sich, sie wieder zu sehen. Dem Jaguar traute er allerdings nicht auf Anhieb. Zweimal ging er um den Wagen herum, schaute ihn sich gründlich von außen an, spähte auch einmal skeptisch in den Innenraum. Erst als Bruno demonstrierte, dass auf dem Beifahrersitz ausreichend Platz für einen großen Mann war, stieg er ein mit seinem Kasten unter dem Arm.

Wenig später betraten sie den Bungalow. Nicole war noch da, wartete aber nur aufs Auto, um die Einkäufe machen zu können. Nachdem Nicole in der Garage verschwunden war, begann Miriam sofort mit ihren Fragen, hielt ihm das Paneel vor. «Wer sind diese beiden?»

«Fein», sagte er.

«Svenja Krahl», sagte sie. «Es sind nicht alle Fein, jeder Mensch hat einen Namen. Dieses Mädchen hieß Svenja Krahl. Wer ist der Mann bei ihr?»

Er zuckte mit den Achseln, wie Dieter Kleu es oft tat. «Weißt du es nicht, oder willst du es mir nicht sagen?»

Er schüttelte den Kopf, und sie wusste nicht, was er verneinte, den ersten oder den zweiten Teil ihrer Frage. «Bist du das?»

Noch ein Kopfschütteln. Bis Nicole mit den Einkäufen aus Lohberg zurückkam, erfuhr Miriam von ihm nicht mehr, als dass er einen Mann mit Svenja Krahl im Wald gesehen hatte, den er offenbar kannte. Nur konnte er ihr nicht erklären, woher. Sie wollte einen Namen von ihm hören, sprach ihm deutlich artikuliert Worte vor, forderte ihn auf, ihr nachzusprechen, weil sie mit den Karten nicht weiter kamen. Er lächelte sie nur an.

Nicole hatte zwei Stück Torte mitgebracht, brühte Kaffee auf, spähte ins Wohnzimmer. Miriam und Ben saßen sich auf dem Fußboden gegenüber, zwischen ihnen zwei Dutzend Karten. Er nickte zu jedem Wort, das Miriam ihm vorsprach. Dann schaute er in die Diele, sah Nicole bei der Küchentür stehen. Sein Lächeln wurde intensiver und weicher. «Fein.»

Miriam drehte sich um und sagte: «Das ist Nicole.»

«Fein», sagte er und tippte Miriam mit einem Finger gegen die Schulter. «Fein.»

«Nicht anfassen», sagte Miriam. «Ich heiße auch nicht Fein. Wie heiße ich? Mi-ri-am, sag es, Mi-ri-am.» Sie betonte die Silben sehr stark. Nicole sah, wie er an ihren Lippen hing, dann formten sich seine Lippen zu einem M.

«Ja», drängte Miriam. «Genau so, Mi-ri-am.»

«Maus», sagte er.

Für einen Moment war Miriam sichtlich irritiert, dann lachte sie leise. «Sieh an, das hast du dir gemerkt. Warum nur das? Du kannst es doch. Maus, Kumpel, Freund, Fein. Warum sagst du nicht Miriam, Bruno, Lukka, Nicole oder Patrizia? Wer bist du?»

Er schob eine Karte über den Fußboden zu Miriam hin.

Nicole erkannte von der Küchentür aus nicht, was darauf stand. «Ich will es nicht lesen», sagte Miriam. «Ich will es einmal von dir hören. Ben. Herrgott, das ist nur eine Silbe, Ben, sag es.»

Zuletzt war sie etwas lauter geworden, er schien verunsichert, schob noch eine Karte über den Fußboden. Miriam verdrehte die Augen, ihr Kommentar sprach für sich. «Nein, ich bin nicht böse mit dir. Ich begreife das nur nicht. Du verstehst alles, warum sprichst du nicht? Was geht vor in deinem Kopf, was denkst du?»

Er zuckte mit den Achseln, und Miriam seufzte: «Machen wir eine Pause.»

Sie wollte aufstehen, was ihr nicht leicht fiel mit ihrer Behinderung. Er war schneller auf den Beinen, griff unter ihre Achseln und wollte ihr helfen. Sie wehrte ihn ab. «Nicht anfassen, habe ich gesagt. Ich kann das alleine, es dauert nur etwas länger.»

Zusammen tranken sie Kaffee, Miriam überließ ihm ihr Tortenstück, rauchte zwei Zigaretten, danach übte sie noch eine halbe Stunde mit ihm, sprach ihm Namen vor, überdeutlich artikuliert. Ohne Erfolg. Er sagte nur noch einmal: «Maus.»

Erst um fünf Uhr fuhr sie ihn zurück. Ehe sie ihn auf dem Hof aussteigen ließ, fragte sie: «Hast du noch mehr von solchen Holzstücken?» Und als er nickte, verlangte sie: «Ich will sie alle sehen.» Dann vereinbarte sie mit Bruno Kleu zwei Termine pro Woche, den Freitagnachmittag und den Samstagvormittag.

In der ersten Aprilwoche kam er zum ersten Mal alleine, klingelte nicht, klopfte nicht, stand nur vor der Tür mit dem Kasten unter dem Arm, zwei Paneelen in den Jackentaschen, ein Konfektionsmesser hatte er auch dabei.

Patrizia versorgte ihn immer noch regelmäßig mit Holz, sie hatte ihm auch – schon im Januar – ein zweites

Konfektionsmesser mitgebracht, weil er das erste verkramt hatte und ihr nicht zeigen konnte oder wollte, wo.

Es war ihm hinters Bett gefallen, weil er entgegen ihren Anweisungen nicht ausschließlich im Badezimmer schnitzte. Dort machte er nur Pferde oder andere Figuren. Bei den feinen Zeichnungen auf den Paneelen fielen keine Späne ab. Und auf dem Bett liegen fand er bequemer, als immer auf dem Klodeckel sitzen. Und als dann Renate mal unerwartet reinschaute, musste er das Messerchen rasch verschwinden lassen.

Mit dem schmalen Griff passte es so gerade in den Ritz zwischen dem Kastenbett und der Wand. Dass er es da nicht mehr herausholen konnte, hatte er nicht erwartet. Nach ein paar vergeblichen Versuchen fand er heraus, dass man den Kasten unter dem Bett komplett hervorziehen konnte. Aber da hatte Patrizia ihm schon ein neues organisiert.

So konnte er das erste mit zum Bungalow nehmen und die Gesichter der Mädchen fertig machen. Er schnitzte auf sehr eigenwillige Weise. Dabei ging er nur sehr methodisch vor. Es waren viele Details in einem schmerzverzerrten Gesicht. Ein Mund war zuerst zusammengepresst, dann öffnete er sich, die Lippen formten sich zu einem Schrei und waren anschließend von einem Stück Klebeband verschlossen. Die Augen mit all der Qual, wenn sie geöffnet waren.

So hatten sich in dem Schuhkarton ein Dutzend Paneele angesammelt, auf denen nur ein Merkmal besonders hervortrat. Miriam Wagner erkannte wohl, dass er ein Gesicht in das helle Furnier ritzte, sie sah auch, dass es immer dasselbe Gesicht war. Aber um wen es sich handelte, ließ sich erst feststellen, als er sein Werk vollendet hatte. Kein Mann, wie sie gehofft hatte.

Mit einer Lupe war es deutlich zu erkennen, Brunos

Tochter, ein Gesicht so schön wie Nicoles, verzerrt in einem qualvollen Todeskampf. Sie besaß genügend medizinische Kenntnisse, um zu wissen, dass Gesichtszüge im Tod erschlafften und nichts mehr zum Ausdruck brachten, keine Angst, keinen Schmerz, kein Entsetzen. Es war die Dokumentation des Grauens, der hölzerne Beweis, dass Ben dabei gewesen sein musste. Er hatte aus unmittelbarer Nähe gesehen, wie Marlene Jensen starb. Und wenn sie im Keller gestorben war, von außen hatte er das nicht beobachten können. Es gab kein Fenster im Keller. Die Vorstellung, dass er neben Lukka gestanden haben musste, brachte sie fast um den Verstand. Es war so ungeheuerlich. Bis dahin war Ben für sie unschuldig gewesen, nun sah plötzlich alles ganz anders aus.

17. Oktober 1997

Dirk Schumann und ich fuhren an dem Morgen etwa zur gleichen Zeit los. Er war nicht begeistert, dass ich ebenfalls ins Dorf wollte, protestierte aber auch nicht. Er hatte den Staatsanwalt überzeugt, dass Vanessa Greven und Dorit Prang sehr wahrscheinlich ermordet worden waren, zwei Hundertschaften Polizei und einen Leichenspürhund angefordert. Mit Nicole Rehbach hatte er auch gesprochen, jedoch nur gehört, dass eine dunkel gekleidete Person in ihrem Garten gewesen sei, die sie im Nebel für Ben gehalten habe.

Ich verbrachte zehn Minuten an Nicoles Krankenbett. Auch sie bezweifelte inzwischen, dass Ben der Mann in ihrem Garten gewesen sein könnte. Aber wer einen Grund gehabt hätte, ihr so etwas anzutun, wusste sie nicht.

Ich versuchte mich zu erinnern, wie der Mann ausgesehen hatte, der mir auf dem Weg entgegengekommen war. Ich wurde das Gefühl nicht los, den Mörder gesehen zu haben. Er war groß gewesen, aber nicht so groß wie Ben. Er war kräftig gewesen, aber nicht so kräftig wie Ben. Es konnte nicht Ben gewesen sein. Und er war immer noch verschwunden, vermutlich tot, ich war nicht die Einzige, die so dachte.

Als ich im Dorf eintraf, lief die Suche nach den Opfern bereits. Es passte Dirk nicht, dass ich dazukam, er duldete es aber und sagte nur: «Jetzt suchen wir wahrscheinlich schon fünf, wenn wir Ben dazunehmen.»

Inzwischen waren auf der Wache in Lohberg zwei Abgängigkeitsanzeigen eingegangen, Rita Meier und Katrin Terjung. Eine Hundertschaft Polizei durchkämmte das Bendchen. Mit dem Leichenspürhund begannen sie bei Leonard Darscheids Atelier, weil es zu Dorit Prang nur Maria Jensens Vermutung gab, ihr sei auf dem Friedhof etwas passiert.

Es gab auch bei Vanessa Greven nur die Vermutung, dass sie über den Feldweg fortgebracht worden war. Doch daran grenzten gleich zwei nur zu gut bekannte Grundstücke, die Apfelwiese und die Brombeerwildnis daneben, in der wieder einmal kein Durchkommen war, abgesehen von dem schmalen Trampelpfad, der Zeugnis ablegte, dass beim Birnbaum immer noch jemand regelmäßig der Opfer gedachte. So sah es jedenfalls aus. An der Fundstelle lag ein verwelkter Blumenstrauß. Dass sich nicht nur Bruno Kleu häufig dort aufgehalten hatte, war nicht zu erkennen.

Den Kadaver der Katze fanden sie schnell, weil der Plastiksack beschädigt war. Er lag auch nicht sehr tief im Erdreich – nicht weit entfernt von dem verwelkten Blumenstrauß. Bis zum frühen Nachmittag streiften sie mit dem Hund durch die Brombeerwildnis. Sie fanden nichts weiter.

Dirk meinte, die Zeit reiche noch für einen Abstecher zum Bruch. Der Feldweg vom Bendchen zum Lässler-Hof, der am Bruch entlangführte, war im Gegensatz zu den anderen nicht asphaltiert und in denkbar schlechtem Zustand. Er wurde normalerweise nur von Traktoren und anderen landwirtschaftlichen Maschinen befahren. Es waren nur wenige hundert Meter vom Waldsaum bis zur Bruchkante. Wir gingen zu Fuß, der Hundeführer und einige Polizisten voraus. Ich hatte das Gefühl, ein Stein läge auf meiner Brust – Angst.

Auf halber Strecke sagte ich: «Das Dorf hat etwa viertausend Einwohner, die Hälfte davon Kinder, ein Viertel Frauen. Es gibt tausend Möglichkeiten. Wenn du Lohberg dazu nimmst, noch etliche mehr.»

«Ich sehe nur eine», sagte Dirk. «Drei Blondinen und eine Dunkelhaarige mit einem großen Rucksack, dasselbe Opferschema wie vor zwei Jahren. Jetzt fehlt uns nur noch eine kleine Dunkelhaarige mit sieben Messerstichen, dann bin ich bereit zu schwören, dass Lukka von den Toten auferstanden ist.» Er lachte kurz. «War nur ein Scherz, mir reichen die vier Frauen und das Ehepaar. Prang und Meier hat er wahrscheinlich beide auf dem Friedhof gesehen. Terjung wollte frühmorgens zur Bushaltestelle am Ortsausgang. Von den Fahrgästen im ersten Bus hat sie schon niemand mehr gesehen.»

Dirk zündete sich eine Zigarette an, sprach weiter: «Seien wir ehrlich, Brigitte, wir hatten nicht viel in der Hand gegen Lukka. Was die drei betrifft, die erst im März 96 gefunden wurden, hatten wir gar nichts, nur Glück, dass Lukka sich nicht mehr rechtfertigen konnte.»

«Das meinst du nicht im Ernst.»

«Doch», sagte Dirk. «Es könnte auch so gewesen sein, dass Lukka nur hinter dem Burschen aufgeräumt hat. Er mochte ihn, wahrscheinlich hatte er seinen Spaß dabei, weil er die Familie Lässler eben nicht mochte. Aber wenn man's genau nimmt, Lukka hat das Lässler-Mädchen ins Haus gerufen, weil Ben tobte. Lukka hat nicht bestritten, dass die Amerikanerin bei ihm war. Er hatte kein Motiv, das Mädchen aus Lohberg zu töten. Und ob Marlene Jensen bei ihm geklingelt hat oder zu ihrem Onkel wollte, wissen wir auch nicht. Du solltest dich mal mit Walter Hambloch unterhalten, Brigitte. Einen Gefallen hast du Ben nicht getan, ihn hier zu lassen. Es haben nicht alle Leute unbesehen geglaubt, dass er ein Unschuldslamm ist.»

Er wusste inzwischen von Miriam Wagner, sie war als Halterin im Kfz-Schein des Mercedes eingetragen. Walter Hambloch hatte das Fahrzeug als eine Art Geschäftswagen bezeichnet, einer Angestellten zur Verfügung überlassen, damit nicht der Eindruck entstand, Nicole sei käuflich gewesen. Hambloch hatte sich auch nicht die Gelegenheit entgehen lassen, darauf hinzuweisen, dass Miriam Wagner erhebliche Zweifel an Lukkas Schuld geäußert und behauptet hatte, sie sei mit dem Rechtsanwalt zusammen gewesen an dem Abend im Juli 95, als Svenja Krahl verschwand.

«Warum hat er das nicht sofort gemeldet?»

«Was hätte er denn melden sollen?», fragte Dirk. «Dass Lukka Frau Wagner oder dass Frau Wagner ihn belogen hat? Er ist der Sache nachgegangen, es ist nichts dabei rausgekommen.»

Dirk wollte sich mit Miriam Wagner unterhalten, wenn sie aus dem Urlaub zurückkam. Dass sie verreist war, hatte er von Nicole Rehbach gehört. Und eilig hatte er es mit Miriam Wagner nicht. Seiner Meinung nach hatte sie mit dem aktuellen Fall nichts zu tun. Auch ich sah keinen Zusammenhang zwischen ihr, den neuen Opfern und Ben.

Wir erreichten den Bruch, und es ging so schnell. Der Hund brauchte keine Viertelstunde in dem unübersichtlichen Gelände. Dorit Prang, Rita Meier und Katrin Terjung lagen nebeneinander im Gewölbekeller, zwischen ihnen Unmengen von Kerzenstummeln. Jede hielt eine Mädchenfigur in der Hand. Marlene Jensen, das Gesicht war winzig, aber deutlich zu erkennen.

Für Dirk Schumann waren die drei Figuren nur ein Beweis mehr. Ben hatte seine Werke mitgenommen, als er Vanessa Greven tötete, weil er die Schnitzereien als sein Eigentum betrachtete. Natürlich wusste Dirk auch schon, dass es ursprünglich vier gewesen waren und Patrizia bei Leonard Darscheid behauptet hatte, Vanessa Greven habe ihr erklärt, die Figuren seien gestohlen worden. Wo die vierte Figur war, wusste er allerdings nicht. Ihm gegenüber hatte Patrizia geschwiegen.

«Der Bursche muss eine erstaunliche Wirkung auf Frauen haben», meinte Dirk. «Es gibt offenbar nur zwei Alternativen, totale Ablehnung oder die Bereitschaft, sich für ihn in Teufels Küche zu bringen. Vielleicht erklärst du mir bei Gelegenheit, was dich zu Letzterem veranlasst hat.»

Vanessa Grevens Grab spürte der Hund zwischen den Trümmerbergen auf. Ich dachte, Dirk würde noch weiter suchen lassen, wenigstens bis zum Einbruch der Dunkelheit. Aber er rief die Hundertschaft aus dem Bendchen zurück und sagte: «So blöd ist Bruno Kleu nicht, Ben ebenfalls hier zu verscharren. Er hat ihn ins Auto gepackt und es anderswo erledigt.»

Es! Ich glaubte, daran zu ersticken. Wenn sie ihn umgebracht hatten, war es meine Schuld, auch wenn mich dafür niemand zur Verantwortung ziehen würde. Ich hätte ihn im März 96 nicht so einfach seinem Schicksal überlassen, nicht auf seine Mutter vertrauen dürfen. Ich hatte doch gewusst, wie krank sie war. Und ich war noch nicht einmal an Trudes Grab gewesen. An dem Abend war mir auch nicht mehr nach einem Besuch auf dem Friedhof.

Ins Krankenhaus fuhr ich noch einmal, um mit Nicole Rehbach über Miriam Wagner zu sprechen. Nicole schlief. Walter Hambloch saß bei ihr, er trug Uniform, hielt ihre Hand und erzählte ihr etwas. Ich ließ die beiden in Ruhe. Das Intensivzimmer lag unmittelbar neben dem Stationszimmer, beide Räume waren durch eine Glasscheibe getrennt, man hatte alles gut im Blick. Ich unterhielt mich mit der Stationsschwester.

«Das arme Ding», sagte die Schwester. «Wenn sie die Augen aufmacht, weint sie. Wir haben Ultraschall gemacht. Da rührte sich nichts mehr.»

Sie zeigte zur Glasscheibe. «Er sitzt seit Stunden bei ihr, hat sie regelrecht in den Schlaf erzählt.»

Dann erwähnte die Schwester, es sei am späten Vormittag schon ein junger Mann da gewesen. Er hätte sich als guter Freund vorgestellt, aber keinen Namen genannt. Eine Beschreibung konnte sie mir bieten. Mitte zwanzig, blond, groß und kräftig, schwarze Lederjacke, Arbeitshände.

«Er war nicht lange bei ihr. Nach ein paar Minuten hat sie ihn weggeschickt. Als er rausging, weinte er.»

Walter Hambloch blieb auch nicht mehr lange. Er musste zum Dienst. Ehe er die Station verließ, entschuldigte er sich, weil er meinte, mich in Schwierigkeiten gebracht zu haben mit dem, was er meinem Kollegen erzählt hatte.

«Nicht der Rede wert», sagte ich. «In Schwierigkeiten

bringt man sich meist selbst.» Ich überlegte, ob ich Hambloch auf den Mann ansprechen sollte, den die Krankenschwester erwähnt hatte. Doch dann fiel mir Patrizias Bemerkung wieder ein, dass ihr Bruder früher oft den Telefonstecker herausgezogen hatte, weil Achim Lässler ... Groß, blond, kräftig, Mitte zwanzig, die Beschreibung passte.

Es war schon spät, ich fuhr trotzdem noch zum Lässler-Hof. Antonia saß vor dem Fernseher und erledigte Flickarbeiten. Tanja Schlösser und Paul schliefen bereits. Antonia ging mit mir hinauf. Achim lag in seinem Zimmer auf dem Bett, lag einfach nur da und schaute die Zimmerdecke an.

«Es wäre mir lieber, wenn du uns allein lässt, Mama», sagte er.

Antonia blieb. Achim war erkältet, er lutschte die Sorte Hustenbonbons, deren Papierchen bei Rehbachs Garage sichergestellt worden waren. Er zog sie auch mit dem Fingernagel glatt – Angst, Nervosität, Anspannung, vielleicht nur das Bedürfnis, sich mitzuteilen. Dass die Bonbonpapierchen bei der Garage von ihm stammten, bestritt er nicht eine Sekunde lang.

Antonia weinte: «Wie oft habe ich dich gebeten, die Frau in Ruhe zu lassen?»

«Ich habe ihr nichts getan, Mama», sagte er.

Er gab alles zu, nächtliche Anrufe, Belästigungen, Drohungen. Aber nur bis zu einem gewissen Zeitpunkt.

«Wann waren Sie zuletzt in Rehbachs Garten?», fragte ich.

Ehe er antwortete, bat er noch einmal: «Geh wieder nach unten, Mama. Ich hab nichts getan, glaub mir.»

«Ich bin auch nicht dienstlich hier», sagte ich.

Da ging Antonia endlich. Achim setzte sich auf und sagte: «An ihrem Geburtstag, in der Nacht. Ich habe eine

Weile zugeschaut, wie sie feiern. Als Andreas und Sabine aufgebrochen sind, bin ich auch gegangen.» Für die Tatzeit hatte er kein Alibi, behauptete, im Schweinestall gewesen zu sein. «Meine Mutter wird Ihnen das bestätigen.»

Natürlich, Antonia würde alles bestätigen.

«Ich war in den letzten Wochen immer nur in der Nacht da, nie am Tag, weil sie mich nicht mehr sehen wollte», fuhr er fort. «Sie sagte, wir hatten eine Abmachung, und sie wird ihren Mann nicht verlassen.»

«Das Kind ist von Ihnen», stellte ich fest.

Er nickte nur.

«Seit wann haben Sie ein Verhältnis mit Frau Rehbach?»

«Es war nie ein Verhältnis», murmelte er. «Ich durfte nur mit ihr schlafen. Ihr Mann hat gefragt, wer sich zur Verfügung stellt. Andreas war zweimal mit ihr beim Arzt. Es hat nicht funktioniert. Der Arzt meinte, sie wäre zu verkrampft. Dann wollte Andreas nicht mehr. Uwe wollte von Anfang an nicht.»

«Und Walter Hambloch?», fragte ich.

«Den wollte sie nicht», sagte Achim Lässler und lachte kurz. «Sie meinte, den wird sie nicht mehr los. Da hab ich es ihr angeboten. Für mich war sie ... Gott, wie soll ich das erklären? Ein Traum, den man nicht träumen darf. Können Sie sich so eine Frau im Schweinestall vorstellen? Ich nicht. Und ich dachte, wenn sie mich dafür nimmt, vielleicht hab ich so viel Glück wie Bruno. Maria hat auch oft gesagt, er soll sich zum Teufel scheren. Und dann brauchte sie ihn doch wieder.»

Er erzählte stockend, wie es begonnen hatte, das erste Treffen beim Bendchen. Sie kam zu Fuß, hatte Angst, dass jemand sie sah, weil es noch hell war. «Dann haben wir nur im Auto gesessen, es war eine blöde Situation. Ich wollte sie so sehr und konnte nicht. Ihr ging es genauso.

Wir haben geredet, auch beim zweiten Mal, nur geredet – über alles. Ich hatte ja eine Menge Mist gebaut zu Anfang.»

Fast eine Stunde lang sprach er von seiner Hoffnung, Nicole nach Eintritt einer Schwangerschaft weiter treffen zu können, weil er das Gefühl hatte, sie empfinde etwas für ihn, brauche ihn – vielleicht nur so, wie Maria Bruno gebraucht hatte in all den Jahren. Aber damit wäre er schon zufrieden gewesen. Vor drei Wochen hatte sie ihm dann gesagt, dass sie ihn nicht mehr brauche.

Dass sie auch in der Nacht beim Bendchen gewesen waren, in der Katrin Terjung vergewaltigt wurde, erwähnte Achim Lässler nicht. Ebenso verschwieg er, dass er sein Angebot nicht Nicole persönlich unterbreitet hatte. Mit seiner Therapeutin hatte er gesprochen. Und Miriam Wagner hatte eine Bedingung gestellt für ihre Vermittlung.

Der letzte Versuch

Es war ein Freitag Anfang Mai 97 gewesen, als Achim Lässler sich wie schon so oft zuvor in der Nähe des Bungalows herumtrieb. Er wusste längst nicht mehr genau, warum es ihn immer wieder dort hinzog. Der ursprüngliche Grund war vergilbt wie ein altes Foto, und trotzdem war da dieser Zwang, vor allem an den Freitagnachmittagen.

Er sah Ben kommen und Nicole mit dem Jaguar wegfahren. Kurz darauf wurden beide Terrassentüren geöffnet. Es war mild draußen. Er hörte Miriam mit Ben sprechen, verstand aber längst nicht alles.

Sie wusste, dass Achim Lässler draußen war, hatte in

den vergangenen Wochen mehrfach eine Bewegung in den Zypressen gesehen, wenn Achim sich in die grüne Wand drückte, um besser verfolgen zu können, was im Bungalow vorging. Aber sehr viel mitbekommen hatte er nicht. Bei geschlossenen Türen war nichts zu hören. Zu sehen war ohnehin nichts.

An dem Nachmittag verbargen die Zypressen ein kleines Fläschchen mit Tropfvorrichtung, aus dem Miriam etwas in ein Glas Cola träufelte. Zehn Tropfen, sie zählte gewissenhaft ab. Ben sollte nicht zu fest schlafen, nur ein bisschen benommen sein, damit es keine Schwierigkeiten gab. Einschlafen, um nicht mehr aufzuwachen, wäre zu gnädig gewesen nach der Erkenntnis, dass er sich angeschaut hatte, wie Lukka seine Opfer zu Tode quälte.

Und er gab das auch noch zu, nickte zu der entsprechenden Frage, als hätte sie ihn nur gefragt, ob er ein Stück Torte essen möchte. Sie wollte es selbst tun, hatte es sich ausgemalt die ganze Woche. Und dann kam er, und sie fühlte sich so lahm, war nicht in der Lage, zu tun, was sie sich vorgenommen hatte.

Wie er da auf dem Fußboden saß – ein spielendes Kind. Wie er seine Karten sortierte, ein Wort heraussuchte: LIEB. Wie er sie anlächelte mit dem Blick, mit dem er anfangs Nicole betrachtet hatte. Dann sagte er: «Maus.» Und dann legte er seinen Namen zu der Karte, tippte mit einem Finger auf beide. BEN LIEB und sagte noch einmal: «Maus.»

«Trink aus», verlangte sie und reichte ihm das Glas. Er trank ohne jeden Argwohn. Und sie hatte ihm beigebracht, dass die Worte auf seinen Karten mehrere Bedeutungen haben konnten. Füße hieß auch gehen, laufen, springen, rennen. Lieb hieß auch nett, umgänglich, artig, bereitwillig und …

Er stellte das leere Glas neben sich, suchte noch eine

Karte, zeigte das Bildchen auf der Rückseite, ein lachendes Kindergesicht, das Patrizia aus irgendeiner Zeitschrift ausgeschnitten hatte. Auf der Vorderseite stand FREUDE. Dann gähnte er.

«Gehen wir nach unten», sagte sie. «Da hattest du viel Freude, nehme ich an. Hat er dich auch etwas machen lassen, oder durftest du ihm nur zuschauen?»

Er nickte und folgte ihr bereitwillig zur Treppe. Sie öffnete die Stahltür, ließ ihn eintreten, schloss die Tür hinter ihm und drehte den Schlüssel um. Dann ging sie wieder nach oben.

Wenige Minuten später hörte Achim Lässler ihre Schritte auf der Terrasse und ihre Stimme. «Was willst du? Nur Nicole sehen oder immer noch töten?»

Dass sie genau wusste, wo er war, und mit ihm sprach, begriff er erst, als sie sagte: «Es ist nicht so leicht, wie es sich denkt oder spricht. Ich kann es nicht. Wenn du feststellen willst, ob du dazu fähig bist, mach einen Versuch. Er ist müde und wird dir keine Schwierigkeiten machen. Ich mache auch keine. Die Tür ist offen.»

Er wollte nicht und ging trotzdem nach vorne. Die Haustür war tatsächlich offen, und plötzlich strahlte das vergilbte Foto wieder in dem intensiven, schmerzhaften Glanz. Er sah seine jüngste Schwester hineingehen, musste ihr folgen, ob er wollte oder nicht.

Miriam stand in der Diele und lächelte, als er die Tür hinter sich zudrückte und sich mit dem Rücken dagegen lehnte. «Mutig», lobte sie. «In der Küche sind Messer. Oder willst du es lieber mit deinen Händen tun? Manchen gibt das den besonderen Kick, wenn sie ein Leben in der Hand halten und es auslöschen. Das ist pure Macht. Aber in diesem speziellen Fall ist ein Messer sinnvoller. Das können wir anschließend abwischen. Oder willst du die nächsten Jahre hinter Gittern verbringen?»

Als er nicht reagierte, zeigte sie zur Kellertreppe. «Ben ist unten. Mit ihm musst du anfangen.»

Achim Lässler hatte Miriam Wagner schon so oft gesehen, aber noch nie so nah, noch nie in einem geschlossenen Raum, dessen einzigen Ausgang er versperrte. «Du kannst Angst nicht mal buchstabieren, was?»

«Doch», sagte sie. «A, n, g, s, t, aber ich habe dir nicht die Tür geöffnet, um zu buchstabieren. Ich will, dass du hinunter gehst in den Raum, in dem deine Schwester und deine Cousine gestorben sind. Ich will, dass du den Mann tötest, der daran beteiligt war.»

Sie hielt etwas in der Hand, das sah er erst, als sie es ihm zuwarf. Reflexartig fing er es auf und erkannte ein Stück von einem der Deckenpaneele, die der arme Hartmut und die schöne Nicole für ihre Wohnung verwendet hatten. In das helle Furnier war eine abstoßende Fratze geritzt.

«Deine Cousine», sagte Miriam. «So sieht eine Schönheit aus, wenn sie vor Schmerz den Verstand verliert. Vielleicht hat sie sich in dem Stadium gewünscht, dass Lukka ihr endlich den Todesstoß versetzt. Ben hat ein Dutzend davon gemacht, du kannst sie dir gerne anschauen. Wenn du sie nebeneinander legst, ist es offensichtlich.»

Achim Lässler erkannte in der Fratze beim besten Willen kein Mädchengesicht. Verständnislos schaute er Miriam an.

«Bauerntölpel», sagte sie. «Du weißt wohl nur, wie Schweine geschlachtet werden. Für dich ist hinter Lohberg die Welt zu Ende. Wenn man weiterfährt, fällt man runter.»

Sie lächelte abfällig, provozierte weiter, um ihn dahin zu bekommen, wo sie ihn haben wollte: «Von deiner Schwester gibt es solch ein Beweisstück übrigens nicht.

Mir hat man erzählt, Ben sei in seinem Zimmer eingesperrt gewesen, als Lukka sich mit ihr beschäftigte. Das
konnte er sich also nicht anschauen. Aber deiner Cousine
hat er beim Sterben zugeschaut, sonst könnte er ihr Gesicht nicht mit diesem Ausdruck verewigen. Siehst du das
kleine Viereck anstelle des Mundes? Klebeband. Ich
nehme an, Lukka hat ihm zum Gefallen darauf verzichtet, sich ihre Schreie anzuhören. Er mag es nämlich nicht,
wenn jemand schreit.»

Achim Lässler hatte plötzlich das dringende Bedürfnis,
sie zu schlagen, mitten hinein in dieses abfällig lächelnde
Gesicht, damit sie endlich den Mund hielt.

Sie betrachtete ihn, als könne sie seine Gedanken lesen
und warte nur darauf, dass er sich endlich von der Tür
abstieß und tat, was ihm durch den Kopf ging. Als er sich
nicht rührte, ging sie in die Küche und kam mit einem
großen Fleischmesser zurück.

«Jetzt mach endlich», sagte sie, streckte ihm die Hand
mit dem Messer entgegen. «Sonst ist er gleich wieder
munter. Ich habe ihm nur zehn Tropfen gegeben.»

«Welche Tropfen?», fragte er.

«Dieselben, die Lukka deiner Schwester gegeben hat.
Aber er hat höher dosiert, wollte sie ja stundenlang ruhig
halten. Wie oft bist du hier vorbeigefahren in der Nacht,
zweimal, dreimal? Die Kleine lag betäubt da unten, und
du warst so nah, hast aber nichts gehört.»

Er konnte ihr nicht länger zuhören. Wie sie da stand
mit dem Messer in der Hand, dem Lächeln auf dem
Gesicht, dem wadenlangen Rock, unter dem sie ihr verkrüppeltes Bein versteckte. Aber er konnte auch nicht
gehen, irgendetwas musste passieren.

«Was ist?», fragte sie. «Bist du mit der Tür verwach-
sen? Nimm das Messer. Keine Sorge, es hat für dich keine
Konsequenzen. Du kannst ihn mit einem Stich erledigen,

wenn du hier ansetzt.» Sie zeigte eine Stelle unter ihren Rippen. «Und fass nichts an da unten. Ich habe nicht mehr die Zeit, hinter dir her zu wischen.»

Achim musste sich räuspern, ehe er fragen konnte: «Was heißt das?»

«Dass ich die Tropfen nehme», sagte sie. «Das Fläschchen ist noch fast voll. Für mich reicht es dreimal. Es wird so aussehen, als hätte ich zuerst ihn getötet und dann mich.»

«Du hast eine riesengroße Macke», sagte Achim Lässler.

Plötzlich klang sie nicht mehr abfällig, nur sehr müde. «Junge, ich hab nicht eine Macke, ich hab so viele, dass du sie nicht zählen kannst. Ich mag Mörder, und sie mögen mich. Lukka mochte mich sehr. Ben mag mich auch. Er hat mir eine Liebeserklärung auf den Boden gelegt. Jetzt nimm das Messer, sonst stehen wir noch hier, wenn Nicole zurückkommt. Denk an deine Schwester und deine Cousine. Zwei junge Mädchen, die ihr Leben noch vor sich hatten. Was hätten sie nicht alles daraus machen können?»

Achim konnte ihr nicht länger zuhören. Er wollte ebenso wenig in den Keller, wie er den Bungalow hatte betreten wollen. Nur ging es nicht anders. Es war, als ob ihn etwas mit aller Macht nach unten zog.

Etwa eine halbe Stunde später kam Nicole mit den Einkäufen aus Lohberg zurück. Miriam saß im Wohnzimmer in einem Sessel, umnebelt von Zigarettenqualm. Auf dem Fußboden lagen noch die Karten. BEN, LIEB, FREUDE. Auf dem Tisch lagen die Paneele, eins neben dem anderen. Das leere Glas stand in der Küche, das Fläschchen hielt Miriam in der Hand. In ihrem Schoß lag das Messer. Achim Lässler hatte es nicht genommen, als er hinuntergegangen war. Auf Miriams Gesicht lag ein Ausdruck, den Nicole bis dahin noch nicht gesehen hatte.

«Was ist los?», fragte sie. «Hat es ein Problem gegeben mit Ben?» Das Messer in Miriams Schoß schien sauber. Aber das bedeutete nichts, die Tatsache, dass ein Messer in ihrem Schoß lag, war alarmierend.

«Das weiß ich nicht», erwiderte Miriam mit einer fast tonlosen Stimme.

«Was heißt, du weißt es nicht?»

«Ich habe nichts gehört. Aber ich weiß nicht, was man hört, wenn die Tür zu ist. Vielleicht ist der Keller schalldicht.»

Nicole hörte nur «Keller» wie ein Echo. «Ben ist im Keller?»

Miriam nickte.

«Warum? Was hast du mit ihm gemacht?»

«Was hättest du mit ihm gemacht, wenn er deinem Vater beim Töten zugeschaut und ihm dann das Genick gebrochen hätte?»

«Ich hatte nie einen Vater», sagte Nicole. «Und dein Vater lebt noch. Lukka war nur ein elender Scheißkerl, der dich verrückt gemacht hat. Ich hab dir doch gesagt, du packst es nicht. Du steigerst dich nur wieder in irgendwas hinein. Ben hat hier keinen Fuß über die Schwelle gesetzt. Bärbel sagte ...»

«Bärbel sagte», wiederholte Miriam, lachte rau und zündete sich eine Zigarette an. Unvermittelt wurde sie laut: «Herrgott, was muss ich denn tun, damit es ein Ende findet? Ich habe ihn gereizt bis aufs Blut. Ich dachte, er geht mir an die Kehle. Dann stürmte er nach unten, und ich hab nichts gehört.»

Nicole nahm an, dass sie von Ben sprach, wusste nicht, wen Miriam sonst noch meinen könnte.

«Wenn du ihm etwas getan hast ...» Weiter kam sie nicht.

Miriam lachte oder weinte, das hätte Nicole nicht sagen können. «Ich wünsche mir, ich hätte es gekonnt. Es wäre leicht gewesen. Und er lächelt mich an. Ich kann ihn nicht umbringen, wenn er mich anlächelt. In den letzten Wochen dachte ich manchmal, es wäre vielleicht gar nicht nötig. Ich wollte doch nur noch wissen, wer der Kerl im Wald war. Und er machte diese Gesichter. Aber niemand sieht, was sie bedeuten. Bin ich denn in diesem verfluchten Kaff die Einzige, die ein bisschen Ahnung von der Materie hat?»

Nicole verstand nicht einmal die Hälfte. Miriam schniefte, wischte mit einer Hand übers Gesicht und verlangte: «Wirf sie raus, wenn sie noch gehen können. Wenn nicht, sollen sie kriechen. Und wenn sie sich gegenseitig die Köpfe eingeschlagen haben, rufst du einfach Walter an oder die Feuerwehr. Vielleicht können sie wirklich Tote erwecken, wie Ben annimmt. Um seinen Glauben kann man ihn nur beneiden. Überleg mal, wie einfach alles wäre. Meine Mutter wäre wieder da, und ich könnte sie von ihrer Sucht heilen. Und wenn Lukka zurückkäme, wären wir bereit für ihn. Aber er könnte wahrscheinlich nicht kommen, ist ja nur noch Asche.»

Obwohl Miriam von mehr als einem gesprochen hatte, rechnete Nicole nicht damit, dass jemand bei Ben sein könnte. Die massive Stahltür war zu. Es kostete sie Überwindung, die Klinke niederzudrücken und zu öffnen. Was sie zu sehen erwartete, wusste sie nicht genau.

Die wenigen Trimmgeräte verloren sich fast. Der Raum war so groß wie das Wohnzimmer und wirkte steril mit den bis zur Decke gefliesten Wänden. Achim Lässler und Ben saßen sich gegenüber auf dem Boden vor der Dusche, saßen da, als hätten sie sich nur nett unterhalten. Das hatten sie auch, aber gesprochen hatte eigentlich nur Achim. Er hatte sich alles von der Seele geredet, viel leichter fühlte er sich nicht, nur erschöpft.

Als Nicole hereinkam, schaute Achim auf, war sofort auf den Beinen, stürzte an ihr vorbei durch die Tür und die Treppe hinauf. Nicole hörte oben die Haustür zuschlagen. Ben lächelte sie an, wie er sie immer anlächelte, sagte: «Fein.» Dann stand er ebenfalls auf und ging zur Treppe. Nicole folgte ihm. Er erreichte die Diele und steuerte das Wohnzimmer an. Miriam saß unverändert im Sessel. Er ging auf sie zu mit einem Lächeln. «Maus.»

«Wirf ihn raus!», verlangte Miriam.

Nicole wusste nicht, wie sie sich verhalten sollte. Die beiden Männer im Keller, Achim Lässlers Flucht, das Messer in Miriams Schoß und ihre wirren Erklärungen.

Ben hob einen Finger, als wolle er ein Kind zur Aufmerksamkeit ermahnen. «Maus», sagte er noch einmal, zupfte an Nicoles Ärmel und bedeutete ihr, mitzukommen. Die Terrassentüren waren immer noch geöffnet. Er schloss eine, schob sie ins Freie vor die geschlossene Tür, mit dem Gesicht zum Wohnzimmer.

«Fein», sagte er, kam wieder herein, deutete auf den freien Sessel. «Freund.» Dann ging er zu dem Schrank, in dem das Fernsehgerät stand. «Finger weg», sagte er.

Nicole sah, dass Miriam blass wurde. Und sie glaubte zu begreifen, was er demonstrierte, kam ebenfalls wieder herein und schloss die Tür. «Draußen stand ein Mädchen», stellte sie fest. «Lukka saß da und hat sich was im Fernseher angeschaut. Wahrscheinlich einen Horrorfilm, der rein zufällig aufs Band geraten ist, weil die Sportschau überzogen hatte. Und wenn Ben im Mais lag. Er hatte früher immer ein Fernglas dabei, damit konnte er auch bei Nacht jede Einzelheit auf dem Bildschirm erkennen.»

Ben nickte eifrig, als hätte er jedes Wort verstanden. Dann ging er zu Miriam, streckte die Hand aus, als wolle er sie streicheln.

«Fass mich nicht an!», schrie Miriam, nahm das Messer aus ihrem Schoß und hielt ihm drohend die Klinge entgegen, gerade als er mit den Fingerspitzen ihr Gesicht berührte.

Ob Miriam ihn verletzen wollte, hätte Nicole später nicht sagen können, dafür ging es zu schnell. Vielleicht war es nur ein Reflex, um seine Hand abzuwehren. Miriam stieß seinen Arm beiseite, und sie hielt das Messer hoch. Nicole hörte ihn zischend die Luft einziehen, dann tropfte auch schon sein Blut auf den Teppich.

Mit einem raschen Griff packte er Miriams Handgelenk, nahm ihr das Messer ab. Für einen Moment dachte Nicole, er würde zustechen, weil er den blutenden Arm anhob. Aber er schleuderte nur das Messer durch den Raum.

«Finger weg, Maus», sagte er. «Weh.» Dabei hielt er Miriam seinen blutenden Arm vor. Und dann schlug er ihr auf die Finger, als wolle er ein kleines Kind für verbotenes Tun bestrafen.

«Schaff ihn endlich raus», flehte Miriam.

Er nickte, zupfte an Nicoles Ärmel, zeigte in die Diele und sagte: «Fein mit.»

Was er wollte, war eindeutig. Nur fort aus diesem Haus. Nicole empfand ähnlich, als sie die Haustür von außen hinter sich zuzog. Sie nahm ihn mit in ihre Wohnung, versorgte die blutende Wunde. Allzu tief ins Fleisch ging der Schnitt nicht, ein Verband reichte. Er erzählte ihr die ganze Zeit etwas, aber da er keine Namen aussprach, verstand sie nicht, was er meinte.

Sie brachte ihn zu Bruno Kleus Hof. Patrizia geriet außer sich, wollte Anzeige erstatten wegen Körperverletzung. Eine Anzeige hielt Nicole für überflüssig. Sie war überzeugt, dass Ben nie wieder einen Fuß über die Schwelle des Bungalows setzen würde.

Die letzte Erkenntnis

Es gab nach dem Schnitt in Bens Arm Anfang Mai 97 einige Tage, da war Miriam halbwegs entschlossen, dem Dorf den Rücken zuzukehren. Sie sprach mit Nicole darüber, erklärte, dass sie keinen Sinn darin sah, noch länger zu bleiben.

Nicole wusste nicht, was sie darauf antworten sollte. Helfen konnte sie Miriam nicht, das hatte sie nun endgültig begriffen. Immer wieder fing Miriam mit Lukka und den Morden an. Vielleicht war es wirklich besser, wenn sie das Dorf verließ, besser für Miriam, besser für Ben. Patrizia erzählte, dass er mindestens zweimal am Tag mit seinem Kasten zur Haustür wollte, und jedes Mal erklärte er dabei: «Maus.» Patrizia wusste nicht, wen er damit meinte. Nicole wusste es sehr wohl und verstand es nicht. Was erwartete er denn noch von einer Frau, die ihn im Keller eingesperrt, Achim Lässler zu ihm geschickt hatte in der Hoffnung, dass sie sich gegenseitig die Köpfe einschlugen? Die ihn mit einem Messer verletzte, ihn anschrie?

Es wäre bestimmt besser gewesen, wenn Miriam aus dem Dorf verschwand. Aber Nicole konnte sich nicht aufraffen, Miriam zuzustimmen. Sie erkundigte sich im Seniorenheim, ob man sie eventuell wieder einstellte. Man hatte längst einen Ersatz für sie gefunden. Die Hoffnung auf ein eigenes Kind wurde mit jedem Tag kleiner. Es tat weh, weil nun auch Patrizia schwanger war und Andreas Lässler sich bereit erklärt hatte, ihr zu helfen.

Hartmut war entsetzt von Miriams Absicht. So viel verdiente er im Computerladen noch nicht. Der Umsatz hatte sich zwar erhöht, seit er täglich im Laden war. Winfried von Burg bezahlte ihn so, wie die Kasse es erlaubte. «Sag ihr, das kann sie nicht machen», verlangte Hartmut. «Sie hat eine Verpflichtung dir gegenüber.»

Nur Walter Hambloch fand, es sei die beste Lösung für alle, wenn Miriam ihre Sachen packte und verschwand. «Du findest schon eine neue Stelle, Nicole. Fachkräfte werden immer gebraucht. Da musst du dich halt woanders bewerben. Es gibt ja noch mehr Altenheime als das in Lohberg.»

«Und wie soll sie da hinkommen ohne Auto?», fragte Hartmut. «Das Auto brauche ich.»

«Kannst du eigentlich noch an was anderes denken als an dich?», wollte Walter wissen.

Die Wende kam durch Achim Lässler. Mit ihrer Provokation hatte Miriam das Gegenteil erreicht. Zweimal rief er danach im Bungalow an und fragte, ob sie vielleicht mal in Ruhe über alles reden könnten. Was er sich davon versprach oder wie er auf den Gedanken kam, ausgerechnet bei ihr Hilfe und einen Rat zu suchen, verstand Miriam nicht. Sie war eine Frau mit so vielen Macken, dass sie an sich selber verzweifelte, aber anderen helfen konnte sie offenbar. Es war eine ganz neue Erfahrung.

Nicole verlegte die Einkäufe nun auf die Stunden, in denen Achim Lässler im Bungalow erschien. Sie wollte ihm nicht begegnen, aber er blieb auch nie so lange wie Ben. Bei Achim hielt Miriam sich exakt an die Zeit, die eine Therapiestunde normalerweise dauerte, fünfundvierzig Minuten. Da musste Nicole in Lohberg nur ein bisschen trödeln.

An einem Nachmittag Ende Mai kam sie aus Lohberg zurück. Miriam saß auf der Terrasse. Sie tranken wie üblich noch einen Kaffee, und plötzlich sagte Miriam: «Ich weiß nicht mehr, ob ich gehen oder bleiben will. Sag mir, was ich tun soll.»

Nicole fühlte sich in dem Moment erleichtert und sehr egoistisch, weil sie als Einzige einen Vorteil hatte, wenn Miriam blieb.

«Kauf dir endlich ein richtiges Bett», schlug Nicole vor. «Solange du auf der Couch schläfst, bist du Lukkas Gast. Vielleicht liegt es daran, dass er immer noch so viel Einfluss auf dich hat. Wenn man nur irgendwo zu Besuch ist, muss man sich unterordnen.»

«Psychologie für den Hausgebrauch», meinte Miriam und lächelte. «Aber vielleicht hast du gar nicht so Unrecht. Kaufen wir ein Bett und beauftragen ein paar Handwerker, die Bar herauszureißen. Auf die Bar war er immer besonders stolz, und ich habe mich immer gefragt, wozu er sie braucht. Es besuchte ihn doch niemand, und er selbst trank nicht.»

Schon am nächsten Tag bestellte Miriam die Handwerker, ließ das Arbeitszimmer räumen und neu tapezieren. Die wertvollen Möbelstücke verschenkte sie. Für Lukkas Schlafzimmer bestellte sie einen Container, in dem auch die verspiegelte Hausbar landen sollte.

Während die Männer damit beschäftigt waren, die Bar herauszureißen, und einige Videobänder fanden, fuhr Miriam mit Nicole herum, besuchte ein paar Möbelhäuser. Anschließend kehrten sie nach langer Zeit wieder einmal beim Italiener in Lohberg ein. Es war spät, als sie zurückkamen, Miriam setzte Nicole bei der Garage ab und sagte: «Morgen werden wir eine Menge Arbeit haben. Es hat bestimmt viel Dreck gegeben.»

Nicole kam am nächsten Morgen zur gewohnten Zeit. Im Vorgarten stand der Container voller Schutt und Spiegelscherben. Als sie die Diele betrat, dachte sie im ersten Moment, Miriam hätte Besuch. Im Wohnzimmer hingen dicke Rauchschwaden in der Luft. Zu sehen war niemand. Die Sitzgruppe stand nicht in Blickrichtung der Dielentür. Aber Nicole hörte einen Mann sprechen. «Du hast die Augen deiner Mutter.»

Er hatte eine angenehm dunkle Stimme mit einem

Hauch von Schwermut und Sehnsucht, ein Klang, der Nicole ganz eigenartig berührte. Sie war nicht sicher, ob sie stören durfte. Der Mann im Wohnzimmer konnte eigentlich nur Miriams Vater sein. Nur hatten Miriam und der Holzwurm keinen Kontakt mehr. Und irgendwie war Nicole die Stimme auch vertraut, sie wusste nur nicht, wo sie sie einordnen sollte.

«Gott ist mein Zeuge, ich habe sie geliebt», sagte die sanfte, dunkle Männerstimme.

Von Miriam kam kein Laut. Aber sie musste gehört haben, dass die Haustür geöffnet und Nicole hereingekommen war.

«Ich hätte alles getan für sie», sagte der Mann. «Und sie legte sich für diesen Rüpel ins Unkraut, lachte mich aus, nannte mich einen geilen, alten Bock. Das war ein Schmerz, den ich dir nicht beschreiben kann. Ungefähr so.»

Aus dem Wohnzimmer kam ein Ton wie ein erstickter Schluchzer. Nicole ging endlich die letzten Schritte bis zur Tür und sah Miriam allein in einem Sessel sitzen. Sie trug noch das Kleid, in dem sie gestern Möbel ausgesucht und beim Italiener gesessen hatte. Ihr aufwendiges Make-up war völlig zerlaufen. Sie sah aus, als hätte sie stundenlang geweint.

Das Deckenlicht brannte. Es fiel kaum auf, weil der Raum von Sonne durchflutet war. Auf dem Beistelltisch neben Miriams Sessel stand ein überquellender Aschenbecher. Auf dem Fußboden lagen einige Videokassetten. Die Männerstimme kam aus dem Fernseher. Der Schrank war offen, das Gerät ein Stück vorgezogen. Von der Dielentür aus sah Nicole nicht mehr als die blau flimmernde Kante vom Bildschirm.

«Komm ruhig herein und schau es dir an», sagte Miriam und wischte mit einem Handrücken durch das verweinte Gesicht. «Es war genau so, wie Ben es gezeigt hat.

Sie sind beide über die Terrasse gekommen, Svenja Krahl und Marlene Jensen. Als sie vor seiner Tür auftauchte, konnte er sein Glück gar nicht fassen.»

«Ich will mir nichts anschauen», sagte Nicole.

Miriam nahm die Fernbedienung, drückte eine Taste, die blau flimmernde Kante wurde dunkel. Dann erhob sie sich, ging zu den Terrassentüren und öffnete beide. In dichten Schwaden zog der Rauch ins Freie.

«Mach Frühstück», verlangte Miriam. «Den Kaffee sehr stark. Ich habe scheußliche Kopfschmerzen, zu viel geraucht, zu viel geheult. Es war kein Alptraum. Was ich damals gesehen habe, ist auch noch da. Und dieses elende Schwein redet mir ein, ich sei schlecht erzogen gewesen. All die Jahre habe ich geglaubt, dass meine Mutter sterben musste, weil ich unerlaubt in seinen Schrank gegriffen hatte.»

Miriam kam zum Tisch, nahm sich eine Zigarette, zündete sie an und ging wieder zu den offenen Türen.

«Du musst das der Polizei geben», sagte Nicole.

Miriam schüttelte den Kopf. «Sie hatten ihre Chance. Jetzt habe ich meine. Er hat etwas gesagt an einer Stelle. Ich muss mir das noch einmal in Ruhe anschauen.»

«So was schaut man sich nicht in Ruhe an», begehrte Nicole auf. «Das ist krank.»

«Ich bin tot, Herzchen.» Miriam ging zum Videorecorder und nahm die Kassette aus dem Gerät. «Ich bin tot, seit ich so etwas zum ersten Mal gesehen und gehört habe. Du hast die Augen deiner Mutter! Weißt du, wie oft er das zu mir gesagt hat? Genau so hat er immer mit mir gesprochen, so weich, so sanft, so verletzt, dass ich jedes Mal das Bedürfnis hatte, ihn in die Arme zu nehmen und zu trösten. Weißt du, wie oft ich ihn umarmt habe? Und dabei wusste ich es, ich wusste es in dem Moment, als er sich im Krankenhaus über mich beugte.

Es waren nicht allein die Bilder, es war seine Stimme. Ich hatte sie noch im Ohr, als ich aufwachte. Und dann dachte ich, ich bilde mir das nur ein. Er war doch der Einzige, der Zeit für mich hatte. Meine Mutter hat einmal gesagt: Heinz Lukka nimmt sich Zeit für Menschen. Ein wahres Wort. Er nahm sich sogar anderthalb Stunden Zeit, zu töten. Andere machen das in fünf Sekunden.»

Miriam legte die Kassette auf den Fernseher, sammelte auch die vom Boden auf und legte sie auf den Tisch. Dabei fragte sie: «Weißt du, ob jemand im Ort Bello genannt wird?»

Nicole schüttelte den Kopf.

«Aber Lukka hat von einem gesprochen», erklärte Miriam. «Er hat Svenja Krahl gefragt, ob Bello hinter ihr her war. Ich bin sicher, er hat Bello gesagt und nicht Ben.»

«Ich kenne wirklich keinen mit diesem Spitznamen», sagte Nicole. Bello, so nannte man einen Hund. Und Bärbel nannte Walter Hambloch oft Waldi. Aber das zu erwähnen, kam Nicole nicht in den Sinn. Sie machte sich große Sorgen, weil Miriam nun wieder beim Thema war und mit den Videos wohl auch so schnell nicht wieder auf andere Gedanken kommen würde.

Miriam sprach weiter: «Svenja Krahl ist im Bendchen vergewaltigt worden. Sie kam hierher, weil sie sich Hilfe von Lukka erhoffte. Nur kam sie in einem sehr ungünstigen Moment, er schaute sich gerade ein Urlaubsvideo an. Deshalb musste sie sterben. Mir hat er einmal erzählt, dass er im Urlaub besonders gerne filmt, weil man dann das Leben spürt. Er hat mehr Mädchen getötet als nur die vier, von denen die Polizei weiß.»

Miriam sprach inzwischen so ruhig, dass es Nicole unheimlich wurde. «Bello», sagte sie noch einmal. «Ich muss wissen, wen Lukka damit gemeint hat. Er nannte ihn seinen Nachfolger, einen Spanner, der oft im Mais liegt und sich von dort aus die Videos zusammen mit ihm anschaut. Begreifst du, was das heißt?»

Als Nicole nicht antwortete, erklärte Miriam: «Hier läuft eine Zeitbombe herum. Ein Mann, der sich wahrscheinlich tausendmal angeschaut hat, was Lukka tat. Irgendwann wird er es tun.»

«Du musst mit der Polizei sprechen», sagte Nicole noch einmal.

Miriam lachte kurz und spöttisch. «Vielleicht zuerst mit Walter? Da wäre ich vermutlich an der richtigen Adresse. Er wusste jedenfalls, dass Lukka in der Nacht hier war, als Svenja Krahl verschwand. Walter nannte sogar eine Uhrzeit, erinnerst du dich?»

So genau erinnerte Nicole sich nicht. Und was Miriam da andeutete, erschien ihr zu absurd, ausgerechnet Walter, der ihr eine Dose mit Tränengas in die Finger drückte und mahnte, gut aufzupassen. Nicole vermutete, dass Miriam zu betroffen und schockiert war von den Videos, ebenso betroffen und schockiert wie sie. Dass Lukka getötet hatte, war schon grauenhaft. Dass er seine Opfer auch noch filmte dabei, war für Nicole mehr, als sie verarbeiten konnte. Und Miriam erging es wohl ebenso, deshalb suchte sie krampfhaft nach einem Mitschuldigen. Und Ben schied nun endgültig aus.

21. Oktober 1997 – 11:30 Uhr

Schon den zweiten Tag saß Bruno Kleu im Verhör. Ich saß im Büro nebenan und hörte zu, die Verbindungstür war nicht ganz geschlossen. Es war wie vor zwei Jahren, als hätte Dirk Schumann nichts gelernt aus meinen Irrtümern. Jetzt ging es nicht darum, dass Bruno eine der Frauen getötet haben könnte – nur Ben.

Er bestritt es heftig. «Der Junge hat verhindert, dass ich im Auto verblute, da können Sie nicht im Ernst annehmen, ich hätte ihn aus dem Weg geräumt. Nennen Sie mir einen triftigen Grund dafür.»

«Weil Sie annehmen mussten, er hätte Ihre Tochter ...», begann Dirk.

«Blödsinn», schnitt Bruno ihm das Wort ab. «Er hat meine Tochter und die anderen beiden nicht mal in Lukkas Auftrag verscharrt, wie Ihre werte Kollegin annahm. Soll ich Ihnen sagen, warum er die Frauen begraben hat? Weil er sie vor Lukka in Sicherheit bringen wollte. Er dachte, sie kommen immer wieder. Für ihn gab es keinen Tod. Es war ein hartes Stück Arbeit, ihn so weit zu bringen, dass er uns begreiflich machen konnte, wie er das sieht. Aber wir haben es geschafft. Ich glaube, wir haben es sogar geschafft, ihm begreiflich zu machen, dass tot sein endgültig ist.»

Kurz nach Mittag fuhr ich nach Lohberg. Ich konnte mir nicht länger anhören, wie mein Kollege Bruno Kleu zusetzte. Ich wollte mit Nicole Rehbach über Miriam Wagner und deren Interesse an Ben sprechen. Nicole war in sehr schlechter Verfassung. In der Nacht hatte sie ihr Kind verloren. Sie weinte nur.

Dann wollte ich endlich zum Friedhof. Auf halber Strecke zum Dorf meldete Patrizia sich. Ben war wieder da – nach fast einer Woche. Wo er sich aufgehalten hatte in dieser Zeit, konnte er Patrizia nicht erklären. Mir war es im ersten Moment auch nicht so wichtig. Hauptsache, er lebte. Verletzt war er. Am Arm, sagte Patrizia. «Er hält ihn so komisch, Frau Halinger. Ich darf ihn nicht anfassen. Ich glaube, er hat starke Schmerzen, er blutet auch. Soll ich ihn ins Krankenhaus ...»

«Nein», sagte ich. «Ich bin in fünf Minuten da.»

«Ich weiß nicht, ob ich ihn so lange festhalten kann. Er will weg, er ist ganz aufgeregt, er sagt immer: Mit.»

Ich schaffte es in drei Minuten. Als ich ankam, löste Patrizia ihm gerade zwei Schmerztabletten in Cola auf. Sein Arm war nicht gebrochen, ausgekugelt war er. Und ich konnte das Schultergelenk nicht einrenken, musste ihn ins Krankenhaus bringen. Eine Fleischwunde an seinem Unterarm war nicht so gravierend, nur ein Riss – wie von einem Metallstück.

Damit erklärte sich das Blut an seinen Händen. Dass es von einer anderen Person stammen könnte, der Gedanke kam mir nicht in der Erleichterung, ihn lebend wieder zu sehen.

Er war keineswegs erleichtert, geriet völlig außer sich, als er mich zu Gesicht bekam.

«Hallo, Ben», sagte ich. «Kennst du mich noch?»

Natürlich kannte er mich noch. Ich war die Frau mit den Fotos, die alle Mädchen haben wollte. Er weigerte sich, zu mir ins Auto zu steigen. So nahmen wir den Van, Patrizia lockte ihn auf den Beifahrersitz mit dem Versprechen: «Wir besuchen Nicole.» Während der Fahrt erzählte sie ihm, dass alles gut und Nicole sich sehr freuen würde, wenn er sie besuchte.

Er freute sich nicht, als wir die Notaufnahme betraten und ein Arzt sich seiner annehmen wollte. «Finger weg!»

«Es geht ganz schnell, Ben», sagte Patrizia. «Und dann tut es nicht mehr weh. Du musst keine Angst haben. Schau mal, was ich hier habe.» Sie kramte in den Taschen ihrer Latzhose, brachte eine Rolle Pfefferminzbonbons, Papiertücher, ein paar Lakritzschnecken und drei verklebte Weingummis zum Vorschein und lenkte ihn damit ab.

Der Arzt trat hinter ihn. Es war eine Sache von Sekunden, ein geübter Griff. Ben gab einen unwilligen Laut von sich, dann schaute er sich verwundert um und betrachtete den Arzt, als könne er es gar nicht fassen. Er hatte wohl noch Schmerzen, aber die empfand er als nicht so gravierend, nachdem er feststellte, dass er den Arm wieder bewegen konnte. Die Risswunde am Unterarm ließ er sich ohne Gegenwehr oder Protest verbinden. Es war wohl eine wichtige Erfahrung für ihn zu erleben, dass die weißen Leute nicht seine Feinde waren, jedenfalls nicht immer.

Nur mir traute er noch nicht. «Mit?» Er dachte wohl, ich würde ihn da lassen. Patrizia erledigte die Formalitäten. Zu Nicole Rehbach führte ich ihn danach nicht. Ihm war es offenbar auch nicht so wichtig, sie zu besuchen. Er wollte nur weg, zurück ins Dorf.

Und ich hatte auf dem Parkplatz einen Streifenwagen gesehen, vermutlich machte Walter Hambloch wieder einen Besuch am Krankenbett. Ich wollte kein Risiko eingehen, war überzeugt von Bens Unschuld, erhoffte mir von ihm Aufschlüsse, egal auf welche Weise. Vielleicht mit seinen Karten, aber dafür brauchte ich Ruhe. In seinem Elternhaus blieben wir bestimmt ungestört, und dort konnte ich ihn festhalten, bis ich von ihm die nötigen Antworten bekommen oder bis Dirk Schumann den wahren Täter überführt hatte.

Wir fuhren zurück, packten ein paar Sachen, etwas Kleidung für Ben, den Kasten mit seinen Karten und andere Dinge, die Patrizia für nützlich hielt. Lebensmittel, Handtücher, Bettwäsche.

«Sie müssen nur die Rollläden ganz runterlassen, wenn Sie das Licht einschalten», riet Patrizia. «Dann merkt keiner, dass Sie da sind.»

Die Bettwäsche hatten wir umsonst eingepackt. Die zerschnittenen Matratzen auf dem Schlösser-Hof waren nicht ersetzt worden. Den von Bruno stibitzten Hausschlüssel hatte Ben in der Scheune versteckt. Er holte ihn, als Patrizia ihn dazu aufforderte. Ich fuhr mein Auto in die Scheune. Patrizia fuhr im Van zurück.

Es war kalt im Haus, die Heizung nicht eingeschaltet, in der Küche stand der Herd, in dem Trude die Beweise des Sommers 95 verbrannt hatte. Im Keller lagen noch etliche Briketts, etwas Holz und ein Häufchen alter Zeitungen. Damit konnte ich einheizen.

Dann saß ich da mit ihm und einem Foto von Vanessa Greven. Er war so unruhig, wollte nicht sitzen, nichts essen, nicht mit mir reden, mir nichts zeigen. Für das Foto hatte er nur einen flüchtigen Blick, dann wollte er zur Tür. «Maus.»

«Du kannst nicht gehen», sagte ich, wie Trude so oft zu ihm gesagt hatte. «Du musst bei mir bleiben.»

21. Oktober 1997 – Miriam

Sie wusste nicht, wie lange sie schon so auf dem Bett lag, sie spürte nur die Schmerzen, besonders der Kopf tat weh. Sehr früh am Morgen war sie zurückgekommen von ihrer Reise nach Südfrankreich. Und der Mörder hatte schon auf sie gewartet. Jeden Tag, vielmehr jede Nacht hatte er kurz im Bungalow nachgeschaut, ob sie endlich wieder da wäre.

Eigentlich hatte sie zwei Wochen bleiben, nichts sehen und nichts hören wollen von Vanessa Greven, Dorit Prang und einem Mann, der im Wald junge Frauen wie Svenja Krahl und Katrin Terjung vergewaltigt hatte. Aber schon wenige Tage nach ihrer Ankunft zeichnete sich ab, wer der Mann war, den Heinz Lukka Bello genannt hatte. Als Beweis reichte es nicht, das war ihr klar. Aber sie wollte zumindest Nicole warnen, sich erkundigen, was die Verabredung mit mir gebracht hatte, und einen massiven Hinweis geben. Nicole meldete sich nicht. Auch am nächsten Tag ging in Nicoles Wohnung niemand ans Telefon. Sie probierte es auf dem Lässler-Hof, hatte zweimal Antonia in der Leitung und legte wortlos auf. Erst beim dritten Mal kam Achim an den Apparat, und sie hörte, was geschehen war.

Als sie ankam, war es noch viel zu früh, um etwas zu unternehmen, kurz nach vier. Sie war müde, völlig erschöpft von der langen Fahrt, eine Pause hatte sie nicht eingelegt. Sie wollte fit sein für die Konfrontation mit der Kriminalpolizei, dachte sich, dass eine Menge Fragen und Vorwürfe auf sie zukämen. Sie legte sich ins Bett, schlief rasch ein und war eine leichte Beute.

Als sie aufwachte, war alles anders. Ihr Bewusstsein trieb in einer Welle von Schmerz, kam für Sekunden an die Oberfläche, sank wieder hinab. Jeder Gedanke wurde auf der Stelle weggeschwemmt. Am schlimmsten betroffen war der Kopf. Ihr gesamter Schädel war erfüllt von unerträglichem Hämmern und Stechen, als ob Tausende von Stahlnägeln sich in den Knochen bohrten mit jedem flachen Atemzug.

Sie lag auf dem Bauch, mit ausgestrecktem linken Arm, die Hand steckte warm unter der zweiten Decke auf dem breiten Bett. Ihre rechte Gesichtshälfte und das rechte Ohr lagen auf dem Kissen. Es war ein dickes Kissen, in dem ihr Gesicht so weit einsank, dass ein Nasenloch zugedrückt wurde und tiefe Atemzüge nicht möglich waren. In ihrem Zustand meinte sie jedenfalls, es läge am Kissen. Aber es war nicht weiter störend, lohnte nicht, für einen tiefen Atemzug den rasend schmerzenden Kopf ein wenig anzuheben und anders zu legen, er war auch viel zu schwer.

Dass sie einen Schlag auf den Hinterkopf erhalten hatte

und einen zweiten dicht am linken Ohr, wusste sie nicht. Der erste Schlag hatte ihren Schlaf in Bewusstlosigkeit verwandelt. Dann hatte der Mann noch einmal zugeschlagen. Am Hinterkopf war die Haut aufgeplatzt, die Wunde hatte stark geblutet, war aber inzwischen verschorft. Auch der zweite Schlag am Ohr hatte zu Gewebeschäden und einer kleinen Blutung geführt. Die äußere Ohrmuschel war stark angeschwollen, Blut in den Gehörgang eingedrungen und dort geliert. Der Pfropfen verschloss das geplatzte Trommelfell und schirmte sie ab gegen jedes Geräusch, sogar gegen das laute Rumoren aus der Garage.

Ihr Körper fühlte sich taub an, sie spürte weder Arme noch Beine, auch den Rücken nicht und nicht die klebrige Feuchtigkeit, in der sie lag. Die Nähe des Todes gaukelte ihr Bewegungen und Aktivitäten vor. Einmal war ihr, als käme Nicole ins Zimmer und brächte ihr das Frühstück ans Bett. Und einmal war ihr, als streckte Ben die Hand aus, um sie zu streicheln.

«Nicht anfassen», murmelte sie.

Sie taumelte an der Schwelle des Lebens von einer verführerischen Szene in die andere. Wäre ihr bewusst gewesen, was mit ihr geschehen war, hätte sie Sterben vielleicht als schön und friedlich empfunden. So war es nur wie ein Pendeln hinauf und wieder hinab in völlige Leere, in der es keinen Schmerz gab, keine Sehnsucht und keine Erinnerungen.

21. Oktober 1997 – 16:00 Uhr

Maus! Ich wusste doch nicht, wen er meinte, wusste nichts von dem Nachmittag, als Achim Lässler ihn auf Bruno Kleus Hof abgeholt hatte, angeblich zu einem Spaziergang, damit Ben mal rauskam. Bruno hatte sich sehr darüber gewundert, aber auch sehr darüber gefreut, dass Achim endlich zur Vernunft gekommen war und sich besann auf all die Stunden in früheren Jahren, in denen Ben für ihn die schweren Futtersäcke in den Schweinestall geschleppt hatte.

Eigentlich hatte Nicole Rehbach damals diesen «Spaziergang» mit Ben übernehmen sollen. Aber Nicole sah einerseits keine plausible Erklärung, die sie Bruno Kleu hätte bieten können, und fand andererseits, Miriam sollte Ben in Ruhe lassen. Er war zufrieden bei Patrizia und Bruno, so sollte es bleiben.

Auch Achim Lässler war nicht auf Anhieb bereit, Miriam diesen Gefallen zu tun. Es war erst wenige Wochen her, dass sie vor ihm in der Diele gestanden und verlangt hatte, er solle Ben umbringen. Und plötzlich dieser Sinneswandel. Sie bat so eindringlich.

«Ich muss ihn sehen, bitte. Nur noch einmal. Du kannst dabei bleiben und dich überzeugen, dass ich ihm nichts antun will. Wenn er nicht bleiben will, kann er sofort gehen. Ich will ihm nur sagen, wie Leid mir das alles tut. Verstehst du? Er hat mir vertraut, er zeigte mir, dass er mich mag. Und ich wollte unbedingt beweisen, dass er Lukkas Komplize war.»

Es war der letzte Sonntag im Mai 97, als Achim ihn zum Bungalow brachte und Miriam ihn bat, ihr zu verzeihen. Er wusste gar nicht, was das war, hatte noch nie einem Menschen etwas verzeihen müssen, weil er noch nie jemandem böse gewesen war, nur enttäuscht. Lange blieb Achim nicht dabei. Und Ben wollte nicht sofort wieder gehen.

Die kleine Maus hatte ihm nichts Böses getan. Der Schnitt mit dem Messer war nicht so schlimm gewesen, wie sie meinte. Seine Mutter hatte manchmal schlimmere Dinge mit ihm gemacht. Und sie war doch nur eine kleine

Maus. Kleine Mäuse durfte man nicht ernst nehmen, wenn sie sich dumm benahmen. Und wenn sie weinten ... Er konnte keinen Menschen weinen sehen, wollte nicht, dass jemand traurig war, tröstete sie, so gut er konnte.

Er nahm sie in die Arme, wie Dieter es mit Patrizia machte, wenn sie Kummer hatte. Und diesmal verbot sie ihm nicht, sie anzufassen. Sie legte den Kopf an seine Schulter, weinte sein Hemd nass und erzählte dabei von einem Holzwurm, der nicht ihr Vater sein wollte. Dass sie gerne einen Wurm zum Vater gehabt hätte, verstand er nicht. Sie war wirklich sehr merkwürdig, aber ihn störte das nicht. Er war ja auch nicht wie alle anderen.

Was sonst noch an diesem Nachmittag zwischen ihnen geschah, weiß ich nicht. Er konnte es nicht sagen, aber er wollte es nicht wieder hergeben, wie er alles andere hatte hergeben müssen. «Maus.»

Ich wusste nur von Trude, dass er früher tote Mäuse gesammelt hatte – im Bruch. «Da kannst du nicht mehr hingehen», sagte ich. «Dort haben wir tote Frauen gefunden. Und viele Leute denken, du hättest sie getötet. Ich glaube das nicht. Aber ich kann nicht verhindern, dass sie dich wieder einsperren, wenn du mir nicht sagst oder zeigst, was du gemacht hast.»

Da setzte er sich endlich zu mir an den Küchentisch. Ich fühlte mich, wie Trude sich in den furchtbaren Wochen gefühlt haben musste, schob ihm noch einmal das Foto von Vanessa Greven hin. Er kramte in seinem Kasten, zog eine Karte heraus. LEO. Es stand wohl für Leonard Darscheid.

«Was hast du mit dieser Frau gemacht?»

Er schüttelte den Kopf, kramte weitere Karten heraus. BEN BRINGEN FRAU MACHEN HOLZ SCHÖN.

«Hast du der Frau wehgetan?»

Nun schüttelte er heftig den Kopf, winkte gleichzeitig

unwillig ab. «Maus weh», sagte er und wollte wieder zur Tür.

Und ich sagte noch einmal: «Du kannst nicht mehr zum Bruch gehen. Setz dich wieder hin und sag mir, wo du deine Schulter und den Arm verletzt hast.»

«Maus», sagte er. Sie war die einzige Frau, für die er einen Namen hatte. Sie hatte auch einen für ihn, einen ganz neuen, den nur sie aussprach. Dafür hatte er keine Karte, er wollte auch nicht länger mit mir diskutieren. Ich sollte nur endlich verstehen, und er hatte nicht für alles Karten. Er nahm sich das dicke Malbuch vor, blätterte hastig, tippte hier und dort auf eine Zeichnung. Ein grünes Auto, eine Landschaft mit Bäumen, ein kleines Haus und zurück zu dem Auto.

Dann schlug er eine Märchenszene auf, Schneewittchen im gläsernen Sarg. Er tippte auf die schlafende Schönheit. «Maus.» Anschließend suchte er einen schwarzen Filzstift aus dem Mäppchen und verwandelte mit wenigen Strichen den Prinzen hoch zu Ross in den Tod. Er zeichnete ihm eine Sense in die Hand.

Ich traute meinen Augen nicht. Und er war mit seiner Geduld am Ende, riss mich am Arm vom Stuhl. «Mit», zerrte mich zur Tür, weiter ins Freie. Mir blieb nichts anderes übrig, als mit ihm zu gehen. Und wie Trude an dem trüben Mittwoch im März 96 dachte ich, hoffentlich sieht uns niemand.

Miriam

Die Momente dicht unter der Oberfläche wurden länger. Etwas in ihr hatte zu kämpfen begonnen, Instinkt oder Lebenswille, vielleicht nur eine grausame Laune der Natur, die verhindern wollte, dass sie erlöst wurde, ehe sie nicht völlig die Hoffnungslosigkeit ihrer Situation erkannt hatte. Was auch immer es war, es wehrte sich gegen die trügerischen Szenen von Bewegung, Aktivität und Sicherheit, wehrte sich gegen die Schwärze und zwang sie allmählich in die Realität.

Es war eine Qual, im Schmerz zu treiben, aber die Kälte störte mehr. Ihr war sehr kalt, das Laken unter ihrem Körper fühlte sich klamm und feucht an. Nur die linke Hand lag warm und trocken unter der zweiten Decke. Ihre Decke war weg, das registrierte sie, als sie die Schultern leicht bewegte. Und mit der Bewegung fühlte sie das Brennen über dem linken Schulterblatt.

Das Messer war über dem Knochen abgerutscht, die Wunde gut fünf Zentimeter lang, jedoch nicht sehr tief und bereits leicht verschorft. Sie blinzelte mit dem linken Auge, das rechte war ins Kissen gedrückt. Zu sehen war nichts. Es war stockdunkel im Zimmer. Der Rollladen war unten. Aber aus der Diele hätte Tageslicht einfallen müssen. Sie hatte die Tür nicht geschlossen. Die völlige Dunkelheit konnte nur bedeuten, dass es Nacht oder die Tür geschlossen worden war.

Rechts neben ihr war der Nachttisch, darauf stand eine Lampe. Mit der seitlichen Bewegung des rechten Armes zuckte ein scharfer Schmerz durch die Brust. Unwillkürlich zog sie die Luft ein, der Kopf schien zu explodieren, sie musste husten. Aber die Fingerspitzen hatten den Lichtschalter erreicht. Sie zog die linke Hand aus der Wärme und drückte das Kissen unter dem Gesicht etwas nieder. Nun lag das Laken in ihrem Blickfeld, es war voller Blut, das aus der Wunde auf dem Schulterblatt stammen musste.

Vorsichtig versuchte sie, die Stelle mit der Hand zu erreichen. Es war sehr beschwerlich, den linken Arm zu verdrehen und die Hand so weit nach oben zu schieben, dass ihre Finger etwas ertasten konnten. Das Messer. Es verursachte den dumpfen, quälenden Druck in der Brust und die Schwierigkeiten bei der Atmung, steckte bis zum Heft unter ihren Rippen. Links!

Die Klinge musste das Herz knapp verfehlt haben. Sie war eher verwundert als schockiert. Die Schmerzen im Kopf schienen bedrohlicher. Mühsam brachte sie den linken Arm weiter nach oben, schob ihn langsam über das rote Laken, erreichte mit den Fingerspitzen wieder das Kissen, wollte den Kopf abtasten, nur feststellen, ob der Schädelknochen verletzt war. Aber bis zum Kopf kam sie nicht. Ein erneuter kurzer, scharfer Schmerz in der Brust machte ihr endgültig klar, dass sie den linken Arm nicht bewegen durfte.

Länger als eine Stunde kämpfte sie gegen die Verlockung, die Augen wieder zu schließen, zurückzugleiten in den Zustand von Schmerzlosigkeit und Nichtwissen. Der Schmerz im Kopf war unverändert heftig, die Übelkeit würgte sie. Das Brennen in der Schulter wurde stärker, war aber nebensächlich. Sie wusste genug über Medizin und die Reaktionen eines Körpers. Es waren immer die relativ harmlosen Verletzungen, die einen Aufruhr der Nerven verursachten. Die wirklich bedrohlichen setzten Hormone frei, die wie ein starkes Schmerzmittel wirkten. Dann fühlte man kaum etwas.

Ein Stich in die Lunge. Der dumpfe Druck in der Brust sprach dafür. Vielleicht lebte sie nur noch, weil das Messer die Wunde provisorisch verschloss und verhinderte, dass ihre Lunge kollabierte. Ob das der richtige Ausdruck war, wusste sie nicht, aber was kümmerte sie der richtige oder falsche Ausdruck. Sie wusste jedenfalls, dass von außen keine Luft eindringen und sie das Messer nicht herausziehen durfte.

Und an der rechten Seite ihres Körpers war noch eine Wunde, aus der es beständig rot im Laken versickerte. Eine gute Handbreit unter den Rippen, in dem Bereich, in dem die Nieren lagen, war eine Arterie verletzt. Sie befürchtete, dass ihre rechte Niere durchstochen war, und sie hatte nur noch diese. Die Blutung konnte sie stoppen, indem sie den rechten Handrücken dagegen presste. Es war unbequem, zwang sie, den rechten Arm unnatürlich anzuwinkeln. Wie lange sie ihn so halten konnte, wusste sie nicht.

Ihr war entsetzlich kalt. Das Zimmer wurde nie beheizt, aber daran allein lag es vermutlich nicht. Das Fenster war geschlossen, die Tür zur Diele tagelang offen gewesen, die Wärme aus den anderen Räumen musste die Zimmertemperatur auf neunzehn bis zwanzig Grad gebracht haben. In den Tagen vor ihrer Abreise am 13. Oktober waren es immer um die zwanzig Grad gewesen, genau richtig, um am späten Abend zu Bett zu gehen und noch eine Weile ohne Decke zu liegen.

Das waren Momente, die sie intensiv genoss. Wenn die Haut einen Hauch von Kühle spürte, nicht so, dass sie fror, nur so viel, dass sie jeden Zentimeter Wärme registrierte, die er ausstrahlte – wenn er bei ihr war. Seit Anfang Juni war Ben jede Nacht bei ihr gewesen und bis zum frühen Morgen geblieben. Und wenn er sich davonstahl, weil er meinte, dass Patrizia ihn ebenso nötig brauchte, deckte er sie gut zu.

Sie wusste, dass er keine Frau im Bendchen vergewaltigt haben konnte. Sie war sein Alibi für jede Nacht, in der ein Mensch verletzt oder gestorben, auch für den Morgen, an dem Hartmut Rehbach verblutet war. Nun verblutete sie.

Nur nicht einschlafen, auf gar keinen Fall das Bewusstsein verlieren. Und nicht in Panik geraten, nicht grübeln, wie viel Blut schon in der Matratze versickert sein mochte. An etwas Schönes denken, an die Tage in Südfrankreich. Sie hatte ein kleines Haus gemietet, ursprünglich nur für sich allein, um in Ruhe und mit der nötigen Distanz nachzudenken, wie es weitergehen sollte. Mit ihm leben, weil er einen Menschen brauchte, der für all das sorgte, was er sich selbst nicht beschaffen konnte. Sie konnte ihm mehr geben als Patrizia, weil sie sich nicht teilen musste zwischen Ehe, Baby und Bauernhof. Und er gab dafür zurück, was sie brauchte. Ihn kümmerte es nicht, dass sie ein Bein nachzog und ihr Gesicht nicht perfekt war.

Aber es würde ein harter Kampf werden, und sie wusste nicht, ob sie es durchstand. Sich hinwegsetzen über all die gerümpften Nasen, die spöttisch-abfälligen Blicke, den Dorfklatsch, der unweigerlich aufkommen musste. Sie konnte sich das lebhaft vorstellen. Eine junge Frau in Lukkas Bungalow und dann auch noch mit Ben.

Dann sprach Nicole davon, die Kriminalpolizei über die Vorgänge im Dorf zu informieren. Es war nicht mehr die Zeit zu überlegen. Plötzlich stellte sich nur noch die Frage, ob man ihr glaubte, dass er seit Juni die Nächte bei ihr verbracht hatte. Niemand wusste davon, er kam spät in der Nacht, ging sehr früh am Morgen. Vielleicht war es ein Fehler gewesen, ihn mitzunehmen, ohne jemanden einzuweihen. Nur hatte sie in dem Moment keine andere Möglichkeit gesehen, ihn zu schützen.

Die lange Fahrt hatte er verschlafen. Fünf Schlaftabletten in einer Flasche Cola, sonst wäre er vermutlich unruhig geworden. So war er nur verblüfft gewesen bei der Ankunft, hatte die fremde Umgebung bestaunt, zum ersten Mal etwas mehr gesehen von der Welt, und es sah nicht einmal sehr viel anders aus als das kleine Stück, das er kannte.

Es waren ein paar herrliche und unbeschwerte Tage gewesen trotz allem. Mit jeder Stunde war ihre Sicherheit gewachsen, ebenso ihre Bereitschaft, über gerümpfte Nasen und alles andere hinwegzusehen. Er war es wert. Sie hatten lange Spaziergänge gemacht, bei Wind und Wetter, ihre ersten Spaziergänge nach einer Ewigkeit – ohne einen Hund an der Leine, ohne Lügen, meist ohne ein Wort. Und welcher Mann konnte das schon, stundenlang neben einer Frau durch strömenden Regen laufen und schweigen? Jeder andere hätte sich an die Stirn getippt, sie für verrückt erklärt. Er nicht, weil man ihn schon vor langer Zeit für verrückt erklärt hatte. Und sie fand, das war er nicht.

An den Abenden hatte er geschnitzt. Leute im Wald – Svenja Krahl und der Mann, der sie vergewaltigt und in Lukkas Arme getrieben hatte. Die Gesichter waren immer noch winzig, aber mit einer starken Lupe gut zu erkennen.

Als sie zurückkamen am frühen Morgen und in die Garage fuhren, hatte sie ihn im Wagen sitzen lassen müssen, weil er noch so fest schlief. Aber er musste längst aufgewacht sein. Und dass er gegangen war, ohne noch einmal nach ihr zu sehen. Oder dass er sie so gesehen hatte und trotzdem nicht zurückkam, weil er meinte, tagsüber brauche Patrizia seine Hilfe ...

Es waren doch nicht so schöne Gedanken. Vor dem späten Abend kam er nie, sie konnte nicht noch Stunden so liegen, musste ans Telefon. Zwei Meter vom Fußende des Bettes entfernt stand die Rettung auf einem Glastisch nahe dem Fenster. Und sie durfte sich nicht bewegen, war allein in einem Haus, in dem fünf Menschen gestorben waren – nicht nur sehr wahrscheinlich, ganz bestimmt. Allein mit dem Tod, meinte sie, ihn neben ihrem Bett zu sehen, einen schmächtigen, alten Mann, der mit sanfter, eindringlicher Stimme sagte: «Du hast die Augen deiner

Mutter. Wenn ich dich sehe, geht es mir immer prächtig. Nun komm, kleine Maus. Komm zu mir, du wolltest doch immer einen Vater wie mich.»

Außer seiner Stimme hörte sie nichts.

21. Oktober 1997 – 17:15 Uhr

Ins Haus kamen wir durch das Garagentor, das Ben einige Stunden zuvor von innen aufgebrochen hatte, wodurch er zu seinen Verletzungen am Arm gekommen war. Den Bungalow durch die Haustür zu verlassen, war ihm nicht möglich gewesen. Die Tür war verschlossen, weit und breit kein Schlüssel zu sehen. Er musste an ihrem Bett gewesen sein. Aber das Messer in ihrem Rücken hatte er nicht angerührt.

Ich weiß nicht, warum er es stecken ließ. Er kann nicht gewusst haben, dass sie gestorben wäre, wenn er es herausgezogen hätte. Er kann auch nicht gewusst haben, dass er die fast perfekte Planung des Mörders durchkreuzt hatte mit seinem unvorhersehbaren Verhalten. Miriam Wagner wäre gestorben zu einem Zeitpunkt, als er wieder im Dorf war. Und wir hätten auf der Tatwaffe nur seine Fingerabdrücke gefunden. Vielleicht war er wirklich bei ihr gewesen und hatte ihr Murmeln gehört: «Nicht anfassen.»

Kleine Mäuse mochten manchmal dumm sein, aber auch Bruno hatte ihm oft erklärt, er hätte die Mädchen nicht anfassen dürfen, er hätte jemanden holen müssen. Diesmal hatte er es richtig gemacht. Es hatte nur so entsetzlich lange gedauert, bis ich ihn verstand.

Als wir ins Schlafzimmer kamen, dachte ich im ersten Moment, es sei zu spät. Aber als er ihr durchs Gesicht strich, blinzelte sie. Und ich meine, sie hätte gelächelt und etwas gemurmelt, nur ein Wort, ich habe es nicht verstanden.

Der Notarzt brauchte nur sieben Minuten. In der Zeit drückte ich die Arterie ab und redete auf sie ein. «Nicht einschlafen, Frau Wagner, nicht einschlafen.»

Sie hörte mich gar nicht. Er streichelte unentwegt ihr Gesicht, sagte immer wieder: «Maus.» Was sie sagte, verstand ich nur zum Teil. «Bei mir – jede Nacht.» Und etwas von Frankreich und Auto.

Dann musste ich Platz machen für den Notarzt. Ben schaute sehr kritisch zu, wie sie versorgt wurde. Als der Arzt eine Infusion anlegte, vergewisserte er sich bei mir: «Fein macht?»

«Ja», sagte ich. «Das muss sein, damit sie gesund wird.»

Der Arzt schaute sehr skeptisch drein. Aber bei Tanja Schlösser hatten sie es auch geschafft. Und wie sie da auf dem Bett lag, war sie wie Tanja, so kindlich, so nahe am Tod.

Der Rettungshubschrauber landete zwanzig Minuten später auf der Kreuzung. Es war alles wie vor zwei Jahren, nur dass Ben nicht blutend am Boden lag. Er lief herum und wollte unbedingt in den Helikopter steigen. «Mit.»

«Du kannst nicht mit», sagte ich. «Du musst bei mir bleiben. Wir fahren mit dem Auto hinterher.»

Wir konnten nicht sofort fahren, ich musste warten, bis mein Kollege und die Spurensicherung eintrafen. Ich rief Patrizia dazu und schickte sie mit Ben zum Schlösser-Hof.

Dann hatte ich eine knappe halbe Stunde, mich umzuschauen. Miriam Wagners Schlüssel lagen in ihrer Handtasche, die unter einem Kleiderhäufchen im Schlafzimmer steckte. Ich schaute mir den Jaguar an, entdeckte einen Koffer und eine Reisetasche. In der Tasche befand sich Männerkleidung, offenbar in Frankreich gekauft.

Den Koffer mit Miriams Sachen habe ich nur geöffnet, aber nicht ausgeräumt. Unter ihrer Kleidung lagen zwei Holztafeln, ich habe sie nicht gesehen. Sonst hätte ich gewusst, wer Svenja Krahl im Sommer 95 vergewaltigt hatte, ehe mein Kollege die Ermittlungen wieder in seine Hände nahm.

Dirk Schumann war sehr wütend auf mich. «Verdammt nochmal, Brigitte, was treibst du hier?»

Dirk wollte Ben unbedingt haben. «Vergiss ihn», sagte ich. «Er hat ein Alibi für jede Nacht in den letzten Monaten. Und ich glaube, er war gar nicht mehr hier, als Rehbach getötet wurde.»

«Du glaubst», meinte Dirk. «Und was glaubst du, wo er war?»

«In Urlaub», sagte ich.

Dirk tippte sich an die Stirn. «Willst du mich verscheißern?»

Nein, das wollte ich nicht. Nur konnte ich vorerst nicht mehr sagen und hatte nicht die Zeit für lange Erklärungen. Ich musste mich um Ben kümmern, hatte ihm schließlich etwas versprochen.

Miriam Wagner war ins Klinikum Merheim gebracht worden. An dem Abend und in der Nacht hatte es keinen Sinn mehr, dorthin zu fahren. Ich blieb mit ihm auf dem Schlösser-Hof, er lief die ganze Nacht umher, sagte unzählige Male: «Maus.»

Am nächsten Vormittag hieß es, sie habe keine Chance. Sie hatte noch im Hubschrauber den ersten Herzstillstand erlitten, am frühen Morgen den zweiten. Nun wurde sie künstlich beatmet. Ihre Hirnfunktion war noch messbar. Der zuständige Arzt meinte, das würde sich ändern, sobald die Maschinen abgeschaltet würden. Wenn Angehörige zu verständigen seien, sollte ich das sofort tun, damit eine Entscheidung getroffen werden könne.

In Ben sah der Arzt keinen Angehörigen, nur einen Störfaktor. Fünf Minuten wollte er ihm an ihrem Bett einräumen, nur fünf Minuten. Aber er ließ sich nicht wegschicken, betrachtete misstrauisch die vielen Instrumente, vergewisserte sich erneut bei mir: «Fein macht?»

«Ja», sagte ich wieder. «Das muss sein, damit sie gesund wird.» Ich wollte ihn nicht belügen, aber was hätte ich sonst sagen sollen? Er setzte sich zu ihr auf das Bett. Sofort protestierte eine Schwester: «Das geht nicht, junger Mann.»

Also stand er wieder auf, aber ihre Hand hielt er fest. Als ich fahren wollte, schüttelte er den Kopf. Ich ließ der Schwester meine Telefonnummer da und ihn dazu. Mittags stellte man ihm einen Stuhl neben das Bett, weil er sich nicht von der Stelle rührte. Abends fuhr ich noch einmal hin und holte ihm etwas zu essen aus der Kantine. Die Nachtschwester war bereits da und hatte nichts dagegen, dass er blieb.

«Er macht ja nichts.»

Er machte vier Tage lang nichts, saß nur da, hielt ihre Hand, streichelte ihr Gesicht, küsste sie hin und wieder auf die Stirn. Wenn er zur Toilette musste, winkte er eine Schwester heran, damit sie ihre Hand hielt. Gab man ihm etwas zu essen, war es gut, gab man ihm nichts, war es auch gut. Wenn er müde wurde, legte er den Kopf auf das Bett.

Die Schwestern gewöhnten sich an ihn. Der behandelnde Arzt meinte nach vier Tagen, sie hielte nur durch, weil er da sei. Sonntags atmete sie wieder aus eigener Kraft. Und am Dienstag schlug sie zum ersten Mal die

Augen auf, nur für ein paar Sekunden. «Da bist du ja», murmelte sie und schlief wieder ein.

Das war der Tag, an dem Nicole Rehbach aus dem Lohberger Krankenhaus entlassen wurde. Ihre Wunden waren noch nicht verheilt, aber sie wollte es so, weil am Nachmittag ihr Mann beigesetzt wurde. Walter Hambloch holte sie ab.

Natürlich hatte längst jemand von der Spurensicherung Miriam Wagners Koffer ausgeräumt und die beiden Holztafeln gefunden. Sie waren quadratisch mit einer Seitenlänge von dreißig Zentimetern. Auf jeder Tafel befand sich ein Relief. Zwei Menschen im Wald, ein Mann und eine Frau. Nur holte sich niemand eine Lupe, um Schnitzereien zu betrachten, die man für Urlaubssouvenirs hielt. Pilzsammler, dachte man, weil die beiden Menschen im Wald auf einem Relief gebückt waren, als suchten sie etwas. Und ein Akt, dachte man, weil das zweite Relief eine Umarmung zeigte. Die Gesichter waren winzig, doch mit einer Lupe war der Mann zu erkennen.

Dirk Schumann war immer noch interessiert an Ben, obwohl auf dem Messergriff keine Fingerabdrücke festgestellt worden waren und man kaum davon ausgehen durfte, Ben hätte Handschuhe übergezogen oder den Griff abgewischt. Dirk vermutete, ich hätte das für ihn getan. Er glaubte mir nicht, dass Miriam Wagners Aussage Ben entlastete, weil Miriam Wagner noch keine Aussage gemacht, nur ein paar Worte gemurmelt hatte.

Am fünften Tag nach ihrer Einlieferung machte Miriam ein paar Angaben zu ihrem Aufbruch. Andreas und Sabine Lässler bestätigten später, den Jaguar in der Nacht vom 14. auf den 15. Oktober gesehen zu haben. Folglich konnte Ben am nächsten Morgen nicht in Rehbachs Garten gewesen sein.

In der Nacht war Achim Lässler dort gewesen. Das wusste Dirk inzwischen. Walter Hambloch hatte ihn darauf hingewiesen, es könne sich im Fall Rehbach auch um einen Racheakt gehandelt haben, weil Nicole und Hartmut Britta Lässler nicht beigestanden hatten. Nun saß anstelle von Bruno Kleu Achim Lässler im Verhör.

An dem Abend traf ich Anita Schlösser bei Miriam Wagner an, als ich Ben mit einer Mahlzeit versorgen wollte. Das hatte seine Schwester bereits getan. Anita bestand darauf, dass er jetzt mit ihr fuhr, bei ihr duschte und frische Kleidung anzog. «Dann bringe ich dich wieder hierher.»

Er ging nur sehr widerstrebend, nachdem ich ihm versprochen hatte, zu bleiben und Miriams Hand zu halten, bis er zurückkam. Sie war eingeschlafen, wachte auf, kurz nachdem er mit Anita die Station verlassen hatte.

Sie erinnerte sich nicht, wer ich war. Als sie es begriff, lächelte sie matt. «Aber Sie haben Waldi nicht überführt, sonst läge ich nicht hier.» Sie war schwer zu verstehen, sprach so leise, dass ich mich tief zu ihr hinunterbeugen musste.

Ihre Verletzungen betrachtete Miriam als den letzten Beweis, dass sie sich nicht geirrt hatte und nicht etwa nur deshalb Walter Hambloch für den Täter hielt, weil sie ihn nicht ausstehen konnte. Es gab nur diese eine Möglichkeit. Der Täter musste mit einem Schlüssel in den Bungalow gekommen sein. Außer ihr hatte nur Nicole Rehbach einen Schlüssel, den während der Geburtstagsfeier jeder Gast aus der Manteltasche genommen haben konnte.

«Dazu hatten Andreas Lässler, Uwe von Burg und Dieter Kleu keine Veranlassung», flüsterte sie. «Oder sehen Sie eine?»

Mit Nicoles Schlüssel war es eine Kleinigkeit gewesen, in den Bungalow zu gelangen. Nur war niemand zu

Hause gewesen. Aber der dritte Hausschlüssel hatte in einem Schubfach der Garderobe gelegen. Nicoles Schlüsselmäppchen wurde nicht mehr gebraucht und konnte zurück in die Manteltasche gesteckt werden, wo Walter Hambloch es dann «fand», als Dirk und die Spurensicherung danach suchten.

Es klang logisch, ich konnte es nur nicht glauben, sah Walter Hambloch noch an Hartmut Rehbachs Leiche zusammenbrechen, hörte ihn noch schreien: «Nein! Nein! Nein!»

«Er ist ein hervorragender Schauspieler, und er kann sich binnen weniger Sekunden auf eine veränderte Situation einstellen», flüsterte sie. «Als es um Svenja Krahl ging, hat er sich verraten. Er war völlig sicher, dass Lukka in der Nacht zu Hause gewesen war, nannte sogar die Uhrzeit, zu der Lukka das Mädchen ins Haus gelassen haben muss. Zwei Uhr, das kommt hin. Bei der Videoaufzeichnung war die Uhrzeit eingeblendet. Und wann Lukka zu Hause war, konnte nur jemand genau wissen, der ihn gesehen hatte. Als Hambloch merkte, welcher Schnitzer ihm da unterlaufen war, lenkte er sofort ein, erzählte etwas von einem falschen Tag. Er ist aalglatt, glauben Sie mir. Wenn man glaubt, man hat ihn, flutscht er einem wieder aus der Hand. Aber jetzt können Sie ihn festnageln.»

Als wir über Walter Hambloch sprachen, saß die Trauergesellschaft noch im Wohnzimmer an der Bachstraße zusammen. Nicole, Patrizia und Dieter Kleu, Hartmut Rehbachs Eltern, die ihren Urlaub abgebrochen hatten, und seine Freunde. Und Nicole sagte zu Walter Hambloch, er könne für sie niemals mehr sein als ein guter Freund.

«Walter war ja nicht nur ein Freund von Hartmut», flüsterte Miriam Wagner weiter. «Mit Andreas Lässler war er ebenso gut befreundet. Er war oft auf dem Lässler-Hof, schon als Kind, als Jugendlicher natürlich auch. Ich möchte nicht wissen, wie oft er beim Bungalow Halt gemacht und Lukka zugeschaut hat. Lukka muss ihn häufig bemerkt haben. Manchmal hat er ihn wohl für Ben gehalten. Aber irgendwann hat er begriffen, dass er von Ben eben nichts bemerkt, wenn er im Mais versteckt liegt. Ben tauchte immer unvermittelt auf der Terrasse auf, und zwar nur, wenn er sich zeigen wollte. Wenn sich draußen etwas bewegte, war es ein anderer. Bello. Lukka wusste, dass Hambloch von einigen im Dorf Waldi genannt wurde. Das klang ihm vermutlich zu sehr nach einem Dackel. Und damit kann man Hambloch nun wirklich nicht vergleichen.»

Ich rief meinen Kollegen an und verständigte die Wache in Lohberg, weil Walter Hamblochs Kollegen schneller im Dorf sein konnten als Dirk Schumann und weil Miriam Wagner flüsterte: «Hambloch hat geglaubt, nach Hartmuts Unfall könne er bei Nicole den Ersatzmann spielen. Sie hat ihn zurückgewiesen, mehr als einmal und immer mit der Begründung, dass sie ihren Mann nie verlassen wird. Nun hat Hambloch eben dafür gesorgt, dass Hartmut Nicole verlässt. Wenn er merkt, dass er sie auch jetzt nicht haben kann, wird er sie töten.»

Das haben wir verhindert. Und diesmal hatten wir Beweise genug. Wir haben sogar ein Geständnis bekommen, nicht sofort. Zuerst versuchte Walter Hambloch noch, Ben die Morde an den vier Frauen und den Angriff auf Miriam anzulasten. Achim Lässler sollte für den Tod seines Freundes und Nicoles Verletzungen verantwortlich sein.

Er hatte es gut durchdacht. Der psychiatrische Gutachter bescheinigte ihm eine überdurchschnittliche Intelligenz. Trotzdem hatte er einiges nicht einkalkuliert oder schlicht übersehen. Hätte er sich in der Nacht, als er Katrin Terjung vergewaltigte, näher an den roten Ford Fiesta herangewagt, wäre ihm kaum entgangen, mit welcher Frau Achim Lässler beim Bendchen zusammen war. Aber das hatte er nicht gewagt aus Furcht, dass Achim ihn erkennen würde.

Und hätte er nur einmal abgewartet, wäre ihm auch aufgefallen, dass Ben den Bungalow erst früh am Morgen wieder verließ, nachdem Miriam ihn am späten Abend hereingelassen hatte. Zweimal hatte Hambloch beobachtet, dass Miriam die Haustür für Ben öffnete. Nur war ihm nicht der Gedanke gekommen, es könne bei diesen Besuchen um etwas anderes gehen als um Lukka.

Als Ben verschwand, hatte Hambloch angenommen, Bruno Kleu hielte ihn irgendwo versteckt. Und da war er nervös geworden. Er brauchte Ben in Freiheit, wenn Miriam Wagner von ihrer Reise zurückkam. Warum er sie unbedingt umbringen wollte, konnte er nicht überzeugend erklären. Dass er Angst vor ihr gehabt hat, wies er weit zurück. Aber er muss sie gefürchtet haben, weil sie sich bemühte, den Mann zu finden, den Heinz Lukka Bello genannt hatte, und weil sie großen Einfluss auf Nicole hatte.

Aufgeatmet hatte er, als er Ben schlafend im Jaguar entdeckte. Begriffen hatte er wohl auch, warum Ben in Miriams Auto saß. Und vermutlich, aber das bestritt er, empfand er in diesem Moment eine ungeheure Wut. Ihn hatte Miriam abgewiesen, und mit dem Idioten fuhr sie in Urlaub. Für Walter Hambloch war das die schlimmste Zurückweisung, die er je erfahren hatte.

Epilog

Zwei Jahre ist es jetzt her, und ich habe nicht wieder die gleichen Fehler gemacht wie beim ersten Mal. Natürlich schließt man in meinem Job keine Freundschaften mit Menschen, die in Mordfälle verwickelt waren und Beweise vernichtet haben.

Miriam Wagner hatte die Videobänder zerschnitten. Bedauert hat sie das nicht. Wir hätten unsere Chance gehabt, meinte sie. In diesem Punkt irrte sie sich. Die Bänder waren beim Abbruch der Hausbar hinter der Verkleidung aufgetaucht. Man bricht nicht die Einrichtung ab bei einer Hausdurchsuchung. Aber sie meinte, ich solle froh sein, dass ich es nicht gesehen hätte.

«An Lukkas Schuld hatten Sie doch keine Zweifel», sagte sie. «Die Filme hätten Ihnen nicht geholfen, Hambloch zu überführen. Oder hätten Sie gewusst, wer Bello war? Sie hätten gedacht, es solle wohl Ben heißen.»

Bis Dezember 97 lag sie im Klinikum Merheim. In den letzten beiden Wochen dort passte es ihr gar nicht mehr, dass Ben ihr nicht von der Seite wich. Er hatte Freundschaft geschlossen mit zwei Krankenschwestern.

Eine Zeit lang habe ich befürchtet, ihre Eifersucht könne irgendwann zum Problem werden, und nahm mir vor, ihr auf die Finger zu schauen. Das habe ich getan.

Ab und zu fahre ich ins Dorf und vergewissere mich, dass es Ben gut geht. Die meiste Zeit des Tages verbringt er auf Bruno Kleus Hof und hilft Patrizia im Haushalt. Die Einkäufe macht er immer noch regelmäßig mit ihr, bahnt ihr im Supermarkt den Weg zur Kasse. Und mittags sitzt er an ihrem Tisch, sie kocht sehr gut, was man von Miriam nicht behaupten kann. Er hat immer noch ein Zimmer bei Bruno, aber abends geht er nach Hause – wie ein Mann nach getaner Arbeit.

Einmal in der Woche besucht er Nicole, Antonia und seine jüngste Schwester. Nicole lebt seit gut einem Jahr auf dem Lässler-Hof, Rehbach heißt sie nicht mehr. Leicht gemacht hat sie es Achim Lässler nicht, doch das war umgekehrt auch nicht der Fall. Nicole konnte sich lange Zeit nicht eingestehen, was sie für Achim fühlte. Und es gibt immer noch Momente, da flüchtet sie auf den Friedhof und bittet Hartmut Rehbach um Vergebung, weil sie ihn in dem Glauben gelassen hatte, sie sei beim dritten Versuch einer künstlichen Befruchtung in der Arztpraxis schwanger geworden. Jetzt ist sie wieder schwanger.

Wenn sie ihr Kind hat, wird Ben wohl nicht mehr so lange bleiben. Kleine Kinder sind ihm nicht geheuer, auch den Wildfang, den Patrizia in die Welt gesetzt hat, beäugt er misstrauisch. Wenn es ihm zu viel wird, geht er – meist zu Leonard Darscheid. Dort kann er stundenlang im Atelier sitzen und seine Bilder in Holz schnitzen. Mit Konfektionsmessern arbeitet er nicht mehr. Der Künstler hat dafür gesorgt, dass er geeignetes Werkzeug bekommt. Leonard Darscheid fördert ihn nach Kräften, bei seiner nächsten Ausstellung will er sogar ein paar von den Miniaturen zeigen. Pferde mit Federbüschen auf den Köpfen und reich bestickten Satteldecken. Der Zirkus ist beinahe komplett, und Patrizia befürchtet, es könne ihn jemand kaufen wollen, oder Ben könne etwas davon verschenken.

Mir hat er etwas geschenkt, ein Holzrelief von der Art, das Walter Hambloch der Vergewaltigung von Svenja Krahl überführt hat. Es sieht auch aus wie Menschen im Wald. Aber es ist kein Wald, nur ein Baum und unendlich viele Brombeersträucher, und die beiden winzigen Gestalten dazwischen sind Trude und ich.

Manchmal besuche ich mit ihm das Grab seiner Mutter. Dann sehe ich mich noch einmal mit Trude in ihrer Küche sitzen, höre sie fragen: «Was hätten Sie gemacht, wenn er Ihr Sohn wäre?»

Ich weiß es nicht. Mein Sohn hat ein Studium begonnen, um ihn muss ich mir nicht viele Gedanken machen. Um Ben vielleicht auch nicht mehr. Er hat, was er braucht. Patrizia als junge Ersatzmutter und seinen Kumpel Bruno, Leonard Darscheid als Mentor und Nicole als guten Engel auf dem Lässler-Hof.

Um Paul hat Nicole sich vergebens bemüht, er hat seinen Groll mit ins Grab genommen, als er vor vier Monaten starb. Seitdem darf Ben seine jüngste Schwester wieder regelmäßig sehen, zweimal in der Woche, einmal auf dem Lässler-Hof und einmal mit Miriam.

Sie hat es übernommen, dem jungen Mädchen bei der Verarbeitung all der entsetzlichen Erlebnisse zu helfen. «Das kann ich», sagte sie erst kürzlich, als ich sie besuchte. «Fragen Sie mich nicht, wie ich es schaffe, das weiß ich selbst nicht genau. Aber das Wie ist vielleicht auch gar nicht so wichtig.»

Miriam arbeitet inzwischen auch stundenweise unentgeltlich in einem kleinen Büro, das eine Selbsthilfegruppe für misshandelte Frauen in Lohberg eröffnet hat. Wenn sie zurückkommt, muss sie ein bisschen weiter fahren. Lukkas Bungalow existiert nicht mehr. Das große Grundstück ist mit Rasen bepflanzt. Miriam lebt nun mit Ben auf dem Schlösser-Hof. Dort ist er zu Hause, dort gehört er hin.